MARIO VARGAS LLOSA

EL PEZ
EN EL AGUA

Memorias

Seix Barral 🏃 **Biblioteca Breve**

Cubierta: foto de Alejandro Balaguer

© 1993: Mario Vargas Llosa

Derechos exclusivos de edición en castellano
reservados para todo el mundo,
© 1993: Editorial Seix Barral, S.A.
Córcega, 270 - 08008 Barcelona
Primera reimpresión (Colombia): abril 1993

ISBN: 84-322-0679-2
Depósito Legal: B. 7.065-1993
1000109686
Impreso en Colombia

Este libro está dedicado a
Frederick Cooper Llosa
Miguel Cruchaga Belaunde
Luis Miró Quesada Garland y
Fernando de Szyszlo,

con quienes todo comenzó,

y a mis amigas y amigos
del Movimiento Libertad.

«También los cristianos primitivos sabían muy exactamente que el mundo está regido por los demonios y que quien se mete en política, es decir, quien accede a utilizar como medios el poder y la violencia, ha sellado un pacto con el diablo, de tal modo que ya no es cierto que en su actividad lo bueno sólo produzca el bien y lo malo el mal, sino que frecuentemente sucede lo contrario. Quien no ve esto es un niño, políticamente hablando.»

MAX WEBER,
Politik als Beruf (1919)

I

ESE SEÑOR QUE ERA MI PAPÁ

Mi mamá me tomó del brazo y me sacó a la calle por la puerta de servicio de la prefectura. Fuimos caminando hacia el malecón Eguiguren. Eran los últimos días de 1946 o los primeros de 1947, pues ya habíamos dado los exámenes en el Salesiano, yo había terminado el quinto de primaria y ya estaba allí el verano de Piura, de luz blanca y asfixiante calor.

—Tú ya lo sabes, por supuesto —dijo mi mamá, sin que le temblara la voz—. ¿No es cierto?

—¿Qué cosa?

—Que tu papá no estaba muerto. ¿No es cierto?

—Por supuesto. Por supuesto.

Pero no lo sabía, ni remotamente lo sospechaba, y fue como si el mundo se me paralizara de sorpresa. ¿Mi papá, vivo? ¿Y dónde había estado todo el tiempo en que yo lo creí muerto? Era una larga historia que hasta ese día —el más importante de todos los que había vivido hasta entonces y, acaso, de los que viviría después— me había sido cuidadosamente ocultada por mi madre, mis abuelos, la tía abuela Elvira —la Mamaé— y mis tíos y tías, esa vasta familia con la que pasé mi infancia, en Cochabamba, primero, y, desde que nombraron prefecto de esta ciudad al abuelo Pedro, aquí, en Piura. Una historia de folletín, truculenta y vulgar, que —lo fui descubriendo después, a medida que la reconstruía con datos de aquí y allá y añadidos imaginarios donde resultaba imposible llenar los blancos— había avergonzado a mi familia materna (mi única familia, en verdad) y destruido la vida de mi madre cuando era todavía poco más que una adolescente.

Una historia que había comenzado once años atrás, a más de dos mil kilómetros de este malecón Eguiguren, es-

9

cenario de la gran revelación. Mi madre tenía diecinueve años. Había ido a Tacna acompañando a mi abuelita Carmen —que era tacneña— desde Arequipa, donde vivía la familia, para asistir al matrimonio de algún pariente, aquel 10 de marzo de 1934, cuando, en lo que debía ser un precario y recientísimo aeropuerto de esa pequeña ciudad de provincia, alguien le presentó al encargado de la estación de radio de Panagra, versión primigenia de la Panamerican: Ernesto J. Vargas. Él tenía veintinueve años y era muy buen mozo. Mi madre quedó prendada de él desde ese instante y para siempre. Y él debió enamorarse también, pues, cuando, luego de unas semanas de vacaciones tacneñas, ella volvió a Arequipa, le escribió varias cartas e, incluso, hizo un viaje a despedirse de ella al trasladarlo la Panagra al Ecuador. En esa brevísima visita a Arequipa se hicieron formalmente novios. El noviazgo fue epistolar; no volvieron a verse hasta un año después, cuando mi padre —al que la Panagra acababa de mutar de nuevo, ahora a Lima— reapareció por Arequipa para la boda. Se casaron el 4 de junio de 1935, en la casa donde vivían los abuelos, en el bulevar Parra, adornada primorosamente para la ocasión, y en la foto que sobrevivió (me la mostrarían muchos años después), se ve a Dorita posando con su vestido blanco de larga cola y tules traslúcidos, con una expresión nada radiante, más bien grave, y en sus grandes ojos oscuros una sombra inquisitiva sobre lo que le depararía el porvenir.

Lo que le deparó fue un desastre. Después de la boda, viajaron a Lima de inmediato, donde mi padre era radiooperador de la Panagra. Vivían en una casita de la calle Alfonso Ugarte, en Miraflores. Desde el primer momento, él sacó a traslucir lo que la familia Llosa llamaría, eufemísticamente, «el mal carácter de Ernesto». Dorita fue sometida a un régimen carcelario, prohibida de frecuentar amigos y, sobre todo, parientes, obligada a permanecer siempre en la casa. Las únicas salidas las hacía acompañada de mi padre y consistían en ir a algún cinema o a visitar al cuñado mayor, César, y a su esposa Orieli, que vivían también en Miraflores. Las escenas de celos se sucedían por cualquier pretexto y a veces sin pretexto y podían degenerar en violencias.

Muchos años más tarde, cuando yo ya tenía canas y

me fue posible hablar con ella de los cinco meses y medio que duró su matrimonio, mi madre seguía aún repitiendo la explicación familiar del fracaso conyugal: el mal carácter de Ernesto y sus celos endemoniados. Y echándose algo de la culpa, pues, tal vez, el haber sido una muchacha tan mimada, para quien la vida en Arequipa había sido tan fácil, tan cómoda, no la preparó para esa prueba difícil, pasar de la noche a la mañana a vivir en otra ciudad, con una persona tan dominante, tan distinta de quienes la habían rodeado.

Pero la verdadera razón del fracaso matrimonial no fueron los celos, ni el mal carácter de mi padre, sino la enfermedad nacional por antonomasia, aquella que infesta todos los estratos y familias del país y en todos deja un relente que envenena la vida de los peruanos: el resentimiento y los complejos sociales. Porque Ernesto J. Vargas, pese a su blanca piel, sus ojos claros y su apuesta figura, pertenecía —o sintió siempre que pertenecía, lo que es lo mismo— a una familia socialmente inferior a la de su mujer. Las aventuras, desventuras y diabluras de mi abuelo Marcelino habían ido empobreciendo y rebajando a la familia Vargas hasta el ambiguo margen donde los burgueses empiezan a confundirse con eso que los que están más arriba llaman el pueblo, y en el que los peruanos que se creen blancos empiezan a sentirse cholos, es decir, mestizos, es decir, pobres y despreciados. En la variopinta sociedad peruana, y acaso en todas las que tienen muchas razas y astronómicas desigualdades, *blanco* y *cholo* son términos que quieren decir más cosas que raza o etnia: ellos sitúan a la persona social y económicamente, y estos factores son muchas veces los determinantes de la clasificación. Ésta es flexible y cambiante, supeditada a las circunstancias y a los vaivenes de los destinos particulares. Siempre se es blanco o cholo de alguien, porque siempre se está mejor o peor situado que otros, o se es más o menos pobre o importante, o de rasgos más o menos occidentales o mestizos o indios o africanos o asiáticos que otros, y toda esta selvática nomenclatura que decide buena parte de los destinos individuales se mantiene gracias a una efervescente construcción de prejuicios y sentimientos —desdén, desprecio, envidia, rencor, admiración, emulación— que es, muchas veces, por debajo de las ideologías, valores y desvalores, la explicación profunda de los conflictos y frustraciones de la vida peruana. Es un grave error, cuando se habla de prejuicio racial y de prejuicio social, creer que éstos se ejercen sólo de arriba hacia abajo; paralelo al desprecio que manifiesta el blanco al cholo, al indio y al negro, existe el rencor del cholo al blanco y al indio y al negro, y de cada uno de estos tres últimos a todos los otros, sentimientos, pulsiones o pasiones, que se emboscan detrás de las rivalidades políticas, ideológicas, profesionales, culturales y personales, según un proceso al que ni siquiera se puede llamar hipócrita, ya que rara vez es lúcido y desembozado. La mayoría de las veces es inconsciente, nace de un yo recóndito y ciego a la razón, se mama con la leche materna y empieza a formalizarse desde los primeros vagidos y balbuceos del peruano.

Ése fue probablemente el caso de mi padre. Más íntima y decisiva que su mal carácter o que sus celos, estropeó su vida con mi madre la sensación, que nunca lo abandonó, de que ella venía de un mundo de apellidos que sonaban —esas familias arequipeñas que se preciaban de sus abolengos españoles, de sus buenas maneras, de su hablar castizo—, es decir, de un mundo superior al de su familia, empobrecida y desbaratada por la política.

Mi abuelo paterno, Marcelino Vargas, había nacido en Chancay y aprendido el oficio de radiooperador, que enseñaría a mi padre en las breves pausas de su agitada existencia. Pero la pasión de su vida fue la política. Entró a Lima por la puerta de Cocharcas con las montoneras de Piérola, el 17 de marzo de 1885, cuando era un mozalbete. Y fue después fiel seguidor del caudillo liberal Augusto Durán, en cuyas peripecias políticas lo acompañó, por lo que vivió a salto de mata, pasando de prefecto de Huánuco a deportado en Ecuador y preso y prófugo en muchas ocasiones. Esta sobresaltada vida obligó a mi abuela Zenobia Maldonado —una mujer a la que las fotos muestran con expresión implacable y de quien mi padre decía conmovido que no vacilaba en azotarlos hasta la sangre a él y a sus hermanos cuando se portaban mal— a hacer toda clase de milagros para dar de comer a sus cinco hijos, a los que prácticamente crió y educó ella sola (tuvo ocho, pero tres murieron a poco de nacer).

Debieron vivir muy pobremente, pues mi padre estudió

en un colegio nacional —el Guadalupe—, que abandonó a los trece años para contribuir al mantenimiento de la familia. Trabajó como aprendiz, en la zapatería de un italiano, y luego, gracias a los rudimentos de radiotelegrafía que le enseñó don Marcelino, en el correo, como radiooperador. En 1925 murió mi abuela Zenobia y ese mismo año mi padre estaba en Pisco, de telegrafista. Un día compró a medias con un amigo un boleto de la lotería de Lima que salió premiado con el premio mayor: ¡cien mil soles! Con los cincuenta mil que le tocaron, una fortuna para la época, se fue a Buenos Aires (que, en la opulenta Argentina de los años veinte, era para América Latina lo que París para Europa), donde llevó una vida disipada en la que su dinero se agotó rápidamente. Con las sobras, tuvo la prudencia de perfeccionar sus estudios de radiotelefonía, en la Trans Radio, donde sacó un diploma profesional. Un año después ganó un concurso como segundo operador de la marina mercante argentina, en la que permaneció cinco años, viajando por todos los mares del mundo. (De esta época era una fotografía de él, muy apuesto, en uniforme azul marino, que adornó mi velador toda mi infancia cochabambina y que, al parecer, yo besaba al meterme a la cama, dando las buenas noches a «mi papacito que está en el cielo».)

Regresó al Perú hacia 1932 o 1933, contratado por la Panagra como operador de vuelo. En esos avioncitos pioneros estuvo volando más de un año por los inexplorados cielos peruanos hasta que, en 1934, fue destinado al aeropuerto de Tacna, donde se produjo aquel encuentro de marzo de 1934 gracias al cual vine al mundo.

Esa existencia transeúnte y diversa no liberó a mi padre de los tortuosos rencores y complejos de que está hecha la psicología de los peruanos. De algún modo y por alguna complicada razón, la familia de mi madre llegó a representar para él lo que nunca tuvo o lo que su familia perdió —la estabilidad de un hogar burgués, el firme tramado de relaciones con otras familias semejantes, el referente de una tradición y un cierto distintivo social— y, como consecuencia, concibió hacia esa familia una animadversión que emergía con cualquier pretexto y se volcaba en improperios contra los Llosa en sus ataques de rabia. En verdad, estos sentimientos tenían muy poco sus-

13

tento ya en aquella época —mediados de los años treinta—, pues la familia Llosa, que había sido, desde que llegó a Arequipa el primero de la estirpe —el maese de campo don Juan de la Llosa y Llaguno—, acomodada y con ínfulas aristocráticas, había venido decayendo hasta ser, en la generación de mi abuelo, una familia arequipeña de clase media de modestos recursos. Eso sí, bien relacionada y firmemente establecida en el mundillo de la sociedad. Era esto último, probablemente, lo que ese ser desenraizado, sin familia y sin pasado, que era mi padre, nunca pudo perdonarle a mi mamá. Mi abuelo Marcelino, luego de la muerte de doña Zenobia, había culminado su peripecia aventurera con algo que llenaba de vergüenza a mi progenitor: yéndose a vivir con una india de trenza y pollera a un pueblecito de los Andes centrales, donde terminó su existencia, nonagenario y cargado de hijos, como jefe de estación del Ferrocarril Central. Ni siquiera los Llosa provocaban invectivas semejantes a las que le inspiraba don Marcelino, las raras veces que se refería a él. Su nombre era tabú en la casa, así como todo lo que se vinculaba a su persona. (Y, sin duda por ello, yo alenté siempre una secreta simpatía por el abuelo paterno que nunca conocí.)

Mi madre quedó embarazada, esperándome, a poco de casarse. Esos primeros meses de embarazo los pasó sola en Lima, con la compañía eventual de su cuñada Orieli. Las peleas domésticas se sucedían y la vida para mi madre era muy difícil, pese a lo cual su apasionado amor a mi padre no disminuyó. Un día, desde Arequipa, la abuelita Carmen anunció que vendría a estar al lado de mi madre durante el parto. Mi padre había sido encargado de ir a La Paz a abrir la oficina de Panagra. Como la cosa más natural del mundo dijo a su mujer: «Anda tú a tener el bebe a Arequipa, más bien.» Y arregló todo de tal manera que mi madre no pudo sospechar lo que tramaba. Aquella mañana de noviembre de 1935, se despidió como un marido cariñoso de su esposa embarazada de cinco meses.

Nunca más la llamó ni le escribió ni dio señales de vida, hasta diez años después, es decir, hasta muy poco antes de esa tarde en que, en el malecón Eguiguren de Piura, mi mamá me revelaba que el padre al que yo hasta entonces había creído en el cielo, estaba aún en esta tierra, vivo y coleando.

—¿No me estás mintiendo, mamá?

—¿Crees que te voy a mentir en una cosa así?

—¿De veras está vivo?

—Sí.

—¿Lo voy a ver? ¿Lo voy a conocer? ¿Dónde está, pues?

—Aquí, en Piura. Lo vas a conocer ahora mismo.

Cuando ya pudimos hablar de eso, muchos años después de aquella tarde y muchos años después de que mi padre hubiera muerto, a mi madre todavía le temblaba la voz y se le llenaban los ojos de lágrimas, recordando la desazón de aquellos días, en Arequipa, cuando, ante el total enmudecimiento de su marido —no llamadas por teléfono, no telegramas, no cartas, ningún mensaje indicando sus señas en Bolivia—, comenzó a sospechar que había sido abandonada y que, dado su famoso carácter, sin duda nunca lo volvería a ver ni a saber de él. «Lo peor de todo», dice, «fueron las habladurías. Lo que la gente inventó, los chismes, las mentiras, los rumores. ¡Tenía tanta vergüenza! No me atrevía a salir de la casa. Cuando alguien venía a visitar a los papás, me encerraba en mi cuarto y echaba la llave». Menos mal que el abuelito Pedro, la abuela Carmen, la Mamaé y todos sus hermanos se habían portado tan bien. Acariñándola, protegiéndola y haciéndole sentir que, aunque había perdido a su marido, siempre tendría un hogar y una familia.

En el segundo piso de la casa del bulevar Parra, donde vivían los abuelos, nací en la madrugada del 28 de marzo de 1936, después de largo y doloroso alumbramiento. El abuelo envió un telegrama a mi padre, a través de la Panagra, anunciándole mi venida al mundo. No respondió, ni tampoco una carta que mi madre le escribió contándole que me habían bautizado con el nombre de Mario. Como ignoraban si no contestaba porque no quería hacerlo o porque no le llegaban los mensajes, mis abuelos pidieron a un pariente que vivía en Lima, el doctor Manuel Bustamante de la Fuente, que lo buscara en la Panagra. Éste fue a hablar con él al aeropuerto, donde mi padre había retornado luego de unos meses en Bolivia. Su reacción fue exigir el divorcio. Mi madre consintió y aquél se hizo, por mutuo disenso, a través de abogados, sin que los ex cónyuges tuvieran que verse las caras.

Ese primer año de vida, el único que he pasado en la ciudad donde nací y del que nada recuerdo, fue un año infernal para mi madre así como para los abuelos y el resto de la familia —una familia prototípica de la burguesía arequipeña, en todo lo que la expresión tiene de conservador—, que compartían la vergüenza de la hija abandonada y, ahora, madre de un hijo sin padre. Para la sociedad de Arequipa, prejuiciosa y pacata, el misterio de lo ocurrido a Dorita excitaba las habladurías. Mi madre no ponía los pies en la calle, salvo para ir a la iglesia, y se dedicó a cuidar al niño recién nacido, secundada por mi abuela y la Mamaé que hicieron del primer nieto la persona mimada de la casa.

Un año después de nacido yo, el abuelo firmó un contrato de diez años con la familia Said para ir a trabajar unas tierras que ésta acababa de adquirir en Bolivia, cerca de Santa Cruz —la hacienda de Saipina— donde quería introducir el cultivo del algodón, que aquél había sembrado con éxito en Camaná. Aunque nunca me lo dijeron, nadie puede quitarme de la cabeza que la infortunada historia de su hija mayor, y la tremenda incomodidad que les causaba el abandono y el divorcio de mi madre, impulsaron al abuelo a aceptar aquel trabajo que sacó a la familia de Arequipa, adonde nunca volvería. «Fue para mí un gran alivio ir a otro país, a otra ciudad, donde la gente me dejara en paz», dice mi madre de aquella mudanza.

La familia Llosa se trasladó a Cochabamba, entonces una ciudad más vivible que el pueblecito minúsculo y aislado que era Santa Cruz, y se instaló en una enorme casa de la calle Ladislao Cabrera, en la que transcurrió toda mi infancia. La recuerdo como un Edén. Tenía un zaguán de techo alto y combado que devolvía las voces, y un patio con árboles donde, con mis primas Nancy y Gladys y mis amigos de La Salle, reproducíamos las películas de Tarzán y las seriales que veíamos los domingos, después de la misa del colegio, en las matinales del cine Rex. Alrededor de ese primer patio había una terraza con pilares, unas lonas para el sol y unas mecedoras donde el abuelo Pedro, cuando no estaba en la hacienda, solía dormir la siesta, columpiándose, con unos ronquidos que a mí y a mis primas nos divertían a morir. Había otros dos patios, uno de baldosas y otro de tierra, donde estaban el lavadero, los cuartos de la servidumbre y unos corrales en los que había siempre gallinas y, en una época, una cabrita que trajeron de Saipina y que la abuela terminó por adoptar. Uno de mis primeros terrores de infancia fue esta cabrita que, cuando se soltaba de su amarra, la emprendía a topetazos con todo lo que se le ponía delante, causando una revolución en la casa. En otra época hubo también una lorita parlanchina, que imitaba las ruidosas pataletas que me aquejaban con frecuencia, y chillaba como yo: «¡Abuelaaa, abuelaaa!»

La casa era enorme pues cabíamos en ella, con cuartos propios, los abuelos, la Mamaé, mi mamá y yo, mis tíos Laura y Juan y sus hijas Nancy y Gladys, los tíos Lucho y Jorge, y el tío Pedro, que estudiaba medicina en Chile pero venía a pasar vacaciones con nosotros. Y, además, las sirvientas y la cocinera, nunca menos de tres.

En aquella casa fui engreído y consentido hasta unos extremos que hicieron de mí un pequeño monstruo. El engreimiento se debía a que era el primer nieto para los abuelos y el primer sobrino de los tíos, y también a ser el hijo de la pobre Dorita, un niño sin papá. El no tener papá, o, mejor dicho, que mi papá estuviera en el cielo, no era algo que me atormentara; al contrario, esa condición me confería un *status* privilegiado, y la falta de un papá verdadero había sido compensada con varios sustitutorios: el abuelo y los tíos Juan, Lucho, Jorge y Pedro.

Mis diabluras hicieron que mi mamá me matriculara en La Salle a los cinco años, uno antes de lo que recomendaban los Hermanos. Aprendí a leer poco después, en la clase del hermano Justiniano, y esto, lo más importante que me pasó en la vida hasta aquella tarde del malecón Eguiguren, sosegó en algo mis ímpetus. Pues la lectura de los *Billikens*, *Penecas*, y toda clase de historietas y libros de aventuras se convirtió en una ocupación apasionante, que me tenía quieto muchas horas. Pero la lectura no me impedía los juegos y era capaz de invitar a toda mi clase a tomar el té a la casa, excesos que la abuelita Carmen y la Mamaé, a quienes si Dios y el cielo existen espero hayan premiado adecuadamente, soportaban sin chistar, preparando con afán los panes con mantequilla, los refrescos y el café con leche para todo ese enjambre.

El año entero era una fiesta. Había los paseos a Cala-

Cala, ir a comer empanadas salteñas a la plaza los días de retreta, al cine y a jugar a casa de los amigos, pero había dos fiestas que destacaban, por la emoción y felicidad que me traían: los carnavales y la Navidad. Llenábamos globos de agua con anticipación y llegado el día mis primas y yo bombardeábamos a la gente que pasaba por la calle y espiábamos encandilados a los tíos y a las tías mientras se vestían con fantásticos vestidos para ir a los bailes de disfraces. Los preparativos de la Navidad eran minuciosos. La abuela y la Mamaé sembraban el trigo en unas latitas especiales, para el Nacimiento, laboriosa construcción animada con figuritas de pastores y animalitos en yeso que la familia había traído desde Arequipa (o, tal vez, la abuelita, desde Tacna). El arreglo del árbol era una ceremonia feérica. Pero nada resultaba tan estimulante como escribirle al Niño Jesús —aún no lo había reemplazado Papá Noel— unas cartitas con los regalos que uno quería que le trajera el 24 de diciembre. Y meterse a la cama aquella noche, temblando de ansiedad, y entrecerrar los ojos queriendo y no queriendo ver la sigilosa aparición del Niño Jesús con los regalos —libros, muchos libros— que dejaría al pie de la cama y que yo descubriría al día siguiente con el pecho reventando de la excitación.

Mientras estuve en Bolivia, hasta fines de 1945, creí en los juguetes del Niño Dios, y en que las cigüeñas traían a los bebes del cielo, y no cruzó por mi cabeza uno solo de aquellos que los confesores llamaban malos pensamientos; ellos aparecieron después, cuando ya vivía en Lima. Era un niño travieso y llorón, pero inocente como un lirio. Y devotamente religioso. Recuerdo el día de mi primera comunión como un hermoso acontecimiento; las clases preparatorias que nos dio, cada tarde, el hermano Agustín, director de La Salle, en la capilla del colegio y la emocionante ceremonia —yo con mi vestido blanco para la ocasión y toda la familia presente— en que recibí la hostia de manos del obispo de Cochabamba, imponente figura envuelta en túnicas moradas cuya mano yo me precipitaba a besar cuando lo cruzaba en la calle o cuando aparecía por la casa de Ladislao Cabrera (que era, también, el consulado del Perú, cargo que el abuelo había asumido *ad honorem*). Y el desayuno con chocolate caliente y pastelillos que nos dieron a los primeros comulgantes y a nuestras familias en el patio del plantel.

De Cochabamba recuerdo las deliciosas empanadas salteñas y los almuerzos de los domingos, con toda la familia presente —el tío Lucho ya estaba casado con la tía Olga, sin duda, y el tío Jorge con la tía Gaby—, y la enorme mesa familiar, donde se recordaba siempre el Perú —o quizás habría que decir Arequipa— y donde todos esperábamos que a los postres hicieran su aparición las deliciosas sopaipillas y los guargüeros, unos postres tacneños y moqueguanos que la abuelita y la Mamaé hacían con manos mágicas. Recuerdo las piscinas de Urioste y de Berveley, a las que me llevaba el tío Lucho, en las que aprendí a nadar, el deporte que más me gustó de chico y en el único que llegué a tener cierto éxito. Y recuerdo también, con qué cariño, las historietas y los libros que leía con concentración y olvido místicos, totalmente inmerso en la ilusión —las historias de Genoveva de Brabante y de Guillermo Tell, del rey Arturo y de Cagliostro, de Robin Hood o del jorobado Lagardère, de Sandokán o del Capitán Nemo, y, sobre todo, la serie de Guillermo, un niño travieso de mi edad de quien cada libro narraba una aventura, que yo intentaba repetir luego en el jardín de la casa. Y recuerdo mis primeros garabatos de fabulador, que solían ser versitos, o prolongaciones y enmiendas de las historias que leía, y que la familia me celebraba. El abuelo era aficionado a la poesía —mi bisabuelo Belisario había sido poeta y publicado una novela— y me enseñaba a memorizar versos de Campoamor o de Rubén Darío y tanto él como mi madre (que tenía en su velador un ejemplar de los *Veinte poemas de amor y una canción desesperada*, de Pablo Neruda, que me prohibió leer) me festejaban esas temeridades preliterarias como gracias.

Pese a ser tan joven mi madre no tuvo —no quiso tener— pretendientes. A poco de llegar a Cochabamba comenzó a trabajar como auxiliar de contabilidad en la Casa Grace y su trabajo y yo ocupamos toda su vida. La explicación era que ella no podía siquiera pensar en volver a casarse pues ya estaba casada ante Dios, el único matrimonio que vale, y sin duda que lo creía a pie juntillas, pues es ella la católica más católica de esa familia de católicos que eran —que son todavía, creo— los Llosa. Pero, más profunda que la razón religiosa, para que, luego de su divorcio, permaneciera indiferente a quienes se acercaron a ella, fue que, pese a lo ocurrido, siguió enamorada de mi padre, con una pasión total e inconmovible, que ocultó a todos los que la rodeaban, hasta que, al regresar la familia al Perú, el desaparecido Ernesto J. Vargas reapareció para entrar de nuevo, como un torbellino, en su vida y en la mía.

—¿Mi papá está aquí, en Piura?

Era como una de esas fantasías de las historias, tan seductoras y emocionantes que parecían ciertas, pero sólo mientras duraba la lectura. ¿Se iba a desvanecer también de golpe, como aquéllas al cerrar el libro?

—Sí, en el hotel de Turistas.

—¿Y cuándo voy a verlo?

—Ahora mismo. Pero no se lo digas a los abuelitos. Ellos no saben que ha venido.

A la distancia, incluso los malos recuerdos de Cochabamba parecen buenos. Fueron dos: la operación de amígdalas y el perro danés del garaje de un alemán, el señor Beckmann, situado frente a la casa de Ladislao Cabrera. Me llevaron con engaños al consultorio del doctor Sáenz Peña, como a una visita más de las que le hice debido a mis fiebres y dolores de garganta, y allí me sentaron sobre las rodillas de un enfermero que me aprisionó en sus brazos, mientras el doctor Sáenz Peña me abría la boca y me echaba en ella un poco de éter, con un chisguete parecido al que llevaban mis tíos a las fiestas de carnavales. Después, mientras convalecía entre los mimos de la abuelita Carmen y la Mamaé, me permitieron tomar muchos helados. (Al parecer, durante esa operación con anestesia local, chillé y me moví, estorbando el trabajo del cirujano, el que dio mal los tajos y me dejó pedazos de amígdalas. Éstas se reprodujeron y ahora las tengo de nuevo completas.)

El gran danés del señor Beckmann me fascinaba y aterraba. Lo tenían amarrado y sus ladridos atronaban mis pesadillas. En una época, Jorge, el menor de mis tíos, guardaba su auto en las noches en ese garaje y yo lo acompañaba, paladeando la idea de lo que ocurriría si el gran danés del señor Beckmann se soltaba. Una noche se abalanzó sobre nosotros. Nos echamos a correr. El animal nos persiguió, nos alcanzó ya en la calle y a mí me desgarró el fondillo del pantalón. La mordedura fue superficial, pero la excitación y las versiones dramáticas que de ella di a los compañeros de colegio duraron semanas.

Y un día resultó que al tío José Luis, embajador del Perú en La Paz y pariente del abuelito Pedro, lo eligieron presidente de la República, en el lejano Perú. La noticia revolucionó a toda la familia, donde el tío José Luis era reverenciado como una celebridad. Había venido a Cochabamba y estado en casa, varias veces, y yo compartía la admiración hacia ese importante pariente tan bien hablado, de corbata pajarito, sombrero ribeteado y que caminaba con las patitas muy separadas igualito que Chaplin, porque en cada uno de esos viajes se había despedido de mí dejándome una propina en el bolsillo.

Apenas asumió la presidencia, el tío José Luis le ofreció al abuelo ser cónsul del Perú en Arica o prefecto de Piura. El abuelito —cuyo contrato con los Said se acababa de cumplir— eligió Piura. Partió casi de inmediato y dejó al resto de la familia la tarea de deshacer la casa. Nos quedamos allí hasta fines de 1945, de modo que yo y mis primas Nancy y Gladys pudiéramos dar los exámenes de fin de año. Tengo una borrosa idea de esos últimos meses en Bolivia, de la interminable sucesión de visitas que venían a decir adiós a esa familia Llosa, que, en muchos sentidos, era ya cochabambina: el tío Lucho se había casado con la tía Olga, quien, aunque chilena de nacimiento, era boliviana de familia y corazón, y el tío Jorge con la tía Gaby, ella sí boliviana por sus cuatro costados. Y, además, la familia había crecido en Cochabamba. A la primera hija del tío Lucho y la tía Olga, Wanda, que nació en la casa de Ladislao Cabrera, me aseguran que yo intenté verla venir al mundo subiéndome a espiar su nacimiento a uno de esos altos árboles del primer patio, del que me bajó el tío Lucho de una oreja. Pero no debe ser cierto, pues no lo recuerdo, o si lo es, no llegué a enterarme de gran cosa, porque, ya lo he dicho, salí de Bolivia convencido de que los niños se encargaban al cielo y los traían al mundo las cigüeñas. A la segunda hija del tío Lucho y la tía Olga —la prima Patricia— ya no pude espiarla asomar a esta tierra, pues nació en la clínica —la familia se resignaba a la modernidad— a escasos cuarenta días del retorno de la tribu al Perú.

Tengo una impresión muy vívida de la estación de Cochabamba, la mañana en que tomamos el tren. Había mucha gente, despidiéndonos, y varios lloraban. Pero no yo ni los amigos de La Salle que habían ido a darme el último abrazo: Romero, Ballivián, Artero, Gumucio, y el más íntimo, hijo del fotógrafo de la ciudad, Mario Zapata. Nosotros éramos hombres grandes —nueve o diez años de edad— y los hombres no lloran. Pero lloraban la señora Carlota y otras señoras, y la cocinera y las muchachas, y lloraba también, prendido de la abuelita Carmen, el jardinero Saturnino, un indio viejo, de ojotas y chullo, a quien veo todavía corriendo junto a la ventanilla y haciendo adiós al tren en marcha.

La familia entera regresó al Perú, pero se quedaron en Lima el tío Jorge y la tía Gaby, y el tío Juan y la tía Laura, lo que para mí fue una gran decepción, pues eso significaba separarme de Nancy y Gladys, las primas con las que crecí. Habían sido como dos hermanas y su ausencia me hizo duros los primeros meses en Piura.

Pero en el viaje aquel —largo, múltiple, inolvidable viaje, en tren, barco, auto y avión— de Cochabamba a Piura, sólo estaban la abuela, la Mamaé, mi mamá, yo y dos miembros añadidos a la familia por la bondad de la abuelita Carmen: Joaquín y Orlando. El primero era un chiquillo poco mayor que yo, al que el abuelo Pedro había encontrado en la hacienda de Saipina, sin padres, parientes ni papeles. Compadecido, lo llevó a Cochabamba, donde había compartido la vida de los sirvientes de la casa. Creció con nosotros y la abuela no se resignó a dejarlo, de manera que pasó a formar parte del cortejo familiar. Orlando, algo menor, era hijo de una cocinera cruceña llamada Clemencia, a quien recuerdo alta, fachosa y con los cabellos siempre sueltos. Un día quedó embarazada y la familia no pudo averiguar de quién. Después de dar a luz, desapareció, abandonando al recién nacido en la casa. Los intentos por averiguar su paradero fueron vanos. La abuelita Carmen, encariñada con el niño, se lo trajo al Perú.

A lo largo de todo aquel viaje, cruzando el altiplano en tren, o el lago Titicaca en el vaporcito que hacía la travesía entre Huaqui y Puno, pensaba, sin descanso: «Voy a ver el Perú, voy a conocer el Perú.» En Arequipa —donde había estado una vez antes, con mi madre y mi abuela, para el Congreso Eucarístico de 1940— volvimos a alojarnos en casa del tío Eduardo y su cocinera Inocencia volvió a hacerme esos rojizos y picantes chupes de camarones que me encantaban. Pero el gran momento del viaje fue el descubrimiento del mar, al terminar la «cuesta de las calaveras» y divisar las playas de Camaná. Mi excitación fue tal que el chofer del automóvil que nos llevaba a Lima paró para que yo me zambullera en el Pacífico. (La experiencia fue desastrosa porque un cangrejo me picó en el pie.)

Ése fue mi primer contacto con el paisaje de la costa peruana, de infinitos desiertos blancos, grises, azulados o rojizos, según la posición del sol, y de playas solitarias, con los contrafuertes ocres y grises de la cordillera apareciendo y desapareciendo entre médanos de arena. Un paisaje que más tarde me acompañaría siempre en el extranjero, como la más persistente imagen del Perú.

Estuvimos una o dos semanas en Lima, alojados donde el tío Alejandro y la tía Jesús, y de esa estancia sólo recuerdo las arboladas callecitas de Miraflores y las ruidosas olas del mar de La Herradura, adonde me llevaron el tío Pepe y el tío Hernán.

Viajamos en avión al Norte, a Talara, pues era verano y mi abuelo, como prefecto del departamento, tenía allí una casita que ponía a su disposición la International Petroleum Company durante el período de vacaciones. El abuelito nos recibió en el aeropuerto de Talara y me alcanzó una postal con la fachada del colegio Salesiano de Piura, donde me había matriculado ya para el quinto de primaria. De esas vacaciones talareñas recuerdo al amable Juan Taboada, mayordomo del club de la International Petroleum y dirigente sindical y líder del partido aprista. Servía en la casa y me tomó cariño; me llevaba a ver partidos de fútbol y, cuando daban películas para menores, a las funciones de un cinema al aire libre, cuya pantalla era la pared blanca de la parroquia. Pasé todo el verano metido en la piscina de la International Petroleum, leyendo historietas, escalando los acantilados circundantes y espiando fascinado los misteriosos andares de los cangrejos de la playa. Pero, en verdad, sintiéndome solo y tristón, lejos de las primas Nancy y Gladys y de mis amigos cochabambinos, a quienes echaba mucho de menos. En Talara, ese 28 de marzo de 1946, cumplí diez años.

Mi primer encuentro con el Salesiano y mis nuevos compañeros de clase no fue nada bueno. Todos tenían uno o dos años más que yo, pero parecían aún más grandes porque decían palabrotas y hablaban de porquerías que nosotros, allá en La Salle, en Cochabamba, ni siquiera sabíamos que existían. Yo regresaba todas las tardes a la casona de la prefectura, a darle mis quejas al tío Lucho, espantado de las lisuras que oía y furioso de que mis compañeros se burlaran de mi manera de hablar serrana y de mis dientes de conejo. Pero poco a poco me fui haciendo de amigos —Manolo y Ricardo Artadi, el Borrao Garcés, el gordito Javier Silva, Chapirito Seminario—, gracias a los cuales fui adaptándome a las costumbres y a las gentes de esa ciudad, que dejaría una marca tan fuerte en mi vida.

A poco de entrar al colegio, los hermanos Artadi y Jorge Salmón, una tarde que nos bañábamos en las aguas ya en retirada del Piura —entonces, río de avenida— me revelaron el verdadero origen de los bebes y lo que significaba la palabrota impronunciable: cachar. La revelación fue traumática, aunque estoy seguro, esta vez, de haber rumiado en silencio, sin ir a contárselo al tío Lucho, la repugnancia que sentía al imaginar a esos hombres animalizados, con los falos tiesos, montados sobre esas pobres mujeres que debían sufrir sus embestidas. Que mi madre hubiera podido pasar por trance semejante para que yo viniera al mundo me llenaba de asco, y me hacía sentir que, saberlo, me había ensuciado y ensuciado mi relación con mi madre y ensuciado de algún modo la vida. El mundo se me había vuelto sucio. Las explicaciones del sacerdote que me confesaba, el único ser al que me atreví a consultar sobre este angustioso asunto, no debieron tranquilizarme pues el tema me atormentó días y noches y pasó mucho tiempo antes de que me resignara a aceptar que la vida era así, que hombres y mujeres hacían esas porquerías resumidas en el verbo cachar y que no había otra manera de que continuara la especie humana y de que hubiera podido nacer yo mismo.

La prefectura de Piura fue el último trabajo estable que

tuvo el abuelo Pedro. Creo que los años que vivió allá, hasta el golpe militar de Odría de 1948 que derrocó a José Luis Bustamante y Rivero, la familia fue bastante feliz. El salario del abuelito debía ser muy modesto, pero ayudaban a los gastos de la casa el tío Lucho, que trabajaba en la Casa Romero, y mi madre, quien había encontrado un puesto en la sucursal piurana de la Grace. La prefectura tenía dos patios y unos entretechos legañosos donde anidaban murciélagos. Mis amigos y yo los explorábamos, reptando, con la esperanza de cazar alguno de esos ratones alados y hacerlo fumar, pues creíamos a pie juntillas que el murciélago al que se le ponía un cigarrillo en la boca se lo despachaba a pitazos como un ávido fumador.

La Piura de entonces era pequeñita y muy alegre, de hacendados prósperos y campechanos —los Seminario, los Checa, los Hilbeck, los Romero, los Artázar, los García— con los que mis abuelos y mis tíos establecieron unos lazos de amistad que durarían toda la vida. Hacíamos paseos a la bella playita de Yacila, o a Paita, donde bañarse en el mar entrañaba siempre el riesgo de ser picado por las rayas (recuerdo un almuerzo, en casa de los Artadi, en que a mi abuelo y al tío Lucho, que se bañaron con la marea baja, los picó una raya y cómo los curaba, allí mismo en la playa, una negra gorda, calentándoles los pies con su brasero y exprimiéndoles limones en la herida), o a Colán, entonces un puñado de casitas de madera levantadas sobre pilotes en la inmensidad de esa bellísima playa de arena llena de gavilanes y gaviotas.

En la hacienda Yapatera, de los Checa, monté por primera vez a caballo y oí hablar de Inglaterra de manera más bien mítica, pues el padre de mi amigo James McDonald era británico, y tanto él como su esposa —Pepita Checa— veneraban ese país, al que de algún modo habían reproducido en esas arideces de las serranías piuranas (en su casa-hacienda se tomaba el *five o'clock tea* y se hablaba en inglés).

Tengo en la memoria como un rompecabezas de ese año piurano que concluiría en el malecón Eguiguren con la revelación sobre mi padre: imágenes inconexas, vívidas y emocionantes. El guardia civil jovencito que cuidaba la puerta falsa de la prefectura y enamoraba a Domitila, una de las muchachas de la casa, cantándole, con voz muy relamida, *Muñequita linda*, y las excursiones en pandilla por el cauce seco del río y los arenales de Castilla y Catacaos para observar a las prehistóricas iguanas o ver fornicar a los piajenos, escondidos entre los algarrobos. Los baños en la piscina del club Grau, los esfuerzos para entrar a las películas para mayores en el Variedades y el Municipal y las expediciones, que nos llenaban de excitación y de malicia, a aguaitar desde las sombras aquella casa verde, erigida en los descampados que separaban Castilla de Catacaos, sobre la que circulaban mitos pecaminosos. La palabra puta me llenaba de horror y de fascinación. Ir a apostarme en los parajes vecinos a aquella construcción, para ver a las mujeres malas que allí vivían y a sus nocturnos visitantes, era una tentación irresistible, a sabiendas de que cometía pecado mortal y que tendría luego que ir a confesarlo.

Y las estampillas que empecé a juntar, estimulado por la colección que conservaba el abuelito Pedro —una colección de sellos raros, triangulares, multicolores, de lenguas y países exóticos que había reunido mi bisabuelo Belisario y cuyos dos tomos eran uno de los tesoros que la familia Llosa acarreaba por el mundo—, que me dejaban hojear si me portaba bien. El párroco de la plaza Merino, el padre García, un curita español viejo y cascarrabias, era también coleccionista y solía ir a intercambiar con él los sellos repetidos, en unos regateos que a veces terminaban con una de esas explosiones de rabia suyas que a mí y a mis amigos nos encantaba provocar. La otra reliquia familiar era el Libro de las Óperas, que había heredado de sus padres la abuelita Carmen: un antiguo y hermoso libro de forros rojos y dorados, con ilustraciones, donde estaban los argumentos de todas las grandes óperas italianas y algunas de sus arias principales y que yo pasaba horas releyendo.

Los ramalazos de la vida cívica de Piura —donde las fuerzas políticas estaban más equilibradas que en el resto del país— me llegaban de manera confusa. Los malos eran los apristas, que habían traicionado al tío José Luis y le estaban haciendo la vida imposible allá en Lima, y cuyo líder, Víctor Raúl Haya de la Torre, había atacado al abuelo en un discurso, aquí, en la plaza de Armas, acusándolo de ser un prefecto antiaprista. (Esa manifestación del APRA la fui a espiar, pese a la prohibición de la familia, y descubrí ahí a mi compañero Javier Silva Ruete, cuyo padre era apristón, enarbolando un cartel más grande que él mismo y que decía: «Maestro, la juventud te aclama.») Pero, pese a toda la maldad que el APRA encarnaba, había, en Piura, algunos apristas decentes, amigos de mis abuelos y mis tíos, como el padre de Javier, el doctor Máximo Silva, el doctor Guillermo Gulman, o el doctor Iparraguirre, dentista de la familia, con cuyo hijo organizábamos veladas teatrales en el zaguán de su casa.

Enemigos mortales de los apristas eran los urristas de la Unión Revolucionaria, que presidía el piurano Luis A. Flórez, cuya ciudadela era el barrio de La Mangachería, célebre por sus chicherías y picanterías y por sus conjuntos musicales. La leyenda inventó que el general Sánchez Cerro —dictador que fundó la UR y que fue asesinado por un aprista el 30 de abril de 1933— había nacido en La Mangachería y por eso todos los mangaches eran urristas, y todas las cabañas de barro y caña brava de ese barrio de calles de tierra y lleno de churres y piajenos (como se llama a los niños y a los burros en la jerga piurana) lucían bailoteando en las paredes alguna descolorida imagen de Sánchez Cerro. Además de los urristas había los socialistas, cuyo líder, Luciano Castillo, era también piurano. Las batallas callejeras entre apristas, urristas y socialistas eran frecuentes y yo lo sabía porque esos días —mitin callejero que degeneraba siempre en pugilato— no me dejaban salir y venían más policías a cuidar la prefectura, lo que no impidió, alguna vez, que los búfalos apristas, al terminar su manifestación, se llegaran hasta las cercanías a apedrear nuestras ventanas.

Yo me sentía muy orgulloso de ser nieto de alguien tan importante: el prefecto. Acompañaba al abuelito a ciertos actos públicos —las inauguraciones, el desfile de Fiestas Patrias, ceremonias en el cuartel Grau— y se me inflaba el pecho cuando lo veía presidiendo las reuniones, recibiendo el saludo de los militares o pronunciando discursos. Con tanto almuerzo y acto público al que tenía que asistir, el abuelo Pedro había encontrado un pretexto para esa afición que siempre tuvo y que alentaba en su nieto mayor: componer poesías. Las hacía con facilidad, con cualquier motivo, y cuando le tocaba hablar, en los banquetes y actos oficiales, muchas veces leía unos versos escritos para la ocasión. Aunque, al igual que en Bolivia, ese año piurano seguí leyendo con pasión historias de aventuras y garabateando poemitas o cuentos, esas aficiones debieron sufrir cierto receso por el mucho tiempo que dedicaba a mis nuevos amigos y a tomar posesión de esta ciudad, en la que pronto me sentí como en casa.

Las dos cosas que decidirían mi vida futura y que ocurrieron en ese año de 1946 sólo las supe treinta o cuarenta años después. La primera, una carta que recibió un día mi mamá. Era de Orieli, la cuñada de mi padre. Se había enterado por los periódicos que el abuelo era prefecto de Piura y suponía que Dorita estaba con él. ¿Qué había sido de su vida? ¿Se había vuelto a casar? ¿Y cómo estaba el hijito de Ernesto? Había escrito la carta por instrucciones de mi padre, quien, una mañana, yendo en su coche a la oficina, había escuchado en la radio el nombramiento de don Pedro J. Llosa Bustamante como prefecto de Piura.

La segunda era un viaje de pocas semanas que había hecho mi mamá a Lima, en agosto, para una operación menor. Llamó a Orieli y ésta la invitó a tomar el té. Al entrar a la casita de Magdalena del Mar donde aquélla y el tío César vivían, divisó a mi padre, en la sala. Cayó desmayada. Debieron alzarla en peso, tenderla en un sillón, reanimarla con sales. Verlo un instante bastó para que aquellos cinco meses y medio de pesadilla de su matrimonio y el abandono y los diez años de mudez de Ernesto J. Vargas se le borraran de la memoria.

Nadie en la familia supo de ese encuentro ni de la secreta reconciliación ni de la conjura epistolar de varios meses, fraguando la emboscada que había comenzado ya a tener lugar aquella tarde, en el malecón Eguiguren, bajo el radiante sol del verano que empezaba. ¿Por qué no comunicó mi madre a sus padres y hermanos que había visto a mi padre? ¿Por qué no les dijo lo que iba a hacer? Porque sabía que ellos hubieran tratado de disuadirla y le hubieran pronosticado lo que le esperaba.

Dando brincos de felicidad, creyendo y no creyendo lo que acababa de oír, apenas escuché a mi madre, mientras íbamos hacia el hotel de Turistas, repetirme que si encontrábamos a los abuelos, a la Mamaé, al tío Lucho o a la tía Olga, no debía decir una palabra sobre lo que acababa de revelarme. En mi agitación, no se me pasaba por la cabeza preguntarle por qué tenía que ser un secreto que mi papá estuviera vivo y hubiera venido a Piura y que dentro de unos minutos yo fuera a conocerlo. ¿Cómo sería? ¿Cómo sería?

Entramos al hotel de Turistas y, apenas cruzamos el umbral, de una salita que se hallaba a mano izquierda se levantó y vino hacia nosotros un hombre vestido con un terno beige y una corbata verde con motas blancas. «¿Éste es mi hijo?», le oí decir. Se inclinó, me abrazó y me besó. Yo estaba desconcertado y no sabía qué hacer. Tenía una sonrisa falsa, congelada en la cara. Mi desconcierto se debía a lo distinto que era este papá de carne y hueso, con canas en las sienes y el cabello tan ralo, del apuesto joven uniformado de marino del retrato que adornaba mi velador. Tenía como el sentimiento de una estafa: este papá no se parecía al que yo creía muerto.

Pero no tuve tiempo de pensar en esto, pues ese señor estaba diciendo que fuéramos a dar una vuelta en el auto, a pasear por Piura. Le hablaba a mi mamá con una familiaridad que me hacía mal efecto y me daba un poquito de celos. Salimos a la plaza de Armas, ardiendo de sol y de gente, como los domingos a la hora de la retreta, y subimos a un Ford azul, él y mi madre adelante y yo atrás. Cuando partíamos, pasó por la vereda un compañero de clase, el morenito y espigado Espinoza, e iba a acercarse al auto con sus andares sandungueros, cuando el coche arrancó y sólo pudimos hacernos adiós.

Dimos unas vueltas por el centro y de pronto ese señor que era mi papá dijo que fuéramos a ver el campo, las afueras, que por qué no nos llegábamos hasta el kilómetro cincuenta, donde había esa ranchería para tomar refrescos. Yo conocía muy bien aquel hito de la carretera. Era una vieja costumbre escoltar hasta allí a los viajeros que partían a Lima. Con mis abuelitos y los tíos Lucho y Olga lo habíamos hecho, en Fiestas Patrias, cuando el tío Jorge, la tía Gaby, la tía Laura y mis primas Nancy y Gladys (y la reciente hermanita de éstas, Lucy), habían venido a pasar unos días de vacaciones. (Había sido una gran fiesta el reencuentro con las primas, y habíamos jugado mucho otra vez, pero conscientes, ahora, de que yo era un hombrecito y ellas mujercitas, y de que, por ejemplo, era impensable hacer cosas que hacíamos allá en Bolivia, como dormir y bañarnos juntos.) Esos arenales que rodean Piura, con sus médanos movedizos, sus manchones de algarrobos y sus hatos de cabras, y los espejismos de estanques y fuentes que se divisan en él, en las tardes, cuando la bola rojiza del sol en el horizonte tiñe las blancas y doradas arenas con una luz sangrienta, es un paisaje que siempre me emocionó, que nunca me he cansado de mirar. Contemplándolo, mi imaginación se desbocaba. Era el escenario ideal para hazañas épicas, de jinetes y de aventureros, de príncipes que rescataban a las doncellas prisioneras o de valientes que se batían como leones hasta derrotar a los malvados. Cada vez que salíamos de paseo o a despedir a alguien por esa carretera, yo dejaba volar mi fantasía mientras desfilaba por la ventanilla ese paisaje candente y despoblado. Pero estoy seguro de no haber visto esta vez nada de lo que ocurría fuera del automóvil, pendiente como estaba, con todos los sentidos, de lo que ese señor y mi mamá se decían, a veces a media voz, intercambiando unas miradas que me indignaban. ¿Qué estaban insinuándose por debajo de aquello que oía? Hablaban de algo y se hacían los que no. Pero yo me daba cuenta muy bien, porque no era ningún tonto. ¿De qué me daba cuenta? ¿Qué me escondían?

Y al llegar al kilómetro cincuenta, después de tomar unos refrescos, el señor que era mi papá dijo que, ya que habíamos llegado hasta aquí, por qué no seguir hasta Chiclayo. ¿Conocía yo Chiclayo? No, no lo conocía. Entonces, vámonos hasta Chiclayo, para que Marito conozca la ciudad del arroz con pato.

Mi malestar creció e hice las cuatro o cinco horas de ese tramo sin asfaltar, lleno de huecos y baches y largas colas de camiones en la cuesta de Olmos, con la cabeza llena de acechanzas, convencido de que todo esto había sido tramado desde mucho antes, a mis espaldas, con la complicidad de mi mamá. Querían embaucarme como si fuera un niñito, cuando yo me daba muy bien cuenta del engaño. Cuando oscureció, me eché en el asiento, simulando dormir. Pero estaba muy despierto, la cabeza y el alma puestos en lo que ellos murmuraban.

En un momento de la noche, protesté:

—Los abuelos se habrán asustado al ver que no regresamos, mamá.

—Los llamaremos de Chiclayo —se adelantó a responder el señor que era mi papá.

Llegamos a Chiclayo al amanecer y en el hotel no había nada que comer, pero a mí no me importó, porque no tenía hambre. A ellos sí, y compraron galletas, que yo no probé. Me dejaron en un cuarto solo y se encerraron en el de al lado. Estuve toda la noche con los ojos abiertos y el corazón sobresaltado, tratando de oír alguna voz, algún ruido, en el cuarto contiguo, muerto de celos y sintiéndome víctima de una gran traición. A ratos me venían arcadas de disgusto, un asco infinito, imaginando que mi mamá podía estar, ahí, haciendo con el señor ese las inmundicias que hacían los hombres y las mujeres para tener hijos.

A la mañana siguiente, luego del desayuno, apenas subimos al Ford azul, él dijo lo que yo sabía muy bien que iba a decir:

—Nos estamos yendo a Lima, Mario.

—Y qué van a decir los abuelos —balbuceé—. La Mamaé, el tío Lucho.

—¿Qué van a decir? —respondió él—. ¿Acaso un hijo no debe estar con su padre? ¿No debe vivir con su padre? ¿Qué piensas tú? ¿Qué te parece a ti?

Lo decía con una vocecita que yo le escuchaba por primera vez, con ese tono agudo, silabeante, que pronto me infundiría más pavor que esas prédicas sobre el infierno que nos dio, allá en Cochabamba, el hermano Agustín cuando nos preparaba para la primera comunión.

II

LA PLAZA SAN MARTÍN

A fines de julio de 1987 me hallaba en el extremo norte del Perú, en una playa semidesierta donde, años atrás, un muchacho piurano y su mujer construyeron unos *bungalows* con la idea de atraer turistas. Solitario, rústico, encajonado entre desiertos, rocas y las espumosas olas del Pacífico, Punta Sal es uno de los sitios más bellos del Perú. Tiene un aire de lugar fuera del tiempo y de la historia con sus bandadas de alcatraces, pelícanos, gaviotas, cormoranes, patillos y los albatros allí llamados tijeretas, que desfilan en formaciones desde el luminoso amanecer hasta los crepúsculos sangrientos. Los pescadores de ese rincón del litoral usan todavía unas balsas de hechura prehispánica, simples y ligeras: dos o tres troncos atados y una pértiga que hace de remo y timón con la que el pescador va impulsando la embarcación con movimientos en redondo, como trazando círculos. Me impresionó ver esas balsas la primera vez que estuve en Punta Sal. Una embarcación idéntica a ésas fue, sin duda, aquella balsa tumbesina que, según las crónicas, cuatro siglos atrás y no lejos de aquí, encontraron Francisco Pizarro y sus compañeros como primera prueba de que los rumores sobre el imperio del oro, que los habían aventurado desde Panamá hasta estas costas, eran realidad.

Estaba en Punta Sal con Patricia y mis hijos, para pasar allí la semana de Fiestas Patrias, lejos del invierno de Lima. Habíamos regresado al Perú no hacía mucho, de Londres, adonde, desde hacía ya tiempo, íbamos todos los años por unos meses, y yo me había propuesto aprovechar la estadía en Punta Sal para, entre chapuzón y chapuzón, corregir las pruebas de mi última novela, *El habla-*

dor, y practicar mañana y tarde el vicio solitario: leer, leer.

En marzo había cumplido cincuenta y un años. Todo parecía indicar que mi vida, agitada desde que nací, transcurriría en adelante más bien tranquila: entre Lima y Londres, dedicada a escribir y con alguna que otra incursión universitaria por Estados Unidos. De vez en cuando garabateo en mis libretas unos planes de trabajo, que nunca realizo del todo. Al cumplir los cincuenta, me había fijado este plan quinquenal:

1) una obra de teatro sobre un quijotesco viejecito que, en la Lima de los años cincuenta, emprende una cruzada para salvar los balcones coloniales amenazados de demolición;

2) una novela policial y fantástica sobre cataclismos, sacrificios humanos y crímenes políticos en una aldea de los Andes;

3) un ensayo sobre la gestación de *Los miserables*, de Victor Hugo;

4) una comedia sobre un empresario que, en una *suite* del Savoy, de Londres, encuentra a su mejor amigo del colegio, a quien creía muerto, convertido en una señora, y

5) una novela inspirada en Flora Tristán, la revolucionaria, ideóloga y feminista franco-peruana, del primer tercio del siglo XIX.

En la misma libreta había borroneado, como propósitos menos urgentes, aprender el endiablado alemán, vivir un tiempo en Berlín, intentar un vez más la lectura de libros que siempre me derrotaron, como el *Finnegans Wake* y *La muerte de Virgilio*, recorrer el Amazonas desde Pucallpa hasta Belem do Pará y hacer una edición corregida de mis novelas. Figuraban, también, empeños menos publicables. Lo que no aparecía ni por asomo era la actividad que, por capricho de la rueda de la fortuna, monopolizaría mi vida los próximos tres años: la política.

Yo ni lo sospechaba, ese 28 de julio, al mediodía, cuando en la pequeña radio portátil de mi amigo Freddy Cooper, nos dispusimos a oír el discurso que el presidente de la República pronuncia ante el Congreso el día de la fiesta nacional. Alan García llevaba dos años en el poder y su popularidad aún era grande. A mí, su política me parecía una bomba de tiempo. El populismo había fracasado en el Chile de Allende y la Bolivia de Siles Suazo. ¿Por qué iba a tener éxito en el Perú? Subsidiar el consumo trae una bonanza mentirosa, sólo mientras se dispone de divisas para mantener el flujo de importaciones, en un país que importa buena parte de sus alimentos y de sus insumos industriales. Eso había estado ocurriendo, gracias al dispendio de unas reservas aumentadas por la decisión del gobierno de pagar sólo el diez por ciento de las exportaciones como servicio de la deuda. Pero esa política daba señales de agotamiento. Las reservas descendían; debido a su enfrentamiento con el Fondo Monetario y el Banco Mundial, bestias negras del presidente Alan García, el Perú había visto cerrársele las puerta del sistema financiero internacional; las emisiones inorgánicas para cubrir el déficit fiscal iban acelerando la inflación; el dólar mantenido a un precio bajo desalentaba las exportaciones y atizaba la especulación. El mejor negocio de un empresario era conseguir una licencia para importar con dólares baratos (había múltiples tipos de cambio para el dólar, según la «necesidad social» del producto). El contrabando se encargaba de que los productos así importados —el azúcar, el arroz, las medicinas— pasaran por el Perú como sobre ascuas y salieran hacia Colombia, Chile o Ecuador, donde sus precios no estaban controlados. El sistema enriquecía a un puñado pero empobrecía cada día más al país.

El presidente no se inquietaba. Así me lo pareció, al menos, días atrás, en la única entrevista que tuve con él mientras estuvo en el poder. Al llegar yo de Londres a Lima, a fines de junio, Alan García me envió a saludar con uno de sus edecanes y, conforme al protocolo, fui a Palacio, el 8 de julio, a agradecerle el gesto. Me hizo pasar y conversamos cerca de hora y media. Ante una pizarra me explicó sus metas para el año en curso y me mostró una bazuca artesanal de Sendero Luminoso, con la que los terroristas habían lanzado desde el Rímac un explosivo contra Palacio. Era joven, desenvuelto y simpático. Yo lo había visto una vez, antes, durante su campaña electoral de 1985, en casa de un amigo común, el martillero y coleccionista de arte Manuel Checa Solari, quien se empeñó en hacernos comer juntos. La impresión que me hizo fue la de un hombre inteligente, pero de una ambición sin frenos y capaz de cualquier cosa con tal de llegar al poder.

Por eso, días después, en dos entrevistas por televisión que me hicieron los periodistas Jaime Bayly y César Hildebrandt, dije que no votaría por Alan García sino por el candidato del Partido Popular Cristiano, Luis Bedoya Reyes. Pero, a pesar de ello, y de una carta pública que le escribí al año de estar en el poder, censurándolo por la matanza de los amotinados en los penales de Lima en junio de 1986,[1] aquella mañana en Palacio no parecía guardarme rencor, pues se mostraba muy amable. A los comienzos de su gobierno me había mandado preguntar si aceptaría ser embajador en España y ahora, aunque él sabía lo crítico que era yo de su política, la conversación no podía ser más cordial. Recuerdo haberle dicho: «Es una lástima que habiendo podido ser el Felipe González del Perú te empeñes en ser nuestro Salvador Allende, o, peor aún, nuestro Fidel Castro. ¿No va el mundo por otros rumbos?»

Naturalmente, entre las cosas que le escuché en aquella conversación sobre sus planes para 1987, no apareció la más importante, una medida para entonces ya elaborada por él con un grupo íntimo, de la que los peruanos se enterarían por ese discurso del 28 de julio que Freddy y yo oíamos, entre ronquidos y tartamudeos del viejo aparato, bajo el sol candente de Punta Sal: su decisión de «nacionalizar y estatizar» todos los bancos, las compañías de seguro y las financieras del Perú.

«Hace dieciocho años me enteré por los periódicos que Velasco me había quitado mi hacienda», exclamó, a mi lado, un hombre ya mayor, en ropa de baño, con una mano artificial disimulada bajo un guante de cuero. «Y, ahora, por esta radiecita me entero que Alan García acaba de quitarme la compañía de seguros. Qué cosas, ¿no, mi amigo?»

Se puso de pie y fue a zambullirse en el mar. Pero, no todos los veraneantes de Punta Sal tomaron la noticia con el mismo espíritu que don Santiago Gerbolini. Eran profesionales, ejecutivos y alguno que otro hombre de negocios vinculado a las empresas amenazadas y sabían que, a unos más, a otros menos, la medida los iba a per-

---

1. «Una montaña de cadáveres: carta abierta a Alan García», *El Comercio*, Lima, 23 de junio de 1986; reproducida en *Contra viento y marea, III* (Barcelona: Seix Barral, 1990), pp. 389-393.

judicar. Todos recordaban los años de la dictadura militar (1968-1980) y las masivas nacionalizaciones —al comenzar el régimen del general Velasco había siete empresas públicas y al terminar cerca de doscientas— que convirtieron al pobre país que era entonces el Perú en el pobrísimo de ahora. En la cena de aquella noche, en Punta Sal, en la mesa contigua a la nuestra, una señora se condolía de su suerte: su marido, uno de tantos peruanos emigrados, acababa de dejar una buena situación en Venezuela para regresar a Lima ¡a hacerse cargo de la gerencia de un banco!

No era difícil imaginar lo que se venía. Los dueños serían pagados en bonos inservibles, como los expropiados en tiempos del régimen militar. Pero esos propietarios sufrirían menos que el resto de los peruanos. Eran gente acomodada y, desde los despojos del general Velasco, muchos habían tomado precauciones sacando su dinero al extranjero. Para los que no había protección era para los empleados y trabajadores de los bancos, aseguradoras y financieras que pasarían al sector público. Esas miles de familias no tenían cuentas en el exterior ni cómo atajar a las gentes del partido de gobierno que entrarían a tomar posesión de las presas codiciadas. Ellas ocuparían en adelante los puestos claves, la influencia política determinaría los ascensos y nombramientos y muy pronto en esas empresas campearía la misma corrupción que en el resto del sector público.

«Una vez más el Perú acaba de dar otro paso hacia la barbarización», recuerdo haberle dicho a Patricia, a la mañana siguiente, mientras corríamos por la playa, hacia el pueblecito de Punta Sal, escoltados por una bandada de alcatraces. Las nacionalizaciones anunciadas traerían más pobreza, desánimo, parasitismo y cohecho a la vida peruana. Y, a la corta o a la larga, lesionarían el sistema democrático que el Perú había recuperado en 1980, después de doce años de dictadura militar.

¿Por qué, me han dicho muchas veces, tantos aspavientos por unas cuantas nacionalizaciones? François Mitterrand nacionalizó los bancos y aunque la medida fue un fracaso y los socialistas debieron dar marcha atrás, ¿acaso puso en peligro la democracia francesa? Quienes razonan así no entienden que una de las características del subdesarrollo es la identidad total del gobierno y el Estado. En Francia, Suecia o Inglaterra una empresa pública conserva cierta autonomía del poder político; pertenece al Estado y su administración, su personal y su funcionamiento están más o menos a salvo de abusos gubernamentales. Pero en un país subdesarrollado, ni más ni menos que en un país totalitario, el gobierno *es* el Estado y quienes gobiernan administran éste como su propiedad particular, o, más bien, su botín. La empresa pública sirve para colocar a los validos, alimentar a las clientelas políticas y para los negociados. Esas empresas se convierten en enjambres burocráticos paralizados por la corrupción y la ineficiencia que introduce en ellas la política. No hay riesgo de que quiebren; son, casi siempre, monopolios protegidos contra la competencia y tienen la vida garantizada gracias a los subsidios, es decir, el dinero de los contribuyentes.[2] Los peruanos habían visto repetirse este proceso, desde las épocas de la «revolución socialista, libertaria y participatoria» del general Velasco, en todas las empresas nacionalizadas —el petróleo, la electricidad, las minas, los ingenios azucareros, etcétera— y ahora, pesadilla recurrente, se iba a repetir la historia con los bancos, los seguros y las financieras que el socialismo democrático de Alan García se disponía a engullir.

Además, la estatización del sistema financiero tenía un agravante político. Iba a poner en manos de un gobernante capaz de mentir sin escrúpulos —apenas un año antes, el 2 de diciembre de 1989, había asegurado, en el CADE,[3] que nunca nacionalizaría los bancos— el control absoluto de los créditos. Con lo cual todas las empresas del país, empezando por las estaciones de radio, los canales de televisión y los periódicos, estarían a merced del gobierno. En el futuro los créditos a los medios de comunicación tendrían un precio: la docilidad. El general Velasco había estatizado los diarios y los canales de televisión para arrebatárselos «a la oligarquía» y ponerlos en manos «del pueblo organizado». De este modo, durante la dictadura, los medios de comunicación cayeron en el Perú a unos nive-

2. En 1988, el déficit de las empresas públicas alcanzó en el Perú la suma de dos mil quinientos millones de dólares, equivalente a todas las divisas que habían ingresado ese año por exportaciones.
3. Conferencia Anual de Ejecutivos.

les de servilismo indescriptibles. Más hábil, Alan García iba a conseguir el control total de la información a través de los créditos y la publicidad, manteniendo, a la mexicana, la apariencia de una prensa independiente.

La mención de México no es gratuita. El sistema del PRI (Partido Revolucionario Institucional), una dictadura de partido que guarda las apariencias democráticas con elecciones, prensa «crítica» y gobierno civil, ha sido una antigua tentación para los dictadores latinoamericanos. Pero ninguno ha podido repetir el modelo, genuina creación de la cultura y la historia de México, porque uno de los requisitos de su éxito es algo a lo que ninguno de sus émulos se resigna: el sacrificio ritual del presidente, cada cierto número de años, para que el partido siga en el poder. El general Velasco soñaba con un régimen a la mexicana para él solo. Y era *vox populi* que el presidente García tenía sueños continuistas. Algún tiempo atrás de ese 28 de julio de 1987, uno de sus fieles, el diputado Héctor Marisca, que posaba de independiente, había presentado en el Congreso un proyecto de reforma constitucional, a fin de que el presidente pudiera ser reelegido. El control de los créditos por parte del Ejecutivo era un paso decisivo para la perpetuación en el gobierno de ese partido aprista al que el ministro de Energía y Minas de Alan García, el ingeniero Wilfredo Huayta, había prometido «cincuenta años en el poder».

«Y, lo peor», le decía yo a Patricia, jadeando, a punto ya de completar los cuatro kilómetros de carrera, «es que la medida va a ser apoyada por el noventa y nueve por ciento de los peruanos».

¿Alguien quiere en el mundo a los banqueros? ¿No son el símbolo de la opulencia, del capitalismo egoísta, del imperialismo, de todo aquello a lo que la ideología tercermundista atribuye el atraso de nuestros países? Alan García había encontrado el chivo expiatorio ideal para explicarle al pueblo peruano por qué su programa no daba frutos: por culpa de las oligarquías financieras que utilizaban los bancos para sacar fuera del Perú sus dólares y se servían del dinero de los ahorristas para hacer préstamos indebidos a sus propias empresas. Con el sistema financiero en manos del pueblo, eso iba a cambiar.

Apenas regresé a Lima, un par de días después, escribí

un artículo, «Hacia el Perú totalitario»,[4] que apareció en *El Comercio* el 2 de agosto, dando las razones de mi oposición a la medida y exhortando a los peruanos a oponerse a ella por todos los medios legales si querían que el sistema democrático sobreviviera. Lo hice para que quedara constancia de mi rechazo, pero convencido de que no serviría de nada y de que, con excepción de algunas protestas, la medida sería aprobada por el Congreso con el beneplácito de la mayoría de mis compatriotas.

Sin embargo, no ocurrió así. Al mismo tiempo que salía mi artículo, los empleados de los bancos y demás empresas amenazadas se lanzaron a las calles, en Lima, en Arequipa, en Piura y otros lugares, en marchas y pequeños mítines que sorprendieron a todo el mundo, empezando por mí. A fin de apoyarlos, con cuatro amigos íntimos, con los que salíamos a comer y a charlar una vez por semana desde hacía años —tres arquitectos: Luis Miró Quesada, Frederick Cooper y Miguel Cruchaga, y el pintor Fernando de Szyszlo—, decidimos redactar a toda prisa un manifiesto para el que recogimos un centenar de firmas. El texto, afirmando que «la concentración del poder político y económico en el partido gobernante podría significar el fin de la libertad de expresión y, en última instancia, de la democracia», fue leído por mí en la televisión y, encabezado con mi nombre, apareció en los diarios el 3 de agosto con el título de «Frente a la amenaza totalitaria».

Lo que ocurrió en los días siguientes dio un extraordinario vuelco a mi vida. Mi casa se vio sumergida por cartas, llamadas y visitas de personas que se solidarizaban con el manifiesto y me traían altos de firmas recogidas espontáneamente. Listas con centenares de nuevos adherentes aparecían a diario en la prensa no gubernamental. Vinieron a buscarme gentes de provincias, preguntando cómo podían ayudar. Yo estaba pasmado. El general Velasco había nacionalizado decenas de empresas sin que nadie moviera un dedo y, más bien, con el apoyo de buena parte de la opinión pública, que vio en esas medidas un acto de justicia social y la esperanza de un cambio. El estatismo, pilar de la ideología tercermundista, había im-

4. *Contra viento y marea, III*, pp. 417-420.

pregnado en el Perú no sólo a la izquierda, también a vastos sectores del centro y la derecha, tanto, que el presidente Belaunde Terry, elegido al término de la dictadura militar (1980-1985), no se había atrevido a privatizar una sola de las empresas estatizadas (salvo los medios de comunicación, que devolvió a sus dueños apenas asumió el poder). Pero, en esos días febriles de agosto de 1987, era como si en sectores significativos de la sociedad peruana hubiera un profundo desencanto con la receta estatista.

Alan García, nervioso con los conatos de protesta, decidió «sacar a las masas a las calles». Inició un recorrido por el norte del país, ciudadela del APRA, pronunciando denuestos contra el imperialismo y los banqueros y amenazas contra quienes protestábamos. Su partido, revolucionario medio siglo atrás, se había ido convirtiendo en un partido burocrático y acomodaticio, y lo seguía con desgano. Había llegado al poder por primera vez en 1985, después de sesenta años de existencia, con una astuta campaña electoral, presentando una imagen moderada, social demócrata, y la mayoría de sus dirigentes parecían ahora muy satisfechos disfrutando del poder. Eso de venir a hacer una revolución les sentaba a muchos de ellos como una patada en el estómago. Pero el APRA, que tiene de socialista el estatismo, tiene del fascismo la estructura vertical —su fundador, Haya de la Torre, llamado el Jefe Máximo, había imitado la organización, la escenografía y los métodos expeditivos del fascio italiano— y, disciplinadamente, aunque sin mucho entusiasmo, seguía a Alan García en las movilizaciones. Quienes apoyaban a éste con fervor eran los socialistas y comunistas de la coalición de Izquierda Unida. Moderados o radicales, no daban crédito a lo que ocurría. El APRA, su viejo enemigo, se ponía de pronto a aplicar su programa. ¿Resucitaban los buenos tiempos del general Velasco en que habían llegado casi a copar el poder? Socialistas y comunistas hicieron suya la lucha por la estatización. Su líder de entonces, Alfonso Barrantes, fue a la televisión a leer un discurso en apoyo de la ley estatizadora, y los senadores y diputados de Izquierda Unida —el senador Enrique Bernales, sobre todo— se volvieron sus más tenaces defensores en el Congreso.

Conspiratorios y excitados, Felipe Thorndike y Freddy Cooper se presentaron en mi casa, una noche, al comenzar la segunda semana de agosto. Habían tenido reuniones con grupos de independientes y venían a proponerme que convocáramos una manifestación, en la que yo sería el orador de fondo. La idea era mostrar que no sólo apristas y comunistas podían salir a las calles a defender el estatismo sino también nosotros, a impugnarlo en nombre de la libertad. Acepté. Esa noche tuve con Patricia la primera de una serie de discusiones que durarían un año.

—Si subes a ese estrado terminarás haciendo política y la literatura se irá al diablo. Y la familia se irá al diablo también. ¿Acaso no sabes lo que es hacer política en este país?

—Yo he encabezado la protesta contra la estatización. No puedo echarme atrás ahora. Se trata de una sola manifestación, de un solo discurso. ¡Eso no es dedicarse a la política!

—Luego habrá otro y otro y terminarás de candidato. ¿Vas a dejar tus libros, la vida cómoda que ahora tienes, para hacer política en el Perú? ¿No sabes cómo te lo van a pagar? ¿Te has olvidado de Uchuraccay?

—No voy a hacer política ni a dejar la literatura ni a ser candidato. Voy a hablar en esta única manifestación para que quede sentado que no todos los peruanos nos dejamos engañar por el señor Alan García.

—¿No sabes con quién te metes? Cómo se nota que tú no contestas el teléfono.

Porque, desde que salió nuestro manifiesto, habían comenzado las llamadas anónimas, de día y de noche. Para dormir en paz, debimos desconectar el teléfono. Las voces parecían siempre distintas de manera que llegué a pensar que el entretenimiento de cada aprista, apenas se tomaba una copa, era llamar a mi casa para amenazarnos. Duraron los tres años de esta historia y terminaron por convertirse en parte de la rutina familiar. Cuando cesaron, quedó en la casa un vacío y hasta una nostalgia.

La manifestación, a la que llamamos Encuentro por la Libertad, fue convocada para el 21 de agosto en el escenario clásico de los mítines limeños: la plaza San Martín. La organización corrió por entero a cargo de independientes que no habían militado antes en política, como el profesor universitario Luis Bustamante Belaunde o el empresario Miguel Vega Alvear, con quienes, desde esos días, nos haríamos también muy amigos. Entre los novatos políticos que éramos, la excepción resultaba, tal vez, Miguel Cruchaga, sobrino de Belaunde Terry y que había sido, de joven, dirigente de Acción Popular. Pero estaba apartado de la militancia. Mi amistad con el alto, caballeroso y solemne Miguel era antigua, pero se había hecho muy estrecha desde mi regreso al Perú, luego de casi dieciséis años en Europa, en 1974, en vísperas de la captura de los medios de comunicación por la dictadura. Hablábamos de política siempre que estábamos juntos y, cada vez, con melancolía algo enfermiza, nos preguntábamos por qué en el Perú todo iba siempre para peor, por qué desperdiciábamos las oportunidades y éramos tan tenaces en trabajar por nuestra ruina y destrucción. Y, cada vez, también, de una manera muy vaga, perfilábamos proyectos para hacer algo, alguna vez. Ese juego intelectual tomó, de pronto, en la fiebre y ebullición de aquellos días de agosto, una desconcertante realidad. Por esos antecedentes y por su entusiasmo, Miguel asumió la coordinación de todos los preparativos del mitin. Fueron unos días intensos y agotadores que, a la distancia, me parecen los más puros y exaltantes de esos años. Yo pedí a los accionistas de las empresas amenazadas y a los partidos de oposición —Acción Popular y el Popular Cristiano— que se tuvieran al margen, para dar al acto un carácter principista, de peruanos que salíamos a la calle a defender, no intereses personales ni partidistas, sino ideas y valores que nos parecían amenazados con la estatización.

Tanta gente se movilizó para ayudarnos —recolectando dinero, imprimiendo volantes y carteles, preparando banderolas, prestando sus casas para reuniones, ofreciendo vehículos para transportar a los manifestantes y saliendo a hacer pintas y a perifonear— que desde el principio tuve la premonición del éxito. Como mi casa era un loquerío, la víspera del 21 de agosto fui a esconderme por unas horas a casa de mis amigos Carlos y Maggie Ferreyros, a preparar el primer discurso político de mi vida. (Carlos fue raptado poco después, por el Movimiento Revolucionario Túpac Amaru, y mantenido seis meses en cautiverio, en un pequeño sótano sin ventilación.)

Pero, pese a los signos favorables, ni el más optimista de nosotros pudo prever la extraordinaria asistencia que colmó aquella noche, de bote en bote, la plaza San Martín y se desbordó por los contornos. Cuando subí al estrado sentí exultación y terror: decenas de miles de personas —ciento treinta mil, según la revista *Sí*—[5] agitaban banderas y a voz en cuello coreaban el Himno a la Libertad que había compuesto para el acto Augusto Polo Campos, un compositor muy popular. Algo debía haber cambiado en el Perú cuando una muchedumbre así me escuchaba decir, aplaudiendo, que la libertad económica era inseparable de la libertad política, que la propiedad privada y la economía de mercado eran la única garantía del desarrollo y que los peruanos no admitiríamos que nuestro sistema democrático «se mexicanizara» ni que el APRA se convirtiera en el caballo de Troya del comunismo en el Perú.

Cuentan los chismes que aquella noche, al ver en la pequeña pantalla la magnitud del Encuentro por la Libertad, Alan García hizo trizas el televisor. Lo cierto es que aquella manifestación tuvo tremendas consecuencias. Fue factor decisivo para que la ley de estatización, aunque aprobada en el Congreso, nunca pudiera ser aplicada y más tarde se derogara. Dio un golpe de muerte a las ambiciones continuistas de Alan García. Abrió las puertas de la vida política peruana a un pensamiento liberal que hasta entonces carecía de presencia pública, pues nuestra historia había sido un monopolio del populismo ideológico de conservadores y socialistas de distintas variantes. Devolvió la iniciativa a los partidos de oposición, Acción Popular (AP) y Popular Cristiano (PPC), los que después de su derrota en 1985 parecían invisibles. Echó las bases de lo que sería el Frente Democrático y, como temía Patricia, de mi candidatura presidencial.

Entusiasmados con el éxito de la plaza San Martín, mis amigos y yo convocamos otros dos mítines, en Arequipa, el 26 de agosto, y en Piura, el 2 de setiembre. Ambos resultaron también multitudinarios. En Arequipa fuimos atacados por contramanifestantes apristas —los famosos búfalos o matones del partido— y por una facción maoísta de Izquierda Unida, Patria Roja. Reventaron petardos y armados de garrotes, piedras y bombas pestilentes arremetieron cuando yo empezaba a hablar, para provocar una estampi-

5. Lima, 24 de agosto de 1987.

44

da. Los jóvenes encargados de mantener el orden en la periferia de la plaza, organizados por Fernando Chaves Belaunde, resistieron el ataque pero varios de ellos resultaron heridos. «¿Ves, ves?», se quejaba Patricia, que aquella noche, con María Amelia, la mujer de Freddy, debió zambullirse bajo el escudo de un policía para esquivar una lluvia de botellas. «Comenzó a pasar lo que te decía.» Pero, pese a su oposición de principio, ella también trabajó en los mítines y estuvo en la primera fila de los tres.

Fueron las clases medias las que llenaron esas plazas. No los ricos, pues, en ese país misérrimo en que los malos gobiernos han vuelto al Perú, ellos no alcanzarían a llenar un teatro y acaso ni un salón. Y tampoco los pobres, campesinos o habitantes de los llamados pueblos jóvenes, que escuchaban el debate entre estatismo y economía de mercado, entre colectivismo y libre empresa, como si no les concerniera. Esas clases medias —empleados, profesionales, técnicos, comerciantes, funcionarios, amas de casa, estudiantes— se encogían cada día más. Habían visto declinar su nivel de vida desde hacía tres décadas y frustrarse sus esperanzas con todos los gobiernos. Con el primero de Belaunde Terry (1963-1968), cuyo reformismo había despertado en ellas grandes expectativas. Con la dictadura militar (1968-1980) y su política socialista y represiva que empobreció, violentó y corrompió a la sociedad peruana como ningún otro gobierno antes. Con el segundo gobierno de Belaunde Terry (1980-1985), por quien habían votado masivamente, que no corrigió los desastres del régimen anterior y dejó un proceso inflacionario abierto. Y con Alan García, quien iba a batir todas las marcas de ineficiencia gubernamental de la historia del Perú, legando a su sucesor, en 1990, un país en ruinas, en el que la producción había caído a niveles de treinta años atrás. Aturdidas, dando bandazos a diestra y siniestra, ganadas por el miedo y a veces la desesperación, esas clases medias rara vez se habían movilizado en el Perú fuera de las épocas electorales. Pero lo hicieron esta vez, con un instinto certero de que si prosperaba la estatización, el Perú se alejaría aún más de ese país decente y seguro, con trabajo y oportunidades, que, como todas las clases medias del mundo, anhelaban.

El tema recurrente de mis tres discursos fue: no se sale

de la pobreza redistribuyendo lo poco que existe sino creando más riqueza. Para ello hay que abrir mercados, estimular la competencia y la iniciativa individual, no combatir la propiedad privada sino extenderla al mayor número, desestatizar nuestra economía y nuestra psicología, reemplazando la mentalidad rentista, que lo espera todo del Estado, por una moderna que confíe a la sociedad civil y al mercado la responsabilidad de la vida económica.

—Lo veo y no lo creo —me decía Pipo Thorndike—. Hablas de propiedad privada y capitalismo popular y en vez de lincharte te aplauden. ¿Qué está ocurriendo en el Perú?

Así comenzó esta historia. Desde entonces, cada vez que me han preguntado por qué estuve dispuesto a dejar mi vocación de escritor por la política, he respondido: «Por una razón moral. Porque las circunstancias me pusieron en una situación de liderazgo en un momento crítico de la vida de mi país. Porque me pareció que se presentaba la oportunidad de hacer, con el apoyo de una mayoría, las reformas liberales que, desde comienzos de los años setenta, yo defendía en artículos y polémicas como necesarias para salvar al Perú.»

Pero alguien que me conoce tanto como yo, o acaso mejor, Patricia, no lo cree así. «La obligación moral no fue lo decisivo —dice ella—. Fue la aventura, la ilusión de vivir una experiencia llena de excitación y de riesgo. De escribir, en la vida real, la gran novela.»

Tal vez tiene razón. Es verdad que si la presidencia del Perú no hubiera sido, como le dije bromeando a un periodista, el oficio más peligroso del mundo, jamás hubiera sido candidato. Si la decadencia, el empobrecimiento, el terrorismo y las múltiples crisis no hubieran vuelto un desafío casi imposible gobernar un país así, no se me hubiera pasado por la cabeza semejante empresa. Siempre he creído que escribir novelas ha sido, en mi caso, una manera de vivir las muchas vidas —las muchas aventuras— que hubiera querido tener, y no descarto que, en ese fondo oscuro donde se traman nuestros actos, fuera la tentación de la aventura, antes que ningún altruismo, lo que me empujara a la política profesional.

Pero si el acicate de la acción jugó un papel, también

jugó alguno lo que, a riesgo de ser grandilocuente, llamaré compromiso moral.

No es fácil explicarlo, sin caer en el lugar común o la estupidez sensiblera. Aunque nací en el Perú («por un accidente de la geografía», como dijo el jefe del Ejército peruano, general Nicolás de Bari Hermoza, creyendo que me insultaba)[6] mi vocación es de un cosmopolita y un apátrida, que siempre detestó el nacionalismo y que, desde joven, creyó que, si no había manera de disolver las fronteras y sacudirse la etiqueta de una nacionalidad, ésta debería ser elegida, no impuesta. Detesto el nacionalismo, que me parece una de las aberraciones humanas que más sangre ha hecho correr y también sé que el patriotismo, como escribió el doctor Johnson, puede ser «el último refugio del canalla». He vivido mucho en el extranjero y nunca me he sentido un forastero total en ninguna parte. Pese a ello, las relaciones que tengo con el país donde nací son más entrañables que con los otros, incluso aquellos en los que he llegado a sentirme en mi casa, como España, Francia o Inglaterra. No sé por qué es así, y en todo caso no es por una cuestión de principio. Pero lo que ocurre en el Perú me afecta más, me irrita más, que lo que sucede en otras partes, y, de una manera que no podría justificar, siento que hay entre mí y los peruanos algo que, para bien y para mal —sobre todo para mal—, parece atarme a ellos de modo irrompible. No sé si esto se relaciona con el pasado tormentoso que es nuestra herencia, con el presente violento y miserable del país y su incierto futuro, con experiencias centrales de mi adolescencia en Piura y en Lima, o, simplemente, con mi infancia, allá en Bolivia, donde, como ocurre con los expatriados, en casa de mis abuelos y mi madre se *vivía* el Perú, el ser peruanos, como el más preciado don caído sobre nuestra familia.

Quizá decir que quiero a mi país no sea exacto. Abomino de él con frecuencia y, cientos de veces, desde joven, me he hecho la promesa de vivir para siempre lejos del Perú y no escribir más sobre él y olvidarme de sus extravíos. Pero la verdad es que lo he tenido siempre presente y que ha sido para mí, afincado en él o expatriado, un moti-

6. El 8 de julio de 1992, en un acto en el cuartel Rafael Hoyos Rubio, del Rímac, en el que todos los jefes del Ejército peruano respaldaron el golpe de Estado del 5 de abril.

vo constante de mortificación. No puedo librarme de él: cuando no me exaspera, me entristece, y, a menudo, ambas cosas a la vez. Sobre todo desde que compruebo que ya sólo interesa al resto del mundo por los cataclismos, sus récords de inflación, las actividades de los narcos, los abusos a los derechos humanos, las matanzas terroristas o las fechorías de sus gobernantes. Y que se habla de él como de un país de horror y de caricatura, que se muere a poquitos, por la ineptitud de los peruanos para gobernarnos con un mínimo de sentido común. Recuerdo haber pensado, cuando leí el ensayo de George Orwell, *The Lion and the Unicorn*, donde dice que Inglaterra es un país de buenas gentes con *the wrong people in control*, lo bien que esa definición se aplicaba al Perú. Porque hay, entre nosotros, gentes capaces de hacer, por ejemplo, lo que han hecho los españoles con España en los últimos diez años; pero ellas rara vez han hecho política, la que ha estado casi siempre en el Perú en manos mediocres y a menudo deshonestas.

En junio de 1912, el historiador José de la Riva Agüero hizo un viaje a lomo de mula, de Cusco a Lima, siguiendo uno de los caminos del Incario, y dejó de ello un hermoso libro, *Paisajes peruanos*, en el que evoca, con prosa escultórica, la geografía de los Andes y las gestas históricas de que esas bravas comarcas, Cusco, Apurímac, Ayacucho y Junín, fueron testigos. Al llegar a la pampa de la Quinua, en las afueras de Ayacucho, escenario de la batalla que selló la emancipación del Perú, una sombría reflexión lo detiene. Extraña batalla libertadora aquélla, en la que el bando realista del virrey La Serna se componía exclusivamente de soldados peruanos y el ejército emancipador de dos tercios de colombianos y argentinos. Esa paradoja lo dispara a una ácida consideración sobre el fracaso republicano de su país, que, noventa años después de la batalla que lo hizo soberano, es una sombra irrisoria de lo que fue en su etapa prehispánica y, en los tres siglos coloniales, del virreynato más próspero de todas las posesiones españolas. ¿Quién es responsable? ¿La «pobre aristocracia colonial», la «pobre boba nobleza limeña, incapaz de toda idea y de todo esfuerzo»? ¿O «los caudillos militares» de «vulgares apetitos», «avidez de oro y de mando», cuyas «ofuscadas inteligencias» y «estragados corazones» fueron incapaces de servir a su país y cuando alguno acertó a hacerlo «todos los émulos se conjuraron para derribarlo»? ¿O, acaso, esos «burgueses criollos» de «sórdido y fenicio egoísmo» que «se avergonzaban luego en Europa, con el más vil rastacuerismo, de su condición de peruanos, a la que debieron cuanto eran y tenían»?

El Perú había seguido arruinándose y era ahora más atrasado y acaso con peores iniquidades sociales que cuando inspiró a Riva Agüero esta lúgubre meditación. Desde que la leí, en 1955, con motivo de una edición que hizo de ella mi maestro, Raúl Porras Barrenechea, el pesimismo que la impregna era el mismo que me embargaba con frecuencia, respecto al Perú. Y hasta aquellos días de agosto de 1987 ese fracaso histórico me parecía una suerte de sino de un país que, en algún momento de su trayectoria, «se jodió» (éste había sido el obsesionante latiguillo de mi novela *Conversación en La Catedral*, en la que quise representar la frustración peruana) y no había sabido nunca más recuperarse, sino seguirse hundiendo en el error.

Varias veces en mi vida, antes de los sucesos de agosto de 1987, llegué a perder totalmente la esperanza en el Perú. ¿Esperanza de qué? Cuando era más joven, de que, quemando etapas, se volviera un país próspero, moderno, culto, y yo alcanzara a verlo. Luego, de que, al menos, antes de morirme, el Perú hubiera empezado a dejar de ser pobre, bárbaro y violento. Hay muchas cosas malas en nuestra época, sin duda, pero hay una buena, sin precedentes en la historia. Hoy los países pueden *elegir* ser prósperos. Uno de los mitos más dañinos de nuestro tiempo es el que los países pobres lo son por una conspiración de los países ricos, que se las arreglan para mantenerlos en el subdesarrollo a fin de explotarlos. No hay mejor filosofía para eternizarse en el atraso. Porque aquella teoría es, *ahora*, falsa. En el pasado, cierto, la prosperidad dependía casi exclusivamente de la geografía y de la fuerza. Pero la internacionalización de la vida moderna —de los mercados, de las técnicas, de los capitales— permite a cualquier país, aun al más pequeño y menos dotado de recursos, si se abre al mundo y organiza su economía en función de la competencia, un crecimiento rápido. En las últimas dos décadas, practicando, a través de sus dictaduras o gobiernos civiles, el populismo, el desarrollo hacia adentro, el intervencionismo económico, América Latina eligió ir para atrás. Y con la dictadura militar y con Alan García, el Perú fue más lejos que otros países en las políticas que conducen al desastre. Hasta aquellos días de la campaña contra la estatización, creí que, aunque divididos por muchas cosas, había entre los peruanos una suerte de consenso en favor del populismo. Las fuerzas políticas discrepaban sobre el grado de intervención deseable, pero todas parecían aceptar, como un axioma, que sin ella nunca había progreso ni justicia. Por eso, la modernización del Perú me parecía postergada a las calendas griegas.

En el debate público que tuve con mi adversario, el 3 de junio de 1990, el ingeniero Alberto Fujimori ironizó: «Parece que usted quisiera hacer del Perú una Suiza, doctor Vargas.» Aspirar a que el Perú sea «una Suiza» ha pasado a ser, para una considerable porción de mis compatriotas, una pretensión grotesca, en tanto que para otros, los que preferirían convertirlo en una Cuba o en una Corea del Norte, en algo intolerable, además de imposible.

Uno de los mejores ensayos del historiador Jorge Basadre se titula *La promesa de la vida peruana* (1945). Su idea central es patética y espléndida: hay una promesa incumplida a lo largo de toda la historia republicana del Perú, una ambición, ideal, vaga necesidad que nunca llegó a plasmarse, pero que desde la emancipación estuvo siempre allí, soterrada y viva, entre los tumultos de las guerras civiles, los estragos del caudillismo militar y las discusiones de los tribunos. Una esperanza siempre renaciente y siempre frustrada de salvarnos, alguna vez, de la barbarie a la que nos ha acercado nuestra incapacidad perseverante para hacer lo debido.

Pero la noche del 21 de agosto de 1987, ante esa multitud que deliraba de entusiasmo en la plaza San Martín, y, luego, en la plaza de Armas de Arequipa, y en la avenida Grau de la Piura de mi infancia, tuve la sensación —la certeza— de que cientos de miles, millones acaso, de peruanos se habían decidido de pronto a hacer lo necesario para que nuestro país fuera algún día «una Suiza»: un país sin pobres ni analfabetos, de gentes cultas, prósperas y libres, y a conseguir que la promesa fuera por fin historia, gracias a una reforma liberal de nuestra incipiente democracia.

III

LIMA LA HORRIBLE

Por la avenida Salaverry, frente a la casita de Magdalena, donde llegamos a vivir en esos días finales de 1946 o primeros de 1947, pasaba el tranvía Lima-San Miguel. La casa existe, descolorida y destartalada, y aún ahora, cuando paso por allí, siento ramalazos de angustia. El año y pico que viví en ella fue el más amargo de mi vida. Era una casa de dos pisos. En la planta baja había una salita, un comedor, una cocina y un pequeño patio con el cuarto de la sirvienta. Y, en los altos, el baño y los dormitorios de mis padres y mío, separados por un breve rellano.

Desde que llegamos, me sentí excluido de la relación entre mi mamá y mi papá, un señor del que, a medida que pasaban los días, me parecía distanciarme. Me exasperaba que se encerraran en su dormitorio durante el día, y con cualquier pretexto les tocaba la puerta, hasta que mi padre me reconvino, advirtiéndome que no lo hiciera más. Su manera fría de hablar y sus ojos de luz cortante es lo que más recuerdo de esos primeros días en Lima, ciudad a la que detesté desde el primer momento. Me sentía solo, extrañaba a los abuelos, a la Mamaé, al tío Lucho, a mis amigos de Piura. Y me aburría, encerrado, sin saber qué hacer. A poco de llegar, mis padres me matricularon en el colegio de La Salle, en el sexto de primaria, pero las clases sólo comenzarían en abril y estábamos en enero. ¿Me iba a pasar todo el verano enclaustrado, viendo, de tanto en tanto, el traqueteante tranvía a San Miguel?

A la vuelta, en una casita idéntica a la nuestra, vivían el tío César con la tía Orieli y sus hijos Eduardo, Pepe y Jorge. Los dos primeros eran algo mayores que yo y Jorge de mi edad. Fueron cariñosos conmigo y se esforzaron por hacerme sentir de la familia, llevándome una noche a un chifa de la calle Capón —la primera vez que probé la comida chino-peruana— y, mis primos, al fútbol. Recuerdo mucho la visita al viejo estadio de la calle José Díaz, a las graderías de popular, a ver el clásico Alianza Lima-Universitario de Deportes. Eduardo y Jorge eran hinchas del Alianza y Pepe de la U y yo me hice también, como éste, fanático del equipo crema, y pronto tuve, en mi dormitorio, fotografías de sus *cracks*: el espectacular arquero Garagate, el defensor y capitán Da Silva, la saeta rubia, Toto Terry, y, sobre todo, el famosísimo Lolo Fernández, gran centro delantero, caballero de la cancha y goleador. Mis primos tenían un *barrio*, amigos con quienes se reunían frente a su casa a conversar y a patear pelota y hacer tiros al arco, y me llamaban a jugar con ellos. Pero nunca llegué a integrarme a su barrio, en parte porque, a diferencia de mis primos, que podían salir a la calle en cualquier momento y recibir amigos en su casa, a mí eso me estaba prohibido. Y, en parte porque, aunque el tío César y la tía Orieli, así como Eduardo, Pepe y Jorge siempre hicieron gestos para que me acercara, yo me mantuve distante. Porque ellos eran la familia de ese señor, no mi familia.

Al poco tiempo de estar en Magdalena, una noche, a la hora de la comida, me eché a llorar. Cuando mi padre preguntó qué me ocurría, le dije que extrañaba a los abuelos y que quería regresar a Piura. Ésa fue la primera vez que me riñó. Sin golpearme, pero alzando la voz de una manera que me asustó, y mirándome con una mirada fija que desde esa noche aprendí a asociar con sus rabias. Hasta entonces yo le había tenido celos, porque me había robado a mi mamá, pero desde ese día empecé a tenerle miedo. Me mandó a la cama y poco después, ya acostado, lo oí, reprochando a mi madre haberme educado como un niñito caprichoso y diciendo cosas durísimas contra la familia Llosa.

Desde entonces, cada vez que estábamos solos, empecé a atormentar a mi madre por haberme traído a vivir con él, exigiéndole que nos escapáramos a Piura. Ella trataba de calmarme, que tuviera paciencia, que hiciera esfuerzos para ganarme el cariño de mi papá, pues él me notaba hostil y eso lo resentía. Yo le contestaba a gritos que a mí ese señor no me importaba, que no lo quería ni lo querría nunca, pues a quien quería era a mis tíos y a mis abuelos. Esas escenas la amargaban y la hacían llorar.

Frente a nuestra casa, en la avenida Salaverry, había una librería en un garaje. Vendía revistas y libros para niños y las propinas me las gastaba, todas, comprando *Penecas* y *Billikens*, una revista argentina de deportes, con lindas ilustraciones de colores, *El Gráfico*, y los libros que podía, de Salgari, Karl May y Julio Verne, sobre todo, de quien *El correo del zar* y *La vuelta al mundo en ochenta días*, me habían hecho soñar con países exóticos y destinos fuera de lo común. Nunca me alcanzaban las propinas para comprar todo lo que quería y el librero, un hombrecito corvo y barbudo, me prestaba a veces una revista o un libro de aventuras, con la condición de que se los devolviera a las veinticuatro horas e intactos. En esos primeros meses largos y siniestros de Lima, en 1947, las lecturas fueron la escapatoria de la soledad en que me hallé de pronto, después de haber vivido rodeado de parientes y amigos, acostumbrado a que me dieran gusto en todo y me celebraran como gracias las malacrianzas. En esos meses me habitué a fantasear y soñar, a buscar en la imaginación, que esas revistas y novelitas azuzaban, una vida alternativa a la que tenía, sola y carcelaria. Si ya había en mí las semillas de un fabulador, en esta etapa cuajaron, y, si no las había, allí debieron brotar.

Peor que no salir nunca y pasarme las horas en mi cuarto, era una sensación nueva, una experiencia que en esos meses se apoderó de mí y fue desde entonces compañera: el miedo. Miedo de que ese señor viniera de la oficina con la palidez, las ojeras y la venita abultada de la frente que presagiaban tormenta, y comenzara a insultar a mi mamá, tomándole cuentas por lo que había hecho estos diez años, preguntándole qué puterías había cometido mientras estuvo separada de él, y maldiciendo a todos los Llosa, uno por uno, abuelos, tíos y tías, en los que él se cagaba —sí, se cagaba—, aunque fueran parientes de ese pobre calzonazos que era el presidente de la República, en el que, por supuesto, también se cagaba. Yo sentía pánico. Me temblaban las piernas. Quería volverme chiquito, desaparecer. Y, cuando, sobreexcitado con su propia rabia, se lanzaba a veces contra mi madre, a golpearla, yo quería morirme de verdad, porque incluso la muerte me parecía preferible al miedo que sentía.

A mí me pegaba también, de vez en cuando. La primera vez fue un domingo, a la salida de misa, en la parroquia de Magdalena. Por alguna razón yo estaba castigado y no debía apartarme de casa, pero supuse que el castigo no incluía faltar a la misa, y, con el consentimiento de mi mamá, me fui a la iglesia. Al salir, en medio de la gente, vi el Ford azul, al pie de las gradas. Y a él, plantado en la calle, esperándome. Viéndole la cara, supe lo que iba a pasar. O, quizá, no, pues era muy al comienzo y aún no lo conocía. Imaginé que, como habían hecho alguna vez mis tíos, cuando ya no soportaban mis travesuras, me daría un coscorrón o un jalón de orejas y cinco minutos después todo habría pasado. Sin decir palabra, me pegó una cachetada que me derribó al suelo, me volvió a pegar y luego me metió al auto a empellones, donde empezó a decir esas terribles palabrotas que me hacían sufrir tanto como sus golpes. Y, en la casa, mientras me hacía pedirle perdón, me siguió pegando, a la vez que me advertía que me iba a enderezar, a hacer de mí un hombrecito, pues él no permitiría que su hijo fuera el maricueca que habían criado los Llosa.

Entonces, junto con el terror, me inspiró odio. La palabra es dura y así me lo parecía también, entonces, y de pronto, en las noches, cuando, encogido en mi cama, oyéndolo gritar e insultar a mi madre, deseaba que le sobrevinieran todas las desgracias del mundo —que, por ejemplo, un día, el tío Juan, el tío Lucho, el tío Pedro y el tío Jorge lo emboscaran y le dieran una paliza—, me llenaba de espanto, porque odiar a su propio padre tenía que ser un pecado mortal, por el que Dios me castigaría. En La Salle había confesiones todas las semanas y yo me confesaba con frecuencia; siempre tenía la conciencia sucia con esa culpa, odiar a mi papá y desear que se muriera para que yo y mi mamá volviéramos a tener la vida de antes. Me acercaba al confesonario con la cara ardiéndome de la vergüenza por repetir cada vez el mismo pecado.

No había sido, ni en Bolivia ni en Piura, muy piadoso, uno de esos beatitos que abundaban entre mis compañeros de La Salle y del Salesiano, pero en esta primera época en Lima estuve cerca de serlo, aunque por malas razones, pues ésa era una manera discreta de resistir a mi papá. Él se burlaba de lo beatos que eran los Llosa, y de esa mariconería que me habían inculcado de persignarme al pasar delante de una iglesia y de esas costumbres de los católicos de arrodillarse ante esos hombres con polleras que eran los curas. Decía que para entenderse con Dios él no necesitaba intermediarios, y menos a unos ociosos y parásitos con faldas de mujeres. Pero, aunque se burlaba mucho de lo beatos que éramos mi mamá y yo, no nos prohibía ir a misa, acaso porque sospechaba que, aunque ella obedecía todas sus órdenes y prohibiciones, ésta no la hubiera respetado: su fe en Dios y en la Iglesia Católica era más fuerte que la pasión que sentía por él. Aunque, quién sabe: el amor de mi madre por mi padre, masoquista y torturado como siempre me pareció, tenía ese carácter excesivo y transgresor de los grandes amores-pasión que no vacilan en pagar el precio del infierno para prevalecer. En todo caso, nos permitía ir a misa y a veces —yo suponía que por sus celos desmesurados— nos acompañaba él mismo. Permanecía de pie durante todo el oficio, sin santiguarse ni arrodillarse durante la consagración. Yo, en cambio, lo hacía, y rezaba con fervor, juntando las manos y entrecerrando los ojos. Y comulgaba todas las veces que podía. Esas demostraciones eran un modo de oponerme a su autoridad y, acaso, de irritarlo.

Pero se trataba de algo muy indirecto y poco consciente, porque el miedo que le tenía era demasiado grande para arriesgarme deliberadamente a provocar esos colerones que se convirtieron en la pesadilla de mi infancia. Mis manifestaciones de rebeldía, si se pueden llamar así, eran remotas y cobardes, se fraguaban en mi imaginación, a salvo de sus miradas, cuando, en mi cama, a oscuras, inventaba para él maldades, o con actitudes y gestos imperceptibles para nadie que no fuera yo mismo. Por ejemplo, no volverlo a besar, después de la tarde en que lo conocí, en el hotel de Turistas de Piura. En la casita de Magdalena, besaba a mi mamá y a él le decía «buenas noches» y me iba corriendo a la cama, al principio asustado de mi audacia, temiendo que me llamara, me clavara su mirada inmóvil y con su voz de cuchillo me preguntara por qué no lo había besado también a él. Pero no lo hizo, sin duda porque el palo era tan orgulloso como la astilla.

Vivíamos en tensión. Yo tenía el pálpito de que en cualquier momento iba a ocurrir algo tremendo, una gran desgracia, que en una de sus rabias él iba a matar a mi mamá o a mí o a los dos juntos. Era la casa más anormal del mundo. Nunca se recibía una visita, nunca salíamos a visitar a nadie. Ni siquiera íbamos donde los tíos César y Orieli, porque mi padre detestaba la vida social. Cuando estábamos a solas y yo comenzaba a sacarle en cara el que se hubiera amistado con él para esto, para vivir muertos de miedo, mi mamá trataba de convencerme de que mi papá no era tan malo. Tenía sus virtudes. No bebía una copa de alcohol, no fumaba, jamás echaba una cana al aire, era tan formal y tan trabajador. ¿No eran éstos, acaso, grandes méritos? Yo le decía que hubiera sido preferible que se emborrachara, que fuera un jaranista, porque así sería un hombre más normal, y ella y yo podríamos salir y yo tener amigos e invitarlos e ir a jugar a sus casas.

A los pocos meses de estar en Magdalena, la relación con mis primos Eduardo, Pepe y Jorge se cortó, luego de un pleito familiar que distanciaría a mi papá de su hermano César por muchos años. No recuerdo los detalles pero sí que el tío César vino a la casa con sus tres hijos y me invitó a ir al fútbol. Mi papá no estaba y yo, que había aprendido a ser prudente, le dije que no me atrevía sin haberle pedido permiso. Pero el tío César dijo que él se lo explicaría luego del partido. Al volver, ya de noche, mi padre nos esperaba en la calle, a la puerta de la casa del tío César. Y en la ventana estaba la tía Orieli, con una expresión alarmada, como advirtiéndonos algo. Todavía recuerdo el gran escándalo, los gritos al pobre tío César, que retrocedía, confuso, dándole explicaciones, y mi propio espanto, mientras mi padre me regresaba a la casa dándome de puntapiés.

Cuando me pegaba, yo perdía totalmente los papeles, y el terror me hacía muchas veces humillarme ante él y pedirle perdón con las manos juntas. Pero ni eso lo calmaba. Y seguía golpeando, vociferando y amenazándome con meterme al Ejército de soldado raso apenas tuviera la edad reglamentaria, para que me pusieran en vereda. Cuando aquello terminaba, y podía encerrarme en mi cuarto, no eran los golpes, sino la rabia y el asco conmigo mismo por haberle tenido tanto miedo y haberme humillado ante él de esa manera, lo que me mantenía desvelado, llorando en silencio.

Desde aquel día quedé prohibido de volver a casa de los tíos César y Orieli y de juntarme con mis primos. Mi soledad fue total, hasta terminar el verano de 1947 y cumplir los once años. Con las clases en La Salle, mejoraron las cosas. Estaba varias horas del día fuera de la casa. El ómnibus azul del colegio me recogía en la esquina, a las siete y media, me traía a las doce, me volvía a llevar a la una y media y me regresaba a Magdalena a las cinco. El viaje por la larga avenida Brasil hacia Breña, recogiendo y dejando muchachos, era una liberación del encierro y me encantaba. El hermano Leoncio, nuestro profesor en el sexto de primaria, un francés colorado y sesentón, bastante cascarrabias, de alborotados cabellos blancos, con un enorme rulo que estaba todo el tiempo cayéndosele sobre la frente y que él se echaba atrás con equinos movimientos de cabeza, nos hacía aprendernos de memoria poesías de fray Luis de León («Y dejas, pastor santo...»). Pronto vencí el embarazo inevitable de ser un advenedizo en una clase de muchachos que llevaban ya varios años juntos, e hice buenos amigos en La Salle. Algunos duraron más que los tres años que estudié allí, como José Miguel Oviedo, compañero de carpeta, que sería, luego, el primer crítico literario que escribió un libro sobre mí.

Pero pese a esos amigos, y también a algunos buenos profesores, mi memoria de los años lasallinos está empañada por la presencia de mi padre, cuya sombra aplastante se alargaba, seguía mis pasos y parecía interferir en todas mis actividades y estropearlas. La verdadera vida escolar es la de los juegos y los ritos, no se hace en las clases sino antes y después de ellas, en las esquinas donde los amigos se reúnen, en las casas particulares donde se buscan y se encuentran para planear las matinées o los partidos o las mataperradas que, paralelamente a las clases, constituyen la formación profunda de un muchacho, la hermosa aventura de la infancia. Yo había tenido eso en Bolivia y en Piura y ahora que no lo tenía vivía con la nostalgia de aquella época, lleno de envidia hacia esos compañeros de La Salle, como el Perro Martínez, o Perales, o la Vieja Zanelli, o el Flaco Ramos, que podían quedarse a jugar fútbol en la cancha del colegio después de las clases, visitarse e ir a las seriales de los cines de barrio aunque no fuera domingo. Yo debía regresar a la casa apenas terminaban las clases y encerrarme en mi cuarto a hacer tareas. Y cuando a alguno del colegio se le ocurría invitarme a tomar té o a que fuera a su casa el domingo después de la misa, para almorzar e ir a la matinée, tenía que inventar toda clase de excusas, porque ¿cómo iba a atreverme a pedir permiso a mi padre para semejantes cosas?

Regresaba a Magdalena y le rogaba a mi mamá que me diera temprano la comida para meterme a la cama antes de que él llegara y así no verlo hasta el día siguiente. Muchas veces, cuando aún estaba acabando de comer, sentía el Ford azul frenando ante la puerta, y subía a trancos la escalera, y me zambullía en la cama vestido, tapándome con la sábana hasta la cabeza. Esperaba que ellos estuvieran comiendo u oyendo en Radio Central el programa de Teresita Arce, *La Chola Purificación Chauca*, que a él lo hacía reír a carcajadas, para levantarme de puntillas y ponerme el piyama.

Pensar que en Lima vivían el tío Juan, la tía Laura y mis primas Nancy y Gladys, y los tíos Jorge y Gaby, y el tío Pedro, y que nosotros no pudiéramos verlos, por la antipatía de él a la familia Llosa, me amargaba tanto como estar sometido a su autoridad. Mi mamá quería hacérmelo entender, con razones que yo no escuchaba: «Tiene su carácter, hay que darle gusto para llevar la fiesta en paz.» ¿Por qué nos prohibía que viéramos a mis tíos, a mis primas? Cuando no estaba él, solo frente a mi madre, yo recobraba la seguridad y las insolencias que antes me consentían los abuelos y la Mamaé. Mis escenas exigiéndole que nos escapáramos donde él nunca pudiera encontrarnos, debían hacer mucho más difícil su vida. Algún día de desesperación llegué a amenazarla con que, si no nos íbamos, le acusaría a mi papá que en Piura había ido a visitarla a la prefectura ese español que se llamaba Azcárate, ese que trataba de comprarme llevándome al campeonato de box. Ella se ponía a llorar y yo me sentía un miserable.

Hasta que un día nos escapamos. No recuerdo cuál de las peleas —aunque llamar peleas a esas escenas en las que él gritaba, insultaba y golpeaba, y mi madre lloraba o lo escuchaba, muda, es una exageración— la decidió a dar el gran paso. Tal vez aquella que mi memoria conserva como una de las más tremebundas. Era de noche y veníamos de alguna parte, en el Ford azul. Mi mamá contaba algo y de pronto mencionó a una señora de Arequipa llamada Elsa. «¿Elsa?», preguntó él. «¿Elsa tal cual?» Yo me eché a temblar. «Sí, ella», balbuceó mi madre y trató de hablar de otra cosa. «La grandísima puta en persona», silabeó él. Estuvo callado un buen rato y de repente sentí dar a mi madre un alarido. La había pellizcado en la pierna con tal furia que se le formó luego un gran hematoma morado. Me lo mostró después, diciendo que no podía más. «Vámonos, mamá, vámonos de una vez, escapémonos.»

Esperamos que hubiera partido a la oficina y, en un taxi, llevando apenas unas cuantas cosas de mano, nos fuimos a Miraflores, a la avenida 28 de Julio, donde vivían el tío Jorge y la tía Gaby, y también el tío Pedro, aún soltero, que ese año terminaba su carrera de médico. Fue emocionante ver de nuevo a los tíos y estar en ese barrio tan bonito, de calles con árboles y casitas que tenían jardines bien cuidados. Sobre todo, era maravilloso sentir que estaba otra vez con mi familia, lejos de ese señor, y saber que nunca volvería a oírlo ni verlo ni a sentir miedo. La casa del tío Jorge y la tía Gaby, que tenían dos hijos de pocos años, Silvia y Jorgito, era muy pequeña, pero nos acomodaron de algún modo —yo dormía en un sillón— y mi felicidad fue ilimitada. ¿Qué ocurriría ahora con nosotros? Mi mamá y mis tíos celebraban largas conversaciones de las que me mantenían apartado. Fuera lo que fuera, yo no tenía palabras suficientes para agradecer a Dios, a la Virgen y a ese Señor de Limpias del que la abuelita Carmen era tan devota, por habernos librado de él.

Unos días después, al salir de clases, cuando estaba por subir al ómnibus de La Salle que llevaba a los alumnos a San Isidro y Miraflores, el alma se me vino a los pies: ahí estaba él. «No te asustes», me dijo. «No te voy a hacer nada. Ven conmigo.» Lo vi muy pálido y con grandes ojeras, como si no hubiera dormido muchos días. En el auto, hablando con amabilidad, me explicó que iríamos a recoger mi ropa y la de mi mamá y que me llevaría después a Miraflores. Yo estaba seguro de que esa manera afable escondía una trampa y que apenas llegáramos a la casa de la avenida Salaverry me pegaría. Pero no lo hizo. Había metido ya parte de nuestras ropas en maletas y tuve que ayudarlo a poner lo demás en unas bolsas y, cuando éstas se acabaron, en una frazada azul, que amarramos de las puntas. Mientras hacíamos eso, yo, con el alma en un hilo, siempre temiendo que en cualquier instante se arrepintiera de dejarme partir, advertí, sorprendido, que había recortado muchas de las fotos que mi mamá tenía en el velador, eliminándonos a ella y a mí, y que a otras les había clavado alfileres. Cuando, por fin, terminamos de hacer los paquetes, bajamos todo al Ford azul y partimos. No podía creer que resultara tan fácil, que él actuara de manera tan comprensiva. En Miraflores, frente a la casa del tío Jorge y la tía Gaby, no me dejó llamar a la empleada para descargar las cosas. Las sacó y las dejó tiradas en la calle, sobre la pequeña alameda, y la frazada se desató y ropas y objetos se esparcieron por el pasto. Mis tíos comentaron después que con semejante espectáculo todo el vecindario se habría enterado de los trapitos sucios de la familia.

Pocos días después, al llegar a almorzar, noté en las caras de mis tíos algo raro. ¿Qué había pasado? ¿Dónde estaba mi mamá? Me dieron la noticia con delicadeza, como hacían ellos las cosas, conscientes de que sería para mí una tremenda decepción. Se habían amistado, mi mamá había vuelto con él. Y esa tarde, a la salida del colegio, en vez de venir a Miraflores, debería ir yo también a la avenida Salaverry. Se me vino el mundo abajo. ¿Cómo podía hacer eso? ¿También me traicionaba mi mamá?

Entonces no podía entenderlo, sólo padecerlo, y de esas fugas nuestras y posteriores reconciliaciones de mis padres yo salía cada vez más amargado, sintiendo que la vida estaba llena de sobresaltos, sin ninguna compensación. ¿Por qué se amistaba mi madre cada vez con él sabiendo muy bien que, después de unos días o semanas de estar calmado, volvería, con el menor pretexto, a sus golpes e insultos? Lo hacía porque, a pesar de todo, lo quería con esa terquedad obstinada que era un rasgo de su carácter (que yo le heredaría) y porque era el marido que le había dado Dios —y una mujer como ella sólo tenía un marido hasta la consumación de los siglos, aunque la maltratara y aunque hubiera una sentencia de divorcio de por medio— y, también, porque, pese a haber trabajado en la casa Grace en Cochabamba y en Piura, mi madre había sido educada para tener un marido, para ser una ama de casa, y porque no se sentía capaz de ganarse la vida para ella y para su hijo con un trabajo independiente. Lo hacía porque le daba vergüenza que yo y ella siguiéramos mantenidos por los abuelos, que no tenían una buena situación —el abuelito jamás había podido ahorrar con esa familia tribal que vivía a sus costillas—, o pasáramos a serlo por mis tíos, que estaban tratando de hacerse una situación en Lima. Eso lo sé ahora, pero a los once o doce años de edad no lo sabía, e incluso si lo hubiera sabido tampoco lo hubiera entendido. Lo único que sabía y entendía era que, cada vez que se amistaban, yo tenía que volver al encierro, a la soledad y al miedo, y eso me fue llenando el corazón de rencor también hacia mi madre, con la que, desde entonces, no volví a estar tan unido como antes de conocer a mi padre.

Entre 1947 y 1949 nos escapamos varias veces, lo menos media docena, siempre a casa de los tíos Jorge y Gaby o Juan y Laura, que vivían también en Miraflores, y todas las veces, a los pocos días, se produjo la temida reconciliación. A la distancia qué cómicas parecen esas fugas, escondidas, recibimientos con llantos, esas camas precarias que nos armaban en las salas o en los comedores de mis tíos. Siempre había ese acarreo de maletas y bolsas, las idas y venidas, esas explicaciones incomodísimas en La Salle, a los Hermanos y a mis compañeros, de por qué súbitamente tomaba el ómnibus a Miraflores en vez del de Magdalena y luego otra vez el de Magdalena. Me había cambiado de casa ¿sí o no? Porque nadie andaba, como nosotros, mudándose y desmudándose cada cierto tiempo.

Un día —era verano, por lo que debió ser poco después de nuestra venida a Lima—, mi papá me llevó a mí solo en el auto y recogimos a dos muchachos de una esquina. Me los presentó: «Son tus hermanos.» El mayor, un año menor que yo, se llamaba Enrique, y el segundo, dos años menor, Ernesto. Este último tenía el pelo rubio y unos ojos tan claros que cualquiera lo hubiera tomado por un gringuito. Los tres estábamos confusos y no sabíamos qué hacer. Mi papá nos llevó a la playa de Agua Dulce, tomó una carpa, se sentó a la sombra, y nos envió a jugar a la arena y a bañarnos. Poco a poco fuimos entrando en confianza. Estaban en el colegio San Andrés y hablaban inglés. ¿El San Andrés no era un colegio de protestantes? No me atreví a preguntárselo. Después, a solas, mi mamá me contó que, luego de separarse de ella, mi papá se había casado con una señora alemana y que Enrique y Ernesto eran los hijos de ese matrimonio. Pero que se había separado de su esposa gringa hacía ya años, porque ella también tenía su carácter y no le aguantaba el mal humor.

No volví a ver a mis hermanos un buen tiempo. Hasta que en una de esas escapadas periódicas —esta vez estábamos refugiados donde la tía Lala y el tío Juan—, mi papá se presentó a buscarme a la salida de La Salle. Como la vez anterior, me hizo subir al Ford azul. Estaba muy serio y yo tenía mucho miedo. «Los Llosa están tramando sacarte al extranjero», me dijo. «Aprovechándose de su parentesco con el presidente. Pero se van a encontrar conmigo y veremos quién gana.» En vez de Magdalena, fuimos a Jesús María, donde frenó ante una quinta de casitas de ladrillos rojos. Me hizo bajar, tocó y entramos. Ahí estaban mis hermanos. Y su mamá, una señora rubia, que me ofreció una taza de té. «Tú te quedas aquí hasta que yo arregle las cosas», dijo mi papá. Y se fue.

Estuve allí dos días, sin ir al colegio, convencido de que nunca más vería a mi mamá. Él me había raptado y ésta sería mi casa para siempre. Me habían dado una de las camas de mis hermanos y ellos compartían la otra. En la noche me sintieron llorar y se levantaron, prendieron la luz e intentaron consolarme. Pero yo seguía llorando, hasta que la señora de la casa se apareció también, y trató de calmarme. Dos días después mi papá vino a recogerme. Se habían reconciliado y mi mamá estaba esperándome en la casita de Magdalena. Luego ella me contó que, en efecto, había pensado pedirle al presidente un puesto en algún consulado peruano en el extranjero, y que mi papá se enteró. Que me hubiera raptado, ¿no era una prueba de que me quería? Cuando mi mamá trataba de convencerme de que él me quería o de que yo debía quererlo a él pues, a pesar de todo, era mi papá, yo le guardaba aún más rencor que por las amistades.

Creo que no volví a ver a mis hermanos sino un par de veces más en ese año, y siempre por pocas horas. El año siguiente, ellos partieron con su madre a Los Ángeles, donde ella y Ernesto —Ernie ahora, pues es ciudadano norteamericano y próspero abogado— viven todavía. Enrique contrajo una leucemia cuando estaba en el colegio y tuvo una dolorosa agonía. Volvió por unos días a Lima, poco antes de morir. Fui a verlo y apenas pude reconocer, en esa figurita frágil, devastada por la enfermedad, al muchacho apuesto y deportivo de las fotografías que enviaba a Lima y que nos enseñaba a veces mi papá.

Mientras me tuvo secuestrado donde la gringa (como la llamábamos yo y mi mamá), mi papá se había presentado de manera intempestiva en casa del tío Juan. No entró. Dijo a la empleada que quería hablar con aquél y que lo esperaría en el auto. Mi padre no había vuelto a alternar con nadie de la familia desde aquel lejano día en que abandonó a mi madre en el aeropuerto de Arequipa, a fines de 1935. El tío Juan me contó tiempo después la cinematográfica entrevista. Mi padre lo esperaba sentado al volante del Ford azul y cuando el tío Juan entró, lo previno: «Estoy armado y dispuesto a todo.» Para que no cupiera duda, le mostró el revólver que llevaba en el bolsillo. Dijo que si los Llosa, aprovechando su relación con el presidente, trataban de sacarme al extranjero, tomaría represalias contra la familia. Luego, despotricó contra la educación que me habían dado, engriéndome e inculcándome que lo odiara y fomentándome mariconerías como decir que de grande sería torero y poeta. Pero su nombre estaba en juego y él no tendría un hijo maricón. Luego de esa perorata semihistérica, en la que el tío Juan no pudo colocar una frase, advirtió que mientras no se le dieran garantías de que mi madre no viajaría al extranjero conmigo, los Llosa no volverían a verme la cara. Y se marchó.

Ese revólver que le mostró al tío Juan fue un objeto emblemático de mi infancia y juventud, el símbolo de la relación que tuve con mi padre mientras viví con él. Lo oí disparar, una noche, en la casita de La Perla, pero no sé si alguna vez llegué a ver el revólver con mis propios ojos. Eso sí, lo veía sin tregua, en mis pesadillas y en mis miedos, y cada vez que oía a mi padre gritar y amenazar a mi mamá, me parecía que, en efecto, lo que decía, lo iba a hacer: sacar ese revólver y dispararle cinco tiros y matarla y matarme después a mí.

De esas fugas frustradas resultó sin embargo un contrapeso a lo que fue mi vida en la avenida Salaverry, y, luego, en La Perla: poder pasar los fines de semana en Miraflores, con mis tíos. Ocurrió luego de alguna de nuestras escapadas; en la reconciliación, mi madre consiguió que mi papá me permitiera, al terminar las clases del sábado, ir directamente de La Salle a donde la tía Lala y el tío Juan. Regresaba a la casa el lunes, luego de las clases de la mañana. Ese día y medio semanal, en Miraflores, lejos de su vigilancia, haciendo la vida normal de otros chiquillos de mi edad, se convirtió en lo más importante de la vida, el objetivo acariciado con la imaginación durante toda la semana, y ese sábado y domingo en Miraflores, una experiencia que me llenaba de ánimo y de imágenes hermosas para resistir los horrendos cinco días restantes.

No todos los fines de semana podía ir a Miraflores: sólo cuando obtenía en la libreta de notas, que recibíamos cada sábado, los calificativos de E (excelencia) o de O (óptimo). Si mis notas eran D (deficiente) o M (malo), debía regresar a pasar el fin de semana encerrado. Y había, además, los castigos que recibía por alguna otra razón y que, desde que mi padre descubrió que lo que más ilusión me hacía en el mundo era estar lejos de él, consistieron en: «Esta semana no vas a Miraflores.» Los años de 1948, 1949 y el verano de 1950 se dividieron así: de lunes a viernes en Magdalena o en La Perla y sábado y domingo, en el barrio miraflorino de Diego Ferré.

Un barrio era una familia paralela, un grupo de muchachos de la misma edad, con quienes se hablaba de deportes o se jugaba al fútbol (o a su versión en formato menor: el fulbito), se iba a nadar a la piscina y a correr olas a las playas de Miraflores, del Regatas o de La Herradura, a dar vueltas por el parque después de misa de once, a la matinée de los cines Leuro o Ricardo Palma y, finalmente, a pasear por el parque Salazar. Y con quienes, a medida que uno iba creciendo, se aprendía a fumar, a bailar y a enamorar a las chicas, las que, poco a poco, iban consiguiendo permiso de las familias para salir a las puertas de las casas a conversar con los muchachos y organizar, los sábados en la noche, fiestas en las que, bailando un bolero —de preferencia *Me gustas* de Leo Marini— los chicos les caían (se les declaraban) a las chicas de las que estaban templados (enamorados). Ellas decían «voy a pensarlo», o «sí» o «no quiero tener enamorado todavía porque mi mamá no me lo permite». Si la respuesta era «sí», uno ya tenía enamorada. En las fiestas se podía bailar con ella *cheek to cheek*, ir juntos a la matinée del domingo y, en la oscuridad, besarse. También, caminar tomados de la mano, después del helado en el Cream Rica de la avenida Larco, e ir a pedir un deseo viendo morir la tarde en el horizonte marino desde el parque Salazar. La tía Lala y el tío Juan vivían en una casita blanca de dos pisos, en el corazón de uno de los barrios más famosos de Miraflores, y Nancy y Gladys pertenecían a la promoción novísima del barrio, que tenía también sus viejos de quince, dieciocho o veinte años y gracias a mis primas me incorporé a él. Todos mis buenos recuerdos entre mis once y mis catorce años se los debo a mi barrio. Se había denominado antes «barrio alegre», pero cambió de nombre cuando los periódicos empezaron a llamar así al jirón Huatica de La Victoria (la calle de las prostitutas) y se transformó en el «barrio de Diego Ferré» o «de Colón», porque era en la intersección de ambas calles donde teníamos nuestro cuartel general.

Gladys y yo cumplíamos años el mismo día, y la tía Lala y el tío Juan hicieron una fiesta con chicos y chicas del barrio ese 28 de marzo de 1948. Recuerdo mi sorpresa al entrar y ver que había parejas bailando y que mis dos primas también sabían bailar. Y que el cumpleaños se celebraba no para jugar sino para poner discos, oír música y estar mezclados los chicos con las chicas. Estaban allí todos mis tíos y mis tías y me presentaron a algunos de los que serían después grandes amigos —Tico, Coco, Luchín, Mario, Luquen, Víctor, Emilio, el Chino— y hasta me obligaron a sacar a bailar a Teresita. Yo me moría de vergüenza y me sentía un robot, sin saber qué hacer con las manos y los pies. Pero después bailé con mis primas y otras chicas y a partir de ese día empecé a soñar románticos sueños de amor con Teresita. Fue mi primera enamorada. Inge la segunda y, la tercera, Helena. A las tres me les declaré muy formalmente. Ensayábamos la declaración antes, entre los amigos, y cada quien sugería palabras o gestos para que no hubiera pierde a la hora que uno le caía a una muchacha. Algunos preferían declararse en la matinée, aprovechando la oscuridad y haciendo coincidir la declaración con algún momento romántico de la película, al que suponían un efecto contagioso. Yo intenté este método, una vez, con Maritza, una chica muy bonita, de cabellos muy negros y piel muy pálida, y el resultado fue farsesco. Porque cuando, después de dudarlo mucho, me atreví a murmurarle al oído las palabras consabidas —«Me gustas mucho, estoy enamorado de ti. ¿Quieres estar conmigo?»—, ella se volvió a mirarme llorando como una Magdalena. Totalmente absorbida por la pantalla, apenas me había escuchado y preguntaba: «¿Qué, qué cosa?» Incapaz de retomar el hilo, sólo atiné a balbucear que qué triste era la película, ¿no?

Pero a Tere, Inge y Helena me les declaré de manera ortodoxa, bailando un bolero en una fiesta de los sábados, y a las tres les escribí poemas de amor que nunca les mostré. Pero soñaba con ellas toda la semana, contando los días que faltaban para ir a verlas y rogando que hubiera alguna fiesta ese sábado para bailar con mi enamorada *cheek to cheek*. En la matinée del domingo les cogía la mano en la oscuridad, pero no me atrevía a besarlas. Sólo las besaba jugando a la berlina, o a las prendas, cuando los amigos del barrio, que sabían que éramos enamorados, nos mandaban como castigo, si perdíamos en el juego, que nos diéramos tres, cuatro y hasta diez besos. Pero eran besos en la mejilla y eso, decía Luchín, el agrandado, no vale, porque un beso en la mejilla no era un chupete. Los chupetes se daban en la boca. Pero en ese tiempo las parejas miraflorinas de doce o trece años eran bastante arcangélicas y no muchas se atrevían a darse chupetes. Yo, desde luego, no me atrevía. Me enamoraba como los becerros de la luna —linda y misteriosa expresión que solíamos usar para definir a los muchachos templados—, pero era de una timidez enfermiza con las chicas miraflorinas.

Pasar el fin de semana en Miraflores era una aventura libérrima, la posibilidad de mil cosas entretenidas y excitantes. Ir al club Terrazas a jugar fulbito o a bañarme en la piscina, de la que habían salido grandes nadadores. Llegué a dominar bastante bien el estilo libre y una de mis frustraciones fue no haber podido entrenarme en la academia que tenía Walter Ledgard, el Brujo, como hicieron algunos muchachos miraflorinos de mi edad que resultaron luego —como Ismael Merino o el Conejo Villarán— campeones internacionales. Nunca fui muy buen futbolista, pero mi entusiasmo compensaba mi falta de destreza y uno de los días más felices de mi vida fue aquel domingo en que Toto Terry, de los grandes de nuestro barrio, me llevó al Estadio Nacional y me hizo jugar con los calichines del Universitario de Deportes contra los del Deportivo Municipal. Salir a esa enorme cancha, vistiendo el uniforme de los cremas, ¿no era lo mejor que podía pasarle a alguien en el mundo? Y que Toto Terry, la saeta rubia de la U, fuera del barrio, ¿no demostraba que el nuestro era el mejor de Miraflores? Así quedó certificado, en unas olimpiadas que organizamos varios fines de semana consecutivos, y en las que competimos con el barrio de la calle San Martín en pruebas de ciclismo, atletismo, fulbito y natación.

Los carnavales eran el mejor momento del año. Salíamos durante el día a jugar con agua, y, en las tardes, disfrazados de piratas, a los bailes de disfraces. Había tres bailes infantiles a los que no se podía faltar: el del parque de Barranco, el del Terrazas y el del Lawn Tennis. Llevábamos serpentina y chisguetes de éter y la comparsa del barrio era alegre y numerosa. Para uno de esos carnavales llegó Dámaso Pérez Prado con su orquesta. El mambo, recientísima invención caribeña, hacía furor también en Lima y hasta se había convocado un campeonato nacional de mambo en la plaza de Acho, que el arzobispo, monseñor Guevara, prohibió con amenaza de excomunión a los participantes. La llegada de Pérez Prado repletó el aeropuerto, y ahí estuve yo también con mis amigos, corriendo detrás del auto descubierto, que llevaba al hotel Bolívar, saludando a diestra y siniestra, al compositor de *El ruletero* y del *Mambo número cinco*. La tía Lala y el tío Juan se reían viéndome, apenas llegaba a la casa de Diego Ferré, los sábados a mediodía, hacer las figuras de los mambos, solo, por las escaleras y los cuartos, en preparación para la fiesta de la noche.

Teresita e Inge fueron unas enamoradas transeúntes, de pocas semanas, algo a medio camino entre el juego infantil y el enamoramiento adolescente, eso que Gide llama los escarceos anodinos del amor. Pero Helena fue una enamorada formal y estable, de largo tiempo, expresión que quería decir algunos meses o acaso un año. Era íntima amiga de Nancy y su compañera de clase en el colegio de La Reparación. Vivía en una quinta de casitas color ocre, en Grimaldo del Solar, sitio algo apartado de Diego Ferré, en el que había también un barrio. Que un forastero viniera a enamorar a las chicas del propio lugar no era bien visto, constituía una violación del espacio territorial. Pero yo estaba muy enamorado de Helena y, apenas llegado a Miraflores, corría a la quinta de Grimaldo del Solar para verla aunque fuera de lejos, en la ventana de su casa. Iba con Luchín y mi tocayo Mario, que enamoraban a Ilse y a Lucy, vecinas de Helena. Con suerte, podíamos conversar con ellas un momento, en la puerta de sus casas. Pero los chicos de ese barrio se acercaban a insultarnos o tirarnos piedrecitas, y una de esas tardes tuvimos que trompearnos, porque pretendieron expulsarnos del lugar.

Helena era rubia, de ojos claros, con unos dientes muy bonitos y risa muy alegre. Yo la echaba mucho de menos en las soledades de La Perla, en esa casita aislada en medio de un vasto descampado a la que nos mudamos, en 1948. Mi padre, además de la International News Service, donde trabajaba, compraba terrenos, construía y vendía luego las casas, y ésa fue para él, durante varios años, creo, una importante fuente de ingresos. Lo digo de manera dubitativa porque su situación económica, como buena parte de su vida, era para mí un misterio. ¿Ganaba bien? ¿Ahorraba mucho? La sobriedad de su existencia era extrema. Jamás salía a un restaurante ni mucho menos, por supuesto, a esas *boîtes* —La Cabaña, el Embassy o el Grill del Bolívar— a las que iban a bailar a veces mis tíos los sábados en la noche. Sin duda irían él y mi mamá al cine alguna vez, pero yo no recuerdo tampoco que lo hicieran, o tal vez lo hacían los fines de semana que yo pasaba en Miraflores. De lunes a viernes él volvía de la oficina entre las siete y las ocho, y después de la comida se ponía a oír la radio, por una o dos horas, antes de acostarse. Creo que los programas cómicos de Teresita Arce, *La Chola Purificación Chauca*, en Radio Central, eran la única diversión de la casa, unos programas en los que él siempre se reía. Y mi mamá y yo nos reíamos también, al unísono con nuestro amo y señor. La casita de La Perla la había construido él mismo, con un maestro de obras. A fines de los cuarenta, La Perla era un gigantesco descampado. Sólo en la avenida de Las Palmeras y en la avenida Progreso había construcciones. El resto del sector, comprendido entre esa escuadra de calles y la Costanera, eran manzanas y manzanas trazadas a cordel, con alumbrado y veredas, pero vacías de casas. La nuestra fue una de las primeras de la zona y el año y medio o dos que estuvimos allí, vivimos en un páramo. Hacia Bellavista, a unas cuadras, había una ranchería con una de esas bodegas que en el Perú llaman aún los «chinos», y en el otro extremo, ya cerca del mar, la comisaría. Mi mamá tenía miedo de estar sola allá todo el día, por el aislamiento del lugar. Y, una noche, en efecto, se oyeron pasos en el techo y mi padre salió al encuentro del ladrón. Desperté oyéndolo gritar y fue entonces cuando oí los dos tiros al aire del mítico revólver, que disparó para ahuyentar al intruso. Para entonces ya vivía con nosotros la Mamaé, pues recuerdo la cara asustada de la viejecita, en camisón, en el frío pasillo de baldosas negras y blancas que separaba nuestros cuartos.

Si en la casita de la avenida Salaverry carecía de amigos, en La Perla mi vida fue la de un hongo. Iba y venía de La Salle en el urbanito Lima-Callao, que tomaba en la avenida Progreso, y me bajaba en la avenida Venezuela, de donde tenía varias cuadras de caminata hasta el colegio. Me pusieron medio interno, de manera que almorzaba en La Salle. Al volver a La Perla, a eso de las cinco, y como aún faltaba mucho para el regreso de mi padre, salía a los descampados y me iba pateando una pelota hasta la comisaría o el acantilado y volvía, y ésa era mi diaria diversión. Miento: la importante era pensar en Helena y escribirle cartas y poemas de amor. Escribir esos poemas era otra de esas maneras secretas de resistir a mi padre, pues sabía cuánto le irritaba que yo escribiera versos, algo que él asociaba con la excentricidad, la bohemia y lo que más podía horrorizarlo: la mariconería. Supongo que, para él, si tenían que escribirse versos, algo que no estaba demostrado en absoluto —en la casa no había un solo libro, ni de versos ni de prosa, fuera de los míos, y a él nunca lo vi leer otra cosa que el periódico—, debían escribirlos las mujeres. Que los hombres hicieran eso lo desconcertaba, le parecía una manera extravagante de perder el tiempo, un quehacer incompatible con los pantalones y los huevos.

Pues yo leía muchos versos y me los aprendía de memoria —Bécquer, Chocano, Amado Nervo, Juan de Dios Peza, Zorrilla— y los escribía, antes y después de las tareas, y algunas veces me atrevía a leérselos, los fines de semana, a la tía Lala, al tío Juan o al tío Jorge. Pero nunca a Helena, inspiradora e ideal destinataria de esas efusiones retóricas. Que mi papá pudiera reñirme si me descubría haciendo poemas, rodeaba el escribir poesía de un aura peligrosa, y eso, por supuesto, me enardecía mucho. Mis tíos estaban encantados de que yo estuviera con Helenita, y el día que mi mamá la conoció, en casa de la tía Lala, quedó también prendada: qué chiquilla tan linda y tan simpática. Muchas veces la oiría lamentarse, años después, de que habiendo podido casarse con alguien como Helenita, hubiera hecho su hijo las locuras que hizo.

Helena fue mi enamorada hasta que entré al Colegio Militar Leoncio Prado, en el tercero de media, días después de cumplir los catorce años. Y fue también la última enamorada —con lo formal, serio y puramente sentimental que eso significaba— que tuve. (Lo que vino después, en el dominio amoroso, fue más complicado y menos presentable.) Y por lo enamorado que estaba de Helena me atreví un día a falsificar la libreta de notas. Mi profesor en el segundo año de secundaria, en La Salle, era un laico, Cañón Paredes, con quien siempre me llevé mal. Y uno de esos fines de semana me entregó la libreta de notas con la ignominiosa D de deficiente. Debía, pues, regresar a La Perla. Pero la idea de no ir al barrio, de no ver a Helena una semana más era intolerable y partí a Miraflores. Allí cambié la D por una O de óptimo, creyendo que el fraude pasaría inadvertido. Cañón Paredes lo descubrió, días después, y sin decirme nada hizo que el director convocara a mi padre al colegio.

Lo que sucedió entonces todavía me llena de vergüenza cuando, de pronto, el inconsciente me resucita esas imágenes. Luego de uno de los recreos, en la formación para volver a las aulas, vi aparecer, a lo lejos, acompañado del Hermano Agustín, el director, a mi papá. Se acercaba a la fila y yo comprendí que sabía todo y que las iba a pagar. Me lanzó un bofetón que electrizó a las decenas de muchachos. Luego, cogiéndome de una oreja, me arrastró hasta la dirección, donde volvió a pegarme, ante el Hermano Agustín, quien trataba de apaciguarlo. Imagino que gracias a esa paliza el director se compadeció y no me expulsó del colegio, como la falta merecía. El castigo fue varias semanas sin ir a Miraflores.

En octubre de 1948, el golpe militar del general Odría derrocó al gobierno democrático y el tío José Luis partió al exilio. Mi padre celebró el golpe como una victoria personal: los Llosa ya no podrían jactarse de tener un pariente en la presidencia. Desde que nos vinimos a Lima, no recuerdo haber oído hablar de política, ni en casa de mis padres, ni en las de mis tíos, salvo alguna frase suelta y al paso contra los apristas, a los que todos los que me rodeaban parecían considerar unos facinerosos (en esto mi progenitor coincidía con los Llosa). Pero la caída de Bustamante y la subida del general Odría sí fue objeto de exultantes monólogos de mi padre celebrando el acontecimiento, ante la cara tristona de mi madre, a quien le oí, en esos días, preguntarse dónde se podría enviarles una cartita «a los pobres José Luis y María Jesús (a los que los militares habían despachado a la Argentina) sin que se entere tu papá».

El abuelito Pedro renunció a la prefectura de Piura el mismo día del golpe militar, empaquetó a su tribu —la abuela Carmen, la Mamaé, Joaquín y Orlando— y se la trajo a Lima. Los tíos Lucho y Olga se quedaron en Piura. Aquella prefectura fue el último trabajo estable del abuelo. Comenzaría entonces, para él, que era todavía fuerte y lúcido a sus sesenta y cinco años, un largo vía crucis, la lenta inmersión en la mediocridad de la rutina y la pobreza, que él nunca se cansó de combatir, buscando trabajo a diestra y siniestra, consiguiendo a veces, por una temporada, una auditoría o una liquidación que le encomendaba un banco, o pequeñas gestiones ante entidades administrativas, que lo llenaban de ilusión, lo arrancaban de la cama desde el amanecer a alistarse muy de prisa y a esperar impaciente la hora de partir a «su trabajo» (aunque éste consistiera sólo en hacer cola en un ministerio para conseguir el sello de un burócrata). Miserables y mecánicos, esos trabajitos lo hacían sentirse vivo, y le aliviaban la tortura que era para él vivir de las mensualidades que le pasaban sus hijos. Más tarde, cuando —yo sé que como una protesta de su cuerpo contra esa tremenda injusticia de no conseguir un empleo siendo todavía capaz, de sentirse condenado a una vida inútil y parasitaria— tuvo su primer derrame cerebral y ya no volvió a conseguir ni siquiera esos pasajeros encargos, la inactividad lo enloquecía. Se lanzaba a las calles, a caminar de un lado a otro, muy de prisa, inventándose quehaceres. Y mis tíos procuraban confiarle algo, cualquier trámite, para que no se sintiera un viejo inservible.

El abuelo Pedro no andaba tomando en brazos a sus nietos y comiéndoselos a besos. Los niños lo aturdían y, a veces, en Bolivia, en Piura y luego en las casitas de Lima donde vivió, cuando sus nietos y bisnietos hacían mucha bulla, los mandaba callar. Pero fue el hombre más bueno y generoso que he conocido y a su recuerdo suelo recurrir cuando me siento muy desesperado de la especie y proclive a creer que la humanidad es, a fin de cuentas, una buena basura. Ni siquiera en la última etapa, esa vejez pobrísima, perdió la compostura moral que siempre tuvo, y que, a lo largo de su prolongada existencia, lo hizo respetar siempre ciertos valores y reglas de conducta, que tenían que ver con una religión y unos principios que en su caso no fueron nunca frívolos o mecánicos. Ellos decidieron todos los actos importantes de su vida. Si no hubiera ido cargando por el mundo todos esos seres desamparados que mi abuelita Carmen recogía, y adoptándolos —adoptándonos, ya que él fue mi verdadero padre los primeros diez años de mi vida, quien me crió y alimentó—, acaso no hubiera llegado a la vejez pobre de solemnidad. Pero tampoco si hubiera robado, o calculado su vida con frialdad, si hubiera sido menos decente en todo lo que hizo. Creo que su gran preocupación en la vida fue obrar de tal manera que la abuelita Carmen no se enterara de que lo malo y lo sucio forman parte también de la existencia. Lo consiguió sólo a medias, claro está, aunque en esto lo ayudaron sus hijos, pero logró evitarle muchos sufrimientos y aliviarle considerablemente los que no pudo impedir. A esta meta dedicó su vida y la abuelita Carmen lo supo, y por eso, en su relación matrimonial, fueron lo más felices que puede ser una pareja en esta vida donde, tan a menudo, la palabra felicidad parece obscena.

A mi abuelo le decían gringo, de joven, porque al parecer tenía los cabellos rubios. Yo, desde mis primeros recuerdos, lo veo con los ralos cabellos blancos, la cara colorada y esa gran nariz que es atributo de los Llosa, como caminar con las puntas de los pies muy separadas. Sabía muchos poemas de memoria, ajenos y algunos suyos, que me enseñó a memorizar. Que yo escribiera versos de chico lo divertía, y que después aparecieran escritos míos en los periódicos lo entusiasmaba, y que yo llegara a publicar libros lo llenó de satisfacción. Aunque estoy seguro de que, a él, como a mi abuelita Carmen, quien me lo dijo, también debió espantarlo que esa primera novela mía, *La ciudad y los perros*, que les mandé desde España apenas salió, estuviera llena de palabrotas. Porque él fue siempre un caballero y los caballeros no dicen nunca —y menos escriben— palabrotas.

En 1956, al ganar Manuel Prado las elecciones y asumir el poder, el flamante ministro de gobierno, Jorge Fernández Stoll, citó al abuelo a su despacho y le preguntó si aceptaría ser prefecto de Arequipa. Nunca vi al abuelo tan feliz. Iba a trabajar, a dejar de depender de sus hijos. Volvería a Arequipa, su tierra querida. Redactó un discurso de toma de posesión del cargo con mucho cuidado y nos lo leyó, en el comedorcito de la calle Porta. Lo aplaudimos. Él sonreía. Pero el ministro no volvió a llamarlo ni a devolver sus llamadas y sólo mucho después le hizo saber que el APRA, aliada de Prado, lo había vetado por su parentesco con Bustamante y Rivero. Fue un golpe durísimo, pero nunca le oí reprochárselo a nadie.

Cuando renunció a la prefectura de Piura, los abuelos vinieron a vivir a un departamento de la avenida Dos de Mayo, en Miraflores. Era un lugar pequeño y estuvieron allí bastante incómodos. Poco después la Mamaé se mudó con nosotros, a La Perla. No sé cómo consintió mi padre que alguien tan visceralmente representativo de la familia que detestaba se incorporase a su hogar. Tal vez lo decidió el saber que de este modo mi madre tendría compañía las largas horas que él pasaba en la oficina. La Mamaé permaneció con nosotros mientras vivimos en La Perla.

Se llamaba, en verdad, Elvira, y era prima de la abuelita Carmen. Había quedado huérfana de niña y, en la Tacna de fines del siglo XIX, la habían adoptado mis bisabuelos, quienes la educaron como una hermana de su hija Carmen. De adolescente estuvo de novia con un oficial chileno. Cuando ya se iba a casar —la leyenda familiar decía que con el vestido de novia hecho y los partes del matrimonio repartidos—, algo ocurrió, de algo se enteró, y rompió el noviazgo. Desde entonces siguió siendo señorita y sin compromiso, hasta los ciento cuatro años de edad en que murió. Nunca se separó de mi abuelita, a la que siguió a Arequipa cuando ésta se casó, y luego a Bolivia, a Piura y a Lima. Ella crió a mi madre y a todos los tíos, quienes la bautizaron Mamaé. Y también me crió a mí y a mis primas, y hasta llegó a tener en brazos a mis hijos y a los de ellas. El secreto de por qué rompió con su novio —qué dramático episodio la hizo elegir la soltería para siempre jamás— se lo llevaron a la tumba ella y la abuela, las únicas que sabían los pormenores. La Mamaé fue siempre una sombra tutelar en la familia, la mamá segunda de todos, la que pasaba las noches en vela junto a los enfermos y hacía de niñera y chaperona, la que cuidaba la casa cuando todos salían y la que nunca protestaba ni se quejaba y a todos quería y engreía. Sus diversiones eran oír la radio cuando los otros la oían, releer los libros de su juventud mientras le dieron los ojos, y, por supuesto, rezar e ir a la misa dominical con puntualidad.

Fue para mi madre una gran compañía, allí en La Perla, una gran alegría para mí tenerla en casa, y también alguien cuya presencia moderaba en algo las furias de mi padre. Alguna vez, en esos ataques con insultos y golpes, la Mamaé salía, menudita, arrastrando sus pies, con las manos juntas, a implorarle —«Ernesto, por piedad», «Ernesto, por lo que más quiera»—, y él solía hacer un esfuerzo y aquietarse delante de ella.

A fines de 1948, cuando habíamos dado ya los exámenes finales del primero de media —hacia principios o mediados de diciembre—, algo me ocurrió en La Salle que tuvo un demorado pero decisivo efecto en mis relaciones con Dios. Éstas habían sido las de un niño que creía y practicaba todo lo que le habían enseñado en materia de religión, y para quien la existencia de Dios y la naturaleza verdadera del catolicismo era tan evidente que ni siquiera se le pasaba por la cabeza la sombra de una duda al respecto. Que mi padre se burlara de lo beatos que éramos yo y mi mamá sólo sirvió para confirmar esa certidumbre. ¿No era normal que alguien que a mí me parecía la encarnación de la crueldad, el mal hecho hombre, fuera incrédulo y apóstata?

No recuerdo que los Hermanos de La Salle nos abrumaran con clases de catecismo y prácticas piadosas. Teníamos un curso de religión —el que nos dio el Hermano Agustín, en segundo de media, era tan entretenido como sus lecciones de historia universal y a mí me incitó a comprarme una Biblia—, la misa de los domingos y alguno que otro retiro en el año, pero nada que se pareciera a esos colegios célebres por el rigor de su instrucción religiosa como La Inmaculada o La Recoleta. Alguna vez los Hermanos nos hacían llenar cuestionarios para averiguar si habíamos sentido el llamado de Dios, y yo respondía siempre que no, que mi vocación era ser marino. Y, en verdad, nunca experimenté, como alguno de mis compañeros, crisis y sobresaltos religiosos. Recuerdo la sorpresa que fue, en mi barrio, ver una noche que uno de mis amigos se echaba de pronto a llorar a sollozos, y cuando Luchín y yo, que lo calmábamos, le preguntamos qué le ocurría, oírle balbucear que lloraba por lo mucho que los hombres ofendían a Dios.

No pude ir a recoger la libreta de notas, ese fin de año de 1948, por alguna razón. Fui al día siguiente. El colegio estaba sin alumnos. Me entregaron mi libreta en la dirección y ya partía cuando apareció el Hermano Leoncio, muy risueño. Me preguntó por mis notas y mis planes para las vacaciones. Pese a su fama de viejito cascarrabias, al Hermano Leoncio, que solía darnos un coscacho cuando nos portábamos mal, todos lo queríamos, por su figura pintoresca, su cara colorada, su rulo saltarín y su español afrancesado. Me comía a preguntas, sin darme un intervalo para despedirme, y de pronto me dijo que quería mostrarme algo y que viniera con él. Me llevó hasta el último piso del colegio, donde los Hermanos tenían sus habitaciones, un lugar al que los alumnos nunca subíamos. Abrió una puerta y era su dormitorio: una pequeña cámara con una cama, un ropero, una mesita de trabajo, y en las paredes estampas religiosas y fotos. Lo notaba muy excitado, hablando de prisa, sobre el pecado, el demonio o algo así, a la vez que escarbaba en su ropero. Comencé a sentirme incómodo. Por fin sacó un alto de revistas y me las alcanzó. La primera que abrí se llamaba *Vea* y estaba llena de mujeres desnudas. Sentí gran sorpresa, mezclada con vergüenza. No me atrevía a alzar la cabeza, ni a responder, pues, hablando siempre de manera atropellada, el Hermano Leoncio se me había acercado, me preguntaba si conocía esas revistas, si yo y mis amigos las comprábamos y las hojeábamos a solas. Y, de pronto, sentí su mano en mi braccia. Trataba de abrírmela a la vez que, con torpeza, por encima del pantalón me frotaba el pene. Recuerdo su cara congestionada, su voz trémula, un hilito de baba en su boca. A él yo no le tenía miedo, como a mi papá. Empecé a gritar «¡Suélteme, suélteme!» con todas mis fuerzas y el Hermano, en un instante, pasó de colorado a lívido. Me abrió la puerta y murmuró algo como «pero, por qué te asustas». Salí corriendo hasta la calle.

¡Pobre Hermano Leoncio! Qué vergüenza pasaría él también, luego del episodio. Al año siguiente, el último que estuve en La Salle, cuando me lo cruzaba en el patio, sus ojos me evitaban y había incomodidad en su cara.

A partir de entonces, de una manera gradual, fui dejando de interesarme en la religión y en Dios. Seguía yendo a misa, confesándome y comulgando, e incluso rezando en las noches, pero de una manera cada vez más mecánica, sin participar en lo que hacía, y, en la misa obligatoria del colegio, pensando en otra cosa, hasta que un día me di cuenta de que ya no creía. Me había vuelto un descreído. No me atrevía a decírselo a nadie, pero, a solas, me lo decía, sin vergüenza y sin temor. Sólo en 1950, al entrar al Colegio Militar Leoncio Prado, me atreví a desafiar a la gente que me rodeaba con el exabrupto: «Yo no creo, soy un ateo.»

El episodio aquel con el Hermano Leoncio, además de irme desinteresando de la religión, aumentó el asco que sentía por el sexo desde aquella tarde en el río Piura en que mis amigos piuranos me revelaron cómo se fabricaban a los bebes y cómo venían éstos al mundo. Era un asco que ocultaba muy bien, pues tanto en La Salle como en mi barrio hablar de cachar era un signo de virilidad, una manera de dejar de ser niño y pasar a hombre, algo que yo deseaba tanto como mis compañeros y acaso más que ellos. Pero aunque hablara también de cachar y me jactara, por ejemplo, de haber espiado a una muchacha mientras se desvestía y habérmela corrido, esas cosas me repugnaban. Y cuando, alguna vez, para no quedar mal lo hacía —como una tarde, en que bajamos por el acantilado con media docena de chicos del barrio a celebrar un concurso de pajas ante el mar de Miraflores, que ganó el astronáutico Luquen— me quedaba después un disgusto de días.

Enamorarse no tenía que ver para mí, entonces, absolutamente nada con el sexo: era ese sentimiento diáfano, desencarnado, intenso y puro que sentía por Helena. Consistía en soñar mucho con ella y fantasear que nos habíamos casado y viajábamos por sitios bellísimos, en escribirle versos e imaginar apasionadas situaciones heroicas, en las que yo la salvaba de peligros, la rescataba de enemigos, la vengaba de ofensores. Ella me premiaba con un beso. Un beso «sin lengua»: habíamos tenido una discusión al respecto con los chicos del barrio y yo defendí la tesis de que a la enamorada no se podía besarla «con lengua»; eso sólo a los plancitos, a las huachafitas, a las de medio pelo. Besar «con lengua» era como manosear, y ¿quién que no fuera el peor de los degenerados iba a manosear a una chica decente?

Pero si el sexo me asqueaba, participaba en cambio de la pasión de los amigos del barrio por andar bien vestido, calzado y, si hubiera sido posible, con esos anteojos Ray Ban que volvían a los muchachos irresistibles para las chicas. Mi papá no me compraba jamás ropa, pero mis tíos me regalaban los ternos que les quedaban chicos o pasaban de moda, y un sastre de la calle Manco Cápac les daba la vuelta y me los arreglaba, de modo que yo andaba siempre bien vestido. El problema era que, al dar el sastre la vuelta a los ternos, quedaba una costura visible en el lado derecho del saco, donde había estado el bolsillo para el pañuelo, y yo insistía cada vez, con el maestro, para que hiciera un zurcido invisible y desapareciera el rastro de ese bolsillo que podía hacer maliciar a la gente que mi terno era heredado y volteado.

En cuanto a las propinas, el tío Jorge y el tío Juan, y a veces el tío Pedro —que luego de recibirse había partido a trabajar en el Norte, como médico de la hacienda San Jacinto— me regalaban cinco, y luego diez soles cada domingo, y con eso tenía de sobra para la matinée, los cigarrillos Viceroy que comprábamos sueltos, o para tomarnos una copita de «capitán» —mezcla de vermouth y pisco— con los chicos del barrio antes de las fiestas de los sábados, en las que sólo servían refrescos. Al principio, mi papá también me daba una propina, pero desde que empecé a ir a Miraflores y a recibir dinero de mis tíos, discretamente fui renunciando a la propina paterna, despidiéndome muy rápido, antes de que me la diera: otra de las formas alambicadas de oponerme a él inventadas por mi cobardía. Debió de entenderlo porque hacia esa época, principios de 1948, no volvió a regalarme jamás un centavo.

Pero, pese a esas demostraciones de arrogancia económica, en 1949 me atreví —fue la única vez que hice algo parecido— a pedirle que me hiciera arreglar los dientes. Por tenerlos salidos me habían molestado mucho en el colegio, llamándome Conejo y burlándose de mí. No creo que me importara tanto antes, pero desde que empecé a ir a fiestas, a juntarme con chicas y a tener enamorada, que me pusieran fierros que me emparejaran los dientes, como habían hecho con algunos amigos, se convirtió en una ambición intensamente acariciada. Y, de pronto, la posibilidad se puso a mi alcance. Uno de mis amigos del barrio, Coco, era hijo de un técnico dental, cuya especialidad eran precisamente esos fierros para emparejar las dentaduras. Hablé con Coco, él con su papá, y el amable doctor Lañas me citó en su consultorio del jirón de la Unión, en el centro de Lima, y me examinó. Me pondría los fierros sin cobrar por su trabajo; debía pagarle sólo el material. Batallé entre mi soberbia y mi coquetería muchos días, antes de dar ese gran paso, al que, en el fondo, tenía por una abyecta abdicación. Pero la coquetería fue más fuerte —debió de temblarme la voz— y se lo pedí.

Dijo que bueno, que hablaría con el doctor Lañas, y tal vez llegó a hacerlo. Pero algo ocurrió antes de que empezara el tratamiento, alguna de esas tormentas domésticas o alguna escapada a casa de los tíos, y, una vez amainada la crisis y restablecida la unidad familiar, no volvió a hablarme del asunto ni yo a recordárselo. Me quedé con mis dientes de conejo y al año siguiente, en que entré al Colegio Militar Leoncio Prado, ya no me importó ser un dientón.

IV

EL FRENTE DEMOCRÁTICO

Luego de los Encuentros por la Libertad de agosto y setiembre de 1987, partí a Europa, el 2 de octubre, como lo hacía todos los años por esta época. Pero, a diferencia de otros, esta vez llevaba conmigo, bien metido en el cuerpo pese a las iras y apocalípticas profecías de Patricia, el morbo de la política. Antes de partir de Lima, en una exposición televisada para agradecer a quienes me acompañaron en las movilizaciones contra la estatización, dije que regresaba «a mi escritorio y a mis libros», pero nadie me lo creyó, empezando por mi mujer. Yo tampoco me lo creí.

En esos dos meses que estuve en Europa, mientras asistía al estreno de mi obra *La Chunga*, en un teatro de Madrid, o garabateaba los borradores de mi novela *Elogio de la madrastra* bajo la cúpula con luceros del Reading Room del Museo Británico (a un paso del cubículo donde Marx escribió buena parte de *El capital*), la cabeza se me iba con frecuencia de las fantasías de los Inconquistables o de las ceremonias eróticas de don Rigoberto y doña Lucrecia a lo que ocurría en el Perú.

Mis amigos —los viejos y los nuevos, de los días de la movilización— se reunían, en mi ausencia, de manera periódica, para hacer planes, dialogaban con los dirigentes de los partidos, y cada domingo Miguel Cruchaga me hacía informes detallados y eufóricos que, infaliblemente, disparaban a mi mujer hacia la rabieta o el válium. Porque desde las primeras encuestas yo aparecía como una figura popular, con intenciones de voto, en caso de una eventual candidatura, de cerca de un tercio del electorado, el más alto porcentaje entre los presuntos aspirantes a la presidencia para aquella elección, todavía lejana, de 1990.

Pero lo que más alegraba a Miguel era que la presión de opinión pública a favor de una gran alianza democrática, bajo mi liderazgo, le parecía incontenible. Era algo sobre lo que Miguel y yo habíamos divagado, en nuestras conversaciones, como un ideal remoto. De pronto, se hizo verosímil, y dependía de mi decisión.

Era cierto. Desde el mitin de la plaza San Martín, y debido a su gran éxito, en los diarios, la radio, la televisión y en todas partes comenzó a hablarse de la necesidad de una alianza de las fuerzas democráticas de oposición para enfrentarse al APRA y a la Izquierda Unida en las elecciones de 1990. De hecho, los militantes de Acción Popular y del Partido Popular Cristiano se habían confundido en la plaza, aquella noche, con los independientes. También en Piura y Arequipa. En las tres manifestaciones yo hice aplaudir a esos partidos y a sus líderes por oponerse al proyecto estatizador.

Esta oposición había sido inmediata en el caso del Popular Cristiano y algo tibia al principio en el de Acción Popular. Su líder, el ex presidente Belaunde, presente en el Congreso el día del anuncio, hizo una declaración cautelosa, temiendo tal vez que la estatización tuviera mucho respaldo. Pero en los días siguientes, en consonancia con la reacción de amplios sectores, sus pronunciamientos fueron cada vez más críticos y sus partidarios concurrieron en masa a la plaza San Martín.

La presión de los medios de comunicación no apristas y del público en general, en cartas, llamadas y declaraciones, para que nuestra movilización cuajara en una alianza con miras a 1990, fue enorme en las semanas que siguieron a los Encuentros por la Libertad y continuó mientras yo estaba en Europa. Miguel Cruchaga y mis amigos coincidían en que yo debía tomar la iniciativa para materializar aquel proyecto, aunque discrepaban sobre el calendario. Freddy creía prematuro que volviera a Lima de inmediato. Temía que, en los tres años por delante hasta el cambio presidencial, mi flamante imagen pública se gastara. Pero si iba a actuar en política era indispensable viajar mucho por el interior del país, donde apenas me conocían. Así que, después de barajar muchas fórmulas, en discusiones telefónicas que nos costaban un ojo de la cara, decidimos que volviera a comienzos de diciembre, y por Iquitos.

La elección de la capital de la Amazonía peruana, como puerta de entrada al Perú, no fue gratuita. Durante la lucha contra la nacionalización, luego de los mítines de Lima, Arequipa y Piura, planeamos un cuarto en Loreto, de donde recibí pedidos para hacerlo. El APRA y el gobierno desencadenaron entonces contra mí, en Iquitos, una campaña descomunal, y, *strictu senso*, literaria. Consistió en denunciarme por las radios y el canal estatal como difamador de la mujer loretana, por mi novela *Pantaleón y las visitadoras*, situada en Iquitos, de la que se reproducían párrafos y páginas que se repartían en octavillas o se leían en los medios, acusándome de llamar a todas las loretanas «visitadoras» y de describir sus enardecidas proezas sexuales. Hubo un desfile de madres con crespones negros y el APRA convocó a todas las embarazadas de la ciudad a tenderse en la pista de aterrizaje para impedir que se posara el avión en el que llegaba «el sicalíptico calumniador que pretende ensuciar el suelo loretano» (cito uno de los volantes). Para remate, resultó que en la única radio de oposición loretana, el periodista que me defendía (con un lenguaje parecido al de mi personaje novelesco el Sinchi) creyó que la mejor manera de hacerlo era mediante una apasionada apología de la prostitución, a la que dedicó varios programas. Todo esto nos hizo temer un fiasco o, tal vez, un grotesco aquelarre, y desistimos de aquel mitin.

Pero ahora que volvía al Perú con intenciones políticas de largo alcance, convenía enfrentar de entrada al toro loretano y saber a qué atenernos. Miguel Cruchaga y Freddy Cooper fueron a la selva a preparar mi llegada. Yo viajé allí, vía Miami, solo, pues Patricia, en protesta contra estos amagos proselitistas, se negó a acompañarme. Me recibió en el aeropuerto de Iquitos una pequeña pero cordial concurrencia y, al día siguiente, 13 de diciembre, en el auditorio repleto del colegio San Agustín, hablé de mi relación con la Amazonía y de lo mucho que a esa región debían mis novelas, en especial la difamada *Pantaleón y las visitadoras*. Las loretanas, que eran la gran mayoría de mis oyentes, mostraron mejor humor que mis adversarios, riéndose con mis anécdotas sobre aquella ficción (y, dos años y medio después, votando masivamente por mí en las elecciones generales, pues fue en Loreto donde alcancé la mayor votación en el país).

La escala loretana transcurrió sin incidentes, en medio de una cálida atmósfera, y el único imprevisto fue el colerón de Freddy Cooper, al levantarse esa medianoche en el hotel de Turistas donde pernoctamos y descubrir que todos los guardaespaldas encargados de la seguridad se habían ido al burdel.

Apenas llegué a Lima, el día 14 de diciembre, comencé a trabajar en la forja de ese Frente Democrático, al que los periodistas rebautizarían con el horrible apócope de Fredemo (que Belaunde y yo nos negamos siempre a usar).

Fui a visitar, por separado, a los líderes de Acción Popular y del Partido Popular Cristiano y tanto Fernando Belaunde como Luis Bedoya Reyes se mostraron favorables a la idea del Frente. Tuvimos muchas reuniones, llenas de perífrasis, para despejar los obstáculos que conspiraban contra la alianza. Bedoya era mucho más entusiasta que Belaunde, pues éste tenía que hacer frente a una tenaz oposición de muchos de sus amigos y correligionarios, empeñados en que él fuera, una vez más, el candidato y de que Acción Popular se presentara sola a las elecciones. Belaunde esquivaba esas presiones, a poquitos, con su soberbio buen oficio, pero sin alegría, temeroso, sin duda, de que, al sentir que él pasaba a los cuarteles de invierno, su partido, tan ligado a su persona, se desintegrara.

Por fin, luego de muchos meses de negociaciones en las que, a menudo, yo me sentía asfixiado por su bizantinismo, acordamos constituir una comisión tripartita encargada de echar las bases de la alianza. Tres delegados representaron en ella a AP, tres al PPC y otros tres a los «independientes», cuya personería se me reconoció y para los cuales optamos por una designación de algo todavía inexistente: el Movimiento Libertad. Los tres delegados que designé por Libertad —Miguel Cruchaga, Luis Bustamante Belaunde y Miguel Vega Alvear— constituirían luego, con Freddy Cooper y conmigo, el primer Comité Ejecutivo de ese movimiento que empezamos a crear, a toda prisa, en esos días finales de 1987 y primeros de 1988, a la vez que organizábamos el Frente Democrático.

Se me ha reprochado mucho la alianza con dos partidos que ya habían estado en el poder (en buena parte de los dos gobiernos de Belaunde Terry, Bedoya Reyes había sido su aliado). Esa alianza, dicen los críticos, restó frescura y novedad a mi candidatura e hizo que ella apareciera como una maquinación de los viejos políticos de la derecha peruana para recuperar el poder a través de interpósita persona. «¿Cómo podía el pueblo peruano creer en el "gran cambio" que usted ofrecía», me han dicho, «si iba del brazo con quienes gobernaron entre 1980 y 1985, sin cambiar nada de lo que andaba mal en el Perú? Al ir con Belaunde y con Bedoya usted se suicidó».

Supe desde el principio los riesgos de esa alianza, pero decidí correrlos por dos razones. Era tanto lo que había que reformar en el Perú que, para hacerlo, se requería una ancha base popular. AP y PPC tenían influencia en sectores significativos y ambos lucían impecables credenciales democráticas. Si vamos separados a las elecciones, pensaba, la división del voto del centro y de la derecha dará la victoria a la Izquierda Unida o al APRA. La mala imagen de los viejos políticos se puede borrar con un plan de reformas profundas que no tendrán nada que ver con el populismo de AP ni el conservadurismo del PPC, sino con un liberalismo radical nunca antes postulado en el Perú. Son estas ideas las que darán novedad y frescura al Frente.

De otro lado, temía que tres años no fueran suficientes, en un país con las dificultades del nuestro —amplias zonas afectadas por el terrorismo, pésimos o inexistentes caminos, deficientísimos medios de comunicación— para que una organización nueva, de gentes inexpertas, como el Movimiento Libertad, armase una organización con ramificaciones por todas las provincias y distritos para competir con el APRA, que, además de su buena organización, contaría esta vez con todo el aparato del Estado, y contra una izquierda fogueada en varios procesos electorales. Por disminuidos que estén, razonaba, AP y PPC cuentan con una infraestructura nacional, indispensable para ganar la elección.

Ambos cálculos fueron bastante errados. Es verdad que yo y mis amigos, disputándonos a veces como perros y gatos con los aliados, sobre todo con Acción Popular, conseguimos que el programa de gobierno del Frente fuera liberal y radical. Pero, a la hora de la votación, esto pesó menos en los sectores populares que la presencia entre nosotros de caras y nombres que habían perdido credibilidad por su actuación política pasada. Y, de otro lado, fue candoroso de mi parte creer que los peruanos votarían por ideas. Votaron, como se vota en una democracia subdesarrollada, y, a veces, en las avanzadas, por imágenes, mitos, pálpitos, o por oscuros sentimientos y resentimientos sin mayor nexo con la razón.

El segundo supuesto era aún más equivocado que el primero. Ni Acción Popular ni el Popular Cristiano tenían en ese momento una sólida organización *nacional*. El PPC no la tuvo nunca. Partido pequeño, sobre todo de clase media, fuera de Lima contaba apenas con unos cuantos comités en las capitales de departamentos y de provincias y escasos adherentes. Y Acción Popular, pese a haber ganado dos elecciones presidenciales y haber sido, en sus mejores épocas, un partido de masas, jamás llegó a forjar una organización disciplinada y eficiente como la del APRA. Fue siempre un partido aluvional, que cristalizaba en épocas electorales alrededor de su líder y se dispersaba. Pero luego de su revés de 1985 —su candidato presidencial, el doctor Javier Alva Orlandini, obtuvo apenas algo más del seis por ciento del voto— había perdido ímpetu y entrado en lo que parecía un proceso de delicuescencia. Sus comités, donde existían, estaban conformados por ex funcionarios de gobierno, a veces de mala reputación, y muchos de ellos parecían aspirar a que el Frente triunfara para volver a las andadas.

Al fin y al cabo, resultó lo contrario de lo que yo había previsto. Los aliados no se fundieron nunca y, más bien, en muchos sitios se dedicaron a disputar entre sí, por rivalidades personales y apetitos menudos y, a veces, como en Piura, con feroces comunicados por la radio y la prensa que hacían las delicias de nuestros adversarios. Pese a nuestras carencias en lo que concierne a organización, el Movimiento Libertad resultó, tal vez, entre las fuerzas del Frente —además de AP y del PPC lo integró el SODE (Solidaridad y Democracia), una pequeña formación de profesionales— el que llegó a montar la más amplia red de comités en el país (aunque no por mucho tiempo).

La vinculación con AP y PPC no fue la razón principal de la derrota en las elecciones. Ésta se debió a varios factores y, sin duda, yo tuve mucha responsabilidad en el fracaso, por centrar toda la campaña en la defensa de un programa de gobierno, descuidar los aspectos exclusivamente políticos, denotar intransigencia y mantener, de principio a fin, una transparencia de propósitos que me volvió vulnerable a los ataques y a las operaciones de descrédito y que asustó a muchos de mis iniciales partidarios. Pero la alianza con quienes habían gobernado entre 1980 y 1985 contribuyó a que la confianza popular en el Frente —que existió a lo largo de casi toda la campaña— fuera precaria y, en un momento dado, se eclipsara.

A lo largo de esos casi tres años nos reunimos con Belaunde y con Bedoya a un ritmo de dos o tres veces al mes, al principio alternando los lugares de reunión para burlar la cacería periodística y luego, generalmente, en mi casa. Lo hacíamos en las mañanas, a eso de las diez. Bedoya llegaba infaliblemente tarde, lo que impacientaba a Belaunde, hombre puntualísimo y siempre ansioso de que las reuniones terminaran pronto para irse al club Regatas a nadar y a jugar frontón (venía, a veces, con zapatillas y raqueta).

Es difícil imaginarse a dos personas —a dos políticos— más distintas. Belaunde había nacido en 1912, en una familia de alcurnia, aunque sin fortuna, y llegaba al invierno de su vida cargado de triunfos: dos victorias presidenciales y una imagen de estadista democrático y honrado que ni sus peores adversarios le negaban. Bedoya, algo más joven, nacido en el Callao, en 1919 y de origen más humilde —su familia era de baja clase media—, había recorrido mucho camino para hacerse una posición en la vida, como abogado. Su carrera política tuvo un breve apogeo —fue un magnífico alcalde de la capital durante el primer gobierno de Belaunde, de 1964 a 1966, y reelegido de 1967 a 1969— pero, luego, nunca había podido sacudirse las etiquetas de «reaccionario», «defensor de la oligarquía» y «hombre de extrema derecha» con que lo bautizó la izquierda y fue derrotado las dos veces que postuló a la presidencia (en 1980 y 1985). Aquellas etiquetas, no ser muy buen orador y actuar a veces con precipitación, contribuyeron a que los peruanos no le permitieran nunca gobernar. Es un error que hemos pagado, sobre todo en la elección de 1985. Porque su gobierno hubiera sido menos populista que el de Alan García, más enérgico contra el terrorismo y, sin la menor duda, más honrado.

De los dos, el que tenía elocuencia y brillantez, elegancia y encanto, era Belaunde. Bedoya en cambio podía ser desacertado y prolijo, con sus largos soliloquios jurídicos que ponían fuera de sí a aquél, hombre constitutivamente alérgico a todo lo abstracto y desinteresado de ideologías y doctrinas. (La ideología de Acción Popular consistía en una forma elemental de populismo —mucha obra pública—, inspirada en el New Deal de Roosevelt, modelo de estadista para Belaunde, en eslóganes nacionalistas como «La conquista del Perú por los peruanos» y románticas alusiones al imperio de los incas y al trabajo cooperativo y comunal del hombre andino prehispánico.) Pero, de los dos, en sus tratos conmigo durante la campaña, Bedoya resultó ser el más flexible y dispuesto a hacer concesiones en favor del objetivo común. Y quien, una vez hecho un acuerdo, lo cumplía a cabalidad. Belaunde actuó siempre —conservando, eso sí, en todo momento, las buenas formas— como si sólo Acción Popular fuera el Frente y el PPC y Libertad meras comparsas. Bajo sus finísimas maneras había en él cierta vanidad, algo del caudillo acostumbrado a hacer y deshacer en su partido sin que nadie osara contradecirlo. Muy valiente, orador de espléndida retórica decimonónica, hombre de gestos llamativos —batirse a duelo, por ejemplo—, había sido uno de los animadores del Frente Democrático de 1945, que llevó a la presidencia a José Luis Bustamante y Rivero, y surgió en los finales de la dictadura del general Odría (1948-1956) como un líder reformista, empeñado en hacer cambios sociales y modernizar al Perú. Su llegada al poder en 1963 concitó enormes esperanzas. Pero su gobierno no pudo hacer gran cosa, en buena parte por el APRA y el odriísmo (que, aliados en el Congreso, donde tenían mayoría, bloquearon todos sus proyectos, empezando por la reforma agraria) y, en parte, por su indecisión y por elegir mal a sus colaboradores. El golpe militar de Velasco del año 1968 lo exilió a Estados Unidos, donde había vivido todo el tiempo de la dictadura, muy modestamente, dando clases. En su segundo gobierno, a diferencia del primero, no fue derrocado por los militares pero ése fue su mayor mérito: sobrevivir hasta las siguientes elecciones. Porque en lo demás —y, sobre todo, en política económica— fue un fracaso. Confió el premierato y la cartera de Economía sus dos primeros años a Manuel Ulloa, hombre inteligente y simpático, muy leal a él, pero frívolo hasta la irresponsabilidad. No rectificó ninguna de las catastróficas medidas de la dictadura, como la socialización de las tierras y la estatización de las empresas más importantes del país, aumentó peligrosamente el endeudamiento nacional, no se enfrentó con decisión al terrorismo cuando aún estaba en gérmenes, no pudo contener la corrupción que contaminó a gentes de su propio partido y dejó que se desatara la inflación.

Yo había votado por Belaunde todas las veces que fue candidato y, aunque consciente de sus deficiencias, defendí su segundo gobierno, pues me pareció que, luego de doce años de dictadura, la reconstrucción de la democracia era la primera prioridad. También porque quienes lo atacaban —el APRA y la Izquierda Unida— representaban peores opciones. Y, sobre todo, porque, en la persona de Belaunde, además de sus buenas lecturas y maneras, hay una decencia entrañable, con dos cualidades que siempre he admirado en él, infrecuentes en los políticos peruanos: la auténtica convicción democrática[7] y la absoluta honradez. Él es uno de los contados presidentes en nuestra historia que salió de Palacio más pobre de lo que entró. Pero el mío fue un apoyo independiente, no exento de críticas a su gobierno del que, por lo demás, nunca formé parte. Con una sola excepción, rechacé todos los cargos que me ofreció: las embajadas en Londres y en Washington, el ministerio de Educación y el de Relaciones Exteriores y, finalmente, el de primer ministro. La excepción fue aquel cargo no rentado, de un mes, cuyo recuerdo a Patricia y a mí nos provocaba pesadillas: integrar la comisión investigadora de la matanza de ocho periodistas en una remota región de los Andes —Uchuraccay—,[8] por lo que había

7. Que demostraría una vez más, ya octogenario, a partir del 5 de abril de 1992, luego del autogolpe de Alberto Fujimori, saliendo a combatir a la dictadura con resolución.
8. Véase «Sangre y mugre de Uchuraccay», en *Contra viento y marea, III*, pp. 85-226.

sido atacado de manera inmisericorde y por lo que estuve a punto de ser enjuiciado.

A mediados de su segundo gobierno, una noche, de modo intempestivo, Belaunde me hizo llamar a Palacio. Él es un hombre reservado, que, aun cuando hable mucho, no revela jamás su intimidad. Pero en aquella ocasión —tuvimos dos o tres reuniones sobre el mismo tema, en los meses siguientes— me habló de manera más personal que de costumbre y con cierta emoción, dejándome entrever asuntos que lo atormentaban. Estaba dolido con aquellos técnicos a los que había dado carta blanca en el manejo económico del país. Pues, ¿cuál había sido el resultado? La historia no los recordaría a ellos; a él, sí. Lo indignaba que algunos de sus ministros hubieran contratado a asesores con altos salarios en dólares cuando se pedía al país entero que hiciera sacrificios. Y en su tono y sus silencios había melancolía y un amargo sabor. Su preocupación inmediata eran las elecciones de 1985. Acción Popular no tendría posibilidades y el PPC tampoco, ya que Bedoya, sin restar méritos a su persona, carecía de arrastre electoral. Esto podía significar el triunfo del APRA, con Alan García en la presidencia. Las consecuencias serían negras para el país. En los años siguientes siempre recordé su vaticinio de aquella noche: «El Perú no sabe de lo que puede ser capaz ese muchacho si llega al poder.» Su idea era que esto podía evitarse si yo era candidato de AP y del PPC. De una manera suave, pero premiosa, me exhortó a entrar de una vez en la política activa —«meterse a la candela»— además de hacerlo sólo como intelectual. Creía que mi candidatura atraería al voto independiente y bromeaba: «Con un arequipeño de nacimiento y un piurano de corazón, como usted, tenemos asegurado el Norte y el Sur, la costa y la sierra del Perú.» A mis argumentos de que yo era inepto para esos menesteres (vaticinio que también confirmó el tiempo) respondía con frases halagüeñas y con una amabilidad —diría cariño, si este sustantivo no fuera tan contrapuesto a su personalidad parca, nada emotiva— que no dejó de mostrarme cuando discrepábamos, ni siquiera en los momentos más tensos de la vida del Frente Democrático, como cuando mi renuncia, por la disputa sobre las elecciones municipales, a mediados de 1989. Aquel proyecto de Belaunde no prosperó, en parte por mi propio desinterés, pero también porque no encontró eco alguno en Acción Popular ni en el Partido Popular Cristiano, que querían presentarse a las elecciones de 1985 con candidatos propios.

Bedoya, hombre de chispa y con alguna agudeza criolla siempre a flor de boca, decía que Belaunde era «un maestro quitándole el poto a la jeringa». Y, en efecto, no había manera de concretar nada con él y ni siquiera de discutirlo, cuando algún tema no le gustaba o no le convenía. Se las arreglaba siempre en esos casos para desviar la conversación, contando anécdotas de sus viajes —había recorrido el Perú de arriba abajo, a pie, a caballo, en canoa, y tenía un conocimiento enciclopédico de la geografía nacional— o de sus dos gobiernos, sin dejar un resquicio para interrupciones, y, de pronto, mirar su reloj, ponerse de pie y en un solo movimiento —«Vaya, es tardísimo»—, despedirse y desaparecer. Esas habilidades evasivas que empleaba con Bedoya y conmigo, yo vi infligírselas una noche, también, a los tres jerarcas apristas del gobierno —el primer ministro, Armando Villanueva, el presidente del Congreso, Luis Alva Castro y el senador y reliquia histórica del partido, Luis Alberto Sánchez—, que habían pedido conversar con los dirigentes del Frente Democrático con miras a una tregua política. Nos reunimos en casa del ingeniero Jorge Grieve, en San Isidro, el 12 de setiembre de 1988. Pero los apristas no tuvieron siquiera ocasión de proponernos la tregua. Porque Belaunde los enmudeció toda la noche, refiriendo pormenores de su primer gobierno, evocando viajes, personajes ya difuntos, haciendo chistes y contando anécdotas hasta que, desalentados y medio enloquecidos, los apristas se resignaron a partir.

De lo que casi no hablamos con Belaunde y con Bedoya, a lo largo de esos tres años, fue de lo que sería la política del Frente en el gobierno, de las ideas, reformas, iniciativas, para sacar al Perú de la ruina y ponerlo en el camino de la recuperación. La razón era simple: los tres sabíamos que había puntos de vista diferentes sobre el plan de gobierno y postergábamos la discusión para un después que no llegó nunca. Hablábamos de las chismografías políticas del momento y de cuál sería la nueva maquinación de Alan García, y discutíamos, cuando lográbamos que Belaunde no se escurriera del tema, sobre si el

Frente presentaría candidatos únicos en las elecciones municipales de noviembre de 1989 o si cada partido iría con sus propios candidatos.

Ya metido en la candela, en esas reuniones tripartitas hice un descubrimiento deprimente. La política real, no aquella que se lee y escribe, se piensa y se imagina —la única que yo conocía—, sino la que se vive y practica día a día, tiene poco que ver con las ideas, los valores y la imaginación, con las visiones teleológicas —la sociedad ideal que quisiéramos construir— y, para decirlo con crudeza, con la generosidad, la solidaridad y el idealismo. Está hecha casi exclusivamente de maniobras, intrigas, conspiraciones, pactos, paranoias, traiciones, mucho cálculo, no poco cinismo y toda clase de malabares. Porque al político profesional, sea de centro, de izquierda o de derecha, lo que en verdad lo moviliza, excita y mantiene en actividad es *el poder*: llegar a él, quedarse en él o volver a ocuparlo cuanto antes. Hay excepciones, desde luego, pero son eso: excepciones. Muchos políticos empiezan animados por sentimientos altruistas —cambiar la sociedad, conseguir la justicia, impulsar el desarrollo, moralizar la vida pública—, pero, en esa práctica menuda y pedestre que es la política diaria, esos hermosos objetivos van dejando de serlo, se vuelven meros tópicos de discursos y declaraciones —de esa *persona* pública que adquieren y que termina por volverlos casi indiferenciables— y, al final, lo que prevalece en ellos es el apetito crudo y a veces inconmensurable de poder. Quien no es capaz de sentir esa atracción obsesiva, casi física, por el poder, difícilmente llega a ser un político exitoso.

Era mi caso. El poder me inspiró desconfianza, incluso en mi juventud revolucionaria. Y siempre me pareció una de las funciones más importantes de mi vocación, la literatura, ser una forma de resistencia al poder, una actividad desde la cual todos los poderes podían ser permanentemente cuestionados, ya que la buena literatura muestra las insuficiencias de la vida, la limitación de todo poder para colmar las aspiraciones humanas. Era esta desconfianza hacia el poder, además de mi alergia biológica a cualquier forma de dictadura, lo que, a partir de los años setenta, me había hecho atractivo el pensamiento liberal, de un Raymond Aron, un Popper y de un Hayek, de Friedman o de Nozik, empeñado en defender al individuo contra el Estado, en descentralizar el poder pulverizándolo en poderes particulares que se contrapesen unos a otros y en transferir a la sociedad civil las responsabilidades económicas, sociales e institucionales en vez de concentrarlas en la cúpula.

Luego de casi un año de negociaciones con Acción Popular y el Partido Popular Cristiano acordamos la constitución del Frente Democrático. Se me encargó redactar la declaración de principios y Belaunde, siempre iluminado para los gestos, sugirió que fuéramos a firmarla en la cuna y baluarte del aprismo: Trujillo. Así lo hicimos, el 29 de octubre de 1988, luego de hacer mítines por separado en todo el Norte (yo fui a Chiclayo). La manifestación fue un éxito, pues cubrió tres cuartas partes de la inmensa y ordenada plaza de Armas trujillana. Pero en la Declaración de Trujillo --acto académico en que los delegados de AP, el PPC y Libertad hicieron un diagnóstico de la situación peruana— asomaron a flor de piel las pugnas recónditas del Frente. Minutos antes de empezar el acto, en el salón principal de la cooperativa Santo Domingo de Guzmán, como señal de mal agüero, una pesada mampara de metal se desplomó sobre la mesa que debíamos ocupar Belaunde, Bedoya y yo. Belaunde y yo, que ya habíamos llegado, estábamos aún de pie, esperando a Bedoya, quien recorría en caravana las calles de Trujillo. «Ya ve», le bromeé al ex presidente, «la impuntualidad del Tucán tiene su lado positivo: nos ha salvado las cabezas». Pero esta primera actuación pública de los aliados no fue nada risueña. En contra de lo acordado —unificar las barras para mostrar el espíritu fraternal de la alianza—, en nuestras apariciones públicas cada fuerza vitoreaba sólo a su líder y coreaba sus propias consignas, para mostrar que era la más numerosa. Y en la noche, apenas terminó el mitin, populistas, pepecistas y libertarios nos separamos para celebrar, cada uno, su propio mitin en su local partidario. (Como Libertad aún no tenía local, nuestro festejo fue en la calle.)

El orden de los oradores provocó tensiones. Bedoya y mis amigos de Libertad insistían en que yo cerrara el acto como líder y futuro candidato del Frente. Belaunde se opuso, alegando su edad y su condición de ex presidente;

a mí me tocaría ser orador de fondo después de proclamada mi candidatura. Le dimos gusto. Hablé yo primero, luego Bedoya y Belaunde cerró. Tonterías así nos ocupaban mucho tiempo, generaban suspicacias y todos convenían en que eran *importantes*.

El Frente Democrático no llegó a ser una fuerza coherente e integrada, en la que el objetivo común prevaleciera sobre los intereses de los partidos que lo formaban. Sólo en la segunda vuelta, luego de la gran sorpresa —el elevadísimo porcentaje alcanzado por el desconocido Alberto Fujimori y la certidumbre de que en la elección final el voto aprista e izquierdista lo apoyaría—, hubo un sobresalto que acercó a militantes y dirigentes y los indujo a cooperar sin la mezquindad partidista que predominó hasta el 10 de abril de 1990.

Esta visión corta de la política se hizo patente en el asunto de las elecciones municipales. Convocadas para el 12 de noviembre de 1989, apenas cinco meses antes de la elección presidencial, iban a ser el ensayo general de la contienda. Antes de que hubiéramos discutido el asunto, Belaunde anunció que Acción Popular presentaría candidatos propios, pues, a su juicio, el Frente sólo existía para la elección presidencial.

Durante meses fue difícil hablar con él sobre este tema. Bedoya y yo creíamos que ir separados en las municipales daría una imagen de división y antagonismo que mermaría nuestro arraigo. A solas, Belaunde me decía que compartir las listas municipales con el PPC, que no existía fuera de Lima, era intolerable para las bases populistas y que él no podía exponerse a sediciones en su partido por esta razón.

Como el problema parecía de apetitos, propuse al Movimiento Libertad que renunciáramos a presentar un solo candidato a alcalde o regidor, de modo que AP y el PPC se repartieran las candidaturas. Pensé que con este gesto facilitaríamos el acuerdo y la unión de los aliados. Pero ni así dio Belaunde su brazo a torcer. El asunto saltó a los medios de comunicación y populistas y pepecistas, principalmente, pero también libertarios y sodistas, se enfrascaron en un debate desatinado que los medios adictos al gobierno y a la izquierda magnificaban para mostrar el mar de fondo que, según ellos, corroía nuestra alianza.

Por fin, a mediados de junio de 1989, después de incontables y a veces violentas discusiones, Belaunde cedió a la tesis de las candidaturas únicas. Empezó, entonces, entre AP y el PPC, otra batalla por el reparto de municipalidades. No se ponían de acuerdo y, por lo demás, las bases provinciales de cada partido impugnaban las decisiones de sus directivas: todas querían todo y nadie parecía dispuesto a hacer la menor concesión al aliado. Las propias bases del Movimiento Libertad pusieron el grito en el cielo por nuestro acuerdo de no presentar candidatos y tuvimos algunas defecciones.

Alarmado por lo que esto presagiaba para el futuro si el Frente era gobierno, conseguí que el Movimiento Libertad me autorizara a ofrecer al PPC y a AP el cuarenta por ciento de nuestras candidaturas a la Cámara de diputados, en vez del treinta y tres que les correspondía, a cambio de renunciar a toda forma de cuotas o espacios ministeriales, lo que por otra parte correspondía a la letra de la Constitución, pues es prerrogativa del presidente designar al gabinete. Belaunde y Bedoya aceptaron. Mi idea no era prescindir de los aliados si llegábamos al poder, sino tener la libertad de llamar a colaborar sólo a aquellos que fueran honrados y capaces, creyeran en las reformas liberales y estuvieran dispuestos a luchar por ellas. Que el Movimiento Libertad tuviera sólo el veinte por ciento de los candidatos parlamentarios, y dentro de su disminuido porcentaje debiera incluir a los aliados del SODE, desmoralizó a muchos libertarios, a quienes ese desprendimiento les parecía excesivamente generoso además de impolítico, porque dejaba fuera de juego a muchos independientes y apuntalaba a quienes decían que yo era un títere de los políticos tradicionales.

Habían sido Belaunde y AP quienes pusieron más obstáculos para el acuerdo sobre las elecciones municipales, pero fue Bedoya el que provocó la crisis, con una declaración por televisión, la noche del 19 de junio de 1989, desmintiendo sin mucha delicadeza lo que yo acababa de afirmar en conferencia de prensa: que AP y el PPC estaban por fin de acuerdo en las candidaturas municipales de Lima y Callao, asunto que había provocado las peores controversias entre los dos partidos. Escuché la declaración de Bedoya en el último boletín de la televisión, cuando acababa de acostarme. Su desmentido mostraba de manera clamorosa lo desunidos que estábamos y las razones menudas de nuestra desunión. Me levanté, fui a mi escritorio y me pasé la noche reflexionando.

Por primera vez, me sobrecogió la idea de haber cometido una equivocación embarcándome en esta aventura política. A lo mejor Patricia llevaba razón. ¿Valía la pena continuar? El futuro lucía entre siniestro y ridículo. AP y el PPC seguirían disputándose por ver quién encabezaba las listas y por cuántos regidores le tocaría a cada cual y por los lugares que ocuparían los candidatos de cada partido, hasta que el desprestigio del Frente fuera total. ¿Con ese espíritu íbamos a hacer la gran transformación? ¿Así íbamos a desmontar el Estado macrocefálico y transferir nuestro inmenso sector público a la sociedad civil? ¿No iban a precipitarse nuestros propios partidarios, apenas llegáramos al gobierno, como lo habían hecho los apristas, al abordaje de la administración y a exigir que se crearan nuevas reparticiones a fin de que hubiera más puestos públicos que ocupar?

Lo peor era la ceguera que esta actitud revelaba sobre lo que ocurría a nuestro alrededor. A mediados de 1989, los atentados se multiplicaban a lo largo y ancho del país y, según el gobierno, habían causado ya dieciocho mil muertos. Regiones enteras —como la del Huallaga, en la selva, y casi todas las alturas de los Andes centrales— estaban poco menos que controladas por Sendero Luminoso y el Movimiento Revolucionario Túpac Amaru. La política de Alan García había volatilizado las reservas y las emisiones inorgánicas anunciaban una explosión inflacionaria. Las empresas trabajaban a la mitad y a veces a la tercera parte de su capacidad instalada. Los peruanos sacaban su dinero del país y los que encontraban trabajo en el extranjero se marchaban. Los ingresos fiscales habían descendido tanto que padecíamos un derrumbe generalizado de los servicios públicos. Cada noche las pantallas del televisor mostraban escenas patéticas de hospitales sin medicinas ni camas, de colegios sin carpetas, sin pizarras y a veces sin techos ni paredes, de barrios sin agua y sin luz, de calles cubiertas de basuras, de obreros y empleados en huelga, desesperados por la caída en picada de los niveles de vida. Y el Frente Democrático paralizado ¡por el reparto de los municipios!

Al amanecer, redacté una severa carta[9] a Belaunde y a Bedoya, haciéndoles saber que, en vista de su incapacidad para ponerse de acuerdo, renunciaba a ser candidato. Desperté a Patricia para leerle el texto y me sorprendió que, en vez de alegrarse, opusiera ciertas reservas a mi renuncia. Planeamos partir de inmediato al extranjero a fin de evitar las previsibles presiones. Me habían invitado a recibir un premio literario en Italia —el Scanno, en los Abruzzi—, así que al día siguiente sacamos los pasajes, secretamente, para veinticuatro horas después. Esa tarde envié la carta, con Álvaro, mi hijo mayor, a Belaunde y a Bedoya, luego de hacer saber mi decisión al Comité Ejecutivo del Movimiento Libertad. Vi unas caras tristes en algunos de mis amigos —recuerdo la de Miguel Cruchaga, blanca como el papel, y la de Freddy, roja como un camarón— pero ninguno trató de disuadirme. La verdad es que estaban también fatigados con el atasco del Frente.

Di instrucciones al servicio de seguridad para que no dejara entrar a nadie a la casa y bloqueamos los teléfonos. La noticia llegó a los medios de comunicación al anochecer e hizo el efecto de una bomba. Todos los canales abrieron con ella los informativos. Decenas de periodistas cercaron mi casa de Barranco y de inmediato comenzó un desfile de personas de todas las tiendas políticas del Frente. Pero no recibí a nadie ni salí cuando, más tarde, se improvisó una manifestación de algunos centenares de libertarios en los alrededores, en la que hablaron Enrique Chirinos Soto, Miguel Cruchaga y Alfredo Barnechea.

En la madrugada del 22 de junio el servicio de seguridad nos llevó al aeropuerto y consiguió hacernos pasar directamente al avión de Air France, esquivando otra manifestación de libertarios a quienes, encabezados por Miguel Cruchaga, Chino Urbina y Pedro Guevara, divisé a lo lejos, desde la ventanilla del avión.

Al llegar a Italia me esperaban allí dos periodistas que,

9. Reproducida en Álvaro Vargas Llosa, *El diablo en campaña* (Madrid: El País/Aguilar, 1991), pp. 154-157.

quién sabe cómo, se habían enterado de mi itinerario: Juan Cruz, de *El País*, de Madrid, y Paul Yule, de la BBC, que estaba haciendo un documental sobre mi candidatura. La conversación con ellos me sorprendió, pues ambos creían que mi renuncia era una mera táctica para doblegar a los díscolos aliados.

Eso es lo que, al final, creería todo el mundo y lo que resultó en la práctica, al extremo de que muchos pensaron luego que, después de todo, no era yo tan mal político como parecía. Lo cierto es que mi renuncia no fue planeada con el designio de crear una presión de opinión pública sobre AP y el PPC. Fue genuina, nacida del hastío con la politiquería en que el Frente estaba sumido, el convencimiento de que la alianza no funcionaba, de que frustraríamos las expectativas de mucha gente y de que mi propio esfuerzo iba a ser un desperdicio. Pero Patricia, que no me deja pasar una, dice que ésa es también una discutible verdad. Pues, si yo hubiera creído que no había esperanza, hubiera puesto en mi carta de renuncia la palabra *irrevocable*, cosa que no hice. De modo que, tal vez, como ella cree, en algún compartimiento secreto albergaba la ilusión de que mi carta compusiera las cosas.

Las compuso, transitoriamente. Desde el día de mi partida, los medios de comunicación independientes censuraron con dureza al PPC y al AP y llovieron críticas sobre Bedoya y Belaunde en editoriales, artículos y declaraciones. Las intenciones de voto a mi favor registraron una subida impresionante. Hasta entonces las encuestas me habían dado, siempre, como primera opción sobre los candidatos del APRA (Alva Castro) y de la Izquierda Unida (Alfonso Barrantes) pero con porcentajes que nunca fueron más allá del treinta y cinco por ciento. Éstos se elevaron en esos días hasta el cincuenta por ciento, el más alto que alcancé en la campaña. El Movimiento Libertad registró miles de nuevos adherentes, al extremo de que se acabaron las fichas de inscripción. Nuestros locales se vieron colmados por simpatizantes y afiliados que nos urgían a romper con AP y PPC e ir solos a las elecciones. Y, al volver a Lima, encontré 5.105 cartas (según Rosi y Lucía, que las contaron) provenientes de todo el Perú, felicitándome por haber roto con los partidos (sobre todo AP, el que provocaba más irritación en los libertarios).

Desde algunos meses atrás habíamos contratado como asesores para la campaña a Sawyer & Miller, firma internacional con amplia experiencia en elecciones, pues había trabajado con Cory Aquino en Filipinas, y en América Latina con varios candidatos presidenciales, entre ellos el boliviano Gonzalo Sánchez de Losada, quien me la recomendó. Eso de pedir asesoría a una empresa extranjera para una batalla electoral en el Perú le causaba a Belaunde, que había ganado dos veces la presidencia sin necesidad de este tipo de ayuda, una hilaridad que su buena educación a duras penas reprimía. Pero, lo cierto es que Mark Mallow Brown y sus colaboradores hicieron un trabajo útil, con sus encuestas de opinión, que me permitieron auscultar de cerca los sentimientos, vaivenes, temores, esperanzas y el cambiante humor de ese mosaico social que es el Perú. Sus predicciones resultaron por lo general acertadas. Desoí muchos consejos de Mark porque se estrellaban contra consideraciones de principio —yo quería ganar la elección de cierta manera y para un fin específico— y las consecuencias de ello fueron, muchas veces, las que él pronosticó. Uno de sus consejos, desde la primera encuesta en profundidad hecha a comienzos de 1988 hasta la última, en vísperas de la segunda vuelta, fue: romper con los aliados y presentarme como candidato independiente, sin vínculos con el establecimiento político, alguien que venía a salvar al Perú del estado en que lo habían puesto los políticos, todos ellos, sin distinción de ideologías. Se basaba en una conclusión que las encuestas arrojaron de principio a fin de la campaña: que, en los sectores C y D, los peruanos pobres y pobrísimos que representan dos tercios del electorado, había honda decepción y gran rencor hacia los partidos, en especial los que ya habían usufructuado el poder. Las encuestas decían también que las simpatías que yo había podido despertar en el país profundo estaban en relación directa con mi imagen de independiente. La creación del Frente y mi continua presencia en los medios junto a dos viejas figuras del *establishment* como Bedoya y Belaunde iban a erosionar esa imagen en el curso de la larga campaña y el respaldo hacia mí podía emigrar hacia alguno de los adversarios (Mark pensaba que Barrantes, el candidato de la izquierda).

Cuando supo lo de mi renuncia, Mark Mallow Brown se sintió feliz. A él no le sorprendió el movimiento de opinión pública en mi favor, ni el incremento de mi popularidad en las encuestas. Y también supuso que yo lo había planeado así. «Vaya, está aprendiendo», debió pensar, él, que alguna vez aseguró que yo era el peor candidato con el que había trabajado nunca.

Todas estas noticias me llegaban por teléfono, a través de Álvaro, de Miguel Cruchaga y de Alfredo Barnechea, un antiguo amigo y diputado que a raíz de la estatización había renunciado al APRA e ingresado a Libertad. Después de Italia habíamos ido con Patricia a refugiarnos en el sur de España, huyendo del asedio periodístico. Yo estaba decidido a mantener la renuncia y a quedarme en Europa. Tenía un antiguo ofrecimiento para pasar un año en el Wissenchaftskolleg, de Berlín, y le propuse a Patricia que nos fuéramos allá, a aprender alemán.

En eso nos llegó la noticia. AP y el PPC se habían puesto de acuerdo y habían confeccionado listas conjuntas hasta en el último rincón del país. Sus diferencias se habían desvanecido como por arte de magia y me esperaban para reanudar la campaña.

Mi reacción primera fue decir: «No voy. No sirvo para esto. Me he equivocado. No sé hacerlo y tampoco me gusta. Estos meses han sido más que suficientes para darme cuenta. Me quedo con mis libros y mis papeles, de los que no debí apartarme nunca.» Tuvimos, entonces, con Patricia, otra larga discusión político-conyugal. Ella, que me había amenazado poco menos que con el divorcio si era candidato, ahora me exhortó a regresar, con argumentos morales y patrióticos. Puesto que Belaunde y Bedoya habían dado marcha atrás, no teníamos alternativa. ¿Ésa fue la razón de mi renuncia, no? Pues bien, ya no existía. Demasiada gente buena, desinteresada, estaba trabajando día y noche por el Frente, allá en el Perú. Se habían creído mis discursos y mis exhortaciones. ¿Los iba a dejar plantados, ahora que AP y el PPC empezaban a portarse bien? Las sierras del bello pueblo andaluz de Mijas son testigos de sus admoniciones: «Hemos adquirido una responsabilidad. Tenemos que volver.»

Es lo que hicimos. Volvimos y esta vez Patricia se lanzó de lleno a trabajar en la campaña como si llevara la política en la sangre. Y no rompí con los aliados, como muchos amigos del Movimiento Libertad también hubieran querido que hiciera, y como hubiera debido hacer según aconsejaban las encuestas, por las razones que ya he dicho, que me parecían más dignas que las otras.

V

EL CADETE DE LA SUERTE

En los años que viví con mi padre, hasta que entré al Leoncio Prado, en 1950, se desvaneció la inocencia, la visión candorosa del mundo que mi madre, mis abuelos y mis tíos me habían inculcado. En esos tres años descubrí la crueldad, el miedo, el rencor, dimensión tortuosa y violenta que está siempre, a veces más y a veces menos, contrapesando el lado generoso y bienhechor de todo destino humano. Y es probable que sin el desprecio de mi progenitor por la literatura, nunca hubiera perseverado yo de manera tan obstinada en lo que era entonces un juego, pero se iría convirtiendo en algo obsesivo y perentorio: una vocación. Si en esos años no hubiera sufrido tanto a su lado, y no hubiera sentido que aquello era lo que más podía decepcionarlo, probablemente no sería ahora un escritor.

Que yo entrara al Colegio Militar Leoncio Prado daba vueltas a mi padre desde que me llevó a vivir con él. Me lo anunciaba cuando me reñía y cuando se lamentaba de que los Llosa me hubieran criado como un niño engreído. No sé si estaba bien enterado de cómo funcionaba el Leoncio Prado. Me figuro que no, pues no se habría hecho tantas ilusiones. Su idea era la de muchos papás de clase media con hijos díscolos, rebeldes, inhibidos o sospechosos de mariconería: que un colegio militar, con instructores que eran oficiales de carrera, haría de ellos hombrecitos disciplinados, corajudos, respetuosos de la autoridad y con los huevos bien puestos.

Como en esa época no se me pasaba por la cabeza la idea de ser algún día sólo un escritor, cuando me preguntaban qué sería de grande, mi respuesta era: marino. Me gustaban el mar y las novelas de aventuras, y ser marino me parecía congeniar esas dos aficiones. Entrar a un colegio militar, cuyos alumnos recibían grados de oficiales de reserva, resultaba una buena antesala para un aspirante a la Escuela Naval.

Así que cuando, al terminar el segundo de secundaria, mi padre me matriculó en una academia del jirón Lampa, en el centro de Lima, para prepararme al examen de ingreso al Leoncio Prado, tomé el proyecto con entusiasmo. Ir interno, vestir uniforme, desfilar el 28 de julio junto a los cadetes de la Aviación, la Marina y el Ejército, sería divertido. Y vivir lejos de él, toda la semana, todavía mejor.

El examen de ingreso consistía en pruebas físicas y académicas, a lo largo de tres días, en el inmenso recinto del colegio, a orillas de los acantilados de La Perla, y el mar rugiendo a sus pies. Aprobé los exámenes y en marzo de 1950, días antes de cumplir los catorce años, comparecí en el colegio con cierta excitación por lo que iba a encontrar allí, preguntándome si no serían muy duros esos meses de encierro hasta la primera salida. (Los cadetes del tercer año salían a la calle por primera vez el 7 de junio, día de la bandera, luego de haber aprendido los rudimentos de la vida militar.)

Los «perros», alumnos de tercero de la séptima promoción, éramos unos trescientos, divididos en once o doce secciones, según nuestra altura. Yo estaba entre los más altos, de manera que me tocó la segunda sección. (En cuarto año me pasarían a la primera.) Tres secciones formaban una compañía, bajo el mando de un teniente y un suboficial. El teniente de nuestra compañía se llamaba Olivera; nuestro suboficial, Guardamino.

El teniente Olivera nos hizo formar, nos llevó a nuestras cuadras, nos distribuyó camas y roperos —eran camas camarote y a mí me tocó la segunda de la entrada, arriba—, nos hizo cambiar nuestras ropas de paisano por los uniformes de diario —camisa y pantalón de dril verde, cristina y botines de cuero café— y, formados de nuevo en el patio, nos dio las instrucciones básicas sobre el respeto, el saludo y el tratamiento al superior. Y luego nos formaron a todas las compañías del año para que el director del colegio, el coronel Marcial Romero Pardo, nos diera la bienvenida. Estoy seguro de que habló de «los valores supremos del espíritu», tema que recurría en sus discursos.

Luego nos llevaron a almorzar, en el enorme pabellón, al otro lado de una explanada de césped en la que se paseaba una vicuña y donde vimos por primera vez a nuestros superiores: los cadetes de cuarto y de quinto. Todos mirábamos con curiosidad y algo de alarma a los de cuarto, pues serían ellos los que nos bautizarían. Los perros sabíamos que el bautizo era la prueba amarga por la que había que pasar. Ahora, acabando este rancho, los de cuarto se desquitarían con nosotros de lo que les habían hecho a ellos, en un día como éste, el año anterior.

Al terminar el almuerzo, oficiales y suboficiales desaparecieron y los de cuarto se lanzaron sobre nosotros como cuervos. Los «blanquitos» éramos una pequeña minoría en ese gran océano de indios, cholos, negros y mulatos, y excitábamos la inventiva de nuestros bautizadores. A mí me llevó un grupo de cadetes junto con un muchacho de una sección de pequeños a una cuadra de cuarto año. Nos hicieron un concurso de «ángulos rectos». Doblados en dos, alternadamente teníamos que patearnos en el trasero; el que pateaba más despacio era pateado por los bautizadores, con furia. Después, nos hicieron abrir la bragueta y sacarnos el sexo para masturbarnos: el que terminaba primero se iría y el otro se quedaría a tender las camas de los verdugos. Pero, por más que tratábamos, el miedo nos impedía la erección, y, al final, aburridos de nuestra incompetencia, nos llevaron al campo de fútbol. A mí me preguntaron qué deporte practicaba: «Natación, mi cadete.» «Nádese de espaldas toda la cancha de atletismo, entonces, perro.»

Guardo un recuerdo siniestro de ese bautizo, ceremonia salvaje e irracional que, bajo las apariencias de un juego viril, de rito de iniciación en los rigores de la vida castrense, servía para que los resentimientos, envidias, odios y prejuicios que llevábamos dentro pudieran volcarse, sin inhibiciones, en una fiesta sadomasoquista. Ya ese primer día, en las horas que duró el bautizo – se prolongaba los días siguientes, de manera mitigada—, supe que la aventura leonciopradina no iba a ser lo que yo, malogrado por las novelas, imaginaba, sino algo más prosaico, y que iba a detestar el internado y la vida militar, con sus jerarquías mecánicas determinadas por la cronología, la violencia legitimada que ellas significaban, y todos los ritos, símbolos, retóricas y ceremonias que la forman y que nosotros, siendo tan jóvenes —catorce, quince, dieciséis años—, comprendíamos a medias y distorsionábamos dándole una aplicación a veces cómica y a veces cruel y hasta monstruosa.

Los dos años en el Leoncio Prado fueron bastante duros y pasé allí algunos días horribles, sobre todo los fines de semana en que me quedaba castigado —las horas se volvían larguísimas, infinitos los minutos—, pero, a la distancia, pienso que ese par de años me fueron más provechosos que perjudiciales. Aunque no por las razones que animaron a mi padre a meterme allí. Por el contrario. Entre 1950 y 1951, encerrado entre esas rejas corroídas por la humedad de La Perla, en esos días y noches grises, de tristísima neblina, leí y escribí como no lo había hecho nunca antes y empecé a ser (aunque entonces no lo supiera) un escritor.

Además, debo al Leoncio Prado haber descubierto lo que era el país donde había nacido: una sociedad muy distinta de aquella, pequeñita, delimitada por las fronteras de la clase media, en la que hasta entonces viví. El Leoncio Prado era una de las pocas instituciones —acaso la única— que reproducía en pequeño la diversidad étnica y regional peruana. Había allí muchachos de la selva y de la sierra, de todos los departamentos, razas y estratos económicos. Como colegio nacional, las pensiones que pagábamos eran mínimas; además, había un amplio sistema de becas —un centenar por año— que permitía el acceso a muchachos de familias humildes, de origen campesino o de barrios y pueblos marginales. Buena parte de la tremenda violencia —lo que me parecía a mí tremenda y era para otros cadetes menos afortunados que yo la condición natural de la vida— provenía precisamente de esa confusión de razas, regiones y niveles económicos de los cadetes. La mayoría de nosotros llevaba a ese espacio claustral los prejuicios, complejos, animosidades y rencores sociales y raciales que habíamos mamado desde la infancia y allí se vertían en las relaciones personales y oficiales y encontraban maneras de desfogarse en esos ritos que, como el bautizo o las jerarquías militares entre los propios estudiantes, legitimaban la matonería y el abuso. La escala de valores erigida en torno a los mitos elementales del machismo y la virilidad servía, además, de cobertura moral para esa filosofía darwiniana que era la del colegio. Ser valiente, es decir, *loco*, era la forma suprema de la hombría, y ser cobarde, la más abyecta y vil. El que denunciaba a un superior los atropellos de que era víctima merecía el desprecio generalizado de los cadetes y se exponía a represalias. Eso se aprendía rápido. A uno de mis compañeros de sección, llamado Valderrama, durante el bautizo, unos cadetes de cuarto lo hicieron treparse a lo alto de una escalera y luego se la movieron para hacerlo resbalar. Cayó mal y la propia escalera le cercenó un dedo contra el filo de un lavador. Valderrama nunca delató a los culpables y por eso todos lo respetábamos.

La hombría se afirmaba de varios modos. Ser fuerte y aventado, saber trompearse —«tirar golpe» era la expresión que resumía maravillosamente con su mezcla de sexo y violencia ese ideal—, era una de ellas. Otra, atreverse a desafiar las reglas, haciendo audacias o extravagancias que, de ser descubiertas, significaban la expulsión. Perpetrar estas hazañas daba acceso a la ansiada categoría de *loco*. Ser «loco» era una bendición, porque entonces quedaba públicamente reconocido que no se pertenecería ya nunca a la temible categoría de «huevón» o «cojudo».

Ser «huevón» o «cojudo» quería decir ser un cobarde: no atreverse a darle un cabezazo o un puñete al que venía a «batirlo» a uno (tomarle el pelo o hacerle alguna maldad), no saber trompearse, no atreverse, por timidez o falta de imaginación, a «tirar contra» (escaparse del colegio después del toque de queda, para ir a un cine o una fiesta) o cuando menos esconderse a fumar o a jugar dados en la glorieta o en el edificio abandonado de la piscina en vez de ir a clases. Quienes pertenecían a esta condición eran las víctimas propiciatorias, a quienes los «locos» maltrataban de palabra y de obra para su diversión y la de los demás, orinándoles encima cuando estaban dormidos, exigiéndoles cuotas de cigarrillos, tendiéndoles «cama chica» (una sábana doblada a la mitad que uno descubría al meterse a la cama y encontrarse con un tope para las piernas) y haciéndolos padecer toda clase de humillaciones. Buena parte de estas proezas eran las típicas mataperradas de la adolescencia, pero las características del colegio —el encierro, la variopinta composición del alumnado, la filosofía castrense— muchas veces crispaban las travesuras a extremos de verdadera crueldad. Recuerdo un compañero al que apodamos Huevas Tristes. Era flaquito, pálido, muy tímido, y todavía al comienzo del año, un día que el temible Bolognesi —había sido mi condiscípulo en La Salle y al entrar al Leoncio Prado reveló una naturaleza de «loco» desatado— lo atormentaba con sus burlas, se echó a llorar. Desde entonces, se volvió el payaso de la compañía, al que cualquiera podía insultar o vejar para mostrarle al mundo y a sí mismo lo macho que era. Huevas Tristes llegó a convertirse en una posma, sin iniciativa, sin voz y casi sin vida, al que yo vi un día ser escupido en la cara por un «loco», limpiarse con su pañuelo y seguir su camino. De él se decía, y, como de él, de todos los «huevones», que le habían «ganado la moral».

Para que a uno no le ganaran la moral había que hacer cosas audaces, que merecieran la simpatía y el respeto de los otros. Yo empecé a hacerlas desde el principio. Desde los concursos de masturbación —ganaba el que eyaculaba primero o llegaba más lejos en el disparo— hasta las célebres escapadas, en la noche, luego del toque de queda. «Tirar contra» era la audacia mayor, pues quien era descubierto resultaba expulsado del colegio, sin remisión. Había lugares donde el muro era más bajo y se podía escalar sin riesgo: por el estadio, por La Perlita —un puesto de bebidas cuyo dueño, un serranito, nos vendía cigarrillos— y por el edificio abandonado. Antes de escapar había que hacer un trato con el imaginaria de la cuadra para que, al entregar el parte de efectivos, lo diera a uno por presente. Esto se conseguía a cambio de cigarrillos. Después de que el corneta tocaba el toque de queda y se apagaban las luces de las cuadras, deslizándose pegado a la pared como una sombra, había que atravesar los patios y canchas, a veces a gatas o reptando, hasta el muro elegido. Luego de saltar, uno se alejaba de prisa por las chacras y descampados que entonces rodeaban al colegio. Se tiraba contra para ir al cine Bellavista, a alguno de los cines del Callao, a alguna fiestecita de medio pelo, en esos barrios de baja clase media, de empobrecidas familias que alguna vez fueron burguesas y eran ya casi proletarias, donde estar en el Leoncio Prado tenía cierto prestigio (no lo tenía, en cambio, en San Isidro o Miraflores, donde se lo consideraba un colegio de cholos), y, a veces —aunque esto era más raro porque estaban ya bastante lejos—, para ir a merodear por los burdeles del puerto. Pero muchas veces se tiraba contra porque era arriesgado y emocionante y porque uno se sentía bien, al regresar, sin haber sido descubierto.

Lo más peligroso era el regreso. Uno podía toparse con las patrullas de soldados que daban vueltas alrededor del colegio, o descubrir, luego de saltar, que el oficial de guardia había descubierto la contra —por los ladrillos o maderas que usábamos para escalar el muro— y esperaba, agazapado en la oscuridad, el retorno de los contreros, para encañonarlos con su linterna, y ordenar: «¡Alto ahí, cadete!» Durante el retorno, a uno le latía muy fuerte el corazón y el menor ruido o sombra, hasta estar acurrucado en la litera de la cuadra, provocaba pánico.

Tirar contra tenía un gran prestigio y las contras más audaces se comentaban, rodeadas de una aureola legendaria. Había contreros famosos, que conocían al dedillo los cientos de metros de muros del colegio y tirar contra con ellos daba seguridad.

Otra actividad importante era robar prendas. Teníamos revista una vez por semana, por lo general los viernes, víspera de la salida, y si el oficial encontraba en un ropero cigarrillos, o que faltaba alguna de las prendas reglamentarias —las corbatas, camisas, pantalones, cristinas, botines o el grueso sacón de paño que nos poníamos en invierno—, el cadete quedaba consignado el fin de semana. Perder una prenda era perder la libertad. Cuando a uno le robaban una prenda, había que robarse otra o pagar a uno de los «locos» para que hiciera el trabajo. Los había expertos, con manojos de ganzúas en el bolsillo, que abrían todos los roperos.

Otra manera de ser un hombre cabal era tener muchos huevos, jactarse de ser un «pinga loca», que se comía a montones de mujeres, y que, además, podía «tirarse tres polvos al hilo». El sexo era un tema obsesivo, objeto de bromas y disfuerzos, de las confidencias y de los sueños y pesadillas de los cadetes. En el Leoncio Prado, el sexo, lo sexual, fueron perdiendo para mí el semblante asqueroso, repelente, que habían tenido desde que supe cómo nacían los bebes, y allí comencé a pensar y fantasear en mujeres sin sentir desagrado y sentimientos de culpa. Y a avergonzarme de tener catorce años y no haber hecho el amor. Esto no se lo decía, por cierto, a mis compañeros, ante quienes me jactaba de ser también un pinga loca.

Con un amigo leonciopradino, Víctor Flores, con quien solíamos, los sábados, luego de las maniobras, boxear un rato junto a la piscina, un día nos confesamos que ninguno de los dos nos habíamos acostado con una mujer. Y decidimos que el primer día de salida iríamos a Huatica. Así lo hicimos, un sábado de junio o julio de 1950.

El jirón Huatica, en el barrio popular de La Victoria, era la calle de las putas. Los cuartitos se alineaban, uno junto al otro, en ambas veredas, desde la avenida Grau hasta siete u ocho cuadras más abajo. Las putas —polillas, se las llamaba— estaban en las ventanitas, mostrándose a la muchedumbre de presuntos clientes que desfilaban, mirándolas, deteniéndose a veces a discutir la tarifa. Una estricta jerarquía regulaba al jirón Huatica, según las cuadras. La más cara —la de las francesas— era la cuarta; luego, hacia la tercera y la quinta, las tarifas declinaban, hasta las putas viejas y miserables de la primera, ruinas humanas que se acostaban por dos o tres soles (las de la cuarta cobraban veinte). Recuerdo muy bien aquel sábado en que con Víctor fuimos, con nuestros veinte soles en el bolsillo, nerviosos y excitados, a vivir la gran experiencia. Fumando como chimeneas para parecer más viejos, subimos y bajamos varias veces la cuadra de las francesas, sin decidirnos a entrar. Por fin, nos dejamos convencer por una mujer muy habladora, de pelos pintados, que sacó medio cuerpo a la calle para llamarnos. Pasó primero Víctor. El cuarto era chiquito y había una cama, un lavador con agua, una bacinica y un foco envuelto en celofán rojo que daba una luz medio sangrienta. La mujer no se desnudó. Se levantó la falta y, viéndome tan confuso, se echó a reír y me preguntó si era la primera vez. Cuando le dije que sí, se puso muy contenta porque, me aseguró, desvirgar a un muchacho traía suerte. Hizo que me acercara y murmuró algo así como «Ahora tienes tanto miedo pero después cuánto te va a gustar». Hablaba un español raro y cuando eso terminó, me dijo que era brasileña. Sintiéndonos unos hombres completos, fuimos luego con Víctor a tomar una cerveza.

Volví muchas veces a Huatica en esos dos años leonciopradinos, siempre los sábados en la tarde y siempre a la cuadra de las francesas. (Años después, el poeta y escritor André Coyné me juraría que eso de las francesas era una calumnia, pues en realidad se trataba de belgas y de suizas.) Y fui varias veces donde una polilla menuda y agraciada —una morenita vivaz, de buen humor y capaz de hacer sentir a sus fugaces visitantes que hacer el amor con ella era algo más que una simple transacción comercial— a la que habíamos bautizado la Pies Dorados porque, en efecto, tenía los pies pequeños, blancos y cuidados. Se convirtió en la mascota de la sección. Los sábados uno se encontraba a cadetes de la segunda —o de la primera, cuando estuvimos en cuarto año— haciendo cola en la puerta de su pequeño cuchitril. La mayor parte de los personajes de mi novela *La ciudad y los perros*, escrita a partir de recuerdos de mis años leonciopradinos, son versiones muy libres y deformadas de modelos reales y otros totalmente inventados. Pero la furtiva Pies Dorados está allí como la conserva mi memoria: desenfadada, atractiva, vulgar, enfrentando su humillante oficio con inquebrantable buen humor y dándome, aquellos sábados, por veinte soles, diez minutos de felicidad.

Sé muy bien todo lo que hay detrás de la prostitución, en términos sociales, y no la defiendo, salvo para quienes la ejercen por libre elección, lo que no era, sin duda, el caso de la Pies Dorados ni de las otras polillas del jirón Huatica, empujadas allí por el hambre, la ignorancia, la falta de trabajo y las malas artes de los cafiches que las explotaban. Pero ir al jirón Huatica o, más tarde, a los burdeles de Lima, es algo que no me dio mala conciencia, tal vez porque el pagar a las polillas de alguna manera me proporcionaba una suerte de coartada moral, disfrazaba la ceremonia con la máscara de un aséptico contrato que, al cumplirse por ambas partes, liberaba a éstas de responsabilidad ética. Y creo que sería desleal para con mi memoria y mi adolescencia no reconocer, también, que en esos años en los que fui dejando de ser niño, mujeres como la Pies Dorados me enseñaron los placeres del cuerpo y los sentidos, a no rechazar el sexo como algo inmundo y denigrante, sino a vivirlo como una fuente de vida y de goce y me hicieron dar los primeros pasos por el misterioso laberinto del deseo.

A mis amigos del barrio, en Miraflores, los veía a veces, los días de salida, e iba con ellos a alguna fiesta de los sábados, o, los domingos, a la matinée y alguna vez al fútbol. Pero el colegio militar me fue apartando insensiblemente de ellos, hasta convertir la entrañable fraternidad de antes en una relación esporádica y distante. Sin duda por mi culpa: me parecían demasiado niños, con sus ritos dominicales —matinée, Cream Rica, pista de patinaje, parque Salazar— y sus castos enamoramientos, ahora que yo estaba en un colegio de hombres que hacían barbaridades y ahora que iba al jirón Huatica. Buen número de los amigos del barrio seguían siendo vírgenes y esperaban desvirgarse con las sirvientas de sus casas. Recuerdo una conversación, uno de esos sábados o domingos por la tarde, en la esquina de Colón y Juan Fanning, en la que, en rueda del barrio, uno de ellos nos contó cómo se había «tirado a la chola», luego de darle, con mañas, a tomar «yohimbina» (unos polvitos que, decían, volvían locas a las mujeres, de los que hablábamos sin cesar como de algo mágico, y que, por lo demás, yo nunca vi). Y recuerdo otra tarde en que unos primos me relataron la maquiavélica estrategia que tenían urdida para «embocarse» a una sirvienta, un día que sus padres estaban ausentes. Y recuerdo mi malestar profundo en ambas ocasiones y siempre que mis amigos, de Miraflores o del colegio, se jactaban de tirarse a las cholas de sus casas.

Es algo que nunca hice, que siempre me produjo indignación y, sin duda, una de las primeras manifestaciones de lo que sería después mi rebeldía contra las injusticias y los abusos que ocurrían a diario y por doquier, con total impunidad, en la vida peruana. En este tema de las sirvientas, además, me había vuelto muy sensible lo que, en esos años, se reveló como un trauma en la familia Llosa. He contado que mis abuelos trajeron de Cochabamba a Perú, a un muchacho de Saipina, Joaquín, y a un niño recién nacido que una cocinera abandonó en casa. Ambos habían continuado en la familia, en Piura, luego en el departamento de Dos de Mayo, en Lima, y finalmente, en uno más amplio, que tomaron los abuelos en una quinta de la calle Porta, en Miraflores. Mis tíos le encontraron un trabajo a Joaquín, que se fue a vivir solo. Orlando, que había vivido siempre entre los sirvientes de la casa y que en esa época debía de andar por los diez años, a medida que iba creciendo se parecía más al tercero de mis tíos; más, incluso, que los hijos legítimos de éste. Aunque en la familia no se tocaba nunca el tema, estaba siempre ahí y nadie se atrevía a mencionarlo ni, lo que es peor, a hacer algo para enmendar de algún modo lo ocurrido, o atenuar sus consecuencias.

No se hizo nada, o, más bien, se hizo algo que empeoró las cosas. Orlando pasó a ocupar un estamento intermedio, una especie de limbo, que ya no era el de la servidumbre pero todavía no el de la familia. La Mamaé, que había regresado a vivir con los abuelos en la calle Porta, le armaba un colchón en su cuarto, para que durmiera allí. Y comía en una mesita aparte, en el mismo comedor, pero sin sentarse con los abuelos, los tíos y nosotros. A mi abuelita la trataba de tú y la llamaba, como hacíamos yo y mis primas, «abuela», y lo mismo a la «Mamaé». Pero al abuelo lo trataba de usted y le decía «don Pedro», y lo mismo a mi mamá y a mis tíos, incluido su padre, al que llamaba «señor Jorge». Sólo a mí y a mis primas y primos nos tutearía. Lo que debió ser esa niñez, vivida en la confusión, de sirviente o poco menos para tres cuartas partes de la familia, y de pariente para el resto, y lo que de amargura, humillación, resentimiento y dolor debió empozarse en él en esos años, es difícil de imaginar. Vaya paradoja que gentes tan generosas y nobles como los abuelos contribuyeran, cegados por prejuicios o tabúes que eran los de su medio y habían pasado a formar parte de su naturaleza, a agravar con ese ambiguo *status* en que lo hicieron vivir, el drama de su nacimiento. Años después, yo fui uno de los primeros de la familia en tratar a Orlando como pariente, presentarlo como primo, y procuré tener con él una relación amistosa. Pero él nunca se sintió cómodo conmigo ni con el resto de la familia, salvo con la abuelita Carmen, de la que estuvo siempre cerca hasta el final.

Aunque nunca fui muy estudioso en el Leoncio Prado, hubo algunos cursos que seguí con pasión. Había excelentes profesores, como el de historia universal —Aníbal Ismodes—, cuyas clases yo escuchaba entusiasmado. Y el de física, un serranito menudo y elegante, llamado Huarina, de quien corría la voz que era un «cráneo». Había estado en Francia, haciendo estudios de postgrado, y en sus clases daba la impresión de saberlo todo; era capaz de hacer amenos los experimentos más enrevesados y las leyes y tablas más complejas. De todos los cursos de ciencias que he seguido, aquel que tuve con el profesor Huarina en el cuarto de media es el único que me entretuvo, intrigó y exaltó como hasta entonces sólo lo habían hecho los cursos de historia. La literatura se enseñaba como parte del castellano, es decir, de la gramática, y solía ser un curso aburridísimo, en el que había que memorizar, al igual que las reglas de la prosodia, la sintaxis y la ortografía, la vida y la obra de los autores famosos, pero no leer sus libros. Jamás, en todos los años escolares, me hicieron leer un libro, aparte de los manuales de clase. Éstos incluían algún poema o fragmento de textos clásicos que era difícil entender por las palabras raras y los giros inusitados, de modo que poco o nada quedaba de ellos en la memoria. Si alguna afición me despertaron las clases escolares, fue la historia, por los buenos profesores que tuve. La literatura fue una vocación que surgió fuera de las clases, de manera sesgada y personal.

Sólo después supe que uno de mis profesores leonciopradinos era un gran poeta peruano y una figura intelectual por la que, en mis años universitarios, sentiría admiración: César Moro. Era bajito y muy delgado, de cabellos claros y escasos, y unos ojos azules que miraban el mundo, las gentes, con una lucecita irónica en el fondo de las pupilas. Enseñaba francés y en el colegio se decía que era poeta y maricón. Sus maneras exageradamente corteses y algo amaneradas y esos rumores que circulaban sobre él excitaban nuestra animosidad contra alguien que parecía la negación encarnada de la moral y la filosofía del Leoncio Prado. En las clases solíamos «batirlo», como se batía a los «huevones». Le tirábamos bolitas de papel o lo sometíamos a esos conciertos de hojitas de afeitar aseguradas en la ranura de la carpeta y animadas con los dedos, o, los más osados, haciéndole preguntas —transparentes escarnios y provocaciones— que el resto de la clase celebraba a carcajadas. Veo, una tarde, al loco Bolognesi, caminando detrás de él y meneándole el brazo a la altura del trasero como una monstruosa verga. Era muy fácil «batir» al profesor César Moro porque, a diferencia de sus colegas, no llamaba nunca al oficial de guardia para que pusiera orden, echando un carajo o poniendo las papeletas que quitaban la salida del sábado. El profesor Moro soportaba nuestras diabluras y groserías con estoicismo, y, se diría, con una secreta complacencia, como si lo divirtiera que esos precoces salvajes lo insultaran. Ahora estoy seguro de que, de algún modo, lo divertía estar allí. Debía ser para él uno de esos juegos arriesgados a que los surrealistas eran tan propensos, una manera de ponerse a prueba y explorar los límites de su propia fortaleza y los de la estupidez humana a escala juvenil.

En todo caso, César Moro no daba clases de francés en el Leoncio Prado para hacerse rico. Años después, cuando —a raíz de su muerte, por un texto apasionado que André Coyné publicó sobre él—[10] descubrí que Moro había formado parte del movimiento surrealista en Francia, y empecé a leer esa obra que (como para cortar aún más con ese país del que dijo, en uno de sus maravillosos aforismos, que en él «sólo se cuecen habas»[11]) había escrito gran parte en francés, hice una investigación sobre su vida y descubrí que su sueldo, en el colegio, era ínfimo. En cualquier otro lugar, menos expuesto, podía haber ganado más. Lo que debió atraerlo de allí era, sin duda, eso: la brutalidad y exasperación que entre los cadetes despertaba su figura delicada, su actitud inquisitiva e irónica, y que se dijera de él que era poeta y hacía el amor como mujer.

Escribir, en el colegio, era posible —tolerado y hasta festejado— si se escribía como lo hacía yo: profesionalmente. No sé cómo empecé escribiendo cartas de amor a los cadetes que tenían enamoradas y no sabían cómo decirles que las querían y las extrañaban. Debió ser, al principio, un juego, una apuesta, con Víctor o con Quique o con Alberto o algún otro de los amigos de las cuadras. Luego, se irían pasando la voz. El hecho es que, en algún momento del tercer año, ya venían a buscarme y a pedirme, siempre con discreción y algo de vergüenza, que les escribiera cartas de amor, y hubo entre mis clientes cade-

---

10. André Coyné, *César Moro* (Lima: Torres Aguirre, 1956).
11. «En todas partes se cuecen habas, pero en el Perú sólo se cuecen habas.»

tes de otras secciones y tal vez de otros años. Me pagaban con cigarrillos pero a los amigos se las escribía gratis. Me divertía jugar al Cyrano, porque, con el pretexto de decir lo que convenía, me enteraba con detalles de los amoríos —complicados, ingenuos, transparentes, retorcidos, castos, pecaminosos— de los cadetes, y husmear aquella intimidad era tan entretenido como leer novelas.

Me acuerdo, en cambio, muy bien, cómo escribí la primera novelita erótica, un par de páginas garabateadas a la carrera para leerla en voz alta a un corro de cadetes de la segunda sección, en la cuadra, antes del toque de queda. El texto fue recibido con un estallido de aprobadoras obscenidades (he descrito un episodio parecido en *La ciudad y los perros*). Más tarde, cuando ya nos estábamos metiendo a las literas, mi vecino, el negro Vallejo, vino a preguntarme por cuánto le vendía mi novelita. Escribí muchas otras, después, en juego o por encargo, porque me divertía y porque con ellas me costeaba el vicio de fumar (estaba prohibido, por cierto, y al cadete que descubrían fumando lo consignaban el fin de semana). Y, también, seguramente, porque escribir cartas de amor y novelitas eróticas no estaba mal visto ni era considerado denigrante o de maricas. La literatura de esas características tenía derecho de ciudad en ese templo al machismo y me ganó fama de excéntrico.

Aunque, ninguno de los apodos que yo tuve fue el de «loco». Me decían Bugs Bunny, El Conejo de la Suerte, o Flaco, pues lo era, y a veces Poeta, porque escribía y, sobre todo, porque me pasaba el día, y a veces la noche, leyendo. Creo que nunca leí tanto y con tanta pasión como en esos años leonciopradinos. Leía en los recreos y a las horas de estudio, durante las clases disimulando el libro bajo los cuadernos y me escapaba del aula para ir a leer en la glorieta junto a la piscina, y leía, en las noches, en mis turnos de imaginaria, sentado en el suelo de blancas losetas desportilladas, a la rala luz del baño de la cuadra. Y leía todos los sábados y domingos que me quedaba consignado, que fueron bastantes. Sumergirse en la ficción, escapar de la humedad blancuzca y mohosa del encierro del colegio y bregar en las profundidades del abismo submarino en el Nautilus con el capitán Nemo, o ser Nostradamus, o el hijo de Nostradamus, o el árabe Ahmed Ben

Hassan, que rapta a la orgullosa Diana Mayo y se la lleva a vivir en el desierto del Sahara, o compartir con D'Artagnan, Porthos, Athos y Aramis las aventuras del collar de la reina, o las del hombre de la máscara de hierro, enfrentarse a los elementos con Han de Islandia, o a los rigores de la Alaska llena de lobos de Jack London, o, en los castillos escoceses, a los caballeros andantes de Walter Scott, espiar a la gitanilla desde los recovecos y gárgolas de Notre Dame con Quasimodo o, con Gavroche, ser un pilluelo chistoso y temerario en las calles de París en medio de la insurrección, era más que un entretenimiento: era vivir la vida verdadera, la vida exaltante y magnífica, tan superior a esa de la rutina, las bellacadas y el tedio del internado. Los libros se acababan pero seguían dándome vueltas en la cabeza sus mundos tan vívidos y de existencias formidables, y yo me trasladaba a ellos una y otra vez con la fantasía y pasaba horas allí, aunque aparentemente estuviera muy quieto y muy serio escuchando la lección de matemáticas o las explicaciones de nuestro instructor sobre el cuidado del fusil Mauser o la técnica del asalto a la bayoneta. Esa capacidad de abstraerme de lo circundante para vivir en la fantasía, para recrear con la imaginación las ficciones que me hechizaban, la había tenido desde niño y en esos años de 1950 y 1951 se convirtió en mi estrategia de defensa contra la amargura de estar encerrado, lejos de mi familia, de Miraflores, de las chicas, del barrio, de esas cosas hermosas que disfrutaba en libertad.

En las salidas, compraba libros y mis tíos me tenían siempre lista alguna nueva provisión para traerme al colegio. Cuando comenzaba a caer la noche del domingo e iba acercándose la hora de cambiar las ropas de civil por el uniforme para volver al internado, todo comenzaba a malograrse: la película se volvía fea, el partido soso, las casas, los parques y el cielo se entristecían. Surgía un difuso malestar en el cuerpo. A esos años debo el odio al atardecer y la noche del domingo. Recuerdo muchos libros que leí en esos años —*Los miserables*, por ejemplo, de efecto imperecedero—, pero el autor al que más agradecido le estoy es Alejandro Dumas. Casi todo él estaba en las ediciones amarillas de la editorial Tor o en la de cartulinas oscuras, con solapa, de Sopena: *El conde de Montecristo*, *Memorias de un médico*, *El collar de la reina*, *Angel Pitou*, y la serie larguísima de los mosqueteros que terminaba con los tres volúmenes de *El vizconde de Bragelonne*. Lo formidable era que sus novelas tenían continuaciones, al terminar el libro uno sabía que había otro, otros, prolongando la historia. La saga de D'Artagnan, que comienza con el joven gascón llegando a París como un desamparado provinciano y termina muchos años después, en el sitio de La Rochelle, cuando muere, sin recibir el bastón de mariscal que el rey le envía con un postillón, es una de las cosas más importantes que me han ocurrido en la vida. Pocas ficciones he vivido con una identificación mayor, transustanciándome más con los personajes y ambientes, gozando y sufriendo tanto con lo que ocurría en la historia. El loco Cox, compañero de año, haciéndose el gracioso, me arrebató un día uno de los tomos de *El vizconde de Bragelonne*, que yo leía en el descampado frente a las cuadras. Echó a correr y empezó a pasar el libro a otros como una pelota de básquet. Ésa fue una de las pocas veces que me trompeé en el colegio, lanzándome sobre él, furibundo, como si en ello me fuera la vida. A Dumas, a los libros suyos que leí, debo muchas cosas que hice y fui después, que hago y que soy todavía. De las imágenes de esas lecturas nació, estoy seguro, desde esos días, esa ansiedad por saber francés y por irme a vivir un día a Francia, país que fue, durante toda mi adolescencia, el anhelo más codiciado, un país que se asociaba en mis fantasías y deseos con todo aquello que me hubiera gustado que fuera la vida: belleza, aventura, audacia, generosidad, elegancia, pasiones ardientes, sentimentalismo crudo, gestos desmesurados.

(No he vuelto a releer ninguna de las novelas de Dumas que deslumbraron mi infancia, como *Los tres mosqueteros* o *El conde de Montecristo*. Tengo en mi biblioteca los volúmenes de La Pléiade que los contienen; pero cada vez que he empezado a hojearlos, me detiene un miedo reverencial a que no sean ya lo que entonces fueron, a que no puedan darme lo que dieron a mis catorce y quince años. Un tabú semejante me contuvo de releer *Los miserables* durante muchos años. Pero, el día que lo hice, descubrí que también para un adulto de hoy era una obra maestra.)

Además de lecturas que cambiaron mi vida, abrirme

los ojos sobre mi país y hacerme vivir experiencias con las que escribí mi primera novela, el Leoncio Prado me permitió practicar el deporte que más me gustaba: la natación. Me pusieron en el equipo del colegio y entrené y participé en competencias internas, aunque no en el campeonato interescolar, en el que iba a competir en estilo libre, porque, cuando salíamos ya hacia el Estadio Nacional, el director decidió retirar al colegio de la competencia. Formar parte del equipo de natación tenía la ventaja de que a uno le daban sobrealimentación (un huevo frito en el desayuno y un vaso de leche a media tarde) y, a veces, en vez de la campaña, íbamos a la piscina a entrenar.

El sábado era el día feliz de la semana, para los que tenían salida. O, más bien, la felicidad comenzaba el viernes en la noche, después del rancho, con la película en el improvisado auditorio de bancas de madera y techo de calamina. Aquella película era un anticipo de la libertad. El sábado el corneta tocaba la diana casi a oscuras, pues era día de campaña. Salíamos a los descampados de La Perla, y era divertido jugar a la guerra —tender emboscadas, tomar por asalto un cerro, romper un cerco— sobre todo si el teniente que estaba al frente de la compañía era el teniente Bringas, modelo de oficial, que se tomaba muy a pecho la campaña y sudaba a la par de nosotros. Otros oficiales se lo tomaban con más calma y se limitaban a dirigirnos intelectualmente. Como el amable teniente Anzieta, uno de los más condescendientes que me tocó. Tenía una bodega; podíamos encargarle paquetes de caramelos y galletas, que nos vendía más baratos que en la calle. Le inventé un poemita, que le cantábamos en la formación:

Si quiere el cadete
ser un buen atleta
que coma galleta
del teniente Anzieta.

Al terminar el tercero de media, dije a mi padre que quería presentarme a la Escuela Naval. No sé por qué lo hice, pues ya para entonces sabía de sobra que mi manera de ser era incompatible con la vida militar; tal vez, para no dar mi brazo a torcer —rasgo de carácter que me ha traído abundantes sinsabores—, o porque ser cadete de la

Naval hubiera significado la emancipación de la tutela paterna, ser adulto, algo con lo que soñaba día y noche. Ante mi sorpresa, me repuso que no aprobaba esa decisión y que, por lo tanto, no me daría los cuarenta mil soles que había que abonar como derechos para el examen de ingreso. Con el rencor que yo sentía hacia él, atribuí esa negativa a su tacañería —defecto del que, por lo demás, no estaba exento—, pues una de las razones que esgrimió, también, fue que, según el reglamento, si un cadete, luego de tres o cuatro años en la Escuela Naval pedía su baja, estaba obligado a reembolsar todo lo que su educación le había costado a la Marina. Y él estaba seguro de que yo no duraría en la Naval.

Pese a su negativa, sin embargo, fui a La Punta a retirar el programa de ingreso (había pensado pedir prestado a mis tíos el dinero de la inscripción), pero en la Escuela Naval descubrí que en ningún caso hubiera podido presentarme ese año, pues se requería que los aspirantes tuvieran quince años cumplidos al hacer la solicitud y yo sólo los cumpliría en marzo de 1951. Tenía que esperar un año más, pues.

En ese verano mi padre me llevó a trabajar con él a su oficina. La International News Service estaba en la primera cuadra del jirón Carabaya, en la calle Pando, a pocos metros de la plaza San Martín, en el primer piso de un viejo edificio. La oficina, al fondo del largo pasillo de losetas amarillas, constaba de dos amplios cuartos, el primero de los cuales estaba dividido por tabiques en dos espacios: en uno, el radiooperador recibía las noticias, y, en el otro, los redactores las traducían al español y las adaptaban para enviarlas a *La Crónica*, que tenía la exclusividad de todos los servicios de la INS. El cuarto del fondo era la oficina de mi padre.

De enero a marzo, trabajé en la International News Service de mensajero, llevando a *La Crónica* los cables y artículos del servicio informativo. Comenzaba a las cinco de la tarde y terminaba al filo de la medianoche, lo que me dejaba buena parte del día libre, para ir a la playa con los amigos del barrio. La mayor parte de las veces íbamos a Miraflores —Los Baños, se les seguía llamando—, que, pese a ser una playa de piedras, tenía las mejores olas para correr. Correr olas era un deporte maravilloso y las

118

de Miraflores reventaban lejos de la playa y el corredor avezado podía hacerse arrastrar cincuenta o más metros, endureciendo el cuerpo y dando en el momento oportuno las brazadas necesarias. En la playa de Miraflores estaba el club Waikiki, símbolo de la pituquería; sus socios corrían olas con tablas hawaianas, entonces un deporte carísimo, pues las tablas, de madera balsa, se importaban de Estados Unidos, y sólo un puñado podía practicarlo. Cuando empezaron a fabricarse tablas de material plástico, el deporte se democratizó, y hoy lo practican todas las clases sociales. Pero, en ese entonces, los miraflorinos de clase media, como yo, mirábamos como algo inalcanzable esas tablas de los socios del Waikiki que surcaban el mar miraflorino, cuyas olas nosotros debíamos contentarnos con bajar a pecho. Íbamos también a La Herradura, ésa sí playa de arena y de olas bravas donde el placer no estaba en hacerse arrastrar sino en atreverse a bajarlas, haciéndolas reventar con el cuerpo, y poniéndose siempre muy adelante de la cresta para no ser atrapado por el rulo y revolcado.

Ese verano fue también el de un frustrado romance, con una miraflorina, cuya aparición, en las mañanas, en lo alto de la terraza de Los Baños, con su ropa de baño negra y sus zapatillas blancas, su melenita corta y sus ojos color de miel, a mí me hacía perder el habla. Se llamaba Flora Flores y me enamoré de ella el primer día que la vi. Pero nunca me hizo caso formalmente, aunque me permitía acompañarla, luego de la playa, hasta su casa, por las inmediaciones del cine Colina, y salía a veces a dar conmigo largas caminatas, bajo los ficus de la avenida Pardo. Era bonita y graciosa, de humor rápido, y a su lado yo me volvía torpe y balbuceante. Mis tímidos avances para que fuera mi enamorada eran desechados de una manera tan sutilmente coqueta, que siempre parecía quedar una esperanza. Hasta que, en uno de esos paseos por la alameda, le presenté a un apuesto amigo, que, para colmo, era campeón de natación: Rubén Mayer. En mis propias barbas comenzó a enamorarla y poco después le cayó, con todo éxito. Caerle a una chica, declararse, es una costumbre que declinaría hasta ser hoy algo que a las nuevas generaciones, expeditivas y pragmáticas en materia de amor, les parece una idiotez prehistórica. Yo guardo una tierna memoria de esos rituales de que estaba hecho el amor cuando era adolescente y a ellos debo que esta etapa de mi vida haya quedado en mi recuerdo no sólo como violenta y represiva, sino, también, hecha de momentos delicados e intensos que me resarcían de todo lo demás.

Creo que fue en ese verano de 1951 que mi papá viajó por primera vez a Estados Unidos. No estoy muy seguro, pero debe de haber sido en esos meses, pues recuerdo haber gozado en esa temporada de una libertad inconcebible si hubiera estado él en casa. El año anterior nos habíamos mudado, una vez más. Mi padre vendió la casita de La Perla y alquiló un departamento en Miraflores, en la misma quinta de la calle Porta donde, más o menos por la misma fecha, se mudaron los abuelos. Pese a la vecindad, las relaciones de mi padre con los Llosa seguirían siendo nulas. Si se cruzaba en la calle con mis abuelos, los saludaba, pero jamás se visitaban, y sólo yo y mi mamá frecuentábamos las casas de mis tíos.

Ir a Estados Unidos era un sueño acariciado desde mucho antes por mi padre. Admiraba ese país y uno de sus orgullos era haber aprendido el inglés de joven, lo que le había servido para conseguir sus trabajos en Panagra y, luego, la representación de la INS en Perú. Desde que mis hermanos se mudaron allá, hablaba de ese proyecto. Pero en ese primer viaje no fue a Los Ángeles, donde vivían Ernesto y Enrique con su madre, sino a Nueva York. Recuerdo haber ido a despedirlo con mi mamá y los empleados del INS, al aeropuerto de Limatambo. Estuvo en Estados Unidos varias semanas, quizás un par de meses, intentando un negocio de ropa, en el que aparentemente le fue mal, pues, más tarde, lo oí quejarse de haber perdido en aquel intento neoyorquino parte de sus ahorros.

El hecho es que ese verano me sentí más libre. El trabajo me tenía sujeto desde el atardecer hasta la medianoche, pero no me molestaba. Me hacía sentir adulto y me enorgullecía que a fin de mes mi padre me pagara un sueldo, como a los redactores y radiooperadores de la International News Service. Mi trabajo era menos importante que el de ellos, claro está. Consistía en correr de la oficina a *La Crónica*, que estaba en la vereda opuesta, de esa misma calle de Pando, llevando los boletines informativos, cada hora o cada dos horas, o cuando había algún *flash*. El resto del tiempo lo aprovechaba leyendo esas novelas que se habían vuelto una adicción. A eso de las nueve de la noche, con el redactor y el radiooperador de turno nos íbamos a comer a una fonda de la esquina, llena de conductores del tranvía a San Miguel, cuyo terminal se hallaba al frente.

En esos meses, corriendo entre las mesas de redacción de la oficina y *La Crónica*, se me vino a la cabeza la idea de ser periodista. Esta profesión, después de todo, no estaba tan lejos de aquello que me gustaba —leer y escribir—, y parecía una versión práctica de la literatura. ¿Por qué objetaría mi padre el que yo fuera periodista? ¿No lo era él, en cierto modo, al trabajar en la International News Service? Y, en efecto, la idea de que fuera periodista no le pareció mal.

En el cuarto de media no creo ya haber dicho a nadie que sería marino, sino, repetido una y otra vez, hasta convencerme de ello, que, luego del colegio, estudiaría periodismo. Y uno de esos fines de semana, mi padre me dijo que hablaría con el director de *La Crónica* para que me permitiera trabajar allí los tres meses del próximo verano. Así vería desde adentro lo que era esa profesión.

En ese año de 1951 escribí una obra de teatro: *La huida del inca*. Leí un día, en *La Crónica*, que el ministerio de Educación convocaba a un concurso de obras teatrales para niños, y ése fue el acicate. Pero la idea de escribir teatro me rondaba desde antes, como la de ser poeta o novelista, y acaso más que estas dos últimas. El teatro fue mi primera devoción literaria. Tengo muy viva en la memoria la primera obra teatral que vi, cuando era un niño de pocos años, en Cochabamba, en el teatro Achá. El espectáculo era en la noche y para grandes, y no sé por qué cargaría conmigo mi mamá. Nos sentamos en un palco y de pronto se levantó el telón y allí, bajo una luz muy fuerte, unos hombres y mujeres no contaban sino *vivían* una historia. Como en las películas, pero todavía mejor, porque éstas no eran figuras en una pantalla sino seres de carne y hueso. En un momento, durante una discusión, uno de los caballeros le daba una cachetada a una señora. Rompí a llorar y mi mamá y mis abuelos se reían: «Pero si es de mentira, zoncito.»

Aparte de las veladas en el colegio, no recuerdo haber

121

ido al teatro hasta el año que entré al Leoncio Prado. Ese año, sí, fui varios sábados, al teatro Segura, o al Municipal, o al pequeño escenario de la Escuela Nacional de Arte Escénico —en los alrededores de la avenida Uruguay—, generalmente a platea alta o incluso a la cazuela, a ver a compañías españolas o argentinas —en esa época, parece mentira, en Lima ocurrían esas cosas—, que montaban piezas de Alejandro Casona, de Jacinto Grau, o de Unamuno, y, a veces —raras veces—, alguna obra clásica de Lope de Vega o Calderón. Iba siempre solo, porque a ninguno de mis amigos del barrio le hacía gracia ir al centro de Lima a soplarse una obra de teatro, aunque alguna vez se animaba a acompañarme Alberto Pool. Mala o buena, la representación siempre me dejaba la cabeza llena de imágenes para fantasear muchos días, y cada vez salía del teatro con la secreta ambición de ser algún día un dramaturgo.

No sé cuántas veces escribí, rompí, reescribí, volví a romper y a reescribir *La huida del inca*. Como mi actividad de escriba de cartas amorosas y de novelitas eróticas me había ganado entre mis compañeros leonciopradinos el derecho a ser escritor, no lo hacía ocultándome, sino en las horas de estudio, o después de las clases, o en ellas mismas y durante mis turnos de imaginaria. El abuelito Pedro tenía una vieja máquina de escribir Underwood, que lo acompañaba desde los tiempos de Bolivia, y los fines de semana me pasaba horas mecanografiando en ella con dos dedos, el original y las copias para el concurso. Al terminarla, se la leí a los abuelos y a los tíos Juan y Laura. El abuelito se encargó de llevar *La huida del inca* al ministerio de Educación.

Esa obrita fue, hasta donde yo recuerdo, el primer texto que escribí de la misma manera que escribiría después todas mis novelas: reescribiendo y corrigiendo, rehaciendo una y mil veces un muy confuso borrador que, poco a poco, a fuerza de enmiendas, tomaría forma definitiva. Pasaron semanas y meses sin noticias de la suerte que había tenido en el concurso, y cuando terminé el cuarto de media, y, a fines de diciembre o comienzos de enero de 1952, entré a trabajar a *La Crónica*, ya no pensaba casi en mi obra —espantosamente subtitulada *Drama incaico en tres actos, con prólogo y epílogo en la época actual*— ni del certamen al que la presenté.

VI

RELIGIÓN, MUNICIPIOS Y TRASEROS

Superado el conflicto con AP y el PPC por las candidaturas municipales, regresé a Lima el 14 de julio de 1989, después de veintidós días de ausencia. Una caravana de autos, camiones y ómnibus me recibió en el aeropuerto, encabezados por Chino y Gladys Urbina y el puñado de muchachas y muchachos de la Juventud del Movimiento Libertad, que, con ellos, organizarían todos nuestros mítines de la campaña a lo largo y ancho del Perú. Hablando desde la terraza de mi casa a quienes me acompañaron hasta Barranco, hice las paces con los aliados y agradecí a Acción Popular y al Partido Popular Cristiano haber puesto fin a sus rencillas municipales.

Al día siguiente fui a saludar a Belaunde y a Bedoya y la reconciliación quedó zanjada. En mi ausencia, una comisión de ambos partidos, formada por Eduardo Orrego y Ernesto Alayza Grundy —candidatos a la primera y a la segunda vicepresidencia— habían hecho un salomónico reparto de los concejales y alcaldes en todo el país.

El problema era la alcaldía de Lima, la que tendría mayor efecto político sobre la campaña presidencial. Correspondía a Acción Popular designar al candidato y se daba por hecho que sería el arquitecto Eduardo Orrego. Nacido en Chiclayo en 1933, discípulo y correligionario de la primera hora de Belaunde Terry, Orrego era considerado el heredero natural del trono populista. El congreso de Acción Popular, celebrado a fines de abril de 1989, en el Cusco, lo había elegido candidato a la primera vicepresidencia. Después de Belaunde, era el dirigente con mejor imagen de su partido. Había sido alcalde de Lima entre 1981 y 1983 y tenía experiencia municipal. Su gestión había sido esforzada, no exitosa, por la falta de recursos, algo que el gobierno de Acción Popular le había escatima-do, condenándolo a la impotencia. Lo más importante que hizo fue obtener un crédito de ochenta y cinco millo-nes de dólares del Banco Mundial para la alcaldía. Pero la burocracia se encargó de que esos recursos se materializa-ran cuando ya había terminado su gestión, de modo que sólo pudo aprovecharlos quien lo sucedió, el líder de Iz-quierda Unida, Alfonso Barrantes, ganador de la elección municipal de 1983.

Conocía a Eduardo Orrego muy por encima, antes de la campaña electoral. Lo consideraba uno de los populis-tas que había conservado más vivo el espíritu renovador y romántico con que nació Acción Popular durante la dicta-dura de Odría. Sabía que Orrego había viajado por el mundo en una especie de autoadiestramiento político —trabajó en Argelia y recorrió África, Asia y, extensamen-te, la República Popular China— y tenía el pálpito de que, a diferencia de lo ocurrido con otros de sus correligiona-rios, los años no habían enmohecido los arrestos de su ju-ventud. Por eso, cuando, algún tiempo atrás, Belaunde me preguntó a quién prefería como primer vicepresidente en-tre los tres o cuatro nombres que se voceaban, le respon-dí, sin vacilar: Orrego. Sabía que Eduardo había estado muy delicado, por una operación de corazón, pero me aseguraron que se había recuperado muy bien. Me alegró tenerlo de compañero, aunque, en aquel momento —julio de 1989— todavía me preguntaba, no sin aprensión, cómo sería en el trato y trabajo cotidiano la persona llamada a reemplazarme en caso de vacancia de la presidencia.

Resultó simpático, inteligente y divertido, siempre lla-no a interceder con Acción Popular para limar aristas y facilitar los acuerdos con los otros aliados y cuyas anécdo-tas y ocurrencias hacían amenos los largos viajes y las abrumadoras reuniones sociales de la campaña. No sé cómo se las arreglaba, pero, en todas las ciudades y pue-blos, se desaparecía siempre unas horas, para explorar los mercados y los talleres de artesanos, o visitar a los secre-tos huaqueros, e infaliblemente reaparecía con un puñado de hallazgos folklóricos o arqueológicos o con algún pája-ro o bicho vivo bajo el brazo (entiendo que su pasión y la de Carolina, su mujer, por los animales han convertido su casa en un zoológico). Yo le envidiaba esa aptitud para preservar, en medio de nuestros absorbentes trajines, sus aficiones y curiosidades personales, pues yo tenía la sensación de que, a mí, la política me había privado de las mías para siempre. En toda la campaña no tuvimos una sola discusión y quedé convencido de que colaboraría conmigo en el gobierno de manera leal.

Pero, aunque nunca me lo dijo, Eduardo me pareció un hombre desencantado de la política y, en lo íntimo, totalmente escéptico sobre las posibilidades de cambiar el Perú. A pesar de que, de una manera muy peruana, lo amortiguaba con bromas y risueñas anécdotas, algo ácido y triste, un fondo amargo, se traslucía en sus palabras cuando recordaba cómo, a su paso por el gobierno —en la alcaldía de Lima o en su breve gestión de ministro de Obras Públicas— había descubierto, a diestra y siniestra, entre amigos y adversarios, e incluso en las personas más insospechables, negociados, tráfico de influencias y robos. Por eso, a él, la corrupción del gobierno de Alan García no parecía sorprenderlo, como si la hubiera visto irse gestando y fuera inevitable culminación de inveteradas prácticas. Era como si esa experiencia, sumada a la sombría evolución de la política peruana desde los años de sus juveniles entusiasmos populistas, hubieran esfumado en Eduardo el dinamismo y la confianza en el Perú.

En los mítines hablaba antes que yo. Lo hacía siempre brevemente, con uno o dos chistes contra el gobierno aprista, y dirigiéndose a mí como «*presidente* Mario Vargas Llosa», lo que solía provocar una ovación. La agitada, excluyente campaña no me permitió tener nunca con Orrego lo que muchas veces me tentó: una franca conversación, en la que hubiera tal vez llegado a conocer las razones profundas de lo que me parecía su incorregible decepción de la política, los políticos y, acaso, del Perú.

Mi otro compañero en la lista presidencial, el doctor Ernesto Alayza Grundy, era muy diferente. Bastante mayor que nosotros —andaba por los setenta y siete años—, don Ernesto fue designado por el Partido Popular Cristiano candidato a la segunda vicepresidencia como una transacción entre el senador Felipe Osterling y el diputado Celso Sotomarino, cuando, en el congreso de su partido, celebrado entre el 29 de abril y el 1 de mayo de 1989, pareció que Sotomarino ganaría la nominación sobre Osterling, a quien, hasta entonces, se daba por seguro. Hombre conflictivo, de carácter áspero, Sotomarino había sido un tenaz opositor a la idea del Frente, había atacado con frecuencia a Acción Popular y a Belaunde, y cuestionado mi candidatura de manera destemplada, de modo que su designación hubiera sido incongruente. Con buen criterio, Bedoya propuso al congreso un candidato de transacción tras el cual todos cerraron filas: la venerable figura de Alayza Grundy.

Apenó a muchos —entre ellos a mí, pues le tenía un alto concepto— que Osterling, abogado y maestro universitario de prestigio y con una excelente acción parlamentaria, no estuviera en la plancha presidencial, por lo que su energía y buena imagen hubieran aportado. Pero pronto descubrí que, pese a sus años, don Ernesto Alayza Grundy resultaba un espléndido sustituto.

Éramos amigos, a la distancia. Alguna vez habíamos cruzado cartas privadas, polemizando cariñosamente sobre el tema del Estado, al que, en una conferencia, yo califiqué, siguiendo a Popper, de «mal necesario». Don Ernesto, ortodoxo seguidor de la doctrina social de la Iglesia, y, como ésta, receloso del liberalismo, me reconvino en términos corteses, exponiéndome sus puntos de vista al respecto. Le contesté puntualizando los míos y creo que de aquel intercambio quedó claro, para ambos, que, pese a las diferencias, un liberal y un social cristiano como él podían entenderse, pues compartían un ancho denominador ideológico. En otras ocasiones, y siempre con sus finísimas maneras, don Ernesto me había hecho llegar las encíclicas de la Iglesia sobre el tema social, y sus propios escritos. Aunque dichos textos solían provocar en mí más reticencias que entusiasmo —la teoría social cristiana de la supletoriedad, además de un trabalenguas, siempre me pareció una puerta por la que podía filtrarse, de contrabando, un encubierto control de toda la vida económica—, estas iniciativas de don Ernesto me causaron una grata impresión. He aquí, entre los políticos peruanos, alguien interesado en ideas y doctrinas, que entendía la política como hecho cultural.

El no ser yo un creyente fue un motivo de preocupación, acaso de angustia, para los católicos que me apoyaban, en el Movimiento Libertad y en el Partido Popular

Cristiano, sobre todo aquellos que no eran, como la mayoría de los que yo conocía, creyentes rutinarios, laxos, puramente sociales, sino que se esforzaban por vivir en coherencia con los dictados de su fe. Conozco pocos católicos de esta índole y don Ernesto Alayza Grundy es uno de ellos. Como lo atestigua su participación, siempre en primera línea, en las actividades promovidas por la Iglesia en el campo educativo o social y su propia vida profesional y familiar (tiene once hijos) y su imagen de integridad y de honradez inmaculada que no habían sufrido el menor rasguño —y es mucho decir— en medio siglo de actuación pública.

Al comenzar mi actividad política, adelantándome a lo que, era evidente, mis adversarios tratarían de explotar a fondo en los meses y años siguientes, expliqué en una entrevista con César Hildebrandt que yo no era creyente, tampoco un ateo, sino un agnóstico, pero que no discutiría en la campaña sobre religión. Pues las creencias religiosas, como las amistades, la vida sexual y la sentimental, pertenecen al dominio de lo privado, deben ser rigurosamente respetadas y en ningún caso convertidas en materia de debate público. Precisé también que, como era obvio, quien gobernase el Perú, cualesquiera que fuesen sus convicciones, debía ser consciente de que la gran mayoría de peruanos eran católicos, y actuar con el debido respeto para con esos sentimientos.

A lo largo de toda la campaña me sujeté a esta regla y nunca volví a tocar el tema, ni respondí, cuando, en los meses finales, el gobierno enviaba a sus voceros a preguntarle al pueblo, el rostro desfigurado por la inquietud: «¿Quieren tener un presidente *ateo*? ¿Saben lo que significará para el Perú un presidente *ateo*?»

(Para buen número de mis compatriotas, resultó imposible diferenciar el ateísmo del agnosticismo, por más que, en aquella entrevista, hice cuanto pude para aclarar que un ateo es también un creyente —alguien que cree que Dios *no* existe— en tanto que un agnóstico se declara tan perplejo sobre la existencia como sobre la inexistencia de un ser divino y una vida ultraterrena.)

Pero, pese a mi negativa a volver a discutirlo, el tema me persiguió como una sombra. No sólo porque el APRA y el gobierno se sirvieron de él a sus anchas —hubo artículos innumerables en todas las hojas y pasquines apristas y neoapristas, *spots* en radio y televisión, volantes callejeros, etcétera— sino porque atormentaba a muchos de mis partidarios. Podría escribir un libro de anécdotas sobre el particular. Tengo centenares de cartas cariñosas, sobre todo de gente humilde, anunciándome que hacían novenas, promesas y rezos por mi conversión, y otras muchas de curiosos, preguntándome qué religión era esa que yo practicaba, el agnosticismo, cuál su doctrina, su moral y sus principios, y dónde estaban sus iglesias y sacerdotes para ir a conocerlos. En todo mitin, encuentro popular y en los recorridos callejeros, infaliblemente decenas de manos me deslizaban en los bolsillos estampitas, medallitas, rosarios, detentes, oraciones, frasquitos de agua bendita, cruces. Y a mi casa llegaban anónimos regalos de imágenes religiosas, vidas de santos, libros píos —el más repetido: *Camino*, de monseñor Escrivá de Balaguer— o primorosas cajitas con reliquias católicas, agua de Lourdes o de Fátima y tierra de Jerusalén. El día de cierre de campaña, en Arequipa, el 5 de abril de 1990, luego del mitin en la plaza de Armas, hubo una recepción en el convento de Santa Catalina. Una señora vino misteriosamente a decirme que la superiora quería verme. Tomado del brazo me hizo franquear la reja del sector donde viven las religiosas en clausura. Se abrió una puerta. Apareció una monjita con anteojos, risueña y gentilísima. Era la superiora. Me hizo cruzar el umbral y me señaló una pequeña capilla donde divisé en la penumbra tocas blancas y hábitos oscuros. «Estamos rezando por usted», me susurró. «Ya sabe *para qué*.»

Muy al principio, yo abordé el asunto en una reunión interna del Movimiento Libertad. La Comisión Política estuvo de acuerdo conmigo en que, consecuentes con la norma de sinceridad que nos habíamos trazado, yo no podía disimular mi condición de agnóstico por conveniencias electorales. Al mismo tiempo, era imperioso que, no importa cuán grandes las provocaciones, evitáramos la controversia sobre religión. Ninguno de nosotros sospechaba entonces —fines de 1987— la importancia que cobraría el tema religioso entre la primera y la segunda vuelta, a raíz de la exitosa movilización de las iglesias evangélicas en favor de Fujimori.

En la dirigencia del Movimiento Libertad había un buen número de católicos del mismo fuste que don Ernesto Alayza Grundy: dedicados, consecuentes y muy próximos a la jerarquía o a determinadas órdenes o instituciones eclesiásticas, al extremo de que yo insinué una vez que rodeado de gentes como ellos era probable que las sesiones de nuestra Comisión Política las presidiera el Espíritu Santo. Miguel Cruchaga había sido en los años sesenta el organizador de los cursillos de cristiandad en el Perú. Lucho Bustamante mantenía una muy estrecha amistad con los jesuitas, en cuyo colegio había estudiado, y enseñaba en la Universidad del Pacífico, vinculada a la orden. Nuestro flamante secretario departamental de Lima, Rafael Rey, era numerario del Opus Dei, alguien que ha hecho los votos de obediencia, pobreza y castidad (la que, diré de paso, defendía a piedra y lodo contra los asaltos irrespetuosos de muchas libertarias). Y en la Comisión Política figuraban también «católicos, apostólicos, romanos y *beatos*», como bromeaba uno de ellos. (Citaré entre los más notorios a Beatriz Merino, Pedro Cateriano y Enrique Chirinos Soto.)

Aunque, estoy seguro, a todos ellos les causaba inquietud mi posición religiosa, tengo que agradecerles el que nunca me lo hicieran sentir ni de manera velada, aun en los momentos en que arreciaba la campaña contra mi «ateísmo». Es cierto que, en coherencia con lo que postulábamos sobre el respeto a la privacidad, nunca discutimos en el Movimiento Libertad asuntos religiosos. Tampoco salió alguno de mis amigos a hacer valer públicamente su condición de católico para contrarrestar los ataques: eran, ya lo he dicho, creyentes que trataban de vivir de acuerdo con sus creencias, para quienes no era concebible traficar con la fe ni para atacar al adversario ni para promoverse a sí mismos.

Éste fue también el comportamiento de don Ernesto Alayza Grundy. A lo largo de toda la campaña, mantuvo discreción absoluta sobre el tema religioso, que jamás asomó en nuestras conversaciones, ni siquiera cuando surgían asuntos espinosos, como el control de la natalidad, que yo defendía de manera explícita y que él difícilmente hubiera podido aprobar.

Pero, aparte de discreto e íntegro —yo estaba feliz con

la imagen de limpieza moral que trajo consigo a la vice-presidencia— don Ernesto resultó un maravilloso compañero de campaña. Incansable, siempre de buen humor, su resistencia física nos dejaba a todos asombrados, y también su delicadeza y espíritu solidario: jamás se valió de sus años o de su prestigio para pedir ni aceptó el menor privilegio. Alguna vez tuve que exigirle, de manera firme, que no me acompañara —cuando se trataba, por ejemplo, de ir a lugares como Huancavelica o Cerro de Pasco, donde había que subir a más de cuatro mil metros de altura— porque él estaba siempre con el ánimo dispuesto a trepar cerros en los Andes, sudar la gota gorda en la selva o temblar de frío en la puna para llegar a todos los pueblos del itinerario. Su alegría, su sencillez y llaneza, su capacidad de adaptación a los rigores de la campaña y su entusiasmo juvenil por lo que hacíamos, ayudó a hacer llevadero el infinito recorrido de pueblos, barrios y regiones. Solía ser el primer orador en los mítines. Hablaba despacio, estirando sus largos brazos y empinando su ascética silueta en los estrados. Y con su vocecita un poco en falsete y un brillo pícaro en los ojos concluía su breve discurso con una metáfora: «Me he inclinado para escuchar el pulso del Perú profundo. ¿Y qué escuché? ¿Qué decía ese latido? ¡Fre-de-mo! ¡Fre-de-mo! ¡Fre-de-mo!»

Había oído, desde antes de mi viaje a Europa, que Eduardo Orrego se negaba a aceptar la candidatura a la alcaldía de Lima que le ofrecía Acción Popular. Él partió a Francia con Carolina, casi al mismo tiempo que yo regresaba, y en la prensa había muchas especulaciones al respecto. Belaunde me confirmó las reticencias de Orrego, pero confiaba en hacerlo cambiar de opinión antes de la fecha límite —el 14 de agosto— y me pidió que lo ayudara a convencerlo.

Lo llamé a París. La decisión de Eduardo me pareció muy firme. La razón que esgrimía era táctica. Las encuestas para la alcaldía le pronosticaban un veinte por ciento, la mitad de lo que a mí para las presidenciales. Si sacaba una votación baja o perdía la elección municipal, me dijo, su fracaso resultaría un lastre para mi campaña. No había que exponerse. Juzgada desde la perspectiva de lo que ocurrió en las elecciones municipales, la negativa de Orrego resultó una intuición certera. ¿Hubo en él la adivinación de la derrota?

Quizá, más secreta, había otra razón. Cuando se produjo mi renuncia, y el escándalo consiguiente, el diputado Francisco Belaunde Terry —hermano del ex presidente, fundador de Acción Popular y uno de los populistas que había sufrido más hostigamiento por la dictadura de Velasco— había responsabilizado a Orrego de la intransigencia de AP en lo de las listas conjuntas, usando contra él frases muy duras. Aunque nunca oí a Orrego la menor alusión al incidente, este episodio pesó tal vez en su decisión.

(Diré, entre paréntesis, que Francisco Belaunde Terry había sido, desde siempre, uno de los populistas que yo más respetaba, uno de esos raros políticos que dignifican la política. Por su independencia, que algunas veces lo hizo enfrentarse a su propio partido cuando su conciencia se lo dictaba, y por esa honradez maniática que lo llevó, en el Congreso, pese a sus escasos recursos, a no aceptar nunca los aumentos, bonificaciones, reintegros, que los parlamentarios aprobaban continuamente para mejorar sus ingresos y a devolver los cheques o a donarlos a los porteros y empleados del Parlamento cuando el APRA hizo aprobar una disposición que prohibía a un diputado o senador rechazar los aumentos. Por su absoluto desprecio de las convenciones y los cálculos que regulan la vida del político, Francisco Belaunde —de largo y esmirriado cuerpo, enciclopedia histórica viviente, lector voraz y de palabra elegante pero como venida de la literatura y el pasado— me hacía siempre el efecto de un hombre de otro tiempo o de otro país, un cordero metido en una manada de lobos. Era capaz de decir lo que creía y pensaba, aunque eso, como le ocurrió durante las dictaduras de Odría y de Velasco, lo llevara a la cárcel y al exilio, pero, también, aunque ello lo enemistara con sus propios correligionarios o con las instituciones a las que todo buen político teme y adula: los medios de comunicación. En la campaña electoral de 1985, en aquella ocasión en que anuncié en la televisión que no votaría por Alan García sino por Bedoya Reyes para presidente, añadí que, en las listas parlamentarias, daría mi voto preferencial a dos candidatos a los que, para bien del Perú,

131

quería ver en el Congreso: Miguel Cruchaga y Francisco Belaunde Terry.

Desde la manifestación de la plaza San Martín —tal vez desde antes— Francisco Belaunde Terry había sido un tenaz promotor de la idea del Frente y de mi candidatura. Y muy claramente había dicho que discrepaba con los populistas que insistían, a veces de manera agresiva, sin disimular su hostilidad hacia el Movimiento Libertad y hacia mí, en que su hermano Fernando fuera candidato una vez más. Esto, como es natural, le había ganado la ojeriza de muchos de sus correligionarios, sobre todo de aquellas nulidades cuya única credencial para ocupar cargos directivos en Acción Popular y ser sus candidatos al Parlamento era la adulación al líder, y que por eso habían obstruido por todos los medios la forja de la alianza. Esta situación se agravó para Francisco Belaunde Terry, cuando, la noche de mi renuncia, en junio de 1989, se presentó en mi casa, en plena manifestación de libertarios, y fue luego a solidarizarse conmigo al Movimiento Libertad. De otro lado, su esposa, Isabelita, era una empeñosa activista de Acción Solidaria y trabajaba hacía meses con Patricia en programas de promoción y apoyo social en los barrios marginales de San Juan de Lurigancho.

Aquellas mediocridades, que, como ocurre en todos los partidos y sobre todo en los más caudillistas, son las que suelen apoderarse de la cúpula directiva, conspiraron para impedir que Francisco Belaunde Terry —sin la menor duda el parlamentario populista de conducta más meridiana— fuera candidato de su partido en las listas del Frente. El Movimiento Libertad le propuso entonces ser uno de nuestros candidatos a la diputación por Lima y él aceptó, honrando con su nombre nuestra cuota. Pero, para miseria del Parlamento peruano, no salió elegido.)

Cuando di cuenta a Belaunde Terry de mi conversación con Orrego, él se resignó a reemplazarlo. Me preguntó qué me parecía Juan Incháustegui y me apresuré a decirle que una magnífica opción. Ingeniero y provinciano, había sido un buen ministro de Energía y Minas y se había inscrito en Acción Popular no antes sino después de su gestión ministerial, en las postrimerías del segundo gobierno de Belaunde. Aunque yo lo conocía sólo de vista tenía muy presentes los términos elogiosos en los que Belaunde se había referido a él, en nuestras conversaciones en Palacio, a mediados de su gestión presidencial.

Luego de ciertas vacilaciones —era un hombre de modestos recursos y los ingresos del alcalde de Lima son mínimos—, Incháustegui aceptó representar al Frente. Por su parte, el Partido Popular Cristiano eligió a Lourdes Flores Nano como candidata a teniente alcalde. Joven abogada, Lourdes se había hecho muy popular por su simpatía y su buena oratoria durante la movilización contra la estatización de la banca.

La pareja era magnífica y yo respiré, seguro de que ganaríamos la elección municipal en Lima. La presencia llana de Incháustegui, sus chispazos de humor, su falta de aristas polémicas, conquistarían la simpatía de los barrios. Su condición provinciana era otra buena credencial. Aunque nacido en Arequipa, había estudiado y vivido en Cusco y se consideraba él mismo cusqueño, de modo que esto debería ganarle muchos corazones en esa ciudad de provincianos que se ha vuelto la capital del Perú. Y, a su lado, la juventud e inteligencia de Lourdes Flores Nano —una cara nueva en la política peruana— resultaba un excelente complemento.

Sin embargo, a partir de setiembre, las encuestas empezaron a destacar, por encima de Incháustegui, a un recién venido: Ricardo Belmont Cassinelli. Dueño de una radio y de un pequeño canal de televisión, en los que había conducido por varios años un programa muy popular, de diálogos abiertos —*Habla el pueblo*—, Belmont no había hecho antes política ni parecía interesado en hacerla. Su nombre se asociaba más bien con los deportes, que practicaba y promovía —había sido empresario de boxeo— y a las maratones de la televisión pro fondos para la clínica San Juan de Dios, que organizó varios años. Su imagen era la de un animador simpático y populachero —por su habla atiborrada de dichos, como «manito», «patita», la «chelita» y todas las expresiones pintorescas de la jerga juvenil—, asociado al mundo de la farándula, de los cantantes, los cómicos y las *vedettes*, no a los asuntos públicos. Sin embargo, en la elección municipal anterior, algunos órganos de prensa, entre ellos *Caretas*, habían mencionado su nombre como posible candidato independiente a la alcaldía de Lima.

133

A mediados de julio de 1989, súbitamente Belmont convocó un mitin en la plaza Grau, de La Victoria, en el que, acompañado por el compositor de música criolla Augusto Polo Campos, anunció la creación del movimiento cívico OBRAS y su candidatura.

En las entrevistas de televisión que le hicieron, en las semanas siguientes, expuso unas ideas muy simples, que repetiría a lo largo de toda su campaña. Él era un independiente decepcionado de los partidos y de los políticos, pues nunca habían cumplido sus promesas. Era hora de que los profesionales y técnicos tomaran en sus manos la solución de los problemas. Añadía siempre que su ideario cabía en una fórmula: a favor de la empresa privada. Dijo también que iba a votar por mí en las presidenciales, «porque mis ideas son las mismas de Vargas Llosa», pero que él no confiaba en mis aliados: ¿acaso no habían estado AP y PPC en el gobierno? ¿Y qué habían hecho?

(Éstas eran las cosas que Mark Mallow Brown hubiera querido que yo dijera; o mejor dicho, las que, según sus encuestas, querían oír los electores peruanos. Entre las personas que escucharon este mensaje, despotricando contra los políticos y los partidos, alguien tan novato como Belmont en estas lides, un oscuro ex rector de una universidad técnica llamado Fujimori, debió enderezar las orejas y llenarse de sugestiones.)

Desde que se anunció la candidatura de Belmont yo estuve seguro de que este llamado a los independientes y sus ataques al establecimiento político harían mella en nuestro electorado. Pero quien anticipó los hechos con exactitud fue Miguel Cruchaga. Recuerdo una conversación con él en la que lamentó que Belmont no fuera nuestro candidato: una cara nueva y sin embargo muy conocida, que, por debajo de la superficialidad y chabacanería de sus declaraciones, representaba lo que nosotros queríamos promover: un joven empresario que se había hecho a sí mismo, en favor de la iniciativa privada y el mercado, sin el estigma de un pasado político.

El 27 de julio tuve una larga entrevista con Ricardo Belmont, en mi casa de Barranco, a la que asistió también Miguel Vega Alvear. Por los acuerdos internos del Frente, no pude proponerle lo que, sin duda, hubiera aceptado —ser nuestro candidato a la alcaldía—, sino limitarme a hacerle ver el riesgo de que su candidatura, al dividir el voto independiente y democrático, terminase dándole una vez más la municipalidad de Lima al APRA (su candidata era Mercedes Cabanillas) o a la Izquierda Unida (cuya crisis interna, largamente fermentada, estalló en esos días y produjo su partición).

Belmont estaba muy confiado. Mi alianza con los partidos le parecía una equivocación, porque en el sector más popular, cuyos sentimientos él pulsaba a diario en sus programas, había un rechazo generalizado contra ellos y sobre todo contra Acción Popular. Él compartía ese criterio. Estaba dolido, además, porque el gobierno de Belaunde había discriminado contra él, negándose a devolverle el canal que le expropió la dictadura militar, como había hecho con los otros canales de televisión.

«Mis electores están sobre todo en los sectores C y D, me aseguró, y a quien yo le voy a quitar votos no será al Frente sino a la Izquierda Unida. A mí, mi propia clase, la burguesía, me desprecia, porque hablo en jerga y porque me creen un inculto. En cambio, aunque sea un blanquito, los cholitos y los negros de los pueblos jóvenes me tienen mucha simpatía y votarán por mí.»

Ocurrió como me lo dijo. Y fue también cierto lo que me prometió en aquella conversación, con una alegoría que repetiría muchas veces: «Las elecciones municipales son el partido preliminar y en ellas yo y el Frente debemos bailar con nuestro pañuelo. Pero la elección presidencial es el partido de fondo y allí saldré a apoyarte. Porque comparto tus ideas. Y porque necesito que seas presidente para tener éxito como alcalde de Lima.»

La campaña de Belmont fue muy hábil. Hizo menos publicidad en televisión que nosotros y que el APRA, recorrió una y otra vez las barriadas más humildes, declaró hasta el cansancio que estaba a mi favor pero en contra de «los partidos ya quemados» y, para sorpresa de todos, en la polémica por televisión con Juan Incháustegui, en la que estábamos seguros de que éste lo abrumaría con su preparación técnica, quedó muy bien parado, gracias a los asesores que llevó, y, sobre todo, a su picardía criolla y su experiencia ante las cámaras.

Los comicios municipales precipitaron la ruptura de la izquierda, reunida hasta entonces en una precaria coalición bajo el liderazgo de Alfonso Barrantes Lingán. Este liderazgo era cuestionado hacía tiempo por los sectores más radicales de Izquierda Unida, quienes acusaban al ex alcalde de Lima de caudillismo, de haber suavizado su marxismo hasta mudarlo en una posición social demócrata y, más grave aún, de haber hecho una oposición tan respetuosa al gobierno de Alan García que se parecía a la complicidad.

Pese a esfuerzos desmedidos del Partido Comunista por evitar la ruptura, ésta se produjo. Izquierda Unida presentó como candidato a la alcaldía de Lima a un católico de izquierda, el sociólogo y profesor universitario Henry Pease García, quien sería, también, su candidato a la presidencia de la República. El sector barrantista, por su parte, bajo la etiqueta de Acuerdo Socialista, lanzó a otro sociólogo, el senador Enrique Bernales, asimismo candidato a la primera vicepresidencia con Barrantes.

Se acercaba el segundo aniversario del Movimiento Libertad —habíamos designado el 21 de agosto de 1987, fecha del mitin de la plaza San Martín, como día de su nacimiento— y en la Comisión Política pensamos que ésta era una buena ocasión para mostrar que, a diferencia de comunistas y socialistas, nosotros sí habíamos conseguido la unidad.

El primer aniversario lo habíamos celebrado en la ciudad de Tacna, con una manifestación en el Paseo Cívico. Hasta poco antes de la hora anunciada para el mitin, apenas había unos cuantos curiosos en los alrededores de la tribuna. Yo esperaba en una casa vecina, de amigos de mi familia, y, minutos antes de las ocho, subí al techo a espiar. En el estrado, Pedro Cateriano, con voz estentórea y gesto convencido, arengaba al vacío. O poco menos, pues el Paseo Cívico se veía semidesierto, en tanto que, en las esquinas y veredas laterales, grupos de curiosos observaban con indiferencia lo que ocurría. Pero, media hora después, cuando ya había empezado el acto y estábamos en los himnos de rigor, los tacneños empezaron a afluir, y siguieron haciéndolo hasta cubrir un par de cuadras. Al final, una muchedumbre me acompañó por las calles y tuve que hablar de nuevo desde los balcones del hotel.

Para celebrar el segundo aniversario elegimos el coliseo Amauta de Lima, que Genaro Delgado Parker nos cedió gratis, porque era muy amplio —cabían dieciocho mil personas— y porque creímos que la oportunidad sería buena para hacer una exposición seria de la propuesta del Frente Democrático, reuniendo a todos nuestros candidatos a alcaldes y regidores en los distritos de Lima. Invitamos también a los principales dirigentes de AP, PPC, del SODE y de la UCI (pequeña agrupación, dirigida por el entonces diputado Francisco Díez Canseco, que luego se apartaría de la alianza).

El programa constaba de dos partes. La primera, de bailes y canciones, fue confiada a Luis Delgado Aparicio, quien, de un lado, era un abogado especializado en cuestiones laborales y, de otro, una figura popular de la radio y la televisión por sus programas de salsa, o, como él dice, con inimitable estilo, de música «afro-latino-caribeño-americana», además de un eximio bailarín. La segunda parte, la propiamente política, serían los discursos de Miguel Cruchaga y el mío.

Movilización, la Juventud, los comités de distrito y Acción Solidaria hicieron un gran esfuerzo para llenar el Amauta. El problema fue el transporte. El responsable, Juan Checa, había contratado algunos ómnibus y camiones y cedido otros de su empresa, pero el día señalado muchos de estos vehículos no se presentaron a los puntos de reunión. De modo que los libertarios y libertarias encargados de la movilización se encontraron, en muchos distritos, con centenares de personas que no tenían cómo desplazarse hasta el coliseo. Charo Chocano, en Las Delicias de Villa, salió a la carretera y contrató a dos ómnibus que pasaban, y en Huaycán, la infatigable Friedel Cillóniz y su gente tomaron literalmente por asalto un camión a cuyo conductor persuadieron de que los llevara hasta el Amauta. Pero miles de personas se quedaron con los crespos hechos. Pese a ello, las tribunas del coliseo quedaron colmadas.

Yo estaba desde las siete de la noche, listo, en el automóvil, acompañado por el personal de seguridad, dando vueltas por los alrededores del Amauta. Pero, por la radio, los responsables del acto dentro del local —el Chino Urbina y Alberto Massa— me contenían, diciéndome que todavía entraba gente y que había que dar tiempo a los animadores —Pedro Cateriano, Enrique Ghersi y Felipe Leno—

para que calentaran el ambiente. Así pasó media hora, una hora, una hora y media. Para aplacar la impaciencia, dábamos vueltas por Lima y, vez que hablábamos con el coliseo, la respuesta era la misma: «Un ratito más.»

Cuando, al fin, me dieron luz verde y entré al Amauta, había una contagiante atmósfera de fiesta y euforia, con las banderas y cartelones de los distintos comités flameando en las tribunas, y las barras de cada lugar compitiendo en cantos y estribillos. ¡Pero habían pasado cerca de dos horas de la hora fijada! Roxana Valdivieso cantaba, en la tribuna, el himno del Movimiento. Hacía poco, Juan Incháustegui y Lourdes Flores habían hecho una entrada triunfal que remataron bailando un huaynito. Y ya había terminado el espectáculo de Lucho Delgado Aparicio. Los diarios y canales hostiles hicieron luego un escándalo, porque, entre los números folklóricos, aparecieron de pronto unas rumberas en ropas ligeras bailando una furiosa salsa. Según la prensa, la visión de aquellas caderas, nalgas, senos y muslos disforzados había provocado sofocos y bochornos a muchos respetables parlamentarios del Partido Popular Cristiano, y alguno afirmó que don Ernesto Alayza Grundy, encarnación de la probidad, se había sentido agraviado por el espectáculo. Pero Eduardo Orrego me aseguró después que todo eso era falso y que, en verdad, don Ernesto había contemplado a las rumberas con perfecto estoicismo. Y me consta que Enrique Chirinos Soto bufaba de felicidad por lo que vio.

En todo caso, cuando yo comencé a hablar, después de una introducción proustiana de Miguel Cruchaga (porque, de acuerdo a su afición por las alegorías, Miguel se sirvió esta vez de Proust para estructurar una de ellas), eran cerca de las diez de la noche. No llevaba cinco minutos desarrollando el primer tema —cómo había cambiado el panorama político nacional, en el que, antes, imperaban las ideas estatistas, en tanto que ahora el debate público giraba sobre la economía de mercado, la privatización y el capitalismo popular— cuando comencé a notar movimientos en las tribunas. Las luces de los reflectores me cegaban y no podía ver lo que ocurría, pero me pareció que aquéllas se vaciaban. En efecto, la gente partía en estampida. Sólo el cuadrilátero que tenía delante, los doscientos o trescientos candidatos municipales y dirigentes del

Frente permanecieron allí hasta el final del discurso, que terminé a saltos, preguntándome qué demonios sucedía.

Los ómnibus y camiones habían sido contratados hasta las diez de la noche y la gente, sobre todo la de apartados pueblos jóvenes, no quería regresar a su casa haciendo cinco, diez o veinte kilómetros andando.

Total, que nuestra inexperiencia y descoordinación hizo que los festejos del segundo aniversario del Movimiento fueran, en lo que a publicidad se refiere, un desastre. *La República*, *La Crónica*, *El Nacional* y demás publicaciones oficialistas destacaron las tribunas semivacías del Amauta mientras yo hablaba e ilustraron las informaciones con los traseros contoneantes de las rumberas de Delgado Aparicio. Para contrarrestar el mal efecto, Lucho Llosa produjo en esos días un *spot* mostrando otra cara de la celebración: tribunas pletóricas de gente y unas ñustas bailando un huaynito.

VII

PERIODISMO Y BOHEMIA

Los tres meses que trabajé en *La Crónica*, entre el cuarto y el último año de secundaria, provocarían grandes trastornos de mi destino. Allí aprendí, en efecto, lo que era el periodismo, conocí una Lima ignota hasta entonces para mí, y por primera y última vez, hice vida bohemia. Si se piensa que no había cumplido aún dieciséis años —los cumplí ese 28 de marzo—, la impaciencia con la que quise dejar de ser adolescente, llegar a adulto, en el verano de 1952 quedó recompensada.

He evocado en mi novela *Conversación en La Catedral*, con los inevitables maquillajes y añadidos, aquella aventura. La excitación y el sobresalto con que subí esa mañana las escaleras del viejísimo edificio de dos pisos de la calle Pando, donde estaba *La Crónica*, para presentarme en el despacho del director, el señor Valverde, un caballero muy amable que me dio unas cuantas ideas sobre el periodismo y me anunció que ganaría quinientos soles al mes. Ese día o al siguiente me dieron un *carnet*, con mi foto y sellos y firmas donde decía «periodista».

En la primera planta estaba la administración y, luego de un patio de rejas y baldosas, los talleres. En el segundo piso, la redacción de la mañana, una salita donde se armaba la edición vespertina, y la casa del director, cuyas dos guapas hijas veíamos pasar a veces por la galería contigua a la redacción, con un silencio admirativo.

La redacción era un vasto espacio con una veintena de escritorios, al fondo del cual estaba quien dirigía aquella orquesta: Gastón Aguirre Morales. Los redactores de noticias locales, los de internacionales y los de la página policial se dividían el territorio, lotizado por unas invisibles fronteras que todos respetaban (los redactores de deportes tenían oficina aparte). Aguirre Morales —arequipeño, alto, delgado, amable y ceremonioso— me dio la bienvenida, me instaló en un escritorio vacío, ante una máquina de escribir, y me señaló mi primera tarea: la presentación de credenciales del nuevo embajador de Brasil. Y ahí mismo recibí de sus labios la primera clase de periodismo moderno. Había que comenzar la noticia con el *lead*, el hecho central, resumido en breve frase, y desarrollarlo en el resto de la información de manera escueta y objetiva. «El éxito de un reportero está en saber encontrar el *lead*, mi amigo.» Cuando le llevé, temblando, la noticia redactada, la leyó, tachó algunas palabras inútiles —«Concisión, precisión, objetividad total, mi amigo»—, y la mandó a talleres. No debo haber dormido aquella noche, esperando verme en letra impresa. Y, a la mañana siguiente, cuando compré *La Crónica* y la hojeé, ahí estaba el recuadro: «Esta mañana presentó sus cartas credenciales el nuevo embajador de Brasil, señor don...» Ya era un periodista.

A eso de las cinco de la tarde iba a la redacción a recibir mis comisiones del día y de la mañana siguiente: inauguraciones, ceremonias, personalidades que llegaban o partían, desfiles, premios, ganadores de lotería o de la «polla» y el «pollón» —apuestas hípicas que en esos meses alcanzaron elevadísimos premios—, entrevistas a cantantes, empresarios de circo, toreros, sabios, excéntricos, bomberos, profetas, ocultistas y todas las actividades, quehaceres o tipos humanos que por una razón u otra merecían ser noticia. Tenía que ir de un barrio a otro de Lima, en una camioneta del diario, con un fotógrafo, a veces el mismo jefe de los reporteros gráficos, el gran Ego Aguirre, si el asunto lo justificaba. Cuando volvía a redactar las informaciones, la redacción estaba en su punto. Una espesa nube de humo sobrevolaba los escritorios y las máquinas tecleaban. Olía a tabaco, a tinta y a papel. Se oían voces, risas, carreras de los redactores que llevaban sus cuartillas a Aguirre Morales, quien, lápiz rojo a la mano, las corregía y despachaba a talleres.

La llegada del jefe de la página policial, Becerrita, era el acontecimiento de cada noche. Si venía sobrio, cruzaba mudo y hosco la redacción hasta su escritorio, seguido por su adjunto, el pálido y rectilíneo Marcoz. Becerrita era bajito y fortachón, con los pelos engominados y una cara cuadrada y disgustada de perro bulldog, en la que destacaba, trazado a cordel, un bigotito linear, una hebra que parecía pintada con carboncillo. Él había creado la página roja —la de los grandes crímenes y hechos delictuosos—, uno de los mayores atractivos de *La Crónica*, y bastaba verlo y olerlo, con sus ojitos ácidos y granulados, en desvelo perpetuo, sus ternos replanchados y brillantes, hediondos a tabaco y sudor, de solapas llenas de lamparones y el nudo microscópico de su corbata grasienta, para adivinar que Becerrita era un ciudadano del infierno, que los submundos de la ciudad carecían de secretos para él. Si venía borracho, en cambio, lo precedía su risa mineral y feroz, unas carcajadas que retumbaban desde la escalera y estremecían los vidrios legañosos y las paredes desportilladas de la redacción. Milton se ponía a temblar, pues era su víctima preferida. Iba a su escritorio a burlarse de él, con chistes que la redacción celebraba a carcajadas, y, a veces, empuñando su arma —pues Becerrita andaba siempre armado, para parecerse más a su imagen caricatural—, lo perseguía entre los escritorios, pistola en alto. Una de aquellas veces, ante el espanto general, se le escapó un tiro que fue a incrustarse en las telarañas del techo de la redacción.

Pero, pese a los malos ratos que podía hacernos pasar, ni Milton, ni Carlos Ney, ni yo, ni ninguno de los otros redactores guardábamos rencor a Becerrita. Todos sentíamos por él una especie de fascinación. Porque él había creado en el periodismo limeño un género (que, con el tiempo, degeneraría hasta lo inimaginable), y porque, pese a sus borracheras y su cara destemplada, era un hombre al que la noche limeña transformaba en príncipe.

Becerrita conocía y frecuentaba, además de las comisarías, todos los burdeles de Lima, donde era temido y adulado porque una noticia escandalosa en *La Crónica* significaba la multa o el cierre del local. Nos llevaba a veces, con él, a su adjunto Marcoz, a Milton, Carlos y a mí (que nos volvimos inseparables), luego del cierre del diario, a eso de la medianoche, donde Nanette, en la avenida Grau, o a los burdeles de Huatica, o a los más elegantes de la avenida Colonial, y apenas cruzábamos el umbral, ahí estaba la patrona, en persona, y los cafiches de turno, dándole la bienvenida con besos y palmadas. Él no sonreía jamás ni contestaba los saludos. Se limitaba a gruñir, sin quitarse el pucho de la boca: «Cerveza para los muchachos.»

Luego, instalado en una mesita del bar, en medio de nosotros, bebía cerveza tras cerveza, llevándose de rato en rato el puchito a los labios, indiferente al bullicio del contorno, a las parejas que bailaban o a las riñas que armaban ciertos clientes belicosos a los que los cafiches sacaban a empellones a la calle. A veces, Becerrita se ponía a recordar, con voz pedregosa, anécdotas de sus peripecias de redactor policial. Había conocido y visto de cerca a los peores maleantes, a los más avezados criminales del hampa limeña y rememoraba con delectación sus patibularias hazañas, sus rivalidades, sus combates a cuchillo, sus muertes heroicas o innobles. Aunque con algo del espanto que inspira el que ha pasado su vida entre apestados, Becerrita me deslumbraba. Me parecía salido de una turbadora novela sobre los bajos fondos. A la hora de pagar la cuenta —las raras veces que le cobraban—, Becerrita solía empuñar su pistola y ponerla sobre la mesa: «Aquí el único que saca la cartera soy yo.»

Cuando, a las dos o tres semanas de estar trabajando en *La Crónica*, Aguirre Morales me preguntó si quería reemplazar a uno de los redactores de la página policial que estaba enfermo, acepté feliz. Aunque Becerrita era temible por su mal carácter, sus redactores le tenían una fidelidad perruna, y en el mes que trabajé a sus órdenes también llegué a sentirme orgulloso de formar parte de su equipo. Éste constaba de tres o cuatro redactores, aunque tal vez habría que llamarlos dateros, pues algunos se limitaban a traernos los datos que Marcoz y yo nos encargábamos de redactar. El más pintoresco era un esquelético muchacho, que parecía salido de una tira cómica o de un espectáculo de títeres. He olvidado su nombre real pero recuerdo el nombre con el que era conocido en la radio —Paco Denegri—, su figurilla evanescente y los espesos anteojos que agrandaban monstruosamente sus ojos miopes. Y su aterciopelada voz de galán de radioteatros, actividad que ejercía en sus horas libres, en Radio Central.

Becerrita era un trabajador incansable, tenía por su oficio una pasión desenfrenada, una fijación. Nada más parecía interesarle en el mundo, fuera de esos festines sangrientos —suicidios amorosos, arreglos de cuentas a cuchilladas, violaciones, estupros, incestos, filicidios, robos al escape, incendios criminales, prostitución clandestina, cadáveres varados por el mar o desbarrancados en los acantilados— que nosotros, sus peones, íbamos coleccionando día y noche en nuestros recorridos por las comisarías de los barrios peor afamados de Lima: La Victoria, El Porvenir y el Callao. Él pasaba revista a esos sucesos y un segundo le bastaba para barajarlos e identificar el que tenía la mugre adecuada: «Aquí hay noticia.» Sus instrucciones eran cortas y rotundas: «Entreviste a éste, vaya y verifique tal dirección, eso me huele a cuentanazo.» Y cuando uno volvía con la noticia, redactada de acuerdo a sus indicaciones, siempre sabía —le brillaban los ojitos y se le abrían las fauces mientras tachaba o añadía— destacar el rasgo o detalle espectacular, terrible, cruel, vil o tortuoso de lo sucedido. A veces, después de las cervezas del burdel, todavía pasaba una última vez por los talleres de *La Crónica* para comprobar si su página —una página que en verdad era dos o tres y a veces más— había salido con las intactas raciones de sangre y lodo que decretó.

Mi recorrido por las comisarías comenzaba a eso de las siete, pero era más tarde, a partir de las diez u once, que llegaban a esos locales los patrulleros con su carga de ladrones, amantes sanguinarios, malheridos en las riñas de bares y prostíbulos, o los travestistas, a quienes se perseguía con encarnizamiento y que merecían siempre los honores de la página policial. Becerrita tenía una red sutil de informadores entre PIPs (policías de investigaciones) y guardias civiles, a quienes había servido —ocultando o dando en su página las informaciones que les convenían— y gracias a esos dateros muchas veces le ganábamos la mano a nuestro rival: *Última Hora*. La página de Becerrita había sido la reina y señora de la muerte violenta y el escándalo por muchos años. Pero este diario nuevo, *Última Hora*, vespertino de *La Prensa*, que había introducido la jerga y la replana —los dichos y modismos locales— en titulares e informaciones, le disputaba el cetro y algunos días se lo arrebataba: eso enloquecía a Becerrita. Ganarle una primicia a *Última Hora*, abrumarlo con dosis superiores de muerte y lenocinio, en cambio, lo hacía gruñir y lanzar esas estrambóticas carcajadas que parecían salir de

145

las entrañas de un túnel o una cantera, no de una garganta humana.

Pese a la competencia feroz que enfrentaba a nuestros diarios en su lucha por el reinado sensacionalista, llegué a ser muy buen amigo del jefe de la página policial de *Última Hora*: Norwin Sánchez Geny. Era nicaragüense y había venido a estudiar abogacía en la Universidad Católica de Lima. Empezó a hacer periodismo en sus horas libres y así descubrió su vocación. Y también su talento, si se puede llamar talento eso que tenían él y Becerrita (y que otros periodistas peruanos desarrollarían luego a extremos delincuenciales). Norwin era joven, flaquito, bohemio empedernido, generoso, incansable putañero y bebedor de cerveza. A la tercera o cuarta copa empezaba a recitar el primer capítulo del *Quijote*, que se sabía de memoria. Los ojos se le llenaban de lágrimas: «¡Qué prosa grande, coño!» Con frecuencia, Carlos, Milton y yo pasábamos a buscarlo a la redacción de *Última Hora*, en los altos de *La Prensa*, en el jirón de La Unión, o él nos recogía en la calle Pando, y nos íbamos a tomar unas cervezas o, los días de paga, a algún burdel. (El simpático Norwin regresó algunos años después a Nicaragua, donde se volvió un hombre formal, según me contó en una carta que recibí en 1969, inesperadamente, mientras daba unas conferencias en la Universidad de Puerto Rico. Abandonó el periodismo, estudió economía, se graduó y se hizo funcionario. Pero poco después tuvo un final de esos que explotaba *Última Hora*: murió asesinado, en una cantina de Managua, en el curso de una riña.) Los lugares que más frecuentábamos eran unos barcitos de chinos, en La Colmena y alrededores, viejísimos, humosos y hediondos locales atestados, que permanecían abiertos toda la noche, en algunos de los cuales las mesas estaban aisladas entre sí por biombos o delgados tabiques de madera —como en los chifas— acribillados de inscripciones a lápiz o navaja y quemaduras de puchos. Todos tenían unos techos tiznados y legañosos, pisos de baldosas rojizas a los que los mozos, serranitos que apenas chapurreaban español, echaban baldazos de aserrín para barrer más fácilmente los vómitos y escupitajos de los borrachos. En la macilenta luz se veía la ruin humanidad de los noctámbulos del centro de Lima: borrachines inveterados, maricas mesocráticos a la caza de lances, cafiches, rufiancillos de medio pelo, oficinistas rematando una despedida de soltero. Conversábamos, fumábamos, ellos contaban sus aventuras periodísticas, y yo los escuchaba, sintiéndome muy por encima de mis dieciséis años todavía por cumplir, todo un bohemio, todo un periodista. Y secretamente pensaba que estaba viviendo la misma vida que había llevado, aquí, al llegar a la capital desde su provincia trujillana, el gran César Vallejo, a quien empecé a leer por primera vez —seguramente por consejo de Carlos Ney— ese verano. ¿No se había pasado él las noches en los bares y lupanares de la Lima bohemia? ¿No lo testimoniaban sus poemas, sus cuentos? Éste era, pues, el camino de la literatura y de la genialidad.

Carlos Ney Barrionuevo fue mi director literario en esos meses. Era cinco o seis años mayor que yo y había leído mucho, sobre todo literatura moderna, y publicado poemas en el suplemento cultural de *La Crónica*. A veces, en la alta noche, cuando las cervezas le quitaban la timidez —la nariz ya colorada y los ojos verdosos rutilando de fiebre—, sacaba de su bolsillo un poema garabateado en una cuartilla del diario y nos lo leía. Escribía poemas difíciles de entender, de extrañas palabras, que yo escuchaba intrigado, pues me revelaban un mundo totalmente inédito, el de la poesía moderna. Él me descubrió la existencia de Martín Adán, muchos de cuyos sonetos de *Poesía de extramares* recitaba de memoria y cuya figura bohemia —entre el manicomio y las tabernas— Carlos iba a espiar, con unción religiosa, al bar Cordano, contiguo al Palacio de Gobierno, cuartel general del poeta Martín Adán los días que salía a la calle de la clínica psiquiátrica en la que había decidido vivir.

Mi educación literaria debe a Carlitos Ney más que a todos mis profesores de colegio y que a la mayoría de los que tuve en la universidad. Gracias a él conocí algunos de los libros y autores que marcarían con fuego mi juventud —como el Malraux de *La condición humana* y *La esperanza*, los novelistas norteamericanos de la generación perdida, y sobre todo, Sartre, de quien, una tarde, me regaló los cuentos de *El muro*, en la edición de Losada prologada por Guillermo de Torre. A partir de este libro iniciaría una relación con la obra y el pensamiento de Sartre que tendría un efecto decisivo en mi vocación. Y estoy seguro de que Carlitos Ney me habló, también, por primera vez, de la poesía de Eguren, del surrealismo y de Joyce, de quien debió hacerme comprar ese *Ulises*, en la atroz traducción publicada por Santiago Rueda, que, dicho sea de paso, apenas pude leer, saltándome las páginas y sin entender gran cosa de lo que leía.

Pero, más aún que aquello que me hizo leer, debo a mi amigo Carlos Ney, en esas noches de bohemia, haberme hecho saber todo lo que yo desconocía sobre libros y autores que andaban por ahí, en el vasto mundo, sin que yo hubiera oído siquiera decir que existían y haberme hecho intuir la complejidad y riqueza de que estaba hecha esa literatura que para mí, hasta entonces, eran apenas las ficciones de aventuras y algunos cuantos poetas clásicos o modernistas.

Hablar de libros, de autores, de poesía, con Carlitos Ney, en los cuchitriles inmundos del centro de Lima, o en los bulliciosos y promiscuos burdeles, era exaltante. Porque Carlos era sensible e inteligente y tenía un amor desmesurado a la literatura, la que, por cierto, debía representar para él algo más profundo y central que ese periodismo al que consagraría toda su vida. Siempre creí que, en algún momento, Carlitos Ney publicaría un libro de poemas que revelaría al mundo ese talento enorme que parecía ocultar y del que, en lo más avanzado de la noche, cuando el alcohol y el desvelo habían evaporado en él toda timidez y sentido autocrítico, nos dejaba entrever unas briznas. Que no lo haya hecho, y su vida haya transcurrido, más bien, sospecho, entre las frustrantes oficinas de redacción de los periódicos limeños y las «noches de inquerida bohemia», no es algo que me sorprenda, ahora. Pues la verdad es que, como a Carlitos Ney, he visto a otros amigos de juventud, que parecían llamados a ser los príncipes de nuestra república de las letras, irse inhibiendo y marchitando, por esa falta de convicción, ese pesimismo prematuro y esencial que es la enfermedad por excelencia, en el Perú, de los mejores, una curiosa manera, se diría, que tienen los que más valen de defenderse de la mediocridad, las imposturas y las frustraciones que ofrece la vida intelectual y artística en un medio tan pobre.

Cuando teníamos algún dinero, en vez de ir a los *chinos* de La Colmena, íbamos a un sitio de bohemia *chic*: el

Negro-Negro. En ese sótano de los portales de la plaza San Martín yo me sentía en el soñado París, en una de esas *caves* en las que cantaba, allá, Juliette Gréco, escuchada por los escritores existencialistas. El Negro-Negro era una *boîte* con empaque intelectual; en ella se daban funciones de teatro y recitales y se oía música francesa. Al amanecer, en sus mesitas diminutas y entre sus paredes con carátulas de *The New Yorker*, se concentraba una fauna exquisita y estrafalaria: pintores como Sérvulo Gutiérrez, que había sido boxeador y que, allí, contaban, una noche había desafiado a un militar a trompearse encerrados en un taxi; actores, actrices o músicos que salían de sus funciones, o, simplemente, bohemios y noctámbulos de corbata y saco. Fue allí, una noche de muchas cervezas, en que un arequipeño, llamado Velando, me hizo probar la «pichicata», asegurándome que, si aspiraba esos polvitos blancos, se me desaparecerían de golpe y porrazo los vapores del alcohol y me quedaría fresco y dispuesto para el resto de la noche. En verdad, la «pichicata», por exceso de dosis, o por alergia constitutiva, me produjo una sobreexcitación nerviosa, un desasosiego y malestar peores que los muñecos de la borrachera y me quitó las ganas de repetir esa experiencia con drogas. (Ese jalón de cocaína tendría una melodramática resurrección, cuarenta años más tarde, durante la campaña electoral de 1990.)

En aquel verano, y debido al trabajo de *La Crónica*, vi por primera vez un cadáver. La imagen ha quedado en mi memoria, que me la devuelve de cuando en cuando para apenarme o deprimirme. Una tarde, al llegar al diario, Becerrita me despachó a El Porvenir en busca de una primicia que acababa de comunicarle un datero. El hotel San Pablo era un albergue miserable, prostibulario, en una transversal de la avenida 28 de Julio, un barrio entonces malafamado, de prostitución, rapiña y sangre. Los policías me dejaron pasar con el fotógrafo y al cabo de unos pasillos oscuros, con cuartitos simétricos, me di de pronto con el cadáver desnudo y acuchillado de una cholita muy joven. Mientras la fotografiaba desde distintos ángulos, el gran Ego Aguirre iba haciendo bromas con los PIPs. La atmósfera chorreaba sordidez y grotesco, por encima de la subterránea crueldad. Durante varios días llené páginas enteras de *La Crónica* con el misterioso asesinato de la «mariposa nocturna» del hotel San Pablo, escarbando su vida, rastreando sus amistades y parientes, yendo y viniendo en busca de datos sobre ella por bares, lupanares y miserables callejones, y escribiendo luego esos tremebundos reportajes que eran el plato fuerte de *La Crónica*.

Al volver a la sección de locales, me quedó cierta nostalgia de aquel submundo que el trabajo a órdenes de Becerrita me hizo entrever. Pero no tuve tiempo de aburrirme. El jefe de redacción me puso a perseguir y entrevistar a los ganadores de la «polla» y el «pollón». La primera o la segunda semana de esta cacería, nos hicieron saber que el ganador de los varios millones estaba en Trujillo. Me montaron en una camioneta del diario y con un fotógrafo partimos tras sus huellas. En el kilómetro 70 o 71 de la carretera, un camión que venía en dirección contraria obligó a nuestro chofer a salirse de la pista. Dimos una o dos vueltas de campana sobre el arenal y yo salí despedido, rompiendo el vidrio con mi cuerpo. Cuando recuperé el sentido, una camioneta roja, de un conductor compasivo, me llevaba de regreso a Lima. A mí y al fotógrafo, que tenía también heridas leves, nos internaron en la Maison de Santé y *La Crónica* publicó un pequeño recuadro con la noticia del accidente, presentándonos como héroes de guerra.

Un momento de alta peligrosidad se produjo, uno de esos días que estuve en la Maison de Santé, cuando compareció de pronto, en la habitación que compartía con el fotógrafo, una mariposa nocturna de la avenida Colonial, llamada Magda, con la que yo vivía un romance desde días atrás. Era joven, de carita agraciada, cabellos retintos y cerquillo, y una noche, en aquel burdel, había accedido a fiarme sus servicios (la plata me alcanzó apenas para el cuarto). Nos vimos después, de día, en un Cream Rica que estaba junto a La Cabaña, en el Parque de la Exposición, y fuimos al cine, cogiéndonos de la mano y besándonos en la oscuridad. La había visto dos o tres veces más, donde trabajaba o en la calle, antes de aquella súbita aparición que hizo en mi cuarto de la clínica. Estaba sentada en la cama, a mi lado, cuando divisé a mi padre, por la ventanilla, acercándose, y mi cara debió mostrar tal espanto que ella, al instante, comprendió que algo grave podía sobrevenir, y rápidamente se incorporó y salió del cuarto, cruzándose con mi progenitor en el umbral. Éste debió pensar que la maquillada damita era una visita del fotógrafo, porque no me preguntó nada sobre ella. A pesar del trabajo y las canas al aire de aquel verano de hombre grande, frente a la figura paterna seguía siendo un niño.

Menciono a Magda —no sé si era su nombre— por esta anécdota, y porque creo que me enamoré de ella, aunque entonces, sin duda, no se lo habría confesado a ninguno de mis amigos de bohemia, pues ¿qué hombre en sus cabales se enamoraba de una puta? Aquel día de la clínica fue la última vez que la vi. Los acontecimientos se precipitaron bruscamente. Pocos días después de darme de alta en la Maison de Santé debí viajar a Piura y la noche que fui a buscarla, a aquella casa de la avenida Colonial, ella no había ido a trabajar. Y un año más tarde, cuando volví a Lima, y fui a curiosear a ver si la encontraba, la casa ya no era burdel y (como yo) se había vuelto respetable.

Al mes o mes y medio de estar trabajando en *La Crónica*, tuve una conversación con mi padre sobre mi porvenir. Para variar, una vez más nos habíamos mudado, del departamento de la calle Porta a una casita de Juan Fanning, también en Miraflores. Como yo regresaba muy tarde del trabajo —al amanecer, en verdad—, mi padre me había dado llave de la casa. Conversamos en el comedor, con la solemnidad melodramática que a él le gustaba. Como siempre en su presencia, yo me sentía incómodo y desconfiado, y, un poco balbuceante, le dije que el periodismo era mi verdadera vocación. Me dedicaría a él luego de terminar el colegio. Pero, ya que estaba trabajando en *La Crónica*, ¿por qué no conservaba mi puesto mientras hacía el quinto de media? En vez de cursarlo en el Leoncio Prado, podría matricularme en algún colegio nacional, como el Guadalupe o el Melitón Carbajal, y trabajar y estudiar al mismo tiempo. Luego, entraría a la Universidad de San Marcos, y seguiría los cursos sin renunciar a *La Crónica*. Así, iría practicando mi profesión al mismo tiempo que estudiaba.

Me dejó llegar hasta el final y asintió: era una buena idea. A quien no le hizo gracia el proyecto fue a mi madre. Ese trabajo que me tenía todas las noches fuera de la casa le ponía los pelos de punta y la hacía sospechar lo peor (es decir, la verdad). Yo sabía que muchas noches ella se quedaba despierta, esperando mi llegada, pues alguno de esos amaneceres la sentí, entre sueños, levantándose en puntas de pie para venir a doblar y colgar el terno que yo arrojaba de cualquier modo por el cuarto. (Después de la que ha sentido por mi padre, las otras pasiones de mi madre han sido la limpieza y el orden. La primera de éstas se la he heredado: la suciedad me es intolerable; en cuanto al orden, nunca ha sido mi fuerte, salvo en lo que concierne a escribir.) Pero, aunque le asustaba la idea de que yo siguiera trasnochando en *La Crónica* mientras hacía el último año de colegio, no se atrevió a contradecir la decisión paterna, algo que, por lo demás, tampoco hubiera servido de gran cosa.

Así, pues, cuando ocurrió el accidente de trabajo en la carretera al Norte —a mediados de marzo—, yo ya había sacado mis certificados de estudios, anunciado al Leoncio Prado que no volvería, y hecho vagas averiguaciones en dos o tres colegios nacionales para matricularme en el quinto año. En todos ellos me pusieron en lista de espera, y confiado en que alguno me aceptaría, me despreocupé del asunto. Pensaba que en el último momento alguna recomendación me abriría las puertas del Guadalupe, del Melitón Carbajal o de cualquier otro colegio nacional (debía ser un colegio público porque eran gratuitos y porque los imaginaba más flexibles con mi trabajo periodístico).

Pero todos estos proyectos se desmoronaron, sin que yo lo supiera, mientras los médicos de la Maison de Santé me curaban las contusiones de la volcadura. Además de mi madre, también mis tíos y mis tías vivían alarmados con mis andanzas nocturnas. De aquí y de allá se enteraban de que me habían visto en bares o *boîtes* y una noche, para remate, me di de bruces con el más alegre y jaranista de los tíos, Jorge, en el Negro-Negro. Yo estaba sentado en una mesa con Carlitos Ney, Norwin Sánchez y el dibujante Paco Cisneros, y había también allí otros dos o tres tipos a quienes apenas conocía. Pero el tío Jorge los conocía muy bien, y en una conversación aparte, me dijo que eran unos forajidos, borrachos y pichicateros y que qué podía hacer yo, un mocoso, en semejante compañía. Mis explicaciones, en vez de tranquilizarlo, lo inquietaron más.

Hubo consejo de familia y los tíos y las tías decidieron

que yo estaba en franco camino a la perdición y que había que hacer algo. Lo que decidieron fue temerario: hablar con mi padre. No lo veían nunca y sabían que él los detestaba. Consideraban que el matrimonio de mi madre había sido una desgracia, pero, por ella, habían hecho el esfuerzo de abrirle a mi padre sus casas y tratarlo, cuando se lo encontraban, con cordialidad. Él, sin embargo, no daba su brazo a torcer ni disimulaba sus sentimientos. No los visitaba jamás. Iba a dejar a mi madre a casa de la tía Lala, o de la tía Gaby, o donde los abuelos, pero no se bajaba del auto a saludarlos, ni tampoco en las noches, cuando volvía a recogerla. La decisión de hablar con él fue un trago amargo que tomaron por lo que creyeron una causa mayor.

El tío Pedro, el tío Juan y el tío Jorge fueron a su oficina. Nunca supe cómo transcurrió la conversación. Pero imagino lo que le dijeron. Que, si seguía en ese trabajo, jamás terminaría el colegio ni estudiaría una carrera. Y que, para tener algún futuro, debía dejar ese oficio noctámbulo en el acto.

Pocos días después de salir de la Maison de Santé y reincorporarme a mi trabajo, una tarde, al entrar a *La Crónica*, el señor Aguirre Morales me comentó con amabilidad: «Qué lástima que nos deje usted, mi buen amigo. Lo vamos a extrañar; ya lo sentíamos de la familia.» Así me enteré de que mi padre me acababa de renunciar.

Fui a su oficina y me bastó verle la cara —la de los grandes trances: algo lívida, con los labios resecos y entreabiertos, y los ojos muy fijos, con la lucecita amarilla en el fondo de la pupila— para saber lo que se venía. Sin informarme de la visita de mis tíos, comenzó a amonestarme con dureza, diciéndome que, en vez de entrar a *La Crónica* a trabajar como alguien responsable, había entrado a enviciarme y a degenerarme. Bramaba de ira y yo estaba seguro de que pasaría a los golpes. Pero no me pegó. Se limitó a darme un plazo de pocos días para que le enseñara la matrícula del colegio en el que iba a hacer el quinto de media. Y, por supuesto, que no se me ocurriera alegar que no había vacante para mí en algún colegio nacional.

Así, de la noche a la mañana, pasé de frecuentador de cantinas y antros, a desamparado escolar en busca de aulas donde terminar el colegio. Había perdido demasiado tiempo. Eran los últimos días de marzo y en ninguno de los planteles que recorrí quedaba sitio. Y entonces tuve una de las ideas más acertadas de mi vida. Fui a la central telefónica y llamé al tío Lucho, a Piura. Le conté lo que pasaba. El tío Lucho, que, desde que yo tenía uso de razón, solucionaba los problemas de la familia, resolvió también éste. Conocía al director del colegio nacional San Miguel de Piura, próximo a su casa, e iría a hablarle de inmediato. Dos horas después, me llamó él a la central para decirme que ya me había matriculado, que las clases comenzaban tal día, que la tía Olga estaba feliz de que viviera con ellos. ¿Necesitaba plata para el pasaje?

Me presenté donde mi padre tragando saliva, convencido de que me echaría sapos y culebras y desautorizaría el viaje. Pero, por el contrario, le pareció muy bien, y hasta se permitió decirme algo que me abrió el apetito: «Ya te veo haciendo periodismo en Piura al mismo tiempo que estudias. A mí no me metes el dedo a la boca.»

¿Por qué no, pues? ¿Por qué no trabajar en algún periódico piurano a la vez que hacía el quinto de media? Pregunté a los amigos de *La Crónica* y el amable Alfonso Delboy, el cabecero, que conocía al dueño de *La Industria*, me dio una recomendación para él. Y otra Aguirre Morales.

La despedida fue también la celebración de mi cumpleaños, el 28 de marzo de 1952, tomando cerveza con Carlitos Ney, Milton von Hesse y Norwin Sánchez Geny, en un chifa de la calle Capón, el barrio chino de Lima. Fue una despedida lúgubre, porque eran amigos que llegué a apreciar y porque tal vez intuía que no volvería a compartir con ellos esas afiebradas experiencias con las que puse final a mi infancia. Así fue. Al año siguiente, al regresar a Lima, no volví a frecuentarlos ni a ellos ni a esos ambientes, que mi memoria conservaría, sin embargo, con agridulce sabor, y que traté de recrear mucho después, con fantaseosos retoques, en *Conversación en La Catedral*.

Con mi último sueldo de *La Crónica* me compré un pasaje a Piura en la compañía de ómnibus Cruz de Chalpón. Y mi mamá, llena de lágrimas, me hizo la maleta, en la que metí todos los libros que tenía y el manuscrito de la obrita de teatro.

Pasé las veinticuatro horas del viaje, por los interminables desiertos de la costa norte, en un ómnibus zangoloteante, presa de sentimientos encontrados: tristón por haber dejado ese trabajo aventurero y algo literario de *La Crónica* y los buenos amigos que me deparó, pero contento con la perspectiva de volver a ver al tío Lucho y curioso y excitado imaginando lo que sería esta segunda residencia en la remota Piura.

Para las estudiantes bena del viaje, por los seguridos
no se reconocer la cosa que no en una camina empieza
natura, pieza de otra mejor escondiada. Cosa tal por la
preciosa, se trabajo en aflicta y se producen el gue
Conoce a los que se llegamos por los demás pues somos
a ser la pensar por la manera está dios de la vida, que es
a cuida responsable la que según esta agunda te hacen
rechazar la materia fina.

VIII

EL MOVIMIENTO LIBERTAD

El Movimiento Libertad se fraguó en el estudio de un pintor. Quienes habíamos organizado los Encuentros por la Libertad nos reunimos a fines de septiembre de 1987, convocados por Freddy Cooper, donde Fernando de Szyszlo. Entre cuadros a medio bosquejar y máscaras y mantos de plumas prehispánicos, cambiamos ideas sobre el futuro. El éxito de la lucha contra el intento de Alan García de nacionalizar los bancos nos había llenado de entusiasmo y de esperanza. El Perú estaba, pues, cambiando. ¿Debíamos volver a nuestras ocupaciones, diciéndonos tarea cumplida, o valía la pena dar permanencia a esa naciente organización, con miras a las elecciones?

La docena de amigos allí reunidos convinimos en continuar la actividad política. Crearíamos algo más amplio y flexible que un partido: un *movimiento* que reuniera a los independientes movilizados contra la estatización y echara raíces en sectores populares, sobre todo entre los comerciantes y empresarios *informales*. Ellos eran un ejemplo de que, pese al triunfo de la ideología estatista en las élites del país, había en el pueblo peruano un instinto emprendedor. Al mismo tiempo que intentaba organizar a esos sectores, el Movimiento Libertad elaboraría un programa radical y modernizaría la cultura política del Perú, enfrentando al colectivismo socialista y al mercantilismo una propuesta liberal.

De las metas que nos fijamos en aquella conversación de muchas horas bajo el maleficio de los cuadros de Szyszlo, la que logramos a cabalidad fue el programa. El plan de gobierno que preparó el equipo presidido por Luis Bustamante Belaunde fue lo que concebimos esa mañana: un programa realista para acabar con los privilegios, el rentismo, el proteccionismo, los monopolios, el estatismo, abrir el Perú al mundo y crear una sociedad en la que todos tendrían acceso al mercado y vivirían protegidos por la ley. Este plan, lleno de ideas, animado por la decisión de aprovechar todas las oportunidades de nuestro tiempo para que los peruanos pobres y pobrísimos pudieran alcanzar una vida decente, es una de las cosas que me enorgullece de esos tres años. La manera como trabajaron Lucho Bustamante, Raúl Salazar (quien, aunque pertenecía al SODE y no a Libertad, fue jefe del equipo económico del Frente) y las decenas de hombres y mujeres que dedicaron muchos días, con ellos, a esbozar un país nuevo, resultó para mí un formidable estímulo. Cada vez que asistía a las reuniones del gabinete de Plan de Gobierno, o de las comisiones especializadas, aun las más técnicas —como las de la reforma minera, aduanera, portuaria, administrativa o judicial—, la política dejaba de ser esa actividad frenética, inane y a menudo sórdida, que ocupaba la mayor parte de mi tiempo, y se volvía quehacer intelectual, trabajo técnico, cotejo de ideas, imaginación, idealismo, generosidad.

De todos los grupos sociales que intentamos atraer a Libertad, con el que más éxito tuvimos fue aquel del que salieron esos ingenieros, arquitectos, abogados, médicos, empresarios, economistas, que integraron las comisiones de Plan de Gobierno. En su gran mayoría, no habían hecho antes política y no tenían intención de hacerla en el futuro. Amaban su profesión y sólo querían poder ejercerla con éxito, en un Perú distinto del que veían deshacerse. Reticentes al principio, llegamos a convencerlos de que sólo con su concurso podíamos hacer de la política peruana algo más limpio y eficaz.

Entre aquella reunión en el estudio de Szyszlo y el 15 de marzo de 1988 en que inauguramos el local del Movimiento Libertad, en Magdalena del Mar, mediaron cinco meses de afanes para captar adhesiones. Trabajamos mucho, pero a tientas. En el grupo inicial ninguno tenía experiencia como activista ni dotes de organizador. Y yo, menos que mis amigos. Haberme pasado la vida en un escritorio, fantaseando historias, no era la mejor preparación para fundar un movimiento político. Y mi brazo derecho en esta tarea, Miguel Cruchaga, amigo leal y queridísimo, primer secretario general de Libertad, que había vivido recluido en su estudio de arquitecto y era más bien huraño, tampoco estuvo en condiciones de suplir del todo mi ineficiencia. Pero no por falta de entrega: él fue el primero, en gesto que cabe llamar heroico, en abandonar su profesión para dedicarse a tiempo completo al Movimiento. Así lo harían después otros, arreglándoselas como podían o malviviendo con las ayudas que Libertad alcanzaba a darles.

De las plazas públicas, en esos meses finales de 1987 y primeros del verano de 1988, pasamos a casas particulares. Amigos o simpatizantes invitaban a muchachas y muchachos de la vecindad y Miguel Cruchaga y yo les hablábamos, respondíamos a sus preguntas y provocábamos discusiones que se prolongaban hasta tarde en la noche. Una de aquellas reuniones tuvo lugar en casa de Gladys y Carlos Urbina, grandes animadores de Movilización. Y otra, donde Bertha Vega Alvear, quien, con un grupo de mujeres, crearía poco después Acción Solidaria.

Fue otra de nuestras metas recuperar —resucitar— a aquellos intelectuales, periodistas o políticos que, en el pasado, habían defendido tesis liberales, polemizando contra socialistas y populistas, oponiendo la teoría del mercado libre a la marea de paternalismo y proteccionismo que sumergió al Perú. Para eso organizamos las Jornadas por la Libertad. Duraban de nueve de la mañana a nueve de la noche. Había exposiciones destinadas a mostrar, con cifras, cómo las nacionalizaciones habían empobrecido al país, aumentado la discriminación y la injusticia, y cómo el intervencionismo, además de destruir la industria, perjudicaba a los consumidores y favorecía a mafias a las que el sistema de cuotas y dólares preferenciales enriquecía sin que tuvieran que competir ni servir al público. A explicar la economía *informal* como una respuesta de los pobres a la discriminación de que eran objeto por parte de una legalidad cara y selectiva, a la que sólo accedían quienes tenían dinero o influencia política. Y a defender a esos vendedores ambulantes, artesanos, comerciantes y empresarios *informales*, de origen modesto, que habían demostrado en muchos campos —el del transporte y la vivienda, sobre todo— más eficiencia que el Estado y, a veces, que los propios empresarios formales.

En las Jornadas, la crítica al socialismo y al capitalismo mercantilista quería mostrar la identidad profunda de
estos dos sistemas a los que emparentaba el rol predomi-
nante que en ambos tenía el Estado, *planificador* de la
actividad económica y dispensador de privilegios. Tema
recurrente era la necesidad de reformar ese Estado —for-
taleciéndolo, adelgazándolo, tecnificándolo y moralizán-
dolo— como requisito para el desarrollo.

También había siempre alguna exposición sobre aquellos países del Tercer Mundo a los que políticas de mercado, fomento a la exportación y a la empresa privada habían traído un rápido crecimiento, como los cuatro dragones asiáticos —Corea del Sur, Taiwan, Hong Kong y
Singapur— o como Chile. En todos estos países, las reformas económicas estaban en flagrante contradicción con la
acción represiva de sus gobiernos y en las Jornadas nos
esforzábamos por mostrar que esto no era aceptable ni
necesario. La libertad había que entenderla como indivisi-
ble, en lo político y en lo económico. El Movimiento Libertad debía ganar para estas ideas un mandato electoral
que nos permitiera materializarlas en un régimen civil y
democrático. Una gran reforma liberal era posible en democracia, a condición de que una mayoría votara por ella.
Por eso era imprescindible ser transparentes, explicando
lo que queríamos hacer y su precio.

Celebramos la primera Jornada en el hotel Crillón, en
Lima, el 6 de febrero de 1988; la segunda, el 18, en la hacienda San José, en Chincha, dedicada a temas agrarios;
en Arequipa, el 26; una Jornada de la Juventud, en Lima,
el 5 de marzo; el 12, una Jornada en el pueblo joven de
Huáscar, sobre la economía *informal*, y el 14 una Jornada
de la Mujer, en la que participó por primera vez una abogada que se convertiría en una dirigente muy popular
(aunque fugaz) del Movimiento: Beatriz Merino.

En las Jornadas conseguimos centenares de adhesiones, pero lo importante de ellas ocurrió en el campo de las
ideas. Para muchos asistentes era inusitado que una organización política hablara en el Perú sin complejos a favor
del mercado, defendiera al capitalismo como más eficiente y justo que el socialismo y como el único sistema capaz
de preservar las libertades, viera en la empresa privada el
motor del desarrollo y reivindicara una «cultura del éxito»

en vez de aquella del resentimiento y la dádiva estatal que propugnaban —con retórica distinta— marxistas y conservadores. Como en casi toda América Latina, en el Perú la palabra *capitalismo* había pasado a ser tabú, salvo para denostarla. (Recibí encarecidas recomendaciones de populistas y pepecistas de que no la usara en mis discursos.)

Los asistentes a las Jornadas se dividían en grupos de estudio y discusión, y, luego de las exposiciones, teníamos una asamblea general. Al final Miguel Cruchaga, que diseñó el formato de las Jornadas, me presentaba con una efervescente invocación y cerrábamos el acto cantando aquella canción de la plaza San Martín que se convirtió en santo y seña del Movimiento Libertad.

La distinción entre «movimiento» y «partido» que nos había ocupado mucho rato en el estudio de Szyszlo, resultó demasiado sutil para nuestras costumbres políticas. Pese a su nombre, Libertad funcionó desde un principio como algo indiferenciable de un partido. La inmensa mayoría de los afiliados lo entendió así y no hubo manera de disuadirla. Surgieron situaciones risueñas, resultado de hábitos enraizados por culpa del tradicional clientelismo. Como la sola idea del carné se asociaba a este sistema, que tanto los gobiernos de Acción Popular como del APRA habían puesto en práctica, privilegiando para los puestos y favores públicos a los propios afiliados (que podían mostrar el carné), decidimos que el Movimiento no tuviera carnés. La inscripción se haría en una simple hoja de papel. Fue imposible aclimatar esta idea en los sectores populares, donde los libertarios se sentían en inferioridad de condiciones frente a los apristas, comunistas y socialistas, que podían lucir carnés llenos de sellos y banderitas. La presión para dar carnés que recibimos en el Comité Ejecutivo por parte de Juventud, Movilización, Acción Solidaria y de los comités provinciales y distritales fue indoblegable. Explicamos que queríamos ser diferentes a otros partidos y evitar que, el día de mañana, en el gobierno, el carné de Libertad sirviera de contraseña para el abuso, pero no sirvió de nada. De pronto, descubrí en los barrios y pueblos que nuestros comités habían empezado a dar carnés, a cual más cargado de colorines, firmas y hasta con mi cara impresa. Las consideraciones principistas se estrellaban contra este argumento de los activistas: «Si no se les da un carné, no se inscriben.» Así, al final de la campaña no había *un* carné del Movimiento Libertad, sino todo un muestrario confeccionado a gusto y capricho de las bases.

El filósofo Francisco Miró Quesada, que me visitaba de tanto en tanto o me escribía largas cartas para hacerme sugerencias políticas, fue durante una época dirigente de Acción Popular. Sus experiencias lo habían llevado a la conclusión de que era quimérico darle a un partido político en el Perú una estructura democrática. «De izquierda o de derecha, nuestros partidos se llenan de rufianes», suspiraba. El Movimiento Libertad no se llenó de rufianes, pues, afortunadamente, aquellas personas a las que sorprendimos haciendo picardías —con el dinero, siempre—, y debimos apartar, fueron apenas un puñado, en una masa que, poco antes de la primera vuelta, superaba los cien mil inscritos. Pero no llegó a ser la institución moderna, popular y democrática que imaginé. Desde un principio contrajo los vicios de los otros partidos: caudillismo, capillas, caciquismo. Había grupos que se apoderaban de los comités y se enquistaban en ellos, sin permitir la participación de nadie más. O los paralizaban pugnas internas por rivalidades nimias, lo que ahuyentaba a gente valiosa, que no quería perder su tiempo en intrigas de campanario.

Hubo departamentos, como Arequipa, en que el grupo organizador, mujeres y hombres jóvenes y cohesionados, llegó a crear una infraestructura eficiente, de la que saldrían libertarios como Óscar Urbiola, que resultaría luego un diputado de lujo. O como Ica, donde gracias al prestigio y decencia del agricultor Alfredo Elías, Libertad atrajo a gente valiosa. Y algo parecido sucedió en Piura, por el empeño idealista de José Tejero. Pero en otros, como La Libertad, el grupo inicial se resquebrajó en dos y luego tres facciones rivales que guerrearon entre sí a lo largo de dos años por dominar el Comité Departamental, lo que les impidió crecer. Y hubo algunos, como Puno, donde cometimos el error de confiar la organización a personas sin aptitud ni solvencia moral. No olvidaré la impresión que me hizo advertir, en una visita a las comunidades del altiplano, que nuestro secretario departamental puneño trataba a los campesinos con la prepotencia de los antiguos gamonales.

Que en algunos lugares Libertad contara con dirigentes tan poco aparentes tiene una explicación (no una justificación). De provincias nos llegaban adhesiones, grupos o personas que se ofrecían a echar los cimientos del Movimiento y, en nuestra impaciencia por cubrir todo el país, aceptábamos las ofertas sin cribarlas, acertando a veces y otras errando de manera garrafal. Eso hubiera debido corregirse con recorridos sistemáticos de los dirigentes por el interior para hacer aquel trabajo oscuro, misionero, muchas veces aburrido, del activista, indispensable para edificar una buena organización política. No lo hicimos en nuestro primer año de existencia, y a ello se debió que en muchos lugares el Movimiento Libertad naciera torcido. Después, resultó difícil enderezarlo. Advertí lo que iba a ocurrir pero no supe ponerle remedio. Mis exhortaciones en el Comité Ejecutivo y en la Comisión Política, para que los dirigentes salieran a provincias fueron poco efectivas. Viajaban conmigo, para los mítines, pero esas visitas veloces no servían a la organización. Las razones por las que se resistían no era tanto el terrorismo, como las infinitas penalidades que, debido al deterioro nacional, significaba cualquier viaje. Yo les decía a mis amigos que su vocación sedentaria tendría consecuencias lamentables. Y así fue. Con algunas excepciones, la organización del Movimiento Libertad en el interior resultó poco representativa. También en nuestros comités reinó y tronó esa figura inmortal: el cacique.

Conocí a muchos en esos tres años y, costeños, serranos o selváticos, parecían cortados por el mismo sastre. Eran, o habían sido, o irremediablemente serían senadores, diputados, alcaldes, prefectos, subprefectos. Su energía, habilidades, maquiavelismos e imaginación estaban concentrados en una sola meta: adquirir, retener o recuperar una partícula de poder por los medios lícitos o ilícitos a su alcance. Todos practicaban la filosofía moral que sintetiza este precepto: «Vivir fuera del presupuesto es vivir en el error.» Todos tenían una pequeña corte o séquito de parientes, amigos y validos a los que presentaban como dirigentes populares —de los maestros, de los campesinos, de los trabajadores, de los técnicos—, e instalaban en los comités que presidían. Todos habían cambiado de ideología y de partido como de camisa, y todos habían sido o serían en algún momento apristas, populistas y comunistas (las tres principales fuerzas distribuidoras de prebendas en la historia del Perú). Estaban siempre allí, esperándome, en los caminos, en las estaciones, en los aeropuertos, con ramos de flores y bandas de música y bolsas de mistura, y los suyos eran los primeros brazos que me estrechaban al llegar a cualquier parte con el mismo amor con que habían abrazado al general Velasco, a Belaunde, a Barrantes, a Alan García, y siempre se las arreglaban para estar a mi lado en las tribunas, micrófono en mano, haciendo de presentadores y ofreciendo los mítines, y para salir conmigo en los periódicos y en la televisión. Eran siempre ellos los que, luego de las manifestaciones, intentaban cargarme en hombros —ridícula costumbre imitada de los toreros de la que me defendí, alguna vez, a puntapiés—, y los patrocinadores de los infalibles agasajos, ágapes, cenas, almuerzos, pachamancas, que aderezaban con floridos discursos. Eran las más de las veces abogados, pero también dueños de garajes o compañías de transporte, o ex policías o ex militares, y hasta juraría que tenían una apariencia semejante, con sus trajes entallados, sus bigotitos parlamentarios y su verba azucarada y tronitronante lista a verterse a chorros en cualquier ocasión.

Recuerdo a uno de ellos, emblema de la especie, en Tumbes. Calvito, risueño, diente de oro, cincuentón, se me presentó en la primera visita política que hice a aquel departamento, en diciembre de 1987. Bajó de un humeante automóvil, rodeado de media docena de personas, a las que me presentó así: «Los pioneros tumbesinos del Movimiento Libertad, señor doctor. Y yo el timonel, para servirle.» Averigüé después que había sido, antes, timonel del APRA, y, luego, de Acción Popular, partido del que desertó para servir a la dictadura militar. Y después de pasar por nuestras filas se dio maña para ser dirigente de la Unión Cívica Independiente, de Francisco Díez Canseco, y por fin, de nuestro aliado, el SODE, que lo propuso para una candidatura regional del Frente Democrático.

Lidiar con los caciques, tolerar a los caciques, servirme de los caciques, fue algo que nunca supe hacer. El disgusto que me producían, ellos, que representaban a nivel provinciano, todo lo que hubiera querido que *no* fuera la política en el Perú, sin duda me lo leían en la cara. Pero ello no impidió que en muchas provincias los comités del Movimiento Libertad cayeran en manos de caciques. ¿Cómo cambiar algo tan visceralmente incorporado a nuestra idiosincrasia?

La organización en Lima funcionó mejor. El primer secretario departamental, Víctor Guevara, apoyado por un equipo en el que brillaba un joven que acababa de terminar arquitectura, Pedro Guevara, hizo un intenso trabajo, reuniendo a los afiliados de cada barrio, constituyendo los primeros núcleos con la mejor gente y preparando las elecciones. Cuando Rafael Rey reemplazó a Víctor Guevara teníamos en la capital más de cincuenta mil afiliados distribuidos por todos los distritos. La implantación era mucho mayor en los barrios de ingresos alto y medio que en los populares, pero en los meses siguientes conseguimos penetrar también en éstos de modo significativo.

Guardo una imagen muy viva de nuestro primer intento en los pueblos jóvenes. Un grupo de vecinos de Huáscar, uno de los sectores más pobres de San Juan de Lurigancho, escribió a Miguel Cruchaga pidiendo informes sobre el Movimiento, y les propusimos organizar donde vivían una Jornada por la Libertad. Fuimos, un sábado de marzo de 1988. Cuando llegamos a la cocina popular, en el confín de un pedregal, no había nadie. Fueron apareciendo, de a pocos, medio centenar de personas: mujeres descalzas, niños de pecho, curiosos, un borrachito que vitoreaba al APRA, perros que se metían entre las piernas de los expositores. Y allí estaban, también, María Prisca, Octavio Mendoza y Juvencio Rojas, que unas semanas después formarían el primer comité de Libertad en el Perú. Felipe Ortiz de Zevallos explicó cómo desburocratizando el Estado y simplificando el oneroso sistema legal existente, los comerciantes y artesanos *informales* podrían trabajar en la legalidad, la que sería un derecho accesible a todos, y el impulso que ello daría al bienestar popular. Habíamos llevado también a un próspero empresario, que comenzó de *informal*, al igual que muchos de los asistentes, a fin de que éstos, que conocían tanto de fracasos, vieran que también era posible el éxito.

Había ido con nosotros, a San Juan de Lurigancho, un grupo de mujeres que desde los días de la campaña contra la estatización trabajaba con entusiasmo indómito por Libertad. Habían hecho pintas y banderas, llevado y traído gente a las plazas, recogido firmas, y en esos días barrían pisos, fregaban paredes y clavaban puertas y ventanas para que la casa que acabábamos de alquilar en la avenida Javier Prado estuviera en condiciones para la inauguración, el 15 de marzo. Ese local, sede del Movimiento, funcionaría sobre todo gracias a mujeres como ellas, las voluntarias —Cecilia, María Rosa, Anita, Teche...—, que permanecían allí mañana, tarde y noche, registrando adhesiones, manejando la computadora, escribiendo cartas, atendiendo la secretaría, ocupándose de las compras, del aseo, de la complicada maquinaria que es un local político.

Seis de ellas, encabezadas por María Teresa Belaunde, decidieron, en esos días finales del verano de 1988, trabajar en los pueblos jóvenes y asentamientos humanos de la periferia de Lima. En ese inmenso cinturón urbano donde llegan los emigrados de los Andes —campesinos que huyen de la sequía, del hambre, del terror— puede leerse, por el material de las construcciones —ladrillos, maderas, latas y esteras—, como en capas geológicas, la antigüedad de las migraciones que son el mejor barómetro del centralismo y del fracaso económico nacional. Allí se encuentran los pobres y los miserables que suman dos tercios de la población de Lima. Y allí se viven los problemas más descarnados: la falta de viviendas, de agua y desagüe, de trabajo, de asistencia médica, de alimentación, de transporte, de educación, de orden público, de seguridad. Pero ese mundo, lleno de sufrimiento y violencia, arde también de energía, de ingenio y voluntad de superación: allí había nacido ese capitalismo popular, la economía *informal*, que, si tomaba conciencia política de lo que representaba, podía convertirse en el motor de una revolución liberal.

Así nació Acción Solidaria, que presidió Patricia a lo largo de toda la campaña. Fueron al principio sólo seis mujeres y, dos años y medio más tarde, eran trescientas y, en todo el Perú, unas quinientas, pues el ejemplo de las libertarias de la capital se extendió a Arequipa, Trujillo, Cajamarca, Piura y otras ciudades. La suya no era una tarea de beneficencia sino una militancia política que traducía en hechos la filosofía según la cual había que dar a los pobres los medios para salir de la pobreza por sí mismos. Acción Solidaria ayudó a organizar talleres, negocios, empresas, dio cursos de capacitación artesanal y técnica, gestionó créditos para obras públicas elegidas por los vecinos y prestó asesoría administrativa y técnica mientas se ejecutaban. Gracias a su esfuerzo surgieron decenas de comercios, artesanías y pequeñas industrias en los distritos más necesitados de Lima, así como incontables clubs de madres y guarderías infantiles. Y se construyeron escuelas, postas médicas, se abrieron calles y avenidas, se instalaron pozos de agua y hasta se llevó a cabo una irrigación en la comunidad campesina de Jicamarca. Todo sin apoyo oficial alguno y, más bien, con la hostilidad desembozada de ese Estado convertido en sucursal del partido aprista.

Visitar los talleres de cocina, mecánica, costura, tejido, trabajo del cuero, las clases de alfabetización, de enfermería, comercio o planificación familiar, y las obras en construcción de Acción Solidaria, era para mí una emulsión de entusiasmo. Esas visitas me devolvían la seguridad de haber hecho bien metiéndome en política.

Hablo de las *mujeres* de Acción Solidaria, porque fueron mujeres en su mayoría las que animaron esa rama del Movimiento, pero muchos hombres colaboraron con ellas, como el doctor José Draxl, quien coordinó los cursillos de salud, el ingeniero Carlos Hara, responsable de las obras de desarrollo comunal, y el infatigable Pedro Guevara, quien asumió el trabajo en las zonas más deprimidas como un apostolado religioso. A muchas libertarias, Acción Solidaria les cambió la vida. Porque pocas habían tenido, antes de inscribirse en el Movimiento, la vocación y la práctica de servicio social de la principal dirigente, María Teresa Belaunde. En su gran mayoría eran amas de casa, de familias de medianos o altos ingresos, que hasta entonces habían vivido una existencia más bien vacía, e incluso frívola, ciegas y sordas ante el volcán en ebullición que es el Perú de la miseria. Codearse diariamente con quienes vivían en la ignorancia, la enfermedad, el desempleo y sometidos a múltiples violencias, asumir un compromiso que era tanto ético como social, les abrió los ojos sobre el drama peruano e hizo nacer en muchas de ellas la resolución de actuar. Incluyo entre ellas a mi propia mujer. Yo vi a Patricia transformarse, trabajando en Acción Solidaria y en lo que sería su mejor fruto, el PAS (Programa de Apoyo Social), ambicioso proyecto para contrapesar los efectos del saneamiento de la economía en los sectores más pobres. Pese a odiar tanto la política, Patricia llegó a apasionarse con ese quehacer en los pueblos jóvenes, en los que pasó muchas horas de esos tres años, preparándose para ayudarme en la tarea de gobernar nuestro país.

Las mujeres de Acción Solidaria no tenían vocación política, pero yo esperaba que algunas asumieran más tarde responsabilidades públicas. Descubrir la rapidez con que llegaron a compenetrarse con la problemática de la marginalidad y a convertirse en promotoras sociales —sin ellas el Movimiento jamás hubiera echado raíces en los pueblos jóvenes—, era un contraste saludable con los tráficos de los caciques o las intrigas en el Frente. Cuando, a comienzos de 1990, elaboramos las listas parlamentarias, utilizando la facultad que me habían dado en el primer congreso de Libertad, intenté convencer a dos de las más dedicadas animadoras de Acción Solidaria, Diana de Belmont y Nany de Balarín, que fueran nuestras candidatas a una diputación por Lima. Pero ambas se negaron a cambiar por un escaño en el Congreso su trabajo en el Cono Sur.

Desde los días de la plaza San Martín había surgido el asunto del dinero. Organizar mítines, abrir locales, hacer giras, montar una infraestructura nacional y mantener una campaña de tres años cuesta mucho dinero. Tradicionalmente, en el Perú, las campañas electorales sirven también para que, a su sombra, parte del dinero reunido termine en los bolsillos de los pícaros, que abundan en todos los partidos, y, en muchos casos, los frecuentan con ese fin. No hay leyes que regulen la financiación de los partidos ni de las campañas y, cuando las hay, son letra muerta. En el Perú esas leyes no existen. Individuos y empresas dan dinero, discretamente, a los candidatos —no es raro que a varios a la vez, según su cota en las encuestas— como una inversión a futuro, para asegurarse las prebendas del mercantilismo: permisos de importación, exoneraciones, concesiones, monopolios, comisiones, todo ese entramado discriminatorio con que funciona una economía intervenida. El empresario o industrial que no colabora sabe que el día de mañana estará en desventaja con sus competidores.

Todo esto, como los negociados al amparo del poder por quienes ocupan la presidencia, los ministerios y cargos importantes en la administración, es algo tan generalizado que la opinión pública ha llegado a resignarse a ello como a algo fatídico: ¿tiene sentido protestar contra el movimiento de los astros o la ley de la gravedad? Corrupción, tráficos, aprovechar un puesto público para enriquecerse, es congénito a la política peruana desde tiempo inmemorial. Y durante el gobierno de Alan García esto batió todas las marcas.

Yo me había prometido acabar con ese epifenómeno del subdesarrollo peruano. Porque sin la moralización del poder la democracia no sobreviviría en el Perú o seguiría siendo una caricatura. Y por una razón más personal: los pillos y la pillería asociada a la política me dan náuseas. Es una debilidad humana con la que no soy tolerante. Robar desde el gobierno en un país pobre, donde la democracia está en pañales, siempre me ha parecido un agravante del delito. Nada desprestigia y trabaja tanto por el desplome de la democracia como la corrupción. Algo en mí se subleva desmedidamente frente a esa utilización delictuosa del poder obtenido con los votos de gente ingenua y esperanzada, para enriquecerse y enriquecer a los compinches. También por eso mi oposición a Alan García fue tan dura: porque con él en el poder la pillería se generalizó en el Perú a extremos de vértigo.

Este asunto me despertaba a veces en las noches, angustiado. ¿Cómo impedir, si era presidente, que también en mi gobierno los ladrones hicieran de las suyas? Lo conversé con Patricia, con Miguel Cruchaga y otros amigos de Libertad innumerables veces. Acabar con el intervencionismo estatal en la economía reduciría los chanchullos, desde luego. Ya no serían ministros o directores de ministerios los que decidirían, con decretos, el éxito o el fracaso de los empresarios, sino los consumidores. Ya no serían los funcionarios quienes fijarían el valor de las divisas, sino el mercado. Ya no habría cuotas para importar y exportar. La privatización recortaría a funcionarios y gobernantes las posibilidades de pillar y malversar. Pero hasta que existiera una genuina economía de mercado las ocasiones para el negociado serían múltiples. Y, aun después, el poder siempre daría a sus detentadores ocasión de vender algo y aprovechar en beneficio propio la información privilegiada de quien gobierna. Un Poder Judicial eficiente e incorruptible es el mejor freno contra esos excesos. Pero nuestra justicia estaba también roída por la venalidad, sobre todo en esos últimos años en que el sueldo de los jueces se había reducido a una miseria. Y el presidente García, en previsión de lo que podía depararle el futuro, había infiltrado el Poder Judicial de gentes adictas. Había que prepararse en este campo a una guerra sin cuartel. Pero ganarla sería más difícil, porque el enemigo estaba, también, agazapado entre los partidarios.

Decidí no saber quiénes hacían donaciones y cotizaban para Libertad y el Frente Democrático ni a cuánto ascendían las sumas donadas, para no tener más tarde, si era presidente, que sentirme inconscientemente predispuesto en favor de los donantes. Y establecí que sólo una persona estaría autorizada a recibir la ayuda económica: Felipe Thorndike Beltrán. Pipo Thorndike, ingeniero petrolero, empresario y agricultor, había sido una de las víctimas de la dictadura del general Velasco, la que le había expropiado sus bienes. Debió expatriarse. En el extranjero rehízo sus negocios y su fortuna y en 1980, con una terquedad tan grande como el amor a su tierra, volvió al Perú con su dinero y su voluntad de trabajar. Yo tenía confianza en su honradez, que sabía tan grande como su generosidad —él fue otro de los que, desde los días de la plaza San Martín, se dedicó a trabajar a tiempo completo a mi lado—, y por eso le confié tan absorbente e ingrata tarea. Y constituí un comité de personas de probidad indiscutible para que supervigilara los gastos de la campaña: Miguel Cruchaga, Luis Miró Quesada, Fernando de Szyszlo y Miguel Vega Alvear, a los que asistió, algunas veces, la secretaria de administración Rocío Cillóniz.[12] Prohibí a todos ellos que me dieran información alguna sobre lo que se recibía y se

12. A diferencia de los cuatro primeros, cuya lealtad no tengo cómo agradecer, apenas perdimos las elecciones esta última se apresuró a sacar un lujoso pasquín, cuya meta, en el corto tiempo que la desafección de los lectores le permitió vivir, fue servir de tribuna a los renegados del Movimiento Libertad.

gastaba y les fijé, únicamente, esta regla: no aceptar dinero de gobiernos extranjeros ni de compañías (los donativos debían hacerse a título personal). Esta disposición se cumplió al pie de la letra. Muy rara vez fui consultado o informado sobre este tema. (Una excepción fue aquel día en que Pipo no pudo dejar de contarme que el jefe de Plan de Gobierno del Frente, Luis Bustamante Belaunde, le había transferido los cuarenta mil dólares que unos empresarios le hicieron llegar para ayudarlo en su campaña de candidato a una senaduría.) Las pocas veces que, en una entrevista, alguien me mencionó la posibilidad de una ayuda, lo interrumpí explicándole que los circuitos financieros de Libertad y del Frente no pasaban por mi casa.

Entre la primera y la segunda vuelta, una de las tretas que urdió el gobierno para desprestigiarnos consistió en hacer designar, por la mayoría del Congreso, una comisión que citara a los candidatos a fin de que revelaran a cuánto ascendían sus gastos de campaña y sus fuentes de financiamiento. Recuerdo las miradas escépticas de los senadores de aquella comisión cuando les expliqué que no podía decirles cuánto llevábamos gastado en la campaña porque no lo sabía y las razones por las que no había querido saberlo. Terminada la segunda vuelta y pese a no existir ley que nos obligara a ello, a través de Felipe Thorndike y del jefe de campaña del Frente, Freddy Cooper, informamos a aquella comisión de nuestros gastos. Y así me enteré yo también de que habíamos recibido y gastado en esos tres años el equivalente de unos cuatro millones y medio de dólares (tres cuartas partes de ellos en avisos televisivos). La cifra, modesta para otras campañas latinoamericanas —si se piensa en Venezuela o Brasil—, es desde luego elevada para el Perú. Pero ella está lejos de las sumas astronómicas que, según los adversarios, dilapidábamos. (Un diputado de Izquierda Unida que pasaba por honesto, Agustín Haya de la Torre, afirmó un día en *La República*, sin que le temblara un pelo del bigote: «El Frente lleva ya gastados más de cuarenta millones de dólares.»)

Celebramos el primer congreso del Movimiento Libertad en el colegio San Agustín de Lima, entre el 14 y el 16 de abril de 1989. Lo organizó una comisión presidida por uno de mis amigos más leales, Luis Miró Quesada Garland, quien, pese a su invencible repugnancia por la política, trabajó conmigo día y noche durante tres años de una manera abnegada. Lo elegimos a él presidente de honor del certamen, al que acudieron delegados de todo el Perú. En las semanas previas hubo elecciones internas para elegir a los congresistas y los distritos y barrios de Lima participaron en forma entusiasta. A la inauguración, la noche del 14, llegaron los comités distritales con orquestas y bandas de música y la alegría de los jóvenes transformó la ceremonia en una fiesta. En lugar de decir el discurso, me pareció que la ocasión —aquella mañana habíamos instalado el Frente Democrático con Belaunde y con Bedoya, en el Instituto Perú, y el SODE se había incorporado a la alianza— exigía que lo escribiera y lo leyera.

Escribí sólo tres discursos, fuera de éste, pero improvisé y dije centenares. Durante las giras por el interior y por los barrios de Lima hablaba varias veces, mañana y tarde, y en las últimas semanas el ritmo era de tres o cuatro mítines al día. Para mantener la garganta en condiciones, Bedoya me aconsejó mascar clavos de olor, y el médico que me acompañaba —había dos o tres, que se turnaban, con un pequeño equipo de emergencia para caso de atentado— me embutía siempre algunas pastillas o me pasaba el vaporizador. Procuraba permanecer mudo entre los mítines, para dar tiempo a que la garganta se desirritara. Pero aun así fue imposible evitar a veces la ronquera o los gallos. (En la selva, una tarde, llegué a la localidad de La Rioja casi sin voz. Apenas empecé a hablar, desde el balcón del municipio, se levantó un terral que acabó de estropearme las cuerdas vocales. Para poder terminar el discurso tenía que golpearme el pecho, como Tarzán.)

Hablar en plazas públicas era algo que no había hecho nunca, antes de la plaza San Martín. Y es algo para lo cual haber dado clases y conferencias no sirve o, más bien, perjudica. En el Perú la oratoria se ha quedado en la etapa romántica. El político sube al estrado a seducir, adormecer, arrullar. Su música importa más que sus ideas, sus gestos más que los conceptos. La forma hace y deshace el contenido de sus palabras. El buen orador puede no decir absolutamente nada, pero debe decirlo bien. Que suene y luzca es lo que importa. La lógica, el orden racional, la coherencia, la conciencia crítica de lo que está diciendo son un estorbo para lograr aquel efecto, que se consigue sobre todo con imágenes y metáforas impresionistas, latiguillos, figuras y desplantes. El buen orador político latinoamericano está más cerca de un torero o de un cantante de rock que de un conferencista o un profesor: su comunicación con el público pasa por el instinto, la emoción, el sentimiento, antes que por la inteligencia.

Michel Leiris comparó el arte de escribir con una tauromaquia, bella alegoría para expresar el riesgo que debería estar dispuesto a correr el poeta o el prosista a la hora de enfrentarse a la página en blanco. Pero la imagen conviene todavía mejor al político que, desde lo alto de unas tablas, un balcón o el atrio de una iglesia, encara a una multitud enfervorizada. Lo que tiene al frente es algo tan rotundo como un toro de lidia, temible y al mismo tiempo tan ingenuo y manejable que puede ser llevado y traído por él si sabe mover con destreza el trapo rojo de la entonación y el ademán.

La noche de la plaza San Martín, me sorprendió descubrir lo frágil que es la atención de una multitud y su psicología elemental, la facilidad con que puede pasar de la risa a la cólera, conmoverse, enardecerse, lagrimear, al unísono con el orador. Y lo difícil que es llegar a la razón de quienes asisten a un mitin antes que a sus pasiones. Si el lenguaje del político consta en todas partes de lugares comunes, mucho más donde una costumbre secular lo mudó en arte encantatorio.

Hice cuanto pude para no perseverar en aquella costumbre y traté de usar los estrados para promover ideas y divulgar el programa del Frente, evitando la demagogia y el cliché. Pensaba que esas plazas eran el sitio ideal para dejar sentado que votar por mí era hacerlo por unas reformas concretas, a fin de que no hubiera malentendidos sobre lo que pretendía hacer ni sobre los sacrificios que costaría.

Pero no tuve mucho éxito en ninguna de las dos cosas. Porque los peruanos no votaron por *ideas* en las elecciones y porque, a pesar de mis prevenciones, muchas veces noté —sobre todo cuando la fatiga me vencía— que, de pronto, resbalaba también por el latiguillo o el exabrupto para arrancar el aplauso. En los dos meses de campaña para la segunda vuelta intenté resumir nuestra propuesta en unas cuantas ideas, que repetí, una y otra vez, de la manera más simple y directa, envueltas en una imaginería popular. Pero las encuestas semanales mostraban cada vez que la decisión de voto la tomaba la inmensa mayoría en función de las personas y de oscuros impulsos, nunca en función de los programas.

De todos los discursos que pronuncié recuerdo, como los mejores, dos que pude preparar en el jardín hospitalario de Maggie y Carlos, sin guardaespaldas, periodistas ni teléfonos: el del lanzamiento de mi candidatura, en la plaza de Armas de Arequipa, el 4 de junio de 1989, y el del cierre de campaña, en el paseo de la República, en Lima, el 4 de abril, el más personal de todos. Y, acaso, la breve alocución, el 10 de junio, ante la apenada multitud que acudió a las puertas de Libertad cuando se conoció nuestra derrota.

En el congreso del Movimiento hubo discursos, pero también un debate ideológico que no sé si interesó a todos los delegados tanto como a mí. ¿Iba el Movimiento Libertad a postular una economía de mercado o una economía *social* de mercado? Defendió la primera tesis Enrique Ghersi y la segunda Luis Bustamante Belaunde, en un intercambio que provocó muchas intervenciones. La discusión no era un prurito semántico. Tras la simpatía o antipatía por el adjetivo *social* se traslucía la heterogénea composición del Movimiento. En él no sólo se habían inscrito liberales; también conservadores, social cristianos, social demócratas y un buen número —la mayoría, tal vez— sin postura ideológica, con una abstracta adhesión a la democracia o una definición negativa: no eran apristas ni comunistas y veían en nosotros una alternativa a aquello que detestaban o temían.

El grupo más compacto e identificado con el liberalismo era —parecía ser en ese momento, después las cosas cambiarían— una promoción de jóvenes, entre los veinte y los treinta años, que habían hecho sus primeras armas periodísticas en *La Prensa*, luego de que el diario fue desestatizado por Belaunde en 1980, bajo la docencia de dos periodistas que, de tiempo atrás, defendían el mercado libre y combatían el estatismo: Arturo Salazar Larraín y Enrique Chirinos Soto (ambos se habían inscrito en Libertad). Pero estos jóvenes, entre los que se contaba mi hijo Álvaro, habían ido bastante más lejos que sus maestros. Decían ser entusiastas seguidores de Milton Friedman, de Ludwig von Mises o de Friedrich Hayek y el radicalismo de alguno —Federico Salazar— lindaba con el anarquismo (y a veces con la payasada). Varios habían trabajado o trabajaban todavía en el Instituto Libertad y Democracia, de Hernando de Soto, y dos, Enrique Ghersi y Mario Ghibellini, eran coautores con aquél de *El otro sendero*, libro que había prologado yo,[13] y en el que se demostraba, con apoyo de una exhaustiva investigación, cómo aquella economía *informal*, edificada al margen de la ley, era una respuesta creativa de los pobres a las barreras discriminatorias que imponía esa versión mercantilista del capitalismo que conocía el Perú.

Aquella investigación, hecha por un equipo dirigido por Hernando de Soto, fue muy importante para la promoción de las ideas liberales en el Perú y marcó una suerte de frontera. De Soto había organizado, en Lima, en 1979 y 1981, dos simposios internacionales para los que trajo un elenco de economistas y pensadores —Hayek, Friedman, Jean-François Revel y Hugh Thomas entre otros— cuyas ideas fueron un ventarrón modernizador y refrescante en ese Perú que salía de tantos años de demagogia populista y dictadura militar. Yo había colaborado con Hernando en estos eventos, hablado en ambos, lo ayudé a formar el Instituto Libertad y Democracia, seguí de cerca sus estudios sobre la economía *informal* y quedé entusiasmado con sus conclusiones. Lo animé a volcarlas en un libro y, cuando lo hizo, además de prologarlo, promoví *El otro sendero* en el Perú y el mundo como no lo he hecho jamás con un libro mío. (Llegué a insistir hasta la impertinencia con *The New York Times Magazine* para que me aceptaran un artículo sobre él, que apareció por fin el 22 de febrero de 1987, y que se reprodujo luego en muchos países.) Lo hice porque pensaba que Hernando sería un buen presidente del Perú. Él lo creía también, así que nuestra relación parecía magnífica. Hernando era vanidoso y susceptible como una *prima donna* y cuando lo conocí, en 1979, recién llegado de Europa, donde había vivido

13. «La revolución silenciosa», en Hernando de Soto, *El otro sendero* (Lima: Editorial El Barranco, 1986), pp. XVII-XXIX; reproducido en *Contra viento y marea, III*, pp. 333-348.

buena parte de su vida, me pareció un personaje un tanto
~~pomposo y ridículo, con su español trufado de anglicis-~~
mos y galicismos y sus cursilerías aristocráticas (al apellido paterno le había añadido un coqueto «de» y por eso
Belaunde se refería a él, a veces, como «ese economista
con nombre de conquistador»). Pero pronto creí descubrir
bajo su exterior pintoresco una persona más inteligente y
moderna que el común de nuestros políticos, alguien que
podía liderar una reforma liberal en el Perú y a quien, por
tanto, valía la pena apoyar en su frenesí publicitario, dentro y fuera del país. Es lo que hice, creo que con mucho
éxito y, también, confieso, algo de embarazo, al conocerlo
más de cerca y descubrir que estaba contribuyendo a fa-
bricarle a De Soto una imagen de intelectual que, como
dicen mis paisanos, lloraba al ser superpuesta sobre el original.

Cuando la movilización contra la estatización, Hernando de Soto estaba de vacaciones, en la República Domini-
cana. Lo llamé, le conté lo que ocurría y él adelantó su regreso. Al principio mostró reservas contra el mitin de la
plaza San Martín —propuso, a cambio, un simposio sobre
la *informalidad* en el coliseo Amauta—, pero, luego, él y
toda la gente del Instituto Libertad y Democracia colaboraron con entusiasmo en su preparación. Su brazo derecho de entonces, Enrique Ghersi, fue uno de los animadores y Hernando uno de los tres oradores que me precedieron. Su presencia en ese estrado dio lugar a muchas
presiones en la sombra, que yo resistí, convencido de que
quienes se oponían a que hablara, entre mis amigos, alegando que sus palabrejas en inglés provocarían risotadas
en la plaza, lo hacían por celos y no, como me aseguraban, porque les parecía un hombre con más ambiciones
que principios y de dudosa lealtad.

Su conducta posterior dio amplia razón a mis amigos.
La víspera misma del mitin del 21 de agosto, del que era
en teoría parte activa, De Soto celebró una discreta entrevista con Alan García en Palacio de Gobierno que sentó
las bases de una provechosa colaboración entre el gobierno aprista y el Instituto Libertad y Democracia que cata-
pultaría al personaje en una carrera de un arribismo desa-
lado (que alcanzaría nuevas cumbres, luego, con el gobierno y con la dictadura del ingeniero Fujimori). Aquella

colaboración fue astutamente ideada por Alan García para publicitarse, de pronto, a partir de 1988, en uno de esos vuelcos acrobáticos de que los demagogos son capaces, como un súbito promotor de la propiedad privada entre los peruanos de escasos recursos, un presidente que realizaba una de nuestras aspiraciones: hacer del Perú un «país de propietarios». Para ello se fotografiaba a diestra y siniestra con De Soto, el «liberal» del Perú, y propiciaba ruidosos y, sobre todo, costosos proyectos —por la millonaria publicidad que los rodeaba— en los pueblos jóvenes, que Hernando y su instituto realizaban para él en lo que pretendía ser una competencia abierta con el Frente. La maniobra no tuvo mayor efecto político en favor de García, como éste esperaba, pero sirvió, en lo que a mí concierne, para conocer los alcances insospechados del personaje al que, con mi ingenuidad característica, llegué a creer en un momento capaz de adecentar la política y salvar al Perú.

Porque, al mismo tiempo que, movido por el despecho a que era tan propenso o por razones más prácticas, De Soto se convertía en el Perú en un enemigo solapado de mi candidatura, en Estados Unidos, en cambio, mostraba por doquier el vídeo del mitin de la plaza San Martín como testimonio de su popularidad.[14] Pero quien de este modo audaz atraía, sin duda, simpatía y apoyos de fundaciones e instituciones norteamericanas para su instituto, se daba maña, al mismo tiempo, para deslizar insinuaciones contra el Frente Democrático en el Departamento de Estado y diversas agencias internacionales ante personas que, algunas veces, desconcertadas, acudían a mí a preguntarme qué significaban estos maquiavelismos. Significaban, simplemente, que quien había descrito con tanta precisión el sistema mercantilista en el Perú había terminado por ser su mejor prototipo. Quienes lo promovimos —y, en cierta forma, lo inventamos— debemos decirlo sin ambages: no servimos la causa de la libertad, ni la del Perú, sino los apetitos de un criollo Rastignac.

Pero de su raudo paso por el mundo de las ideas y los

14. Véase como ejemplo de estos malabares el artículo en *The Wall Street Journal*, del 20 de abril de 1990, de David Asman, un periodista sorprendido en su buena fe, atribuyendo a De Soto la autoría del Encuentro por la Libertad del 21 de agosto.

valores liberales quedó un buen libro. Y, en cierto modo, ese grupo de jóvenes radicales que, en el primer congreso del Movimiento Libertad, defendieron con tanto calor la abolición de un adjetivo.

El radicalismo y la exaltación de los «jóvenes turcos» que acaudillaba Enrique Ghersi —sobre todo del jacobino Federico Salazar, siempre pronto a denunciar cualquier síntoma de mercantilismo o de desviaciones estatistas— asustaba un poco a Lucho Bustamante, hombre ponderado, y que, como responsable de Plan de Gobierno, quería que nuestro programa fuera realista al mismo tiempo que radical (pues también existen las utopías liberales). De ahí su insistencia, apoyada por varios economistas y profesionales de su equipo, en que el Movimiento hiciera suya la etiqueta con que Ludwig Erhard (o, más bien, su asesor Alfred Müller-Armack) bautizó a esa política económica que, a partir de 1948, dispararía el crecimiento alemán: la economía *social* de mercado.

Yo me inclinaba por suprimir el adjetivo. No porque crea al mercado incompatible con toda forma de redistribución —tesis que ningún liberal suscribiría, aunque varíen los puntos de vista sobre los alcances que debería tener una política redistribuidora en una sociedad abierta—, sino porque en el Perú se le vincula al socialismo más que a la igualdad de oportunidades de la filosofía liberal, y por razones de claridad de concepto. La dictadura militar había aplicado la palabra «social» a todo lo que colectivizó y estatizó y Alan García martirizaba con ella a los peruanos en todos sus discursos, explicando que nacionalizaba la banca para que cumpliera una «función social». La palabreja afloraba de tal modo en el discurso político que se había vuelto un ruido populista, no un concepto. (Siempre sentí cariño por esos jóvenes excesivos, aunque también alguna vez uno me acusó de heterodoxia, y pasado el tiempo, dos de ellos —Ghibellini y Salazar— se volverían unos politicastros bastante despreciables. Pero, en las fechas a las que me refiero, parecían generosos e idealistas. Y su pureza y su intransigencia, me decía yo, nos serán útiles el día de mañana en la ímproba tarea de moralizar el país.)

El congreso no tomó una decisión respecto al adjetivo y el debate quedó abierto, pero el intercambio marcó el mejor momento intelectual de la reunión y sirvió para inquietar a muchos sobre el tema. La verdadera conclusión la dio la práctica, en los doce meses siguientes, en que el equipo de Lucho Bustamante elaboró el proyecto liberal más avanzado que se haya propuesto en el Perú y en el que ninguno de los «jóvenes turcos» encontró nada que objetar.

¿Hasta qué punto conseguimos que las *ideas* echaran raíces en los libertarios? ¿Hasta qué punto votaron por las ideas liberales los peruanos que votaron por mí? Es una duda que me gustaría despejar. En todo caso, el esfuerzo que hicimos para que las ideas tuvieran un papel primordial en la vida de Libertad fue múltiple. Se creó una Secretaría Nacional de Ideario y Cultura, para la que el congreso eligió a Enrique Ghersi y una escuela de dirigentes ideada por Miguel Cruchaga, de la que Fernando Iwasaki y Carlos Zuzunaga fueron grandes animadores.

Poco después se incorporó a Libertad Raúl Ferrero Costa, que había sido decano del Colegio de Abogados, y un grupo de profesionales y estudiantes vinculados a él. Su gestión como decano lo llevó a viajar mucho por el Perú. Al renunciar Víctor Guevara a la Secretaría Nacional de Organización pedí a Raúl que lo reemplazara, y, aunque él sabía lo arduo del cargo, consintió. En esa época, el secretario general, Miguel Cruchaga, apoyado por Cecilia, su mujer, había asumido una tarea excluyente: adiestrar a los sesenta mil personeros que necesitábamos para tener un representante en cada una de las mesas electorales del país. (El personero es la única garantía de que en una mesa no haya fraude.) De manera que toda la organización quedó en manos de Ferrero.

Raúl hizo un gran esfuerzo para mejorar la condición del Movimiento en provincias. Secundado por una veintena de colaboradores, viajó incansablemente por el interior, constituyendo comités donde no existían y reorganizando los existentes. El Movimiento Libertad creció. En mis recorridos veía, impresionado, que en alejadas provincias cajamarquinas, ancashinas, sanmartinenses o apurimeñas, me recibían grupos de libertarios en cuyos locales se divisaba, desde lejos, ese emblema rojo y negro de Libertad cuya caligrafía tenía un aire de familia con el Solidarnosc polaco. (En 1981, cuando se dieron en Polonia las leyes represivas contra el sindicato liderado por Walesa, yo había encabezado, con el periodista Luis Pásara, un mitin de protesta en el Campo de Marte, y, supongo que por este precedente, muchos creyeron que el parecido de los símbolos había sido idea mía. Pero lo cierto es que, aunque el acercamiento me pareció feliz, no lo planeé ni sé hasta ahora si lo fraguó Jorge Salmón, responsable de la publicidad del Movimiento, o Miguel Cruchaga o Fernando de Szyszlo, quien, para ayudarnos a reunir fondos, había hecho una hermosa litografía con la enseña de Libertad.)

Acordamos celebrar elecciones internas en el Movimiento antes de las nacionales. A muchos libertarios les pareció imprudente esa decisión, que distrajo recursos y energías y dio pretexto para disputas endógenas, cuando debíamos concentrarnos en luchar contra los adversarios, ahora que entrábamos a la recta final. Yo fui uno de los que defendió esas elecciones internas. Pensé que servirían para democratizar a muchos comités de provincias, que gracias a ellas se emanciparían de los caciques y saldrían fortalecidos con representantes de las bases.

Pero me atrevo a decir que en dos terceras partes de las provincias fueron los caciques los que se las arreglaron para modelar las elecciones y hacerse elegir. Las artes de que se valían eran técnicamente inobjetables. Difundían de tal modo los plazos para la inscripción de candidatos y la fecha de la elección de manera que sólo sus partidarios se enteraban, o tenían los padrones de inscritos compuestos de modo que sus adversarios no estuvieran registrados o lo estuvieran con una fecha posterior a la fijada como límite. Nuestro secretario nacional de Asuntos Electorales, Alberto Massa —de humor tan formidable que en la Comisión Política todos esperábamos con impaciencia que pidiera la palabra porque sus intervenciones, siempre chispeantes, nos hacían reír a carcajadas—, sobre quien llovían las protestas de las víctimas de estas maniobras, nos dejaba atónitos revelándonos los ardides de que se iba enterando.

Hicimos lo que pudimos para enmendar las trampas. Anulamos las elecciones en las provincias donde el número de votantes había sido sospechosamente bajo y resolvimos las impugnaciones donde era posible hacerlo. Pero en otros casos —ya teníamos encima las elecciones nacionales— tuvimos que resignarnos a reconocer en el interior unos comités de discutible legitimidad.

En Lima fue distinto. Las elecciones para la Secretaría Departamental, que ganaría Rafael Rey, fueron cuidadosamente preparadas y se pudo evitar a tiempo cualquier mala jugada. Recorrí los distritos el día de la elección, 29 de octubre de 1989, y era emocionante ver las largas colas de libertarios en la calle esperando para votar. Pero quien había competido con Rey —Enrique Fuster— no toleró la derrota: renunció a Libertad, nos atacó a través de la prensa oficialista y resultó meses después candidato a diputado en una lista rival.

El nuevo Comité Departamental de Lima siguió extendiendo la organización por la capital, y, apoyado por Acción Solidaria, en los pueblos jóvenes, de donde, en los últimos meses de 1989 y los primeros de 1990, casi a diario Patricia y yo recibíamos invitaciones para inaugurar nuevos comités. Íbamos todas las veces que podíamos. A esas alturas, mis obligaciones empezaban a las siete u ocho de la mañana y terminaban luego de medianoche.

En las inauguraciones se cumplía una regla sin excepciones: mientras más humilde el barrio, más ceremonioso el acto. El Perú es un «país antiguo», como recordaba el novelista José María Arguedas, y nada delata tanto la antigüedad del peruano como su amor al rito, a las formas, a la ceremonia. Había siempre un estrado muy alegre, con flores, banderitas, quitasueños, guirnaldas de papel en paredes y techos y una mesa con viandas y bebidas. Era infaltable el conjunto musical y a veces los danzantes folklóricos, serranos y costeños. Nunca fallaba el párroco, para echar agua bendita y unos rezos al local (que podía ser un simple armatoste de cañas y esteras en pleno descampado) y una abigarrada multitud donde era evidente que todos vestían las mejores prendas, como para un matrimonio o un bautizo. Había que cantar el Himno Nacional al principio y el del Movimiento Libertad al final. Y escuchar muchos discursos. Pues todos los miembros de la directiva —los secretarios generales, de Ideario y Cultura, de Deportes, de Actas, de Economía, de Tareas de la Mujer, de Juventud, de Plan de Gobierno, etcétera, etcétera— tenían que hablar, para que ninguno se sintiera postergado. El acto se alargaba, se alargaba. Y había después que firmar un acta de prosa barroca y leguleya, repleta de sellos, testificando que la ceremonia había tenido lugar y oleándola y sacramentándola. Y venía entonces el espectáculo, los huaynitos serranos, las marineras trujillanas, los bailes negros chinchanos, los pasillos piuranos. Aunque imploré, ordené, pedí —explicando que con actividades de esta longitud todo el horario de campaña se iba al diablo—, rara vez conseguí abreviar las inauguraciones, ni que me exoneraran de las sesiones de fotografías y de autógrafos, ni tampoco, por supuesto, de los puñados de pica-pica, mixtura demoníaca que se me metía por todo el cuerpo, llegaba a lo más recóndito y me producía una exasperante comezón. Pese a todo ello era difícil no sentirse ganado por la desbordante emotividad de esos sectores populares, tan distintos en esto de los peruanos de las clases medias y altas, inhibidos y tersos para expresar sus sentimientos.

Patricia, a quien para mi sorpresa ya había visto para entonces dar entrevistas en televisión —antes se había negado siempre a hacerlo— y pronunciar discursos en los pueblos jóvenes, cuando me veía regresar de esas inauguraciones, bañado de pies a cabeza de papel picado, solía preguntarme con toda maldad: «¿Te acuerdas todavía que *fuiste* escritor?»

IX

EL TÍO LUCHO

Si de los cincuenta y cinco que he vivido, me permitieran revivir un año, escogería el que pasé en Piura, en casa del tío Lucho y la tía Olga, estudiando el quinto año de secundaria en el colegio San Miguel y trabajando en *La Industria*. Todas las cosas que me pasaron allí, entre abril y diciembre de 1952, me tuvieron en un estado de entusiasmo intelectual y vital que siempre he recordado con nostalgia. De todas esas cosas, la principal fue el tío Lucho.

Era el mayor de los tíos, el que, después del abuelo Pedro, había sido jefe de la tribu de los Llosa, a quien todos acudían y al que yo había secretamente preferido, desde que tuve uso de razón, allá, en Cochabamba, cuando me hacía el ser más feliz del mundo llevándome a las piscinas en las que aprendí a nadar.

La familia estaba orgullosa del tío Lucho. Los abuelos y la Mamaé contaban cómo, en Arequipa, había sacado el premio de excelencia, todos los años, en los jesuitas, y la abuelita desenterraba sus libretas de notas para mostrarnos los calificativos sobresalientes con los que se graduó. Pero el tío Lucho no había podido seguir la carrera en la que, con su talento, nadie dudaba que habría alcanzado toda clase de triunfos, porque el ser tan buen mozo y tener tanto éxito con las mujeres lo arruinó. Todavía muy jovencito, cuando se disponía a entrar a la universidad, embarazó a una prima, y el escándalo, en la pacata y severísima Arequipa, lo obligó a partir a Lima, hasta que la familia se aplacara. Nada más regresar protagonizó otro escándalo, casándose, apenas salido de la adolescencia, con Mary, una arequipeña veinte años mayor que él. La pareja tuvo que marcharse de la espantada ciudad, a Chile, donde el tío Lucho abrió una librería y prosiguió sus aventuras galantes, las que terminaron por desbaratar su precoz matrimonio.

Ya separado, viajó a Cochabamba, donde los abuelos. Entre mis primeros recuerdos está su apuesta figura de actor de cine y las bromas y anécdotas que en la gran mesa familiar de los domingos se contaban sobre las conquistas y galanterías del tío Lucho, quien, desde esa época, me ayudaba a hacer las tareas y me daba clases extras de matemáticas. Luego partió a trabajar a Santa Cruz, primero con el abuelo, en la hacienda de Saipina, y después por su cuenta, como representante de distintas firmas y productos, entre ellos el champagne francés Pomery. Santa Cruz tiene fama de ser tierra de las mujeres más lindas de Bolivia y el tío Lucho decía siempre que todo lo bien que le fue allá en los negocios se lo gastó en el champagne Pomery que se vendía a sí mismo para atender a las bellísimas cruceñas. Venía con frecuencia a Cochabamba y sus llegadas eran un gran flujo de energía en la casa de Ladislao Cabrera. Yo las celebraba más que nadie, porque aunque quería mucho a todos los tíos, él sí que me parecía mi verdadero papá.

Por fin, sentó cabeza y se casó con la tía Olga. Se fueron a Santa Cruz, donde, según la leyenda, una de las despechadas novias cruceñas del tío Lucho —una hermosa mujer llamada también Olga— fue, una tarde, a caballo, a disparar cinco tiros a las ventanas de la tía Olga por haber monopolizado —al menos en teoría— tamaña presa. Mi predilección por el tío Lucho no sólo se debía a lo cariñoso que era conmigo; también, a la aureola aventurera, de vida en perpetua renovación, que lo rodeaba. Porque desde entonces me sentía fascinado por las personas que parecían salidas de las novelas, aquellas que habían hecho realidad el verso de Chocano: «Quiero vivir torrente...»

El tío Lucho se pasó la vida cambiando de trabajos, intentando todos los negocios, siempre insatisfecho con lo que hacía, y aunque la mayor parte de las veces le fue mal en lo que intentó, lo cierto es que nunca se aburrió. El último año que estuvimos en Bolivia, hacía contrabando de caucho hacia Argentina. Era un negocio que el gobierno boliviano, de boca para afuera, perseguía, pero alentaba por lo bajo, pues era una buena fuente de divisas para el país. Argentina, víctima de un embargo internacional por su posición favorable al Eje durante la guerra, pagaba a precio de oro esa goma —jebe o caucho— de las selvas amazónicas. Recuerdo haber acompañado al tío Lucho a unos depósitos de Cochabamba donde la goma, antes de ser disimulada en los camiones que la llevarían a la frontera, debía ser espolvoreada con talco para quitarle el olor, y haber sentido una excitación pecaminosa cuando se me permitió también echar unos puñados al material prohibido. Poco antes del fin de la guerra, una de las caravanas del tío Lucho fue decomisada en la frontera, y él y sus socios perdieron hasta la camisa. Justo a tiempo para que él y la tía Olga —y sus hijas pequeñitas, Wanda y Patricia— vinieran a establecerse a Piura, con los abuelos.

Allí, el tío Lucho había trabajado unos años en la casa Romero, en una distribuidora de automóviles, pero en 1952, cuando fui a vivir con él, era agricultor. Tenía alquilado el fundo San José, a orillas del Chira, en el que sembraba algodón. El fundo estaba entre Paita y Sullana, a unas dos horas de Piura, y muchas veces lo acompañé allá, en esos dos o tres viajes semanales que hacía, en una negra camioneta bamboleante, para vigilar los riegos, la fumigación o el desmonte. Mientras él hablaba con los peones, yo montaba a caballo, me bañaba en la acequia y me inventaba cuentos de estruendosas pasiones entre jóvenes hacendados y rústicas apañadoras. (Recuerdo haber escrito un largo relato de esta índole al que le puse un título cultísimo: «La zagala».)

El tío Lucho era aficionado a la lectura y de joven había escrito versos. (Más tarde, en la universidad, me enteré por profesores que habían sido sus amigos de juventud, en Arequipa, como Augusto Tamayo Vargas, Emilio Champion o Miguel Ángel Ugarte Chamorro, que en esa época todos sus compañeros estaban convencidos de que la suya era una vocación de intelectual.) Todavía recordaba algunos, sobre todo un soneto, en el que comparaba las bellas prendas de una dama a las cuentas de un collar, y en nuestras conversaciones de ese año piurano, cuando yo le hablaba de mi vocación, y le decía que quería ser un escritor aunque me muriera de hambre, porque la literatura era lo mejor del mundo, él solía recitármelo, a la vez que me animaba a seguir mis inclinaciones literarias sin pensar en las consecuencias, porque —es una lección que aprendí y que he tratado de transmitir a mis hijos— la peor desgracia para un hombre es pasarse la vida haciendo cosas que no le gustan en vez de las que hubiera querido hacer.

El tío Lucho me escuchó leerle *La huida del inca*, y muchos poemas y cuentos, haciéndome a veces algunas críticas —la exuberancia era mi defecto capital— pero con delicadeza para no herir mi susceptibilidad de novísimo escribidor.

La tía Olga me había preparado un cuarto, al fondo del pequeño patio de su casita, en la calle Tacna, casi en el encuentro de ésta con la avenida Sánchez Cerro, frente a la plaza Merino, donde se hallaba mi flamante colegio, el San Miguel. La casa ocupaba los bajos de una vieja construcción y constaba de salita, comedor, cocina y tres dormitorios, más los baños y cuartos del servicio. Mi llegada desbarató el orden de la familia —además de Wanda y Patricia, de nueve y siete años, había nacido Lucho, entonces de dos—, y los tres primos tuvieron que ser amontonados en un cuarto para que yo tuviera el mío, independiente. En él se hallaban, en un par de estantes, los libros del tío Lucho, viejos volúmenes de Espasa-Calpe, ediciones de clásicos de la editorial Ateneo, y, sobre todo, la colección completa de la Biblioteca Contemporánea, de la editorial Losada, unos treinta o cuarenta ejemplares de novelas, ensayos, poesía y teatro que estoy seguro de haber leído de principio a fin, en ese año de voraces lecturas. Entre los libros del tío Lucho encontré una autobiografía, publicada por la editorial Diana, de México, que me tuvo desvelado muchas noches y que me produjo un sacudón político: *La noche quedó atrás*, de Jan Valtin. Su autor había sido un comunista alemán, en tiempos del nazismo, y su autobiografía, llena de episodios de militancia clandestina, de sacrificadas peripecias revolucionarias y de atroces abusos fue, para mí, un detonante, algo que me hizo pensar por primera vez, con cierto detenimiento, en la justicia, en la acción política, en la revolución. Aunque, al final del libro, Valtin criticaba mucho al partido comunista, que sacrificó a su mujer y actuó con él de manera cínica, recuerdo haber terminado la lectura sintiendo gran admiración por esos santos laicos que, a pesar del riesgo de ser torturados, decapitados o de pasarse la vida en las mazmorras nazis, dedicaban su vida a luchar por el socialismo.

Como el colegio estaba a pocos metros de la casa —me bastaba cruzar la plaza Merino para llegar a él—, me levantaba lo más tarde posible, me vestía a la carrera y salía disparado cuando ya estaban tocando el silbato para clases. Pero la tía Olga no me perdonaba el desayuno y me mandaba a la muchacha al San Miguel con una taza de leche y un pan con mantequilla. No sé cuántas veces tuve que pasar por la vergüenza de, apenas comenzada la primera lección de la mañana, ver entrar en el aula al jefe de inspectores, El Diablo, a llamarme: «¡Vargas Llosa Mario! ¡A la puerta, a tomar su desayuno!» Después de mis tres meses de periodista noctámbulo y prostibulario en *La Crónica*, había retrocedido a hijo de familia.

No lo lamentaba. Me sentía feliz de que la tía Olga y el tío Lucho me engrieran, y de que, al mismo tiempo, me trataran como un hombre, dándome total libertad para salir, o quedarme leyendo hasta tardísimo, cosa que hacía con frecuencia. Por eso me costaba tanto levantarme para el colegio. La tía Olga me firmaba tarjetas en blanco, de modo que yo mismo inventara las excusas para mis tardanzas. Pero como éstas se repetían con exceso, mis primas quedaron encargadas de despertarme, cada mañana. Wandita lo hacía con delicadeza; la menor, Patricia, aprovechaba la ocasión para dar rienda suelta a sus malos instintos y no tenía empacho en echarme encima un vaso de agua. Era un pequeño demonio de siete años disimulado tras una carita de nariz respingada, ojos fulminantes y cabellos crespos. Esos vasos de agua fría que me lanzaba encima se volvieron una pesadilla y yo los esperaba, entre sueños, con estremecimientos anticipados. Atontado y asustado por el golpe de agua le lanzaba furioso la almohada, pero ella se había ya puesto a salvo, y, desde el patio, me respondía con una carcajada demasiado grande para su cuerpecito semiesquelético. Sus malacrianzas batieron todos los récords de la tradición familiar, incluso los míos. Cuando no le daban gusto en algo, la prima Patricia era capaz de llorar y zapatear horas de horas hasta sacar de sus casillas al tío Lucho, a quien yo vi, una vez, meterla vestida a la ducha, a ver si dejaba de chillar. A la prima Patricia, una temporada que durmió en mi cuarto, se me ocurrió hacerle un poema, y ella se lo aprendió de memoria y solía llenarme de bochorno recitándolo, delante de las amigas de la tía Olga, escurriéndolo y dándole unos acentos gelatinosos para que sonara todavía peor:

> *Duerme la niña*
> *cerquita de mí*
> *y su manecita*
> *blanca y chiquitita*
> *apoyada tiene*
> *muy junto de sí...*

A veces, le infligía un pellizco veloz o un tirón de orejas, y, entonces, ella estallaba en una alharaca con aullidos, como si la estuvieran despellejando, y para que el tío Lucho y la tía Olga no fueran a creérselo, yo tenía que aplacarla con ruegos o payasadas. Ella solía poner un precio a la transacción: «O me compras un chocolate o sigo.»

El colegio San Miguel de Piura estaba frente al Salesiano, y no tenía, como éste, un amplio y cómodo local; era una vieja casa de quincha y calamina, mal adaptada a sus necesidades, pero el San Miguel, debido a los esfuerzos del director —el doctor Marroquín, a quien di tantos dolores de cabeza—, era un magnífico colegio. En él convivían muchachos piuranos de familias humildes —de la Mangachería, de la Gallinacera y otros barrios periféricos— con chicos de clase media y hasta de familias encumbradas de Piura, que iban allí porque los padres del Salesiano ya no los aguantaban o atraídos por los buenos profesores. El doctor Marroquín había logrado que distinguidos profesionales de la ciudad fueran a dar clases —sobre todo a los alumnos de mi año, el último— y gracias a eso tuve la suerte, por ejemplo, de seguir un curso de economía política con el doctor Guillermo Gulman. Fue ese curso, creo, y también los consejos del tío Lucho, los que me animaron a seguir luego, en la universidad, las carreras de Letras y Derecho. Antes de ir a Piura estaba resuelto a hacer sólo Filosofía y Letras. Pero en esas clases del doctor Gulman, el Derecho parecía mucho más profundo e importante que lo meramente asociado a los litigios: una puerta abierta a la filosofía, a la economía, a todas las ciencias sociales.

Teníamos también un excelente profesor de Historia, Néstor Martos, que escribía a diario en *El Tiempo* una columna titulada «Voto en contra» sobre temas locales. El profesor Martos, de figura desbaratada, bohemio impenitente, que parecía llegar a clases, a veces, directamente de alguna cantinilla donde había pasado la noche entera tomando chicha, despeinado, barbicrecido, y con una bufanda cubriéndole media cara —¡una bufanda, en la tórrida Piura!—, en la clase se transformaba en un expositor apolíneo, un pintor de frescos de los períodos preincaico e incaico de la historia americana. Yo lo escuchaba embelesado y me sentí un pavo real una mañana, en aquella clase en la que, sin mencionarme, se dedicó a enumerar todos los argumentos por los que ningún peruano de casta podía ser un «hispanista» ni elogiar a España (que era lo que había hecho yo, ese día, en mi columna de *La Industria*, con motivo de la visita a Piura del embajador de ese país). Uno de sus argumentos era: ¿se dignó algún monarca, en los trescientos años de colonia, visitar las posesiones americanas del imperio español?

El profesor de literatura resultó algo desangelado —teníamos que memorizar los adjetivos con que calificaba a los clásicos: San Juan de la Cruz, «hondo y esencial»; Góngora, «barroco y clasicista»; Quevedo, «alambicado, festivo e imperecedero»; Garcilaso, «italianizante, malogrado precozmente y amigo de Juan Boscán»—, pero una buenísima persona: José Robles Rázuri. El Ciego Robles, cuando descubrió mi vocación, me tomó mucho aprecio y solía prestarme libros —los tenía todos forrados con un papel color rosa y un sellito con su nombre—, entre los que recuerdo los dos primeros que leí de Azorín: *Al margen de los clásicos* y *La ruta de Don Quijote*.

A la segunda o tercera semana de clases, en un gesto audaz, le confié al profesor Robles mi obrita de teatro. La leyó y me propuso algo que me causó palpitaciones. El colegio ofrecía uno de los actos con que se celebraba la semana de Piura, en julio. ¿Por qué no sugeríamos al director que el San Miguel presentara este año *La huida del inca*? El doctor Marroquín aprobó el proyecto y, sin más, quedé encargado de dirigir el montaje, para estrenar la obra el 17 de julio, en el teatro Variedades. Vaya exultación con la que corrí a la casa a contárselo al tío Lucho:

¡Íbamos a montar *La huida del inca*! ¡Y en el teatro Variedades, nada menos!

Aunque sólo fuera por haberme permitido ver, en un escenario, viviendo con la ficticia vida del teatro, algo inventado por mí, mi deuda con Piura sería impagable. Pero le debo otras cosas. Los buenos amigos, algunos de los cuales me duran hasta ahora. Varios de mis viejos condiscípulos del Salesiano se habían pasado al San Miguel, como Javier Silva y Manolo y Richard Artadi, y entre los nuevos compañeros había otros, los mellizos Temple, los primos León, los hermanos Raygada, con los que nos hicimos compañeros del alma. El quinto de secundaria resultó ser un año pionero, pues por primera vez se ensayaba en un colegio nacional el régimen mixto. En nuestra clase había cinco mujeres; se sentaban en una fila aparte y nuestras relaciones eran formales y distantes. Una de ellas, Yolanda Vilela, fue una de las tres «vestales» de *La huida del inca*, según el descolorido programa del espectáculo que llevo en la cartera, como amuleto, desde entonces.

De todo ese grupo de amigos, el más íntimo fue Javier Silva. Era ya, entonces, a sus dieciséis años, lo que sería más tarde multiplicado: gordo, goloso, inteligente, incansable, inescrupuloso, simpático, leal, siempre dispuesto a embarcarse en todas las aventuras, y generoso como nadie. Él dice que ya aquel año yo lo convencí de que la vida lejos de París era imposible, que teníamos que irnos allá cuanto antes y que lo arrastré a abrir una cuenta de ahorros conjunta, a fin de asegurar el pasaje. (Mi memoria me dice que eso fue ya en Lima, de universitarios.) Su apetito era descomunal y los días de propina —vivía a la vuelta de mi casa, en la calle Arequipa— venía a invitarme a El Reina, un restaurante de la avenida Sánchez Cerro, en el que pedía un piqueo y una cerveza para compartir. Íbamos al cine —al Municipal, al Variedades o a ese cine de Castilla, al aire libre, con un solo proyector, de modo que a cada fin de rollo se interrumpía la película, y al que había que llevarse el asiento—; a bañarnos en la piscina del club Grau, a la «casa verde», en el camino a Catacaos, adonde yo lo arrastré la primera vez después de quitarle el miedo pánico que su padre, un médico muy querido en

Piura, le había inculcado, asegurándole que si iba allí le contagiarían una sífilis.

La «casa verde» era una cabaña grande, algo más rústica que una casa, un lugar mucho más alegre y sociable que los prostíbulos limeños, generalmente sórdidos y a menudo pendencieros. El burdel de Piura conservaba la función tradicional de lugar de encuentro y de tertulia, al mismo tiempo que de casa de citas. Allí iban los piuranos de todas las clases sociales —recuerdo haberme llevado la sorpresa, una noche, de encontrarme al prefecto, don Jorge Checa, conmovido con los tonderos y las cumananas de un trío mangache— a oír música, a comer platos regionales —secos de chabelo y de cabrito, cebiches, chifles, natillas, claritos y chicha espesa—, o a bailar, conversar y también a hacer el amor. El ambiente era campechano, informal, risueño, y rara vez lo afeaban las broncas. Mucho más tarde, cuando descubrí a Maupassant, no podía dejar de asociar esa «casa verde» a su hermosísima Maison Tellier, así como la Mangachería, barrio alegre, violento y marginal de las afueras piuranas se identificaba siempre en mi memoria con la Corte de los Milagros de las novelas de Alejandro Dumas. Desde chico, las cosas y los seres de la realidad que me han conmovido más han sido los que más se acercaban a la literatura.

Mi generación vivió el canto del cisne del burdel, enterró a esa institución que iría extinguiéndose a medida que las costumbres sexuales se distendían, se descubría la píldora, pasaba a ser obsoleto el mito de la virginidad y los muchachos comenzaban a hacer el amor con sus enamoradas. La banalización del sexo que eso trajo consigo es, según psicólogos y sexólogos, muy saludable para la sociedad, la que, de este modo, se desahoga de abundantes represiones neuróticas. Pero ha significado, también, la trivialización del acto sexual y la extinción de una fuente privilegiada de placer para el ser humano contemporáneo. Despojado de misterio y de los tabúes religiosos y morales seculares, así como de los elaborados ritos que rodeaban su práctica, el amor físico ha pasado a ser para las nuevas generaciones lo más natural del mundo, una gimnasia, un pasajero entretenimiento, algo muy distinto de ese misterio central de la vida, de ese acercarse a través de él a las puertas del cielo y del infierno que fue todavía para mi generación. El burdel era el templo de aquella clandestina religión, donde uno iba a oficiar un rito excitante y arriesgado, a vivir, por unas pocas horas, una vida aparte. Una vida erigida sobre terribles injusticias sociales, sin duda —a partir del año siguiente, yo sería consciente de ello y me avergonzaría mucho de haber ido a burdeles y haber frecuentado a putas como un despreciable burgués—, pero lo cierto es que ello nos dio, a muchos, una relación muy intensa, respetuosa y casi mística con el mundo y las prácticas del sexo, algo inseparable de la adivinación de lo sagrado y de la ceremonia, del despliegue activo de la fantasía, del misterio y la vergüenza, de todo eso que Bataille llama la transgresión. Tal vez sea bueno que el sexo haya pasado a ser algo natural para el común de los mortales. Para mí nunca lo fue, no lo es. Ver a una mujer desnuda en una cama ha sido siempre la más inquietante y turbadora de las experiencias, algo que jamás hubiera tenido para mí ese carácter trascendental, merecedor de tanto respeto trémulo y tanta feliz expectativa, si el sexo no hubiera estado, en mi infancia y juventud, cercado por tabúes, prohibiciones y prejuicios, si para hacer el amor con una mujer no hubiera habido entonces tantos escollos que salvar.

Ir a esa casa pintarrajeada de verde, en las afueras de Castilla, camino a Catacaos, me costaba mi magro sueldo de *La Industria*, de manera que fui apenas unas cuantas veces a lo largo del año. Pero cada vez salí de allí con la cabeza llena de imágenes ardientes, y estoy seguro de haber vagamente soñado desde entonces con inventar alguna vez una historia que tuviera como escenario esa «casa verde». Es posible que la memoria y la nostalgia embellezcan algo que era pobre y sórdido —¿qué podía esperarse de un pequeño prostíbulo de una pequeñísima ciudad como Piura?—, pero, en mi recuerdo, la atmósfera del lugar era alegre y poética, y quienes estaban allí se divertían de veras, no sólo los clientes, sino, también, los maricas que hacían de camareros y guardianes, las putas, los músicos que tocaban valses, tonderos, mambos o huarachas, y la cocinera que preparaba las viandas a la vista de todos, haciendo pasos de baile junto al fogón. Había muy pocos cuartitos con barbacoas para las parejas, de modo que a menudo era preciso salir a hacer el amor en los arenales del contorno, al aire libre, entre los algarrobos y las cabras. La incomodidad estaba compensada por la tibia atmósfera azulina de las noches piuranas, de tiernas lunas llenas, y sensuales curvas de médanos entre los que se divisaban titilando, al otro lado del río, las luces de la ciudad.

A los pocos días de llegar a Piura, me presenté con mis cartas de recomendación de Alfonso Delboy y de Gastón Aguirre Morales, en casa del dueño de *La Industria*, don Miguel Cerro Cebrián. Era un viejecito menudo, un pedacito de hombre con la cara requemada por la intemperie, cubierta de mil arrugas, en la que unos ojos vivos e inquietos traslucían su indomable energía. Tenía tres diarios de provincias —*La Industria* de Piura, de Chiclayo y de Trujillo—, que dirigía desde su casita piurana, con mano enérgica, y un fundo algodonero, en el rumbo de Catacaos, que iba a vigilar personalmente en una mula remolona y tan antigua como él. Avanzaba en ella con toda prosa por el centro de la calle, camino al Puente Viejo, desinteresado de automóviles y peatones. Hacía una escala en el local de *La Industria*, en la calle Lima, en cuyo patio con rejas irrumpía la mula, sin aviso, martirizando las baldosas con sus cascos, para que don Miguel echara una ojeada a los materiales de la redacción. Era un hombre que no se cansaba nunca, que trabajaba hasta durmiendo, al que nadie le metía el dedo a la boca, severo y hasta duro pero de una rectitud que, a quienes trabajábamos a sus órdenes, nos daba seguridad. La leyenda decía que una noche alguien le había preguntado, en una comida bien regada del Centro Piurano, si todavía era capaz de hacer el amor. Y que don Miguel había invitado a los comensales a la «casa verde», donde había absuelto prácticamente aquella duda.

Leyó con mucho cuidado las cartas, me preguntó mi edad, especuló sobre cómo podría yo congeniar el trabajo periodístico con las clases del colegio, y finalmente tomó su resolución y me contrató. Me fijó un sueldo mensual de trescientos soles y mi trabajo quedó esbozado en aquella conversación. Iría al diario apenas terminaran las clases de la mañana, para revisar los periódicos de Lima y extractar y dar la vuelta a las noticias que podían interesar a los piuranos, y volvería en las noches, por otras dos o tres horas, a escribir artículos, hacer reportajes y estar allí para las emergencias.

La Industria era una reliquia histórica. Sus cuatro pliegos los armaba a mano —creo que nunca llegó al linotipo— un cajista: el señor Nieves. Verlo trabajar, en el oscuro cuartito del fondo, en esos «talleres» que representaba él solo, era un espectáculo. Flaquito, con unos anteojos de gruesas lunas para sus ojos miopes, siempre con una camiseta de mangas cortas y un delantal que alguna vez había sido blanco, el señor Nieves colocaba los originales en un atril, a su izquierda. Y con su mano derecha, moviéndola a una velocidad extraordinaria, iba sacando las letras de un montón de cajitas dispuestas a su alrededor y armando el texto en el molde que él mismo imprimiría, luego, en una prensa prehistórica cuyas vibraciones estremecían las paredes y el techo del local. El señor Nieves me parecía escapado de las novelas decimonónicas, sobre todo las de Dickens, y su oficio, en el que era tan diestro, una supervivencia excéntrica, algo ya extinguido en el resto del mundo y que se extinguiría con él en el Perú.

Un nuevo director de *La Industria* llegó a Piura casi conmigo. Don Miguel Cerro trajo de Lima a Pedro del Pino Fajardo, un periodista fogueado, para que levantara el diario, en la dura competencia que tenía con *El Tiempo*, el otro periódico local (había un tercero, *Ecos y Noticias*, que salía tarde, mal y nunca, en un papel de colorines, y era casi ilegible porque las letras del periódico se quedaban en las manos del lector). Los redactores éramos un aforador del río Piura, encargado de las noticias deportivas, llamado Owen Castillo —que haría después, en Lima, en tiempos de la dictadura militar, una destacada carrera en el periodismo de cloaca— y yo, que me ocupaba de locales e internacionales. Había, además, colaboradores externos, como el médico Luis Ginocchio Feijóo, a quien el periodismo llegó a apasionar tanto como su profesión.

Hicimos buenas migas con Pedro del Pino Fajardo, quien, al comienzo, trató de dar un sesgo un tanto llamativo a *La Industria*, lo que chocó a algunas señoras piuranas, que hasta mandaron una carta de protesta por el tono escandaloso de una crónica del director. Don Miguel Cerro exigió a Del Pino Fajardo que devolviera al diario su seriedad tradicional.

Yo trabajaba allí divirtiéndome mucho, escribiendo de todo y sobre todo, y dándome el lujo, a veces, gracias a la benevolencia con que Pedro del Pino tomaba mis entusiasmos literarios, de publicar poemas que ocupaban toda una plana de las cuatro que tenía el diario. Una de esas veces, en que un poema mío, tenebrosamente titulado «La noche de los desesperados» llenaba la página, don Miguel, recién bajado de su mula y quitándose el gran sombrero de fina paja cataquense, pronunció esta frase que me llegó al alma: «La edición de hoy peca de *exuberancia*.»

Aparte de las infinitas noticias que redacté o entrevistas que hice, escribía dos columnas —«Buenos Días» y «Campanario»—, una con mi nombre y otra con un seudónimo, en las que hacía comentarios de actualidad y hablaba a menudo (la ignorancia es atrevida) de política y literatura. Recuerdo un par de largos artículos sobre la revolución de 1952 del MNR (Movimiento Nacionalista Revolucionario) en Bolivia, que llevó a la presidencia a Víctor Paz Estenssoro, y cuyas reformas —nacionalización de las empresas mineras, reforma agraria— yo fui celebrando hasta que don Miguel Cerro me recordó que vivíamos bajo el gobierno militar del general Odría, de modo que moderara mis entusiasmos revolucionarios, pues no quería que le cerraran *La Industria*.

La revolución boliviana del MNR me excitó mucho. Conocí detalles de ella de fuente muy directa, porque la familia de mi tía Olga, sobre todo su hermana menor, Julia, que vivía en La Paz, le escribió cartas con muchas anécdotas y precisiones sobre los sucesos y los líderes del alzamiento —como el que sería el vicepresidente de Paz, Siles Suazo, y el líder minero Juan Lechín—, que yo aprovechaba para mis artículos de *La Industria*. Y esa revolución de corte izquierdista y socializante, tan atacada en el Perú por los diarios —sobre todo por *La Prensa*, de Pedro Beltrán— contribuyó, tanto como la lectura de aquel libro de Jan Valtin, a llenarme la cabeza y el corazón de ideas —tal vez sería mejor decir imágenes y emociones— socialistas y revolucionarias.

Pedro del Pino Fajardo había estado enfermo del pulmón y había pasado una temporada en el célebre hospital para tuberculosos de Jauja (con el que a mí me asustaban de chico, en casa de los abuelos, para obligarme a comer), sobre el que escribió una novela, entre festiva y macabra, que me regaló a poco de conocernos. Y me mostró también alguna obra de teatro. Veía con benevolencia mi vocación y la alentaba, pero la verdadera ayuda que me prestó fue de índole negativa, haciéndome presentir desde entonces el peligro mortal que para la literatura representa la bohemia. Porque en su caso, la vocación literaria, como en el de tantos escritores vivos y muertos de mi país, había naufragado en el desorden, la indisciplina y, sobre todo, el alcohol, antes de nacer de verdad. Pedro era un bohemio incorregible, podía pasarse el día entero —noches enteras— en un bar, contando anécdotas divertidísimas, y absorbiendo inconmensurables cantidades de cerveza, de pisco o de cualquier bebida alcohólica. Alcanzaba muy pronto un estado chispeante y excitado, y en él permanecía, horas y horas, días y días, quemando en soliloquios brillantísimos y efímeros lo que debían ser ya, para entonces, los últimos vestigios de un talento que nunca llegó a concretarse, por culpa de la vida disoluta. Estaba casado con una nieta de Ricardo Palma, una heroica muchacha rubia, que, con una criatura de pocos años a cuestas, venía a rescatarlo de los barcitos.

Yo nunca había sabido beber; en mi corta bohemia, en el verano limeño de *La Crónica*, más por monería que por afición, había tomado muchas cervezas —jamás pude seguir a mis colegas en las mulitas de pisco, por ejemplo—, pero las resistía mal, pues pronto comenzaba sentir dolor de cabeza y náuseas. Y, ya en Piura, tenía tantas cosas que hacer, con las clases, el trabajo en el periódico, los libros y las cosas que quería escribir, que eso de pasarse las horas en un café o un bar, hablando y hablando, mientras a mi alrededor la gente empezaba a emborracharse, me aburría y exasperaba. Procuraba escapar con cualquier pretexto. Esta alergia nació allí en Piura, creo, y tenía que ver con una incapacidad física para el alcohol que heredé sin duda de mi padre —quien nunca pudo beber— y con el disgusto que me producía el espectáculo de la delicuescencia de mi amigo Pedro del Pino Fajardo, un disgusto que fue creciendo hasta convertirse en fobia. Ni en mis años universitarios ni después he practicado la bohemia, ni siquiera en sus formas más edulcoradas y benignas, las de la tertulia o la peña, de las que siempre he huido como gato del agua.

Pedro del Pino estuvo apenas año y medio o dos años en Piura. Regresó a Lima y allí pasó a dirigir un periódico al servicio de la dictadura de Odría, *La Nación*, en el que, sin autorización mía, reprodujo algunas de mis columnas de *La Industria*. Le envié una furibunda carta de protesta, que él no publicó, y no volví a verlo más. Al fin de la dictadura, en 1956, emigró a Venezuela, y murió poco después.

Comenzamos a ensayar *La huida del inca* a fines de abril o comienzos de mayo, en las tardes, tres o cuatro veces por semana, a la salida de las clases, en la biblioteca del colegio, un amplio salón de la planta alta, que nos facilitó la amable bibliotecaria del San Miguel, Carmela Garcés. En el reparto, cuya selección tomó unos días, figuraban alumnos del colegio, como los hermanos Raygada, Juan León y Yolanda Vilela, de mi clase, y Walter Palacios, quien sería después un actor profesional, además de dirigente revolucionario. Pero las estrellas eran las hermanas Rojas, dos muchachas de fuera del colegio, muy conocidas en Piura, una de ellas por su magnífica voz, Lira, y la otra, Ruth, por su talento dramático (había trabajado ya en varias obras teatrales). La linda voz de Lira Rojas hizo que, algún tiempo después, el general Odría, que la oyó cantar en una visita oficial a Piura, la becara y enviara a Lima, a la Escuela Nacional de Música.

No quiero recordar la obra (una truculencia con incas, como he dicho), pero sí, con emoción, lo que fue irla haciendo nacer, a lo largo de dos meses y medio, con la colaboración entusiasta de los ocho actores y las personas que nos ayudaron en los decorados y la iluminación. Nunca había dirigido ni visto dirigir a nadie y pasé noches enteras, desvelado, tomando apuntes sobre el montaje. Los ensayos, el ambiente que se creó, la camaradería, y la ilusión al ver, por fin, que la obrita tomaba cuerpo, me convencieron ese año de que no sería poeta sino dramaturgo: el drama era el príncipe de los géneros y yo inundaría el mundo de obras teatrales como las de Lorca o Lenormand (no volví a leer ni tampoco he visto sobre un escenario el teatro de este último, pero dos obras suyas, que figuraban en la Biblioteca Contemporánea y que leí ese año, me hicieron fuerte impresión).

197

Desde el primer ensayo me enamoré de mi primera actriz, la esbelta Ruth Rojas. Tenía unos cabellos ondulados que le besaban los hombros, un alto cuello de flor, unas piernas muy bonitas y caminaba como una reina. Oírla hablar era un placer de los dioses, porque lo hacía añadiendo a la cadencia cálida, demorada y musical del habla piurana, un dejo propio de coquetería y burla, que a mí me llegaba al corazón. Pero la timidez que me invadía siempre con las mujeres de las que me enamoraba, me impidió decirle nunca un piropo o algo que la hiciera sospechar lo que sentía por ella. Además, Ruth tenía enamorado, un muchacho que trabajaba en un banco, y que solía ir a buscarla a la salida del San Miguel.

Sólo pudimos hacer un par de ensayos en el teatro, a mediados de julio, en vísperas del estreno, cuando parecía imposible que el maestro Aldana Ruiz terminara de pintar los decorados a tiempo: los terminó el mismo 17 de julio, en la mañana. La propaganda para la obra fue enorme, en *La Industria* y en *El Tiempo*, en las radios, y, por último, perifoneando por las calles —recuerdo haber visto pasar, por la puerta del diario, a Javier Silva, rugiendo en una bocina, desde lo alto de un camión: «No se pierdan el acontecimiento del siglo, en vermouth y noche, en el teatro Variedades...»—, a consecuencia de lo cual se agotaron las localidades. La noche del estreno, mucha gente que se quedó sin entradas forzó las barreras e irrumpió en la sala, copando los pasillos y el hueco de la orquesta. Con el desbarajuste, el propio prefecto, don Jorge Checa, perdió su asiento y tuvo que presenciar el espectáculo de pie.

La obra transcurrió sin percances —o casi— y hubo muchos aplausos cuando salí al escenario a agradecer, junto con los actores. El único semipercance fue que en el momento romántico de la obra, cuando el inca —Ricardo Raygada— daba un beso a la heroína, que se suponía muy enamorada de él, Ruth puso cara de asco y comenzó a hacer pucheros. Después nos explicó que sus ascos no eran al inca, sino a una cucaracha viva que se le había prendido a éste en la *mascaipacha* o borla imperial. El éxito de *La huida del inca* hizo que diéramos, la siguiente semana, dos funciones más, a una de las cuales pude meter a mis primas Wanda y Patricia de contrabando, pues la censura había calificado la obra de «mayores de quince años».

Además de *La huida del inca*, la función comprendía algunos números de canto, de Lira Rojas, y una presentación de Joaquín Ramos Ríos, uno de los personajes más originales de Piura. Era exponente eximio del ahora ya extinto o, en todo caso, considerado obsoleto y ridículo, pero entonces muy prestigioso, arte de la declamación. Joaquín había vivido de joven en Alemania e importado de allí el idioma alemán, un monóculo, una capa, unas extravagantes maneras aristocráticas y una desenfrenada afición por la cerveza. Recitaba maravillosamente a Lorca, a Darío, a Chocano, y al vate piurano Héctor Manrique (cuyo soneto *Querellas del jardín*, que comenzaba «Era la agonía de una tarde rubia...», el tío Lucho y yo decíamos a gritos, mientras cruzábamos el desierto rumbo a su chacra), y era la estrella de todas las veladas literario-musicales de Piura. Aparte de recitar no hacía sino vagabundear por las calles de la ciudad, con su monóculo y su capa, y arrastrando una cabrita a la que presentaba como su gacela. Andaba siempre medio bebido, mimando, en las tiznadas covachas de las chicherías, de los bares y de los puestos de licores del mercado, las extravagancias finiseculares de Oscar Wilde o de sus imitadores limeños, el poeta y cuentista Abraham Valdelomar y los «colónidas» del novecientos, ante los cholos piuranos que no le hacían el menor caso y lo trataban con la despectiva benevolencia con que se trata a los idiotas. Pero Joaquín no lo era, porque, en medio de las brumas alcohólicas en las que vivía, hablaba de pronto de poesía y de los poetas de una manera muy intensa, que revelaba un profundo comercio con ellos. Además de respeto, Joaquín Ramos me inspiraba ternura y me apenó mucho, años más tarde, encontrarlo en el centro de Lima, hecho una ruina, y en tal estado de ebriedad que no me pudo reconocer.

Para las vacaciones de Fiestas Patrias, los de la promoción quisimos organizar un viaje al Cusco, pero el dinero que reunimos —con las funciones de *La huida del inca*, tómbolas, rifas y kermeses— no nos alcanzó y llegamos sólo hasta Lima, por una semana. Aunque me quedé durmiendo con mis compañeros en una escuela normal de la avenida Brasil, pasé todos los días con los abuelitos y los tíos, en Miraflores. Mis padres estaban en Estados Unidos. Era ya el tercer viaje que hacía mi papá, pero el primero de mi madre. Habían ido a Los Ángeles y éste sería un nuevo intento de mi padre de montar allí un negocio o encontrar un trabajo que le permitiera marcharse del Perú. Aunque jamás me habló de su situación económica, tengo la impresión de que ésta había comenzado a deteriorarse, por el dinero que perdió en su experimento comercial neoyorquino, y porque sus ingresos habían mermado. Esta vez permanecieron en Estados Unidos varios meses y al retornar, en vez de alquilar una casa en Miraflores, tomaron un pequeño departamento, de apenas un dormitorio, en un barrio pobretón, el Rímac, signo inequívoco de estrechez económica. Y por ello, cuando, al final de ese año, volví a Lima, para entrar a la universidad, no fui a vivir con él, sino donde los abuelos, en la calle Porta. Ya nunca más viviría con mi padre.

A poco de regresar a Piura, me llegó una noticia inesperada (todo me salía bien en ese año piurano): *La huida del inca* había ganado el segundo puesto en el concurso de teatro. La noticia, publicada en los diarios de Lima, la reprodujo *La Industria* en primera página. El premio consistía en una pequeña cantidad y debieron pasar todavía muchos meses hasta que el abuelito Pedro —quien se daba el trabajo de ir todas las semanas al ministerio de Educación a reclamarlo— pudiera cobrar el dinero y girármelo a Piura. Me lo gasté en libros, sin duda, y, tal vez, en visitas a la «casa verde».

El tío Lucho me animaba a que fuera un escritor. No era tan ingenuo de aconsejarme que fuera *sólo* un escritor, porque ¿de qué hubiera vivido? Él pensaba que la abogacía podía permitirme conciliar la vocación literaria y un trabajo alimenticio y me urgía a que juntara desde ahora para llegar un día a París. Desde entonces, la idea de viajar a Europa —a Francia— se volvió un norte. Y, hasta que lo conseguí, seis años más tarde, viví con ese desasosiego y el convencimiento de que si me quedaba en el Perú, me frustraría.

No conocía escritores peruanos, sino muertos o de nombre. Uno de estos últimos, que había publicado poemas y escrito obras de teatro, pasó por Piura en esos días: Sebastián Salazar Bondy. Era asesor literario de la compañía argentina de Pedro López Lagar, que hizo una breve temporada en el teatro Variedades (dio una obra de Unamuno y otra de Jacinto Grau, si mal no recuerdo). En las dos funciones estuve luchando contra mi timidez para acercarme a la alta y afilada silueta de Sebastián, que se paseaba por los pasillos del teatro. Quería hablarle de mi vocación, pedirle consejo o, simplemente, verificar de manera tangible que un peruano podía llegar a ser escritor. Pero no me atreví, y, años después, cuando éramos ya amigos y le conté aquella indecisión, Sebastián no podía creerlo.

Acompañé muchas veces al tío Lucho en viajes por el interior del departamento y, una vez, a Tumbes, donde exploraba un negocio de pesca. Fuimos a Sullana, a Paita, a Talara, a Sechura, y también a las provincias serranas de Piura, como Ayabaca y Huancabamba, pero el paisaje que se me quedó en la memoria y condicionó mi relación con la naturaleza, es ese desierto piurano que no tiene nada de monótono, que cambia con el sol y con el viento, y en el que, por el vasto horizonte y la limpidez de su cielo azulino uno tiene siempre la sensación de que, a la vuelta de cualquier médano, aparecerán los destellos de plata y las olas espumosas del mar.

Cada vez que salíamos, en la crujiente camioneta negra, y se desplegaba ante nosotros esa larga extensión blanca o gris, ondulante y ardiente, alborotada de cuando en cuando por manchas de algarrobos, pequeñas rancherías de caña y barro, recorrida por misteriosos rebaños de cabras que parecían sin rumbo en la inmensidad que las rodeaba y en la que zigzagueaban de pronto las lagartijas o se tostaban al sol, inmóviles e inquietantes, las iguanas, yo sentía gran excitación, un hirviente impulso. Esa amplitud de espacio, ese horizonte ilimitado —de cuando en cuando aparecían, como sombras de gigantes, los contrafuertes de los Andes— me llenaba la cabeza de ideas aventureras, de épicas anécdotas, y eran incontables las historias y los poemas que planeaba escribir usando ese escenario, poblándolo. Cuando en 1958 partí a Europa, donde permanecería muchos años, ese paisaje fue una de las más pertinaces imágenes que guardé del Perú y, también, la que solía procurarme más nostalgia.

Ya avanzado el semestre, un buen día el doctor Marroquín nos comunicó a los de quinto año que, esta vez, los exámenes finales no se tomarían de acuerdo a un horario preestablecido, sino de improviso. La razón de esta medida experimental era poder evaluar con mayor exactitud los conocimientos del alumno. Esos exámenes anunciados, para los que los estudiantes se preparaban memorizando la noche anterior el curso en cuestión, daban una idea inexacta de lo que habían asimilado.

Cundió el pánico en la clase. Eso de que uno se preparara en química y fuera al colegio y le tomaran geometría o lógica, nos puso los pelos de punta. Empezamos a imaginar una catarata de cursos aplazados. ¡Y en el último año de colegio!

Con Javier Silva alborotamos a los compañeros para rebelarnos contra el experimento (mucho después supe que aquel proyecto había sido la tesis de grado del doctor Marroquín). Celebramos reuniones y una asamblea en la que se nombró una comisión, presidida por mí, para hablar con el director. Nos recibió en su despacho y me escuchó educadamente pedirle que pusiera horarios. Pero nos dijo que la decisión era irrevocable.

Entonces, planeamos una huelga. No iríamos a clases, hasta que se levantara la medida. Hubo noches sobreexcitadas discutiendo con Javier y otros compañeros los detalles de la operación. La mañana acordada, a la hora de clases, nos replegamos al malecón Eguiguren. Pero allí, algunos muchachos, asustados —en esa época, una huelga escolar era insólita—, comenzaron a murmurar que podrían expulsarnos. La discusión se envenenó y un grupo, por fin, rompió la huelga. Desmoralizados con la deserción, los demás acordamos regresar para las clases de la tarde. Al entrar al colegio, el jefe de inspectores me llevó a la oficina del director. Al doctor Marroquín le temblaba la voz mientras me decía que, como responsable de lo ocurrido, yo merecía que me expulsaran *ipso facto* del San Miguel. Pero que, para no estropearme el futuro, sólo me suspendería siete días. Y que dijera al «ingeniero Llosa» —llamaba ingeniero al tío Lucho porque lo veía a menudo con las botas de montar con las que iba a su fundo— que fuera a hablar con él. El tío Lucho tuvo que escuchar las quejas del doctor Marroquín.

Mi expulsión temporal provocó un pequeño revuelo y hasta el prefecto cayó por la casa a ofrecerse como intermediario para que el director levantara la medida. No recuerdo si la acortó o me pasé la semana expulsado, pero, cumplido el castigo, me sentí el protagonista de *La noche quedó atrás* luego de sobrevivir a las cárceles nazis.

Cito el episodio de la frustrada huelga porque sería tema del primer cuento mío publicado («Los jefes»), y porque en él se vislumbran los primeros brotes de una inquietud. No creo haber pensado mucho en política antes de ese año piurano. Recuerdo que me indignó, cuando trabajaba como mensajero en la International News Service, un aviso para los redactores, indicándoles que toda información relativa al Perú tenía que ser consultada a la Dirección de Gobierno antes de ser enviada a *La Crónica*. Pero, incluso cuando trabajaba en el diario, como redactor, no pensaba en que vivíamos en una dictadura militar, que había prohibido los partidos políticos y desterrado a muchos apristas, así como al ex presidente Bustamante y Rivero y a varios de sus colaboradores.

En ese año piurano la política entró en mi vida al galope y con el idealismo y la confusión con que suele irrumpir en un joven. Como lo que leía, en el desorden más total, me dejaba con más preguntas que respuestas, acosaba al tío Lucho, y él me explicaba qué era el socialismo, el comunismo, el aprismo, el urrismo, el fascismo, y escuchaba con paciencia mis declaraciones revolucionarias. ¿En qué consistían? En la toma de conciencia de que el Perú era un país de feroces contrastes, de millones de gentes pobres y de apenas un puñado de peruanos que vivían de manera confortable y decente, y de que los pobres —indios, cholos y negros— eran, además de explotados, despreciados por los ricos, gran parte de los cuales eran «blancos». Y en un sentimiento muy vivo de que aquella injusticia debía cambiar y que ese cambio pasaba por eso que se llamaba la izquierda, el socialismo, la revolución. Desde esos últimos meses en Piura comencé a pensar, en secreto, que en la universidad procuraría ponerme en contacto con los revolucionarios y ser uno de ellos. Y decidí también presentarme a la Universidad de San Marcos y no a la Católica, universidad de niñitos bien, de blanquitos y de reaccionarios. Yo iría a la nacional, la de los cholos, ateos y comunistas. El tío Lucho escribió a un pariente y amigo de infancia, profesor de literatura en San Marcos —Augusto Tamayo Vargas— hablándole de mis proyectos.

203

Y Augusto me puso unas líneas alentadoras diciéndome que en San Marcos encontraría un terreno fértil para mis inquietudes.

Llegué a los exámenes de fin de año con cierta zozobra, por aquella huelga, pensando que tal vez el colegio tomaría represalias. Pero aprobé todos los exámenes. Las dos últimas semanas fueron frenéticas. Pasábamos las noches en vela, revisando los apuntes y notas del año, con Javier Silva, los Artadi, los mellizos Temple, y, a menudo, con tanta irresponsabilidad como ignorancia, tomábamos anfetaminas para mantenernos despiertos. Se vendían en la farmacia sin necesidad de receta médica y nadie, a mi alrededor, tenía conciencia de que se trataba de una droga. La artificial lucidez y excitación nerviosa a mí me tenían al día siguiente, en un estado de debilidad y depresión.

Luego del último examen, tuve un encuentro literario que, sospecho, ha sido de prolongado efecto. Volví a casa a eso del mediodía, contento por haber dejado atrás el colegio, el cuerpo agotado por las malas noches, decidido a dormir muchas horas. Y, ya en la cama, cogí uno de los libros del tío Lucho, cuyo título no decía gran cosa: *Los hermanos Karamazov*. Lo leí de corrido, en estado hipnótico, levantándome de la cama, como un zombie, sin saber dónde estaba ni quién era, sólo cuando la tía Olga venía enérgicamente a recordarme que tenía que almorzar, cenar y desayunar. Entre la magia de Dostoievski y la fuerza convulsiva de su historia, con sus alucinantes personajes, y los nervios sobreexcitados por los desvelos y las anfetaminas de las dos semanas de exámenes, aquella lectura ininterrumpida de cerca de veinticuatro horas fue un verdadero *viaje*, en el sentido que cobraría esta benigna palabra en los años sesenta, con la cultura de la droga y la revolución *hippy*. He releído después *Los hermanos Karamazov*, apreciándola mejor en sus infinitas complejidades, pero sin vivirla tan intensamente como aquel día y aquella noche de diciembre, en que coroné con este formidable fin de fiesta novelesco mi vida de colegial.

Todavía me quedé en Piura unas semanas, luego de los exámenes. El tío Jorge debía venir en su auto hasta la hacienda San Jacinto, cerca de Chimbote, donde estaba de médico el tío Pedro, y el tío Lucho quedó en ir a darles el encuentro hasta allá, de modo que los hermanos se verían, y de paso yo regresaría a Lima en el auto de los tíos. Para ganar tiempo con la preparación del ingreso a San Marcos, el abuelito me había enviado a Piura los «cuestionarios desarrollados» del examen, y dediqué las mañanas, antes de ir a *La Industria*, a estudiarlos.

Me ilusionaba la perspectiva de entrar a la universidad y comenzar una vida de adulto, pero me apenaba separarme de Piura y del tío Lucho. El apoyo que me dio ese año, en esa etapa fronteriza entre la niñez y la juventud, es una de las mejores cosas que me han pasado. Si la expresión tiene sentido, en ese año fui feliz, algo que no había sido en Lima en ninguno de los años anteriores, aunque hubiera habido en ellos momentos magníficos. Allí, entre abril y diciembre de 1952, con el tío Lucho y la tía Olga, tuve tranquilidad, un vivir sin el miedo crónico, sin disimular lo que pensaba, quería y soñaba, y esto me sirvió para organizar mi vida de manera que congeniaran mis aptitudes e ineptitudes con mi vocación. Desde Piura, todo el año siguiente, el tío Lucho seguiría ayudándome con sus consejos y su aliento, en largas respuestas a las cartas que yo le escribía.

Tal vez por esa razón, pero no sólo por ésa, Piura llegó a significar tanto para mí. Sumando las dos veces que allí viví, no hacen dos años, y, sin embargo, ese lugar está más presente en lo que llevo escrito que cualquier otro del mundo. Esas novelas, cuentos y una obra de teatro de ambiente piurano no agotan aquellas imágenes de gentes y paisajes de esa tierra, que todavía me rondan pugnando por mudarse en ficciones. Que en Piura tuviera la alegría que fue ver una obra escrita por mí sobre las tablas de un teatro y que allí hiciera tan buenos amigos, no explica todo, porque los sentimientos no los explica nunca la razón, y el vínculo que uno establece con una ciudad es de la misma índole que el que lo ata de pronto a una mujer, una verdadera pasión, de raíces profundas y misteriosas. El hecho es que, aunque desde aquellos días finales de 1952, nunca volví a vivir en Piura —hice esporádicas visitas—, de alguna manera seguí siempre en ella, llevándomela conmigo por el mundo, oyendo a los piuranos hablar de esa manera tan cantarina y fatigada —con sus «guas», sus «churres» y sus superlativos de superlativos, «lindisísísima», «carisísísima», «borrachísísimo»—, contemplando sus lánguidos desiertos y sintiendo a veces en la piel la abrasadora lengua de su sol.

Cuando la batalla contra la estatización de la banca, en 1987, hicimos en Piura uno de los tres mítines de protesta, y Piura fue la primera ciudad a la que acudí a hacer campaña, luego del lanzamiento de mi candidatura en Arequipa, el 4 de junio de 1989. Piura fue el departamento del que más provincias y distritos recorrí y al que más veces volví durante la campaña. Estoy seguro de que en ello intervino mi subconsciente predilección por lo piurano y los piuranos. Y, sin duda, por esto mismo sentiría esa decepción, en junio de 1990, al descubrir que los electores piuranos no correspondían a mis sentimientos, pues votaron masivamente por mi opositor en la elección final del 10 de junio,[15] a pesar de que aquél apenas había hecho una furtiva visita a la ciudad en el curso de su campaña.

El viaje al encuentro del tío Jorge se fue postergando varias veces, hasta que por fin partimos, a finales de diciembre, de madrugada. Tuvimos un viaje accidentado, con cambio de llanta en la carretera y problemas con el motor de la camioneta, que calentaba demasiado. El encuentro con los tíos que venían de Lima tuvo lugar en Chimbote, todavía un tranquilo pueblo de pescadores, con el hotel de Turistas muy bien tenido a orillas de una playa de aguas limpias. Celebramos una cena familiar —estaban la mujer del tío Jorge, la tía Gaby y el tío Pedro— y al día siguiente, en la mañana temprano, me despedí del tío Lucho, que se regresaba a Piura. Al abrazarlo, me eché a llorar.

15. El porcentaje de la segunda vuelta electoral para el departamento de Piura fue de 56,6 por ciento (253.785 votos) para Cambio 90 y de 32,5 % (145.714 votos) para el Frente Democrático.

X

VIDA PÚBLICA

Desde el mitin de la plaza San Martín, mi vida dejó de ser privada. Nunca más, hasta que salí del Perú luego de la segunda vuelta, en junio de 1990, volví a disfrutar de aquella privacidad de la que había sido siempre tan celoso (al extremo de decir que lo que me atraía de Inglaterra era que allí, como nadie se mete con nadie, se afantasman las personas). Desde entonces, a cualquier hora del día y de la noche hubo gente en mi casa de Barranco, celebrando reuniones, entrevistas, programando algo, o haciendo cola para conversar conmigo, con Patricia o con Álvaro. Salas, pasillos, escaleras, estaban siempre ocupados por hombres y mujeres que muchas veces yo no conocía ni sabía qué hacían allí, lo que me recordaba un verso de Carlos Germán Belli: «Ésta no es su casa, usted es un salvaje.»

Como María del Carmen, mi secretaria, se vio pronto desbordada, vinieron a reforzarla Silvana, luego Lucía y Rosi, y después dos voluntarias, Anita y Helena, y hubo que construir un cuarto adyacente a mi escritorio para albergar a ese ejército con faldas y hacer sitio a una parafernalia que yo, que siempre he escrito a mano, vi, como en sueños, entrar, instalarse y empezar a funcionar a mi alrededor: ordenadores, faxes, fotocopiadoras, intercomunicadores, máquinas de escribir, nuevas líneas de teléfono, archivadores. Aquella oficina, contigua a la biblioteca y a pocos pasos del dormitorio, operaba desde temprano hasta tarde en la noche y en las semanas que precedieron a las elecciones hasta la madrugada, de manera que llegué a sentir que todo en mi vida, incluido dormir y aun cosas más íntimas, se había vuelto público.

Los días de la lucha contra la estatización tuvimos dos guardaespaldas en casa. Hasta que, hartos de toparnos a diestra y siniestra con gente armada cuyas pistolas aterrorizaban a mi madre y a la tía Olga, Patricia decidió que el servicio de seguridad permaneciera en el exterior.

La historia de los guardaespaldas tuvo un capítulo cómico la noche de la plaza San Martín. Con el incremento del terrorismo y la delincuencia —los secuestros se habían vuelto una industria floreciente— las empresas privadas de vigilancia y protección comenzaron a multiplicarse en el Perú. Una de ellas, llamada de «los israelíes», porque los dueños o quienes la dirigían venían de Israel, daba protección a Hernando de Soto. Y él gestionó, con Miguel Cruchaga, que «los israelíes» se ocuparan de mi seguridad en esos días. Vinieron a mi casa Manuel y Alberto, dos ex infantes de Marina. Me acompañaron a la plaza San Martín el 21 de agosto y estuvieron al pie de la tribuna. Al terminar, invité a los manifestantes a acompañarme hasta el Palacio de Justicia para entregar allí a los parlamentarios de AP y PPC las firmas contra la estatización. Durante la marcha, Manuel desapareció, engullido por la multitud. Alberto siguió pegado a mí en medio del desorden. Una camioneta de «los israelíes» debía recogerme en las graderías del edificio blanco y neoclásico del paseo de la República. Con Alberto siempre allí, como mi sombra, y semitriturados por los manifestantes, bajamos las escalinatas. De pronto, surgió un automóvil negro con las puertas abiertas. Me alzaron en vilo, me metieron en él, me vi entre desconocidos con armas. Di por hecho que eran «los israelíes». Pero en eso escuché a Alberto que gritaba, «No son éstos, no son éstos», y lo vi forcejeando. Consiguió zambullirse en el auto que arrancaba y aterrizó como un fardo sobre mí y los demás ocupantes. «¿Es esto un secuestro?», pregunté, medio en broma, medio en serio. «Estamos encargados de cuidarte», me respondió el fortachón que conducía. Y acto seguido, en la radio que llevaba en la mano, pronunció una frase de película: «El Jaguar está a salvo y vamos a la luna. *Over*.»

Era Óscar Balbi, jefe de Prosegur, empresa competidora de «los israelíes». Mis amigos Pipo Thorndike y Roberto Dañino habían gestionado por su parte, olvidando prevenirme, que Prosegur se ocupara de mi seguridad aquella noche. Hablaron con Jorge Vega, presidente del directorio de Prosegur, y el empresario Luis Woolcot costeó los gastos (esto lo supe dos años después).

Algún tiempo más tarde, y por gestiones de Juan Jochamowitz, Prosegur decidió responsabilizarse de la seguridad de mi casa y mi familia durante los tres años de la campaña, sin cobrar honorarios (por ello el gobierno le canceló los contratos que tenía con empresas del Estado). Óscar Balbi organizó la seguridad en todos mis recorridos y en los mítines del Frente Democrático y estuvo a mi lado en los aviones, helicópteros, camiones, camionetas, lanchas y caballos en los que en esos años di dos vueltas completas al Perú. Sólo lo vi flaquear en el atardecer del 21 de septiembre de 1988, en la comunidad campesina de Acchupata, de las sierras de Cumbe, en Cajamarca, donde los cuatro mil quinientos metros de altura lo derribaron del caballo y tuvimos que resucitarlo con oxígeno.

A él y a sus compañeros les estoy reconocido porque me prestaron un servicio impagable e imprescindible en un país donde la violencia política ha llegado a los extremos que en el Perú. Pero debo decir que vivir protegido es vivir encarcelado, una pesadilla para cualquiera que ama tanto sentirse libre como yo.

Ya no pude hacer lo que siempre me había gustado, desde muchacho, en las tardes, al terminar de escribir: merodear por barrios diferentes, explorar las calles, meterme a las matinées de esos cinemas de vecindario que crujen de viejos y donde a uno lo levantan las pulgas, subirme a colectivos y autobuses, sin rumbo determinado, para ir conociendo las interioridades y gentes de ese laberinto, lleno de contrastes, que es Lima. En los últimos años me había hecho conocido —más por un programa de televisión que dirigí que por mis libros—, de modo que no me era ya tan fácil salir sin llamar la atención. Pero desde agosto de 1987 me fue imposible ir a cualquier parte sin ser rodeado por gente y aplaudido o abucheado. Y desplazarse por la vida, seguido por periodistas y en medio de un cerco de guardaespaldas —primero dos, después cuatro y los últimos meses una quincena—, era un espectáculo entre payaso y provocador que me arruinaba todo goce. Es verdad que los horarios homicidas no me dejaban tiempo para nada que no fuera político, pero aun así, en los escasos momentos libres era, por ejemplo, impensable meterme a una librería —donde estaba tan asediado que no podía hacer lo que uno hace en las librerías: olisquear los estantes, hojear los libros, revolverlo todo en espera del hallazgo— o a un cine, donde mi aparición daba lugar a demostraciones, como ocurrió en un recital de Alicia Maguiña, en el teatro Municipal, en el que el público, al verme entrar con Patricia, se dividió entre partidarios que aplaudían y adversarios que silbaban. Para poder ver una obra de teatro, *Ay, Carmela*, de José Sanchís Sinisterra, sin incidentes, los amigos del grupo Ensayo me instalaron, a mí solo, en la galería del Corral de Comedias. Cito estos espectáculos porque creo que fueron los únicos que vi en esos años. Y al cine, algo que me gusta tanto como los libros y el teatro, fui apenas dos o tres veces y siempre de manera delincuencial (entrando con la película empezada y saliendo antes del fin). La última vez —estaba en el San Antonio, de Miraflores— a media función vino a sacarme de mi butaca Óscar Balbi porque acababan de lanzar una bomba en un local del Movimiento Libertad y herido de bala a un vigilante. Fui al fútbol dos o tres veces y también a un partido de voleibol, así como a los toros, pero ésas fueron operaciones decididas por el comando de campaña del Frente Democrático, para los obligatorios baños de multitud.

Las diversiones, pues, que Patricia y yo podíamos permitirnos eran ir a cenar a casa de amigos y de vez en cuando a un restaurante, esto último a sabiendas de que nos sentiríamos espiados y protagonizando un espectáculo. Muchas veces pensé, con culebritas en la espalda: «He perdido mi libertad.» Si era presidente, sería así por cinco años más. Y recuerdo la extrañeza y la felicidad que me colmaron el 14 de junio de 1990, cuando, pasado todo aquello, desembarqué en París y salí, antes de deshacer maletas, a caminar por Saint-Germain, sintiendo que era otra vez un paseante anónimo, sin escoltas, sin policías, sin ser reconocido (o casi, pues de pronto, como autogenerado, compareció, cerrándome el paso, el ubicuo y omnisciente Juan Cruz, de *El País*, al que me fue imposible negarle una entrevista).

Desde que comenzó mi vida política tomé una decisión: «No voy a dejar de leer ni de escribir siquiera un par de horas al día. Aun si soy presidente.» Fue una decisión sólo en parte egoísta. También, dictada por el convencimiento de que lo que quería hacer, lo haría mejor si conservaba un espacio personal, amurallado contra la política, hecho de ideas, reflexiones, sueños y trabajo intelectual.

Cumplí lo concerniente a la lectura, aunque no siempre el mínimo de dos horas diarias. En cuanto a escribir, me fue imposible. Quiero decir, escribir ficciones. No era sólo la falta de tiempo. Me era imposible concentrarme, abandonarme a la fantasía, alcanzar ese estado de ruptura con lo circundante que es lo formidable de escribir novelas o teatro. Interferirían preocupaciones impuras, inmediatas, y no había manera de escapar a la agobiante actualidad. Además, no conseguía hacerme a la idea de que estaba solo, aunque fuera muy de mañana y no hubieran llegado las secretarias. Era como si los entrañables demonios se ahuyentaran resentidos por la falta de soledad. Resultaba angustioso y desistí. De modo que en esos tres años sólo escribí un divertimento erótico —*Elogio de la madrastra*—, unos prólogos para una colección de novelas modernas del Círculo de Lectores, discursos, artículos y pequeños ensayos políticos.

Tener un horario tan avaro para la lectura me volvió muy estricto; no podía darme el lujo de leer con la anarquía con que lo he hecho siempre: sólo libros que sabía me iban a hipnotizar. Así, releí algunas novelas queridísimas, como *La condición humana*, de Malraux, *Moby Dick*, de Melville, *Luz de agosto*, de Faulkner y los cuentos de Borges. Un poco asustado al descubrir lo poco de intelectual —de inteligente— del quehacer político cotidiano, me impuse lecturas difíciles, que me obligaran a leer rumiando y tomando apuntes. Desde que en 1980 cayó en mis manos *La sociedad abierta y sus enemigos*, me había prometido estudiar a Popper. Lo hice en esos tres años, cada día, temprano en la mañana, antes de salir a correr, cuando empezaba a clarear y la quietud de la casa me recordaba la era prepolítica de mi vida.

Y en las noches, antes de dormir, leía poesía, siempre a los clásicos del Siglo de Oro, y la mayor parte de las veces a Góngora. Era un baño lustral, cada vez, aunque fuera sólo por media hora, salir de las discusiones, las conspiraciones, las intrigas y las invectivas y ser huésped de un

mundo perfecto, desasido de toda actualidad, resplandeciente de armonía, habitado por ninfas y villanos literarios a más no poder y por monstruos mitológicos, que se
movían en paisajes quintaesenciados, entre referencias a
las fabulaciones griegas y romanas, música sutil y arqui-
tecturas depuradas. Había leído a Góngora, desde mis
años universitarios, con admiración algo distante; su perfección me parecía algo inhumana y su mundo demasiado
cerebral y quimérico. Pero entre 1987 y 1990 cuánto le
agradecí haber erigido ese enclave desactualizado y barroco, suspendido en las alturas más egregias del intelecto y
la sensibilidad, emancipado de lo feo, de lo mezquino, de
lo mediocre, de ese tramado sórdido en que se dibuja la
vida cotidiana para la mayoría de los mortales.

Entre la primera y la segunda vuelta —entre el 8 de
abril y el 10 de junio de 1990— ya no pude hacer la lectura estudiosa de hora u hora y media en las mañanas, aun
cuando me sentara en el escritorio con el ejemplar de
Conjeturas y refutaciones o de *Objective knowledge* en las
manos. Tenía la cabeza demasiado sumida en los problemas, en la tremenda tensión de cada día, con las noticias
de atentados y muertes, pues más de un centenar de personas vinculadas al Frente Democrático, dirigentes distritales, candidatos a diputaciones nacionales o regionales, o
simpatizantes, fueron asesinadas en esos dos meses, gentes humildes, esos seres del montón que en todas partes
son las víctimas privilegiadas del terrorismo político (y del
contraterrorismo) y tuve que abandonar. Pero ni siquiera
el día de la elección dejé de leer un soneto de Góngora, o
una estrofa del *Polifemo* o *Las soledades* o alguno de sus
romances o letrillas y de sentir con esos versos que, por
unos minutos, mi vida se limpiaba. Quede aquí constancia de mi gratitud al gran cordobés.

Yo creía conocer el Perú, porque desde niño había hecho muchos viajes por el interior, pero los incesantes recorridos de esos tres años me revelaron una cara profunda del país, o, más bien, las muchas caras de que consta,
su abanico geográfico, social y étnico, la complejidad de
sus problemas, sus tremendos contrastes, y los niveles es-
tremecedores de pobreza y desamparo de la mayoría de
los peruanos.

El Perú no es un país, sino varios, conviviendo en la

desconfianza y la ignorancia recíprocas, en el resentimiento y el prejuicio, en un torbellino de violencias. De violencias *en plural*: la del terror político y la del narcotráfico; la de la delincuencia común, que, con el empobrecimiento y el desplome de la (limitada) legalidad estaba barbarizando cada vez más la vida diaria, y, desde luego, la llamada violencia estructural: la discriminación, la falta de oportunidades, el desempleo y los salarios de hambre de vastos sectores de la población.

Todo eso lo sabía, lo había oído y leído y lo había visto de lejos y de prisa, como ven al resto de sus compatriotas los peruanos que tenemos la fortuna de pertenecer al pequeño segmento privilegiado que las encuestas denominan sector A. Pero entre 1987 y 1990 todo eso lo conocí de cerca, lo palpé mañana y tarde y en cierto modo lo viví. El Perú de mi infancia era un país pobre y atrasado; en las últimas décadas, principalmente desde la dictadura de Velasco y sobre todo con Alan García, se había ido volviendo pobrísimo y, en muchas regiones, miserable, un país que retrocedía a formas inhumanas de existencia. La famosa «década perdida» para América Latina —por las políticas populistas del desarrollo hacia adentro, el intervencionismo estatal y el nacionalismo económico que recomendaba la CEPAL, imbuida de la filosofía económica de su presidente, Raúl Prebisch— resultó particularmente trágica para el Perú, pues nuestros gobiernos fueron más lejos que otros en «defenderse» contra las inversiones extranjeras y en sacrificar la creación a la redistribución de la riqueza.[16]

Un departamento que conocía bien, antes, era el de Piura. Ahora, no podía creer lo que veía. Esos pueblos de la provincia de Sullana —San Jacinto, Marcavelica, Salitral—, o de Paita —Amotape, Arenal y Tamarindo—, para no hablar de los de las serranías de Huancabamba y Ayabaca, o los del desierto —Catacaos, La Unión, La Arena, Sechura— parecían haber muerto en vida, languidecer en un marasmo sin esperanza. Es verdad, en mi memoria también las viviendas eran rústicas, de barro y caña brava, y las gentes andaban descalzas y quejosas por la falta

---

16. En 1960 el Perú ocupaba el octavo lugar en América Latina; al terminar el gobierno de Alan García había descendido al decimocuarto.

de caminos, de postas médicas, de escuelas, de agua, de electricidad. Pero en esos pueblos pobres de mi infancia piurana había una vitalidad pujante, una alegría a flor de piel y una esperanza ahora extinguidas. Habían crecido mucho —se habían triplicado, a veces—, estaban atestados de niños y de desocupados y un aire de ruina y de vejez parecía consumirlos. En las reuniones con los vecinos, oía repetirse el estribillo: «Nos morimos de hambre. No hay trabajo.»

El caso de Piura es una buena ilustración de aquella frase del naturalista Antonio Raimondi, quien, en el siglo XIX, definió al Perú como «un mendigo sentado sobre un banco de oro». Y también un buen ejemplo de cómo un país *elige* el subdesarrollo. El mar de Piura tiene una riqueza ictiológica que bastaría para dar trabajo a todos los piuranos. En el litoral de la región hay petróleo, y, en el desierto, las inmensas minas de fosfato de Bayóvar aún sin explotar. Y la tierra piurana es muy fértil para la agricultura, como lo mostraron antaño sus haciendas algodoneras, arroceras y fruteras, entre las mejor trabajadas del Perú. ¿Por qué un departamento con recursos semejantes se moría de hambre y desocupación?

El general Velasco confiscó en 1969 esas haciendas en las que, en efecto, los trabajadores recibían un porcentaje muy pequeño del beneficio, y las convirtió en cooperativas y empresas de «propiedad social», en las que, en teoría, los campesinos reemplazaron a los antiguos dueños. En la práctica, los nuevos propietarios fueron las directivas de las empresas socializadas, que se dedicaron a explotar a los campesinos tanto o más que los antiguos patrones. Con un agravante. Estos últimos sabían trabajar sus tierras, renovaban la maquinaria, reinvertían. Los dirigentes de las cooperativas y empresas de propiedad social se dedicaron a administrarlas políticamente y en muchos casos sólo a saquearlas. El resultado fue que pronto ya no hubo beneficio que repartir.[17]

Cuando yo inicié la campaña todas las cooperativas agrarias de Piura, salvo una, estaban técnicamente que-

17. La producción agropecuaria *per cápita* del Perú era, en la década de los sesenta, la segunda de América Latina; en 1990, la penúltima, sólo superior a la de Haití.

bradas. Pero una empresa de propiedad social nunca quiebra. El Estado le condona anualmente las deudas que tiene contraídas con el Banco Agrario (es decir, transfiere las pérdidas a los contribuyentes) y el presidente Alan García solía hacer estas condonaciones en actos públicos, con inflamada retórica revolucionaria. Ésta era la explicación de que el campo piurano se hubiera empobrecido desde aquella reforma agraria hecha para que, según el lema velasquista, «el patrón ya no comiera más de la pobreza campesina». Los patrones habían desaparecido pero los campesinos comían menos que antes. Los únicos beneficiarios habían sido las pequeñas burocracias catapultadas a esas empresas por el poder político y contra las cuales, en nuestras reuniones, los cooperativistas repetían siempre las mismas acusaciones.

En cuanto a la pesca, lo sucedido era aún más autodestructivo. En los años cincuenta, gracias a la visión de un puñado de empresarios —de un tacneño, sobre todo, Luis Banchero Rossi—, surgió en la costa peruana una industria pionera: la de harina de pescado. En pocos años el Perú se convirtió en el primer productor mundial. Esto creó miles de puestos de trabajo, decenas de fábricas, convirtió el pequeño puerto de Chimbote en un gran centro comercial e industrial, y desarrolló la pesquería hasta volver al Perú, en los años sesenta, un país pesquero más importante que el Japón.

La dictadura militar nacionalizó en 1972 todas las empresas pesqueras y formó con ellas un gigantesco conglomerado —Pesca Perú— que puso en manos de una burocracia. El resultado: la ruina de la industria. Cuando yo comencé mis recorridos políticos, en 1987, la situación de ese mamut —Pesca Perú— era crítica. Muchas fábricas de harina de pescado habían sido cerradas, en La Libertad, en Piura, en Chimbote, en Lima, en Ica, en Arequipa, e innumerables embarcaciones de la empresa se pudrían en los puertos, sin repuestos ni equipos para salir a pescar. Éste era uno de los sectores públicos que más subsidios drenaba del Estado y, por lo tanto, una de las causas mayores del empobrecimiento nacional. (Un episodio emocionante de mi campaña fue, en octubre de 1988, la sorpresiva decisión de los habitantes de un pueblecito de la costa arequipeña, Atico, con su alcalde al frente, de movilizarse para pedir la privatización de la fábrica de harina de pescado que, antes, era la principal fuente de empleo del lugar. Ahora, había sido cerrada. Apenas supe la noticia, volé allí en una pequeña avioneta que aterrizó dando brincos en la playa de Atico, para solidarizarme con los lugareños y explicarles por qué proponíamos privatizar no sólo «su» fábrica sino todas las empresas públicas.)

El desastre pesquero y harinero había golpeado mucho a Piura. Mi asombro al ver la costa de Sechura sumida en la inercia fue grande. Yo la recordaba hirviendo de bolicheras y pequeñas embarcaciones y acosada por los «camareros» —camiones con cámaras frigoríficas— que habían atravesado el desierto para ir a comprar la anchoveta y demás pescados que hacían funcionar las fábricas de Chimbote y otros puertos del Perú.

Y en cuanto al petróleo del zócalo marino piurano y a los fosfatos de Sechura, allí estaban, esperando que alguna vez vinieran al Perú los capitales para explotarlos. El primer año de su gobierno, Alan García había nacionalizado la compañía petrolera norteamericana Belco, que operaba en el litoral norteño. El país estaba desde entonces enfrascado en un litigio jurídico internacional con la empresa afectada. Esto, sumado a la declaratoria de guerra del gobierno al Fondo Monetario y a todo el sistema financiero mundial, a su política hostil a las inversiones extranjeras y a la inseguridad creciente en el país, habían convertido al Perú en una nación apestada: nadie le concedía créditos, nadie invertía en ella. De exportar petróleo, el Perú pasó a importarlo. Por eso presentaba la tierra piurana esa apariencia que sobrecogía el ánimo. Ella era un símbolo de lo que había estado ocurriendo los últimos treinta años en todo el país.

Pero, comparada con otras regiones, la empobrecida Piura era envidiable, casi próspera. En los Andes centrales, en Ayacucho, Huancavelica, Junín, Cerro de Pasco, Apurímac, así como en el altiplano colindante con Bolivia —el departamento de Puno—, zona llamada de pobreza crítica, que era, también, la más ensangrentada por el terrorismo y el contraterrorismo, la situación era aún peor. Los escasos caminos habían ido desapareciendo por falta de mantenimiento y en muchos lugares Sendero Luminoso había dinamitado los puentes y obstruido las trochas con pedrones. También había destruido plantas experimentales de agricultura y ganadería, destrozado las instalaciones y exterminado a centenares de vicuñas de la reserva de Pampa Galeras, entrado a saco en las cooperativas agrícolas —del valle del Mantaro, principalmente, las más dinámicas de toda la sierra—, asesinado a promotores agrarios del ministerio de Agricultura y a técnicos extranjeros venidos al Perú en programas de cooperación, hecho huir o asesinado a pequeños agricultores y pequeños mineros, volado tractores, plantas eléctricas e hidroeléctricas, y liquidado en muchos lugares al ganado y a los cooperativistas y comuneros que pretendían oponerse a su política de tierra arrasada, con la que quería asfixiar a las ciudades, sobre todo a Lima, dejándolas sin alimentos.

Las palabras no dan cuenta precisa de lo que expresiones como economía de subsistencia, pobreza crítica, quieren decir en sufrimiento humano, en animalización de la vida por falta de trabajo y perspectivas y por el empobrecimiento del entorno. Ésa era la condición de la sierra central. Allí la vida siempre había sido pobre, pero ahora, con el cierre de tantas minas, el abandono de las tierras, el aislamiento, la falta de inversiones, la casi desaparición del intercambio y el sabotaje de los servicios y los centros de producción, se había reducido a niveles de horror.

Viendo esas aldeas andinas, pintarrajeadas con la hoz y el martillo y las consignas de Sendero Luminoso, de las que las familias huían, abandonándolo todo, para ir a engrosar los ejércitos de desocupados de las ciudades, aldeas en las que quienes se quedaban parecían los sobrevivientes de una catástrofe bíblica, muchas veces pensé: «Un país *siempre* puede estar peor. Para el subdesarrollo no hay fondo.» En los últimos treinta años el Perú había estado haciendo todo lo necesario para que hubiera cada vez más pobres y para que sus pobres se empobrecieran más. ¿No era evidente, ante esos peruanos que se morían de hambre, en esa cordillera con el potencial minero más rico del continente, de la que salieron el oro y la plata gracias a los cuales el nombre del Perú fue sinónimo de munificencia, que la política debía orientarse a atraer inversiones, abrir industrias, activar el comercio, revalorizar las tierras, desarrollar la minería, la agricultura, la ganadería?

El principio de la redistribución de la riqueza tiene una fuerza moral indiscutible, pero impide ver a sus propugnadores que ella no favorece la justicia si las políticas que inspira paralizan la producción, desalientan la iniciativa y ahuyentan las inversiones. Es decir, si se traducen en un aumento de la pobreza. Y redistribuir la pobreza, o, en el caso de los Andes, la miseria, como hacía Alan García, no alimenta a quienes enfrentan el problema en términos de vida o de muerte.

Desde mi desencanto con el marxismo y el socialismo —el teórico también, pero sobre todo el real, que había conocido en Cuba, en la Unión Soviética y en las llamadas democracias populares— sospeché que la fascinación de los intelectuales con el estatismo derivaba tanto de su vocación rentista —alimentada por la institución del mecenazgo que los hizo vivir a la sombra de la Iglesia y de los príncipes, y continuada por los regímenes totalitarios del siglo XX en los que el intelectual, a condición de ser dócil, formaba parte automáticamente de la élite— como de su incultura económica. Desde entonces traté, aunque de manera indisciplinada, de corregir mi ignorancia en ese dominio. En 1980, a raíz de un *fellowship* de un año en The Wilson Center, en Washington, lo hice con más orden y con interés creciente, al descubrir que, contra las apariencias, la economía estaba lejos de ser una ciencia exacta y era tan abierta a la fantasía y la creatividad como las artes. Al comenzar la acción política, en 1987, dos economistas, Felipe Ortiz de Zevallos y Raúl Salazar, comenzaron a darme lecciones semanales sobre economía peruana. Nos reuníamos en un cuartito del jardín de Freddy Cooper, en las noches, por un par de horas, y allí aprendí muchas cosas. También, a respetar el talento y la decencia de Raúl Salazar, pieza clave en la elaboración del programa del Frente y quien, de ganar, hubiera sido nuestro ministro de Economía. Una vez pedí a Raúl y a Felipe que me calcularan cuánto tocaría a cada peruano en caso de que un gobierno igualitarista redistribuyera la riqueza existente en el país. No más de cincuenta dólares por habitante. En otras palabras, el Perú seguiría siendo el país pobre y de pobres que era, con el agravante de que, luego de semejante medida, ya nunca dejaría de serlo.

Para salir de la pobreza las políticas redistributivas no

sirven. Sirven aquellas que, como implican una inevitable desigualdad entre quienes producen más o menos, carecen del encanto intelectual y ético que ha rodeado siempre al socialismo y han sido condenadas por alentar el espíritu de lucro. Pero las economías igualitaristas basadas en la solidaridad nunca han sacado a un país de la pobreza; siempre lo han empobrecido más. Y, a menudo, han recortado o hecho desaparecer las libertades, ya que el igualitarismo exige una planificación rígida, que comienza siendo económica y se va extendiendo al resto de la vida. De allí resultan una ineficiencia, una corrupción y unos privilegios para quien gobierna que contradicen la noción misma de igualdad. Los contados casos de despegue económico en el Tercer Mundo han seguido, todos, la receta del mercado.

En cada viaje a la sierra central, entre 1987 y 1990, sentí una inmensa desolación al ver en lo que estaba convertida allí la vida para un tercio de los peruanos cuando menos. Y de cada uno de esos viajes volví más convencido de lo que era preciso hacer. Reabrir las minas cerradas por falta de incentivos para la exportación, ya que el valor artificialmente bajo del dólar hacía que la pequeña y mediana minería hubieran casi desaparecido y que sólo sobreviviera la gran minería, en condiciones precarias. Atraer capitales y tecnología para abrir nuevas empresas. Poner fin al control de precios a los productos agrarios con que se condenaba a los campesinos a subsidiar a las ciudades bajo pretexto de abaratar la alimentación popular. Dar títulos de propiedad a los cientos de miles de campesinos que habían parcelado las cooperativas y derogar las disposiciones que prohibían a las sociedades anónimas invertir.

Pero para ello había que poner fin al terror que campeaba en los Andes a sus anchas.

Viajar por la sierra era difícil. Para evitar las emboscadas, tenía que hacerlo de improviso, con poca gente, enviando con sólo uno o dos días de avance a los activistas de Movilización a prevenir a la gente más segura. A muchas provincias de la sierra central —después de Ayacucho, Junín se había convertido en el departamento con más atentados— era difícil ir por tierra. Había que hacerlo en pequeños aviones que aterrizaban en lugares inverosímiles —cementerios, canchas de fútbol, cauces de río— o en ligeros helicópteros que, si nos sorprendía una tormenta, debían posarse donde fuera —a veces en la punta de un cerro— hasta que escampara. Estas acrobacias rompían los nervios de algunos amigos del Movimiento Libertad. Beatriz Merino sacaba cruces, rosarios y detentes e invocaba protección a los santos, sin el menor pudor. Pedro Cateriano conminaba a los pilotos a darle explicaciones tranquilizadoras sobre los instrumentos de vuelo y les iba señalando los cúmulos amenazantes, los súbitos picachos o las viborillas de los rayos que zigzagueaban alrededor. Ambos temían más a los vuelos que a los terroristas, pero nunca dejaron de acompañarme cuando se lo pedí.

Recuerdo al soldadito casi niño que me trajeron al abandonado aeropuerto de Jauja, el 8 de setiembre de 1989, para que lo lleváramos a Lima. Había sobrevivido ese mediodía a un atentado en el que habían muerto dos de sus compañeros —yo oí las bombas y los tiros desde el estrado de la plaza de Armas de Huancayo, donde se celebraba nuestro mitin— y estaba desangrándose. Le hicimos un sitio en el pequeño aparato, desembarcando a un guardaespaldas. No debía tener aún los dieciocho años reglamentarios. Llevaba en alto la bolsa del suero, pero la mano se le vencía. Nos turnábamos para sostenerla. No se quejó en todo el vuelo. Miraba el vacío, con una desesperación atónita, como tratando de comprender lo que le había ocurrido.

Recuerdo, el 14 de febrero de 1990, al salir de la mina Milpo, en Cerro de Pasco, cómo el triple cristal de la ventanilla de nuestra camioneta se trizó a la altura de mi sien, convirtiéndose en una telaraña, cuando cruzábamos a un grupo hostil. «Se suponía que esta camioneta era blindada», comenté. «Lo es contra balas», me aseguró Óscar Balbi, «pero ésta era una piedra». Tampoco estaba blindada contra garrotes. Porque en un ingenio azucarero del Norte, unas semanas antes, un puñado de apristas había pulverizado sus vidrios a palazos. El teórico blindaje, por lo demás, convertía al vehículo en un horno (el aire acondicionado no funcionó jamás), de modo que, por lo general, viajábamos por las carreteras con una puerta que el profesor Oshiro mantenía abierta con su pie.

Recuerdo a los miembros del comité de Libertad de Cerro de Pasco, que se presentaron a una reunión regional, magullados unos y otros heridos, pues esa mañana un comando terrorista había atacado su local. Y a los del comité de Ayacucho, la capital de la rebelión senderista, donde la vida humana valía menos que en cualquier otro lugar del Perú. Cada vez que fui a Ayacucho en esos tres años a reunirme con nuestro comité, tuve la sensación de estar con hombres y mujeres que en cualquier momento podían ser asesinados y me asaltaban sentimientos de culpa. Cuando se conformaron las listas de candidatos a diputados nacionales y regionales sabíamos que el riesgo para los ayacuchanos que figuraran en ellas aumentaría y, al igual que otras organizaciones políticas, propusimos a los candidatos sacarlos de Ayacucho hasta después de la elección. No aceptaron. Me pidieron, más bien, gestionar ante el jefe político-militar de la zona que les permitiera ir armados. Pero el general de brigada Howard Rodríguez Málaga me negó el permiso.

Poco antes de aquella reunión, Julián Huamaní Yauli, candidato del Movimiento Libertad a una diputación regional, había sentido a la medianoche que escalaban los techos de su casa y corrió a la calle a ponerse a salvo. La segunda vez, el 4 de marzo de 1990, no tuvo tiempo de huir. Lo sorprendieron en la puerta de su hogar, a plena luz del día y, luego de abalearlo, los asesinos se alejaron tranquilamente en medio de una muchedumbre a la que diez años de terror habían enseñado en casos así a no ver, no oír y no mover un dedo. Recuerdo el cadáver destrozado de Julián Huamaní Yauli en su cajón, aquella soleada mañana ayacuchana, y los llantos de su mujer y de su madre, una campesina que, abrazada a mí, sollozaba en quechua palabras que yo no podía entender.

La posibilidad de un atentado contra mí o la familia fue algo que Patricia, yo y mis hijos consideramos desde un principio. Acordamos no cometer imprudencias, pero no dejar que ello nos recortara la libertad. Gonzalo y Morgana estudiaban en Londres, de modo que el riesgo para ellos se reducía a los meses de vacaciones. Pero Álvaro estaba en el Perú, era periodista, vocero de prensa del Frente, joven y apasionado, y no medía sus palabras al atacar día y noche al extremismo y al gobierno; además, continuamente se escapaba del servicio de seguridad, para estar a solas con su novia. De manera que Patricia y yo vivimos con el permanente temor de que fuera raptado o asesinado.

Era obvio que, mientras no se pusiera fin a la inseguridad en el país, las posibilidades de una recuperación económica eran nulas, aun si se frenaba la inflación. ¿Quién iba a venir a abrir minas, pozos petroleros o fábricas si corría el riesgo de ser secuestrado, asesinado, obligado a pagar cupos revolucionarios y de que le dinamitaran sus empresas? (Una semana después de haber visitado yo, en Huacho, en marzo de 1990, la fábrica de conservas para la exportación Industrias Alimentarias, S. A., cuyo dueño, Julio Fabre Carranza, nos contó cómo había escapado ya a un atentado, Sendero Luminoso la redujo a escombros, dejando sin trabajo a mil obreras.)

Pacificar el país era una prioridad, junto con la lucha contra la inflación. No podía ser sólo tarea de policías y militares, sino de la sociedad civil en su conjunto, pues toda ella iba a pagar las consecuencias si Sendero Luminoso convertía al Perú en la Camboya de los jemeres rojos o el MRTA en una segunda Cuba. Dejar la lucha contra el terror en manos de policías y militares no había dado fruto. Más bien, había tenido consecuencias negativas. Las desapariciones, las ejecuciones extrajudiciales habían resentido a las poblaciones campesinas, que no colaboraban con las fuerzas del orden. Y sin ayuda civil un régimen democrático no derrota a un movimiento subversivo. El gobierno aprista había agravado la situación, con los grupos contraterroristas, como el llamado Comando Rodrigo Franco. Estos grupos, que, era *vox populi*, estaban dirigidos desde el ministerio del Interior, habían asesinado abogados y dirigentes sindicales próximos a Sendero Luminoso, puesto bombas en locales de imprentas e instituciones sospechosas de complicidad con el terrorismo y acosaban también a los adversarios más pugnaces del presidente, como el diputado Fernando Olivera, quien, desde que se empeñó en denunciar en el Congreso la adquisición ilícita de propiedades por Alan García, había sido víctima de amagos terroristas.

Mi tesis era que al terror no había que combatirlo con el terror solapado, sino a cara descubierta, movilizando a campesinos, obreros y estudiantes y poniendo a las autoridades civiles al frente. Anuncié que, si era elegido, asumiría personalmente la dirección de la lucha contra el terrorismo, reemplazaría a los jefes político-militares de la zona de emergencia por autoridades civiles, y que armaría a las rondas formadas por campesinos para enfrentarse a los senderistas.

Las rondas campesinas habían mostrado su eficacia en Cajamarca, limpiando el campo de abigeos, trabajando en armonía con las autoridades, y constituido un freno eficaz al terrorismo, que no había podido implantarse en el campo cajamarquino. En todas las comunidades, cooperativas y aldeas de los Andes que visité, advertí una indignada frustración en los campesinos por no poder defenderse de los terroristas, a los que tenían que alimentar, vestir, prestar ayuda logística, y obedecer en sus delirantes consignas, como producir sólo para autoabastecerse y no comerciar ni concurrir a las ferias. La ayuda a la subversión, además, exponía a esas poblaciones a represalias implacables por parte de las fuerzas del orden. Muchas comunidades habían formado rondas que se enfrentaban con palos, cuchillos y escopetas de caza a las metralletas y fusiles de Sendero Luminoso y del MRTA.

Por eso pedí a los peruanos un mandato para dotar a los ronderos de armas que les permitieran defenderse de manera efectiva contra quienes los venían literalmente diezmando.[18] Mi tesis fue muy criticada. Se dijo que armando a los campesinos yo abriría las puertas a la guerra civil (como si ella no existiera) y que, en una democracia, son las instituciones policiales y militares las encargadas de restablecer el orden público. Esta crítica no tiene en cuenta la realidad del subdesarrollo. En una democracia que está dando sus primeros pasos, que haya elecciones libres, partidos políticos y libertad de prensa, no significa que *todas* las instituciones sean democráticas. La democratización del conjunto de la sociedad es mucho más lenta y hasta que sindicatos, partidos políticos, la administración, las empresas, comiencen a actuar como se espera de ellas en un Estado de Derecho, pasa mucho tiempo. Las

18. De las veinte mil muertes causadas por el terror hasta mediados de 1990, el 90 por ciento eran campesinos, los más pobres entre los pobres del Perú.

instituciones que más demoran en aprender a obrar dentro de la ley, respetuosas de la autoridad civil, son aquellas a las que los sistemas dictatoriales, semidictatoriales y, a veces, los democráticos, han acostumbrado a la arbitrariedad: las fuerzas policiales y militares.

La inoperancia demostrada por las fuerzas del orden en la lucha contra el terror en el Perú se debía a varios factores. Uno de ellos, su incapacidad para ganarse a la población civil y obtener de ella un apoyo activo, indispensable para combatir a un enemigo que no da la cara, confundido con la sociedad civil, de la que emerge para golpear y a la que regresa a ocultarse. Ello resultaba de los métodos empleados en la lucha antisubversiva por unas instituciones a las que no se había preparado para este género de guerra, tan distinta de la convencional y que se ceñían muchas veces a la estrategia de mostrar a la población que podían ser tan crueles como los terroristas. El resultado era que, en muchos sitios, las fuerzas del orden inspiraban a los campesinos tanto temor como las bandas de Sendero Luminoso o del MRTA.

Recuerdo una conversación con un obispo, en una ciudad de la zona de emergencia. Era un hombre joven, de aspecto deportivo, muy inteligente. Pertenecía al medio conservador de la Iglesia, adversario de la teología de la liberación e insospechable de prestarse, como algunos religiosos de esta tendencia, a la propaganda extremista. Le pedí que me dijera, él que recorría esa tierra martirizada y hablaba con tanta gente, cuánto había de verdad en los abusos que se reprochaba a las fuerzas del orden. Su testimonio fue abrumador, sobre todo respecto al comportamiento de los PIPs (policías de civil): violaciones, robos, asesinatos, atropellos horrendos contra los campesinos y todo ello en la más absoluta impunidad. Recuerdo sus palabras: «Me siento más seguro viajando solo por Ayacucho que protegido por ellos.» Una democracia incipiente no puede progresar si confía a quienes actúan con este salvajismo la defensa de la ley.

Pero también en esto hay que evitar las simplificaciones. Los derechos humanos son una de las armas que más eficazmente utiliza el extremismo para paralizar a los gobiernos que quiere derrocar, manipulando a personas e instituciones bien intencionadas pero ingenuas. En el curso de la campaña tuve reuniones con oficiales de la Marina y del Ejército, que me informaron con detalle de la situación de la guerra revolucionaria en el Perú. Y de ese modo supe las condiciones dificilísimas en que soldados y marinos estaban obligados a enfrentar esta guerra, por la falta de adiestramiento, de equipos, y por la desmoralización que la crisis económica causaba en sus filas. Recuerdo una conversación, en Andahuaylas, con un joven teniente del Ejército, que regresaba de una expedición de rastrillaje por la zona de Cangallo y Vilcashuamán. Sus hombres, me explicó, tenían munición «para un solo choque». En caso de un segundo encuentro con los insurrectos, no hubieran podido responder al fuego. En cuanto a víveres, no llevaron ninguno. Debieron arreglárselas como pudieron para comer. «Usted pensará que esos víveres teníamos que pagárselos a los campesinos, ¿no, doctor? ¿Con qué? No recibo mi sueldo hace dos meses. Y lo que gano (menos de cien dólares al mes) no me alcanza siquiera para mantener a mi madre, allá en Jaén. Las propinas de los soldados son para fumar. Dígame qué debemos hacer, pues, para pagar lo que comemos cuando salimos de patrulla.»

La inflación de los últimos años redujo los salarios reales de los militares, al igual que los del resto de servidores del Estado, en 1989, al tercio de lo que eran en 1985. Las partidas para la lucha contra la subversión sufrieron una merma parecida. El abatimiento y frustración de oficiales y soldados vinculados a la contrainsurgencia eran enormes. En los cuarteles, en las bases, la falta de repuestos arrumó camiones, helicópteros, *jeeps* y toda clase de armamentos. Había una sorda rivalidad entre la Policía Nacional y las Fuerzas Armadas. Aquélla se consideraba discriminada y militares y marinos acusaban a la Guardia Civil de vender sus armas a los narcotraficantes y a los terroristas, aliados en la región del Huallaga. Y unos y otros reconocían que la falta de recursos había incrementado de manera dramática la corrupción en las instituciones militares, ni más ni menos que en la administración pública.

Sólo una participación resuelta de la sociedad civil podía revertir esa tendencia en la que, desde que estalló en 1979, la subversión ganaba puntos y el régimen democrá-

tico los perdía. Mi idea era que, como en Israel, los peruanos se organizaran para proteger los centros de trabajo,
las cooperativas y comunidades, los servicios y vías de comunicación y que todo esto se hiciera colaborando con las
Fuerzas Armadas pero bajo la dirección de la autoridad
civil. Esta colaboración serviría —como en Israel, precisamente, donde hay muchas cosas que criticar pero otras
que imitar y entre ellas la relación entre sus Fuerzas Armadas y la sociedad civil— no para militarizar a la sociedad sino para civilizar a policías y militares, cerrando de
este modo la brecha causada por el mutuo desconoci-
miento, cuando no antagonismo, que caracteriza en el Perú, como en otros países latinoamericanos, la relación entre el estamento militar y el civil. En nuestro programa de
pacificación, preparado por una comisión que dirigía una
abogada —Amalia Ortiz de Zevallos—, e integrada por
psicólogos, sociólogos, antropólogos, asistentes sociales,
juristas y oficiales, se contemplaba la actuación de las
rondas como parte de un proceso de recuperación por la
sociedad civil de la zona de emergencia bajo control militar. Al mismo tiempo que se levantarían las leyes de excepción y comenzaban a actuar las rondas, irían allí bri-
gadas volantes de jueces, médicos, asistentes sociales, promotores agrarios y maestros, a fin de que el campesino
tuviera más razones para combatir al terrorismo que la
mera supervivencia. Yo había decidido, si era elegido,
irme a vivir a la zona de emergencia de manera más o menos permanente para dirigir desde allí la movilización
contra el terror.

Al atardecer del 19 de enero de 1989 un vecino del barrio Los Jazmines, contiguo al aeropuerto de Pucallpa, vio
a dos desconocidos salir de unos matorrales y correr, cargando algo, hacia la pista de aterrizaje, en el lugar donde
los aviones se detienen y giran para dirigirse al estaciona-
miento. Acababa de aterrizar uno de los dos vuelos de itinerario procedentes de Lima. Los desconocidos, advirtiendo que el recién llegado era AeroPerú, regresaron al
matorral. El vecino corrió a alertar a la gente de esa barriada, que había formado una ronda. Un grupo de ronderos armados de palos y machetes fue a averiguar qué hacían los desconocidos junto a la pista. Los rodearon, inte-
rrogaron y cuando pretendieron llevárselos a la comisaría,

aquéllos sacaron revólveres y les dispararon a quemarropa. A Sergio Pasavi le perforaron seis veces el intestino; a José Vásquez Dávila le destrozaron el fémur, al peluquero Humberto Jacobo le fracturaron una clavícula y a Víctor Ravello Cruz lo hirieron en la región lumbar. En el desorden, los desconocidos huyeron. Pero dejaron en el lugar una bomba de dos kilos, de las llamadas «queso ruso», que contenía dinamita, aluminio, clavos, perdigones, trozos de metal y una mecha corta. Iban a arrojarla al avión de Faucett, que sale de Lima al mismo tiempo que el de AeroPerú, pero que ese día se atrasó dos horas. En ese avión venía yo, para instalar el comité de Libertad de Pucallpa, recorrer la zona del Ucayali y presidir un acto político en el teatro Rex.

Los ronderos llevaron a sus heridos al hospital regional y denunciaron el hecho al subjefe de policía, un mayor de la Guardia Civil (el jefe había partido a Lima), al que entregaron la bomba. Apenas supe el episodio, corrí al hospital a visitar a los heridos. ¡Horrible espectáculo! Enfermos amontonados unos sobre otros, compartiendo las camas, en habitaciones consteladas de moscas, y enfermeras y médicos haciendo milagros para atender, operar, curar, sin medicinas, sin equipos, sin las más elementales condiciones higiénicas. Luego de hacer gestiones para que los dos ronderos más graves fueran trasladados a Lima por Acción Solidaria, me dirigí a la policía. Uno de los atacantes, Hidalgo Soria, de diecisiete años, había sido capturado y, según el confuso oficial de la Guardia Civil que me atendió, había confesado ser del MRTA y reconocido que el objetivo de la bomba era mi avión. Pero como tantos otros, el sospechoso nunca llegó a los tribunales. Las autoridades de Pucallpa, cada vez que la prensa trató de averiguar qué había sido de él, respondieron con evasivas y un día hicieron saber que el juez lo había puesto en libertad por ser menor de edad.

Para las Navidades de 1989, Acción Solidaria organizó en el estadio de Alianza Lima, el 23 de diciembre, un espectáculo con artistas de cine, radio y televisión, al que asistieron treinta y cinco mil personas. A poco de iniciarse el espectáculo, me avisaron por radio que habían encontrado una bomba en mi casa y que el servicio de desactivación de explosivos de la Guardia Civil había obligado a mi madre, a mis suegros, a las secretarias y empleados a marcharse. La coincidencia de esta bomba con el acto del estadio nos pareció sospechosa, destinada sin duda a empañar el acto, sacándonos de allí, de modo que con Patricia y mis hijos nos quedamos en la tribuna hasta que la fiesta navideña terminó.[19] La sospecha de que no era un verdadero atentado sino una operación psicológica la confirmé esa noche, al regresar a Barranco, cuando los desactivadores de explosivos de la Guardia Civil me aseguraron que la bomba —descubierta por el guardián de una escuela de turismo contigua a mi casa— no estaba rellena de dinamita sino de arena.

El domingo 26 de noviembre de 1989, un oficial de la Marina, vestido de civil, entró a mi casa con grandes precauciones. La cita había sido concertada por Jorge Salmón, de viva voz, pues mis teléfonos estaban intervenidos. El marino llegó en un automóvil con los vidrios polarizados, directamente al garaje. Venía a decirme que el Servicio de Inteligencia Naval, al que pertenecía, tenía conocimiento de una reunión secreta celebrada en el museo de la Nación, del presidente Alan García, su ministro del Interior, Agustín Mantilla, a quien se señalaba como el organizador de las bandas contraterroristas, el diputado Carlos Roca, el jefe de los cuerpos de seguridad del APRA, Alberto Kitazono, y un alto dirigente del MRTA. Y que en esa reunión se había decidido mi eliminación física, junto con la de un grupo en el que figuraban mi hijo Álvaro, Enrique Ghersi y Francisco Belaunde Terry. Los asesinatos se llevarían a cabo de modo que parecieran obra de Sendero Luminoso.

El oficial me hizo leer el informe que el Servicio de Inteligencia había elevado al comandante general de la Marina. Le pregunté qué grado de seriedad prestaba su institución a este informe. Se encogió de hombros y dijo que, si el río sonaba, piedras traía. La noticia de la rocambolesca conspiración llegó poco después, por intermedio de Álvaro, a un joven periodista de la televisión, Jaime Bayly,

19. El APRA es especialista en ese género de operaciones: la víspera del lanzamiento de mi candidatura, el 3 de junio de 1989, voces anónimas avisaron que había una bomba en el avión que me llevaba a Arequipa. Luego del desalojo de emergencia, lejos del local del aeropuerto donde me esperaba la gente, se registró la nave y no se encontró nada.

quien se atrevió a hacerla pública, causando gran alboroto. La Marina desmintió la existencia del informe.

Ésta fue una de las muchas denuncias sobre atentados contra mí que recibí. Algunas eran tan disparatadas que daban risa. Otras eran obvias fabulaciones de los informantes que se valían de estos pretextos para llegar hasta mí. Otras parecían, como las llamadas anónimas, operaciones psicológicas destinadas a restarnos bríos. Y había las denuncias solidarias, de buenas gentes, que no sabían nada concreto pero sospechaban que podían matarme, y como no querían que ocurriera, venían a hablarme de vagas emboscadas y misteriosos atentados, porque ésa era su manera de urgirme a que me cuidara. En la última etapa esto alcanzó tales proporciones que fue preciso cortarlo de raíz y pedí a Patricia y Lucía, que preparaban mi agenda, que no dieran más citas a quienes las solicitaran para «un asunto grave y secreto concerniente a la seguridad del doctor».

Me han preguntado si tuve miedo durante la campaña. Aprensión, muchas veces, pero más a los proyectiles contundentes, los que se ven venir, que a las balas o a las bombas. Como aquella tensa noche del 13 de marzo de 1990, en Casma, cuando, al subir a la tribuna, un grupo de contramanifestantes nos bombardeó desde las sombras con piedras y con huevos, uno de los cuales le reventó a Patricia en la frente. O aquella mañana de mayo de 1990, en el barrio limeño de Tacora, en que la buena cabeza (en los dos sentidos de la palabra) de mi amigo Enrique Ghersi detuvo la pedrada que me iba dirigida (a mí sólo me bañaron en pintura roja maloliente). Pero el terrorismo no me quitó el sueño en esos tres años ni me impidió hacer y decir lo que quería.

XI

CAMARADA ALBERTO

Pasé el verano de 1953 encerrado en el departamento de los abuelos, en la quinta blanca de la calle Porta, estudiando para el ingreso a San Marcos, escribiendo una obra de teatro (ocurría en una isla desierta, con tormentas), y haciéndole poemas a una vecinita, Madeleine, cuya mamá, una francesa, era propietaria de la quinta. Fue otro romance a medias, pero, éste, no por mi timidez sino por la severísima vigilancia que ejercía la madre sobre la blonda Madeleine. (Casi treinta años después, una noche, al entrar al teatro Marsano de Lima, donde se estrenaba una obra mía, me cerró el paso una guapa señora a quien no reconocí. Con una sonrisa indefinible me alcanzó uno de aquellos poemas de amor, cuyo primer verso, el único que osé leer, me encendió como una antorcha.)

Dimos el examen para el ingreso a Letras en una de las viejas casas que San Marcos tenía desperdigadas por el centro de Lima, en la calle de Padre Jerónimo, donde funcionaba un fantasmagórico Instituto de Geografía. Desde ese día hice amistad con Lea Barba y Rafael Merino, postulantes como yo y que tenían, también, pasión por la lectura. Rafo había estado en la Escuela de Policía, antes de decidirse por el Derecho. Lea era hija de uno de los dueños del Negro-Negro, descendientes de un líder anarcosindicalista de las célebres batallas obreras en los años veinte. Entre examen y examen, y en la espera de días y semanas para que nos llamaran al oral, con Rafo y con Lea hablábamos de literatura y de política, y yo me sentía recompensado por compartir con gente de mi edad esas inquietudes. Lea hablaba con tal entusiasmo de César Vallejo, de quien sabía poemas de memoria, que me puse a leerlo con detenimiento, haciendo lo posible porque me gustara al menos tanto como Neruda, a quien leía desde el colegio con asidua admiración.

Con Rafael Merino fuimos alguna vez a la playa, intercambiamos libros y yo le leí mis cuentos. Pero con Lea hablábamos sobre todo de política, de manera conspiratoria. Nos confesamos enemigos de la dictadura y simpatizantes de la revolución y del marxismo. Pero ¿quedarían comunistas en el Perú? ¿No los había matado, encarcelado o deportado a todos Esparza Zañartu? En ese entonces, Esparza Zañartu ocupaba el oscuro cargo de director de Gobierno, pero todo el país sabía que ese personaje sin historia y sin pasado político, al que el general Odría había sacado de su modesto comercio de vinos para llevárselo al gobierno, era el cerebro de esa seguridad a la que la dictadura debía su poderío, el hombre que estaba detrás de la censura en la prensa y las radios, de las detenciones y deportaciones, y el que montó la cadena de espías y delatores en sindicatos, universidades, oficinas públicas, medios de comunicación, que había impedido desarrollarse cualquier oposición efectiva contra el régimen.

Sin embargo, la Universidad de San Marcos, fiel a su tradición rebelde, el año anterior, 1952, había desafiado a Odría. Con el pretexto de una reivindicación estudiantil, los sanmarquinos habían pedido la renuncia del rector Pedro Dulanto, hecho una huelga y ocupado los claustros, de los que fue a sacarlos la policía. Casi todos los dirigentes de aquella huelga estaban en la cárcel o deportados. Lea sabía detalles de lo ocurrido, de los debates en la Federación de San Marcos y los centros federados, la guerra sorda entre apristas y comunistas (perseguidos ambos por el gobierno pero encarnizados enemigos entre sí) que yo le escuchaba boquiabierto.

Lea fue la primera chica que traté que no había sido educada, como mis amigas del barrio, en Miraflores, para casarse lo más pronto posible y ser una buena ama de casa. Tenía una formación intelectual y estaba decidida a recibirse, a ejercer su profesión, a valerse por sí misma. A la vez que inteligente y de carácter, era suave y podía ser dulce y emocionarse hasta las lágrimas con una anécdota. Creo que ella me habló por primera vez de José Carlos Mariátegui y de los *Siete ensayos de interpretación de la realidad peruana*. Aun antes de empezar las clases, nos volvimos uña y carne. Íbamos a exposiciones, a librerías, y al cine, a ver películas francesas, por supuesto, en los dos nuevos cines del centro que las exhibían, Le Paris y Le Biarritz.

El día que me presenté en la calle Fano, a conocer los resultados del ingreso, apenas descubrieron mi nombre en las listas de aprobados, un grupo al acecho me cayó encima y me bautizó. El bautizo sanmarquino era benigno: a uno le tijereteaban los cabellos, para obligarlo a raparse. De Fano fui con mi cabeza trasquilada a comprarme una boina y a una peluquería de La Colmena a que me cortaran a coco.

Me había inscrito en la Alianza Francesa, para aprender francés. En mi clase éramos dos hombres, un negrito, estudiante de química, y yo. La veintena de muchachas —todas niñas bien de Miraflores y San Isidro— se divertían a costa nuestra, burlándose de nuestro acento y haciéndonos mataperradas. El negro, a las pocas semanas, se hartó de sus burlas y abandonó. Mi cabeza rapada de cachimbo fue, por supuesto, objeto de la irreverencia e hilaridad de esas temibles condiscípulas (había entre ellas una Miss Perú). Pero yo gozaba con las clases de la magnífica profesora, Madame del Solar, gracias a la cual, a los pocos meses pude empezar a leer en francés, ayudándome con diccionarios. Pasé muchas horas de felicidad en la pequeña biblioteca de la Alianza, en la avenida Wilson, husmeando las revistas y leyendo a aquellos autores de prosa diáfana, como Gide, Camus o Saint-Exupéry, que me daban la ilusión de dominar la lengua de Montaigne.

Para tener algo de dinero, hablé con el tío Jorge, el de mejor situación en la familia. Era gerente de una compañía constructora y me confiaba trabajos por horas —hacer depósitos en los bancos, redactar cartas y otros documentos y llevarlos a las oficinas públicas— que no interferían con mis clases. Así podía comprarme cigarrillos —fumaba como un murciélago, siempre tabaco negro, primero Incas y luego los ovalados Nacional Presidente— e ir al cine. Poco después conseguí otro trabajo, más intelectual: redactor de la revista *Turismo*. El dueño y director era Jorge Holguín de Lavalle (1894-1973), dibujante y caricaturista muy fino, que había sido célebre treinta años atrás, en las grandes revistas de los veinte, *Variedades* y *Mundial*. Aristócrata y pobrísimo, limeño hasta la médula, infatigable y ameno contador de tradiciones, mitos y chismografías de la ciudad, Holguín de Lavalle era un distraído y un soñador que sacaba la revista cuando se acordaba o, más bien, cuando reunía suficientes avisos para sufragar el número. La revista estaba diagramada por él mismo, y escrita de pies a cabeza por él y por el redactor de turno. Habían pasado por esa delgadísima redacción, antes que yo, intelectuales conocidos, entre ellos Sebastián Salazar Bondy, y el señor Holguín de Lavalle, el día que fui a hablar con él, me lo recordó, indicándome de este modo que, aunque el sueldo sería magro, me compensaría el suceder en el puesto a gente tan ilustre.

Acepté y desde entonces, por dos años, escribí la mitad o acaso tres cuartas partes de la revista con diferentes seudónimos (entre ellos, el afrancesado Vincent Naxé, con el que firmaba las críticas de teatro). De todo ese material recuerdo un texto, «En torno a una escultura», escrito en protesta por un acto de barbarie cometido por el ministro de Educación de la dictadura —el general Zenón Noriega—, que ordenó retirar del grupo escultórico del monumento a Bolognesi (hecho por el español Agustín Querol) la bella estatua del héroe, pues su postura no le pareció heroica. Y en vez de la imagen del Bolognesi original —esculpido en el momento de caer acribillado— hizo poner el grotesco monigote blandiendo una bandera que ahora afea el que era uno de los bonitos monumentos de Lima. Holguín de Lavalle estaba indignado con la mutilación pero temía que mi artículo irritara al gobierno y le clausuraran la revista. Al final, lo publicó y no pasó nada. Con mi sueldo en *Turismo*, de cuatrocientos soles por número —que no salía cada mes sino cada dos y hasta tres— yo podía —qué tiempos y qué solidez la del sol peruano— pagar las suscripciones a dos revistas francesas —*Les Temps Modernes*, de Sartre y *Les Lettres Nouvelles*, de Maurice Nadeau—, que iba a recoger, cada mes, a una oficinita del centro. Con esos ingresos podía vivir —donde los abuelos no pagaba casa ni comida— y sobre todo tenía tiempo libre para leer, para San Marcos y, muy pronto, para la revolución.

Las clases comenzaron tarde y fueron, con una sola excepción, decepcionantes. San Marcos no había caído aún en la decadencia que, en los sesenta y setenta, la iría convirtiendo en una caricatura de universidad, más tarde en ciudadela del maoísmo y hasta del terrorismo, pero ya no era ni sombra de lo que había sido en los años veinte, cuando la famosa generación del Conversatorio del año 1919, su momento más alto en lo que concierne a las humanidades.

De esa famosa generación había todavía, allí, dos historiadores —Jorge Basadre y Raúl Porras Barrenechea— y algunas figuras ilustres de una generación anterior, como Mariano Iberico en filosofía, o Luis Valcárcel en etnología. Y la Facultad de Medicina, en la que enseñaba Honorio Delgado, tenía a los mejores médicos de Lima. Pero la atmósfera y el funcionamiento de la universidad no eran creativos ni exigentes. Había un desmoronamiento anímico e intelectual, todavía discreto, aunque generalizado; los profesores faltaban una clase sí y otra no, y junto a algunos competentes, otros eran de una mediocridad anestésica. Antes de entrar a la Facultad de Derecho y a la doctoral de Literatura, había que hacer dos años de estudios generales, en los que uno seleccionaba varios cursos electivos. Todos los que yo escogí fueron de literatura.

La mayoría de aquellos cursos eran explicados con desgano, por profesores que no sabían gran cosa o que habían perdido el interés en enseñar. Pero entre ellos recuerdo uno que fue la mejor experiencia intelectual de mi adolescencia: el de Fuentes Históricas Peruanas, de Raúl Porras Barrenechea.

Ese curso, y lo que de él se derivó, justifica para mí los años que pasé en San Marcos. Su tema no podía ser más restrictivo y erudito, pues no era la historia peruana, sino dónde estudiarla. Pero gracias a la sabiduría y elocuencia de quien lo dictaba, cada conferencia era un formidable despliegue de conocimientos sobre el pasado del Perú y las versiones y lecturas contradictorias que de él habían hecho los cronistas, los viajeros, los exploradores, los literatos, las correspondencias y documentos más diversos. Pequeñito, barrigón, vestido de luto —por la muerte, ese año, de su madre—, con una frente muy ancha, unos ojos azules bullentes de ironía y unas solapas tapizadas de caspa, Porras Barrenechea se agigantaba en el pequeño estrado de la clase y cada una de sus palabras era seguida por nosotros con unción religiosa. Exponía con una elegancia consumada, en un español sabroso y muy castizo —había comenzado su carrera universitaria enseñando a los clásicos del Siglo de Oro, a los que había leído a fondo, y de ello quedaban huellas en su prosa y en la precisión y riqueza con que se expresaba—, pero no era él, ni remotamente, el profesor lenguaraz, de palabrería sin consistencia, que se escucha hablar. Porras tenía el fanatismo de la exactitud y era incapaz de afirmar algo que no hubiera verificado. Sus espléndidas exposiciones estaban siempre acotadas con la lectura de unas fichas, escritas en letra diminuta, que se llevaba muy cerca de los ojos para deletrear. En cada una de sus clases teníamos la sensación de estar oyendo algo inédito, el resultado de una investigación personal. Al año siguiente, cuando empecé a trabajar con él, comprobé que, en efecto, Porras Barrenechea preparaba ese curso que dictaba ya tantos años, con el rigor de quien va a enfrentarse a un auditorio por primera vez.

En mis dos primeros años en San Marcos fui algo que no había sido en el colegio: un estudiante muy aplicado. Estudié a fondo todos los cursos, incluso los que no me gustaban, entregando todos los trabajos que nos pedían, y, en algunos casos, solicitándole al profesor bibliografía suplementaria, para ir a leerla en la biblioteca de San Marcos o en la Nacional de la avenida Abancay, en las que pasé muchas horas de esos dos primeros años. Aunque ambas bibliotecas estaban lejos de ser ejemplares —en la Nacional uno tenía que compartir la sala de lectura con escolares de pocos años que iban a hacer sus tareas y convertían el recinto en un loquerío—, allí contraje la costumbre de leer en bibliotecas y desde entonces las he frecuentado, en todas las ciudades donde he vivido y en alguna de ellas —el amado Reading Room del Museo Británico— he escrito, incluso, buena parte de mis libros.

Pero en ninguno de los cursos leí y trabajé tanto como en el de Fuentes Históricas Peruanas, deslumbrado por la brillantez de Porras Barrenechea. Recuerdo, después de una clase magistral sobre los mitos prehispánicos, haber corrido a la biblioteca en busca de dos libros que había citado y aunque uno de ellos, de Ernst Cassirer, me derrotó casi al instante, el otro fue una de mis grandes lecturas de 1953: *La rama dorada*, de Frazer. La influencia que el curso de Porras tuvo sobre mí fue tan grande que durante esos primeros meses en la universidad llegué muchas veces a preguntarme si debía seguir Historia en vez de Literatura, pues aquélla, encarnada en Porras Barrenechea, tenía el color, la fuerza dramática y la creatividad de ésta y parecía más arraigada en la vida.

Hice buenos amigos en la clase y animé a un grupo de ellos a que montáramos una obra de teatro. Elegimos una comedia de costumbres, de Pardo y Aliaga, e incluso sacamos copias y distribuimos roles, pero, al final, el proyecto se frustró y creo que por mi culpa, pues ya había empezado a hacer política, la que comenzó a absorberme más y más horas.

De todo ese grupo de amigas y amigos, un caso especial era Nelly Alba. Estudiaba piano, desde niña, en el Conservatorio, y su vocación era la música, pero había entrado a San Marcos para adquirir una cultura general. Desde nuestras primeras conversaciones bajo las palmeras del patio de Letras, mi incultura musical la espantó, y se impuso la tarea de educarme, llevándome a los conciertos del Teatro Municipal, a la primera fila de la cazuela y dándome una información, aunque fuera somera, sobre intérpretes y compositores. Yo le daba consejos literarios y recuerdo lo mucho que a los dos nos gustaron los tomos del *Juan Cristóbal*, de Romain Rolland, que fuimos comprando de a pocos en la librería de Juan Mejía Baca, en la calle Azángaro. El efusivo don Juan nos daba los libros a crédito y podíamos pagarle en cuotas mensuales. Pasar por esa librería una o dos veces por semana, a revisar las novedades, era una obligación. Y los días de suerte, Mejía Baca nos invitaba, en la bodega de al lado, un café y una empanadita caliente.

Pero a quien veía yo con más frecuencia, en verdad a diario, dentro y fuera de las clases, era a Lea. A poco de comenzar el curso se había unido a nosotros un muchacho, Félix Arias Schreiber, con el que constituiríamos pronto un triunvirato. Félix había entrado a San Marcos el año anterior, pero interrumpió los estudios por enfermedad, y por eso estaba con nosotros en primero. Pertenecía a una familia encumbrada —el apellido se asociaba a banqueros y diplomáticos—, pero a una rama pobre y acaso pobrísima. No sé si su madre era viuda o separada, pero Félix vivía solo con ella, en una pequeña quinta en la avenida Arequipa, y aunque había estudiado en el colegio de los niños ricos de Lima —el Santa María—, no tenía jamás un centavo y era obvio, por la manera como actuaba y se vestía, que pasaba estrecheces. La vocación política era en Félix mucho más fuerte —en su caso, excluyente— que en Lea o en mí. Él sabía ya algo de marxismo, tenía algunos libros y folletos, que nos prestó, y que yo leí encandilado por el carácter prohibido de esos frutos, que había que llevar forrados para que no los detectaran los soplones que Esparza Zañartu tenía infiltrados en San Marcos a la caza de lo que *La Prensa* —todos los diarios de la época apoyaban a la dictadura y, claro está, eran anticomunistas, pero el de Pedro Beltrán lo era más que todos los otros juntos— llamaba «elementos subversivos» y «agitadores». Desde que Félix se unió a nosotros los demás temas quedaron relegados a un lugar secundario y la política —o, más bien, el socialismo y la revolución— fue el centro de nuestras conversaciones. Charlábamos en los patios de San Marcos —instalada todavía en la vieja casona del Parque Universitario, en pleno centro de Lima— o en cafecitos de La Colmena o Azángaro, y Lea nos llevaba a veces a tomar un café o una Coca-Cola en el sótano del Negro-Negro, en los portales de la plaza San Martín. A diferencia de lo que habían sido mis visitas a ese local, durante mi bohemia de *La Crónica*, ahora no bebía una gota de alcohol y hablábamos de cosas muy serias: los atropellos de la dictadura, los grandes cambios éticos, políticos, económicos, científicos, culturales que estaban forjándose allá en la URSS («en ese país / donde no existen / las putas, los ladrones ni los curas», decía el poema de Paul Éluard), o en esa China de Mao Ze Dong que había visitado y sobre la que había escrito tantas maravillas ese escritor francés —Claude Roy—, en *Claves para China*, libro que nos creíamos al pie de la letra.

Nuestras conversaciones duraban hasta tarde. Muchas veces nos veníamos caminando desde el centro hasta casa de Lea, en Petit Thouars, y luego Félix y yo seguíamos hasta la casa de él, en Arequipa, ya cerca de Angamos, y yo continuaba luego, solo, hasta Porta. El trayecto de la plaza San Martín a mi casa duraba hora y media. La abuelita me dejaba la comida en la mesa y a mí no me importaba que estuviera fría (era siempre la misma, el único plato que entonces podía terminar: arroz con apanado y papas fritas). Y si la comida no me importaba mucho («para el poeta la comida es prosa», me bromeaba el abuelo) tampoco me hacía falta mucho sueño, pues aunque me acostara muy tarde, leía horas antes de dormir. Con mi apasionamiento y exclusivismo de siempre, Félix y Lea se convirtieron en una ocupación a tiempo completo; cuando no estaba con ellos, estaba pensando en lo bueno que era tener amigos así con los que nos entendíamos tan bien y con los que planeábamos un futuro compartido. Pensaba, también, muy en secreto, que no debía enamorarme de Lea, porque sería fatal para el trío. Además, eso de enamorarse, ¿no era una típica debilidad burguesa, inconcebible en un revolucionario?

Para entonces, habíamos hecho el ansiado contacto. En los patios de San Marcos, alguien se nos había acercado, averiguado y, como quien no quiere la cosa, preguntado qué pensábamos de los estudiantes que estaban presos, o de temas de cultura que, por desgracia, no se enseñaban en la universidad —el materialismo dialéctico, el materialismo histórico y el socialismo científico, por ejemplo—, asuntos que todo hombre preparado debía saber, por información general. Y la segunda o tercera vez, volviendo sobre lo mismo, nos había deslizado si no nos interesaría formar un grupo de estudios, para investigar aquellos problemas que la censura, el miedo a la dictadura o su naturaleza de universidad burguesa, impedían que llegaran a San Marcos. Lea, Félix y yo dijimos que encantados. No había pasado un mes desde que entramos a la universidad y ya estábamos en un círculo de estudios, la primera etapa que debían seguir los militantes de Cahuide, nombre con el que trataba de reconstruirse en la clandestinidad el Partido Comunista, al que la represión y las deserciones y divisiones internas habían casi desaparecido en los años anteriores.

Nuestro primer instructor en aquel círculo fue Héctor Béjar, quien sería en los años sesenta jefe de la guerrilla del ELN (Ejército de Liberación Nacional) y pasaría por ello varios años en la cárcel. Era un muchacho alto y simpático, de cara redonda como un queso, con una voz muy bien timbrada, lo que le permitía ganarse la vida como locutor en Radio Central. Era algo mayor que nosotros —estaba ya en Derecho— y estudiar con él marxismo resultó agradable, pues era inteligente y sabía armar las discusiones del círculo. El primer libro que estudiamos fueron las *Lecciones elementales de filosofía*, de Georges Politzer, y, después, el *Manifiesto comunista* y *La lucha de clases en Francia*, de Marx, y luego el *Anti-Dühring*, de Engels y el *Qué hacer*, de Lenin. Comprábamos los libros —y recibíamos por ello, a veces, de yapa, un número atrasado de *Cultura Soviética*, en cuyas carátulas había siempre unas campesinitas risueñas, de robustas mejillas, con fondo de trigales y tractores— en una pequeña librería de la calle Pando, cuyo dueño, un chileno bigotudo siempre envuelto en una chalina, tenía disimulada en un baúl de su trastienda gran cantidad de literatura subversiva. Más tarde, cuando leí las novelas de Conrad, llenas de conspiradores sombríos, la cara cenicienta y misteriosa de aquel librero proveedor de libros clandestinos, se me venía siempre a la memoria.

Nos reuníamos en locales itinerantes. En un cuartito miserable, al fondo de un viejo edificio de la avenida Abancay, donde vivía uno de nuestros camaradas, o en una casita de Bajo el Puente, hogar de una muchacha muy pálida a la que bautizamos el Ave y en la que un día nos llevamos un susto pues, de pronto, en plena discusión, se apareció un militar. Era hermano del Ave y no se sorprendió al vernos; pero no volvimos allí. O en una pensión de los Barrios Altos, cuya dueña, discreta simpatizante, nos prestaba un cuarto lleno de telarañas, al fondo de un jardín. Estuve por lo menos en cuatro círculos y, al año siguiente, llegué a ser instructor y organizador de uno de ellos, y se me han olvidado las caras y nombres de los camaradas que en ellos me instruyeron, de los que fueron instruidos conmigo y a los que yo instruí. Pero recuerdo muy bien a los del primer círculo, con la mayoría de los cuales constituimos una célula, cuando empezamos a militar en Cahuide. Además de Félix y Lea, había allí un muchacho delgadito y con una voz de hilo, en el que todo era de formato menor: el nudo de su corbata, la suavidad de sus maneras, los pasitos con que se desplazaba por el mundo. Se llamaba Podestá y fue nuestro primer responsable de célula. Martínez, en cambio, estudiante de Antropología, rebosaba exuberancia y salud: era un indio fuerte y cálido, trabajador empeñoso cuyos informes en el círculo resultaban siempre interminables. Su cara cobriza y pétrea no se inmutaba nunca, ni los debates más virulentos conseguían alterarlo. Antonio Muñoz, serrano de Junín, en cambio, tenía sentido del humor y se permitía romper la seriedad funeral de nuestras reuniones haciendo a veces bromas (a él me lo encontraría, durante la campaña electoral de 1989 y 1990, organizando comités del Movimiento Libertad por las provincias de Junín). Y había, también, el Ave, misteriosa muchacha que a Félix, a Lea y a mí nos hacía a veces preguntarnos si sabía qué era el círculo, si se daba cuenta que podía ir presa, que era ya una militante subversiva. Con su palidez resplandeciente y sus delicadas maneras, el Ave cumplía con todas las lecturas y los informes, pero no parecía asimilar mucho, pues un día se despidió bruscamente del círculo alegando que llegaría tarde a la misa...

A las pocas semanas de estar en el círculo, Béjar juzgó que Lea, Félix y yo estábamos maduros para un compromiso mayor. ¿Aceptaríamos una entrevista con un responsable del partido? Nos citaron al anochecer, en la avenida Pardo de Miraflores, y allí apareció Washington Durán Abarca —entonces sólo conocí su seudónimo—, que nos sorprendió diciendo que lo más adecuado para burlar a los soplones era reunirse en barrios burgueses y al aire libre. Sentados en un banco, bajo los ficus de la misma alameda donde yo había enamorado sin éxito a la bella Flora Flores y a alguna otra hija de la burguesía, Washington nos trazó un cuadro sinóptico de la historia del Partido Comunista, desde su fundación por José Carlos Mariátegui, en 1928, hasta esos días, en que, con el nombre de Cahuide, renacía de sus ruinas. Luego de ese inicio histórico, bajo la inspiración del Amauta —cuyos *Siete ensayos de interpretación de la realidad peruana* estudiamos también en el círculo—, el partido había caído en manos de Eudocio Ravines, quien, después de ser su secretario general y actuar como enviado de la Comintern en Chile, Argentina y España (durante la guerra civil), había traicionado, convirtiéndose en el gran anticomunista del Perú y aliado de *La Prensa* y de Pedro Beltrán. Y, después, las dictaduras y la dura represión habían tenido al partido a salto de mata, en una clandestinidad cada vez más difícil, con la breve excepción de los tres años de gobierno de Bustamante y Rivero, en que pudo actuar a plena luz. Pero, luego, corrientes «liquidadoras y antiobreras» habían socavado la organización, apartándola de las masas y llevándola a transacciones con la burguesía: por ejemplo, el ex dirigente Juan P. Luna, se había vendido a Odría y era ahora uno de los senadores del Congreso fraudulento del régimen militar. Los dirigentes auténticos como Jorge del Prado estaban en el exilio o en la cárcel (era el caso de Raúl Acosta, el último secretario general).

Pese a ello el partido siguió actuando desde la sombra y el año anterior había tenido una actuación decisiva en la huelga de San Marcos. Muchos camaradas que participaron en ella estaban en el exilio o en la Penitenciaría. Cahuide se había formado reuniendo a las células sobrevivientes, hasta que se pudiera convocar un congreso. Constaba de una fracción estudiantil y de una fracción obrera y, por razones de seguridad, cada célula sólo conocía a un responsable de la instancia inmediatamente superior. En ningún documento o diálogo se debían usar los nombres propios, sólo seudónimos. Se podía entrar a Cahuide como simpatizante o como militante.

Félix y yo dijimos que queríamos ser simpatizantes pero Lea pidió su afiliación inmediata. El juramento que le tomó Washington Durán en una media voz de monaguillo era solemne —«¿Juráis luchar por la clase obrera, por el partido...?»— y nos dejó impresionados. Luego tuvimos que elegir nuestros seudónimos. El mío fue camarada Alberto.

Aunque el círculo de estudios continuó —cambiando cada cierto tiempo de miembros y de instructor—, los tres empezamos a trabajar simultáneamente en una célula de la fracción estudiantil, a la que se incorporaron también Podestá, Martínez y Muñoz. Las circunstancias limitaban nuestra militancia a repartir volantes o vender, a escondidas, un periodiquito clandestino llamado *Cahuide*, en el que me tocó escribir algunas veces dando el punto de vista «proletario» y «dialéctico» sobre asuntos internacionales. Costaba cincuenta centavos y en él se atacaba casi tanto como a la dictadura de Odría a las dos bestias negras del partido: el APRA y los trotskistas.

Lo primero, se entiende. En 1953, y pese a estar en la clandestinidad, el APRA tenía todavía el control de la mayoría de los sindicatos y era el primer —el único, en verdad— partido político peruano al que convenía el nombre de popular. Había sido precisamente el arraigo del APRA en los sectores populares lo que había obstaculizado el desarrollo del Partido Comunista, hasta entonces una reducida organización de intelectuales, estudiantes y pequeños grupos obreros. En San Marcos, en ese tiempo (y acaso en todos los tiempos), la gran mayoría de estudiantes eran apolíticos, con una vaga preferencia por la izquierda, pero sin afiliación partidaria. Dentro del sector politizado, la mayoría era aprista. Y los comunistas, una minoría reducida y concentrada, sobre todo, en Letras, Economía y Derecho.

Lo que era prácticamente inexistente era el trotskismo y decía mucho de la irrealidad ideológica en la que funcionaba Cahuide que dedicáramos tanto tiempo a denunciar en nuestros volantes o en nuestro periódico a un fantasma. Los trotskistas de San Marcos no eran en ese momento más de media docena, congregados en torno a quien creíamos su ideólogo: Aníbal Quijano. El futuro sociólogo peroraba cada mañana en el patio de Letras, con palabra fluida y datos abrumadores, sobre los avances de los partidarios de León Davídovich en la propia Unión Soviética. «Tenemos veintidós mil camaradas trotskistas dentro de las fuerzas armadas soviéticas», le oí anunciar, con sonrisa triunfante, en una de esas peroratas. Y otra mañana, uno de los supuestos seguidores de Quijano, quien sería después diputado de Acción Popular —Raúl Peña Cabrera—, me dejó de una pieza: «Sé que están estudiando marxismo. Muy bien hecho. Pero deben hacerlo con amplitud, sin sectarismo.» Y me regaló un ejemplar de *La revolución y el arte*, de Trotski, que leí a escondidas, con un morboso sentimiento de transgresión. Sólo dos o tres años después caería por allí, para sustituir a Peña y a Quijano como el ideólogo trotskista del Perú, envuelto en un extravagante —y totalmente incompatible con el clima de Lima— abrigo gris, y con aires de señora gorda, el pintoresco Ismael Frías, quien por esos días vivía en México, en la casa de Trotski, en Coyoacán, donde oficiaba de secretario de la ilustre viuda, Natalia Sedova.

Pero, así como era muy difícil, para no decir imposible, saber quién era trotskista, también lo era identificar a los apristas y a nuestros camaradas. Fuera de la gente de nuestra célula, y ocasionales responsables de instancias superiores que venían a darnos charlas o consignas —como el animoso Isaac Ahumala, que en sus discursos hablaba infaliblemente de los ilotas de Grecia y de la rebelión de Espartaco—, sólo por adivinación o simpatía mágica se llegaba a identificar a los militantes de los partidos que el gobierno militar había puesto fuera de la ley. Los soplones de Esparza Zañartu y la feroz hostilidad entre apristas y comunistas, y entre comunistas y trotskistas, todos los cuales recelaban a los otros de ser delatores, hacían que la atmósfera política de la universidad fuera casi irrespirable.

Hasta que, por fin, pudieron convocarse elecciones para los centros federados y la Federación Universitaria de San Marcos (desmantelados luego de la huelga de 1952). Félix y yo salimos elegidos, entre los candidatos que presentó Cahuide en Letras, y entre los cinco delegados para la Federación. No sé cómo conseguimos esto último, pues tanto en el Centro Federado como en la Federación, la mayoría era aprista. Y poco tiempo después ocurrió un episodio, que, en lo que a mí concierne, tendría consecuencias novelescas.

Ya dije que había buen número de estudiantes presos. La Ley de Seguridad Interior permitía al gobierno enviar a la cárcel a cualquier «subversivo» y tenerlo allí por tiempo indefinido, sin pasarlo a la justicia. Las condiciones en que se encontraban los presos en la Penitenciaría —rojo edificio construido en el centro de Lima, donde se halla ahora el hotel Sheraton, y que sólo años más tarde descubriría yo, era uno de lo raros *panópticos* que se habían edificado según las instrucciones de Jeremy Bentham, el filósofo británico que los inventó— eran penosas: debían dormir en el suelo, sin frazadas ni colchones. Hicimos una colecta para comprarles mantas, pero cuando se las llevamos a la cárcel, el administrador nos indicó que esos presos estaban incomunicados, pues eran *políticos* —palabra infamante durante la dictadura— y que sólo con autorización del director de Gobierno se las podía entregar.

¿Debíamos, por razones humanitarias, pedir una audiencia al cerebro de la represión odriísta? El tema provocó una de esas asfixiantes discusiones, en la célula primero, y luego en la Federación. Todas las cuestiones las discutíamos antes en Cahuide, diseñábamos una estrategia y la poníamos en práctica en los organismos estudiantiles, donde actuábamos con una disciplina y coordinación que muchas veces nos permitía conseguir acuerdos, pese a estar en minoría frente a los apristas. Ya no sé qué defendimos sobre el pedido de audiencia a Esparza Zañartu, pero las discusiones fueron virulentas. Al final, se aprobó pedir la entrevista. La Federación nombró una comisión, en la que estuvimos Martínez y yo.

El director de Gobierno nos citó a media mañana, en su despacho de la plaza Italia. Nos atacó el nerviosismo, la excitación, mientras esperábamos, entre paredes grasientas, policías de uniforme y de civil y oficinistas apretujados en cuartitos claustrofóbicos. Por fin, nos hicieron pasar a su despacho. Ahí estaba Esparza Zañartu. No se levantó a saludarnos, no nos hizo sentar. Desde su escritorio nos observó con toda calma. Esa cara apergaminada y aburrida nunca se me olvidó. Era un hombrecillo adefesiero, cuarentón o cincuentón, o, más bien, intemporal, vestido con modestia, de cuerpo estrecho y hundido, la encarnación de lo anodino, del hombre sin cualidades (al menos físicas). Hizo una venia casi imperceptible para que dijéramos qué queríamos, y, sin despegar los labios, escuchó a quienes nos tocó hablar —balbucear— explicarle lo de los colchones y frazadas. No movía un músculo y parecía estar con la mente en otra parte, pero nos escrutaba como a insectos. Por fin, con la misma expresión de indiferencia, abrió un cajón, levantó un alto de papeles y los agitó en nuestras caras murmurando: «¿Y esto?» En su mano bailoteaban varios números del clandestino *Cahuide*.

Dijo que sabía todo lo que pasaba en San Marcos, incluso quién había escrito esos artículos. Agradecía que nos ocupáramos de él en cada número. Pero que nos cuidáramos, porque a la universidad se iba a estudiar y no a preparar la revolución comunista. Hablaba con una vocecita sin aristas ni matices, con la pobreza y las faltas de lenguaje de quien nunca ha leído un libro desde que pasó por el colegio.

No recuerdo qué sucedió con los colchones, pero sí mi impresión al descubrir lo desproporcionada que era la idea que se hacía el Perú del tenebroso responsable de tantos exilios, crímenes, censuras, delaciones, encarcelamientos y la mediocridad que teníamos delante. Al salir de aquella entrevista supe que tarde o temprano iba a escribir lo que acabaría siendo mi novela *Conversación en La Catedral*. (Cuando el libro salió, en 1969, y los periodistas fueron a preguntarle a Esparza Zañartu, que vivía en Chosica, dedicado a la filantropía y la horticultura, qué pensaba de esa novela, cuyo protagonista, Cayo Mierda, se le parecía tanto, repuso [imagino su gesto aburrido]: «Pssst... si Vargas Llosa me hubiera consultado, le habría contado tantas cosas...»)

En el año y pico que milité en Cahuide nuestras proezas revolucionarias fueron escasas: un frustrado intento de tachar a un profesor, un periodiquito del Centro Federado que apenas sobrevivió dos o tres números y una huelga sanmarquina de solidaridad con los obreros tranviarios. Además, una academia gratuita para los postulantes a San Marcos, que nos permitía reclutar adeptos, en la que di el curso de Literatura. El derecho de tachar a los malos profesores (que se convertiría en el de tachar a los reaccionarios) era una de las reivindicaciones de la reforma universitaria de los años veinte y estaba abolido desde el golpe militar de 1948. Tratamos de resucitarlo contra nuestro profesor de Lógica, el doctor Saberbein, no sé por qué, pues había peores que él en la facultad, pero fracasamos, pues, en dos asambleas tumultuosas, sus defensores resultaron más numerosos que los impugnadores.

En cuanto al periódico, mi memoria conserva sobre todo las agobiantes discusiones en Cahuide por una cuestión banal: si los artículos irían firmados o anónimos. Como todo lo que hacíamos, eso también fue objeto de análisis ideológicos, en los que las tesis de cada cual se desmenuzaban con argumentos clasistas y dialécticos. La acusación más grave era: subjetivismo burgués, idealismo, falta de conciencia clasista. Mis lecturas de Sartre y de *Les Temps Modernes* me ayudaron a ser menos dogmático que otros camaradas, y a veces me atrevía a esgrimir algunas críticas sartreanas al marxismo, despertando las iras de Félix, quien, con la militancia, había ido volviéndose cada vez más inflexible y ortodoxo. Duró varios días el debate sobre las firmas, y en uno de esos intercambios Félix me lanzó una acusación devastadora: «Eres un subhombre.»

Pero, pese a discrepar en los debates internos de Cahuide (jamás en público), yo seguía queriéndolos a él y a Lea a sabiendas de que eso de querer a los amigos era burgués. Y me había dolido mucho que nos separaran, primero del círculo, y luego de la célula, quedándose Lea y Félix juntos. En las dos ocasiones me había parecido que Félix, de manera imperceptible para quien no tuviera las antenas muy alertas, había manipulado esa separación a la vez que, en apariencia, parecía resignarse a ella. Como soy de naturaleza desconfiada y susceptible, me dije que estaba fabricando conspiraciones por la envidia que me daba el que ellos siguieran juntos. Pero no podía dejar de pensar que, con esa inflexibilidad última, Félix había tal vez tramado aquella separación para foguearme, curándome del sentimentalismo, una de mis más perseverantes taras de clase...

Pese a ello seguíamos viéndonos mucho. Yo los buscaba todas las veces que podía. Una tarde —habrían pasado seis u ocho meses desde que nos conocimos— Lea me dijo que quería hablarme. Fui a su casa, en Petit Thouars, y estaba sola. Salimos a caminar por el centro de la avenida Arequipa, bajo los altos árboles, entre la doble hilera de automóviles que subían al centro o bajaban hacia el mar. Lea estaba nerviosa. La sentía temblar en su ligero vestido y, aunque en la penumbra apenas podía ver sus ojos —era el comienzo del anochecer—, yo sabía que debía tenerlos brillantes y algo húmedos, como siempre que algo la atormentaba. Yo estaba muy nervioso también, esperando oírle decir lo que iba a decirme. Por fin, después de un largo silencio, con una voz muy delgadita, pero sin buscar las palabras, porque sabía escogerlas siempre bien, para conversar o discutir, me contó que Félix se le había declarado la noche anterior. Que estaba enamorado de ella hacía tiempo, que ella era más importante para él que todo, incluso el partido... Se me retorcía el estómago y me maldecía por haber sido tan cobarde y no haberme atrevido a hacer, antes, lo que ahora había hecho Félix. Pero cuando Lea terminó de hablar y me confesó que, por lo unidos que éramos, había sentido la obligación de contarme lo ocurrido, pues no sabía qué hacer, yo, con el masoquismo que suele apoderarse de mí en ciertas ocasiones, me apresuré a animarla: debía aceptarlo, qué duda iba a caber de que Félix la quería. Ésa resultó la noche más desvelada de mis años sanmarquinos.

Seguimos viéndonos con Félix y con Lea, pero nuestra relación se fue enfriando. Con el pudor que en estos asuntos personales observaban los revolucionarios, que ambos fueran ahora enamorados o novios o pareja (no sé qué, en verdad), era invisible a simple vista, pues, salvo ir juntos, jamás se los veía de la mano, ni tener el uno hacia el otro algún gesto que delatara entre ellos una relación sentimental. Pero yo sabía que existía y aunque lo disimulaban muy bien cada vez que estaba con ellos, sentía en el estómago ese vacío con cosquillas de los burgueses despechados.

Algún tiempo después —quizás uno o dos años después— escuché sobre ellos una historia contada por alguien que no podía sospechar lo enamorado que yo había estado de Lea. Ocurrió en la célula a la que ellos pertenecían. Habían tenido alguna disputa personal, algo más grave que una simple pelea. En la reunión de la célula, súbitamente, Lea acusó a Félix de actuar con ella como un burgués y pidió que su conducta se analizara políticamente. El asunto tomó por sorpresa a los demás y la sesión terminó en un psicodrama, con Félix haciendo su autocrítica. Por una razón que no puedo explicar, ese episodio, del que tuve noticias tardías y acaso deformadas, me ha acompañado a lo largo de los años y muchas veces he tratado de recomponerlo, y adivinar su contexto y reverberaciones.

Cuando me aparté de Cahuide, a mediados del año siguiente, 1954, ya casi no veía a Lea y a Félix, y desde entonces prácticamente no los vi más. No volvimos a conversar ni a buscarnos los años siguientes en San Marcos, cambiando, a lo más, un saludo cuando nos cruzábamos a la entrada o salida de clases. Mientras viví en Europa, apenas supe de ellos. Que se habían casado y tenido hijos, que ambos, o por lo menos Félix, había seguido la fracturada trayectoria de tantos militantes de su generación, yéndose y regresando al partido, liderando o sufriendo las divisiones, fraccionamientos, reconciliaciones y nuevas divisiones de los comunistas peruanos en las décadas de los cincuenta y los sesenta.

En 1972, con motivo de la visita del presidente Salvador Allende a Lima, me los encontré a ambos, en la embajada de Chile, en una recepción. Entre el gentío, apenas pudimos cambiar unas palabras. Pero tengo presente la broma de Lea, refiriéndose a *Conversación en La Catedral* —«Esos demonios tuyos...»—, novela en la que, transfigurados, aparecen algunos episodios de nuestros años sanmarquinos.

Luego, transcurrieron dieciocho o veinte años sin saber más de ellos. Y un buen día, en el curso de la campaña electoral, en vísperas del lanzamiento de mi candidatura en Arequipa, en mayo de 1989, las secretarias me alcanzaron, en la lista de periodistas que me pedían entrevistas, el nombre de Félix. Se la concedí de inmediato, preguntándome si sería él. Era él. Con casi cuatro décadas más encima, pero todavía idéntico al Félix de mi memoria: suave y conspiratorio, con la misma modestia y abandono en el atuendo y la misma acuciosidad a la hora de preguntar, la siempre excluyente perspectiva política a flor de labios y escribiendo para un periodiquito tan marginal y precario como aquel que sacamos juntos en San Marcos. Me emocionó verlo y me imagino que él también se emocionó. Pero ninguno dejó que el otro notara esos rescoldos de sensiblería.

En Cahuide el único episodio que me dio la sensación de estar trabajando por la revolución fue la huelga de San Marcos en solidaridad con los tranviarios. El sindicato estaba controlado por militantes nuestros. La fracción estudiantil se volcó entera a conseguir que la Federación de San Marcos se adhiriera a la huelga, y lo logramos. Fueron unos días exaltantes porque, por primera vez, los miembros de mi célula teníamos ocasión de trabajar fuera de San Marcos ¡y con obreros! Asistíamos a las sesiones del sindicato y sacábamos con ellos, en una pequeña imprenta de La Victoria, un boletín diario que repartíamos en los paraderos donde se amontonaba la gente que se había quedado sin transporte. Y en esos días, también, tuve ocasión de descubrir, en las reuniones del comité de huelga, a algunos miembros de Cahuide que no conocía.

¿Cuántos éramos? Nunca lo supe, pero sospecho que

apenas unas pocas decenas. Como no supe tampoco, nunca, quién era nuestro secretario general ni quiénes conformaban el comité central. La dura represión de esos años —sólo a partir de 1955 se relajaría el sistema de seguridad, luego de la caída de Esparza Zañartu— exigía el secreto en el que actuábamos. Pero él tenía también que ver con la naturaleza del partido, su predisposición conspiratoria, esa vocación clandestina que nunca le había permitido —pese a que hablábamos tanto de ello— ser un partido de masas.

Fue esto, en parte, lo que me hartó de Cahuide. Cuando dejé de asistir a mi célula, hacia junio o julio de 1954, hacía tiempo que me sentía aburrido por la inanidad de lo que hacíamos. Y no creía ya una palabra de nuestros análisis clasistas y nuestras interpretaciones materialistas que, aunque no se lo dijera de manera tajante a mis camaradas, me parecían pueriles, un catecismo de estereotipos y abstracciones, de fórmulas —«oportunismo pequeño burgués», «revisionismo», «interés de clase», «lucha de clases»— que se usaban como comodines, para explicar y defender las cosas más contradictorias. Y, sobre todo, porque había en mi manera de ser —en mi individualismo, en mi creciente vocación por escribir y en mi naturaleza díscola— una incapacidad visceral para ser ese militante revolucionario paciente, incansable, dócil, esclavo de la organización, que acepta y practica el centralismo democrático —una vez tomada una decisión todos los militantes la hacen suya y la aplican con fanática disciplina— contra el que, aunque aceptara de boca para afuera que era el precio de la eficacia, todo mi ser se rebelaba.

Y también jugaron un papel en mi apartamiento de Cahuide las discrepancias ideológicas, que me venían, sobre todo, de Sartre y de *Les Temps Modernes*, de los que era lector devoto. Pero creo que esto fue algo secundario. Pues, con todo lo que pude leer en los círculos de estudios, lo que llegué a saber entonces de marxismo fue fragmentario y superficial. Sólo en los años sesenta, en Europa, haría un esfuerzo serio para leer a Marx, Lenin, Mao y a marxistas heterodoxos como Lukács, Gramsci y Goldmann o el superortodoxo Althusser, animado por el entusiasmo que despertó en mí la revolución cubana, la que, a partir de 1960, resucitó ese interés por el marxismo-leninismo que, desde que me aparté de Cahuide, creía cancelado.

Aunque San Marcos, Cahuide, Lea y Félix habían sido, todo ese tiempo, mi ocupación absorbente, seguía viendo a los tíos y tías —hacía en sus casas almuerzos o cenas rotativas a lo largo de la semana— y escribiéndole al tío Lucho, a quien daba cuenta pormenorizada de todo lo que hacía o soñaba con hacer y de quien recibía siempre cartas llenas de alicientes. Veía también, mucho, a amigos piuranos que habían venido a Lima a seguir carreras universitarias, sobre todo a Javier Silva. Varios de ellos vivían con Javier en una pensión de la calle Schell, en Miraflores, a la que llamaban «La muerte lenta», por lo mal que les daban de comer. Javier había decidido estudiar arquitectura y andaba disfrazado de arquitecto, con una barbita de intelectual y unas camisas negras cerradas hasta el cuello, tipo Saint-Germain-des-Près. Yo lo había convencido ya de que teníamos que irnos a París, y hasta lo animé a escribir un cuento, que le publiqué en *Turismo*. Su desconcertante texto comenzaba así: «Mis pasos ganaban superficie...» Pero al año siguiente, de manera brusca, decidió ser economista, y entró a San Marcos, de modo que, a partir de 1954, fuimos también compañeros de universidad.

Gracias a Javier, que se había incorporado a él, volví a retomar contacto con mi barrio de Diego Ferré. Lo hacía un poco a escondidas, porque esos chicos y chicas eran unos burgueses y yo había dejado de serlo. ¿Qué hubieran dicho Lea, Félix o los camaradas de Cahuide si me veían, en la esquina de la calle Colón, hablando de esas «hembritas bestiales» que se acababan de mudar a la calle Ocharán o preparando la fiesta-sorpresa del sábado? ¿Y qué hubieran dicho las chicas y los chicos del barrio, de Cahuide, una organización que, además de ser comunista, tenía indios, cholos y negros como los que servían en sus casas? Eran dos mundos, separados por un abismo. Cuando pasaba yo de uno a otro sentía que cambiaba de país.

A quienes vi menos en todo ese tiempo fue a mis padres. Habían pasado varios meses en Estados Unidos y luego, a poco de regresar, mi papá se volvió a ir. Eran nuevos intentos para encontrar algún trabajo o montar algún negocio que le permitiera la mudanza definitiva. Mi madre se quedó en casa de los abuelos, donde apenas cabíamos. La ausencia de mi padre la angustiaba y yo sospechaba que temía que, en un arrebato, se desapareciera, como la primera vez. Pero volvió, cuando estaba por concluir el año 1953, y un día me citó en su oficina.

Fui, muy aprensivo, porque de sus citas yo no esperaba nunca nada bueno. Me dijo que el empleo en *Turismo* no era serio, apenas un cachuelo, y que debía trabajar en algo que me permitiera ir haciendo una carrera a la vez que estudiaba, como tantos muchachos en Estados Unidos. Ya había hablado con un amigo suyo, del Banco Popular, y me esperaba allí un trabajo, desde el primero de enero.

De manera que estrené 1954 de empleado bancario, en la sucursal de La Victoria del Banco Popular. El primer día el administrador me preguntó si tenía experiencia. Le dije que ninguna. Silbó, intrigado. «¿O sea que entraste por vara?» Así era. «Te fregaste —me anunció—. Porque lo que yo necesito es un recibidor. A ver cómo te bates.» Fue una experiencia difícil que se prolongaba fuera de las ocho horas que pasaba en la oficina, de lunes a viernes, y se me reproducía en pesadillas. Tenía que recibir dinero de la gente para sus libretas de ahorros o sus cuentas corrientes. Un gran número de clientes eran las putas del jirón Huatica, que estaba allí, a la vuelta de la sucursal, y que se impacientaban porque yo me demoraba en contar y dar recibo. Los billetes se me caían o se me enredaban en los dedos, y a veces, hecho un mar de confusión, fingía haber sacado la cuenta y les daba el recibo sin verificar cuánto me habían entregado. Muchas tardes, el balance no cuadraba y tenía que recontar el dinero en un estado de verdadera zozobra. Un día me faltaron cien soles, de modo que, con la cara por el suelo, fui donde el administrador y le dije que cubriera el hueco de mi sueldo. Pero él, con una simple ojeada en el balance, encontró el error y se rió de mi impericia. Era un hombre joven y amable, empeñado en que los compañeros me nombraran delegado a la federación bancaria, ya que era universitario. Pero me negué a ser delegado sindical, y no informé de ello a Cahuide, pues me habrían pedido que aceptara. Si asumía esa responsabilidad tendría que quedarme de empleado bancario y se me hacía cuesta arriba. Detestaba el trabajo, la rutina de los horarios y esperaba el sábado como en el internado leonciopradino.

Y entonces, al segundo mes, de manera inesperada, se presentó la ocasión de escapar de los balances. Fui a San Marcos a recoger mis notas y la secretaria de la Facultad, Rosita Corpancho, me dijo que el doctor Porras Barrenechea, en cuyo curso yo había sacado una nota sobresaliente, quería verme. Lo llamé, intrigado —jamás había hablado a solas con él—, y me pidió que pasara por su casa, en la calle Colina, en Miraflores.

Fui, lleno de curiosidad, encantado de poder entrar a ese recinto de cuya biblioteca y colección de Quijotes se hablaba en San Marcos como de algo mítico. Me condujo a la salita donde solía trabajar y allí, rodeado de una muchedumbre de libros de todos los tamaños y de estantes donde se sucedían las estatuillas y los cuadros de don Quijote y Sancho Panza, me felicitó por el examen, por el trabajo que le había presentado —en el que había visto, con aprobación, que yo señalaba un error histórico del arqueólogo Tschudi— y me propuso trabajar con él. Juan Mejía Baca había encargado una colección de historia del Perú a los principales historiadores peruanos. Porras tendría a su cargo los volúmenes de Conquista y Emancipación. El librero-editor le pagaría dos asistentes para la bibliografía y documentación. Uno ya trabajaba con él: Carlos Araníbar, de la doctoral de Historia en San Marcos. ¿Quería ser yo el otro? Mi sueldo serían quinientos soles al mes y trabajaría en su casa, de dos a cinco de la tarde, de lunes a viernes.

Salí de allí en un indescriptible estado de euforia, a redactar mi renuncia al Banco Popular, que entregué a la mañana siguiente al administrador, sin ocultarle la felicidad que sentía. Él no podía comprenderlo. ¿Me daba cuenta que dejaba un puesto seguro, por algo efímero? Mis compañeros de la sucursal me dieron una despedida, en un chifa de La Victoria, en la que me hicieron muchas bromas sobre mis clientas del jirón Huatica que *no* me iban a extrañar.

Di la noticia a mi padre lleno de aprensión. Pese a que andaba camino de los dieciocho años, el temor ante él reaparecía en esas ocasiones —una sensación paralizante que empequeñecía y anulaba ante mí mismo mis propios argumentos, aun en asuntos en los que estaba seguro de tener razón—, así como el malestar cuando él estaba cerca, incluso en las más anodinas situaciones.

Me escuchó, empalideciendo ligeramente y escrutándome con esa mirada fría que nunca he visto en nadie más, y apenas terminé me exigió que le probara que iba a ganar quinientos soles. Tuve que volver donde el doctor Porras en busca de una constancia. Me la dio, algo extrañado, y mi padre se limitó a despotricar un rato, diciéndome que no había dejado el banco porque la otra ocupación iba a ser más interesante, sino por mi falta de ambición.

Y, al mismo tiempo que conseguí el trabajo con Porras Barrenechea, otra cosa excelente me pasó: el tío Lucho se vino a Lima. No por las buenas razones. Una brusca crecida del río Chira, por lluvias diluviales en las sierras de Piura, hizo que las aguas rompieran las defensas de la chacra de San José y destruyeran todos los algodonales, en un año en que las rozas aparecían muy cargadas y se esperaba una cosecha excepcional. La inversión y esfuerzos de muchos años quedaron pulverizados en minutos. El tío Lucho devolvió el fundo, vendió sus muebles, subió a su camioneta a la tía Olga y a los primos Wanda, Patricia y Lucho, y se dispuso a dar la pelea una vez más, ahora en Lima.

Su presencia iba a ser algo formidable, pensaba yo. La verdad, hacía falta. La familia había empezado a dar tumbos. El abuelito había quedado con la salud resentida y con problemas de memoria. El caso más alarmante era el del tío Juan. Desde que llegó de Bolivia había conseguido una buena situación, en una compañía industrial, pues era competente, y, además, un hombre casero, entregado a su mujer y a sus hijos. Siempre había sido aficionado a beber más de la cuenta, pero esto parecía algo que podía controlar a voluntad, unas licencias de fines de semana, en fiestas y reuniones familiares. Sin embargo, desde la muerte de su madre, año y medio atrás, esto había tomado proporciones. La mamá del tío Juan vino de Arequipa a vivir con él cuando se supo que tenía cáncer. Tocaba el piano maravillosamente y cuando yo iba a la casa de mis primas Nancy y Gladys, le pedía siempre a la señora Laura que tocara el vals *Melgar*, de Luis Duncker Lavalle,

Blanca ciudad, y otras composiciones que nos recordaban a Arequipa. Era una mujer muy piadosa, que supo morir con compostura. Su muerte derrumbó al tío Juan. Permaneció encerrado en la sala de su casa, sin abrir, bebiendo, hasta perder el sentido. Desde entonces, solía beber así, horas de horas, días de días, hasta que a la persona bondadosa y bonachona que era sobrio, la reemplazaba un ser violento, que sembraba el miedo y la destrucción a su alrededor. Yo sufrí tanto como la tía Lala y mis primos con su decadencia, esas crisis en las que fue destruyendo sus muebles, entrando y saliendo de sanatorios —curas que intentaba una y otra vez y que eran siempre inútiles— y llenando de amargura y estrecheces a una familia a la que, sin embargo, adoraba.

El tío Pedro se había casado con una muchacha muy bonita, hija del administrador de la hacienda San Jacinto, y luego de haber pasado un año en Estados Unidos, ahora él y la tía Rosi vivían en la hacienda Paramonga, cuyo hospital dirigía. Esa familia iba muy bien. Pero el tío Jorge y la tía Gaby andaban como perro y gato, y su matrimonio parecía zozobrar. El tío Jorge había ido alcanzando cada vez mejores puestos. Con la prosperidad había contraído un apetito insaciable de diversión y de mujeres, y sus disipaciones eran fuente de continuos pleitos conyugales.

Los problemas familiares me afectaban mucho. Los vivía como si cada uno de esos dramas en los diferentes hogares de los Llosa me concernieran de la manera más íntima. Y con una bella dosis de ingenuidad creía que con la venida del tío Lucho todo se iba a arreglar, que gracias al gran desfacedor de entuertos la familia volvería a ser esa serena tribu indestructible,sentada alrededor de la larga mesa de Cochabamba, para el alborotado almuerzo de los domingos.

XII

INTRIGANTES Y DRAGONES

Entre fines de setiembre y mediados de octubre de 1989, luego de inscribir mi candidatura en el Jurado Nacional de Elecciones, hice un viaje relámpago por cuatro países a los que, desde el principio de la campaña, me refería como ejemplo del desarrollo que puede alcanzar cualquier país de la periferia que elija la libertad económica y se inserte en los mercados mundiales: Japón, Taiwan, Corea del Sur y Singapur.

Carecían de recursos naturales, estaban superpoblados y habían partido de cero, por su condición colonial o atrasada o a causa de una guerra que los devastó. Y los cuatro habían conseguido, optando por el desarrollo hacia afuera —la exportación— y promoviendo la empresa privada, una industrialización y modernización rapidísimas, que acabaron con el desempleo y elevaron sus niveles de vida de manera notable. Los cuatro —pero, sobre todo, Japón— competían ahora en los mercados mundiales con los países más avanzados. ¿No eran un ejemplo para el Perú?

El viaje tenía como objetivo mostrar a los peruanos que algo que preconizábamos —la apertura de nuestra economía hacia el Pacífico— lo poníamos en marcha desde ahora, adelantando gestiones con autoridades, empresas e instituciones financieras de esos países. Y que yo era lo bastante conocido en la escena internacional como para ser recibido en aquellos medios.[20] Álvaro consiguió que

20. Antes de este viaje, me había entrevistado con otros jefes de Estado o de gobierno, tres de ellos europeos —el canciller alemán, Helmut Kohl, en julio de 1988; la primera ministra británica, Margaret Thatcher, en mayo de 1989; el presidente del gobierno español, Felipe González, en julio de 1989— y tres latinoamericanos: los presidentes de Costa Rica, Óscar Arias, el 22 de octubre de 1988;

cada noche de mi gira, entre el 27 de setiembre y el 14 de octubre de 1989, la televisión peruana pasara las imágenes que le enviaba por satélite el bigotudo camarógrafo que nos acompañó: Paco Velázquez.

Este camarógrafo viajó con nosotros gracias a Genaro Delgado Parker, uno de los dueños del Canal 5, quien pagó sus gastos. Para entonces, Genaro, viejo conocido y amigo, pasaba por un entusiasta de mi candidatura. La noche del lanzamiento de ésta, en Arequipa, el 4 de junio de 1989, nos regaló un millón de dólares en espacios publicitarios, luego de una discusión con Lucho Llosa, en la que éste lo acusó de ambiguo y oportunista en sus operaciones políticas. Genaro me visitaba de tanto en tanto para hacerme sugerencias y contarte chismes políticos; y para explicarme que si en los noticieros y programas del Canal 5 se me atacaba, era culpa de su hermano Héctor, miembro del partido aprista, íntimo amigo y asesor de la presidencia durante el primer año de gobierno de Alan García.

Según Genaro, Héctor había ganado para su causa al hermano menor, Manuel, y entre ambos lo habían puesto en minoría en el canal, de modo que se había visto obligado a renunciar a tener cargo ejecutivo alguno y al directorio de la empresa. Genaro me hacía sentir siempre que yo había sido la causa original de su ruptura con Héctor —en la que, incluso, había mediado hasta un puñete—, pero que él prefirió esa crisis familiar a abdicar de una visión de la economía y la política que coincidía con la mía. Desde que trabajé con él, como periodista, aún adolescente, en radio Panamericana, había sentido una irremediable simpatía por Genaro, pero siempre tomé con un grano de sal sus declaraciones de amor político. Pues creo conocerlo lo bastante para saber que su gran éxito como empresario se ha debido no sólo a su energía y talento (que tiene de sobra) sino, también, a su genio camaleónico, su habilidad mercantilista para nadar en el agua y el aceite y per-

de Venezuela, Carlos Andrés Pérez, en abril de 1989, y de Uruguay, Julio María Sanguinetti, el 15 de junio de 1989. Y lo haría después, con el presidente brasileño Collor de Mello, el 20 de febrero de 1990. En la publicidad de la campaña utilizamos fotos y películas de estos encuentros para inventarme una imagen de estadista.

suadir al mismo tiempo a Dios y al diablo de que es hombre suyo.

Su conducta, durante la campaña contra la estatización, fue errática. Al principio, tomó una actitud frontal contra la medida y el Canal 5, que entonces dirigía, nos abrió sus puertas y fue poco menos que vocero de nuestra movilización. La víspera del mitin de la plaza San Martín, vino a verme con sugerencias, algunas muy divertidas, para mi discurso, que el Canal 5 transmitió en directo. Pero, en los días siguientes, su posición fue mudando de la solidaridad a la neutralidad, y luego a la hostilidad, de manera astronáutica. La razón era una convocatoria, en lo más arduo de la campaña, que recibió de Alan García, quien lo invitó a tomar desayuno a Palacio de Gobierno. Acabando esa entrevista, Genaro corrió a mi casa, a contármela. Me dio una versión de su charla con el presidente, en la que éste, además de despotricar contra mí, le había hecho veladas amenazas que no me detalló. Lo noté bastante removido por aquel encuentro: entre asustado y eufórico. El hecho es que, inmediatamente después, Genaro partió a Miami, donde se hizo humo. Fue imposible localizarlo. El menor de los Delgado Parker —Manuel, gerente también de Radioprogramas—, que quedó a cargo de la empresa, nos eliminó de los boletines y puso muchas trabas y dificultades para pasar incluso nuestros avisos pagados.

Luego de unos meses, Genaro volvió a Lima, y, como si nada hubiera ocurrido, reanudó sus contactos conmigo. Me visitaba con frecuencia en mi casa de Barranco, me ofrecía ayuda y consejos, pero indicándome que su influencia en el canal era ahora limitada, pues Héctor y Manuel se habían coaligado contra él. Pese a ello, el millón de dólares en publicidad que nos donó fue respetado por la empresa aun después de que Genaro dejó de dirigir el canal. A lo largo de casi toda la campaña, Genaro posó de hombre nuestro. Estuvo en el lanzamiento de mi candidatura en Arequipa y para promoverla reunió un pequeño grupo de periodistas que, de acuerdo con mi hijo Álvaro, distribuía a los medios de prensa materiales que podían ayudarnos. Así fue como el camarógrafo Paco Velázquez viajó por el Asia conmigo.

Menos inteligente y habilidoso que Genaro, su hermano Héctor optó por comprometerse con el APRA, asumiendo delicadas responsabilidades en el gobierno de Alan García. Fue comisionado de éste para negociar con el gobierno francés la reducción de compra de veintiséis aviones Mirage, que el gobierno de Belaunde había encargado, y parte de los cuales Alan García decidió devolver. La larga negociación —por la que, al final, el Perú retuvo doce y devolvió catorce— terminó en un acuerdo que nunca quedó claro. Éste era uno de los asuntos en que, se rumoreaba con insistencia, había habido malos manejos y millonarias comisiones.[21] Yo anuncié que, si llegaba al gobierno, el asunto de los Mirage sería investigado al igual que todos aquellos en los que había presunción de delito.

En repetidas ocasiones fui aconsejado por asesores y aliados del Frente de que evitara referirme a los Mirage, por el riesgo de que el Canal 5 se convirtiera en enemigo despiadado de mi candidatura. Deseché el consejo por la razón ya consignada: para que nadie se engañara en el Perú sobre lo que iba a hacer si era elegido. No acuso de manera formal en este asunto a Alan García y Héctor Delgado Parker. Pues, aunque traté de informarme al detalle sobre la negociación de los Mirage, nunca llegué a hacerme una idea definitiva al respecto. Pero, por ello mismo, era necesario averiguar si el acuerdo había sido limpiamente negociado, o no.

En pleno viaje por Asia, una noche me llegó al hotel de Seúl un fax de Álvaro: Héctor Delgado Parker había sido secuestrado, el 4 de octubre de 1989, en las vecindades de Panamericana Televisión, por un comando del Movimiento Revolucionario Túpac Amaru, que, en la operación, asesinó a su chofer y lo hirió a él. Héctor permaneció secuestrado 199 días, hasta el 20 de abril de 1990, en que sus captores lo soltaron en las calles de Miraflores. Durante este tiempo, el director ejecutivo del Canal 5 fue el menor de los hermanos, Manuel, pero Genaro volvió a tener injerencia en la empresa. En una conferencia de prensa, en el Foro sobre Economía y Agricultura 1990-1995, organizado por la Universidad Agraria, el 30 de enero de 1990

21. En julio de 1991, cuando el escándalo internacional del BCCI, el fiscal de Nueva York, Robert Morgentau, acusó al gobierno de Alan García de haber hecho perder al Perú cien millones de dólares, al ordenar que el Perú no interviniese en la operación de recompra de sus catorce aviones por un país del Medio Oriente, dando a entender que todo ello implicaba una operación escabrosa.

(en la que, dicho sea de paso, exasperado por la ferocidad de las calumnias del oficialismo que arreciaban en esos días, me excedí, llamando al de Alan García «un gobierno de cacasenos y bribones»), mencioné, entre los asuntos que serían objeto de una investigación futura, el de los Mirage. Días después, en uno de los más misteriosos episodios de la campaña, los captores de Héctor autorizaron a éste a responderme y a proclamar su inocencia, desde la «cárcel del pueblo», en un vídeo que fue pasado en el programa de César Hildebrandt, en el Canal 4, el domingo 11 de febrero de 1990. La víspera, Manuel Delgado Parker había buscado a Álvaro para hacerle saber la existencia de ese vídeo y asegurarle que la familia no autorizaría su difusión. La prensa aprista me acusó de poner en peligro la vida de Héctor, por mencionar los Mirage mientras se hallaba secuestrado. A partir de aquel episodio, el Canal 5 se convertiría en pieza clave de la campaña orquestada por el gobierno contra nosotros.

Pero faltan unos meses para entonces y durante el viaje a Oriente, a comienzos de octubre de 1989, gracias a los buenos oficios de Genaro y su camarógrafo, Álvaro pudo inundar los canales y los diarios con imágenes en las que yo aparecía poco menos que como un jefe de Estado, conversando con el presidente de Taiwan, Lee Teng-hui o con el primer ministro de Japón, Toshiki Kaifu. Este último se mostró muy cordial conmigo. El 13 de octubre de 1989, para recibirme, aplazó una cita con Carla Hill, secretaria de Estado norteamericana para el Comercio, y en nuestra breve charla me aseguró que Japón apoyaría a mi eventual gobierno en sus esfuerzos para reinsertar al Perú en la comunidad financiera. Me dijo que veía de manera favorable nuestro empeño en atraer inversiones japonesas. El primer ministro Kaifu había sido presidente de un comité de amistad peruano-japonesa de la Dieta y estaba enterado de que yo había puesto con frecuencia al Japón como prueba de que un país podía levantarse de sus ruinas y postulado la apertura económica del Perú hacia el Pacífico. (En la segunda vuelta electoral, el ingeniero Fujimori sacaría buen provecho de esta prédica, diciéndoles a los electores: «Estoy de acuerdo con lo que dice el doctor Vargas Llosa sobre el Japón. Pero ¿no creen ustedes que un hijo de japoneses puede tener más éxito que él en esa política?»)

La Keidanren, confederación de empresas privadas del Japón, organizó una reunión en Tokio entre representantes de industrias y bancos japoneses y los empresarios que me acompañaron en la gira: Juan Francisco Raffo, Patricio Barclay, Gonzalo de la Puente, Fernando Arias, Raymundo Morales y Felipe Thorndike. Pedí a éstos que viajaran conmigo porque representaban en sus respectivas ramas —finanzas, exportaciones, minería, pesquería, textiles, metalmecánica— a empresas modernas, y porque los consideraba empresarios eficientes, deseosos de progresar y capaces de aprender de las empresas que visitamos en los «cuatro dragones». Era bueno mostrar a los gobiernos y a los inversionistas asiáticos que nuestro proyecto de apertura contaba con el apoyo del sector privado peruano.

Éste fue uno de los pocos casos en que hubo un trabajo conjunto de grupos orgánicos del empresariado y mi candidatura. La simpatía de este sector hacia mí cuando la batalla contra la estatización fue unánime. Luego, cuando empecé a promover la economía de mercado y a pedir un mandato para desmontar el proteccionismo y abrir las fronteras a la importación, cundió el pánico en muchos de ellos. Algunos desenterraron el esqueleto tremebundo: la destrucción de la industria nacional. ¿Cómo podrían competir los empresarios nacionales con aquellos, poderosísimos, del extranjero, que inundarían el mercado con productos a precios de *dumping*? Yo les contestaba que no debía de ser imposible cuando, en Chile, ahora una economía abierta, las industrias, en vez de desaparecer, habían proliferado.

Las discusiones sobre este tema fueron largas y difíciles. Una economía deformada por prácticas mercantilistas deforma al propio empresario, en quien genera una mentalidad pasiva y dependiente de la protección estatal, una psicología insegura y miedo pánico a la competencia. Tuve tensos encuentros con los ensambladores de automóviles, que me visitaron varias veces. La idea de que con la liberalización pudieran llegar al Perú automóviles usados o de bajo precio, los espantaba. ¿Quién iba a comprar un Toyota armado en el Perú cuyo costo era de veinticinco mil dólares cuando se ofrecieran coches coreanos Hyundai a cinco mil? Mi respuesta fue siempre categórica. Si una empresa era incapaz de sobrevivir en competencia con otra extranjera, debía reconvertirse o desaparecer, pues mantenerla, levantando barreras proteccionistas, era ir contra los intereses del pueblo peruano.

Algunos empresarios peruanos no lo aceptaron nunca —«Antes los comunistas que Vargas Llosa», llegó a afirmar, me han dicho, uno de los más conservadores, don Gianflavio Gerbolini—, pero lo cierto es que otros, y creo que muchos otros, como algunos de los que me acompañaron a Oriente, llegaron a convencerse de que sólo una reforma liberal garantizaría un futuro a la empresa privada.

Aborrecido y atacado sin tregua por la izquierda, en cuya demonología aparecía siempre como el gran responsable de la explotación y la injusticia social, y como el antipatriota aliado o sirviente del capital extranjero; obligado, por el sistema mercantilista, a transgredir continuamente la ley sobornando funcionarios y evadiendo impuestos para tener éxito; acostumbrado a la inseguridad de leyes y disposiciones contradictorias y cambiantes según los vaivenes de un mundo político arbitrario; temeroso de las nacionalizaciones y confiscaciones y por ello impedido de planear operaciones de largo aliento y siempre tentado de asegurarse invirtiendo parte de su patrimonio en el extranjero, el empresario peruano estaba lejos de ser aquel capitán de empresa audaz, protagonista de la gran revolución industrial de los países desarrollados. Pero, también, de ser ese chivo expiatorio en quien socialistas y populistas veían al responsable de nuestro subdesarrollo. Su participación en política había sido nula o vergonzante; se había limitado a tratar de influenciar a los políticos, es decir, en muchos casos, a comprarlos.

Para muchos de ellos fue una sorpresa que, desde mi primera intervención pública, yo hiciera una reivindicación fogosa de la empresa y del empresario privados, y que en mi campaña figuraran con rasgos muy distintos a como estaban acostumbrados a ser tratados en los discursos políticos. Y que dijera, una y otra vez, que en la sociedad que queríamos construir el empresario privado sería el motor del desarrollo, gracias a cuya visión se crearían los puestos de trabajo que necesitábamos, llegarían al Perú las divisas que hacían falta e irían elevándose los niveles de vida de la población, alguien reconocido y aprobado por una sociedad sin complejos, consciente de que en un país de economía de mercado, el éxito de las empresas favorece al conjunto de la comunidad.

Nunca oculté a los empresarios que, en una primera etapa, a ellos les tocaría hacer grandes sacrificios. Ahora estoy menos seguro, pero, entonces, me pareció que muchos, acaso la mayoría, llegaron a admitir que tenían que pagar ese precio si querían ser algún día los pares de esos empresarios que, en Japón, Taiwan, Corea del Sur o Singapur, nos mostraban sus fábricas y nos dejaban mareados con sus índices de crecimiento y sus ventas por el mundo. A algunos de ellos por lo menos llegué a contagiarles mi convicción de que sólo dependía de nosotros que, un día no lejano, esa inmunda y violenta ciudad en que se ha convertido la Ciudad de los Reyes (como se llamaba a Lima en la Colonia) luciera ante el turista como la impecable y modernísima ciudad-Estado de Singapur.

«Estos rascacielos que usted ve allí, esa avenida con boutiques que no tienen nada que envidiar a las de Zurich, Nueva York o París, y esos hoteles de cinco estrellas, eran, cuando yo llegué aquí hace treinta años, fangales infestados de cocodrilos y mosquitos.» Veo al personaje, señalando desde su ventana de la Cámara de Comercio de Singapur, que él presidía, el centro de esa ciudad, de ese diminuto país, que me dejó una imborrable impresión.

Como el Perú, Singapur era una sociedad multirracial —blancos, chinos, malayos, hindúes—, de lenguas, tradiciones, costumbres y religiones distintas. Pero ellos tenían además un territorio diminuto, cuya población apenas cabía en él, y padecían de calor asfixiante y lluvias torrenciales. Salvo una buena situación geográfica, carecían de recursos naturales. Es decir, eran víctimas de todos aquellos factores considerados los peores obstáculos para el desarrollo. Y, sin embargo, se habían convertido en una de las sociedades más modernas y avanzadas del Asia, con un altísimo nivel de vida, el puerto más grande y eficiente del mundo —una especie de clínica por su albura, donde un barco descargaba y cargaba en apenas ocho horas— e industrias de alta tecnología.[22] (Su GDP entre 1981 y 1990 había sido de un 6,3 por ciento promedio y sus exportaciones entre 1981 y 1989 de 7,3 por ciento, según el Banco Mundial y el Fondo Monetario Internacional.) Sus razas, religiones y usos distintos coexistían en esa Meca financiera, con una de las bolsas más activas del globo y un sistema bancario con redes por todo el planeta. Todo ello se había logrado en menos de treinta años, gracias a la libertad económica, el mercado y la internacionalización. Es verdad que el régimen de Lee Kwan-yooh había sido autoritario y represivo (sólo ahora comenzaba a tolerar la oposición y la crítica), lo que yo no iba a imitar. Pero ¿por qué no podía el Perú llevar a cabo un desarrollo semejante, dentro de la democracia? Era posible, si una mayoría de peruanos lo decidía. Y a esas alturas de la campaña, los signos eran favorables: las encuestas me ponían siempre muy por delante, con intenciones de voto a mi favor que oscilaban entre el cuarenta y el cuarenta y cinco por ciento.

No era fácil obtener ofertas de ayuda y de inversiones, siendo un simple candidato. Sin embargo, conseguimos promesas concretas para el PAS (Programa de Apoyo Social) de unos cuatrocientos millones de dólares (Taiwan, doscientos millones, y Corea del Sur y Japón, cien millones cada uno). En la gira pude mostrar a los gobiernos de esos países y a muchas empresas lo que íbamos a hacer para enmendar el rumbo autodestructivo que había tomado el Perú. Nuestra imagen había caído a extremos lastimosos: un país inseguro y violento, puesto en cuarentena por la comunidad financiera, al que ésta, desde la declaratoria de guerra del gobierno aprista al Fondo Monetario Internacional, había segregado de su agenda, excluyéndolo de todo programa de créditos o ayudas y desinteresándose de su existencia.

22. Recuerdo haber tenido en Londres, con el escritor Shiva Naipaul, que acababa de regresar de allí, una discusión sobre Singapur. Según él, ese progreso, la rápida modernización, eran un crimen cultural contra los singapurenses, quienes estaban por ello «perdiendo su alma». ¿Eran más auténticos antes, cuando vivían rodeados de pantanos, cocodrilos y mosquitos, que ahora que viven entre rascacielos? Más pintorescos, sin duda, pero estoy seguro de que todos ellos —todos los habitantes del Tercer Mundo— estarían dispuestos a renunciar a ser pintorescos a cambio de tener trabajo y vivir con un mínimo de seguridad y decencia.

A mis argumentos de que el Perú gozaba de recursos que los países asiáticos necesitaban —empezando por el petróleo y los minerales— y que por lo tanto era posible complementar ambas economías convirtiendo al Pacífico en un puente de intercambios, las respuestas solían ser siempre las mismas. Sí, pero, antes, el Perú tenía que salir de su atasco con el Fondo Monetario Internacional, sin cuyo aval ningún país, banco o empresa confiaría en el gobierno peruano. La segunda condición era poner punto final al terrorismo.

En el caso del Japón, el asunto resultaba particularmente delicado. Autoridades y empresarios nos dijeron, sin rodeos, su disgusto por el incumplimiento de los compromisos adquiridos por el Perú con motivo del oleoducto norperuano, financiado por ese país. Los gobiernos habían dejado de amortizar hacía años esta deuda contraída en tiempos de la dictadura militar, pero, más grave aún para un país donde la forma lo es todo, el actual ni siquiera ofrecía explicaciones. Los responsables no contestaban las cartas ni los télex. Y los enviados especiales no habían sido recibidos ni por el presidente ni por los ministros sino por funcionarios de segundo nivel que respondían con evasivas y promesas deshuesadas (la famosa institución peruana del *meceo*: dar largas hasta que el interlocutor se canse de insistir). ¿Eran éstas maneras de actuar entre países amigos?

A funcionarios y empresarios repetí que era contra este género de procedimientos y de moral política que yo estaba luchando. Y a todos expliqué que en nuestro programa eran prioritarias la renegociación con el FMI y la lucha contra el terror. No sé si me creyeron. Pero algunas cosas conseguí. Entre ellas, un acuerdo con la Keidanren para celebrar en Lima, inmediatamente después de la elección, una reunión de empresarios peruanos y japoneses encargada de echar las bases de una colaboración que abarcaría desde el tema de las deudas impagas hasta la manera como Japón podía ayudar al Perú a reinsertarse en el mundo financiero y los sectores en los que las empresas japonesas podían invertir en el Perú. El incansable Miguel Vega Alvear, quien había organizado la gira por el Oriente, quedó encargado de preparar este encuentro, a fines de abril o comienzos de mayo (las elecciones debían celebrarse el 10 de abril y no descartábamos la idea de ganar en primera vuelta).

El recibimiento más espectacular en la gira lo tuve en Taiwan. Y salí de allí convencido que de ese país vendrían inversiones importantes apenas ganáramos la elección. Funcionarios de Relaciones Exteriores me esperaban al pie del avión, dos coches con sirenas me escoltaron en todos los desplazamientos, me recibió en audiencia oficial el presidente Lee Teng-hui, así como el ministro de Relaciones Exteriores, tuvimos una sesión de trabajo con los dirigentes del Kuomintang y con empresarios privados. Y algo que yo había pedido con insistencia: una información detallada sobre la reforma agraria que transformó la isla de grandes dominios semifeudales que era al llegar allí Chiang Kai-shek en un archipiélago de pequeñas y medianas granjas en manos de propietarios privados. Esta reforma fue el impulso de partida del despegue industrial que convirtió a Taiwan en la potencia económica que es hoy.

Cuando yo era estudiante, en los años cincuenta, Taiwan era una mala palabra en América Latina. Los sectores progresistas consideraban que «taiwanizarse» era el peor de los oprobios para un país. Según la ideología reinante, esa confusa mezcla de socialismo, nacionalismo y populismo que arruinó a América Latina, la imagen de Taiwan era la de una factoría semicolonial, un país que vendió su soberanía por un plato de lentejas: esas inversiones norteamericanas que permitían la existencia de manufacturas en las que millones de obreros miserablemente pagados cosían pantalones, camisas y vestidos para las transnacionales. A mediados de los años cincuenta, la economía peruana —cuyo volumen de exportación llegaba a los dos mil millones de dólares anuales— era superior a la de Taiwan y la renta *per cápita* de ambos países estaba por debajo de los mil dólares. Cuando yo visité la isla, la renta *per cápita* en el Perú había descendido a cerca de la mitad de lo que era en los años cincuenta y la de Taiwan había aumentado más de siete veces (7.350 dólares para 1990). Y luego de haber crecido a un ritmo promedio de 8,5 por ciento anual entre 1981 y 1990 (y sus exportaciones a un promedio anual del 12,1 por ciento entre 1981 y 1989),[23] Taiwan te-

23. Datos del Banco Mundial y el Fondo Monetario Internacional.

nía ahora unas reservas de setenta y cinco mil millones de dólares, en tanto que al terminar el período de Alan García las reservas peruanas eran negativas y abrumaba al país una deuda externa de veinte mil millones de dólares.

A diferencia de Corea del Sur, cuyo desarrollo, no menos impresionante, había tenido como motores a siete enormes grupos económicos, en Taiwan hubo una multiplicación de empresas de mediano y pequeño formato, de muy alto nivel tecnológico: en 1990 el ochenta por ciento de sus fábricas, orientadas la mayoría a la exportación y de alta competitividad, tenían menos de veinte trabajadores. Éste era un modelo que nos convenía. Autoridades y empresarios de Taiwan no ahorraron esfuerzos para satisfacer mi curiosidad y me prepararon un programa de visitas que, aunque demoledor, resultó muy instructivo. Recuerdo, sobre todo, la impresión de ciencia ficción que me dio el parque científico industrial de Hsin Chu, donde las grandes empresas del mundo eran invitadas a experimentar con productos y tecnologías para el futuro. En Taiwan recibí las promesas más firmes de ayuda, si el Frente Democrático asumía el poder.

Naturalmente, había detrás de ello un interés político. El Perú rompió con Taiwan para reconocer a la República Popular China, en tiempos de la dictadura de Velasco. Desde entonces, los gobiernos peruanos habían reducido los contactos e intercambios comerciales; con Alan García, se habían extinguido. Para tener alguna presencia en el Perú, Taiwan mantenía una compañía comercial en Lima, cuyo gerente era el representante oficioso de su gobierno. Pero ni siquiera estaba autorizado a dar visados. Aunque en ninguna de las entrevistas me pidieron nada concreto, yo adelanté a las autoridades que mi gobierno abriría relaciones consulares y comerciales, sin romper con la República Popular China.

Al igual que lo había hecho con la señora Thatcher y Felipe González, gobernantes de países con problemas de esta índole, pedí a los dirigentes de Taiwan asesoría en lo que concierne a la acción antiterrorista. Como aquéllos, éstos también me la prometieron. Y me concedieron de inmediato dos becas, para un cursillo de ocho semanas sobre estrategia antisubversiva. El Movimiento Libertad envió a Henry Bullard, un jurista miembro de la Comisión de Derechos Humanos y Pacificación del Frente Democrático y a un personaje tan enigmático como eficiente, del que nunca llegué a saber gran cosa, salvo que era karateka y nisei: el profesor Oshiro. Era el entrenador y director técnico del personal de seguridad de Prosegur, y la persona que reemplazaba a Óscar Balbi —o lo reforzaba—, siguiéndome como una sombra en los mítines y giras por el país. De edad indefinible —entre los cuarenta y cuarenta y cinco, tal vez—, menudo y fuerte como una roca, siempre vestido con una ligera camisa deportiva, su aire tranquilo y apacible me inspiraba confianza. El profesor Oshiro nunca abría la boca, salvo para proferir unos incomprensibles murmullos y nada parecía alterarlo ni lo arrancaba de su ensimismamiento. Ni las agresiones de los búfalos en las manifestaciones ni las tormentas que, de pronto, hacían zangolotear el avioncito en que viajábamos. Pero cuando hacía falta, sus reacciones eran velocísimas. Como aquella vez, en Puno, durante la fiesta de la Candelaria. Habíamos entrado al estadio, donde se celebraba un espectáculo de bailes folklóricos, y una lluvia de piedras nos salió al encuentro, lanzadas desde una tribuna. Antes de que yo atinara a levantar los brazos, el profesor Oshiro ya había extendido su casacón de cuero, a manera de paraguas —parapiedras— sobre mí y detenido, al menos amortiguado, los impactos. El curso antisubversivo en Taiwan no lo impresionó mucho, pero se tomó el trabajo de presentarme un informe de todo lo que oyó y aprendió en él.

Como el viaje por Asia era político, y con una agenda recargada, no tuve casi tiempo en esas semanas para las actividades culturales ni para ver a escritores. Con dos excepciones. En Taipei almorcé con los dirigentes del PEN Club local y pude conversar brevemente con la magnífica Nancy Ying, de quien me había hecho buen amigo cuando era presidente internacional de esa organización. Y, en Seúl, el centro coreano del PEN me ofreció una recepción, a la que invitó a mis acompañantes. La presidía una figura imponente, envuelta en un kimono de seda bellísimo, con flores estampadas y abanicos de papel pintado. El banquero e industrial Gonzalo de la Puente, haciendo una reverencia renacentista, se inclinó a besarle la mano: «*Chère madame…*» (Discretamente, le informamos que se trataba de un *cher monsieur*, poeta venerable y, al parecer, muy popular.)

Apenas regresé a Lima, el 23 de octubre de 1989, di una conferencia de prensa informando sobre mi viaje y las buenas perspectivas para que el Perú desarrollara sus relaciones económicas con los países de la cuenca del Pacífico. La gira fue bien reseñada por los medios. Parecía haber un sentimiento unánime a favor de que el Perú mejorara sus intercambios con países poseedores de gigantescos excedentes financieros para inversión industrial. ¿No era absurdo haber desaprovechado esa oportunidad a la que Chile le estaba sacando ya tan buen partido?

Preocupado por la victoria aplastante del Frente Democrático que anunciaban las encuestas, el 27 de noviembre de 1989 Alan García rompió lo que, por disposición constitucional y costumbre, ha de ser la actitud del presidente en los comicios: una auténtica o fingida neutralidad. Y, en conferencia de prensa, salió a las pantallas de televisión a decir que si nadie se «le pone al frente» (a mí), lo haría él. Por ejemplo, refutando las cifras que yo había dado sobre el número de empleados públicos en el Perú. Según él, había *sólo* quinientos siete mil en las planillas del Estado. Éste era un tema de capital importancia para nosotros y lo habíamos investigado hasta donde era posible hacerlo. Yo había asistido varias veces a las reuniones de nuestra comisión de Sistema Nacional de Control del Estado, y quien la presidió, la doctora María Reynafarje, nos había hecho una exposición interesantísima sobre las trampas y chanchullos utilizados para abultar el personal de las empresas públicas, en que habían incurrido los sucesivos gobiernos. El de Alan García exageró esta práctica hasta la perversión. El Instituto Peruano del Seguro Social, por ejemplo, tenía un sistema de contratos, con supuestas empresas de seguridad —y unos fondos protegidos por una suerte de secreto militar— que permitía al gobierno pagar los salarios de centenares de matones y pistoleros de sus bandas paramilitares. No me fue difícil, pues, polemizar con él y demostrar, al día siguiente, con cifras a la mano, que el número de peruanos que recibían sueldos y salarios del Estado (oficialmente o mediante el subterfugio de los contratos temporales) excedía el millón. Las encuestas hechas después de esta polémica mostraron que de cada tres peruanos dos me creían a mí y sólo uno a él.

Entonces, y como represalia contra mi publicitado viaje por Asia, Alan García anunció que el Perú reconocía al régimen de Kim il Sung y abría relaciones diplomáticas con Corea del Norte. Esperaba de esta manera impedir, o, por lo menos, dificultar los intercambios económicos del Perú con Corea del Sur, y, de rebote, con los otros países miembros de la cuenca del Pacífico, para los que la dictadura vitalicia de Kim il Sung —que disputaba a Libia el título del Estado más activo promoviendo el terrorismo a escala mundial— era tabú.

Pero no era ésa la sola razón. Con aquel gesto, Alan García también pagaba favores recibidos por él y su partido de aquel régimen que, además de haber sido puesto en cuarentena por la comunidad de países civilizados, representaba una supervivencia de la forma más despótica de megalomanía estalinista. Durante la campaña presidencial de 1985, los medios de comunicación en el Perú habían señalado con extrañeza los continuos viajes de dirigentes apristas y del propio Alan García a Pyongyang, donde, por ejemplo, el diputado Carlos Roca acostumbraba fotografiarse con los dirigentes norcoreanos ataviado con el uniforme proletario. Que el gobierno de Kim il Sung había dado ayuda financiera a la campaña de Alan García era algo que se daba por hecho, e, incluso, había habido una truculenta denuncia en la que un fotógrafo de la revista *Oiga*[24] sorprendió una reunión clandestina de dirigentes apristas y la delegación oficiosa de Corea del Norte en el Perú, en la que, supuestamente, se había hecho una de estas entregas de dinero ¡en una caja de zapatos!

Durante el gobierno de Alan García los contactos continuaron, de manera más inquietante. Hubo una extraña compra por el ministerio del Interior de metralletas y fusiles norcoreanos para renovar el armamento de la Policía y de la Guardia Civil. Sin embargo, sólo una parte de aquel armamento llegó efectivamente a aquellas fuerzas, y sobre el destino del resto —diez mil piezas, al parecer— corrían múltiples denuncias. Era otro asunto sobre el que el go-

24. *Oiga*, Lima, 11 de febrero de 1985.

bierno nunca había dado una explicación convincente. La inquietud por el armamento norcoreano importado no era sólo de la prensa. También, de las Fuerzas Armadas. Los oficiales de la Marina y del Ejército con los que conversé —en citas rocambolescas, en las que había que cambiar de vehículo y de lugar varias veces— se habían referido, todos, a este tema. ¿Qué era de aquellos fusiles? Según los más alarmistas, habían ido a parar a manos de las fuerzas de choque del partido aprista y a sus comandos paramilitares, en tanto que, según otros, habían sido revendidos a narcotraficantes, terroristas o en el mercado internacional, en beneficio del puñado de jerarcas más allegados al presidente.

¿Qué beneficio podía traerle al Perú legitimar a un régimen terrorista, que había entrenado y financiado a los grupos guerrilleros peruanos del MIR y del FLN en los años sesenta, y que no estaba en condiciones de ser un mercado para nuestros productos ni una fuente de inversiones? Los perjuicios, en cambio, iban a ser abundantes, empezando por el obstáculo que ello significaría para obtener los créditos e inversiones con el gobierno —éste sí opulento en recursos financieros— de Corea del Sur.

De acuerdo con la comisión de Política Exterior del Frente, que presidía un embajador en retiro, Arturo García, y a la que asesoraban (con discreción) varios funcionarios en ejercicio, anuncié, el 29 de noviembre, que, apenas instalado, mi gobierno pondría fin a las relaciones con el régimen de Kim il Sung. Varios miembros de la comisión consultora de Relaciones Exteriores renunciaron a ella en protesta por la decisión de Alan García de reconocer a Corea del Norte.

XIII

EL SARTRECILLO VALIENTE

Trabajé con Raúl Porras Barrenechea desde febrero de 1954 hasta pocos días antes de viajar a Europa, en 1958. Las tres horas diarias que pasé allí, en esos cuatro años y medio, de lunes a viernes, entre dos y cinco de la tarde, me enseñaron sobre el Perú y contribuyeron a mi formación más que las clases de San Marcos.

Porras Barrenechea era un maestro a la antigua, que gustaba rodearse de discípulos a los que exigía absoluta fidelidad. Solterón, había vivido en esta vieja casa con su madre, hasta que ella murió, el año anterior, y ahora la compartía con una anciana sirvienta negra que había sido tal vez su ama. Ella lo tuteaba y reñía como a un niño, y preparaba las deliciosas tazas de chocolate con que el historiador agasajaba a las luminarias intelectuales de paso que hacían la peregrinación a la calle Colina. De esos personajes recuerdo, como los de conversación más amena, al español don Pedro Laín Entralgo, al venezolano Mariano Picón-Salas, historiador, ensayista y finísimo humorista, al mexicano Alfonso Junco, cuya timidez desaparecía cuando surgían en la conversación los dos temas que lo apasionaban: España y la fe, pues era un cruzado del hispanismo y el catolicismo, y a nuestros compatriotas el poeta José Gálvez, que hablaba un español castizo y tenía la manía genealógica, y Víctor Andrés Belaunde —en esa época embajador del Perú en la ONU, de paso por Lima— quien, aquella vez, habló toda la noche y no dejó colocar una sola frase ni a Porras ni a ninguno de los invitados al chocolate en su honor.

Víctor Andrés Belaunde (1883-1966), de una generación anterior a la de Porras, filósofo y ensayista católico, además de diplomático, tuvo una célebre polémica con

José Carlos Mariátegui, cuyas tesis sobre la sociedad peruana refutó en *La realidad nacional*,[25] en nombre de un corporativismo cristiano tan artificioso e irreal como la esquemática —aunque muy novedosa para la época y de larga influencia— interpretación marxista de los *Siete ensayos*. Porras tenía aprecio por Belaunde, aunque no compartía su catolicismo ultramontano, como tampoco el de José de la Riva Agüero (1885-1944) ni los crepusculares entusiasmos de éste por el fascismo, aunque sí su visión erudita y totalizadora del pasado peruano, entendido como síntesis de lo indígena y lo español. Porras profesaba una admiración sin reservas por Riva Agüero, al que consideraba su maestro y con quien tenía en común la meticulosidad, para el dato y la cita, el amor a España y a la historia entendida a la romántica manera de Michelet, cierto irónico desplante por las nuevas corrientes intelectuales desdeñosas del individuo y la anécdota —como la antropología y la etno-historia—, pero de quien lo distanciaba un espíritu mucho más flexible en materia de religión y de política.

La diplomacia, a la que había dedicado parte de su vida, había distraído mucho a Porras Barrenechea, impidiéndole culminar lo que todos esperaban de él, aquella magna historia del descubrimiento y la conquista del Perú —o la biografía de Pizarro—, temas para los que venía preparándose desde joven y en los que había llegado a adquirir una información que semejaba la omnisciencia. Hasta entonces, la sabiduría de Porras se había plasmado en una serie de eruditas monografías sobre cronistas, viajeros o ideólogos y tribunos de la emancipación, así como en hermosas antologías sobre Lima y Cusco o en ensayos, que aparecerían en esos años, sobre Ricardo Palma, los *Paisajes peruanos* de Riva Agüero, o el manual de *Fuentes históricas peruanas* (Lima: Editorial Mejía Baca, 1956). Pero quienes lo admirábamos, y, él mismo, sabíamos que ésas eran migajas de la gran obra de conjunto sobre esa época fronteriza de la historia peruana, la de su articulación con Europa y el Occidente, que él conocía mejor que

25. Escrita en el destierro, entre 1929 y 1930, y publicada en varios números del *Mercurio Peruano*. La primera edición en libro se hizo en París, en 1930, con una segunda parte sobre el oncenio de Leguía.

nadie. Un compañero suyo de generación, Jorge Basadre, había realizado una empresa equivalente en su monumental *Historia de la República*, que Porras tenía anotada de principio a fin y sobre la que había estampado un juicio, entre respetuoso y severo, con su letra microscópica, al final del último tomo. Otro compañero de generación, Luis Alberto Sánchez, exiliado en ese momento en Chile, había culminado también una voluminosa historia de la literatura peruana. Aunque con reservas y discrepancias, Porras tenía respeto intelectual por Basadre; por Sánchez, una burlona conmiseración.

A diferencia de Basadre o de Porras, ese tercer mosquetero de la célebre generación del diecinueve, Luis Alberto Sánchez (el cuarto, Jorge Guillermo Leguía, murió muy joven, dejando apenas el esbozo de una obra), que, como dirigente del APRA, había vivido muchos años en el destierro, era el más internacional y el más fecundo del trío, pero también el más improvisado y criollo y el menos riguroso a la hora de publicar. Que escribiera libros de un tirón, confiando en la memoria (aun si se tenía la formidable memoria de Luis Alberto Sánchez), sin verificar los datos, citando libros que no había leído, equivocando fechas, títulos, nombres, como ocurría con frecuencia en sus torrentosas publicaciones, ponía a Porras fuera de sí. Las inexactitudes y ligerezas de Sánchez —más aún que las malevolencias y desquites contra adversarios políticos y enemigos personales que abundan en sus libros— exasperaban a Porras por una razón que, a la distancia, creo entender mejor, una razón más elevada de lo que, entonces, me parecía simple rivalidad generacional. Porque esas libertades que Sánchez se tomaba con su oficio presuponían el subdesarrollo de sus lectores, la incapacidad de su público para identificarlos y condenarlos. Y Porras —como Basadre y Jorge Guillermo Leguía, y, antes que ellos, Riva Agüero—, aunque escribió y publicó poco, lo hizo siempre como si el país al que pertenecía fuera el más culto e informado del mundo, exigiéndose un rigor y una perfección extremos, como correspondería al historiador cuyas investigaciones van a ser sometidas al examen de los eruditos más solventes.

Por aquellos años se produjo la polémica entre Luis Alberto Sánchez y el crítico chileno Ricardo A. Latcham, quien, reseñando el ensayo de aquél sobre la novela en América Latina —*Proceso y contenido de la novela hispanoamericana*— señaló algún error y omisiones del libro. Sánchez contestó con viveza y bromas. Latcham, entonces, abrumó a su adversario con una lista inagotable de inexactitudes —decenas de decenas de ellas— que yo recuerdo haber visto leer a Porras, en una revista chilena, murmurando: «Qué vergüenza, qué vergüenza.»

Como Sánchez sobrevivió a Leguía, Porras y Basadre por muchos años, su versión sobre la generación del diecinueve —la calidad intelectual de la cual no volvería a repetirse en el Perú— ha quedado entronizada de manera poco menos que canónica. Pero, en verdad, ella adolece de las mismas deficiencias que los numerosos libros de ese buen escritor subdesarrollado, para lectores subdesarrollados, que ha sido Sánchez. Pienso, sobre todo, en el prólogo que escribió al libro póstumo de Porras sobre *Pizarro* (Lima, 1978) publicado por un grupo de discípulos de éste, y armado a base de remiendos, sin dar las indicaciones debidas, amalgamando textos publicados e inéditos en un amasijo confuso y dispar. No sé quién cuidó, o descuidó más bien, esa fea edición —con avisos comerciales incorporados entre las páginas— que habría horrorizado al perfeccionista que fue el historiador, pero todavía comprendo menos que encargaran su prefacio a Luis Alberto Sánchez, quien, fiel a su genio y costumbres, hizo en aquel texto una sutil obra maestra de insidia, recordando, entre azucaradas manifestaciones de amistad a «Raúl», aquellos episodios que más incomodaban a Porras, como el haber apoyado al general Ureta y no a Bustamante y Rivero en las elecciones de 1945 y no haber renunciado a la embajada en España, a la que Bustamante lo había nombrado, cuando el golpe militar de Odría en 1948.

Los discípulos y amigos de Porras Barrenechea, de distintas generaciones y oficios —había los historiadores y profesores y había los diplomáticos— pasaban todos por la calle Colina, a visitarlo, a los chocolates del anochecer, a traerle chismes de la universidad, de la política o del ministerio de Relaciones Exteriores, que a él le encantaban, o a pedirle consejos y recomendaciones. El más frecuente de todos era un compañero de generación, también diplomático, historiador regional (de Piura) y periodista, Ricardo Vegas García. Miope, atildado y cascarrabias, don Ricardo tenía unas furias solitarias de las que Porras contaba anécdotas divertidísimas, como que él lo había visto —mejor dicho, oído— pulverizar un excusado cuya cadena le costaba jalar y terminar a puñetazos con una mesa en cuyo tablero había comenzado dando impacientes palmaditas. Don Ricardo Vegas García entraba como una tromba a la casa de la calle Colina e invitaba a todo el mundo a tomar té a la Tiendecita Blanca, donde pedía siempre biscotelas. ¡Y ay del que se resistiera a sus invitaciones! Bajo sus desplantes y exabruptos, don Ricardo era un hombre generoso y simpático, cuya amistad y lealtad apreciaba enormemente Porras y a quien luego echaría mucho de menos.

Los profesores más constantes eran Jorge Puccinelli y Luis Jaime Cisneros, y aparecía también la viuda de César Vallejo, la temible Georgette, a quien Porras protegía desde la muerte de aquél en París, y muchos poetas, escritores o periodistas de empaque cultural, cuya presencia daba a la casa de la calle Colina una atmósfera cálida y estimulante, en la que las discusiones y diálogos intelectuales se mechaban de chismografías y malevolencias —el gran deporte peruano del raje— de las que Porras, limeño viejo y de pura cepa (aunque nacido en Pisco) era eximio cultor. Las tertulias solían prolongarse hasta tarde en la noche y rematar en algún café de Miraflores —El Violín Gitano o La Pizzería de la Diagonal— o en El Triunfo, de Surquillo, un barcito mal afamado al que Porras había rebautizado Montmartre.

Mi primera tarea, en casa del historiador, consistió en leer las Crónicas de la Conquista, haciendo fichas sobre los mitos y leyendas del Perú. Guardo un recuerdo apasionante de esas lecturas en pos de datos sobre las siete ciudades de Cíbola, el reino del Gran Paititi, las magnificencias de El Dorado, el país de las Amazonas, el de la Fuente de Juvencia y todas las antiquísimas fantasías de reinos utópicos, ciudades encantadas, continentes desaparecidos que el encuentro con América resucitó y actualizó en esos europeos trashumantes que se aventuraban, deslumbrados por lo que veían, en las tierras del Tiahuantinsuyo y apelaban, para entenderlas, a las mitologías clásicas y al arsenal legendario de la Edad Media. Aunque muy distintas en su factura y ambición, escritas algunas de ellas por hombres elementales, sin cultura ni roce intelectual, a los que inducía a dejar testimonio de lo que hacían, veían y escuchaban un certero instinto de estar viviendo algo trascendental, esas crónicas son la aparición de una literatura escrita en Hispanoamérica, y fijan ya, con su muy particular mezcla de fantasía y realismo, de desalada imaginación y truculencia verista, así como por su abundancia, pintoresquismo, aliento épico, prurito descriptivo, ciertas características de la futura literatura de América Latina. Algunas crónicas, sobre todo las de los cronistas conventuales, como el padre Calancha, podían ser prolijas y aburridas, pero otras, como las del Inca Garcilaso o Cieza de León, las leí con verdadero placer, como monumentos de un género nuevo, que combinaba lo mejor de la literatura y la historia, pues tenía, como ésta, los pies hundidos en la experiencia vivida y la cabeza en la ficción.

No sólo era entretenido pasarse esas tres horas consultando las crónicas; además, con motivo de una averiguación cualquiera, había la posibilidad de escuchar una disquisición de Porras sobre personajes y episodios de la Conquista. Recuerdo, una tarde, con motivo de no sé qué pregunta que le hicimos Araníbar o yo, una clase magistral que nos regaló sobre «la herejía del sol», una desviación o heterodoxia de la religión oficial del Incario, que él había reconstruido a través de testimonios de las Crónicas, sobre la que pensaba escribir un artículo (proyecto que, como tantos, no llegó a cumplir). Porras había conocido a los grandes de la literatura peruana, y a muchos de la literatura latinoamericana y española, y yo lo escuchaba, absorto, hablar de César Vallejo, a quien frecuentó en París poco antes de morir y de quien publicó póstumamente *Los poemas humanos*, o de José María Eguren, de cuya fragilidad e inocencia infantiles se burlaba con la mayor irreverencia, o del final apocalíptico de Oquendo de Amat, poeta destrozado por la tuberculosis y la rabia, en un sanatorio español adonde él y la marquesa de la Conquista —descendiente de Pizarro— lo habían trasladado en vísperas de la guerra civil.

Aunque sólo Carlos Araníbar y yo trabajábamos en la casa de la calle Colina con un horario y con un sueldo (que el librero-editor Mejía Baca nos pagaba cada fin de mes), todos los antiguos y nuevos discípulos de Porras —Félix Álvarez Brun, Raúl Rivera Serna, Pablo Macera y, más tarde, Hugo Neyra y Waldemar Espinoza Soriano— la visitaban con frecuencia. De todos ellos, en quien Porras tenía puestas las mayores esperanzas, pero también el que llegaba a exasperarlo y ponerlo fuera de sí, por su manera de ser, era Pablo Macera. Unos cinco o seis años mayor que yo, ya había terminado la Facultad pero nunca presentaba su tesis, pese a las exhortaciones y admoniciones de Porras, quien no veía la hora de que Macera pusiera un poco de disciplina en su vida y volcara su talento en trabajos de aliento. Talento, Pablo lo tenía en abundancia y se divertía luciéndolo y, sobre todo, desperdiciándolo, en un exhibicionismo oral que era, con frecuencia, deslumbrante. Caía de pronto en la biblioteca de Porras y, sin darnos tiempo a Araníbar y a mí de saludarlo, nos proponía fundar el Herren Club del Perú, inspirado en las doctrinas geopolíticas de Karl Haushofer, para, coaligados con un grupo de industriales, apoderarnos en cinco años del país y convertirlo en una dictadura aristocrática e ilustrada cuya primera medida sería restablecer la Inquisición y volver a quemar herejes en la plaza de Armas. A la mañana siguiente, olvidado de su delirio despótico, peroraba sobre la necesidad de legitimar y promover la bigamia, o de resucitar los sacrificios humanos, o de convocar un plebiscito nacional para determinar democráticamente si la Tierra era cuadrada o redonda. Los peores desatinos, las más grotescas paradojas se convertían en boca de Macera en sugestivas realidades, pues tenía, como nadie, esa perversa facultad del intelectual de la que habla Arthur Koestler de poder demostrar todo aquello en lo que creía y de creer en todo lo que podía demostrar. Pablo no creía en nada, pero podía demostrar cualquier cosa, con elocuencia y brillantez, y gozaba comprobando la sorpresa que sus delirantes teorías, sus paradojas y retruécanos, sus sofismas y ucases provocaban en nosotros. Su esnobismo intelectual se matizaba con chispazos de humor. Encendía cigarrillo tras cigarrillo —Lucky Strike—, que arrojaba luego de dar una sola pitada, para provocar un comentario del desconcertado espectador que le permitía responder, regodeándose voluptuosamente en cada sílaba:

«Fumo *nerviosamente.*» Ese adverbio, que le costaba carísimo, le producía estremecimientos de placer.

Porras sucumbía también por momentos al hechizo intelectual de Macera, y lo escuchaba, divirtiéndose con sus juegos de artificio verbales, pero muy pronto reaccionaba y se enfurecía con su anarquía, su esnobismo y la complacencia de que hacía gala para con sus propias neurosis, que Pablo cultivaba como otros crían gatos o riegan su jardín. En esos años, Porras convenció a Macera de que se presentara a un concurso que la International Petroleum había convocado sobre un ensayo histórico, y lo mantuvo secuestrado en su biblioteca varias semanas hasta que terminó el trabajo. Este libro, que obtuvo el premio —*Tres etapas en el desarrollo de la conciencia nacional*—, sería luego desautorizado por el propio Macera, quien lo ha eliminado de su bibliografía y sólo lo menciona para despotricar sobre él.

Aunque luego se disciplinó y trabajó con cierto orden, en San Marcos, donde, creo, sigue enseñando, y publicó muchos trabajos sobre viajeros, historiografía e historia económica, tampoco Macera ha escrito hasta hoy esa gran obra de conjunto que su maestro Porras esperaba de él, y para la que esa inteligencia de que estaba dotado en cierta forma lo predestinó. Lo que él dijo —en el prólogo de sus *Conversaciones con Jorge Basadre*— sobre Valcárcel, Porras y Jorge Guillermo Leguía le calza ahora como anillo al dedo: «No han completado su obra y han hecho menos de lo que su grandeza podía dar.»[26] Como el propio Porras, su vida intelectual parece haberse dispersado en esfuerzos fragmentarios. De otro lado, aunque hace muchos años que no lo veo ni he vuelto a hablar con él, a juzgar por esas entrevistas con que se deja explotar por cierta prensa, y que llegan a veces a mis manos, la vieja costumbre del ucase y las inconveniencias tremebundas, no ha desaparecido del todo con el paso de los años, aunque, ahora, qué apolillada y herrumbrosa suena, con todo lo que ha pasado en el mundo, y sobre todo en el Perú.

En esos años, en que fuimos bastante amigos, a mí me encantaba provocarlo y discutir con él. No para ganarle la

26. Jorge Basadre, Pablo Macera, *Conversaciones de Historia* (Lima: Mosca Azul, 1974).

discusión —empresa difícil— sino para gozar de su método dialéctico, sus fintas y sus trampas, y la alegre ligereza con que podía cambiar de opinión y refutarse a sí mismo con argumentos tan contundentes como los que acababa de emplear defendiendo la tesis contraria.

Mi trabajo en casa de Porras, y lo que allí iba conociendo, resultaron un gran aliciente. En esos años de 1954 y 1955 me lancé a escribir y a leer, mañana y tarde, convencido como nunca de que mi verdadera vocación era la literatura. Estaba decidido: me dedicaría a escribir y a enseñar. Mi carrera universitaria era el complemento ideal para mi vocación, pues las clases dejaban mucho tiempo libre, en un régimen como el de San Marcos.

Había dejado de escribir poemas y teatro, porque ahora me sentía más ilusionado con la narrativa. No me atrevía a intentar una novela, pero me entrenaba escribiendo cuentos, de todos los tamaños y sobre todos los temas, que casi siempre terminaba rompiendo.

Carlos Araníbar, a quien conté que escribía cuentos, me propuso un día que leyera uno de ellos en una peña cuyo animador era Jorge Puccinelli, profesor de Literatura y editor de una revista que, aunque salía tarde, mal y nunca, era de buena calidad y una de las tribunas con que contaban los jóvenes escritores: *Letras Peruanas*. Ilusionado con la perspectiva de pasar esa prueba, rebusqué entre mis papeles, elegí el cuento que me pareció mejor —se llamaba «La Parda» y versaba sobre una borrosa mujer que recorría los cafés contando historias sobre su vida—, lo corregí y la noche elegida me presenté donde se reunía aquella vez la tertulia: El Patio, café de taurófilos, artistas y bohemios en la plazuela del Teatro Segura. La experiencia de esa primera lectura en público de un texto mío fue desastrosa. Había allí, en esa larga mesa del segundo piso de El Patio, por lo menos una docena de personas, entre las que recuerdo, además de Puccinelli y Araníbar, a Julio Macera, hermano de Pablo, Carlos Zavaleta, el poeta y crítico Alberto Escobar, Sebastián Salazar Bondy, y, tal vez, Abelardo Oquendo, quien sería, un par de años después, íntimo amigo. Algo acobardado, leí mi cuento. Un silencio ominoso siguió a la lectura. Ningún comentario, ningún signo de aprobación o de censura: sólo un deprimente mutismo. Luego de la pausa interminable, las conversa-

ciones renacieron, sobre otros temas, como si nada hubiera pasado. Mucho después, hablando de otra cosa, para
subrayar un argumento a favor de una narrativa realista y
nacional, Alberto Escobar se refirió desdeñosamente a lo
que llamó «literatura abstracta» y señaló mi cuento, que
había quedado allí, en medio de la mesa. Al terminar la
tertulia y despedirnos, ya en la calle, Araníbar me desa-
gravió con algunos comentarios sobre mi maltratado relato. Pero yo, llegando a casa, lo hice trizas y me juré no
volver a pasar por experiencia semejante.

El mundo literario limeño de esos días era bastante pobre, pero yo lo observaba con codicia y procuraba colar-
me en él. Había dos dramaturgos, Juan Ríos y Salazar
Bondy. El primero vivía recluido en su casa de Miraflores,
pero al segundo se lo veía con frecuencia, merodeando
por los patios de San Marcos, tras una guapa compañera
mía, Rosita Zevallos, a la que esperaba a veces a la salida
de clases con una romántica rosa roja en la mano. Ese patio de Letras de San Marcos era el cuartel general de los
poetas y narradores potenciales y virtuales del país. La
mayoría había publicado apenas uno o dos delgados cua-
dernillos de poemas y por eso, Alejandro Romualdo, que
volvió en esos días al Perú luego de larga estancia en Europa, se burlaba de ellos y decía: «¿Poetas? ¡No! ¡Plaque-
tas!» El más misterioso era Washington Delgado, cuyo silencio pertinaz interpretaban algunos como signo de soterrada genialidad. «Cuando esa boca se abra», decían, «la
poesía peruana se llenará de arpegios y de trinos memorables». (En verdad, cuando se abrió, años más tarde, la
poesía peruana se llenó de imitaciones de Bertolt Brecht.)
Acababa de aparecer Pablo Guevara, poeta intuitivo con
Retorno de la Creatura, cuya exuberante poesía no parecía
tener nada que ver con él, ni él con los libros —de los que,
algún tiempo después, se apartaría para dedicarse al cine— y comenzaban a regresar al Perú los poetas exiliados,
varios de los cuales —Manuel Scorza, Gustavo Valcárcel,
Juan Gonzalo Rose— habían renunciado al APRA y se habían vuelto militantes comunistas (como Valcárcel), o
compañeros de viaje. La renuncia al APRA más sonada fue
la de Scorza, quien desde México dirigió una carta pública al líder del partido aprista, acusándolo de haberse ven-

dido al imperialismo —«Good bye, Mr. Haya»— que circuló profusamente por San Marcos.

Entre los narradores, el más respetado, aunque aún sin libro, Julio Ramón Ribeyro, vivía en Europa, pero el Suplemento Dominical de *El Comercio* y otras revistas publicaban a veces sus relatos (como «Los gallinazos sin plumas», de esa época), que todos comentábamos con respeto. De los presentes, el más activo era Carlos Zavaleta, quien, además de publicar en esos años sus primeros cuentos, había traducido *Chamber Music*, de Joyce, y era un gran promotor de las novelas de Faulkner. A él debo, sin duda, haber descubierto por esa época al autor de la saga de Yoknapatawpha County, el que, desde la primera novela que leí de él —*Las palmeras salvajes*, en la traducción de Borges—, me produjo un deslumbramiento que aún no ha cesado. Fue el primer escritor que estudié con papel y lápiz a la mano, tomando notas para no extraviarme en sus laberintos genealógicos y mudas de tiempo y de puntos de vista, y, también, tratando de desentrañar los secretos de la barroca construcción que era cada una de sus historias, el serpentino lenguaje, la dislocación de la cronología, el misterio y la profundidad y las inquietantes ambigüedades y sutilezas psicológicas que esa forma daba a las historias. Aunque en esos años leí mucho a los novelistas norteamericanos —Erskine Caldwell, Steinbeck, Dos Passos, Hemingway, Waldo Frank—, fue leyendo *Santuario, Mientras agonizo, ¡Absalón, Absalón!, Intruso en el polvo, Estos 13, Gambito de caballo*, etcétera, que descubrí lo dúctil de la forma narrativa y las maravillas que podía conseguir en una ficción cuando se la usaba con la destreza del novelista norteamericano. Junto con Sartre, Faulkner fue el autor que más admiré en mis años sanmarquinos; él me hizo sentir la urgencia de aprender inglés para poder leer sus libros en su lengua original. Otro narrador un tanto huidizo que hacía apariciones de fuego fatuo por San Marcos era Vargas Vicuña, cuya delicada colección de relatos, *Nahuín*, publicada en esos días, hacía esperar de él una obra que, por desgracia, nunca surgió.

Pero de todos esos poetas y narradores que encontraba a diario en el patio de Letras de San Marcos, la figura más llamativa era Alejandro Romualdo. Pequeñito, de andares tarzanescos, con unas patillas de bailarín de flamenco, había sido, antes de viajar a Europa con una beca de Cultura Hispánica —puente hacia el mundo exterior para los insolventes escritores peruanos—, un poeta lujoso y musical, lo que se llamaba un formalista (por oposición a los poetas sociales), con un bello libro, *La torre de los alucinados*, que obtuvo el Premio Nacional de Poesía. Al mismo tiempo, se había hecho famoso por sus caricaturas políticas —sobre todo unos híbridos de distintos personajes— en el diario *La Prensa*, de Pedro Beltrán. Romualdo —Xano para sus amigos— volvió de Europa convertido al realismo, al compromiso político, al marxismo y a la revolución. Pero no había perdido el sentido del humor ni el ingenio y la chispa que derramaba en juegos de palabras y burlas por los patios de San Marcos. «A ese pintor abstracto no *lo he oído* bien», decía, y también, sacando pecho: «Yo creo en el materialismo dialéctico y mi mujer me apoya.» Traía los originales de lo que sería un magnífico libro —*Poesía concreta*—, unos poemas comprometidos, de aliento justiciero, hechos con artesanía y buen oído, juegos de palabras, encabalgamientos desconcertantes y desplantes morales y políticos, un poco en la dirección en que había orientado su poesía, en España, Blas de Otero, de quien Romualdo se había hecho buen amigo. Y en un recital que hubo en San Marcos, en el que participaron varios poetas, Romualdo fue la estrella, arrancando —sobre todo con su efectista *Canto coral a Túpac Amaru, que es libertad*— ovaciones que convirtieron al salón de San Marcos poco menos que en un mitin político.

En realidad, ese recital lo fue. Debió ocurrir a fines de 1954 o comienzos de 1955 y en él todos los poetas leyeron o dijeron algo que podía interpretarse como un ataque a la dictadura. Fue una de las primeras manifestaciones de una progresiva movilización del país contra ese régimen que, desde octubre de 1948, gobernaba en la arbitrariedad, aplastando todo intento de crítica.

San Marcos era el foco y amplificador de las protestas. Éstas adoptaban a menudo la forma de manifestaciones-relámpago. Grupos no muy numerosos —cien, doscientas personas— nos dábamos cita en algún lugar muy concurrido, el jirón de la Unión, la plaza San Martín, La Colmena o el Parque Universitario, y, a la hora de máxima afluencia, a una voz de orden, nos agrupábamos en el centro de la calle y comenzábamos a corear: «Libertad, libertad.» A veces desfilábamos una o dos cuadras, invitando a unirse a los transeúntes, y nos disolvíamos apenas aparecían los guardias civiles a caballo o los coches rompe-manifestaciones de mangueras de agua pestilente que Esparza Zañartu tenía desplegados por el centro.

Con Javier Silva íbamos a todas las manifestaciones-relámpago, en las que él, con su gordura, tenía que hacer esfuerzos sobrehumanos para no quedarse rezagado cuando huíamos de la policía. Su vocación política se fue haciendo más notoria en esos días, así como su personalidad desmesurada, que quería abarcarlo todo y estar en todas partes protagonizando todas las conspiraciones. Una tarde lo acompañé a visitar, en su oficinita del jirón Lampa, a Luciano Castillo, el presidente del minúsculo Partido Socialista, piurano, como él. A los pocos minutos Javier salió de su oficina, radiante. Me mostró un carné: además de inscribirlo en el partido, Luciano Castillo lo había promovido a secretario general de la Juventud Socialista. En calidad de tal, algún tiempo después, leyó una noche, en el escenario del Teatro Segura, un violento discurso revolucionario contra el régimen odriísta (que yo le escribí).

Pero, al mismo tiempo, conspiraba con los renacientes apristas y con los nuevos grupos de oposición que se organizaban en Lima y Arequipa. De estos grupos, cuatro se irían delineando en los meses siguientes, uno de ellos de existencia efímera —la Coalición Nacional, teledirigida por el diario *La Prensa* y don Pedro Beltrán, quien había pasado a la oposición a Odría, y cuyo líder, Pedro Roselló, era el organizador de una, también efímera, Asociación de Propietarios— y otros tres que resultarían organizaciones políticas de más largo porvenir: la Democracia Cristiana, el Movimiento Social Progresista y el Frente Nacional de Juventudes (uno de cuyos organizadores era Eduardo Orrego, entonces estudiante de Arquitectura), germen de Acción Popular.

Por esos años, 1954 y 1955, la dictadura de Odría había pasado a ser una dictadura blanda. Las leyes represivas seguían intactas —sobre todo, la Ley de Seguridad Interior, aberración jurídica a cuyo amparo cientos de apristas, comunistas y demócratas fueron a la cárcel o al exilio desde 1948—, pero el régimen había perdido su base de sustentación en amplios sectores de la burguesía y la derecha tradicional que (por su anti-aprismo, principalmente) lo habían apoyado desde que derrocó a Bustamante y Rivero. Entre estos sectores, el principal y que desde su ruptura con Odría se convertiría en el opositor más aguerrido del régimen, sería *La Prensa*. Su dueño y director, Pedro Beltrán Espantoso (1897-1979), ya lo he dicho, era la bestia negra de la izquierda en el Perú. El suyo era un caso parecido al de José de la Riva Agüero. Como éste, pertenecía a una familia tradicional, muy próspera, y había recibido una educación esmerada, en la London School of Economics. Allí bebió los principios del liberalismo económico clásico, del que fue abanderado en el Perú desde sus años mozos. Y como Riva Agüero, Beltrán trató de organizar y liderar un movimiento político —conservador aquél, liberal éste—, ante la indiferencia, para no decir el desdén, de su propia clase social, los llamados sectores dirigentes, demasiado egoístas e ignorantes para ver más allá de sus muy menudos intereses. Los intentos de ambos, en sus años jóvenes, de organizar partidos políticos para actuar en la vida pública, terminaron en estrepitosos fracasos. Y el terrible furor de Riva Agüero en sus años maduros —que documentan sus *Opúsculos por la verdad, la tradición y la Patria*—, que envenenó su trabajo intelectual, lo empujó a defender el fascismo y a recluirse en un ridículo orgullo de casta, tuvo mucho que ver sin duda con lo decepcionado que se sintió por su impotencia para movilizar a esa élite nacional que de tal, no tenía, por cierto, nada, salvo un dinero casi siempre heredado o mal habido.

A diferencia de Riva Agüero, Pedro Beltrán siguió actuando en política, pero de manera más bien indirecta, a través de *La Prensa*, que, en los años cincuenta, se convirtió, gracias a él, en un periódico moderno, y en cuya página editorial escribía un grupo muy cohesionado y brillante de periodistas, acaso el mejor que haya tenido una publicación peruana moderna (cito a los mejores: Juan Zegarra Russo, Enrique Chirinos Soto, Luis Rey de Castro, Arturo Salazar Larraín, Patricio Ricketts, José María de Romaña, Sebastián Salazar Bondy y Mario Miglio). Con este equipo y, quizá, gracias a él, don Pedro Beltrán descubrió en esos años las virtudes de la democracia política, de la que no era antes un convencido. Por el contrario, *La Prensa* —como el decano del periodismo peruano *El Comercio*— había atacado con gran dureza al gobierno de Bustamante y Rivero, conspirado contra él y apoyado el cuartelazo del general Odría, del 48, y la farsa electoral de 1950 en que éste se proclamó presidente.

Pero desde mediados de los años cincuenta, Pedro Beltrán no sólo defendía el mercado y la empresa privada, sino también la libertad política y la democratización del Perú.[27] Y atacaba la censura, a la que habían perdido el respeto, permitiéndose críticas cada vez más duras a personas y medidas del régimen.

Esparza Zañartu, ni corto ni perezoso, clausuró el diario, al que mandó asaltar con sus soplones y policías, y Pedro Beltrán y sus principales colaboradores fueron a parar al Frontón, la isla-presidio de las afueras del Callao. De allí salió, tres semanas más tarde —hubo una fuerte presión internacional para que fuese liberado—, convertido en héroe de la libertad de prensa (así lo proclamó la SIP, Sociedad Interamericana de Prensa) y con flamantes credenciales de demócrata, a las que sería fiel hasta el final de sus días.

El clima cambiaba a toda prisa y los peruanos podían hacer política otra vez. Volvían los exiliados de Chile, Argentina, México, aparecían semanarios o quincenarios de pocas páginas, semiclandestinos, de todos los pelajes ideológicos, muchos de los cuales desaparecían luego de unos cuantos números. Uno de los más pintorescos era el vocero del Partido Obrero Revolucionario (T) (de trotskista), cuyo líder y, tal vez, único afiliado, Ismael Frías, recién vuelto del exilio, paseaba su sinuosa humanidad todos los mediodías por San Marcos pronosticando la inminente constitución de soviets de obreros y soldados a lo largo y ancho del Perú. Otro, más serio, cuyo título cambiaba con los años —*1956, 1957, 1958*—, de Genaro Carnero Checa, quien, aunque expulsado del Partido Comunista por haber apoyado el golpe de Odría, antes de ser exiliado por éste, se mantuvo siempre vinculado a la URSS

---

27. Y, en honor a la verdad, hay que reconocer que mantendría esta actitud hasta que la dictadura de Velasco expropió *La Prensa* y la prostituyó convirtiéndola en un órgano del régimen. Pedro Beltrán pasaría sus últimos años en el exilio, hasta su muerte en 1979.

y a los países socialistas. En el Congreso existente —naci-do de las fraudulentas elecciones del 50—, varios de los hasta entonces disciplinados diputados y senadores, sintiendo que el barco hacía agua, mudaban su viejo servilismo en independencia, e, incluso, algunos de ellos, en abierta hostilidad al amo. Y por calles y plazas se barajaban nombres y posibilidades para las elecciones presidenciales de 1956.

De los nuevos grupos políticos que salían de las catacumbas, el más interesante era el que, luego, constituyó la Democracia Cristiana. Muchos de sus líderes, arequipeños como Mario Polar, Héctor Cornejo Chávez, Jaime Rey de Castro y Roberto Ramírez del Villar —o sus amigos limeños, Luis Bedoya Reyes, Ismael Bielich y Ernesto Alayza Grundy—, habían trabajado con el gobierno de Bustamante y Rivero, por lo que algunos habían sufrido persecución y destierro. Eran profesionales todavía jóvenes, sin vínculos con los grandes intereses económicos, de típica clase media, no contaminados por la suciedad política presente o pasada, que parecían traer a la política peruana una convicción democrática y una inequívoca decencia, aquello que había encarnado de manera tan prístina Bustamante y Rivero durante sus tres años de gobierno. Como muchos, desde que aquel movimiento apareció, yo creí que se organizaba para que Bustamante y Rivero fuera su líder e inspirador, y, acaso, su candidato en las elecciones próximas. Esto lo hacía para mí aún más atractivo, pues mi admiración por Bustamante —por su honradez y ese culto religioso a la ley, que el aprismo ridiculizó tanto apodándolo el «cojurídico»— se había mantenido intacta aun durante mi militancia en Cahuide. Esa admiración, lo veo ahora más claro, tenía que ver precisamente con aquello que el común de los peruanos se había acostumbrado a decir compasivamente de su fracaso: «Era un presidente para Suiza, no para el Perú.» En efecto, durante esos «tres años de lucha por la democracia en el Perú» —como se titula el libro-testimonio que escribió en el exilio—, Bustamante y Rivero gobernó como si el país que lo había elegido no fuera bárbaro y violento, sino una nación civilizada, de ciudadanos responsables y respetuosos de las instituciones y las normas que hacen posible la coexistencia social. Hasta el hecho de que se hubiera tomado él mismo el trabajo de escribir sus discursos, en una clara y elegante prosa de sesgo finisecular, dirigiéndose siempre a sus compatriotas sin permitirse la menor demagogia o chabacanería, como partiendo del supuesto que todos ellos formaban un auditorio intelectualmente exigente, yo veía en Bustamante y Rivero a un hombre ejemplar, un gobernante que si llegaba alguna vez el Perú a ser ese país para el que él gobernó —una genuina democracia de personas libres y cultas—, los peruanos recordarían con gratitud.

Con Javier Silva estuvimos en el Teatro Segura en todos los actos políticos de oposición a Odría que la dictablanda ahora permitía. El de la Coalición Nacional, de Pedro Roselló, el del Partido Socialista, de Luciano Castillo, y el de los demócrata-cristianos, que fue, de lejos, el mejor de todos, por la calidad de las personas y de los oradores. Entusiasmados, Javier y yo firmamos el manifiesto inicial del grupo, que publicó *La Prensa*.

Y ambos estuvimos, por supuesto, en la Córpac, para recibir a Bustamante y Rivero, cuando pudo volver al Perú, luego de siete años de exilio. Luis Loayza cuenta una anécdota de esa llegada, que yo no sé si es cierta, pero hubiera podido serlo. Se había organizado un grupo de jóvenes para proteger a Bustamante a la bajada del avión y escoltarlo hasta el hotel Bolívar, en previsión de que sufriera algún ataque por parte de matones del gobierno o de búfalos apristas (que, con la apertura, habían reaparecido, atacando los mítines comunistas). Nos habían dado instrucciones para que permaneciéramos con los brazos entrelazados, formando una argolla irrompible. Pero, según Loayza, quien, por lo visto formaba también parte de esa *sui generis* falange de guardaespaldas constituida por dos aspirantes a literatos y un puñado de buenos muchachos de Acción Católica, apenas apareció Bustamante y Rivero en la escalinata del avión con su infaltable sombrero ribeteado —que se quitó, ceremonioso, para saludar a quienes lo habían ido a recibir— yo rompí el círculo de hierro, y fui a su encuentro en estado febril, rugiendo: «Presidente, presidente.» Total, el círculo se deshizo, fuimos desbordados y Bustamante resultó manoseado, empujado y tironeado por todo el mundo —entre ellos por el tío Lucho, entusiasta bustamantista a quien en los forcejeos de ese mitin desgarraron el saco y la camisa— antes de llegar al automóvil que lo condujo al hotel Bolívar. Desde uno de los balcones del hotel habló, brevemente, para agradecer el recibimiento, sin dejar entrever la menor intención de volver a actuar en política. Y, en efecto, en los meses sucesivos, Bustamante rehusaría inscribirse en el Partido Demócrata Cristiano y desempeñar papel alguno en la política activa. Desde entonces, asumió el rol que mantuvo hasta su muerte: hombre patricio y sabio, por encima de las contiendas partidarias, cuya competencia en cuestiones jurídicas internacionales sería solicitada a menudo en el país y en el extranjero (llegaría a ser presidente del Tribunal Internacional de Justicia de La Haya), y que, en momentos de crisis, lanzaba un mensaje al país exhortando a la serenidad.

Aunque el clima de 1954 y 1955 fue bastante mejor que la atmósfera espesa y opresiva de los años anteriores, y las primeras manifestaciones políticas toleradas y las nuevas publicaciones crearon en el país un ambiente de libertad que estimulaba la acción política, yo dedicaba, sin embargo, al trabajo intelectual bastante más tiempo que a ésta. Asistiendo a las clases de San Marcos, en la mañana casi todas, a la Alianza Francesa, y leyendo y escribiendo, a partir de entonces exclusivamente cuentos.

Creo que el mal rato con «La Parda» en la peña de Jorge Puccinnelli tuvo el efecto de irme alejando insensiblemente de los temas intemporales y cosmopolitas, que fueron los de la mayoría de relatos que escribí en esos años, hacia otros, más realistas, en los que de manera deliberada aprovechaba mis recuerdos. Hubo por entonces un concurso de cuentos convocado por la Facultad de Letras de San Marcos, al que presenté dos relatos, ambientados ambos en Piura e inspirados, uno de ellos, «Los jefes», en el intento frustrado de huelga en el colegio San Miguel, y el otro, «La casa verde», en el burdel de las afueras, luciérnaga de mi niñez. Mis cuentos no sacaron ni mención, y, al rescatar el manuscrito, «La casa verde» me pareció muy malo y lo rompí (retomaría el tema años más tarde, en una novela), pero el de «Los jefes», con su aire un tanto épico, en el que se traslucían las lecturas de Malraux y Hemingway, me pareció rescatable, y en los meses siguientes lo rehíce, hasta que me pareció digno de ser publicado.

Era muy largo para el Suplemento Dominical de *El Comercio*, cuya primera página traía siempre un relato con una ilustración a color, de modo que se lo propuse al historiador César Pacheco Vélez, que dirigía *Mercurio Peruano*. Lo aceptó, lo publicó (en febrero de 1957) y me hizo cincuenta separatas que distribuí entre los amigos. Fue mi primer relato publicado y el que daría título a mi primer libro. Ese cuento prefigura mucho de lo que hice después como novelista: usar una experiencia personal como punto de partida para la fantasía; emplear una forma que finge el realismo mediante precisiones geográficas y urbanas; una objetividad lograda a través de diálogos y descripciones hechas desde un punto de vista impersonal, borrando las huellas de autor y, por último, una actitud crítica de cierta problemática que es el contexto u horizonte de la anécdota.

En esos años se convocó a elecciones para el rectorado de San Marcos. No recuerdo quién lanzó la candidatura de Porras Barrenechea; éste la aceptó con mucha ilusión, quizá por algo de coquetería —en aquella época ser rector de San Marcos significaba algo—, pero, sobre todo, por cariño a su *alma mater*, a la que había entregado tantos años y tanta pasión. Esa candidatura resultaría fatal para él y para la historia del Perú. Las circunstancias la convirtieron, desde el principio, en una candidatura anti-gobierno. Su rival, Aurelio Miró Quesada, uno de los dueños de *El Comercio*, considerado uno de los símbolos de la aristocracia, la oligarquía y el antiaprismo (la familia Miró Quesada nunca había perdonado al APRA el asesinato del anterior director de *El Comercio*, don Antonio Miró Quesada y de su esposa), adoptó el carácter de candidatura oficial. Los organismos estudiantiles, controlados por el APRA y la izquierda, apoyaron a Porras, así como los profesores apristas (muchos de los cuales, como Sánchez, seguían en el exilio). Porras y Aurelio Miró Quesada, que habían tenido cordiales relaciones hasta entonces, se distanciaron, en una ácida polémica de cartas y editoriales y *El Comercio* (que fue apedreado por manifestantes sanmarquinos que salían a recorrer las calles del centro coreando los eslóganes «Libertad» y «Porras rector») desterró el nombre de Porras Barrenechea de sus páginas durante algún tiempo (la famosa «muerte civil» a la que *El Comercio* condenaba a sus adversarios era más temida, se decía, que las persecuciones políticas por quienes pertenecían a la sociedad limeña).

Quienes trabajábamos con él y todos sus discípulos desplegamos denodados esfuerzos para que Porras Barrenechea fuera elegido. Nos distribuíamos los catedráticos con derecho a voto y los miembros del Consejo Universitario, y a mí y a Pablo Macera nos tocó visitar en sus casas a los de Ciencias, Medicina y Veterinaria. Con la excepción de uno solo, todos nos prometieron el voto. Cuando, la víspera de la elección, en el comedor de la calle Colina, hicimos el balance, Porras tenía dos tercios de los votantes. Pero en el Consejo Universitario, a la hora de la votación secreta, Aurelio Miró Quesada ganó sin dificultad.

En el discurso en el patio de Derecho, luego de la elección, ante una masa de estudiantes que lo desagraviaban con vítores y aplausos, Porras cometió la ligereza de decir que, aunque había perdido, le alegraba saber que habían votado por él algunos de los profesores más eminentes de San Marcos y nombró a algunos de los que nos habían asegurado su voto. Varios de ellos mandaron luego cartas a El Comercio desmintiendo haber votado por él.

La victoria no deparó a Aurelio Miró Quesada satisfacción alguna. La feroz —y muy injusta— hostilidad política de los estudiantes contra él luego de su elección, que lo convirtieron poco menos que en el símbolo del régimen dictatorial, algo que nunca fue, hizo que no pudiera casi poner los pies en los locales principales de San Marcos y tuviera que atender los asuntos rectorales desde una oficina excéntrica, bajo un permanente acoso y enemistad de unos claustros donde, gracias al debilitamiento de la represión, las fuerzas hasta entonces clandestinas del APRA y la izquierda recobraban la iniciativa y pasarían pronto a controlar la universidad. Algún tiempo después, este clima llevaría al fino y elegante ensayista que es Aurelio Miró Quesada a renunciar al rectorado y a apartarse de San Marcos.

A Porras, la derrota lo afectó hondamente. Tengo la impresión de que era el cargo que más ambicionaba —más que cualquier distinción política—, por su vieja y entrañable relación con la universidad, y que no haberlo alcanzado dejó en él una frustración y una amargura que lo indujeron, en las elecciones de 1956, a aceptar ser candidato a una senaduría en una lista del Frente Democrático (hechura del partido aprista) y durante el gobierno de Prado, a aceptar el ministerio de Relaciones Exteriores, que ocuparía hasta pocos días antes de su muerte, en 1960. Es verdad que fue un senador y un ministro de lujo, pero esa inmersión en la absorbente política cortó en seco su trabajo intelectual y le impidió escribir esa historia de la Conquista que, cuando yo comencé a trabajar con él, parecía decidido a terminar de una vez. Estaba en ello cuando la campaña del rectorado. Recuerdo que, después de tenerme varios meses fichando los mitos y leyendas, Porras me hizo pasar a máquina en un solo manuscrito todas sus monografías y artículos editados y también los capítulos inéditos sobre Pizarro, a los que iba agregando notas, corrigiendo y añadiendo páginas.

Que su candidatura al rectorado de San Marcos hubiera sido apoyada por el APRA y la izquierda —curiosa paradoja pues Porras nunca fue aprista ni socialista, sino más bien un liberal tirando a conservador[28]— le ganó la vindicta del régimen, en cuyas publicaciones comenzó a ser atacado, a veces con soecidad. Un semanario odriísta, *Clarín*, sacó varios artículos contra él, llenos de abominaciones. Se me ocurrió redactar un manifiesto de solidaridad a su persona y recoger firmas entre intelectuales, profesores y estudiantes. Conseguimos varios cientos de firmas pero no hubo donde publicarlo, de modo que nos contentamos con entregárselo a Porras.

Gracias a este manifiesto conocí a quien sería uno de mis mejores amigos de esos años y me ayudaría mucho en mis primeros pasos como escritor. Habíamos entregado hojas con el manifiesto a distintas personas para que lo hicieran correr, y me advirtieron que un alumno de la Universidad Católica quería echar una mano. Se llamaba Luis Loayza. Le di una de las hojas y unos días después nos reunimos en el Cream Rica de la avenida Larco para

---

28. Aunque, en su última actuación pública, como ministro de Relaciones Exteriores, en la reunión de cancilleres, de Costa Rica, en 1960, votó contra la condena de Cuba, desobedeciendo instrucciones del gobierno de Prado, por lo que se vio obligado a renunciar. Murió poco después.

que me entregara las firmas. Había conseguido sólo una: la suya. Era alto, de aire ido y desganado, dos o tres años mayor que yo, y aunque estudiaba Derecho sólo le importaba la literatura. Había leído todos los libros y hablaba de autores que yo no sabía que existían —como Borges, al que citaba con frecuencia, o los mexicanos Rulfo y Arreola— y cuando yo saqué a relucir mi entusiasmo por Sartre y la literatura comprometida su reacción fue un bostezo de cocodrilo.

Nos vimos poco después, en su casa de la avenida Petit Thouars, donde me leyó unas prosas que publicaría, algún tiempo más tarde, en una edición no venal —*El avaro* (Lima, 1955)— y donde conversamos largo y tendido en su atestada biblioteca. Loayza, con Abelardo Oquendo, a quien sólo trataría después, serían mis mejores compañeros de aquellos años, los más afines en el campo intelectual. Intercambiábamos y discutíamos libros, proyectos literarios y llegamos a constituir una cálida cofradía. Aparte de nuestra pasión por la literatura, con Lucho nuestras diferencias eran grandes en muchas cosas, y eso hacía que no nos aburriéramos, pues siempre teníamos algo sobre que polemizar. A diferencia de mí, siempre interesado por la política y capaz de apasionarme por cualquier cosa y entregarme a ella sin pensarlo dos veces, a Loayza la política lo aburría sobremanera y, en general, ése y todos los otros entusiasmos —salvo el de un buen libro— le merecían un sutil y burlón escepticismo. Estaba contra la dictadura, por supuesto, pero más por razones estéticas que políticas. Alguna vez lo arrastré a las manifestaciones-relámpago y en una de ellas, en el Parque Universitario, perdió un zapato: lo recuerdo corriendo a mi lado, sin perder la compostura, ante una carga a caballo de la Guardia Civil y preguntándome a media voz si hacer estas cosas era *absolutamente indispensable*. Mi admiración por Sartre y su tesis sobre el compromiso social lo aburrían a ratos y a ratos lo irritaban —él prefería, por supuesto, a Camus, porque era más artista y tenía mejor prosa que Sartre— y las despachaba con una ironía sibilina que me hacía aullar de indignación. Yo me vengaba atacando a su reverenciado Borges, llamándolo formalista, artepurista y hasta *chien de garde* de la burguesía. Las discusiones sartre-borgianas duraban horas y alguna vez hicieron que dejáramos de vernos y hablarnos varios días. Fue seguramente Loayza —o tal vez Abelardo, nunca lo supe— quien me puso el apodo con el que me tomaban el pelo: el sartrecillo valiente.

Fue por Loayza que leí a Borges, al principio con cierta reticencia —lo pura o excesivamente intelectual, lo que parece disociado de una muy directa experiencia vital me provoca un rechazo de entrada— pero con una sorpresa y curiosidad que me hacían siempre volver a él. Hasta que, poco a poco, a lo largo de meses y años, esa distancia se iría trocando en admiración. Y, además de Borges, a muchos autores latinoamericanos que, antes de mi amistad con Loayza, desconocía o, por pura ignorancia, desdeñaba. La lista sería muy larga, pero entre ellos figuran Alfonso Reyes, Adolfo Bioy Casares, Juan José Arreola, Juan Rulfo y Octavio Paz, de quien Loayza descubrió un día un delgado cuadernillo que leímos en voz alta —*Piedra de Sol*—, y que nos llevó a buscar afanosamente libros suyos.

Mi desinterés por la literatura de América Latina —con la sola excepción de Neruda, al que leí siempre con devoción— antes de conocer a Lucho Loayza había sido total. Quizás en vez de desinterés debería decir hostilidad. Ello se debía a que la única literatura latinoamericana moderna que se estudiaba en la universidad y de la que se hablaba algo en las revistas y suplementos literarios era la indigenista o costumbrista, la de autores de novelas como *Raza de bronce* (Alcides Arguedas), *Huasipungo* (Jorge Icaza), *La vorágine* (Eustasio Rivera), *Doña Bárbara* (Rómulo Gallegos) o *Don Segundo Sombra* (Ricardo Güiraldes), o, incluso, la de Miguel Ángel Asturias.

Esa narrativa y la peruana de ese género yo la había leído por obligación, en las clases de San Marcos, y la detestaba, pues me parecía una caricatura provinciana y demagógica de lo que debía ser una buena novela. Porque en esos libros el paisaje tenía más importancia que las personas de carne y hueso (en dos de ellos, *Don Segundo Sombra* y *La vorágine*, la naturaleza terminaba tragándose a los héroes) y porque sus autores parecían desconocer las más elementales técnicas de cómo armar una historia, empezando por la coherencia del punto de vista: en ellas el narrador estaba siempre entrometiéndose y opinando aun cuando se lo supusiera invisible, y, además, esos estilos tan recargados y librescos —sobre todo en los diálogos— irrealizaban de tal modo unas historias que se suponía ocurrían entre gente ruda y primitiva que jamás llegaba a brotar en ellos la ilusión. Toda la llamada literatura indigenista era una sucesión de tópicos naturalistas y de una indigencia artística tan grande que uno tenía la impresión de que para los autores escribir buenas novelas consistía en buscar un «buen» tema —hechos insólitos y terribles— y escribir con palabrejas sacadas de los diccionarios, lo más alejadas del habla común.

Lucho Loayza me hizo descubrir otra literatura latinoamericana, más urbana y cosmopolita, y también más elegante, que había surgido principalmente en México y en Argentina. Y, entonces, como él lo hacía, comencé a leer cada mes la revista *Sur*, de Victoria Ocampo, ventana abierta al mundo de la cultura, cuya llegada a Lima parecía sacudir la pobrecita ciudad con una gran cascada de ideas, debates, poemas, cuentos, ensayos, procedentes de todas las lenguas y culturas, y ponernos, a quienes la devorábamos, en el centro de la actualidad cultural del planeta. Lo que hizo Victoria Ocampo con la revista *Sur* —y con ella, claro está, quienes colaboraron en esa aventura editorial, empezando por José Bianco— es algo que nunca podremos alabar bastante los hispanoamericanos de por lo menos tres generaciones. (Así se lo dije a Victoria Ocampo cuando la conocí, en 1966, en un congreso del PEN Club en Nueva York. Siempre recuerdo la alegría que me produjo, muchos años después de los que evoco, ver un texto mío publicado en esa revista que nos hacía vivir cada mes la ilusión de estar intelectualmente a la vanguardia de la época.) En uno de esos números actuales o pasados de *Sur* que Loayza coleccionaba, leí la famosa polémica entre Sartre y Camus con motivo de la existencia de los campos de concentración de la Unión Soviética.

La amistad con Lucho, que se volvió pronto intimidad, no tenía que ver sólo con los libros y la vocación compartida. También con su amistad generosa y lo agradable que era pasar el rato con él oyéndolo hablar de jazz, que le encantaba, o de películas —nunca nos gustaban las mismas—, o rivalizar con él en el gran deporte nacional del raje, u observarlo componer sus prosas de lánguido y refinado esteta, *au-dessus de la mêlée*, con que le gustaba a veces entretener a sus amigos. En una época contrajo una divertida —pero incomodísima— somatización ética y estética: todo lo que le parecía feo o le merecía desprecio le provocaba náuseas. Era un verdadero riesgo ir con él a una exposición, una conferencia, un recital, un cine, o, simplemente, pararse en media calle a conversar con alguien, pues si la persona o función no calificaban, ahí mismo le venían las arcadas.

Lucho había conocido a aquellos autores latinoamericanos gracias a un profesor de la Católica, llegado no hacía mucho de Argentina: Luis Jaime Cisneros. Me enseñó un curso de literatura española, en San Marcos, pero sólo me hice amigo de él más tarde, gracias a Loayza y Oquendo. También Luis Jaime Cisneros tenía pasión por la enseñanza, y la ejercía más allá de las aulas, en un rincón de su biblioteca —en una quinta miraflorina, transversal de la avenida Pardo—, donde reunía a alumnos aficionados a la filología (su especialidad) y a la literatura, a los que prestaba libros (anotándolos, con fecha y título, en un enorme cuaderno de contabilidad). Luis Jaime era flaco, fino, cortés, pero lucía un airecillo pedante y perdonavidas para con sus colegas, lo que le ganó punzantes enemistades universitarias. Yo mismo tenía una imagen equivocada de él hasta que comencé a visitarlo y formar parte del pequeño círculo sobre el que Luis Jaime volcaba su cultura y su amistad.

Luis Jaime había firmado el primer manifiesto de los demócrata-cristianos, y éstos, que daban los primeros pasos para constituir un partido, le habían pedido que dirigiera el periódico de la agrupación. Me preguntó si me gustaría echarle una mano y le dije que encantado. Así nació *Democracia*, un semanario, en teoría, pero que se publicaba sólo cuando conseguíamos dinero para el número, a veces cada quincena y a veces cada mes. Para el número inicial escribí un largo artículo sobre Bustamante y Rivero y el golpe que lo derrocó. Armábamos el periódico en la biblioteca de Luis Jaime, y lo imprimíamos en imprentas distintas cada vez, pues todas temían que Esparza Zañartu —a quien Odría había promovido al cargo de ministro de Gobierno, en un error político providencial para el restablecimiento de la democracia en el Perú— tomara represalias contra ellos. Como Luis Jaime, para no comprometer su trabajo en la universidad, no quiso figurar como director, yo ofrecí poner mi nombre, y así apareció *Democracia*. En la primera página había un artículo, creo que sin firma, de Luis Bedoya Reyes, criticando al pradismo, que se reorganizaba para lanzar de nuevo la candidatura a la presidencia del ex mandatario Manuel Prado.

Apenas salió *Democracia* fui citado por mi padre a su oficina. Lo encontré lívido, blandiendo el periódico en el que yo aparecía como director. ¿Había olvidado que *La Crónica* pertenecía a la familia Prado? ¿Que *La Crónica* tenía la exclusiva de la International News Service? ¿Que él era director de la INS? ¿Quería yo que *La Crónica* le cancelara el contrato y él se quedara sin trabajo? Me ordenó desaparecer mi nombre del periódico. De modo que a partir del segundo o tercer número, me sucedió como presunto director —el verdadero era Luis Jaime— mi amigo y compañero de San Marcos, Guillermo Carrillo Marchand. Y como, luego de unos números, éste también tuvo problemas para figurar, *Democracia* se publicó luego con un director ficticio, cuyo nombre expropiamos de un cuento de Borges.

Los demócrata-cristianos jugaron un papel de primer plano en la caída de Esparza Zañartu, lo que precipitó la muerte del ochenio. Si él hubiera seguido a cargo de la seguridad de la dictadura, ésta se hubiera alargado tal vez más allá de las elecciones del 56, fraguándolas, como había hecho en 1950, en favor del propio Odría o de algún testaferro (había varios haciendo cola para desempeñar ese papel). Pero la caída del hombre fuerte del régimen debilitó a éste y lo sumió en un desbarajuste que la oposición aprovechó para ganar la calle.

Esparza Zañartu había ocupado a lo largo de la dictadura un puesto sin relieve —director de Gobierno—, que le permitía permanecer en la sombra, pues, aunque él tomaba todas las decisiones respecto a la seguridad, éstas eran asumidas públicamente por el ministro de Gobierno. La probable razón que llevó a Odría a poner a Esparza Zañartu en el ministerio fue que nadie quería ocupar ya este cargo de fantoches. Dice la leyenda que cuando el general Odría lo llamó para confiarle la cartera, Esparza le repuso que aceptaba, por lealtad, pero que esta medida equivalía a un suicidio para el régimen. Así fue. Apenas Esparza Zañartu se convirtió en blanco visible, todas las armas de la oposición apuntaron contra él. El golpe de gracia fue un mitin de la Coalición Nacional, de Pedro Roselló, en Arequipa, que Esparza quiso frustrar enviando como contra-manifestantes a matones contratados y policías de civil. Éstos fueron desbaratados por los arequipeños y la policía reprimió a los opositores, disparando, con un alto saldo de víctimas. Parecía repetirse el drama de 1950, durante las fraudulentas elecciones, en las que, ante un intento de rebelión callejera del pueblo arequipeño, Odría había lle-vado a cabo una matanza. Pero esta vez el régimen no se atrevió a sacar los tanques y soldados a la calle para que disparasen contra la multitud, como se dice que Esparza Zañartu quiso hacer. Arequipa declaró una huelga general que fue seguida por toda la ciudad. Al mismo tiempo, de acuerdo a la vieja costumbre que le había ganado el nom-bre de ciudad-caudillo (pues en ella nacieron la mayoría de las rebeliones y revoluciones republicanas), los arequi-peños desempedraron las calles y armaron barricadas, donde miles de miles de hombres y mujeres de todos los sectores sociales esperaron vigilantes la respuesta del régi-men a su pliego de reclamos: la renuncia de Esparza Za-ñartu, la abolición de la Ley de Seguridad Interior y la convocatoria a elecciones libres. Luego de tres días de tre-menda tensión, el régimen sacrificó a Esparza Zañartu, quien, luego de renunciar, partió rápidamente al extranje-ro. Y aunque la dictadura nombró un gabinete militar, pa-ra todo el mundo, empezando por el propio Odría, fue evi-dente que los arequipeños —la tierra de Bustamante y Ri-vero— le habían asestado un golpe mortal.

En esa gesta arequipeña, que, en Lima, los sanmarqui-nos apoyamos con manifestaciones-relámpago en las que Javier Silva y yo estuvimos siempre en primera fila, el li-derazgo lo habían tenido Mario Polar, Roberto Ramírez del Villar, Héctor Cornejo Chávez, Jaime Rey de Castro y los otros arequipeños de la naciente Democracia Cristia-na. Eran abogados prestigiosos, amigos y hasta parientes de la familia Llosa, y uno de ellos, Mario Polar, había sido pretendiente, o, como decía mi abuelita Carmen, «aficio-nado» de mi madre, a quien le había escrito de joven unos apasionados poemas que ella guardaba a escondidas de mi padre, hombre de celos retrospectivos.

Todas esas razones acabaron de entusiasmarme cuando la Democracia Cristiana se constituyó como partido y me inscribí en él. Fui catapultado de inmediato, no sé cómo ni por quién, al Comité Departamental de Lima, donde estaban también Luis Jaime Cisneros, Guillermo Carrillo Marchand, y algunos respetables catedráticos, como el jurista Ismael Bielich y el psiquiatra Honorio Delgado. El nuevo partido declaraba en sus estatutos que no era confesional, de manera que no era preciso ser creyente para militar en él, pero la verdad es que ese local del partido —una vieja casa de paredes de quincha, con balcones— en la avenida Guzmán Blanco, muy cerca de la plaza Bolognesi, parecía una iglesia, o cuando menos una sacristía, pues estaban allí todos los beatos conocidos de Lima, desde don Ernesto Alayza Grundy hasta los dirigentes de la Acción Católica y la UNEAC (Unión Nacional de Estudiantes Católicos) y todos los jóvenes parecían ser alumnos de la Universidad Católica. Me pregunto si en esa época había en la Democracia Cristiana algún otro sanmarquino fuera de mí y de Guillermo Carrillo (Javier Silva se inscribiría algún tiempo después).

¿Qué demonios hacía yo ahí, entre esa gente respetabilísima a más no poder, pero a años luz del sartreano comecuras, izquierdoso no curado del todo de las nociones de marxismo del círculo, que me seguía sintiendo? No sabría explicarlo. Mi entusiasmo político era bastante mayor que mi coherencia ideológica. Pero recuerdo haber vivido con un cierto malestar cada vez que tenía que explicar intelectualmente mi militancia en la Democracia Cristiana. Y las cosas empeoraron cuando, gracias a Antonino Espinoza, pude leer algún material sobre la doctrina social de la Iglesia y la famosa encíclica de León XIII, *Rerum Novarum*, que los democristianos citaban siempre como prueba de su compromiso con la justicia social y su voluntad de reforma económica en favor de los pobres. La famosa encíclica a mí se me caía de las manos mientras la leía por su retórica paternalista y sus sentimientos gaseosos y sus vagas críticas a los excesos del capital. Recuerdo haber comentado el asunto con Luis Loayza —quien, creo, también había firmado algún texto democristiano o se había inscrito en el partido—, y haberle dicho lo incómodo que me sentía después de leer esa célebre encíclica que me parecía tremendamente conservadora. Él había intentado leerla, también, y a las pocas páginas le sobrevinieron las arcadas.

Sin embargo no me aparté de la Democracia Cristiana (renunciaría a ella años después, desde Europa, por su tibieza en defender a la revolución cubana, cuando ésta se convirtió para mí en apasionada causa) porque su lucha en contra de la dictadura y a favor de la democratización del país era impecable y porque seguía creyendo que Bustamante y Rivero acabaría siendo líder del partido y acaso su candidato presidencial. Pero, sobre todo, porque, yo, con otros jóvenes más bien radicales, descubrimos dentro de los líderes del Partido Demócrata Cristiano, a un abogado arequipeño, que, aunque tan beato como los otros, nos pareció desde un principio un hombre de ideas más avanzadas y progresistas que sus colegas, alguien empeñado no sólo en moralizar y democratizar la política peruana, sino en llevar a cabo una profunda reforma para poner fin a las iniquidades de que eran víctimas los pobres: Héctor Cornejo Chávez.

Que hable así de él, ahora, con lo que fue después su repugnante actuación como asesor de la dictadura militar de Velasco, autor de la monstruosa ley de confiscación de todos los medios de comunicación y primer director de *El Comercio* estatizado, hará sonreír a muchos. Pero lo cierto es que, a mediados de los cincuenta, cuando se vino a Lima desde su Arequipa natal, ese joven abogado parecía un dechado de pureza política, un hombre animado por un ardiente celo democrático y una indignación a flor de piel contra toda forma de injusticia. Había sido secretario de Bustamante y Rivero y yo quería ver en él a una versión rejuvenecida y radicalizada del ex presidente, con su misma limpieza moral y su compromiso inquebrantable con el sistema democrático y la ley.

El doctor Cornejo Chávez hablaba de reforma agraria, de reforma de la empresa con participación de los obreros en los beneficios y en la administración, y condenaba a la oligarquía, a los dueños de la tierra, a las cuarenta familias, con retórica jacobina. No era simpático, es verdad, sino más bien un hombre avinagrado y distante, con ese hablar ceremonioso y algo engolado muy frecuente en los arequipeños (sobre todo los que han pasado por el foro), pero lo modesto y casi frugal de su vida nos hacían pensar a muchos que, con él a la cabeza, la Democracia Cristiana podría llevar a cabo la transformación del Perú.

Las cosas ocurrieron de manera muy distinta. Cornejo Chávez llegó a ser el líder del partido —no lo era en 1955 o 1956, cuando yo militaba en él—, y fue dos veces su candidato a la presidencia, en las elecciones de 1962 y 1963, en las que obtuvo una votación insignificante. Su autoritarismo y personalismo fueron creando poco a poco en su propio partido tensiones y luchas faccionales que culminarían, en 1965, con la ruptura de la Democracia Cristiana: una mayoría de dirigentes y militantes se saldrían con Luis Bedoya Reyes a la cabeza para formar el Partido Popular Cristiano, en tanto que el partido de Cornejo Chávez, reducido a su mínima expresión, sobreviviría de mala manera hasta el golpe militar del general Velasco en 1968. Allí, vio llegada su hora. Lo que no pudo conseguir a través del voto, el doctor Cornejo Chávez lo obtuvo a través de la dictadura; llegar al poder en el que los militares le confiaron trabajos tan poco democráticos como el amordazamiento de los medios de comunicación y del Poder Judicial (pues también él sería responsable de la creación del Consejo Nacional de Justicia, institución con la que la dictadura puso a los jueces a su servicio).

A la caída de Velasco —cuando éste fue reemplazado, luego de un golpe palaciego por el general Morales Bermúdez, en 1975—, Cornejo Chávez se retiró de la política, en la que, por cierto, sólo han quedado de él los malos recuerdos.

El inexistente Partido Demócrata Cristiano —un puñadito de arribistas— figuró, no obstante, en la vida política del Perú, aliado a Alan García, quien, para mantener la ficción de una apertura, siempre tuvo un democristiano en su gobierno. Luego de Alan García la Democracia Cristiana se extinguió o, mejor dicho, la directiva que usurpaba su nombre pasó a invernar en espera de que las circunstancias pudieran permitirle recobrar algunas migajas de poder convertido en parásito de otro gobernante de turno.

Pero estamos en 1955 y todavía aquello está lejos. Pasado ese verano, cuando comenzaba yo las clases en el ter-

cer año de universidad y discutía de literatura con Luis
Loayza, militaba en la Democracia Cristiana, escribía
cuentos y fichaba libros de historia en casa de Porras Barrenechea, llegó a Lima alguien que significaría otro re-
mezón de mi existencia: la «tía» Julia.

XIV

EL INTELECTUAL BARATO

El 26 de octubre de 1989, *El Diario*, portavoz de Sendero Luminoso, publicó un comunicado en nombre de un organismo de fachada, el Movimiento Revolucionario en Defensa del Pueblo (MRDP), convocando a un «paro armado clasista y combativo» para el 3 de noviembre, en «apoyo a la guerra popular».

A la mañana siguiente el candidato de Izquierda Unida a la alcaldía de Lima y a la presidencia, Henry Pease García, anunció que el día escogido por el senderismo para el paro armado él saldría a las calles con sus partidarios a fin de mostrar «que la democracia era más firme que la subversión». Yo estaba con Álvaro, en mi escritorio —todas las mañanas, temprano, antes de la reunión del *kitchen cabinet*, pasábamos revista al programa del día—, cuando escuché en la radio la noticia. Al instante me vino la idea de solidarizarme con la marcha y salir también con mis partidarios a manifestar el 3 de noviembre en respuesta al desafío de Sendero Luminoso. A Álvaro le gustó la idea, y, para evitar que se embrollara en consultas con los aliados, la hice pública sin pérdida de tiempo, en una entrevista telefónica con Radioprogramas. En ella, felicité a Henry Pease y le propuse que desfiláramos juntos.

Provocó sensación que se solidarizara con una iniciativa de la izquierda marxista alguien que, desde hacía años, era blanco de los intelectuales progresistas nativos, de los que Pease formaba parte, y a algunos de mis amigos les pareció un error político. Temían que mi gesto diera a la candidatura de Pease una suerte de espaldarazo (las encuestas lo situaban por debajo del diez por ciento de las intenciones de voto). Pero éste era un típico caso en el que las consideraciones éticas debían prevalecer sobre las políticas. Sendero Luminoso venía actuando cada día con más audacia y extendiendo su radio de acción; sus atentados eran diarios, así como sus asesinatos. En Lima, su presencia se había multiplicado en fábricas, colegios y pueblos jóvenes donde sus centros de adoctrinamiento funcionaban a la vista de todo el mundo. ¿No era bueno que la sociedad civil saliera a manifestarse en favor de la paz el mismo día que el terrorismo amenazaba con un paro armado? La Marcha por la Paz recibió una ola de adhesiones de partidos políticos, sindicatos, instituciones culturales y sociales, y figuras conocidas. Y atrajo una enorme concurrencia, deseosa de mostrar su repudio al horror en que venía hundiéndose el Perú por el fanatismo mesiánico de una minoría.

Presionados por el ambiente, los candidatos del APRA (Alva Castro) y de Acuerdo Socialista (Barrantes Lingán) se adhirieron también, aunque su falta de entusiasmo fue notoria. Ambos hicieron acto de presencia en el monumento a Miguel Grau, en el paseo de la República, y se retiraron con sus pequeñas delegaciones antes de que confluyéramos en el lugar la columna de Izquierda Unida y la del Frente Democrático, que habían salido, la primera, de la plaza Dos de Mayo, y, la nuestra, del monumento a Jorge Chávez, en la avenida 28 de Julio.

Luego de una lenta, entusiasta y disciplinada marcha, convergimos frente al monumento a Grau y allí Henry Pease y yo nos dimos un abrazo. Depositamos flores en el lugar y se cantó el Himno Nacional. No sólo militantes políticos conformaban la gigantesca muchedumbre; también, gentes sin partido y sin interés por la política, que sintieron la necesidad de expresar su condena por los asesinatos, los secuestros, las bombas, las desapariciones y demás violencias que en los últimos años habían ido devaluando tanto la vida en el Perú. Había muchos religiosos en las vecindades del monumento a Grau —obispos, sacerdotes, monjas, cristianos laicos— que, entre las barras y maquinitas de los partidos, hacían oír la suya: «Se siente, se siente, Cristo está presente.»

No me hubiera plegado a la Marcha por la Paz si la iniciativa no hubiera venido de Henry Pease, un adversario que, como intelectual y como político, me parecía respetable. Hay muchas maneras de definir lo respetable. En lo que a mí se refiere, me merece respeto el intelectual o el político que dice lo que cree, hace lo que dice y no utiliza las ideas y las palabras como una coartada para el arribismo.

No abundan en mi país los intelectuales respetables en este sentido. Lo digo con tristeza pero sabiendo lo que quiero decir. El tema me desveló, hace años, hasta que un día creí entender por qué los índices de deshonestidad moral parecían, entre las gentes de mi oficio, más elevados que entre los peruanos de otras vocaciones. Y por qué habían contribuido tantos de ellos y de manera tan efectiva a la decadencia cultural y política del Perú. Antes, me devanaba los sesos tratando de adivinar por qué entre nuestros intelectuales, y sobre todo los progresistas —la inmensa mayoría—, abundaban el bribonzuelo, el sinvergüenza, el impostor, el pícaro. Por qué podían, con tanta desfachatez, vivir en la esquizofrenia ética, desmintiendo a menudo con sus acciones privadas lo que promovían con tanta convicción en sus escritos y actuaciones públicas.

Matasietes antiimperialistas en sus manifiestos, artículos, ensayos, clases, conferencias, leyéndolos cualquiera hubiera creído que habían hecho del odio a Estados Unidos un apostolado. Pero casi todos ellos habían solicitado, recibido y muchos literalmente *vivido* de becas, ayudas, bolsas de viaje, comisiones y encargos especiales de fundaciones estadounidenses, y pasado semestres y años académicos en las «entrañas del monstruo» (según la expresión de José Martí) alimentados por la Guggenheim Foundation, la Tinker Foundation, la Mellon Foundation, la Rockefeller Foundation, etcétera, etcétera. Y todos gestionaban frenéticamente y muchos conseguían, por cierto, ir a injertarse como profesores a esas universidades del país al que habían enseñado a sus alumnos, discípulos y lectores a execrar como responsable de todas las calamidades peruanas. ¿Cómo explicar ese masoquismo de la especie intelectual? ¿Por qué esa desalada carrera de tantos hacia el país cuyas vesanias vivían denunciando, denuncias gracias a las cuales habían construido, en buena parte, sus carreras académicas y su pequeño prestigio de sociólogos, críticos literarios, politólogos, etnólogos, antropólogos, economistas, arqueólogos o poetas, periodistas y novelistas?

Algunos florones de la corona, tomados al azar. Julio Ortega comenzó su carrera de «intelectual» trabajando con un puesto rentado para el Congreso por la Libertad de la Cultura, en Lima, en los años sesenta, justamente en la época en que se reveló que esta institución recibía fondos de la CIA, lo que llevó a muchos escritores que se hallaban allí de buena fe a apartarse del Congreso (pero no a él). Era, entonces, un apestado para los progresistas. Con la dictadura militar revolucionaria y socialista del general Juan Velasco Alvarado, se volvió revolucionario y socialista, también rentado. En el suplemento cultural de uno de los diarios confiscados por la dictadura —*Correo*—, que se le encargó dirigir, se dedicó durante varios años, en una jerga estructuralista que combinaba la tiniebla intelectual con la vileza política en proporciones simétricas, a despotricar contra quienes no comulgaban con las deportaciones, encarcelamientos, expropiaciones, censuras y pillerías del socialismo velasquista y a proponer, por ejemplo, que se abofeteara a los diplomáticos que hablaban mal de la revolución. Cuando el dictador al que servía cayó, por una conspiración interna de los propios secuaces, muchos de sus intelectuales fueron licenciados. ¿A dónde huyó a ganarse la vida este escriba? ¿A la Cuba de sus amores ideológicos? ¿A Corea del Norte? ¿A Moscú? No. A Texas. A la Universidad de Austin, por lo pronto, y cuando debió apartarse de ésta, a la más tolerante de Brown, donde, hasta ahora, supongo, prosigue su batalla en favor de la revolución antiimperialista hecha al compás de los tanques y sables militares. Desde allí enviaba artículos durante la campaña electoral a un periódico peruano que le venía como un guante —*La República*—, aconsejando a sus remotos compatriotas no perder esta oportunidad de votar por la «opción socialista».

Otro caso, del mismo barroquismo moral. El doctor Antonio Cornejo Polar, crítico literario y «católico socialista», como gustaba definirse —una manera de ganar el cielo sin privarse de ciertas ventajas del infierno—, había hecho una carrera universitaria en la ciudadela del radicalismo y del senderismo, San Marcos, a cuya rectoría llegó por los únicos méritos que, en su época y, por desgracia todavía, permiten ascender allí: los políticos. Su «correcta» línea progresista le ganó los votos necesarios, incluidos los de los recalcitrantes maoístas.

El 18 de marzo de 1987, en una charla en Estados Unidos, yo hablé de la crisis de las universidades nacionales en América Latina y de cómo la politización y el extremismo habían desplomado sus niveles académicos y en algunos casos —como el de mi *alma mater*— los habían convertido en algo que difícilmente merecía ya el nombre de universidad. Dentro del previsible fuego graneado de protestas que aquello provocó en el Perú, una de las más inflamadas fue la del «católico socialista», quien, para entonces, se había apartado del rectorado alegando que los problemas del claustro lo habían puesto en la originalísima condición de un «preinfarto». Indignado, mi crítico se preguntaba cómo se podía atacar a la universidad popular y revolucionaria peruana desde el Metropolitan Club de Nueva York.[29] Hasta allí todo parecía coherente. Cuál no sería mi sorpresa cuando, muy poco después, me pedían del consejo académico de una universidad del monstruo imperialista un informe sobre la competencia intelectual del personaje, candidato a ocupar un cargo lectivo en su departamento de Español (que, por supuesto, obtuvo). Por allí anda hasta ahora, supongo, ejemplo viviente de cómo se progresa en la vida académica manteniendo las correctas opciones políticas en los momentos correctos.

Podría citar cien casos más, variantes todos de esta práctica: fingir una *persona* pública, unas convicciones, ideas y valores por conveniencia profesional y, al mismo tiempo, desmentirlas alegremente con la conducta doméstica. El resultado de semejante inautenticidad es, en la vida intelectual, la devaluación del discurso, el triunfo del estereotipo y de la vacua retórica, de la palabra muerta del eslogan y el lugar común sobre las ideas y la creatividad. Por eso, no es accidental que, en los últimos treinta o cuarenta años, el Perú no haya producido en el dominio del pensamiento casi nada digno de memoria, y, sí, en cambio, un gigantesco basural de palabrería populista, socialista y marxista sin contacto con la realidad de los problemas peruanos.

29. «La fobia de un novelista», *Sí*, Lima, 6 de abril de 1987.

En el dominio político, las consecuencias han sido peores. Porque quienes habían hecho de la duplicidad y el embauque ideológico un *modus vivendi* tenían el control casi absoluto de la vida cultural del Perú. Y producían casi todo lo que los peruanos estudiaban o leían y el alimento ideológico del país en el que podían aplacar su curiosidad o su inquietud las jóvenes generaciones. Todo estaba en sus manos. Las universidades y los colegios nacionales y muchos privados; los institutos y centros de investigación; las revistas, los suplementos y publicaciones culturales, y, por supuesto, los textos escolares. Con su incultura y desprecio hacia toda actividad intelectual, los sectores conservadores, que hasta los años cuarenta o cincuenta tenían todavía la hegemonía cultural del país —con esa brillante generación de historiadores, como Raúl Porras Barrenechea y Jorge Basadre, o filósofos como Mariano Ibérico y Honorio Delgado—, habían perdido la batalla hacía tiempo y no habían producido ni talentos individuales ni una acción de conjunto capaz de enfrentar el avance de los intelectuales de izquierda, quienes, a partir de la dictadura del general Velasco, monopolizaron la vida cultural.

Y, sin embargo, el pensamiento de izquierda tenía un ilustre precursor en el Perú: José Carlos Mariátegui (1894-1930). En su corta vida, produjo un impresionante número de ensayos y artículos de divulgación del marxismo, de análisis de la realidad peruana, y trabajos de crítica literaria o comentarios políticos de actualidad notables por su agudeza intelectual, a menudo por su originalidad y en los que se advierte una frescura conceptual y una voz propia, que nunca más reapareció en sus proclamados seguidores. Aunque todos se llamen «mariateguistas», desde los más moderados hasta los más extremos (el propio Abimael Guzmán, fundador y líder de Sendero Luminoso, dice ser discípulo de Mariátegui), pasando por el PUM (Partido Unificado Mariateguista), lo cierto es que, a partir del corto apogeo que él significó para el pensamiento socialista, éste entró en el Perú en una declinación que llegó a tocar fondo en los años de la dictadura militar (1968-1980), en los que el debate intelectual pareció confinarse entre estas dos opciones: el oportunismo de izquierda o el terrorismo.

Los intelectuales tuvieron tanta responsabilidad como los militares en lo ocurrido en el Perú en aquellos años, sobre todo en los primeros siete —1968 a 1975, los del general Velasco—, en los que se adoptaron todas las soluciones equivocadas para los grandes problemas nacionales, agravándolos y precipitando al Perú en una ruina a la que Alan García daría la última vuelta de tuerca. Aplaudieron la destrucción por la fuerza del sistema democrático, que, por defectuoso e ineficiente que fuera, permitía el pluralismo político, la crítica, la vida sindical y el ejercicio de la libertad. Y, con el argumento de que las libertades «formales» eran la máscara de la explotación, justificaron que se prohibieran los partidos políticos, que no hubiera elecciones, que se confiscaran las tierras y se las colectivizara, que se nacionalizaran y estatizaran centenares de empresas, que se suprimiera la libertad de prensa y el derecho de crítica, que se institucionalizara la censura, que se expropiaran todos los canales de televisión, los diarios y gran número de estaciones de radio, que se diera una ley para avasallar al Poder Judicial y ponerlo al servicio del Ejecutivo, que se encarcelara y deportara a cientos de peruanos y se asesinara a unos cuantos. En esos años, apoderados de todos los medios de comunicación importantes que había en el país, se dedicaron a machacar aquellas consignas contra los valores democráticos y la democracia liberal, y a defender en nombre del socialismo y la revolución los abusos e iniquidades de la dictadura. Y, por supuesto, a abrumar de insultos a quienes no compartíamos su entusiasmo por lo que los sicofantes de Velasco llamaban «la revolución socialista, participacionista y libertaria» y carecíamos de tribuna para responderles.

Algunos, los menos, actuaron de esta manera por ingenuidad, creyendo de veras que las ansiadas reformas para acabar con la pobreza, la injusticia y el atraso podían venir a través de una dictadura militar que, a diferencia de las de antaño, no hablaba de «civilización cristiana y occidental» sino de «socialismo y revolución».[30] Estos inge-

30. Incluyo entre ellos a Carlos Delgado, el civil de mayor influencia durante los años de Velasco y quien escribió la mayor parte de los discursos que éste leyó. Ex dirigente aprista y ex secretario de Haya de la Torre, el sociólogo y politólogo Carlos Delgado renunció al APRA cuando este partido pactó con el odriísmo durante el primer gobierno de Belaunde Terry. Apoyó la revolución militar y contri-

nuos, como Alfredo Barnechea o César Hildebrandt, se desengañaron rápidamente y pasaron pronto al bando de los réprobos del poder. Pero la mayoría de ellos no estaban con la dictadura por ingenuidad ni por convicción, sino, como su conducta posterior demostró, por oportunismo. Habían sido *llamados*. Era la primera vez que un gobierno del Perú llamaba a los intelectuales y les ofrecía unas migajas de poder. Entonces, sin vacilar, se echaron en brazos de la dictadura, con un celo y una diligencia que a menudo iban más allá de lo que se les pedía. De ahí, sin duda, que el propio general Velasco, hombre sin sutilezas, hablara de los intelectuales del régimen como de los mastines que tenía para asustar a los burgueses.

Y, en efecto, ése fue el rol a que el régimen los redujo: ladrar y morder desde los periódicos, radios, canales de televisión, ministerios y dependencias oficiales a quienes nos oponíamos a los desmanes. Lo sucedido con tantos intelectuales peruanos en esos años, a mí me produjo un verdadero trauma. Desde mi ruptura con Cuba, a fines de los sesenta, había pasado a ser objeto de los ataques de muchos de ellos, pero, aun así, tenía la sensación de que actuaban como lo hacían —defendiendo lo que defendían— guiados por una fe y unas ideas. Después de haber visto esa suerte

buyó en mucho a darle una cobertura ideológica, al mismo tiempo que impulsó buena parte de las reformas económicas —la comunidad industrial, la reforma agraria, los controles y subsidios, etcétera—, muchas de las cuales eran calcadas de lo que había sido el programa de gobierno del partido aprista. Carlos Delgado creía en esa «tercera posición» y su apoyo a la dictadura estuvo inspirado en esta ilusión: que el Ejército podía ser el instrumento para instaurar en el Perú el socialismo democrático que él defendía. En el Sinamos (Sistema de Apoyo a la Movilización Social), Carlos Delgado reunió en torno suyo a un grupo de intelectuales —Carlos Franco, Héctor Béjar, Helan Jaworski, Jaime Llosa, etcétera— que compartían su tesis y que, con tan buenas intenciones como la suya, la mayoría de ellos, colaboraron activamente con el régimen en las nacionalizaciones y la extensión del intervencionismo estatal en la economía y la vida social. Pero las críticas que merecen por ello deben ser, sobre todo en el caso de Carlos Delgado, acompañadas de una aclaración: su buena fe no podía ser puesta en duda ni tampoco la coherencia y transparencia con la que actuó. Por eso siempre me pareció respetable y pude discrepar con él —y discutir mucho— sin que se rompiera nuestra amistad. De otro lado, me consta que Carlos Delgado hizo cuanto pudo para impedir, con la influencia que tenía, el copamiento por los comunistas y sus próximos de las instituciones del régimen y que usó aquélla, también, para amortiguar en lo posible los atropellos. Cuando la revista *Caretas* fue cerrada y su director, Enrique Zileri, se hallaba perseguido, él me consiguió una entrevista con el general Velasco (la única que le pedí) y me apoyó cuando yo protesté por esa clausura y persecución y lo exhorté a que las levantara.

de abdicación moral generacional de los intelectuales peruanos, en los años de la dictadura velasquista, descubrí lo que aún hoy creo: que aquellas convicciones no son para la gran mayoría sino una estrategia que les permite sobrevivir, hacer carrera, progresar. (En los días de la estatización de la banca, la prensa aprista difundió, con mucho bombo, unas declaraciones furibundas de Julio Ramón Ribeyro, desde París, acusándome de identificarme «objetivamente con los sectores conservadores del Perú» y oponerme «a la irrupción irresistible de las clases populares». Ribeyro, escritor muy decoroso, hasta entonces amigo mío, había sido nombrado diplomático ante la Unesco por la dictadura de Velasco y fue mantenido en el puesto por todos los gobiernos sucesivos, dictaduras o democracias, a los que sirvió con docilidad, imparcialidad y discreción. Poco después, José Rosas-Ribeyro, un ultraizquierdista peruano de Francia, lo describía, en un artículo de *Cambio*,[31] trotando por París con otros funcionarios del gobierno aprista en busca de firmas para un manifiesto en favor de Alan García y de la estatización de la banca que firmaron un grupo de «intelectuales peruanos» establecidos allí. ¿Qué había tornado al apolítico y escéptico Ribeyro en un intempestivo militante socialista? ¿Una conversión ideológica? El instinto de supervivencia diplomática. Así me lo hizo saber él mismo, en un mensaje que me envió en esos mismos días [y que a mí me hizo peor efecto que sus declaraciones], con su editora y amiga mía Patricia Pinilla: «Dile a Mario que no haga caso a las cosas que declaro contra él, pues sólo son *coyunturales*.»)

Entonces entendí una de las expresiones más dramáticas del subdesarrollo. Prácticamente no había manera de que un intelectual de un país como el Perú pudiera trabajar, ganarse la vida, publicar, en cierta forma *vivir* como intelectual, sin adoptar los gestos revolucionarios, rendir pleitesía a la ideología socialista y demostrar, en sus acciones públicas —sus escritos y su actuación cívica—, que formaba parte de la izquierda. Para llegar a dirigir una publicación, progresar en el escalafón universitario, obtener las becas, las bolsas de viajes, las invitaciones pagadas, le era preciso demostrar que estaba identificado con

31. Suplemento *Unicornio*, Lima, 25 de octubre de 1987, p. 5.

los mitos y símbolos del establecimiento revolucionario y socialista. Quien no seguía la invisible consigna se condenaba al páramo: la marginación y frustración profesional. Ésa era la explicación. De ahí la inautenticidad, esa —según fórmula de Jean-François Revel— «hemiplejia moral» en que vivían, repitiendo por un lado, en público, toda una logomaquia defensiva —especie de contraseña para asegurar su puesto dentro del *establishment*—, que no respondía a ninguna convicción íntima, mera táctica de lo que el anglicismo llama «posicionamiento». Pero cuando se vive de este modo, la perversión del pensamiento y el lenguaje resulta inevitable. Por eso, un libro como el de Hernando de Soto y su equipo del Instituto Libertad y Democracia —*El otro sendero*—, a mí me había entusiasmado tanto: ¡por fin aparecía en el Perú algo que revelaba un esfuerzo para pensar con independencia y originalidad sobre la problemática peruana, rompiendo los tabúes y los esquemas ideológicos congelados! Pero, una vez más en el país de las promesas incumplidas, también en este caso la esperanza, apenas nacida, se frustró.

Cuando creí encontrar la explicación de lo que Sartre llamaría la *situación* del escritor en el Perú en tiempos de la dictadura, escribí en la revista *Caretas* unos artículos bajo el título común de «El intelectual barato»,[32] que —esta vez, con razón— aumentaron la vieja fobia contra mí de quienes se reconocían intelectuales baratos. Alan García, con su intuición infalible para este género de operaciones, reclutó a varios de ellos para que fueran sus mastines, y me los lanzó armados con las armas que manejan tan bien. Ellos tuvieron un importante papel durante la campaña y no ahorraron esfuerzos para que ésta descendiera a la mugre.

El primer contratado fue —gran paradoja— un periodista mercenario que había servido fielmente a Velasco desde la dirección de *La Crónica*, un personaje del que se puede decir, sin temor a equivocarse, que es el más exquisito producto que el periodismo de estercolero haya forjado en el Perú: Guillermo Thorndike. Desde aquel diario,

---

32. Reproducidos en *Contra viento y marea*, *II* (Barcelona: Seix Barral, 1990), pp. 143-155.

con una pequeña banda de colaboradores reclutados en las sentinas literarias locales (la excepción era Abelardo Oquendo, uno de mis mejores amigos de juventud, de quien nunca pude entender qué hacía allí, rodeado de escribidores resentidos e intrigantes como Mirko Lauer, Raúl Vargas, Tomás Escajadillo y aún cosas peores), alternó la adulación al dictador y la cerrada defensa de sus acciones con campañas de infamia en contra de esos opositores a quienes la censura sobre los medios de comunicación nos impedía responder. Una de las peores víctimas de estas diatribas fue el partido aprista, a quien, al mismo tiempo que le hurtaba buena parte del programa de gobierno, la dictadura velasquista pretendía, a través del Sinamos, robarle las masas. Cuando los sucesos del 5 de febrero de 1975, en que una huelga de policías degeneró en motines populares contra el régimen y en el incendio del Círculo Militar y el diario *Correo*,[33] el diario dirigido por Thorndike responsabilizó al partido aprista de los desmanes e intoxicó a la opinión pública con una campaña antiaprista frente a la cual eran un juego de niños las cacerías de brujas contra el partido de Haya de la Torre de la prensa civilista en los años treinta.

Pocos años después, sin embargo, desde la dirección del diario *La República* —otra manifestación eximia de la cloaca hecha prensa— el personaje pasaría a servir al APRA y a Alan García con el mismo entusiasmo e idénticas malas artes que a Velasco. En premio, luego de la victoria electoral de Alan García, fue enviado a Washington, a costa de los contribuyentes peruanos (su simpática mujer, de quien nunca nadie supo jamás que tuviera una relación siquiera casual con la cultura, fue nombrada agregada cultural del Perú ante la OEA). De allí trajo rápidamente el presidente Alan García a Guillermo Thorndike, en los días de la estatización de la banca, para que pusiera en acción sus técnicas de intoxicación de la opinión pública y las campañas de guerra sucia contra los que nos oponíamos a ella. Una «oficina del odio» fue instalada en una *suite* del hotel Crillón. Desde allí, bajo la direc-

33. Véase mi crónica al respecto, «La revolución y los desmanes», *Caretas*, Lima, 6 de marzo de 1975; reproducida en *Contra viento y marea, I* (Barcelona: Seix Barral, 1990), pp. 311-316.

ción de Thorndike, y preparados por él, salían hacia los diarios, radios y canales gobiernistas las acusaciones, insinuaciones y los ataques más abyectos contra mi persona y mi familia (entre los infundios estaba —según la vieja treta de robar y salir corriendo al grito de «¡Al ladrón!»— el de haber sido yo ¡velasquista!). Gracias a inesperados aliados que, desde las filas del propio gobierno aprista, nos delataron el funcionamiento de la oficina del odio, el diario *Expreso* reveló su existencia y fotografió a Thorndike saliendo del Crillón, con lo que sus operaciones quedaron algo mermadas. Más tarde, siempre diligente en el servicio al amo de turno, el personaje publicaría una biografía hagiográfica de Alan García y, en la campaña electoral, éste volvería a traerlo al Perú a dirigir una hoja, *Página Libre*, que en los meses finales antes de las elecciones desempeñó el papel que cabe imaginar. (Pocos días antes de la primera vuelta electoral, una señora llamó a mi casa, muchas veces, insistiendo en hablar conmigo o con Patricia, explicando que sólo a nosotros revelaría su identidad. Patricia se acercó a hablar con ella, al fin. La señora, argentina de nacimiento pero peruana por matrimonio, era la madre de Guillermo Thorndike. No la conocíamos. Llamaba para decir que, avergonzada con lo que hacía su hijo en las páginas del periódico que dirigía, había decidido votar en estas elecciones: que lo haría por mí, en señal de desagravio, y que lo podíamos hacer público. No lo hicimos entonces, pero lo hago ahora, con mi agradecimiento por una iniciativa que, por cierto, no dejó de sorprenderme.)[34]

Éstas no son meras anécdotas. Son muestras de un fenómeno generalizado, de un estado de cosas que afecta toda la vida cultural del Perú y que tiene consecuencias en su vida política. Uno de los mitos contemporáneos sobre el Tercer Mundo es que, en esos países a menudo sojuzgados por dictaduras despóticas y corrompidas, los intelectuales representan una reserva moral, que, aunque

34. Desde entonces, el personaje ha enriquecido su prontuario con nuevas hazañas. En 1990 dirigió un pasquín simpatizante del movimiento terrorista MRTA, *Ayllu*, en el que atacaba con ferocidad a su ex empleador, Alan García, y presentaba documentos *sensacionales* sobre sus fechorías en el poder. Ahora (setiembre de 1992) dirige *La Nación*, diario al servicio de la dictadura instalada por Alberto Fujimori desde el 5 de abril.

impotente frente a la fuerza bruta dominante, constituye una esperanza, una fuente de la que, cuando empiecen a cambiar las cosas, el país podrá extraer las ideas, los valores y las personas que permitan hacer avanzar la libertad y la justicia. En verdad, no es así. El Perú es una prueba, más bien, de lo frágil que es la clase intelectual y la facilidad con que, la falta de oportunidades, inseguridad, escasez de medios de trabajo, ausencia de un *status* social y también la impotencia para ejercer una efectiva influencia, la vuelven vulnerable a la corrupción, al cinismo y al arribismo.

Cuando entré a hacer política activa en el Perú estaba preparado para enfrentarme a mis colegas, cuyas técnicas conocía desde la época en que, a fines de los sesenta, entré en conflicto con ellos, al empezar a criticar a la revolución cubana. Desde entonces, había sido blanco de sus iras, en apariencia por razones de orden ideológico, aunque en verdad, muchas veces, por motivos de emulación y envidia, lo que es también inevitable cuando alguien tiene, o es percibido como si lo tuviera, reconocimiento, eso que se llama el éxito, por quienes enfrentan toda clase de dificultades para el ejercicio de su vocación. Estaba, pues, preparado para lidiar, también, con esos intelectuales peruanos a quienes hacía ya tiempo me había prometido sólo leer, jamás volver a frecuentar.

Por eso, fue una sorpresa encontrar entre mis colegas algunos escritores, profesores, periodistas o artistas, que, sabiendo que se exponían a la satanización en el medio en que trabajaban, hicieron causa común con el Movimiento Libertad y me ayudaron a lo largo de toda la campaña. No me refiero a amigos como Luis Miró Quesada Garland o Fernando de Szyszlo, con quienes habíamos dado juntos batallas políticas desde mucho tiempo atrás, sino a personas como el antropólogo Juan Ossio, el historiador y editor José Bonilla, los ensayistas Carlos Zuzunaga y Jorge Guillermo Llosa, el novelista Carlos Thorne y un buen número de otros que, como ellos, trabajaron empeñosamente por una victoria del Frente y a las varias decenas de profesores universitarios que integraron nuestras comisiones de Plan de Gobierno. O a quienes, sin estar inscritos en Libertad, me prestaron un apoyo invalorable con sus escritos y sus pronunciamientos, como los periodistas Luis Rey de Castro, Francisco Igartúa, César Hildebrandt, Mario Miglio, Jaime Bayly, Patricio Ricketts y Manuel d'Ornellas,[35] o el actor y director teatral Ricardo Blume, quien con valentía y generosidad se jugó entero, cada vez que hizo falta, en defensa de lo que ambos creíamos. O a intelectuales como Fernando Rospigliosi y Luis Pásara y jóvenes escritores como Alfredo Pita, Alonso Cueto y Guillermo Niño de Guzmán, quienes, desde posiciones independientes y a veces hostiles a la mía, tuvieron, en el fragor de la guerra electoral, gestos de nobleza hacia mi persona o hacia lo que yo hacía.

Pero también entre los adversarios hubo algunos intelectuales cuya conducta me llamó la atención, porque, por las razones que ya he dicho, no me esperaba de ellos la corrección con la que actuaron, aun en los momentos más caldeados del debate político. Ése fue el caso de Henry Pease García. Profesor universitario, sociólogo, director por un tiempo de un conocido instituto de investigación social, DESCO —financiado por la social democracia alemana—, Henry Pease fue teniente alcalde, con Alfonso Barrantes, en la alcaldía de Lima, y estrecho colaborador de éste, antes de la ruptura que los enfrentó a ambos como líderes de las dos facciones de izquierda en la lid presidencial. La actuación de Pease, que encabezaba el sector más radical, y, en el que, precisamente, abundaban los intelectuales baratos, fue ejemplar. Se esforzó por hacer una campaña de ideas, promoviendo su programa, sin recurrir jamás al ataque personal o a la maniobra de mala ley, y actuó en todo momento con una coherencia y sobriedad que contrastaba con la de algunos de sus seguidores. En su vida personal, por lo demás, siempre me había parecido igualmente consecuente con lo que escribía y defendía como hombre público. Ésta fue una razón decisiva para acompañarlo en la Marcha por la Paz.

Luego de ella, toda la atención pública y mi propia actividad se concentraron en la campaña municipal. En el fin de semana que siguió a la Marcha por la Paz —4 y 5 de noviembre— recorrimos con Juan Incháustegui y Lourdes

35. Estos dos últimos, para desconsuelo de quienes los teníamos como ejemplo de periodistas democráticos, pasarían desde el 5 de abril de 1992 a defender de manera militante el golpe de Estado del ingeniero Fujimori, que destruyó la democracia peruana.

Flores los pueblos jóvenes de Canto Chico, María Auxiliadora, San Hilarión, Huáscar, así como muchos otros en Chosica y Chaclacayo. Y la semana siguiente viajé por distintos departamentos del interior —Arequipa, Moquegua, Tacna y Piura—, participando en decenas de mítines, caravanas, entrevistas, caminatas, en favor de los candidatos del Frente Democrático. En esos últimos días de la campaña municipal, las tensiones internas entre las fuerzas de la alianza parecieron evaporarse y conseguimos dar una imagen de entendimiento y unión, que preludiaba un buen resultado para nuestra primera prueba de fuego electoral, el 12 de noviembre.

Sin embargo, las elecciones municipales no trajeron la aplastante victoria para nosotros que anunciaban las encuestas. El Frente ganó más de la mitad de los distritos del país, pero esta mayoría quedó empañada por las derrotas sufridas en ciudades claves, como Arequipa, donde Luis Cáceres Velázquez, del Frenatraca (Frente Nacional de Trabajadores y Campesinos) fue reelegido; Cusco, donde el ex alcalde izquierdista, Daniel Estrada, obtuvo una amplia victoria; Tacna, donde Tito Chocano, ex miembro del Partido Popular Cristiano, tuvo la primera votación y, sobre todo, Lima, donde Ricardo Belmont logró más del cuarenta y cinco por ciento, contra el veintisiete por ciento de Incháustegui.[36]

Apenas conocidos los resultados, en la noche misma de la votación, fuimos con Incháustegui al hotel Riviera, en la avenida Wilson, convertido en cuartel general del movimiento OBRAS, a felicitar a Belmont, y yo posé ante la batería de fotógrafos y camarógrafos que colmaba el local, en medio de Belmont y de Incháustegui, alzando los brazos de ambos para sugerir subliminalmente que, de alguna manera, la victoria de ese «independiente» era también la mía y de que la derrota de Incháustegui no me perjudicaba. Álvaro hizo lo que pudo para que esa imagen se difundiera en la prensa y la televisión.

En mis declaraciones, hice lo imposible para destacar la «arrolladora victoria» del Frente Democrático, que ha-

36. Muy rezagados quedaron Henry Pease, de Izquierda Unida, con 11,54 por ciento; la candidata aprista Mercedes Cabanillas, con 11,53 por ciento, y el candidato de Acuerdo Socialista, Enrique Bernales, que apenas alcanzó un 2,16 por ciento.

bía ganado treinta alcaldías distritales de la gran Lima (contra siete de Izquierda Unida, dos de listas independientes, una del Acuerdo Socialista y ninguna del APRA).

Pero, en privado, los resultados de la elección municipal nos dejaron muy inquietos: había un desapego, que lindaba con el disgusto, de grandes sectores populares hacia las fuerzas políticas establecidas, fueran de izquierda o de derecha, y una proclividad a depositar su confianza y esperanzas en quien representara algo distinto al *establishment*. No de otra manera se explicaba la formidable votación de Belmont, alguien cuyo mérito principal —excluida su popularidad como animador de radio y televisión— parecía, únicamente, el *no ser político, el venir de afuera de la política*. Más grave aún, la última encuesta indicaba que, aunque las intenciones de voto nacionales seguían favoreciéndome con cerca del cuarenta y cinco por ciento, había una tendencia, en los sectores más desfavorecidos, a verme cada vez más como integrando la desprestigiada clase política.

Yo era consciente de la necesidad de hacer algo para corregir esa imagen. Pero pensaba siempre que la mejor manera sería presentándole al pueblo peruano mi programa de gobierno. Este programa demostraría que mi candidatura era una ruptura radical con las políticas tradicionales. Estaba casi terminado y teníamos una ocasión muy próxima para darlo a conocer: la reunión del CADE (Conferencia Anual de Ejecutivos).

Adelantándome algo, quiero hacer notar que la victoria de Ricardo Belmont a la alcaldía de Lima refuta a quienes, luego del 10 de junio, interpretaron mi derrota en términos exclusivamente raciales. Si fuera verdad, como se ha dicho por múltiples comentaristas —incluido Mark Malloch Brown—,[37] que fue el odio al «blanquito» y una suerte de solidaridad racial lo que llevó a grandes sectores populares a votar por el «chinito», pues percibían —tal como el ingeniero Fujimori se empeñó en insinuarlo en su campaña, durante la segunda vuelta— que el «amarillo» estaba más cerca del indio, del cholo y del negro que del «blanco» (asociado tradicionalmente al privilegiado y explotador), cómo explicar la contundente victoria de ese

---

37. «The Consultant», *Granta*, n.º 36, Londres, verano de 1991, pp. 87-95.

«gringo» de cabellos pelirrojos y ojos glaucos, el *Colorao* Belmont, por quien, además, como él mismo predijo, votaron masivamente los sectores C y D, donde se encuentran la inmensa mayoría de los cholos, indios y negros de Lima.

No niego que el factor racial —los oscuros resentimientos y complejos profundos asociados a este tema existen en el Perú, desde luego, y de él son víctimas y responsables todos los grupos étnicos del mosaico nacional— interviniera en la campaña. Efectivamente ocurrió, pese a mis esfuerzos para evitarlo o, cuando ya estuvo allí, desterrarlo. Pero no fue el color de la piel —mío o de Fujimori— el factor decisivo en la elección, sino una suma de razones dentro de las cuales el prejuicio racial era sólo un componente.

XV

LA TÍA JULIA

A fines de mayo de 1955 llegó a Lima, para pasar unas semanas de vacaciones en casa del tío Lucho, Julia, una hermana menor de la tía Olga. Se había divorciado no hacía mucho de su marido boliviano, con quien había vivido algunos años en una hacienda del altiplano, y, luego de su separación, en La Paz, con una amiga cruceña.

Yo había conocido a Julia, en mi infancia cochabambina. Era amiga de mi mamá y venía con frecuencia a la casa de Ladislao Cabrera; una vez, me había prestado una romántica novela en dos tomos —*El árabe* y *El hijo del árabe*, de F. M. Hull— que me encantó. Recordaba la figura alta y agraciada de esa amiga a la que mi madre y mis tíos llamaban «la rotita» (porque, aunque boliviana de residencia, había nacido en Chile como la tía Olga) bailando muy animada en la fiesta de matrimonio del tío Jorge y la tía Gaby, baile que yo y mis primas Nancy y Gladys espiamos desde una escalera hasta altas horas de la noche.

El tío Lucho y la tía Olga vivían en un departamento de la avenida Armendáriz, en Miraflores, ya muy cerca de la Quebrada, y desde las ventanas de la sala, en el segundo piso, se divisaba el seminario de los jesuitas. Iba yo allí a almorzar o a comer muy a menudo y recuerdo haber caído por su casa, un mediodía, a la salida de la universidad, cuando Julia acababa de llegar y estaba aún desempacando. Reconocí su voz ronca y su risa fuerte, su esbelta silueta de largas piernas. Hizo algunas bromas al saludarme —«¡Cómo! ¿Tú eres el hijito de Dorita, ese chiquito llorón de Cochabamba?»—, me preguntó qué hacía y se sorprendió cuando el tío Lucho le contó que además de estudiante de Letras y Derecho, escribía en los periódicos y hasta había ganado un premio literario. «¿Pero qué edad tienes ya?» «Diecinueve años.» Ella tenía treinta y dos pero no los aparentaba pues se la veía joven y guapa. Al despedirnos, me dijo que si mis «pololas» (enamoradas) me dejaban libre, la acompañara al cine alguna noche. Y que, por supuesto, ella pagaría las entradas.

La verdad es que no tenía enamorada desde hacía buen tiempo. Salvo el platónico enamoramiento con Lea, en los últimos años mi vida había estado consagrada a escribir, leer, estudiar y hacer política. Y mi relación con las mujeres había sido amistosa o militante, no sentimental. No había vuelto a pisar un burdel, desde Piura, ni tenido aventura alguna. Y no creo que esa austeridad me pesara demasiado.

Estoy segurísimo, eso sí, por un episodio posterior, de que en ese primer encuentro no me enamoré de Julia ni pensé mucho en ella luego de despedirnos, ni, probablemente, después de las dos o tres veces siguientes que la vi, siempre en casa de los tíos Lucho y Olga. Una noche, luego de varias horas de una de esas reuniones conspiratorias que teníamos con frecuencia en casa de Luis Jaime Cisneros, al regresar a la quinta de la calle Porta, me encontré una nota del abuelo sobre mi cama: «Dice tu tío Lucho que eres un salvaje, que quedaste en ir al cine con Julita y no apareciste.» En efecto, lo había olvidado por completo.

Corrí al día siguiente a una florería de la avenida Larco y le mandé a Julia un ramo de rosas rojas con una tarjeta que decía: «Rendidas excusas.» Cuando fui a disculparme esa tarde, luego del trabajo donde el doctor Porras, Julia no me guardaba rencor y me hizo muchas bromas por haberle mandado rosas rojas.

Ese mismo día, o muy pronto, empezamos a ir al cine juntos, a la función de noche. Íbamos casi siempre a pie, a menudo al cine Barranco, cruzando la Quebrada de Armendáriz y el pequeño zoológico que existía entonces alrededor de la laguna. O al Leuro, de Benavides, y a veces hasta el Colina, lo que significaba una caminata de cerca de una hora. Todas las veces teníamos discusiones porque yo no la dejaba pagar las entradas. Veíamos melodramas mexicanos, comedias americanas, de vaqueros y de gánsters. Conversábamos de muchas cosas y yo comencé a contarle que quería ser escritor y que, apenas pudiera, me iría a vivir a París. Ella ya no me trataba como a un chiquitín pero no se le pasaba por la cabeza, sin duda, que pudiera llegar a ser alguna vez algo más que su acompañante al cine las noches que tenía libres.

Porque, a poco de llegar, alrededor de Julia comenzaron a zumbar los moscones. Entre ellos, el tío Jorge. Se había separado de la tía Gaby, quien se marchó a Bolivia con sus dos hijos. El divorcio, que a mí me apenó mucho, fue la culminación de un período de disipación y escándalos de faldas del menor de mis tíos. Había ido prosperando mucho desde que, al regresar al Perú, comenzó como modesto empleado de la casa Wiese. Cuando estaba de gerente de una compañía constructora, un día desapareció. Y a la mañana siguiente, en la página de sociales de *El Comercio*, salió su nombre entre los viajeros en primera clase del *Reina del Mar* que iban a Europa. Junto al suyo figuraba el nombre de una dama española con la que tenía amores públicos.

Fue un gran escándalo en la familia y motivo de llanto para la abuelita Carmen. La tía Gaby partió a Bolivia y el tío Jorge permaneció algunos meses en Europa, viviendo como un rey y gastándose lo que no tenía. Al final quedó varado, en Madrid, sin dinero para el retorno. El tío Lucho tuvo que hacer milagros para regresarlo al Perú. Volvió sin trabajo, sin dinero y sin familia, pero con unos ímpetus y una habilidad que, sumados a su simpatía, le permitieron levantarse otra vez. En ésas estaba cuando llegó Julia a Lima. Él era uno de los pretendientes que la invitaban a salir. Pero la tía Olga que, en cuestiones de moral y buenas costumbres, era inflexible, vetó al tío Jorge de entrada, por casquivano y jaranista, y sometió a su hermana a un régimen de vigilancia que a Julia la hacía reírse a carcajadas. «He vuelto a tener chaperona y a pedir permiso para salir», me decía. Y, también, que la tía Olga respiraba tranquila cuando, en vez de aceptar las invitaciones de los moscardones, se iba al cine con Marito

Como yo estaba siempre cayendo por su casa, y el tío Lucho y la tía Olga salían con frecuencia, me llevaban con ellos y las circunstancias me convertían en la pareja de Julita. El tío Lucho era aficionado a las carreras de caballos y fuimos algunas veces al hipódromo y el cumpleaños de la tía Olga, el 16 de junio, lo celebramos los cuatro, en el

Grill del Bolívar, donde se podía cenar y bailar. En una de esas piezas que bailábamos, yo besé a Julia en la mejilla, y cuando ella apartó la cara para mirarme, la volví a besar, esta vez en los labios. No me dijo nada pero puso una expresión de estupor, como si hubiera visto a un aparecido. Más tarde, volviendo a Miraflores en el auto del tío Lucho, le cogí la mano en la oscuridad y no me la apartó.

Fui a verla al día siguiente —habíamos quedado en ir al cine— y la casualidad hizo que no hubiera nadie más en casa. Me recibió entre risueña e intrigada, mirándome como si yo no fuera yo y no hubiera podido ocurrir que la besara. En la sala, me hizo una broma: «Ya no me atrevo a ofrecerte una Coca-Cola. ¿Quieres un whisky?»

Le dije que estaba enamorado de ella y que le permitía todo, salvo que me tratara una sola vez más como a un niñito. Ella me dijo que había hecho muchas locuras en la vida, pero que ésta no la iba a hacer. ¡Y nada menos que con el sobrino de Lucho, con el hijo de Dorita! No era una corruptora de menores, pues. Entonces, nos besamos y fuimos a la función de noche del cine Barranco, a la última fila de la platea, donde seguimos besándonos de principio a fin de la película.

Comenzó un emocionante período de citas clandestinas, a distintas horas del día, en cafecitos del centro o en cines de barrio, donde hablábamos en susurros o permanecíamos largo rato en silencio, con las manos enlazadas y la permanente ansiedad de que apareciera de pronto alguien de la familia. La clandestinidad y el tener que fingir delante del tío Lucho y la tía Olga o los demás parientes daban a nuestro amor un condimento de riesgo y de aventura que a un incorregible sentimental como a mí se lo hacía más intenso.

A la primera persona que confié lo que ocurría fue al inseparable Javier. Había sido siempre mi confidente en asuntos amorosos y yo el suyo. Vivía permanentemente enamorado de mi prima Nancy, a la que abrumaba con invitaciones y regalos, y ella, tan bella como coqueta, jugaba con él como el gato con el ratón. Amigo hasta la muerte, Javier se ingenió para facilitar mis amores con Julia, organizando salidas al cine y al teatro, en las que, además, nos acompañaba siempre Nancy. Una de esas noches fuimos al Segura, a ver *El avaro* de Molière, puesto por Lucho Córdoba, y Javier, que no podía con su genio rumboso, tomó un palco, de modo que nadie que estuviera en el teatro pudo dejar de vernos.

¿Sospechaba algo la familia? Todavía no. Las sospechas surgieron en un paseo de fin de semana, a fines de junio, a la hacienda de Paramonga, a visitar al tío Pedro. Había allí una fiesta, por alguna razón, y fuimos en caravana, los tíos Lucho y Olga, el tío Jorge, no estoy muy seguro si también los tíos Juan y Laura, y Julia y yo. El tío Pedro y la tía Rosi nos acomodaron como pudieron, en su casa y en la casa de huéspedes de la hacienda y pasamos unos días muy bonitos, con paseos por los cañaverales, conociendo los trapiches e instalaciones, y, la noche del sábado, en la fiesta, que se prolongó hasta el desayuno. Allí, Julia y yo debimos descuidar la prudencia y cambiar miradas, cuchicheos o bailar de una manera que despertó recelos. El tío Jorge irrumpió de pronto en una pequeña sala donde Julia y yo nos habíamos sentado a conversar y al vernos allí levantó su copa y exclamó: «¡Vivan los novios!» Los tres nos reímos pero una corriente eléctrica atravesó el lugar, yo me sentí incómodo y me pareció que el tío Jorge se había puesto también incomodísimo. Desde entonces tuve la certeza de que algo iba a pasar.

En Lima, seguimos viéndonos a escondidas durante el día, en nerviosos cafecitos del centro, y yendo al cine por las noches. Pero Julia sospechaba que su hermana y su cuñado algo se olían, por la manera como la miraban, sobre todo cuando yo iba a buscarla para el cine. ¿O era todo eso paranoia nuestra, producto de la mala conciencia?

No, no lo era. Lo descubrí de manera casual, una noche en que se me ocurrió, de pronto, pasar por casa de los tíos Juan y Lala, en Diego Ferré. Desde la calle, vi la sala iluminada y, por los visillos, a la familia entera reunida. Todos los tíos y tías, menos mi mamá. Inmediatamente supuse que Julia y yo éramos la razón del conciliábulo. Entré en la casa y, al presentarme en la sala, cambiaron apresuradamente de conversación. Más tarde, la prima Nancy, muy asustada, me confirmó que sus papás se la habían comido a preguntas para que les dijera si «Marito y Julita se estaban enamorando». Los espantaba que «el flaco» pudiera tener amores con una mujer divorciada y doce años mayor, y habían reunido a la tribu a ver qué hacían.

Anticipé en el acto lo que ocurriría. La tía Olga despacharía a su hermana a Bolivia e informarían a mis padres, para que me recordaran que era aún menor de edad. (La mayoría se alcanzaba entonces a los veintiún años.) Esa misma noche fui a buscar a Julia, con el pretexto del cine, y le pedí que se casara conmigo.

Nos habíamos quedado paseando por los malecones de Miraflores, entre la Quebrada de Armendáriz y el Parque Salazar, a esa hora siempre desiertos. Al fondo del acantilado roncaba el mar y nosotros caminábamos muy despacio, en la noche húmeda, tomados de la mano, deteniéndonos a cada paso para besarnos. Julia me dijo primero todo lo esperable: que era una locura, que yo era un mocoso y ella una mujer hecha y derecha, que yo no había terminado la universidad ni empezado a vivir, que no tenía siquiera un trabajo serio ni donde caerme muerto y que, en esas circunstancias, casarse conmigo era un disparate que ninguna mujer que tuviera un dedo de frente cometería. Pero que me quería y que si yo era tan loco, ella lo era también. Y que nos casáramos al tiro para que no nos separaran.

Quedamos en vernos lo menos posible, mientras yo preparaba la fuga. Me puse manos a la obra desde la mañana siguiente, sin dudar un instante de aquello que iba a hacer, y sin ponerme tampoco a reflexionar en lo que haríamos una vez que tuviéramos el certificado de matrimonio en la mano. Fui a despertar a Javier, que vivía ahora a pocas cuadras de mi casa, en una pensión en la esquina de Porta y 28 de Julio. Le comuniqué las nuevas y él, luego de la pregunta de rigor —¿no era eso un disparate monumental?—, me preguntó en qué podía ayudarme. Había que conseguir un alcalde, en un pueblo no muy alejado de Lima, que aceptara casarnos pese a no tener yo la mayoría de edad. ¿Dónde? ¿Quién? Me acordé entonces de mi compañero de universidad y de militancia democristiana, Guillermo Carrillo Marchand. Era de Chincha y pasaba todos los fines de semana allá, con su familia. Fui a hablar con él y me aseguró que no habría problemas, pues el alcalde chinchano era su amigo; pero prefería hacer la averiguación antes, para ir sobre seguro. A los pocos días viajó a Chincha y volvió muy optimista. Nos casaría el propio alcalde, a quien la idea de esa fuga le encantaba. Guillermo me trajo la lista de papeles que se requerían: certificados, fotos, solicitudes en papel sellado. Como la partida de nacimiento me la guardaba mi mamá y era imprudente pedírsela, recurrí a mi amiga Rosita Corpancho, de San Marcos, quien me permitió sacar la partida de mi expediente universitario para fotocopiarla y legalizarla. Julia andaba con sus documentos en la cartera.

Fueron unos días febriles, de trajines interminables y charlas excitantes, con Javier, con Guillermo y con mi prima Nancy, a quien convertí también en cómplice, para que me ayudara a encontrar un cuartito amueblado, o una pensión. Cuando le di la noticia, la prima Nancy abrió los ojos como platos y comenzó a balbucear algo pero yo le tapé la boca y le dije que había que ponerse a trabajar de inmediato para que el plan no fallara, y ella, que me quería mucho, se lanzó a buscarnos un lugar donde vivir. A los dos o tres días me anunció que una señora piurana, compañera suya en un programa de asistencia social, tenía una quinta de departamentos pequeñitos, cerca de la Diagonal, y que se le desocuparía uno a fin de mes. Costaba seiscientos soles, un poquitín más de mi sueldo donde Porras Barrenechea. Ya sólo tenía que preocuparme de que tuviéramos con qué comer.

Partimos a Chincha en un auto colectivo, un sábado por la mañana, Julia, Javier y yo. Guillermo nos esperaba allí desde la víspera. Había sacado todos mis ahorros del banco y Javier me había prestado los suyos, con lo que debía alcanzarme para las veinticuatro horas que, calculábamos, duraría la aventura. Deberíamos haber llegado directamente a la alcaldía, pasar la noche en Chincha, en el hotel Sudamericano, vecino a la plaza, y regresar a Lima al día siguiente. Un amigo sanmarquino, llamado Carcelén, había quedado encargado de llamar ese sábado por la tarde al tío Lucho, con el escueto mensaje: «Mario y Julia se han casado.»

En Chincha, Guillermo nos dijo que el asunto se había atrasado, por un imprevisto: el alcalde tenía un almuerzo, y como se había empeñado en casarnos él mismo, era preciso esperar unas cuantas horas. Pero que fuéramos al almuerzo, aquél nos invitaba. Fuimos. La fondita miraba a las altas palmeras de la soleada plaza de Chincha. Había unas diez o doce personas, todos hombres, y ya llevaban un buen rato bebiendo cervezas, pues andaban achipados y algunos borrachos, incluido el joven y simpático alcalde, que empezó brindando por los novios y al poco rato pasó a piropear a Julia. Yo estaba furioso y dispuesto a darle un cabezazo, pero me contenían razones prácticas.

Cuando el maldito almuerzo terminó, y pudimos, con Javier y Guillermo, llevar al alcalde, totalmente ebrio, a la alcaldía, surgió una nueva complicación. El jefe del registro o teniente alcalde, que había estado preparando el matrimonio, dijo que si yo no presentaba un permiso notarial de mis padres autorizando la boda, no podía casarme, pues era menor de edad. Le rogamos y lo amenazamos, pero él no daba su brazo a torcer, mientras el alcalde, en estado semicomatoso, seguía nuestras discusiones con unos ojos vidriosos, desinteresado y eructando. Por fin, el hombre del registro nos aconsejó que fuéramos a Tambo de Mora. Allí no habría problema. Esas cosas se podían hacer en un pueblecito, pero no en Chincha, la capital de la provincia.

Comenzó entonces un peregrinaje por los pueblos chinchanos, en busca de un alcalde comprensivo, que duró toda esa tarde, el anochecer y casi todo el día siguiente. Lo recuerdo como algo fantasmagórico y angustioso: el viejísimo taxi que nos conducía por caminos polvorientos, llenos de huecos y de piedras, entre algodonales y viñedos y criaderos de animales, las apariciones súbitas del mar y la sucesión de alcaldías miserables donde siempre nos daban con la puerta en las narices cuando descubrían mi edad. De todos los alcaldes o teniente alcaldes de esas aldeas, recuerdo al de Tambo de Mora. Un gran negro descalzo y barrigón que se echó a reír a carcajadas y exclamó: «¡O sea que se está usted robando a la muchacha!» Pero cuando leyó mi partida de nacimiento se rascó la cabeza: «Ni de a vainas.»

Regresamos a Chincha al oscurecer, desalentados y exhaustos, decididos a continuar la búsqueda a la mañana siguiente. Esa noche Julia y yo hicimos el amor por primera vez. El cuartito era estrecho, con una ventana teatina que recogía la luz desde el tejado y unas paredes rosadas en las que había pegoteadas imágenes pornográficas y religiosas. Toda la noche nos llegaron gritos y cantos de borrachos, desde el bar del hotel o alguna cantina de la vecindad. Pero no les dimos importancia, felices como estábamos, amándonos y jurándonos que aunque todos los alcaldes del mundo se negaran a casarnos, nada podría ya separarnos. Cuando nos dormimos, entraba luz alta en el cuarto y se oían los ruidos de la mañana.

Javier vino a despertarnos cerca del mediodía. Desde muy temprano, él y Guillermo habían continuado en el traqueteante taxi la exploración de los contornos, sin mucho éxito. Pero, finalmente, Javier encontró la solución conversando con el alcalde de Grocio Prado, quien le dijo que no tenía inconveniente en casarnos si, en mi partida de nacimiento, alterábamos la fecha del año en que nací, retrocediendo 1936 a 1934. Esos dos años me harían mayor de edad. Examinamos la partida y era fácil: allí mismo le añadimos al seis la colita que lo convirtió en cuatro. Fuimos en el acto a Grocio Prado, por una trocha llena de polvo. La alcaldía estaba cerrada y hubo que esperar un rato.

Para hacer tiempo, visitamos la casa del personaje que había hecho famoso al pueblo y lo había convertido en centro de peregrinación: la Beata Melchorita. Había muerto hacía pocos años, en la misma choza de caña brava y barro, pintada de blanco, en que siempre había vivido, cuidando a los pobres, mortificándose y orando. Se le atribuían curaciones milagrosas, profecías y, en sus éxtasis, haberse comunicado en lenguas extrañas con los muertos. Alrededor de una foto, en que se veía su rostro mestizo enmarcado por un rústico hábito talar, había decenas de velitas encendidas y mujeres rezando. El pueblo era minúsculo, arenoso, con un gran descampado que hacía a la vez de plaza y de cancha de fútbol, rodeado de chacras y sembríos.

Por fin llegó el alcalde, a media tarde. Los trámites eran lentísimos, desesperantes. Cuando parecía todo a punto, el alcalde dijo que faltaba un testigo, pues Javier, menor de edad, no podía serlo. Salimos a la calle a convencer al primer transeúnte. Un chacarero de los contornos aceptó, pero, luego de reflexionar, dijo que él no podía ser testigo de un matrimonio en el que no había un miserable trago con que brindar por la felicidad de los novios. Así que salió y después de unos minutos eternos volvió con su regalo de bodas: un par de botellas de vino chinchano. Con él brindamos, luego de que el alcalde nos recordó nuestros derechos y deberes como cónyuges.

Regresamos a Chincha cuando ya oscurecía y Javier partió a Lima de inmediato, con la misión de buscar al tío Lucho, para tranquilizarlo. Julia y yo pasamos la noche en el hotel Sudamericano. Antes de acostarnos, comimos algo en el barcito del hotel y nos sobrevino un ataque de risa al descubrir que estábamos hablando en voz muy baja, como conspiradores.

A la mañana siguiente, me despertó el empleado para anunciarme una llamada de Lima. Era Javier, muy alarmado. En el viaje de regreso, su colectivo se había salido de la pista para evitar un choque. Su conversación con el tío Lucho había sido buena, «dentro de lo que cabía». Pero se había llevado el susto de su vida poco después, cuando súbitamente se presentó mi padre en su pensión y le puso un revólver en el pecho, exigiéndole que delatara mi paradero. «Anda hecho un loco», me dijo.

Nos levantamos y fuimos a la plaza de Chincha, a tomar el colectivo a Lima. Pasamos las dos horas de viaje, de la mano, mirándonos a los ojos, asustados y felices. Fuimos directamente a casa del tío Lucho, en Armendáriz. Él nos recibió en lo alto de la escalera. Besó a Julia y le dijo, señalando el dormitorio: «Anda a enfrentarte con tu hermana.» Estaba apenado, pero no me riñó ni me dijo que había hecho una locura. Me hizo prometerle que no dejaría la universidad, que terminaría la carrera. Le juré que así lo haría y, también, que el matrimonio con Julia no me impediría llegar a ser un escritor.

Mientras hablábamos, yo oía, a lo lejos, a Julia y a la tía Olga, encerradas en el dormitorio, y me parecía que ésta alzaba la voz y que lloraba.

Fui de allí al departamento de la calle Porta. Los abuelitos y la Mamaé fueron un modelo de discreción. Pero el encuentro con mi madre, que estaba allí, resultó dramático, con llantos y gritos de su parte. Decía que había arruinado mi vida y no me creía cuando yo le juraba que sería abogado y hasta diplomático (su gran ambición). Por fin, calmándose algo, me dijo que mi padre estaba fuera de sí y que lo evitara, pues era capaz de matarme. Andaba con el famoso revólver en el bolsillo.

Me bañé y me vestí a toda prisa para ir a ver a Javier y cuando estaba saliendo me llegó una convocatoria de la policía. Mi padre me había hecho citar a la comisaría de Miraflores para que declarara allí si era cierto que me había casado, y dónde y con quién. El policía de civil que me interrogó me hacía deletrearle las respuestas mientras escribía en un ruidoso armatoste, con dos dedos. Le dije que, en efecto, me había casado con doña Julia Urquidi Illanes, pero que no iba a declarar en qué alcaldía pues temía que mi padre intentara anular el matrimonio y no quería facilitarle la tarea. «Lo que va a hacer es denunciarla como corruptora de menores», me advirtió el policía, amablemente. «Me lo ha dicho, al presentar esta denuncia.»

Salí de la comisaría en busca de Javier y fuimos a consultar a un abogado piurano, amigo suyo. Fue muy servicial, pues ni siquiera me cobró la consulta. Nos dijo que la alteración de la partida no anulaba el matrimonio, pero que podía ser motivo de anulación, si había un proceso judicial. Si no, a los dos años, el matrimonio quedaba perfeccionado. Pero que mi padre podía presentar una denuncia contra Julia como corruptora de menores, aunque, dada mi edad, diecinueve años, probablemente ningún juez la tomaría en serio.

Ésos fueron unos días anhelantes y algo absurdos. Yo seguía durmiendo donde los abuelos y Julia donde la tía Olga, y veía a mi flamante mujer sólo por horas, cuando iba a visitarla, como antes del matrimonio. La tía Olga me trataba con el cariño de siempre, pero tenía la cara hecha una noche. Con mi madre, mi padre me mandaba mensajes conminatorios: Julia debía salir del país o atenerse a las consecuencias.

Al segundo o tercer día, recibí una carta suya. Era feroz y delirante. Me daba un plazo de pocos días para que Julia partiera por propia iniciativa. Había hablado con uno de los ministros de Odría, que era su amigo, y éste le había asegurado que, de no salir ella *motu proprio*, la haría expulsar como indeseable. A medida que avanzaba, la carta se iba exasperando. Terminaba diciéndome, entre palabrotas, que si no le obedecía, me mataría como a un perro rabioso. Luego de su firma, a manera de posdata, añadía que podía ir a la policía a pedir socorro, pero que eso no le impediría pegarme cinco tiros. Y volvía a firmar en prueba de su determinación.

Discutimos con Julia qué hacer. Yo tenía proyectos irrealizables, como marcharnos del país (¿con qué pasaporte?, ¿con qué dinero?) o a alguna provincia donde la larga mano de mi padre no llegara (¿para vivir de qué?, ¿con qué trabajo?). Al final, ella propuso la solución más práctica. Partiría donde su abuelita y unos tíos maternos, a Chile. Apenas mi padre se apaciguara, volvería. Mientras, yo podría conseguir otros ingresos y encontrar una pensión o departamento. El tío Lucho argumentó en favor de esta estrategia. Era la única sensata, dadas las circunstancias. Lleno de rabia, de pena, de impotencia, luego de un ataque de llanto, tuve que resignarme a que Julia partiera.

Para pagar su pasaje a Valparaíso vendí casi toda mi ropa y empeñé, en la casa de Pignoración que estaba a la espalda de la Municipalidad de Lima, mi máquina de escribir, mi reloj y todo lo empeñable que tenía. La víspera de su partida, compadecidos, la tía Olga y el tío Lucho se retiraron después de la cena, discretamente, y yo pude quedarme con mi mujer. Hicimos el amor y lloramos juntos y nos prometimos escribirnos a diario. No pegamos los ojos en toda la noche. Al amanecer, con la tía Olga y el tío Lucho fuimos a despedirla al aeropuerto de Limatambo. Era una de esas típicas mañanas del invierno limeño, con la garúa invisible humedeciendo todas las cosas y esa neblina, que impresionó tanto a Melville, que afantasma las fachadas de las casas, los árboles y el perfil de la gente. Mi corazón bramaba de furia y apenas podía reprimir las lágrimas mientras, desde la terraza, veía a Julia alejarse hacia la pasarela del avión que la llevaba a Chile. ¿Cuándo la volvería a ver?

Desde ese mismo día, entré en un período de actividad frenética para conseguir trabajos que me permitieran ser independiente. Tenía lo de Porras Barrenechea y los cachuelos de *Turismo*. Gracias a Lucho Loayza —quien, al conocer la historia de mi rocambolesco matrimonio, hizo un displicente comentario sobre cuán superiores eran esos matrimonios ingleses mudos e irreales a los latinos tan desordenados y terrestres— conseguí una columna semanal, en el Suplemento Dominical de *El Comercio*, cuya sección literaria dirigía Abelardo Oquendo. Íntimo de Loayza, Abelardo lo sería también mío desde aquella ocasión. Abelardo me encargó unas entrevistas semanales a escritores peruanos que ilustraba Alejandro Romualdo con unos magníficos apuntes, por los que me pagaban unos mil soles al mes. Y Luis Jaime Cisneros me consiguió de inmediato otra tarea: escribir el volumen de Educación Cívica, de unos manuales que la Universidad Católica preparaba para sus postulantes. A pesar de no ser yo de la Católica, Luis Jaime se las arregló para convencer al rector de esa universidad que me confiaran ese libro (el primero que publiqué, aunque nunca haya aparecido en mi bibliografía).

Por su parte, Porras Barrenechea me consiguió de inmediato un par de trabajos cómodos y decorosamente pagados. Mi entrevista con él fue bastante sorprendente. Yo comenzaba a darle explicaciones por los dos o tres días que había faltado, cuando él me interrumpió: «Lo sé todo. Su padre vino a verme.» Hizo una pausa y, con elegancia, salvó el escollo: «Estaba muy nervioso. ¿Un hombre de carácter, no?» Traté de imaginar lo que había podido ser esa entrevista. «Lo tranquilicé con un argumento que a él podía hacerle efecto», añadió Porras, con esa chispa de malicia que le brotaba en los ojos cuando decía maldades: «Después de todo, casarse es un acto de hombría, señor Vargas. Una afirmación de la virilidad. No es tan terrible, pues. Hubiera sido mucho peor que el muchacho le saliera un homosexual o un drogadicto, ¿no es cierto?» Me aseguró que, al partir de la calle Colina, mi padre parecía más calmado.

«Usted hizo bien en no venir a contarme lo que planeaba», me dijo Porras. «Porque hubiera tratado de sacarle ese disparate de la cabeza. Pero ya que está hecho, habrá que conseguirle algunos ingresos más decentes.»

Lo hizo en el acto, con la misma generosidad con que volcaba sobre sus alumnos su sabiduría. El primer trabajo fue asistente de bibliotecario del Club Nacional, la institución símbolo de la aristocracia y la oligarquía peruana. El presidente del club, cazador de fieras y coleccionista de oro, Miguel Mujica Gallo, había puesto a Porras en su directiva, de bibliotecario, y mi trabajo consistía en pasar un par de horas, cada mañana, en los bellos salones de muebles ingleses y artesonados de caoba de la biblioteca, fichando las nuevas adquisiciones. Pero como las compras de libros eran escasas, podía dedicar ese par de horas a leer, estudiar o trabajar en mis artículos. Lo cierto es que entre 1955 y 1958 leí mucho, en ese par de horitas mañaneras, en la soledad elegante del Club Nacional. La biblioteca del club era bastante buena —lo había sido, más bien, pues en un momento su presupuesto se secó— y tenía una espléndida colección de libros y revistas eróticos, buena parte de la cual leí o, por lo menos, hojeé. Recuerdo sobre todo los tomos de la serie *Les maîtres de l'amour*, dirigida por Apollinaire, y a menudo prologados por él, gracias a los cuales conocí a Sade, al Aretino, a Andrea de Nerciat, a John Cleland, y, entre muchos otros, al pintoresco y monotemático Restif de la Bretonne, fantasista que laboriosamente reconstruyó el mundo de su tiempo, en sus novelas y autobiografía, a partir de su obsesión fetichista con el pie femenino. Esas lecturas fueron muy importantes y, durante un buen tiempo, creí que el erotismo era sinónimo de rebelión y de libertad en lo social y en lo artístico y una fuente maravillosa de creatividad. Así parecía haberlo sido, por lo menos, en el siglo XVIII, en las obras y actitudes de los *libertins* (palabra que, como le gustaba recordar a Roger Vailland, no quiere decir «voluptuoso» sino «hombre que desafía a Dios»).

Pero no tardé mucho —es decir, algunos años— en comprender que, con la permisividad moderna, en la sociedad abierta e industrial de nuestros días, el erotismo cambiaba de signo y contenido, y pasaba a ser un producto manufacturado y comercial, conformista, convencional a más no poder, y, casi siempre, de una atroz indigencia artística. Pero el descubrimiento de la literatura erótica de calidad, que hice en los inesperados anaqueles del Club Nacional, ha tenido una influencia en mi obra y dejado un sedimento en lo que he escrito. De otro lado, el prolijo y abundante Restif de la Bretonne me ayudó a entender una característica esencial de la ficción: que ella sirve al novelista para recrear el mundo a su imagen y semejanza, a recomponerlo sutilmente de acuerdo a sus secretos apetitos.

El otro trabajo que me consiguió Porras Barrenechea era algo tétrico: fichar las tumbas de los cuarteles más antiguos del cementerio colonial de Lima, el Presbítero Maestro, cuyos registros se habían extraviado. (La administración del cementerio correspondía a la Beneficencia Pública de Lima, entonces una institución privada, de cuya directiva Porras formaba parte.) La ventaja de este empleo era que podía hacerlo muy temprano en la mañana o tarde en la tarde, los días laborables o los feriados, y por las horas o minutos que quisiera. El director del cementerio me pagaba por el número de muertos fichados. Llegué a sacar por este cachuelo unos quinientos soles al mes. Javier me acompañaba a veces a hacer mis recorridos por el cementerio, con mi cuaderno, mis lápices, mi escalera, mi espátula (para quitar la costra de tierra que cubría algunas lápidas) y mi linterna, por si se nos hacía de noche. El director, un gordo simpático y conversador, mientras contaba a mis muertos y calculaba mi jornada, me refería anécdotas de las inauguraciones de cada período presidencial en el Congreso, a las que no había fallado nunca, desde niño.

Antes de un par de meses acumulé seis trabajos (serían siete un año después, con mi entrada a Radio Panamericana) multiplicando mi sueldo por cinco. Con los tres mil o tres mil quinientos soles al mes ya era posible que Julia y yo sobreviviéramos, si conseguíamos algún lugar barato donde cobijarnos. Felizmente, el departamentito que le habían prometido a Nancy se desocupó. Fui a verlo, me encantó, lo tomé, y la piurana Esperanza La Rosa me lo guardó una semana hasta que, con los nuevos trabajos, pude pagarle el depósito y el primer mes de alquiler. Estaba en una quinta color ocre, de casitas tan pequeñas que parecían de juguete, al final de la calle Porta, donde ésta se angostaba y moría en un muro que la separaba entonces de la Diagonal. Constaba de dos cuartos y una cocinita y un baño tan diminutos que sólo cabía en ellos una persona a la vez y frunciendo la barriga. Pero en su brevedad y espartano mobiliario, tenía algo muy simpático, con sus alegres cortinas y el patiecillo de cascajo y matas de geranios al que miraban las casitas. Nancy me ayudó a limpiarlo y decorarlo para recibir a la novia.

Desde su partida, nos escribíamos con Julia todos los

días, y yo veo todavía a la abuelita Carmen, entregándome las cartas con una sonrisa maliciosa y alguna broma: «¿De quién será esta cartita, de quién será?» «¿Quién le escribirá tantas cartas a mi nietecito?» A las cuatro o cinco semanas de su partida a Chile, cuando ya había conseguido todos aquellos trabajos, llamé por teléfono a mi padre y le pedí una cita. No lo había visto desde antes del matrimonio, ni le había contestado su carta homicida.

Me puse muy nervioso, aquella mañana, mientras iba a su oficina. Estaba resuelto, por primera vez en mi vida, a decirle que disparara de una vez su maldito revólver, pero ahora que podía mantenerla, no iba a seguir viviendo separado de mi mujer. Sin embargo, en lo más hondo, temía que, llegado el momento, perdiera una vez más el coraje y volviera a sentirme paralizado ante su rabia.

Pero lo encontré extrañamente ecuánime y racional, mientras hablábamos. Y por algunas cosas que dijo, y otras que dejó de decir, siempre he sospechado que aquella conversación con el doctor Porras —a la que ni él ni yo hicimos la menor alusión— hizo su efecto y ayudó a que terminara resignándose a un matrimonio fraguado sin su consentimiento. Muy pálido, me escuchó sin decir palabra mientras yo le explicaba los trabajos que había conseguido, lo que iba a ganar con todos ellos y le aseguraba que me sería suficiente para mantenerme. Y cómo, además, pese a esos empleos varios, algunos de los cuales podía hacer en casa por las noches, podría asistir a algunas clases y dar los exámenes de la universidad. Finalmente, tragando saliva, le dije que Julia estaba casada conmigo y que no podíamos seguir viviendo, ella sola, allá, en Chile, y yo aquí, en Lima.

No me hizo el menor reproche. Más bien me habló como un abogado, utilizando unos tecnicismos legales sobre los que se había informado con detalle. Tenía una copia de mi declaración a la policía, que me enseñó, marcada con lápiz rojo. Yo me delaté al reconocer que me había casado teniendo sólo diecinueve años. Eso bastaba para iniciar un proceso de anulación del matrimonio. Pero no iba a intentarlo. Porque, aunque yo había cometido una estupidez, casarse, después de todo, era cosa de hombres, un acto viril.

Luego, haciendo un esfuerzo visible para emplear un

tono conciliatorio que yo no recordaba hubiera usado antes conmigo, comenzó de pronto a aconsejarme que no fuera a dejar los estudios, a arruinar mi carrera, mi futuro, por este matrimonio. Él estaba seguro de que yo podía llegar lejos, a condición de no hacer más locuras. Si se mostró siempre severo conmigo, había sido por mi bien, para enderezar lo que, por un cariño mal entendido, habían torcido los Llosa. Pero, en contra de lo que yo había creído, él me quería, pues yo era su hijo ¿y cómo un padre no iba a querer a su hijo?

Ante mi sorpresa, abrió los brazos, para que lo abrazara. Así lo hice, sin besarlo, desconcertado por el desenlace de la entrevista, y agradeciéndole sus palabras de la manera que pudiera parecerle lo menos hipócrita posible.

(Esa entrevista, de fines de julio o comienzos de agosto de 1955, marcó mi definitiva emancipación de mi padre. Aunque su sombra me acompañará sin duda hasta la tumba, y aunque hasta ahora, a veces, de pronto, el recuerdo de alguna escena, de alguna imagen, de los años que estuve bajo su autoridad me causan un súbito vacío en el estómago, desde entonces no volvimos a tener una pelea. No directamente, al menos. En realidad, nos vimos poco. Y, tanto en los años que continuamos él y yo en el Perú —hasta 1958, en que partí a Europa y él con mi madre a Los Ángeles—, como en las ocasiones en que coincidíamos en Lima, o cuando yo iba a visitarlos a Estados Unidos, muchas veces hizo él gestos y dijo cosas y tomó iniciativas encaminadas a acortar la distancia y borrar los malos recuerdos, para que tuviéramos esa relación próxima y cariñosa que nunca tuvimos. Pero yo, hijo suyo al fin y al cabo, nunca supe corresponderle y, aunque procuré siempre mostrarme educado con él, jamás le demostré más cariño del que le tenía [es decir, ninguno]. El terrible rencor, el odio ígneo de mi niñez hacia él, fueron desapareciendo, a lo largo de esos años, sobre todo a medida que fui descubriendo sus durísimos primeros tiempos en Estados Unidos, donde él y mi mamá trabajarían como obreros —mi madre, por trece años, como tejedora en una manufactura de telas, y él en una fábrica de zapatos— y luego como porteros y guardianes de una sinagoga de Los Ángeles. Por cierto, ni en los peores períodos de esa difícil adaptación a su nueva patria, el orgullo permitió a mi padre pedirme ayuda —ni autorizar a mi madre a que ella lo hiciera, salvo para los pasajes de avión al Perú, donde pasaban vacaciones— y creo que sólo en el período final de su vida aceptó ser ayudado por mi hermano Ernesto, quien le facilitó un departamento donde vivir, en Pasadena.

Cuando nos veíamos —cada dos, a veces tres años, siempre por muy pocos días—, nuestra relación era civil pero helada. Para él siempre fue algo incomprensible que yo llegara a hacerme conocido gracias a mis libros, que se diera a veces con mi retrato y mi nombre en *Time* o en *Los Angeles Times*; lo halagaba, sin duda, pero también lo desconcertaba y confundía, y por eso nunca hablamos de mis novelas, hasta nuestra última disputa, la que nos incomunicó del todo hasta su muerte, en enero de 1979.

Fue una disputa que tuvimos sin vernos y sin cambiar palabra, a miles de kilómetros, con motivo de *La tía Julia y el escribidor*, novela en la que hay episodios autobiográficos en los que aparece el padre del narrador actuando de manera parecida a como él lo hizo, cuando me casé con Julia. Bastante tiempo después de aparecido el libro, recibí de pronto una curiosa carta suya —yo estaba viviendo en Cambridge, Inglaterra—, en la que me agradecía por reconocer en esa novela que él había sido severo conmigo pero que en el fondo lo había hecho por mi bien «pues siempre me había querido». No le contesté la carta. Algún tiempo más tarde, en una de las llamadas que yo hacía a Los Ángeles a mi madre, ella me sorprendió diciéndome que mi padre quería hablarme sobre *La tía Julia y el escribidor*. Previendo algún ucase, me despedí de ella antes de que él se acercara al aparato. Días después recibí otra carta suya, ésta violenta, acusándome de resentido y de calumniarlo en un libro, sin darle ocasión de defenderse, reprochándome no ser un creyente y profetizándome un castigo divino. Me advertía que esta carta la haría circular entre mis conocidos. Y, en efecto, en los meses y años siguientes, supe que había enviado decenas y acaso centenares de copias de ella a parientes, amigos y conocidos míos en el Perú.

No lo volví a ver. En enero de 1979 vino con mi madre, de Los Ángeles, a pasar unas semanas de verano en Lima. Una tarde, mi prima Giannina —hija del tío Pedro— me llamó para anunciarme que mi padre, que estaba almorzando en su casa, había perdido el conocimiento. Llamamos una ambulancia y lo llevamos a la Clínica Americana, donde llegó sin vida. En el velatorio, aquella noche, sólo estuvieron allí, para despedirlo, en la cámara mortuoria, los tíos y tías sobrevivientes y muchos sobrinos y sobrinas de esa familia Llosa, a la que tanto había detestado y con la que, en los años finales, había llegado a hacer las paces, pues la visitaba y aceptaba sus invitaciones en los cortos viajes que hacía de cuando en cuando al Perú.)

Salí de la oficina de mi padre en un estado de gran exaltación a enviarle un telegrama a Julia diciéndole que su exilio había terminado y que muy pronto le enviaría el pasaje. Luego, corrí donde el tío Lucho y la tía Olga a darles la buena nueva. Aunque ahora andaba muy ocupado, con todos los trabajos que me había echado encima, cada vez que tenía un hueco libre corría a la casa de la avenida Armendáriz, a almorzar o a comer, porque con ellos podía hablar de mi mujer desterrada, el único tema que me interesaba. La tía Olga había terminado también por hacerse a la idea de que el matrimonio de su hermana era irreversible, y se alegró de que mi padre hubiera consentido el regreso de Julia.

De inmediato comencé a idear fórmulas para comprarle el pasaje de avión. Estaba viendo cómo sacarlo a plazos, o conseguir un préstamo del banco, cuando me llegó un telegrama de Julia anunciándome su llegada para el día siguiente. Se me había adelantado, vendiendo las joyas que tenía.

Fuimos a recibirla al aeropuerto con el tío Lucho y la tía Olga y al verla aparecer, entre los pasajeros del avión de Santiago, la tía Olga hizo un comentario que a mí me encantó, pues indicaba una normalización de la situación familiar: «Mira qué guapa se ha puesto tu mujer para el reencuentro.»

Fue un día muy feliz ése, por cierto, para Julia y para mí. El departamentito de la quinta de Porta estaba lo mejor arreglado que cabía y con unas flores fragantes de bienvenida a la novia. Yo había llevado allí todos mis libros y mi ropa, desde la víspera, ilusionado, además, con la perspectiva de empezar a vivir por fin una vida independiente, en una casa propia (es un decir).

Me había propuesto terminar la universidad, las dos Facultades que seguía, y no sólo porque se lo había prometido a la familia. También, porque estaba seguro de que sólo esos títulos me permitirían luego la comodidad mínima para dedicarme a escribir, y porque pensaba que sin ellos nunca llegaría a Europa, a Francia, algo que seguía siendo designio central en mi vida. Estaba más decidido que nunca a tratar de ser un escritor y tenía la convicción de que jamás llegaría a serlo si no me marchaba del Perú, si no vivía en París. Hablé de esto mil veces con Julia y ella, que era animosa y novelera, me llevaba la cuerda: sí, sí, que terminara los estudios y pidiera la beca que daban el Banco Popular y San Marcos para hacer estudios de postgrado en España. Luego nos iríamos a París, donde escribiría todas las novelas que tenía en la cabeza. Ella me ayudaría.

Me ayudó mucho, desde el primer día. Sin su ayuda, no hubiera podido cumplir con mis siete trabajos, darme tiempo para asistir a alguna clase en San Marcos, hacer los ensayos que encargaban los profesores, y, como si todo esto fuera poco, escribir bastantes cuentos.

Cuando, ahora, trato de reconstruir mis horarios de esos tres años —1955 a 1958—, me quedo atónito: ¿cómo pude hacer tantas cosas, y, encima, leer muchos libros, y cultivar la amistad de algunos magníficos amigos como Lucho y Abelardo, y también ir al cine algunas veces y comer y dormir? En el papel, no caben en las horas del día. Pero a mí me cupieron y, a pesar del tremendo trajín y las estrecheces económicas, fueron unos años emocionantes, de ilusiones que se renovaban y enriquecían, y en los que, por cierto, no me arrepentí de mi precipitado matrimonio.

Creo que Julia tampoco. Nos queríamos, gozábamos el uno con el otro, y aunque teníamos las inevitables peleas que conlleva la vida doméstica, en esos tres años en Lima, antes del viaje a Europa, nuestra relación fue fértil y recíprocamente estimulante. Una fuente de disputas eran mis celos retrospectivos, el absurdo, angustioso furor que sentí, al descubrir que Julia había tenido una vida sentimental, y, sobre todo, que, luego de su divorcio, y hasta la víspera de su venida a Lima, había vivido un apasionado romance con un cantante argentino, que llegó a La Paz e hizo estragos entre las paceñas. Por una razón misteriosa —ahora el asunto me hace reír, pero entonces me hizo sufrir mucho y por ello hice sufrir también a Julia— esos amores de mi mujer con el cantante argentino, que ella ingenuamente me comentó a poco de casarnos, me desvelaban y me hacían sentir que, aunque pasados, eran una amenaza, un peligro para nuestro matrimonio, pues me robaban una parte de la vida de Julia, la que estaría siempre fuera de mi alcance y que por ello nunca podríamos ser totalmente felices. Yo le exigía que me contara con lujo de detalles esa aventura y teníamos por eso, a veces, violentas disputas, que solían concluir en tiernas reconciliaciones.

Pero, además, nos divertíamos. Cuando uno casi nunca tiene tiempo, ni dinero, para las diversiones, éstas, por escasas y modestas que sean, adquieren una maravillosa consistencia, producen un placer que desconocen quienes pueden disfrutarlas a capricho. Recuerdo la excitación infantil que nos producía, algunos fines de mes, ir a almorzar a un restaurante alemán de la calle La Esperanza, el Gambrinus, donde preparaban un suculento *Wienerschnitzel*, para el que nos preparábamos, regocijados, con días de anticipación. O, algunas noches, ir a comer una pizza con una jarrita de vino, a La Pizzería que acababa de abrir en la Diagonal una pareja de suizos, y que, del modesto garaje donde comenzó, se convertiría con los años en uno de los más conocidos restaurantes de Miraflores.

Adonde íbamos por lo menos una vez por semana era al cine. A los dos nos encantaba. A diferencia de lo que me ocurre con los libros, que cuando son malos además de aburrirme me irritan, pues me hacen sentir que pierdo el tiempo, las malas películas las soporto muy bien y, mientras no sean pretenciosas, me divierten. Así que íbamos a ver lo que fuera, sobre todo, los gemebundos melodramas mexicanos con María Félix, Arturo de Córdoba, Agustín Lara, Emilio Tuero, Mirta Aguirre, etcétera, por los que Julia y yo teníamos una retorcida predilección.

Julia era una excelente mecanógrafa, de modo que yo le entregaba la lista de muertos del Presbítero Maestro garabateados en mis cuadernos y ella los volvía fichas relucientes. Me pasaba también los reportajes y artículos para

El Comercio, Turismo y la revista *Cultura Peruana*, en la que comencé a escribir, al poco tiempo, una columna mensual dedicada a los pensadores políticos peruanos más importantes de los siglos XIX y XX, con el título de «Hombres, libros e ideas». Preparar esa columna, a lo largo de dos años y pico, fue muy entretenido, pues, gracias a la biblioteca de Porras Barrenechea y la del Club Nacional, pude leerlos a casi todos, de Sánchez Carrión y Vigil hasta José Carlos Mariátegui y Riva Agüero, pasando por González Prada, cuyas virulentas diatribas anárquicas contra instituciones y líderes políticos de todo pelaje, en una exquisita prosa de brillos parnasianos, me hizo, por cierto, una estupenda impresión.

Las entrevistas semanales que Abelardo me encargó para el Suplemento Dominical de *El Comercio* fueron muy instructivas sobre la situación de la literatura peruana, aunque, a menudo, decepcionantes. El primer entrevistado fue José María Arguedas. Todavía no había publicado *Los ríos profundos*, pero ya había en torno al autor de *Yawar Fiesta* y *Diamantes y pedernales* (editado no hacía mucho por Mejía Baca) un cierto culto, como un narrador de fino lirismo e íntimo conocedor del mundo indio. Me sorprendió lo tímido y modesto que era, lo mucho que desconocía de la literatura moderna, y sus temores y vacilaciones. Me hizo mostrarle la entrevista una vez redactada, en la que corrigió varias cosas, y luego envió una carta a Abelardo, pidiendo que no se publicara, pues no quería hacer sufrir a nadie con ella (por alusiones al hermanastro que lo había atormentado en su infancia). La carta llegó cuando la entrevista estaba impresa. Arguedas no se molestó por ello y me envió luego una notita cariñosa, agradeciéndome lo bien que hablaba de su persona y de su obra.

Creo haber entrevistado, para esa columna, a todos los peruanos vivos que habían publicado alguna vez una novela en el Perú. Desde el anciano Enrique López Albújar, reliquia viviente, que, en su casita de San Miguel, confundía nombres, fechas y títulos y llamaba «muchachos» a quienes ya tenían setenta años, hasta el novísimo Eleodoro Vargas Vicuña, quien solía interrumpir las conferencias dando un grito que era su divisa («¡Viva la vida, carajo!») y que, después de las bellas prosas de *Nahuín*, misteriosamente se desvaneció, por lo menos del mundo de la literatura. Pasando, por cierto, por el simpático piurano Francisco Vegas Seminario, o Arturo Hernández, el autor de *Sangama*, y decenas de polígrafos y polígrafas, autores de novelas criollistas, indigenistas, cholistas, costumbristas, negristas, que siempre se me caían de las manos y parecían viejísimas (no antiguas, sino viejísimas) por la manera como estaban escritas y, sobre todo, construidas.

En esa época, por mi deslumbramiento con la obra de Faulkner, yo vivía fascinado por la técnica de la novela, y todas las que caían a mis manos, las leía con un ojo clínico, observando cómo funcionaba el punto de vista, la organización del tiempo, si era coherente la función del narrador o si las incoherencias y torpezas técnicas —la adjetivación, por ejemplo— destruían (impedían) la verosimilitud. A todos los novelistas y cuentistas que entrevisté los interrogaba sobre la forma narrativa, sobre sus preocupaciones técnicas, y siempre me desmoralizaban sus respuestas, desdeñosas de esos «formalismos». Algunos añadían «formalismos extranjerizantes, europeístas» y otros llegaban al chantaje «telúrico»: «Para mí, lo importante no es la forma, sino la vida misma», «Yo nutro mi literatura de las esencias peruanas».

Desde esa época odio la palabra «telúrica», blandida por muchos escritores y críticos de la época como máxima virtud literaria y obligación de todo escritor peruano. Ser *telúrico* quería decir escribir una literatura con raíces en las entrañas de la tierra, en el paisaje natural y costumbrista y preferentemente andino, y denunciar el gamonalismo y feudalismo de la sierra, la selva o la costa, con truculentas anécdotas de «mistis» (blancos) que estupraban campesinas, autoridades borrachas que robaban y curas fanáticos y corrompidos que predicaban la resignación a los indios. Quienes escribían y promovían esta literatura «telúrica» no se daban cuenta de que ella, en contra de sus intenciones, era lo más conformista y convencional del mundo, la repetición de una serie de tópicos, hecha de manera mecánica, en la que un lenguaje folklórico, relamido y caricatural, y la dejadez con que estaban construidas las historias, desnaturalizaba totalmente el testimonio histórico-crítico con que pretendían justificarse. Ilegibles como textos literarios, eran también unos falaces documentos sociales, en verdad una adulteración pintoresca, ~~banal y complaciente de una compleja realidad.~~

La palabra «telúrica» llegó a ser para mí el emblema del provincialismo y el subdesarrollo en el campo de la literatura, esa versión primaria y superficial de la vocación de escritor de aquel ingenuo que cree que se pueden escribir buenas novelas inventando buenos «temas» y no ha aprendido aún que una novela lograda es una esforzada operación intelectual, el trabajo de un lenguaje y la invención de un orden narrativo, de una organización del tiempo, de unos movimientos, de una información y unos silencios de los que depende enteramente que una ficción sea cierta o falsa, conmovedora o ridícula, seria o estúpida. Yo no sabía si llegaría a ser un día un escritor, pero sí supe desde esos años que nunca sería un escritor *telúrico*.

Desde luego, no todos los escritores peruanos que entrevisté tenían ese desprecio folklórico por la forma ni escudaban su pereza detrás de un adjetivo. Una de las excepciones era Sebastián Salazar Bondy. No había escrito novelas, pero sí cuentos —además de ensayos, teatro y poesía— y por eso entró dentro de la serie. Ésa fue la primera vez que conversé largo con él. Fui a buscarlo a su oficinita del diario *La Prensa*, y bajamos a tomarnos un café, en el Cream Rica del jirón de la Unión. Era flaco, alto y afilado como un cuchillo, enormemente simpático e inteligente, y él sí que estaba al tanto de la literatura moderna, sobre la que hablaba con una desenvoltura y una agudeza que me llenaron de respeto. Como todo joven aspirante a escritor, yo practicaba el parricidio, y Salazar Bondy, por lo activo y múltiple que era —él parecía representar a ratos toda la vida cultural del Perú—, resultaba el «padre» al que mi generación tenía que sepultar a fin de cobrar una personalidad propia, y estaba muy de moda atacarlo. Yo lo había hecho, también, criticando con severidad, en *Turismo*, su obra de teatro *No hay isla feliz*, que no me gustó. Aunque sólo mucho después llegaríamos a hacernos íntimos amigos, recuerdo siempre esa entrevista, por la buena impresión que me causó. Hablar con él era un saludable contraste con otros entrevistados: él era una prueba viviente de que un escritor peruano no tenía que ser «telúrico», que se podía tener los pies bien metidos en la vida peruana y la inteligencia abierta a toda la buena literatura del mundo.

Pero, de todos mis entrevistados, el más pintoresco y original fue, de lejos, Enrique Congrains Martín, quien estaba en ese momento en la cresta de la popularidad. Era un muchacho unos años mayor que yo, rubio y deportivo, pero serísimo y creo que hasta impermeable al humor. Tenía una mirada fija un poco inquietante y todo él transpiraba energía y acción. Había llegado a la literatura por razones puramente prácticas, aunque parezca mentira. Era vendedor de distintos productos desde muy joven, y se decía que, también, inventor de un sapolio para lavar ollas y que uno de los fantásticos proyectos que concibió había sido organizar un sindicato de cocineras de Lima, para exigir a través de esta entidad (que él manipularía) a todas las amas de casa de la capital que sólo fregaran sus trastos domésticos con el jabón de su invención. Todo el mundo concibe empresas delirantes; Enrique Congrains Martín tenía la facultad —en el Perú, inusitada— de llevar siempre a la práctica las locuras que se proponía. De vendedor de jabones pasó a serlo de libros, y, así, decidió un día escribir y editar él mismo los libros que vendía, convencido de que nadie resistiría este argumento: «Cómpreme este libro, del que soy autor. Pase un rato divertido y ayude a la literatura peruana.»

Así escribió los cuentos de *Lima, hora cero, Kikuyo*, y, por último, la novela *No una, sino muchas muertes*, con la que puso fin a su carrera de escritor. Editaba y vendía sus libros de oficina en oficina, de domicilio en domicilio. Y nadie podía decirle que no, porque a quien le decía que no tenía dinero, le replicaba que podía pagarle en cuotas semanales de pocos centavos. Cuando lo entrevisté, Enrique tenía deslumbrados a todos los intelectuales peruanos que no concebían que se pudiera ser, a la vez, todas esas cosas que era él.

Y eso que apenas estaba comenzando. Tan rápido como llegó a la literatura se fue de ella, y pasó a ser diseñador y vendedor de extraños muebles de tres patas, cultivador y vendedor de árboles enanos japoneses, y por fin trotskista clandestino y conspirador, por lo que lo metieron a la cárcel. Salió y tuvo mellizos. Un día desapareció y no supe de él por mucho tiempo. Años más tarde descubrí que vivía en Venezuela, donde era el próspero propietario de una Escuela de Lectura Veloz, que ponía en práctica un método inventado, claro está, por él mismo.

Al par de meses de su regreso de Chile, Julia quedó encinta. La noticia me produjo un indecible espanto, pues estaba convencido entonces (¿también en esto se traslucía la influencia de Sartre?) de que mi vocación podía congeniar con un matrimonio, pero que irremediablemente se iría a pique si había de por medio hijos a quienes alimentar, vestir y educar. ¡Adiós sueños de irse a Francia! ¡Adiós proyectos de escribir larguísimas novelas! ¿Cómo dedicarse a una actividad no alimenticia con la seriedad que hace falta y trabajar en cosas rentables para mantener a una familia? Pero la ilusión de Julia era tan grande que debí disimular mi angustia, e incluso, simular, por la perspectiva de ser papá, un entusiasmo que no sentía.

Julia no había tenido hijos en su matrimonio anterior y los médicos le habían dicho que no podía tenerlos, lo que era una gran frustración en su vida. Este embarazo fue una sorpresa que la llenó de felicidad. La doctora alemana que la veía le señaló un régimen estrictísimo para los primeros meses del embarazo, en los que no debía casi moverse. Así lo hizo, con mucha disciplina, pero, luego de varios amagos, perdió al bebe. Era muy a los comienzos y se recuperó pronto de la decepción.

Creo que fue por ese tiempo que alguien nos regaló un perrito. Era chusco y simpatiquísimo, aunque algo neurótico, y le pusimos Batuque. Pequeño y movedizo, me recibía dando saltos y solía echarse en mis rodillas mientras yo leía. Pero lo sobrecogían rabias intempestivas y se lanzaba a veces contra una de nuestras vecinas de la quinta de Porta, la poetisa y escritora María Teresa Llona, que vivía sola, y cuyas pantorrillas, no sé por qué, atraían y enfurecían a Batuque. Ella lo tomaba con elegancia pero nosotros pasábamos muchas vergüenzas.

Un día, al mediodía, al regresar a la casa, encontré a Julia bañada en llanto. La perrera se había llevado al Batuque. Los del camión se lo habían arrancado poco menos que de sus brazos. Salí volando a buscarlo, al galpón de la perrera, que estaba por el Puente del Ejército. Pude llegar a tiempo y rescatar al pobre Batuque, que, apenas lo sacaron de la jaula y lo cargué, me llenó de pis y caca y se quedó temblando en mis brazos. El espectáculo de la perrera me dejó tan espantado como a él: dos zambos, empleados del lugar, mataban a palazos, ahí mismo, a vista de los perros enjaulados, a los animales que no habían sido reclamados por sus dueños luego de unos días. Medio descompuesto con lo que había visto, fui con el Batuque a sentarme en el primer cafetucho que encontré. Se llamaba La Catedral. Y allí se me vino a la cabeza la idea de empezar con una escena así esa novela que escribiría algún día, inspirada en Esparza Zañartu y en esa dictadura de Odría, que, en 1956, daba las últimas boqueadas.

XVI

EL GRAN CAMBIO

Es costumbre que en la Conferencia Anual de Ejecutivos los candidatos a la presidencia presenten sus planes de gobierno. Las reuniones concitan enorme interés y las exposiciones se hacen ante auditorios repletos de empresarios, dirigentes políticos, autoridades y muchos periodistas.

De los diez candidatos, CADE invitó a exponer sólo a los cuatro que, según las encuestas, éramos en diciembre de 1989 los únicos con posibilidad de ser elegidos: los del Frente Democrático, el APRA, la Izquierda Unida y el Acuerdo Socialista. A cuatro meses de las elecciones, Alberto Fujimori no aparecía en las encuestas y, cuando asomaba en ellas, disputaba el último lugar con Jeremías Ortiz Arcos, el profeta Ezequiel Ataucusi Gamonal, fundador de la Iglesia Israelita del Nuevo Pacto Universal.

Yo esperaba con impaciencia la ocasión de presentar mi programa, mostrándole al pueblo peruano lo que había de novedoso en mi candidatura y el sentimiento reformista que la animaba. Me tocó cerrar el CADE, en la tarde del segundo día, luego de las exposiciones de Alva Castro y Henry Pease, y la de Barrantes, quien expuso ese sábado 2 de diciembre en la mañana. Hablar último me pareció una buena señal. Los panelistas que me tocaron eran un simpatizante del Frente, Salvador Majluf, presidente de la Sociedad Nacional de Industrias, y dos adversarios decorosos: el técnico agrario Manuel Lajo Lazo y el periodista César Lévano, uno de los escasos marxistas ponderados del Perú.

Aunque el equipo de Plan de Gobierno no había concluido el programa, la última semana de noviembre Lucho Bustamante me entregó un borrador de discurso en el que figuraban las medidas centrales. Haciendo milagros con el tiempo, pues eran ésos los días de la polémica con Alan García sobre los empleados públicos, conseguí encerrarme dos mañanas completas para reescribir el texto,[38] y la víspera del CADE tuve con el directorio de Plan de Gobierno una sesión de entrenamiento sobre las previsibles objeciones del panel y del público.

Luego de describir el empobrecimiento del Perú en las últimas décadas y la contribución del gobierno aprista al cataclismo («Quienes, creyendo en la palabra del señor Alan García Pérez, expresada en este mismo foro de 1984, invirtieron en intis sus ahorros, hicieron un triste negocio: hoy les queda menos del dos por ciento de lo que ahorraron»), desarrollé nuestra propuesta para «salvar al Perú de la mediocridad, de la demagogia, del hambre, del desempleo y del terror». De entrada y sin medias tintas dejé clara la orientación de las reformas: «Ya tenemos la libertad política. Pero el Perú nunca ha intentado de veras el camino de la libertad económica, sin la cual toda democracia es imperfecta y se condena a la pobreza... Todos nuestros esfuerzos estarán encaminados a convertir al Perú, de este país de proletarios, desocupados y privilegiados que es ahora, en un país de empresarios, de propietarios y de ciudadanos iguales ante la ley.»

Me comprometí a asumir la conducción de la lucha contra el terrorismo y a movilizar a la sociedad civil, armando a las rondas campesinas y obrando para que este ejemplo de autodefensa fuera imitado en los centros de producción urbanos y rurales. Autoridades e instituciones civiles retomarían el control de las zonas de emergencia entregadas a la autoridad militar.

Esta acción sería firme, pero dentro de la ley. Había que acabar con los abusos a los derechos humanos, cometidos por las fuerzas del orden en la acción antisubversiva: de ello dependía la legitimidad de la democracia. Los campesinos y peruanos humildes jamás ayudarían al gobierno a enfrentar a los terroristas mientras se sintieran atropellados por policías y soldados. Para mostrar la decisión del gobierno de no tolerar abusos de ese género, yo

---

38. *Acción para el cambio: El programa de gobierno del Frente Democrático* (Lima, diciembre, 1989).

tenía decidido —así se lo adelanté a Ian Martin, secretario general de Amnistía Internacional, que me visitó el 4 de mayo de 1990— nombrar un comisionado de derechos humanos, que tendría oficina en Palacio de Gobierno. En los meses siguientes, luego de barajar muchos nombres, pedí a Lucho Bustamante que sondeara a Diego García Sayán, abogado joven, que había fundado la Asociación Andina de Juristas y que, aunque vinculado a Izquierda Unida, parecía capaz de ejercer imparcialmente el cargo. Este comisionado no sería decorativo, tendría poderes para atender las denuncias, hacer investigaciones por su propia cuenta, iniciar acciones ante el Poder Judicial, y diseñar proyectos de información y educación de la opinión pública, en colegios, sindicatos, comunidades agrarias, cuarteles y comisarías.

Además de éste, habría otro comisionado, responsable del programa nacional de privatización, reforma clave del programa, que yo quería también seguir de cerca. Ambos comisionados tendrían rango de ministros. Para esta tarea había designado a Javier Silva Ruete, quien estaba al frente del plan de privatización.

El primer año sería la etapa más difícil, debido al inevitable carácter recesivo de la política antiinflacionaria, cuyo objetivo era reducir el aumento de los precios a un diez por ciento anual. En los dos años siguientes —de la liberalización y las grandes reformas— el crecimiento sería moderado en la producción, el empleo y el ingreso. Pero, a partir del cuarto, entraríamos a un período muy dinámico, sobre una base firme. El Perú habría comenzado el despegue hacia la libertad con bienestar.

Expliqué todas las reformas, empezando por las más controvertidas. Desde la privatización de las empresas públicas —se iniciaría con unas setenta firmas, entre ellas el Banco Continental, la Sociedad Paramonga, la Empresa Minera Tintaya, Aero Perú, Entel Perú, la Compañía Peruana de Teléfonos, el Banco Internacional, el Banco Popular, Entur Perú, Popular y Porvenir Compañía de Seguros, EPSEP, Laboratorios Unidos S. A. y la Reaseguradora Peruana, y se continuaría hasta que el sector público en su integridad hubiera pasado a manos privadas— hasta la reducción de los ministerios a la mitad de los existentes.

En educación, anticipé una reforma integral, para que la igualdad de oportunidades fuera por fin posible. Sólo si los niños y jóvenes peruanos pobres recibían una formación de alto nivel estarían en condiciones de igualdad, para abrirse campo en la vida, con aquellos niños y jóvenes de familias de medios y altos ingresos que podían frecuentar colegios y universidades privados. Para elevar el nivel de aquéllos era necesario reformar los planes de estudios —a fin de que tuvieran en cuenta la heterogeneidad cultural, regional y lingüística de la sociedad peruana—, modernizar la preparación de los docentes, pagarles buenos salarios y dotarlos de planteles bien equipados, con bibliotecas, laboratorios y una infraestructura adecuada. ¿Tenía el paupérrimo Estado peruano cómo financiar esta reforma? Desde luego que no. Por ello, pondríamos fin a la gratuidad indiscriminada de la enseñanza. A partir del tercer año de secundaria, la sustituiría un sistema de becas y créditos, a fin de que, quienes estuvieran en condiciones de hacerlo, financiaran en parte o en todo su educación. Nadie que careciera de recursos se quedaría sin colegio ni universidad; pero las familias de medios o altos ingresos contribuirían a que los pobres tuvieran una educación que los preparara para salir de la pobreza. Los padres de familia intervendrían en la administración de los centros escolares y en determinar las contribuciones de las familias.

Casi de inmediato, esta propuesta se convirtió en uno de los más impetuosos caballos de batalla contra el Frente. Apristas, socialistas y comunistas proclamaron que defenderían con su vida «la educación gratuita», que nosotros queríamos suprimir para que ya no sólo comer y trabajar, sino también educarse, fuera privilegio de los ricos. Y a los pocos días del discurso del CADE, Fernando Belaunde vino a mi casa, con un memorándum, recordándome que la educación gratuita era postulado programático de Acción Popular. No renunciarían a él. Dirigentes populistas empezaron a hacer declaraciones en el mismo sentido. Las críticas de los aliados tomaron tales proporciones que convoqué una reunión de todos los partidos del Frente Democrático, en el Movimiento Libertad, para discutir la medida. La reunión fue tormentosa. En ella, León Trahtenberg, presidente de la Comisión de Educación, fue duramente cuestionado por los populistas Andrés Cardó Franco, Gastón Acurio y otros.

Yo mismo intervine en la polémica, en aquélla y otras ocasiones, como valedor de la propuesta. Es demagogia postular una educación universalmente gratuita, si el resultado de ello es que tres cuartas partes de los niños estudien en colegios que carecen de bibliotecas, de laboratorios, de baños, de pupitres y pizarras y, muchas veces, de techos y paredes, que los maestros reciban una formación deficiente y ganen sueldos de hambre, y que, por tanto, sólo los jóvenes de clases media y alta —que pueden pagar buenos colegios y buenas universidades— reciban una formación que les asegure el éxito profesional.

En mi conversación con Belaunde fui muy claro: no cedería sobre éste ni sobre punto alguno del programa. Había cedido respecto a las elecciones municipales y las listas parlamentarias, dando muchas ventajas a Acción Popular y al Partido Popular Cristiano, pero en el plan de gobierno no haría concesiones. La única razón por la que quería ser presidente eran *esas* reformas. La educativa estaba destinada a acabar con una de las formas más injustas de la discriminación cultural: la derivada de las diferencias de ingreso.

Al final, aunque a regañadientes, y sin poder evitar que, de cuando en cuando, voces disidentes en el seno de la alianza se pronunciaran contra esta medida, conseguimos que Acción Popular la tolerara. Pero nuestros adversarios siguieron atacándonos sin misericordia sobre el tema, con campañas publicitarias y pronunciamientos de sindicatos de maestros y asociaciones magisteriales en defensa de la «educación popular». La campaña fue tal que el propio León Trahtenberg me envió su carta de renuncia a la comisión (no la acepté) y llegó a proponerme, a principios de enero de 1990, que diéramos marcha atrás, en vista de las reacciones negativas. Con el respaldo de Lucho Bustamante, insistí en que era nuestra obligación, ya que la medida nos parecía necesaria, seguir defendiéndola. Pero, pese a mi prédica al respecto —desde entonces, en todos mis discursos hablé del tema—, ésta fue una de las reformas que asustó más a los electores y decidió a buen número de ellos a votar contra mí.

Escribo estas líneas en agosto de 1991, y veo, por recortes periodísticos de Lima, que los maestros nacionales —trescientos ochenta mil— llevan ya cinco meses de huelga, desesperados por sus condiciones de existencia. Los escolares de colegios públicos corren el riesgo de perder el año de estudios. Y si no lo pierden, ya puede uno imaginarse lo que, con el gigantesco paréntesis de cinco meses, significará este año en términos académicos para esos alumnos. El obispo de Huaraz declara en una revista que es un escándalo que el sueldo promedio de un maestro apenas sobrepase los cien dólares mensuales, lo que significa el hambre para ellos y sus familias. Hace cinco meses que, por la huelga, todos los colegios nacionales están cerrados y desde que asumió el poder el nuevo gobierno, el Estado no ha construido una sola aula escolar, por falta de fondos. ¡Pero la educación sigue siendo gratuita y hay que felicitarse de que esa gran conquista popular no fuera destruida!

Esta controversia fue para mí muy instructiva sobre la fuerza del mito ideológico, capaz de sustituir totalmente a la realidad. Porque la gratuidad de la educación pública que con tanto ahínco defendían mis adversarios era inexistente, letra muerta. Desde hacía tiempo, las condiciones ruinosas del erario impedían al Estado construir colegios y la inmensa mayoría de las aulas que se levantaban en barrios marginales y pueblos jóvenes para atender la demanda creciente, las construían los propios vecinos. Y los padres de familia, también, se encargaban del mantenimiento, limpieza y refacción de las escuelas y colegios nacionales por la incapacidad del Estado para asumir los gastos.

Cada vez que yo llegaba a un barrio pobre, en Lima o provincias, recorría varias escuelas. «¿Construyó estas aulas el gobierno?» «¡No! ¡Nosotros!» «¿Y quién fabricó estos pupitres, estos pizarrones? ¿El gobierno o los padres de familia?» «¡Los padres de familia!» «¿Y quién limpia, pinta, barre esta escuela y levanta las paredes que se desmoronan? ¿Ustedes o el gobierno?» «¡Nosotros!» Debido a la crisis económica, hacía ya tiempo que el Estado peruano sólo pagaba los salarios de los maestros. Los padres de familia habían llenado el vacío echándose sobre sus hombros la tarea de construir y mantener las escuelas en todos los barrios y distritos de menores ingresos del país. En mis discursos, yo subrayaba siempre que, en un par de años, Acción Solidaria había construido, gracias a donaciones, trabajo voluntario y colaboración de los vecinos, más guarderías infantiles y aulas escolares que el Estado peruano. Por lo demás, Enrique Ghersi descubrió que ese mismo gobierno aprista que machacaba día y noche la amenaza contra la gratuidad de la enseñanza, había dictado disposiciones por las cuales se obligaba a los padres, para inscribir a sus hijos en los colegios nacionales, a pagar unos «derechos» a las asociaciones de familia que iban a incrementar un fondo educativo nacional. Como muchas otras disposiciones irreales, la gratuidad de la enseñanza, que sólo había servido para perjudicar más a los pobres aumentando la discriminación, había ido siendo rectificada en la práctica, por la fuerza de las cosas.

Yo tenía muchas esperanzas en la reforma de la educación. Estaba convencido de que la manera más eficaz para lograr la justicia social en el Perú era una enseñanza pública de alto nivel. Una y otra vez señalé que había estudiado en colegios nacionales, como el Leoncio Prado y el San Miguel de Piura, y en la Universidad de San Marcos, de manera que conocía las deficiencias del sistema (aunque éstas se habían agravado desde mis épocas de estudiante). Pero estos esfuerzos para persuadir a mis compatriotas de lo bien fundada de nuestra reforma de la educación, fueron inútiles y prevalecieron quienes me acusaban de querer dejar al pueblo en la ignorancia.

Otras dos reformas que anuncié en CADE fueron también objeto de feroces ataques: la del mercado laboral y el nuevo diseño del Estado. La primera fue transformada por mis adversarios en una astucia para permitir que los empresarios despidieran a sus trabajadores y la segunda en un proyecto para dejar en la calle a medio millón de empleados públicos. (En un vídeo contra nosotros, que repetía las imágenes de *The Wall*, de Pink Floyd, el gobierno me presentaba, desfigurado por unos colmillos de Drácula, provocando un apocalíptico *shock*, en el que se cerraban las fábricas, los precios se disparaban hasta la estratosfera, los niños eran arrojados de las escuelas y los obreros de sus puestos y el país entero estallaba en una explosión nuclear.)

Como la gratuidad de la enseñanza, la estabilidad laboral es una conquista social falaz, que, en vez de proteger al buen trabajador contra el despido arbitrario, se ha convertido en un mecanismo de protección al trabajador ineficiente, y en un obstáculo a la creación de empleos para quienes necesitan trabajar (en el Perú, a fines de 1989, siete de cada diez adultos). La *estabilidad laboral* favorecía al once por ciento de la población económicamente activa. Era, pues, la renta de una pequeña minoría, que estabilizaba en el desempleo a los desocupados. Las leyes protectoras del trabajador significaban que, con un período de prueba de tres meses, un trabajador se convertía en propietario de su puesto, del que era prácticamente imposible separarlo, pues la «causa justa» para su despido a que se refiere la Constitución había quedado reducida, por las leyes vigentes, a una «falta grave» casi imposible de probar. El resultado era que las empresas funcionaban con personales mínimos y vacilaban antes de expandirse por el temor de verse con el peso muerto de una planilla excesiva. En un país donde el desempleo y el subempleo afectaban a las dos terceras partes de la población y donde crear trabajo era una urgentísima necesidad, había que dar al principio de la estabilidad un sentido de veras *social*.

Explicando que respetaría los derechos adquiridos —las reformas sólo afectarían a los nuevos contratados—, enumeré en el CADE las principales acciones para atenuar los efectos negativos de la estabilidad laboral: la falta de productividad sería incluida entre las «causas justas» de despido, se ampliaría el período de prueba para evaluar la capacidad del trabajador, se ofrecería a las empresas un amplio esquema de contratación temporal que les permitiera adecuar su mano de obra a las variaciones del mercado, y, para combatir el desempleo juvenil, se diseñarían unos contratos de formación y aprendizaje, trabajo a tiempo parcial y contratos de relevo y jubilación anticipada. Asimismo, se permitiría que el trabajador se constituyera en empresa individual y autónoma y contratase con el empleador la prestación de sus servicios. Dentro de este paquete de medidas figuraba la democratización del derecho de huelga, hasta entonces monopolio de las cúpulas sindicales, que, en muchos casos, la imponían al resto de los trabajadores mediante la extorsión. Las huelgas serían decididas por votación secreta, directa y universal y se prohibirían las huelgas que afectaban servicios públicos vitales, las huelgas en apoyo a otros gremios o empresas y se penalizaría la práctica de toma de rehenes y de locales, como complemento de los paros sindicales.

(En marzo de 1990, durante nuestro congreso «La revolución de la libertad», sir Alan Walters, que había sido asesor de Margaret Thatcher, me aseguró que estas medidas tendrían un efecto favorable sobre la creación del empleo. Me reprochó, eso sí, no haber sido tan radical con el salario mínimo, que íbamos a mantener. «Parece que es un acto de justicia», me dijo. «Pero lo es sólo con *aquellos que trabajan*. En cambio, el salario mínimo es una injusticia con quienes han perdido su trabajo o ingresan al mercado laboral y encuentran las puertas cerradas. Para beneficiar a éstos, los más necesitados de justicia social, el salario mínimo es una injusticia, un obstáculo que les cierra el camino del empleo. Los países donde hay más trabajo son aquellos donde el mercado es más libre.»)

Expliqué, sobre todo en visitas a fábricas, que un trabajador eficiente es algo muy costoso para que las empresas se desprendan de él, y que nuestras reformas no afectarían derechos ya adquiridos, sólo a los *nuevos* trabajadores, esos millones de peruanos sin empleo o con empleos miserables a quienes teníamos la obligación de ayudar, generando rápidamente trabajo para ellos. Que los trabajadores enajenados por la prédica populista se mostraran hostiles, porque no entendían estas reformas, o porque las entendían y las temían, lo comprendo. Pero que el grueso de los desocupados, en favor de quienes ellas se concibieron, votaran masivamente contra *estos* cambios, dice mucho sobre el formidable peso muerto de la cultura populista, que lleva a los más discriminados y explotados a votar en favor del sistema que los mantiene en esa condición.

En lo que respecta al medio millón de empleados públicos, vale la pena relatar toda la historia, porque este tema, como el de la gratuidad de la enseñanza, tuvo un efecto devastador contra mí en los sectores humildes y porque a través de él se advierte lo eficaces que pueden ser las malas artes en política. La noticia de que, apenas subiera al gobierno, echaría a la calle a quinientos mil burócratas apareció en la gran orquestadora de patrañas, *La Repúbli-*

ca,[39] como una declaración que Enrique Ghersi, el joven turco del Movimiento Libertad, habría hecho en Chile, a un periodista chileno.[40] En verdad, Ghersi no había dicho tal cosa y se apresuró a desmentir la información, apenas regresó al Perú, en la prensa[41] y la televisión. Algún tiempo después, el propio periodista chileno, Fernando Villegas, vino a Lima y desmintió la invención[42] en diarios y en canales peruanos. Pero, a estas alturas, el montaje en torno a los quinientos mil empleados, que llevaron a cabo *La República, Hoy, La Crónica* y las radios y canales del gobierno se había vuelto ya verdad inconmovible. Hasta dirigentes del Frente Democrático, mis aliados, fueron persuadidos de ella, pues, algunos, como el pepecista Ricardo Amiel y el populista Javier Alva Orlandini, en vez de desmentir la falsedad, la convalidaron ¡criticando a Ghersi por la calumnia que le atribuían![43]

Lo cierto es que ni Ghersi, ni nadie en el Frente podría haber dicho algo así. No se podía establecer cuántos empleados públicos sobraban, pues ni siquiera había manera de saber cuántos eran. El Frente Democrático tenía una comisión, presidida por la doctora María Reynafarje, tratando de averiguarlo, que había detectado más de un millón (excluyendo a los miembros de las Fuerzas Armadas), pero la evaluación estaba aún en proceso. Desde luego, la inflación burocrática tenía que ser drásticamente reducida, de manera que el Estado tuviera sólo los funcionarios que necesitaba. Pero la transferencia del sector público al privado de las decenas o centenas de miles de sobrantes no se iba a hacer mediante despidos intempestivos. Éramos conscientes del desempleo y mi gobierno, no sólo por razones legales y éticas, también prácticas, no cometería la insensatez de inaugurar su gestión multiplicando este problema. Nuestro designio era la reubicación indolora de la burocracia sobrante. El trasvase iría ocurriendo a medi-

39. Lima, 9 de agosto de 1989, p. 3.

40. La entrevista a Ghersi apareció en *El Diario* (Finanzas-Economía-Comercio) de Santiago, el 4 de agosto de 1989, y en ella se habla en general de la reducción de la burocracia pero no se menciona cifra alguna.

41. *Expreso*, Lima, 10 de agosto de 1989, p. 4.

42. *Ojo*, Lima, 22 de diciembre de 1989.

43. Véanse las declaraciones de Ricardo Amiel en *La República* y en *La Crónica* el 6 de agosto de 1989, y la de Javier Alva Orlandini en *El Nacional* el 30 de noviembre de 1989.

da que, con las reformas, comenzara el crecimiento económico, hubiera nuevas empresas y las existentes pudieran trabajar a plena capacidad. Sería acelerado, por parte del gobierno, con incentivos para lograr renuncias voluntarias o jubilaciones adelantadas. Sin atropellar los derechos de nadie, tratando de que el mercado efectuara la reubicación, pasaría al sector civil buena parte de la burocracia.

Pero la ficción derrotó a la realidad. En una perfecta sincronización, apenas aparecido el infundio de *La República* (con enormes títulos en la primera página), el gobierno inició la operación, en las radios y canales del Estado y en los adictos, repartiendo por el país millones de volantes, y repitiendo diariamente, en todas las formas posibles, por boca de todos sus voceros, desde los líderes hasta los gacetilleros más tenebrosos, la especie de que yo empezaría mi gobierno con medio millón de despedidos. De nada sirvieron aclaraciones, desmentidos, explicaciones, míos, de Ghersi y de quienes dirigían el Plan de Gobierno.

Desde muy joven he vivido fascinado con la ficción, porque mi vocación me ha hecho muy sensible a ese fenómeno. Y hace tiempo que he ido advirtiendo cómo el reino de la ficción desborda largamente la literatura, el cine y las artes, géneros en los que se la cree confinada. Tal vez porque es una necesidad irresistible que la especie humana trata de aplacar de cualquier modo y aun por conductos inimaginables, la ficción aparece por doquier, despunta en la religión y en la ciencia y en las actividades más aparentemente vacunadas contra ella. La política, sobre todo en países donde la ignorancia y las pasiones juegan un papel tan importante en ella como el Perú, es uno de esos campos abonados para que lo ficticio, lo imaginario echen raíces. Tuve muchas ocasiones de comprobarlo en la campaña, y, sobre todo, en el asunto del medio millón de burócratas amenazados por mi hacha liberal.

La izquierda se plegó de inmediato a la campaña y hubo acuerdos sindicales, manifiestos de protesta y repudio, manifestaciones públicas de empleados y trabajadores del Estado en que me quemaban en efigie o paseaban ataúdes con mi nombre.

El ápice fue una denuncia judicial, presentada contra mí por la CITE (Confederación Intersectorial de Trabajadores Estatales), una agrupación controlada por la izquierda que buscaba hacía tiempo su reconocimiento legal: Alan García se apresuró a concedérselo en aquellos días, con ese propósito. La CITE inició lo que, en jerga procesal, se llama «una diligencia preparatoria de confesión» ante el Poder Judicial por «el riesgo que corrían sus agremiados de perder sus empleos». Fui citado ante el 26.º Juzgado Civil de Lima. Además de grotesco, el asunto era una aberración jurídica y así lo declararon, incluso, adversarios, como el senador socialista Enrique Bernales y el diputado aprista Héctor Vargas Haya.

En el Comité Ejecutivo y en la Comisión Política de Libertad discutimos si debía comparecer ante el juez, o si esto era colaborar con los maquiavelismos de Alan García, permitiendo a la prensa hostil hacer una gran algazara conmigo, en el Palacio de Justicia, llevado ante los tribunales por los trabajadores amenazados de despido. Decidimos que compareciera sólo mi abogado. Encargué de esta misión a Enrique Chirinos Soto, miembro de la Comisión Política de Libertad, a la que yo lo había invitado como asesor. Enrique, senador independiente, periodista, historiador, constitucionalista, era uno de esos liberales de antaño, como Arturo Salazar Larraín, formado al lado de don Pedro Beltrán. Periodista de fuste, sutil analista político, conservador sin complejos y católico a machamartillo, Enrique es uno de los políticos inteligentes —aunque bastante casquivano— que ha tenido el Perú y un arequipeño que ha sabido mantener la tradición jurídica de su tierra. Asistía casi siempre a las reuniones de la Comisión Política, en las que solía permanecer mudo e inmóvil, despidiendo un aroma de escocés de buena marca, en una especie de catatonia voluntaria. De vez en cuando, algo lo despertaba de su geológico sopor y urgía a hablar: sus intervenciones eran luminosas y nos servían para zanjar intrincados problemas. De cuando en cuando, acordándose de su función de asesor, me enviaba unos pequeños billetes que yo leía con delicia: descripciones del momento político, consejos de tácticas o simples ocurrencias en función de los acontecimientos, escritos con agudeza y humor. (Ninguno de sus muchos talentos le impidió, sin embargo, entre la primera y la segunda vuelta, cometer una *gaffe* monumental.) Enrique demostraría con facilidad ante el juzgado la impertinencia jurídica de la acción judicial.

El 2 de enero, el juez del 26.º Juzgado Civil de Lima dio marcha atrás en su decisión de hacerme comparecer, y declaró nulo e inadmisible el pedido de la CITE. Ésta apeló y Chirinos Soto pudo lucirse con un informe oral ante la Primera Sala Civil de la Corte Superior de Lima, el 16 de enero de 1990, que confirmó aquella decisión.[44]

Como colofón de este episodio, señalo una curiosa coincidencia. Durante el gobierno de Alan García, por causa de la inflación con recesión —la llamada estagflación— los analistas calculan que en el Perú se perdieron unos quinientos mil puestos de trabajo, la misma cifra que, según la campaña, me disponía yo a recortar en la administración pública. El tema daría materia para un ensayo sobre la teoría freudiana de la transferencia y, por cierto, para una novela de política-ficción.

En cambio, no tuvo mayor repercusión otra de las medidas radicales que anuncié en el CADE: la reforma de la reforma agraria que hizo el general Velasco y que seguía vigente. Que nuestros adversarios no montaran también con este asunto una gran campaña se debió, tal vez, a que el estado del campo peruano —sobre todo en el sector público de las cooperativas y las SAIS (Sociedades Agrarias de Interés Social)—, era tan claramente repudiado por los campesinos, que allí hubiera sido más difícil defender el *statu quo*. O, tal vez, a que el voto campesino —por la migración masiva hacia las ciudades en las últimas décadas— representa ahora apenas el treinta y cinco por ciento del electorado nacional. (Y el ausentismo es más elevado en el campo que en la ciudad.)

También en el agro proponíamos introducir el mercado, privatizándolo, de modo que la transferencia de las empresas estatales y semiestatales a la sociedad civil sirviera para crear una masa de propietarios y empresarios independientes. Gran parte de esta reforma estaba en marcha, por obra de los propios campesinos, quienes, como he dicho, habían venido *parcelando* las cooperativas —dividiéndolas en lotes privados individuales—, pese a

---

44. El informe de Chirinos Soto fue reproducido en *El Comercio*, Lima, 23 de enero de 1990.

que la ley se lo prohibía. Su acción había afectado a dos tercios del campo pero no tenía valor legal. El movimiento de los *parceleros*, nacido de manera independiente, en contra de los partidos y sindicatos de izquierda, había sido para mí, desde hacía años, como el de los empresarios *informales*, un signo esperanzador. Que los más pobres entre los pobres hubieran optado por la propiedad privada, por emanciparse de la tutela estatal, era, aunque no lo supieran ellos mismos, una rotunda demostración de que las doctrinas colectivistas y estatistas habían sido repudiadas por el pueblo peruano y que éste, a través de la dura experiencia, descubría las ventajas de la democracia liberal. Por eso, el 4 de junio, en la plaza de Armas de Arequipa, al proclamarse mi candidatura, los *parceleros* y los *informales* fueron los héroes de mi discurso; me referí a ellos, llamándolos la punta de lanza de la transformación para la que pedía el voto de los peruanos.

(Mi estrategia de campaña estuvo basada, en gran parte, en el supuesto de que *parceleros* e *informales* serían el principal sustento de mi candidatura. Es decir, en que yo conseguiría persuadir a estos sectores de que lo que ellos estaban haciendo, en las ciudades y en los campos, correspondía a las reformas que quería llevar a cabo. Fracasé sin atenuantes: la inmensa mayoría de *parceleros* y de *informales* votaron en contra de mí [más que *a favor* de mi adversario], atemorizados por mi prédica antipopulista, es decir, en defensa del populismo contra el que habían sido los primeros en rebelarse.)

La renovación de la reforma agraria iba a consistir en dar títulos de propiedad a los cooperativistas que hubieran decidido la privatización de las tierras colectivizadas y en crear mecanismos legales para que pudieran imitarlos las demás cooperativas. La privatización no sería obligatoria. Las que quisieran continuar como tales podrían hacerlo, pero sin subsidios del Estado. En cuanto a los grandes ingenios azucareros de la costa —como Casagrande, Huando, Cayaltí—, el gobierno les facilitaría asesoramiento técnico para transformarse en sociedades anónimas, y sus cooperativistas en accionistas.

El estado ruinoso de estos ingenios —antaño los principales exportadores y captadores de divisas para el Perú— era producto de la ineficiencia y la corrupción que había introducido en ellos el sistema estatista. En un régimen privado y competitivo podían recuperarse y ser instrumentos de empleo y desarrollo en el campo, pues tenían las tierras más ricas y mejor comunicadas del país.

La reforma del régimen de propiedad de la tierra crearía cientos de miles de nuevos propietarios y empresarios, que podrían progresar, gracias a un sistema abierto, sin las trabas y discriminaciones de que ha sido siempre víctima el agro en relación con la ciudad. Desaparecería el control de precios a los productos agrícolas que había condenado a la ruina —o empujado a producir coca— a regiones enteras, donde los campesinos debían vender sus productos por debajo de sus costos, con el consiguiente resultado de que el Perú importaba ahora buena parte de sus alimentos. (Repito que este sistema permitió memorables pillerías: los privilegiados con esas licencias de importación, que recibían dólares subvaluados podían, en una sola de estas operaciones, dejar en cuentas cifradas en el extranjero, millones de dólares. Precisamente, ahora que escribo estas líneas, la revista *Oiga* [45] revela que uno de los ministros de Agricultura de Alan García, miembro de su círculo de íntimos, Remigio Morales Bermúdez —hijo del ex dictador—, depositó en el Atlantic Security Bank, de Miami, durante su gestión, ¡más de veinte millones de dólares!) Con el régimen de economía de mercado, los agricultores recibirían por los productos del campo precios justos, determinados por la oferta y la demanda, y habría los necesarios incentivos para invertir en agricultura, para modernizar las técnicas de cultivo, e ingresos que permitieran al Estado mejorar la infraestructura vial que había decaído y hasta desaparecido en algunas regiones. Ya no se repetiría el espectáculo, corriente en los últimos años del régimen aprista, de toneladas de arroz producido por los empobrecidos agricultores del departamento de San Martín pudriéndose en sus depósitos mientras el Perú gastaba decenas de millones de dólares importando arroz y, de paso, enriqueciendo a unos cuantos personajes con influencia política.

Éste fue otro tema constante de mis discursos, sobre todo ante auditorios campesinos: las reformas beneficia-

45. *Oiga*, Lima, 12 de agosto de 1991.

365

rían de inmediato a millones de peruanos que malvivían de la tierra; la liberalización traería un crecimiento rápido a la agricultura, la ganadería y la agroindustria y una reestructuración social en favor de los más pobres. Pero, en mis incontables viajes a la sierra y a la ceja de montaña, siempre advertí la resistencia del campesinado, sobre todo el más primitivo, a dejarse convencer. Por siglos de desconfianza y frustración, sin duda, y por mi propia incapacidad para formular este mensaje de manera convincente. Los lugares donde, aun en momentos de máxima popularidad de mi candidatura, percibí más rechazo, fueron las regiones campesinas. Sobre todo, Puno, uno de los departamentos más miserables (y más ricos en historia y en belleza natural del país). Todas mis giras puneñas fueron objeto de violentas contramanifestaciones. En la del 18 de marzo de 1989, en la ciudad de Puno, Beatriz Merino, luego de pronunciar su discurso, sin amilanarse ante una muchedumbre que la abucheaba y le gritaba «¡Fuera, tía Julia!» (nos aplaudía apenas un puñadito de pepecistas pues Acción Popular había boicoteado el mitin), cayó desmayada por la impresión y por los cuatro mil metros de altura y hubo que darle oxígeno allí mismo, en un rincón del estrado. Al día siguiente, 19 de marzo, en Juliaca, Miguel Cruchaga y yo casi no pudimos hablar, por la silbatina y los gritos («¡Fuera, españoles!»). En otra gira, el 10 y 11 de febrero de 1990, nuestros dirigentes me hicieron irrumpir en el estadio, durante las fiestas de la Candelaria, y ya he contado cómo nos recibió una lluvia de proyectiles que, gracias a los reflejos del profesor Oshiro, no me hicieron daño, pero me derribaron al suelo, ignominiosamente. La manifestación del cierre de campaña, el 26 de marzo de 1990, en la plaza de Armas, fue muy concurrida, y no prosperaron los esfuerzos por desbaratarla de grupos de provocadores. Pero era puro espejismo, pues tanto en la primera como en la segunda vuelta, mi porcentaje más bajo de votos en el Perú fue en ese departamento.

En el CADE adelanté también la privatización del servicio de correos y de aduanas, la reforma tributaria y sólo apunté muchos otros temas, por las limitaciones del tiempo. Entre ellos, el que más me importaba era la privatización. Llevaba tiempo trabajando en ella con Javier Silva Ruete.

Javier, que los lectores de mis libros de alguna manera conocen, pues —con las distancias que separan ficción y realidad— me había servido de modelo para el Javier de mis primeros cuentos y de *La tía Julia y el escribidor*, había hecho una destacada carrera como economista y ocupado importantes cargos políticos. Luego de graduarse, en San Marcos, se perfeccionó en Italia, y trabajó en el Banco Central de Reserva. Fue el ministro más joven del primer gobierno de Belaunde Terry —pertenecía entonces a la Democracia Cristiana— y, luego, secretario general del Pacto Andino. Al ser derrocado el general Velasco por una revolución de Palacio, su sucesor, el general Morales Bermúdez, nombró a Silva Ruete ministro de Economía y su gestión corrigió algunos estropicios del velascato, como la inflación y los entredichos con los organismos internacionales. Del grupo que, con Javier, manejó la economía en esa época, había nacido esa pequeña agrupación política de técnicos y profesionales, el SODE, que formaba parte del Frente Democrático (Manuel Moreyra había sido el presidente del Banco Central cuando Silva Ruete era ministro). La gente del SODE, como Moreyra, Alonso Polar, Guillermo van Ordt, el propio Raúl Salazar, y algunos otros, había tenido un papel de primer orden en la elaboración de nuestro Plan de Gobierno y en ellos encontré, siempre, apoyo para las reformas y aliados contra las resistencias que oponían a ellas Acción Popular o el Partido Popular Cristiano.

Para conseguir que Acción Popular aceptara la incorporación del SODE al Frente Democrático yo había tenido que hacer milagros, pues Belaunde Terry y los populistas tenían fuertes prevenciones. Porque habían colaborado con la dictadura militar y por la oposición durísima que el SODE, en particular Manolo Moreyra y Javier Silva, habían hecho al segundo gobierno de Belaunde Terry. Así como por haber colaborado con Alan García durante su campaña electoral, de quien fueron aliados por un tiempo, y en cuyas listas parlamentarias habían sido elegidos al Congreso dos miembros del SODE: Javier al Senado y Aurelio Loret de Mola a la Cámara de Diputados. Silva Ruete, además, había asesorado a Alan García el primer año de su gobierno. Pero yo hice valer ante Belaunde la manera como el SODE había roto con el APRA desde los días de la

estatización de la Banca, apoyando nuestra campaña, y lo
indispensable que era tener en el gobierno a un equipo de
técnicos de alto nivel. Belaunde y Bedoya terminaron por
resignarse, pero nunca se sintieron muy felices con ese
aliado.

A ambos les incomodaba, además, que Javier Silva
Ruete fuera uno de los propietarios de *La República*. Nacido, bajo la dirección del especialista Guillermo Thorndike, como un periódico sólo amarillo, incansable en la explotación o fabricación del sensacionalismo —crímenes,
chismografía, delaciones, morbo, exhibicionismo frenético de la mugre humana—, *La República* se convirtió, luego, sin dejar de explotar aquellos rubros, en el portavoz,
simultáneamente, del APRA y de la Izquierda Unida, en un
caso de esquizofrenia política improbable en otro país que
no sea el Perú. La explicación de este híbrido era, al parecer, que entre los dueños de *La República* tenían fuerzas
equilibradas el senador Gustavo Mohme (comunista) y el
nuevo rico Carlos Maraví (apristón), quienes habían llegado a la fórmula goldoniana de poner las informaciones y
editoriales del diario al servicio de esos dos amos, enemigos entre sí. El rol de Javier en este enredo y entre semejante gente —aparecía como presidente del directorio de
la empresa— fue siempre un misterio para mí. Nunca le
pregunté por qué lo hacía ni hablábamos de ese tema,
pues él como yo queríamos conservar una amistad que
había significado mucho para ambos desde niños y procu-
rábamos no ponerla a prueba introduciendo en ella a la
insidiosa política.

Nos habíamos visto poco cuando él era ministro de la
dictadura militar y mientras asesoraba a Alan García. Pero cuando nos veíamos, en alguna reunión social, el afecto
recíproco estaba siempre allí, más sólido que lo demás.
Cuando los sucesos de Uchuraccay, luego del informe de
la Comisión que yo escribí y defendí en público, *La República* llevó a cabo una campaña contra mí que duró muchas semanas, en la que al falso testimonio y la mentira
sucedía el insulto, a extremos de monomanía. Que ello
ocurriera me apenó menos, por supuesto, que tuviera como órgano un periódico del que era dueño uno de mis
más antiguos amigos. Pero incluso a esta experiencia sobrevivió nuestra amistad. Éste fue otro argumento que

utilicé con Belaunde y Bedoya para apoyar la incorporación del SODE al Frente Democrático: con poca gente se había encarnizado tanto *La República* como conmigo. Había, pues, que dejar de lado las suspicacias y confiar en que Javier y su grupo actuarían lealmente con el Frente.

El cambio de actitud del SODE se produjo con motivo de la estatización de la banca. Manuel Moreyra fue uno de los primeros en condenar la medida, desde Arequipa, donde se hallaba, y multiplicó las declaraciones, conferencias y artículo sobre el tema. Su resolución arrastró a todos sus colegas, y precipitó la ruptura del SODE con el APRA. Sus dos parlamentarios, Silva Ruete y Loret de Mola, batallaron en el Congreso en contra de la medida. Desde entonces, había habido una buena colaboración entre el SODE y el Movimiento Libertad.

Las razones por las que confié a Javier la Comisión de Privatización fueron su competencia y su capacidad de trabajo. En los primeros meses de 1989 conversamos, en su estudio, y le pregunté si estaba dispuesto a asumir esa tarea, en el entendido siguiente: la privatización debía abarcar la totalidad del sector público y ser concebida de manera que permitiera la creación de nuevos propietarios entre los obreros y empleados de las empresas privatizadas y los consumidores de sus servicios. Estuvo de acuerdo. El objetivo central de la transferencia a la sociedad civil de las empresas públicas no sería técnico —reducir el déficit fiscal, dotar al Estado de recursos— sino social: multiplicar el número de accionistas privados en el país, dar acceso a la propiedad a millones de peruanos de menores ingresos. Con su característico entusiasmo, Javier me dijo que a partir de ese momento abandonaba todas sus otras ocupaciones para dedicarse en cuerpo y alma a ese programa.

Con un pequeño equipo, en una oficina aparte, y con fondos del presupuesto de la campaña, trabajó a lo largo de un año, haciendo un escrutinio de las casi doscientas empresas públicas y diseñando un sistema y una secuencia para la privatización, que comenzaría el mismo 28 de julio de 1990. Javier buscó asesoría en todos los países con experiencia en privatizaciones, como Gran Bretaña, Chile, España y varios otros, e hizo gestiones con el Fondo Monetario, el Banco Mundial y el Banco Interamericano de Desarrollo. Cada cierto tiempo, él y su equipo me hacían informes de los avances de su trabajo, y cuando éste estuvo completo, yo invité a economistas extranjeros, como el español Pedro Schwartz y el chileno José Piñera, a que nos dieran su opinión. El resultado fue un trabajo macizo y totalizador, que combinaba el rigor técnico y la voluntad transformadora con la audacia creativa. Tuve verdadera satisfacción cuando pude leer los gruesos volúmenes y comprobé que era un instrumento formidable para quebrar el espinazo de una de las fuentes principales de la corrupción y la injusticia en el Perú.

Javier, que había aceptado mi propuesta de ser el comisionado de la privatización, accedió, también, a no candidatear al Congreso, para dedicarse a tiempo completo a esta reforma.

La reacción de los medios y de la opinión pública ante mi discurso del CADE fue de desconcierto por la magnitud de las reformas y la franqueza con que estaban anunciadas y un reconocimiento amplio de que, entre los cuatro expositores, el único que había presentado un plan de gobierno integral había sido yo (*Caretas* habló de «El Vargazo»).[46] El 5 de diciembre tuve un desayuno de trabajo, en el hotel Sheraton, con un centenar de periodistas y corresponsales extranjeros, a quienes di nuevos detalles sobre el programa de gobierno.

Mi discurso del CADE debería haber sido precedido y continuado por una campaña publicitaria, en periódicos, radio y televisión, para divulgar las reformas. Esta campaña, que comenzó muy bien, en los primeros meses de 1989, se interrumpió luego por varias razones, una de ellas las rencillas y tensiones dentro del Frente, y, otra, por un malhadado *spot* televisivo en que aparecía un monito orinando.

Jorge Salmón era responsable de la campaña de medios, y colaboraba muy bien con Lucho Llosa, mi cuñado, a quien, por su experiencia de cineasta y productor de televisión, yo había pedido que me asesorara en este campo. Durante la campaña contra la estatización y en los primeros tiempos de Libertad, ellos se ocuparon de toda la pu-

---

46. «Definitivamente el discurso de Vargas Llosa impresionó en el CADE, pero más de uno ya tiembla.» *Caretas*, 4 de diciembre de 1989.

blicidad. Luego, al constituirse el Frente Democrático, el jefe de campaña, Freddy Cooper, que no se llevaba bien con Salmón ni con Lucho, comenzó a dar cada vez más participación en la publicidad a la empresa de los hermanos Ricardo y Daniel Vinitsky, quienes prepararon, también, *spots* televisivos por su propia cuenta. (Precisaré que, al igual que Jorge Salmón, los Vinitsky lo hacían con el ánimo de apoyar y sin cobrarnos honorarios.) Desde entonces hubo, en el campo neurálgico de la publicidad, una bifurcación o paralelismo que en un momento dado se tradujo en anarquía y perjudicó seriamente la campaña de ideas que deberíamos haber llevado a cabo.

A comienzos de 1989 Daniel Vinitsky planeó una serie de anuncios televisivos, utilizando animales, para promover las ideas de Libertad. El primero, con una tortuga, resultó divertido y gustó a todo el mundo. El segundo, con un pez, en el que debíamos participar Patricia, mis hijos y yo, nunca se pudo filmar: los peces se asfixiaban, las nubes ocultaban el sol, ventarrones de arena frustraban las tomas en la desierta playa de Villa donde intentamos filmarlo, un amanecer. Con el tercero sobrevino la catástrofe, de la mano de un monito. Se trataba de un brevísimo *spot*, concebido por Daniel, mostrando los estragos de la inflación burocrática. En él aparecía, transformado en simio, un empleado público que, en su escritorio, en vez de trabajar, leía el periódico, bostezaba, holgazaneaba y hasta se hacía la pila en el escritorio. Freddy me mostró el *spot* una tarde agitada, entre entrevistas y reuniones, y yo no vi en él nada terrible, salvo cierta vulgaridad que, acaso, no enojaría al público al que iba dirigido, así que le di mi visto bueno. Esta ligereza se hubiera visto corregida, sin duda, si el *spot* en cuestión hubiera sido analizado por el responsable de medios, Jorge Salmón, o Lucho Llosa, pero, debido a las antipatías personales que, a veces, interferían en su trabajo, Freddy se saltaba a ambos buscando sólo mi aprobación para los *spots*. En este caso, lo pagamos.

El monito meón provocó un escándalo mayúsculo, disgustando a partidarios y adversarios, y los apristas sacaron buen provecho de ello. Señoras ofendidas mandaban cartas a diarios y revistas o aparecían en televisión protestando contra la «grosería» del anuncio y dirigentes del gobierno salían en la pequeña pantalla, contritos porque se vejara de esa manera a los sacrificados empleados públicos, comparándolos con animales. Así los iba a tratar Vargas Llosa cuando fuera presidente, como monos o perros o ratas o algo peor. Hubo editoriales, actos de desagravio a la burocracia y mi casa y Libertad recibieron muchas llamadas de partidarios exhortándonos a sacar el *spot* de marras de los canales. Ya lo habíamos hecho, por supuesto, apenas advertimos lo contraproducente que resultó, pero el gobierno se encargó de que siguiera en la televisión varios días más. Y, hasta la víspera de las elecciones, el canal estatal siguió resucitándolo.

Las críticas al monito vinieron, también, de nuestros aliados, y hasta Lourdes Flores nos amonestó en un discurso público por nuestra falta de tacto. El absurdo llegó al colmo cuando, en *Caretas*, se criticó a Jorge Salmón por un aviso sobre el que ni siquiera había sido consultado. Pero Jorge, en éste y en otros incidentes desagradables de que fue víctima durante la campaña, mostró una caballerosidad tan grande como su lealtad para conmigo.

Algún tiempo después, cuando se trató de iniciar la campaña de ideas, para preparar a la opinión pública al lanzamiento del programa, Jorge Salmón y los Vinitsky —ya recuperado Daniel del revés del monito meón— me presentaron, cada uno por su lado, un proyecto. El de Jorge era político y prudente, evitaba la confrontación y la polémica, y también las precisiones respecto a las reformas, insistiendo, sobre todo, en aspectos positivos: la necesidad de la paz, el trabajo, la modernización. Yo aparecía como el restaurador de la colaboración y la fraternidad entre los peruanos. El de los Vinitsky, en cambio, era una secuencia en la que, en cada *spot*, de manera muy ágil pero también muy cruda, se mostraba los males que queríamos enfrentar —la inflación, el estatismo, la burocracia, el aislamiento internacional, el terrorismo, la discriminación contra los pobres, la educación ineficiente— y sus remedios: disciplina fiscal, reestructuración del Estado, privatización, reforma educativa, movilización campesina. Me gustó mucho el proyecto y lo aprobé, algo que Salmón aceptó, con buen sentido del *fair play*. Y Lucho Llosa dirigió la filmación de los dos primeros *spots* pedagógicos.

Ambos fueron excelentes y las encuestas que hicimos para verificar su impacto en los sectores C y D resultaron alentadoras. El primero mostraba los estragos de la inflación en quienes vivían de un salario y la única manera de ponerle fin —reduciendo drásticamente la emisión de moneda sin respaldo— y, el segundo, los efectos paralizantes que el intervencionismo tenía en la vida productiva, sofocando a las empresas privadas e impidiendo el surgimiento de nuevas, y cómo con el mercado libre habría incentivos para que se crearan puestos de trabajo.

¿Por qué se interrumpió esta secuencia, luego de mi discurso del CADE, cuando era tan necesario divulgar las reformas? Sólo puedo dar una explicación aproximada de algo que, a todas luces, fue un grave error.

Creo que, en un primer momento, suspendimos la filmación de los nuevos *spots* planeados por Vinitsky por la cercanía de las fiestas de fin de año. Hicimos avisos especiales con motivo de la Navidad y Patricia y yo grabamos por separado unos mensajes de saludo. Luego, en enero del 90, cuando debimos reanudar la campaña de ideas nos vimos enfrentados a la formidable movilización publicitaria de descrédito, en la que se aderezaba la desnaturalización de nuestra propuesta con ataques a mi persona, presentándome como ateo, pornógrafo, incestuoso, cómplice de los asesinos de Uchuraccay, evasor de impuestos y varios horrores más.

Fue una equivocación tratar de contestar a esta campaña con avisos televisivos, en vez de ceñirnos a la divulgación de las reformas. Dejándonos arrastrar a una polémica en la que teníamos todas las de perder, sólo conseguimos que mi imagen se viera empobrecida por la politiquería menuda. Mark Mallow Brown estuvo acertado, pues insistió en que no diésemos importancia a la *guerra sucia*. Yo lo creía también así, pero, a partir de los primeros días de enero, mi trajín y ocupaciones fueron tales que ya no tuve cabeza para enmendar la equivocación. A esas alturas, además, era tarde para hacerlo, pues había comenzado algo que infligió otro grave mazazo al Frente: la caótica y derrochadora campaña televisiva de nuestros candidatos parlamentarios.

Los organismos directivos del Movimiento me habían dado la facultad de decidir el orden de colocación de nuestros candidatos y, también, de designar un pequeño número de diputados y de senadores. Respecto a la colocación, puse a la cabeza de los candidatos a senadores a Miguel Cruchaga, secretario general y peón de Libertad desde el primer instante, y, entre los diputados, a Rafael Rey, que había sido secretario departamental de Lima. Todos aceptaron aquel orden en el que, con pocas excepciones, seguí el porcentaje de votación alcanzado por cada cual en las elecciones internas. El único que reaccionó, dolido, por el cuarto lugar que ocupó —luego de Cruchaga, Lucho Bustamante y Beatriz Merino—, fue Raúl Ferrero, quien, luego de dar yo lectura a las candidaturas, anunció ante la Comisión Política que renunciaba a ser candidato. Pero unos días después reconsideró su decisión.

Entre las personas que invité a ser candidatos nuestros estaban, en diputados, Francisco Belaunde Terry y, en senadores, el empresario Ricardo Vega Llona, quien, desde los días de la campaña contra la estatización, nos apoyaba. Vega Llona representa ese espíritu moderno y liberal en el hombre de empresa que nosotros queríamos ver propagarse entre los empresarios del Perú, harto del mercantilismo, resuelto partidario de la economía de mercado y sin los prejuicios sociales ni las ínfulas aristocratizantes y esnobs de muchos hombres de negocios peruanos. Invité también, como candidatos a senadores, a Jorge Torres Vallejo, separado del APRA por sus críticas a Alan García y que, como ex alcalde de Trujillo, pensábamos, podría atraer votos para el Frente en esa ciudadela aprista, y a un periodista que defendía nuestras ideas desde su columna del diario *Expreso*: Patricio Ricketts Rey de Castro. Y, entre nuestros propios militantes, cedí a los ruegos de mi amigo Mario Roggero, quien quería ser candidato a diputado pese a no haber participado en las elecciones internas. Lo incluí en nuestra lista por el buen trabajo que había hecho como secretario nacional de gremios del Movimiento, organizando distintos sectores de profesionales, técnicos y artesanos, sin imaginar que, apenas elegido, actuaría con deslealtad para con quienes lo habían llevado a esa curul, ayudando primero a Alan García con un viaje al extranjero que le evitó votar en el Congreso cuando se discutía la posibilidad de juzgar a éste por corrupción, y pasando luego a coquetear con el régimen al que su partido y sus colegas hacían oposición.[47]

Pero nos hallamos todavía en las últimas semanas de 1989 y uno de esos días —el 15— tuve un breve paréntesis literario en el incesante ajetreo político: la presentación, en la Alianza Francesa, de una traducción de *Un coeur sous une soutane*, de Rimbaud, que había hecho treinta años atrás y que había permanecido inédita hasta que Guillermo Niño de Guzmán y el entusiasta agregado cultural de Francia, Daniel Lefort, se animaron a editar. Me pareció mentira, por un par de horas, oír hablar y hablar yo mismo de poesía y de literatura, y de un poeta que había sido una de mis lecturas de cabecera cuando joven.

Los últimos días de diciembre salí de nuevo en gira, con motivo de los repartos de regalos y juguetes que habían organizado, en todo el Perú, un comité encabezado por Gladys Urbina y Cecilia Castro, la esposa del secretario general de Libertad en Cajamarca, y los jóvenes de Movilización. Centenares de personas participaron en esta operación que tenía por objeto, además de llevar un pequeño regalo a algunos millares de niños pobres —una gota de agua en el desierto—, poner a prueba nuestra capacidad para movilizaciones de esta índole. Pensábamos en el futuro: sería imperioso, en los días más duros de la lucha contra la inflación, hacer grandes esfuerzos para llevar a todos los rincones del Perú una ayuda en alimentos y medicinas que hiciera menos dura la tremenda prueba. ¿Estábamos en condiciones de organizar acciones civiles de envergadura para casos de urgencia como catástrofes naturales o campañas como la autodefensa, la alfabetización y la higiene popular?

Los resultados, desde este punto de vista, fueron a pe-

47. Su caso no fue el único. De los quince senadores y diputados de Libertad, cuatro desertaron el Movimiento, alegando diferentes pretextos, en el primer año y medio del nuevo gobierno: los senadores Raúl Ferrero y Beatriz Merino y los diputados Luis Delgado Aparicio y Mario Roggero. Pero, a diferencia de los tres primeros, que mantuvieron luego de su alejamiento una actitud discreta y hasta amistosa con Libertad, Roggero se dedicó a atacarlo en comunicados y declaraciones públicas. Respondía así a la generosa decisión de la Comisión Política que, en vez de separarlo del Movimiento Libertad, por su ausencia en aquella votación en el Congreso, se contentó con una suave amonestación. Meses después, renunciaría también el diputado Rafael Rey, luego de ser criticado por los dirigentes libertarios a raíz de sus gestos y declaraciones a favor de la dictadura instalada por Fujimori el 5 de abril de 1992, a la que sirve desde entonces.

dir de boca, por el excelente trabajo que hicieron Patricia, Gladys, Cecilia, Charo y muchas libertarias. Con la excepción de Huancavelica, a todas las otras capitales de departamentos y a gran número de provincias, llegaron los cajones, bolsas y paquetes con los regalos que reunimos gracias a fábricas, casas comerciales y personas particulares. Todo funcionó dentro de los plazos: el almacenamiento, el empaquetamiento, el transporte, la distribución. Los envíos salían por camión, ómnibus, aviones, acompañados por muchachas y muchachos de Movilización, y en cada ciudad los recibía un comité de Libertad que había reunido también donativos y regalos en la propia región. Todo estuvo listo para iniciar los repartos el 21 de diciembre. Los últimos días, pasé un par de veces por Acción Solidaria, en la calle Bolívar, y era un enjambre, una colmena en ebullición, con cuadros y cronogramas en las paredes y camionetas y camiones cargados hasta el tope que llegaban o partían. A Patricia, a quien en esos días casi no vi, pues dedicaba dieciocho horas diarias a aquella operación, le dije, la mañana que partíamos a Ayacucho para iniciar allí el reparto, que si todo hubiera funcionado así en el Frente, tendríamos la victoria en el bolsillo.

Partimos al amanecer del 21, con mi hija Morgana, que estaba de vacaciones, y en Ayacucho nos recibió, con el comité departamental de Libertad, el segundo de mis hijos, Gonzalo, quien, desde hacía algunos años, dedicaba sus vacaciones de invierno y de verano —estaba en la universidad, en Londres— a llevar ayuda al Puericultorio Andrés Vivanco Amorín. Esta institución había surgido como consecuencia de la guerra revolucionaria de Sendero Luminoso, que estalló en 1980, en esta región. A raíz de ello, Ayacucho se llenó de niños abandonados, que mendigaban por las calles y dormían en los bancos o bajo los portales de la plaza de Armas. Un viejo profesor de colegio, pobre de solemnidad pero con un corazón como el sol de su tierra, don Andrés Vivanco, se puso manos a la obra. Tocando puertas, mendigando ante oficinas públicas y privadas, consiguió un local para albergar a muchos de esos niños y darles un bocado de pan. Aquel orfelinato le exigió esfuerzos heroicos y Violeta Correa, la esposa del presidente Belaunde, lo ayudó mucho, en los comienzos. Gracias a ella el Puericultorio obtuvo un terreno, en las afueras de la ciudad. En 1983, yo doné a don Andrés Vivanco los cincuenta mil dólares que recibí del Premio Ritz-Hemingway por mi novela *La guerra del fin del mundo*, y Patricia había conseguido que le prestara apoyo la Asociación Emergencia Ayacucho, que, por iniciativa de Anabella Jourdan, esposa del embajador de Estados Unidos, ella y un grupo de amigas crearon a principios de los ochenta para llevar asistencia a la martirizada tierra ayacuchana.

Desde entonces, Gonzalo, había concebido una pasión por el orfelinato. Hacía colectas entre conocidos y amigos y llevaba, en cada vacación, a las religiosas que habían tomado a su cargo la institución, comida, ropa y chucherías. A Gonzalo, a diferencia de su hermano Álvaro, jamás le interesó la política, y cuando yo comencé la campaña electoral, él siguió yendo a Ayacucho varias veces al año a llevar víveres al Puericultorio como si tal cosa.

El reparto ayacuchano se hizo con un orden que no nos permitió presagiar siquiera lo que ocurriría en otras ciudades, y luego, fui a poner unas flores en la tumba de don Andrés Vivanco, a visitar el comedor popular de San Francisco, la Universidad de Huamanga y recorrer el Mercado Central. Almorzamos con los dirigentes del Movimiento Libertad, en un pequeño restaurante a la espalda del hotel de Turistas, y ésa fue la última vez que vi a Julián Huamaní Yauli, asesinado poco después.

De Ayacucho volamos a la selva, a Puerto Maldonado, donde, luego del reparto navideño, había programada una manifestación callejera. Las instrucciones a los comités de Libertad habían sido clarísimas: el reparto era una fiesta *interna* del Movimiento, con el objeto de llevar un pequeño presente a los hijos de los militantes, no abierto a todo el mundo, pues no teníamos regalos para los millones de niños pobres del Perú. Pero en Puerto Maldonado la noticia del reparto había corrido por toda la ciudad y en el local de los bomberos, elegidos para el acto, cuando yo llegué había colas de millares de niños y de madres con criaturas en los brazos y en los hombros, forcejeando desesperadas por ganar un puesto, pues presentían lo que, en efecto, pasó: que los regalos se acabaron antes que las colas.

El espectáculo partía el alma. Niños y madres estaban

allí, abrasándose bajo el sol ardiente de la Amazonía, desde muy temprano en la mañana. Cuatro, cinco, seis horas, para recibir —los que alcanzaron— un balde de plástico, un muñequito de madera, un chocolate o una bolsa de caramelos. Me sentí descompuesto, aquella tarde, entre los muchachos y las mujeres de Libertad que trataban de explicar a esa inmensa masa de criaturas y de madres descalzas y en andrajos que se habían acabado los juguetes, que tendrían que marcharse con las manos vacías. La imagen de aquellas caras contritas o enfurecidas no me abandonó un segundo, mientras hablaba en el mitin, visitaba los locales de Libertad, y mientras discutía en la noche con nuestros dirigentes, en el hotel de Turistas, con el telón de fondo de los rumores de la selva, la estrategia electoral en Madre de Dios.

A la mañana siguiente volamos al Cusco, donde el comité departamental de Libertad, que presidía Gustavo Manrique Villalobos, había organizado el reparto de manera más sensata, en los propios locales del Movimiento, y para las familias de los inscritos y simpatizantes. Éste era un comité de gentes jóvenes y nuevas en política, en el que yo tenía mucha fe. Pues, a diferencia de otros, parecía haber, entre las mujeres y hombres que lo formaban, entendimiento y amistad. Aquella mañana descubrí que estaba equivocado. Al partir, dos dirigentes cusqueños me entregaron, por separado, cartas que fui leyendo en el avión que me llevaba a Andahuaylas. Ambas contenían sulfúricas acusaciones recíprocas, con los cargos consabidos —deslealtad, oportunismo, nepotismo, intrigas—, de modo que no me sorprendió que, con motivo de las candidaturas parlamentarias, nuestro comité cusqueño experimentara también división y deserciones.

En Andahuaylas, luego de la manifestación en la plaza de Armas, nos llevaron a Patricia y a mí al lugar donde debía efectuarse el reparto navideño. Se me cayó el alma a los pies al ver que, como en Puerto Maldonado, aquí también todos los niños y las madres de la ciudad parecían congregados en las colas que enroscaban una manzana. Pregunté a los amigos andahuaylinos de Libertad si no habían sido demasiado optimistas convocando a la ciudad entera a recibir unos regalos que no alcanzarían ni para la décima parte de los presentes. Pero ellos, dando brincos de entusiasmo por el mitin, que llenó la plaza, se rieron de mis aprensiones. Luego de iniciar el reparto, Patricia y yo partimos, y, al salir del lugar, vimos que niños y madres se abalanzaban, en medio de un indescriptible desorden, al asalto de los regalos, deshaciendo las barreras de los jóvenes de Movilización. Las señoras y muchachas del reparto veían avanzar hacia ellos una muchedumbre de manos ansiosas. No creo que esa Navidad nos ganara un solo votante en Andahuaylas.

Para tener unos días de completo reposo, antes de la última etapa, Patricia y yo fuimos, con mis cuñados y dos parejas de amigos, a pasar los cuatro días últimos de 1989 a una islita del Caribe. Poco después, ya de regreso en Lima, me encontré con un severo editorial de la revista *Caretas*,[48] criticándome por haber ido a pasar el fin de año a Miami, pues mi viaje se interpretaría como una adhesión a la intervención militar de Estados Unidos en Panamá para derrocar a Noriega. (Aquella intervención, el Movimiento Libertad la había reprobado, con un comunicado que yo redacté y que Álvaro leyó a toda la prensa. Nuestro inequívoco rechazo a la intervención militar incluía una severa condena de la dictadura del general Noriega, a la que yo había criticado desde mucho antes, y, muy precisamente, en la época en que el presidente García invitó a Lima y condecoró al dictador panameño. Nuestra solidaridad con la oposición democrática a Noriega, por lo demás, se había hecho pública, meses antes, el 8 de agosto de 1989, en un acto en el Movimiento Libertad al que invitamos a Ricardo Arias Calderón y Guillermo Fort, los dos vicepresidentes elegidos con Guillermo Endara en las elecciones que Noriega desconoció, actuación en la que hablamos Enrique Ghersi y yo. De otro lado, en aquella brevísima vacación, yo no estuve en Miami ni pisé territorio estadounidense.) El pequeño editorial combinaba la inexactitud y la malevolencia de una manera que me sorprendió, tratándose de esa revista. Durante muchos años yo había sido colaborador de *Caretas* y tenía a su dueño y director, Enrique Zileri, por amigo. Cuando la revista fue acosada y él perseguido por la dictadura militar hice esfuerzos denodados para denunciar el hecho dentro y fuera

48. *Caretas*, Lima, 10 de enero de 1990.

del país, llegando incluso a pedir una audiencia al propio general Velasco, pese al desagrado que el personaje me inspiraba, para abogar por su causa, que era la más legítima del mundo: la libertad de prensa. Cuando *Caretas* se fue acercando a Alan García, porque esa aproximación traía beneficios a la revista en forma de avisos estatales o porque, se decía, Zileri había sido seducido por la verba y los halagos de aquél, seguí figurando entre sus colaboradores. Luego, en mayo de 1989, accedí a hablar, en Berlín, en el congreso de un instituto internacional de prensa, que Zileri presidía, a insistencia de éste. Ya para entonces *Caretas* había dado muestras de antipatía hacia mi acción política y hacia Libertad, pero sin recurrir a métodos incompatibles con la tradición de la revista.

Por eso me había resignado, con cierta pena, lo confieso, porque durante muchos años la revista había sido mi tribuna en el Perú, a no contar con apoyo alguno de *Caretas* en los meses futuros sino más bien a una hostilidad que la cercanía de las elecciones endurecería. Pero nunca imaginé que la revista —una de las pocas, en el país, de cierto nivel intelectual— se convertiría en uno de los instrumentos más dóciles de Alan García en la manipulación de la opinión pública contra el Frente Democrático, contra el Movimiento Libertad y mi persona. Aquel editorial fue como el quitarse la careta de la *Caretas* que conocíamos; desde entonces y hasta el fin de la primera vuelta —en la segunda, cambió de actitud— su información fue tendenciosa, destinada a agravar las disensiones dentro del Frente, a dar visos de respetabilidad a muchos infundios contra mí tramados por el APRA o a hacerlos públicos con el recurso fariseo de hacerse eco de ellos para desmentirlos, a la vez que devaluaba o ignoraba toda información que podía beneficiarnos.

En su caso se guardaban ciertas formas, y no se recurría a las abyecciones de *La República* o *Página Libre*; *Caretas* se especializó en sembrar la confusión y el desánimo respecto a mi candidatura en esa clase media de donde salen los lectores de la revista, a los que suponía, con razón, inclinados a favorecerla y a quienes había que trabajar con más elegancia que a los consumidores de bazofia periodística.

Pese a que mis asesores me desaconsejaron de hacerlo,

luego de aquel editorial hice sacar mi nombre del semanario que, en los tiempos de sus fundadores —Doris Gibson y Francisco Igartúa—, ciertamente no hubiera desempeñado el rol que jugó en esa campaña electoral. Mi carta de renuncia a Zileri, del 10 de enero de 1990,[49] tenía una frase: «Te ruego sacar mi nombre de la lista de colaboradores de la revista, pues ya no lo soy.»

49. *Caretas*, Lima, 15 de enero de 1990.

XVII

EL PÁJARO-MITRA

Desde mi matrimonio, con las clases universitarias y los trabajos alimenticios no me había quedado mucho tiempo para la política, aunque, de tanto en tanto, asistía a reuniones de la Democracia Cristiana y colaboraba en los esporádicos números de *Democracia*. (Luego del tercer año, abandoné la Alianza Francesa, pero para entonces leía francés con desenvoltura; además, en la doctoral de Literatura de San Marcos elegí el francés como lengua extranjera.) Pero la política volvería a entrar en mi vida en el verano de 1956 de la manera más inesperada: como trabajo rentado.

El proceso electoral que puso fin a la dictadura de Odría estaba en marcha y tres candidatos se perfilaban como contendores para la presidencia: el doctor Hernando de Lavalle, hombre de fortuna, aristócrata y abogado prestigioso de Lima; el ex presidente Manuel Prado, recién llegado de París, donde había vivido desde que dejó la presidencia en 1945, y la que parecía candidatura chica, por la falta de recursos y la improvisación juvenil que la acompañaba: la del arquitecto y profesor universitario Fernando Belaunde Terry.

El proceso electoral se llevaba a cabo de manera muy discutible, en términos legales, bajo la inconstitucional Ley de Seguridad Interior, aprobada por el Congreso fruto de la dictadura, que ponía fuera de la ley —y les impedía presentar candidatos— al APRA y al Partido Comunista. Los votos de este último eran escasos; los del APRA, partido de masas y con una disciplinada organización que había mantenido en la clandestinidad, decisivos. Lavalle, Prado y Belaunde buscaron desde el principio, en negociaciones secretas y a veces no tan secretas, un acuerdo con los apristas.

El APRA descartó de entrada a Belaunde Terry, con certero instinto de que, en él, Haya de la Torre no tendría un instrumento sino, a corto plazo, un competidor. (Tan serio que ganaría a los apristas las elecciones de 1963 y de 1980). Y el apoyo a Manuel Prado, quien durante su gestión presidencial de 1939 a 1945 había tenido al APRA fuera de la ley y encarcelado, exiliado y perseguido a muchos apristas, se presumía imposible.

Hernando de Lavalle parecía, pues, el favorecido. El APRA exigía la legalidad y Lavalle se comprometió a dictar un estatuto de partidos políticos que permitiría al APRA reintegrarse a la vida cívica. Para negociar estos acuerdos habían retornado del exilio varios dirigentes apristas, entre ellos Ramiro Prialé, gran arquitecto de lo que sería el régimen de la convivencia (1956-1961).

Porras Barrenechea colaboró en este acercamiento entre Hernando de Lavalle y el APRA. Aunque nunca había sido aprista, ni apristón —estatuto que describía a buen número de peruanos de media y aun alta burguesía—, Porras, que, como compañero de generación de Haya de la Torre y Luis Alberto Sánchez, mantenía con éstos una amistad por lo menos aparente, aceptó ser candidato a una senaduría en la lista de amigos del APRA, encabezada por el poeta José Gálvez, que este partido apoyó en las elecciones de 1956.

Muy amigo de Lavalle, de quien era también compañero de universidad, Porras había propiciado la gran alianza o coalición civil en que aquél quería cimentar su candidatura. Entre estas fuerzas figuraban la vieja y casi extinta Unión Revolucionaria de Luis A. Flórez y la Democracia Cristiana, con quien había conversaciones avanzadas.

Una tarde, Porras Barrenechea nos llamó a Pablo Macera y a mí y nos ofreció trabajar con el doctor Lavalle, quien andaba buscando dos «intelectuales» que le escribieran discursos e informes políticos. El sueldo era bastante bueno y no había horario fijo. Porras nos llevó esa noche a casa de Lavalle —una elegante residencia, rodeada de jardines y de altos árboles, en la avenida 28 de Julio, en Miraflores— a que conociéramos al candidato. Hernando de Lavalle era un hombre amable y elegante, de gran discreción, casi tímido, que nos recibió a Pablo y a mí con mucha cortesía y nos explicó que un grupo de intelectuales, encabezados por un joven y destacado profesor de filosofía, Carlos Cueto Fernandini, preparaba su programa de gobierno, en el que se daría mucho énfasis a las actividades culturales. Pero Pablo y yo trabajaríamos aparte, exclusivamente con el candidato.

Aunque no voté por él en las elecciones del 56, sino por Fernando Belaunde Terry —explicaré luego por qué—, en aquellas semanas en que trabajé a su lado llegué a tener respeto y aprecio por Hernando de Lavalle. Desde que era joven se había dicho que sería algún día presidente del Perú. Descendiente de una antigua familia, el doctor Lavalle había sido un brillante estudiante universitario y era entonces un abogado de mucho éxito. Sólo ahora, ya en la sesentena, se había decidido —lo habían decidido, más bien— a entrar en política, una actividad para la que, como se vio en aquel proceso, no tenía condiciones.

Él se creyó siempre aquello que nos dijo a Pablo Macera y a mí la noche que lo conocimos: que su candidatura tenía por objeto restablecer la vida democrática y las instituciones civiles en el Perú luego de ocho años de régimen militar, y que para ello hacía falta una gran coalición de peruanos de todas las tendencias y un escrupuloso respeto a la legalidad.

«El insensato de Lavalle quería ganar las elecciones *limpiamente*», le oí burlarse un día a un amigo de Porras Barrenechea, en uno de los chocolates nocturnos del historiador. «Las elecciones del 56 estaban amarradas para que él las ganara; pero este soberbio pretencioso quería ganar *limpiamente*. ¡Y por eso perdió!» Algo de eso ocurrió, en efecto. Pero el doctor Lavalle no quiso ganar limpiamente aquellas elecciones por soberbio y pretencioso, sino porque era una persona decente, y tan ingenuo como para creer que podía vencer con todas las de la ley unos comicios a los que la existencia de la dictadura desnaturalizaba de entrada.

A Pablo y a mí nos instalaron en una oficina fantasmal —nunca había nadie en ella fuera de nosotros— en un segundo piso de La Colmena, en pleno centro de Lima. Allí caía de improviso el doctor Lavalle para pedirnos borradores de discursos o proclamas. En la primera reunión,

Macera, en un rapto típico, encaró a Lavalle con este desplante:

—A las masas se las conquista con el desprecio o el halago. ¿Qué método debemos emplear?

Vi palidecer detrás de sus anteojos la cara de tortuga triste del doctor Lavalle. Y lo escuché durante un buen rato, confundido, explicar a Macera que había otra forma, fuera de esas extremas, de ganarse a la opinión pública. Él prefería una más moderada y acorde con su temperamento. Los exabruptos y extravagancias de Macera asustaban a Lavalle —en cuyos discursos quería hacerlo citar a veces a Freud o a Georg Simmel o a quien estuviera entonces leyendo—, pero también lo fascinaban. Escuchaba embobado sus delirantes teorías —Pablo elucubraba muchas al día, contradictorias entre sí y las olvidaba al instante— y un día me confesó: «¡Qué inteligente muchacho, pero qué *impredecible*!»

En la Democracia Cristiana se abrió un debate interno sobre la conducta del partido en las elecciones del 56. El ala bustamantista, la más conservadora, proponía el apoyo a Lavalle, en tanto que en muchos otros, sobre todo en los jóvenes, había simpatías por Belaunde Terry. Cuando el asunto se discutió en el comité departamental informé que estaba trabajando con el doctor Lavalle, pero que si el partido acordaba apoyar a Belaunde acataría la decisión y renunciaría. En un primer momento, la idea del apoyo a Lavalle prevaleció.

A punto de cerrarse las inscripciones para la elección presidencial, corrió por Lima el rumor de que el Jurado Nacional de Elecciones rechazaría la inscripción de Belaunde con el pretexto de que no tenía el número de firmas requerido. Belaunde convocó de inmediato a una manifestación el 1.º de junio de 1956 a la que —en un gesto que, en cierto modo, transformaría su pequeña y entusiasta candidatura en un gran movimiento, del que nació Acción Popular— Belaunde quiso llevar hasta las puertas de Palacio de Gobierno. En el jirón de la Unión él y los pocos millares de personas que lo seguían (uno de ellos, Javier Silva, infaltable en todas las manifestaciones) fueron atajados por la policía con mangueras y gases lacrimógenos. Belaunde se enfrentó a la carga policial con la bandera peruana en alto, en gesto que lo haría famoso.

Esa misma noche, con elegante discreción, el doctor Hernando de Lavalle hizo saber al general Odría que si el Jurado Nacional de Elecciones no inscribía a Belaunde, él renunciaría a su candidatura y denunciaría el proceso electoral. «Este bobo no merece ser presidente del Perú», dicen que suspiró Odría al recibir el mensaje. El dictador y sus asesores pensaban que Lavalle, con su idea de una gran coalición, en la que el propio partido odriísta —llamado entonces Partido Restaurador— podía tener cabida, era quien podía mejor guardarles las espaldas, si el futuro Parlamento se empeñaba en investigar los delitos cometidos durante el ochenio. Aquel gesto les mostró que el tímido aristócrata conservador no era la persona adecuada para aquella misión. La suerte de Hernando de Lavalle quedó sellada.

Odría ordenó al Jurado Nacional de Elecciones que admitiera la inscripción de Belaunde, quien, en un gran mitin en la plaza San Martín, agradeció al «pueblo de Lima» la inscripción. Gracias al incidente famoso de la bandera y el manguerazo, empezó a parecer que su candidatura podía competir a la par con las de Prado y de Lavalle, que, por la costosa publicidad y la infraestructura con que contaban, parecían las de mayores posibilidades.

Manuel Prado, entre tanto, negociaba en la sombra el apoyo del APRA, a la que ofreció la inmediata legalización, sin pasar por el trámite del estatuto de partidos políticos que proponía Lavalle. Si esto fue lo decisivo, o hubo además otras promesas o dádivas por parte de Prado, como se ha dicho, nunca se comprobó. El hecho es que el acuerdo se hizo, pocos días antes de las elecciones. La directiva del partido aprista a sus militantes de que, en vez de votar por Lavalle votaran por el ex presidente que los había tenido fuera de la ley, encarcelado y perseguido, fue obedecida, en otra muestra de la férrea disciplina del APRA, y los votos apristas dieron a Manuel Prado la victoria.

Acabó de hundir a Lavalle el aceptar públicamente el apoyo del Partido Restaurador, y decir, en el acto en el que éste, a través de David Aguilar Cornejo, le dio su respaldo, que «continuaría la patriótica obra del general Odría». De inmediato, el Partido Demócrata Cristiano le retiró su apoyo y dejó a sus miembros en libertad de voto. Y muchos independientes que habrían votado por él, ganados por la imagen de hombre capaz y decente que tenía, se sintieron ahuyentados por una declaración que implicaba la convalidación de la dictadura. Como la mayoría de democristianos, yo voté por Belaunde, quien obtuvo una importante votación, y la popularidad necesaria para fundar, meses después, Acción Popular.

Al perder el trabajo con el doctor Lavalle mis ingresos sufrieron una merma, pero por poco tiempo, pues, casi de inmediato, encontré otros dos, uno real y otro teórico. El real era el de la revista *Extra*, cuyo propietario, don Jorge Checa, el ex prefecto de Piura, me conocía desde niño. Me llevó allí cuando la revista andaba ya al borde de la quiebra. Cada fin de mes, los redactores vivíamos momentos de angustia porque sólo cobraban los primeros en llegar a la administración; los otros, recibían vales a futuro. Yo escribía allí cada semana críticas de cine y artículos de tema cultural. Algunas veces me quedé también sin cobrar. Pero no me llevé las máquinas de escribir y hasta los muebles de *Extra*, como hicieron varios de mis colegas, por la simpatía que me inspiraba Jorge Checa. No sé cuánto dinero perdió el pródigo don Jorge en esta aventura editorial; pero lo perdió con una desenvoltura de gran señor y de mecenas, sin quejarse ni desprenderse de la caterva de periodistas a los que mantenía y varios de los cuales lo pillaban de la manera más cínica. Él parecía darse cuenta de todo eso pero no le importaba, mientras se divirtiera. Y lo cierto es que se divertía. Solía llevar a los periodistas de *Extra* donde su amante, una guapa señora a la que había puesto una casa por Jesús María, donde organizaba almuerzos que terminaban en orgías. La primera escena seria, por celos, que me hizo Julia, al año y medio de casados, fue después de uno de esos almuerzos, ya en las últimas semanas de existencia de *Extra*, en que yo regresé a la casa en estado poco aparente y con manchas de rouge en el pañuelo. La pelea que tuvimos fue feroz y no me quedaron muchos ánimos de volver a los agitados almuerzos de don Jorge. No hubo mucha ocasión, por lo demás, porque algunas semanas más tarde el director de la revista, el inteligente y fino Pedro Álvarez del Villar, escapó del Perú con la amante de don Jorge, y los redactores impagos del semanario se llevaron los últimos restos del mobiliario y de las máquinas, de modo que *Extra* murió de consunción. (Siempre recordaré a don Jorge Checa, cuando era prefecto de Piura y yo alumno del quinto año del San Miguel, ordenándome, una noche, en el Club Grau: «Marito, tú que eres medio intelectual, súbete al escenario y preséntate al público a Los Churumbeles de España.» El concepto que don Jorge se hacía de un intelectual convenía, sin duda, a los intelectuales que le tocó conocer y contratar.)

Porras Barrenechea fue elegido senador por Lima en la lista de amigos del APRA, y, en la primera elección de la Cámara, primer vicepresidente del Senado. Como tal tenía derecho a dos ayudantes rentados, cargos para los que nos nombró a Carlos Araníbar y a mí. El cargo era teórico, porque, como ayudantes de Porras, seguíamos trabajando con él en su casa, en la investigación histórica, y sólo pasábamos por el Congreso los fines de mes, a cobrar el modesto salario. A los seis meses, Porras nos advirtió a Carlos Araníbar y a mí que nuestros cargos habían sido suprimidos. Ese medio año fue mi primera y última experiencia de funcionario público.

Para entonces, Julia y yo nos habíamos mudado de la minúscula casita de la quinta de Porta a un departamento más amplio, de dos dormitorios —uno de los cuales convertí en escritorio— en Las Acacias, a pocas cuadras de los tíos Lucho y Olga. Estaba en un edificio moderno, muy cerca del malecón y del mar de Miraflores, aunque sólo tenía una ventana a la calle y por eso debíamos estar todo el día con luz eléctrica.

Vivimos más de dos años allí y creo que, a pesar de mi agobiante ritmo, fue una temporada con muchas compensaciones, la mejor de las cuales resultó, sin la menor duda, la amistad de Luis Loayza y Abelardo Oquendo. Constituimos un triunvirato irrompible. Pasábamos juntos los fines de semana, en mi casa, o en casa de Abelardo y de Pupi, en la avenida Angamos, o salíamos a comer a un chifa, salidas a las que se unían, a veces, otros amigos, como Sebastián Salazar Bondy, José Miguel Oviedo —quien empezaba a hacer sus primeras armas de crítico literario—, un amigo español de Loayza —José Manuel Muñoz—, Pablo Macera, el actor Tachi Hilbeck, o Baldomero Cáceres, el futuro psicólogo, entonces más preocupado de teología que de ciencia y al que por eso Macera apodó Cristo Cáceres.

Pero Abelardo, Lucho y yo nos veíamos también durante la semana. Buscábamos cualquier pretexto para reunirnos en el centro de Lima a tomar un café y charlar, entre clases y trabajos, aunque fuera unos minutos, porque esos encuentros, en que comentábamos algún libro, nos comunicábamos chismes políticos, literarios o universitarios, nos estimulaban y desagraviaban de las muchas cosas aburridas y mecánicas del día.

Tanto Lucho como Abelardo habían abandonado los estudios literarios en la universidad para dedicarse sólo a la abogacía. Abelardo se acababa de recibir y ejercía la profesión, en el estudio de su suegro. Lucho estaba ya en los últimos cursos de Derecho y practicando en el estudio de un jerarca del pradismo: Carlos Ledgard. Pero bastaba conocerlos para saber que lo que realmente les importaba, y acaso lo único que les importaba, era la literatura y que ella se les volvería a meter en la vida todas las veces que trataran de alejarla. Creo que Abelardo quería entonces alejarla. Él había terminado Letras y había estado un año en España, becado, para hacer una tesis doctoral sobre los paremios en la obra de Ricardo Palma. No sé si fue este árido y disecador género de investigación —muy de moda entonces dentro de la estilística, que ejercía una dictadura esterilizante en los departamentos universitarios de Literatura— lo que lo había fatigado y disgustado con la perspectiva de una carrera académica. O si había dejado Letras por razones prácticas, diciéndose que, recién casado y con la inminencia de una familia, había que pensar en cosas más solventes para ganarse la vida. El hecho es que había abandonado su tesis y la universidad. Pero no la literatura. Leía mucho y hablaba con enorme sensibilidad de textos literarios, sobre todo de poesía, para la que tenía ojo cirujano y gusto exquisito. Escribía a veces comentarios de libros, siempre muy agudos, modelos en su género, pero nunca los firmaba y a ratos yo me preguntaba si Abelardo no había decidido, por su exigente sentido crítico, renunciar a escribir para ser sólo aquello en lo que sí podía alcanzar la perfección que buscaba: un lector. Había estudiado mucho a los clásicos del Siglo de Oro y yo le

tiraba siempre la lengua porque oírlo opinar sobre el **Ro**-
mancero, Quevedo o Góngora me llenaba de envidia

Su suavidad y repugnancia a toda clase de figuración,
su maniático cuidado de las formas —en su manera de
vestir, de hablar, de conducirse con sus amigos— hacían
pensar en un aristócrata del espíritu que, por equivocación de los hados, se encontraba extraviado en el cuerpo
de un muchacho de clase media, en un mundo práctico y
duro en el que sobreviviría a duras penas. Cuando hablábamos de él, a solas, con Loayza, lo llamábamos el Delfín.

Lucho tenía, entonces, además de la de Borges, la pasión de Henry James, que yo no compartía. Era un lector
caníbal de libros ingleses, que compraba o encargaba en
una librería de lenguas extranjeras, de la calle Belén, y
siempre estaba sorprendiéndome con un nuevo título o
autor recién descubierto. Recuerdo su hallazgo, en una
vieja librería del centro, de una magnífica traducción del
bello libro de Marcel Schwob, *Las vidas extraordinarias*,
que lo entusiasmó tanto que compró todos los ejemplares
para distribuirlos entre amigos. A menudo nuestros gus-
tos literarios no coincidían, lo que daba pretexto para estupendas discusiones. Gracias a Lucho descubrí yo libros
apasionantes, como *El cielo protector*, de Paul Bowles y
Otras voces, otros ámbitos, de Truman Capote. Una de
nuestras violentas discusiones literarias terminó de una
manera cómica. El motivo: *Les nourritures terrestres*, de
Gide, que él admiró y yo detesté. Cuando dije que el libro
me parecía verboso, su prosa relamida y palabrera, me repuso que la discusión no podía continuar sin que compareciera Baldomero Cáceres, gidiano fanático. Fuimos a
buscar a Baldomero y Lucho me pidió repetir ante él lo
que pensaba de *Les nourritures terrestres*. Lo repetí. Baldomero se echó a reír. Rió mucho rato, a carcajadas, dobla-
do en dos, cogiéndose el vientre, como si le hicieran cosquillas, como si le hubieran contado el chiste más gracioso del mundo. Esa argumentación me enmudeció.

Naturalmente, soñábamos con sacar una revista literaria que fuera nuestra tribuna y el signo visible de nuestra
amistad. Un buen día, Lucho nos anunció que él financia-
ría el primer número, con su sueldo del estudio Ledgard.
Así nació *Literatura*, de la que apenas saldrían tres números (y el último, cuando Lucho y yo ya estábamos en Eu-

ropa). El primer número incluía un homenaje a César Moro, cuya poesía yo había descubierto hacía poco y cuyo caso de exiliado interior me intrigaba y seducía tanto como sus escritos. Al regresar de Francia y de México, países en los que vivió muchos años, Moro había llevado en el Perú una vida secreta, marginal, sin mezclarse con escritores, sin publicar casi, escribiendo, sobre todo en francés, textos que leía un pequeño círculo de amigos. André Coyné nos dio unos poemas inéditos de Moro para ese número, en el que también colaboraron Sebastián Salazar Bondy, José Durand y un joven poeta peruano de quien Lucho había descubierto en un número perdido de *Mercurio Peruano* unos poemas muy hermosos: Carlos Germán Belli. El número incluía un manifiesto contra la pena de muerte, firmado por nosotros tres, con motivo del fusilamiento en Lima de un delincuente (el «monstruo de Armendáriz») que había servido de pretexto para una repugnante feria: la gente se amaneció en el paseo de la República para escuchar, al amanecer, la descarga de la ejecución. De Loayza, había en el número su bello retrato del Inca Garcilaso de la Vega. La publicación de la pequeña revista, de apenas un puñado de páginas, fue para mí una aventura apasionante porque esos trajines, como las conversaciones con Lucho y Abelardo, me hacían sentir un escritor, ilusión que tenía poco que ver con la realidad de mi tiempo, absorbido por los quehaceres alimenticios.

Creo que fui yo, con esa novelería que no me abandonaba —no me abandona todavía—, el que los embarqué, en el verano de 1957, en las sesiones espiritistas. Las solíamos hacer en mi casa. Había venido de Bolivia una prima de Julia y de Olguita, llamada también Olga, que era médium. Frecuentaba el otro mundo con mucha gracia. En las sesiones hacía tan bien su papel que era imposible no creerse que los espíritus hablaban por su boca; o, mejor dicho, por su mano, pues le dictaban los mensajes. El problema era que todos los espíritus que acataban su llamado tenían las mismas faltas de ortografía. Pese a ello, se creaban momentos de efervescente tensión nerviosa y luego yo me quedaba toda la noche desvelado, dando saltos en la cama por culpa de ese comercio con el más allá.

En una de esas sesiones espiritistas, Pablo Macera dio un puñete en la mesa: «Silencio, que es mi abuela.» Estaba lívido y, no había duda, se lo creía. «Pregúntale si la maté yo del colerón ese que le di», balbuceó. El espíritu de la abuela se negó a absolver la duda y él nos guardó rencor por un buen tiempo, pues decía que nuestra chacota lo había privado de librarse de una incertidumbre angustiosa.

En la biblioteca del Club Nacional encontré también algunos libros de satanismo, pero mis amigos se negaron de manera terminante a que convocáramos al diablo siguiendo las inmundas recetas de aquellos manuales. Sólo aceptaron que fuéramos algunas veces, a medianoche, al romántico cementerio de Surco, donde Baldomero, de pronto, en estado de lírica exaltación, empezaba un ballet a la luz de la luna, brincando entre las tumbas.

Las reuniones, en mi casa de Las Acacias, se prolongaban los sábados hasta el amanecer y solían ser muy divertidas. Jugábamos a veces a un juego terrible y semihistérico: el de la risa. El que perdía, debía hacer reír a los demás mediante payasadas. Yo tenía un recurso muy efectivo: imitando la marcha del pato revolvía los ojos y graznaba: «¡He aquí el pájaro-mitra, el pájaro-mitra, el pájaro-mitra!» Los vanidosos, como Loayza y Macera, sufrían lo indecible cuando tenían que hacer de bufones y la única gracia que se le ocurría a este último era fruncir la boca como un bebe y gruñir: Brrrr, Brrrr. Juego mucho más peligroso era el de la verdad. En una de esas sesiones de exhibicionismo colectivo escuchamos, de pronto, al tímido Carlos Germán Belli —mi admiración por sus poemas me llevó a buscarlo al modestísimo puesto de amanuense que tenía en el Congreso— una confesión que nos sobrecogió: «Me he acostado con las mujeres más feas de Lima.» Carlos Germán era un surrealista de moral inflexible, a la manera de César Moro, embutido en el esqueleto de un educado e incospicuo muchacho, y un día había decidido romper su inhibición con las mujeres, apostándose a la salida de su trabajo, en una esquina del jirón de la Unión, y piropeando a las transeúntes. Pero su timidez lo enmudecía frente a las guapas, sólo ante las feas se le soltaba la lengua...

Otro frecuentador de aquellas reuniones era Fernando Hilbeck, compañero de Lucho en Derecho y actor. Loayza contaba que un día, en el último año de la carrera, por primera vez en siete años, Tachi se interesó por una clase: «¿Cómo, profesor, hay *varios* códigos? ¿No están todas las leyes en un solo libro?» El profesor lo llamó aparte: «Dile a tu padre que te deje ser actor y que no te haga perder más tiempo con el Derecho.» El padre de Tachi se resignó, apenado de que su hijo no fuese la estrella de los tribunales con que él soñaba. Lo envió a Italia y le dio dos años para que se hiciera famoso en el cine. Yo vi a Tachi en Roma, poco antes del fatídico plazo. Sólo había conseguido ser un furtivo centurión romano en una película, pero estaba feliz. Luego se fue a España donde hizo carrera en el cine y en el teatro y finalmente —otro peruano más de los que elegían la invisibilidad— se esfumó. En las sesiones de espiritismo o en el juego de la risa, Tachi Hilbeck era imbatible: su facultad histriónica transformaba la sesión en un espectáculo delirante.

La casualidad trajo a vivir, en el departamento contiguo al nuestro, en Las Acacias, a Raúl y Teresa Deustua, recién llegados de Estados Unidos, donde Raúl había trabajado muchos años como traductor de las Naciones Unidas. De la generación de Sebastián Salazar Bondy, Javier Sologuren y Eduardo Eielson, Raúl era poeta como ellos y autor de una obra de teatro, *Judith*, que permanecía inédita. Hombre fino y de lecturas, sobre todo inglesas y franceses, era una de esas figuras elusivas de la cultura peruana, que luego de una breve aparición, se desvanecen y afantasman, porque parten al extranjero y rompen todas las amarras con el Perú, o porque, como César Moro, optan por el exilio interior, alejándose de todos y de todo lo que podría recordar su raudo paso por el arte, el pensamiento o la literatura. Siempre me ha fascinado el caso de esos peruanos que, por una especie de lealtad trágica con una vocación difícilmente compatible con el medio, rompen con éste, y aparentemente con lo mejor que tienen —su sensibilidad, su inteligencia, su cultura—, para no incurrir en concesiones o compromisos envilecedores.

Raúl había dejado de publicar (había publicado muy poco, en realidad) pero no de escribir, y su conversación era literaria a más no poder. Nos hicimos amigos, y a él le dio mucho gusto ver que ese grupo de jóvenes letraheridos conocieran sus escritos y lo buscaran e incorporaran a sus reuniones. Tenía una buena colección de libros y revistas francesas, que nos prestaba con generosidad y gracias a él pude leer yo muchos libros surrealistas y algunos bellos números de *Minotaure*. Había hecho una traducción de *Fusées* y *Mon coeur mis à nu*, de Baudelaire, y pasamos muchas horas con él y con Loayza, revisándola. Creo que nunca llegó a publicarse, como gran parte de los poemas y un Diario de Chosica que solía leernos.

No sé por qué regresó Raúl Deustua al Perú. Tal vez nostalgia del viejo país, y la ilusión de encontrar un buen empleo. Estuvo trabajando en distintas cosas, en Radio Panamericana y en el ministerio de Relaciones Exteriores, donde lo llevó Porras Barrenechea, pero sin encontrar la situación desahogada que ambicionaba. A los pocos meses desistió y partió de nuevo, esta vez a Venezuela. Teresita, que se había hecho amiga de Julia, estaba embarazada y se quedó en Lima a tener el bebe. Era muy simpática y los caprichos del embarazo le daban antojos de esta exquisitez: «Quisiera comer los bordes del *wantán*.» Lucho Loayza y yo salíamos a un chifa, a comprárselos. Cuando el niño nació, los Deustua me hicieron su padrino, de modo que tuve que llevarlo en brazos a la pila bautismal.

Al irse a Caracas, Raúl me preguntó si quería su puesto, en Radio Panamericana. Era por horas, como todos los que yo tenía, y acepté. Me llevó a los altos de la calle Belén, donde funcionaba la radio, y así conocí a los hermanos Genaro y Héctor Delgado Parker. Comenzaban entonces la carrera que los llevaría a las alturas que ya he dicho. El padre, fundador de Radio Central, les había entregado Radio Panamericana, una estación que, a diferencia de Radio Central —popular, especialista en radioteatros y programas cómicos—, iba orientada entonces a un público de élite, con programas de música americana o europea, más refinados y un poquitín esnob. Gracias al empuje y a la ambición de Genaro, esta pequeña radio para oyentes de cierto nivel se convertiría en poco tiempo en una de las más prestigiosas del país y en el punto de partida de lo que sería con los años un verdadero imperio audiovisual (a escala peruana).

¿Cómo me las arreglé, con la cantidad de cosas que ya hacía, para añadir ese trabajo de pomposo título —director de informaciones de Radio Panamericana— a los que ya tenía? No sé cómo, pero así fue. Supongo que algunos de mis antiguos trabajos —el del cementerio, el de *Extra*, el del Senado, el libro de Educación Cívica, para la Católica— habían terminado. Pero el de las tardes, donde Porras Barrenechea, y los artículos para *El Comercio* y *Cultura Peruana* continuaban. Y, también, los cursos de Derecho y de Letras, aunque asistía a pocas clases y me limitaba a dar exámenes. El trabajo en Panamericana me fue absorbiendo muchas horas, de modo que en los meses siguientes dejé algunas de las colaboraciones periodísticas para concentrarme en los programas de la radio, que fueron creciendo mientras yo estuve allí hasta la aparición de *El panamericano*, boletín informativo de la noche.

He aprovechado muchos de mis recuerdos de Radio Panamericana en mi novela *La tía Julia y el escribidor*, donde ellos se entreveran con otras memorias y fantasías y tengo ahora dudas sobre lo que separa a unas y a otras, y es posible que se cuelen, entre las verdades, algunas ficciones, pero supongo que eso también puede llamarse autobiográfico.

Mi oficina estaba en un altillo de madera, en la azotea, que compartía con un personaje escuálido hasta rozar lo invisible —Samuel Pérez Barreto—, que escribía, con fecundidad asombrosa, todos los avisos comerciales de la radio. Me dejaba boquiabierto ver cómo Samuel, tecleando con dos dedos, el cigarrillo en la boca, y hablándome sin parar sobre Hermann Hesse, podía, sin detenerse a reflexionar ni un segundo, producir sartas de jocosas exclamaciones sobre salchichas o paños higiénicos, adivinanzas en torno a jugos de frutas o sastrerías, imperativos sobre automóviles, bebidas, juguetes o loterías. La publicidad era su respiración, algo que hacía sin darse cuenta, con los dedos. Su pasión en la vida era, en esos años, Hermann Hesse. Estaba siempre leyéndolo o releyéndolo y hablando de él con una animación contagiosa, al extremo de que, por Samuel, me zambullí en *El lobo estepario*, donde casi me asfixié. Venía a verlo, a veces, su gran amigo José León Herrera, estudiante de sánscrito, y yo los escuchaba enfrascarse en conversaciones esotéricas, mientras los incansables dedos de Samuel ennegrecían cuartilla tras cuartilla con avisos publicitarios.

Mi trabajo en Panamericana comenzaba muy temprano, pues el primer boletín era a las siete de la mañana.

Luego, los había cada hora, de cinco minutos, hasta el del mediodía que duraba quince. En las tardes, los boletines se reanudaban a las seis, hasta las diez, hora de *El panamericano*, de media hora. Me pasaba el día entrando y saliendo, luego de cada boletín, a la biblioteca del Club Nacional, alguna clase de San Marcos, o donde Porras. Tardes y noches permanecía en la radio unas cuatro horas.

La verdad es que tomé cariño al trabajo de Panamericana. Comenzó siendo un quehacer alimenticio, pero, a medida que Genaro me azuzaba para que hiciéramos innovaciones y mejoráramos los programas y fuimos creciendo en oyentes e influencia, ese trabajo se convirtió en un compromiso, algo que procuraba hacer de manera creativa. Nos hicimos amigos con Genaro, quien, pese a ser el jefe supremo, hablaba a todo el mundo de una manera campechana y se interesaba por el trabajo de cada cual, por pequeño que fuese. Él quería que Panamericana alcanzara un prestigio durable, que fuera más allá del simple entretenimiento, y para eso había auspiciado programas de cine, con Pepe Ludmir, de entrevistas y debates de actualidad, con el de Pablo de Madalengoitia —*Pablo y sus amigos*— y unos excelentes comentarios de política internacional de un republicano español, Benjamín Núñez Bravo: *Día y noche*.

Le propuse un programa sobre el Congreso, en el que retrasmitiríamos parte de las sesiones, con breves comentarios escritos por mí. Aceptó. Porras nos consiguió los permisos para grabar las sesiones, y así nació *El Parlamento en síntesis*, programa que tuvo cierto éxito, pero que no duró. Grabar las sesiones significaba que quedaban en las cintas, a menudo, no sólo los discursos de los padres de la patria, sino comentarios, exclamaciones, insultos, murmuraciones y mil intimidades que, al hacer la edición, yo me cuidaba de suprimir. Pero, una vez, Pascual Lucen hizo pasar en el programa unas palabrotas muy condimentadas del senador pradista por Puno, Torres Belón, en ese momento presidente del Senado. Al día siguiente nos prohibieron grabar las sesiones y el programa feneció.

Para entonces, ya habíamos lanzado *El panamericano*, que haría luego una larga carrera en la radio y, más tarde, en la televisión. Y el servicio informativo a mi cargo se daba el lujo de tener ya tres o cuatro redactores, un editorialista de primera —Luis Rey de Castro— y al locutor estrella de la radio, Humberto Martínez Morosini.

Cuando empecé a trabajar en Panamericana mi único colaborador era el diligente y leal pero peligrosísimo Pascual Lucen. Era capaz de aparecer impregnado en alcohol a las siete de la mañana y sentarse a su máquina a dar la vuelta a las noticias de los periódicos que yo le había señalado, sin mover un músculo de la cara, lanzando ráfagas de hipos y eructos que estremecían los vidrios. A los pocos momentos, toda la atmósfera del altillo se embebía de pestilencia alcohólica. Él seguía, impertérrito, tecleando unas noticias que a menudo yo tenía que rehacer de pies a cabeza, a mano, mientras las bajaba a los locutores. Al menor de mis descuidos, Pascual Lucen me filtraba en el boletín una catástrofe. Pues tenía por las inundaciones, los terremotos, los descarrilamientos, una pasión casi sexual; lo excitaban y le encendían los ojos y me las enseñaba —cable de la France Presse o recorte de periódico— en estado anhelante. Y si yo asentía y le decía, «Bueno, hágase un cuarto de cuartilla», me lo agradecía con toda su alma.

Vino a reforzar a Pascual Lucen, poco después, Demetrio Túpac Yupanqui, cusqueño, profesor de quechua, que había sido seminarista, y que, de su lado, donde yo bajase la guardia, me atestaba los boletines de noticias religiosas. Nunca pude conseguir que el ceremonioso Demetrio —a quien hace poco me di con la sorpresa de ver retratado en una revista española, vestido de inca, en lo alto de Machu Picchu y presentado como descendiente directo del inca Túpac Yupanqui— llamara obispos a los obispos en vez de *purpurados*. El tercer redactor fue un bailarín de ballet y amante de los cascos romanos —como en el Perú era difícil procurárselos se los fabricaba un hojalatero amigo suyo—, con quien teníamos entre boletín y boletín conversaciones literarias.

Vino después a trabajar conmigo Carlos Paz Cafferatta, quien, con el correr de los años, haría una destacada carrera junto a Genaro. Era ya entonces un periodista que no parecía periodista (peruano, al menos) por su frugalidad y su mutismo y una especie de apatía metafísica ante el mundo y el trasmundo. Era un excelente redactor, con un criterio seguro para diferenciar una noticia importante de una secundaria, para destacar y menospreciar lo que correspondía, pero no recuerdo haberlo visto jamás entusiasmarse por nada ni por nadie. Era una especie de monje budista zen, alguien que ha alcanzado el nirvana y está más allá de las emociones y del bien y del mal. Al fogoso e incansable conversador que era Samuel Pérez Barreto, la mudez y la anorexia intelectual de Carlos Paz lo enloquecían y siempre estaba inventando tretas para alegrarlo, excitarlo o encolerizarlo. Nunca lo consiguió.

Radio Panamericana llegó a disputarle a Radio América el título de la mejor radio nacional. La competencia entre ambas era feroz y Genaro dedicaba sus días y sus noches a idear nuevos programas y adelantos para imponerse a su rival. Compró en esa época una serie de repetidoras, que, instaladas en distintos puntos del territorio, pondrían a la radio al alcance de buena parte del país. Obtener el permiso del gobierno para instalar las repetidoras fue toda una proeza, en la que vi a Genaro empezar a desplegar sus primeros talentos mercantilistas. Es cierto que, sin ellos, ni él ni empresario alguno hubiera podido tener el menor éxito en el Perú. El trámite era interminable. Quedaba bloqueado en cada instancia por influencia de los competidores o por burócratas ávidos de coimas. Y Genaro debía buscar influencias contra aquellas influencias y multiplicarse en gestiones y compromisos, a lo largo de meses, para obtener un simple permiso beneficioso para las comunicaciones y la integración del país.

En esos dos últimos años que estuve en el Perú, mientras escribía boletines de noticias para Panamericana, me las arreglé para tener un trabajo más: asistente de la cátedra de Literatura Peruana, en la Universidad de San Marcos. Me llevó allí Augusto Tamayo Vargas, catedrático del curso y que había sido conmigo, desde mi primer año de estudios, muy bondadoso. Era un antiguo amigo de mis tíos (y de muchacho, pretendiente de mi madre, como descubrí un día por otros poemas de amor que ella también escondía en casa de los abuelos) y yo había seguido su curso, ese primer año, con mucha dedicación. Tanto que, a poco de comenzar, Augusto, que preparaba una edición ampliada de su historia de la literatura peruana, me llevó a trabajar con él, algunas tardes por semana. Lo ayudaba con la bibliografía y pasándole a máquina capítulos del manuscrito. Alguna vez le di a leer cuentos míos que me devolvió con comentarios alentadores.

Tamayo Vargas dirigía unos cursos para extranjeros, en San Marcos, y desde que yo estaba en tercer año me había confiado en ellos un cursillo sobre autores peruanos, que dictaba una vez por semana y por el que ganaba algunos soles. En 1957, al entrar al último año de la Facultad de Letras, me preguntó por mis planes para el futuro. Le dije que quería ser escritor, pero que, como era imposible ganarse la vida escribiendo, una vez que terminara la universidad, me dedicaría al periodismo o la enseñanza. Pues, aunque seguía también, en teoría, con los estudios de Derecho —cursaba el tercero de Facultad—, estaba seguro de no ejercer jamás la abogacía. Augusto me aconsejó el trabajo universitario. Enseñar literatura era compatible con escribir, pues dejaba más tiempo libre que otras tareas. Me convenía empezar de una vez. Había propuesto en la Facultad la creación de un puesto de asistente para su cátedra. ¿Podría proponer mi nombre?

De las tres horas de la cátedra de Literatura Peruana, Tamayo Vargas me confió una, que yo preparaba, con nerviosismo y excitación, en la biblioteca del Club Nacional o entre boletín y boletín en mi altillo de Panamericana. Esa horita semanal me obligaba a leer o releer a ciertos autores peruanos y, sobre todo, a resumir en un lenguaje racional y coherente mis reacciones a esas lecturas, haciendo fichas y notas. Me gustaba hacerlo y esperaba con impaciencia la llegada de esa clase a la que, a veces, el propio Tamayo Vargas asistía, para ver cómo me desempeñaba. (Alfredo Bryce Echenique fue uno de mis alumnos.)

Aunque, desde que me casé, mi asistencia a clases había disminuido mucho, siempre había seguido muy unido afectivamente a San Marcos, sobre todo a la Facultad de Letras. Mi desafecto con los cursos de Derecho, en cambio, era total. Seguía en ellos por inercia, para terminar algo que ya había empezado, y con la vaga esperanza de que el título de abogado me sirviera, más tarde, para algún trabajo alimenticio.

Pero varios cursos de la doctoral de Literatura los seguí por el puro placer. Por ejemplo, los de latín, del profesor Fernando Tola, uno de los más interesantes personajes de la Facultad. Había empezado, de joven, enseñando lenguas modernas, como francés, inglés o alemán, que luego abandonó por el griego y el latín. Pero cuando yo fui su alumno ya estaba apasionado por el sánscrito, que se había enseñado a sí mismo, y sobre el que daba un curso cuyo único alumno era, creo, José León Herrera, el amigo de Samuel Pérez Barreto. El incontenible Porras Barrenechea bromeaba: «Dicen que el doctor Tola sabe sánscrito. Pero, ¿a quién le consta?»

Tola, que pertenecía a eso que se llamaba la buena sociedad, había protagonizado un soberbio escándalo por ese tiempo, abandonando a su esposa formal y poniéndose a vivir públicamente con su secretaria. Compartía con ella una pequeña quinta, en la avenida Benavides, de Miraflores, atiborrada de libros, que él me prestaba sin reservas. Era un magnífico profesor y sus clases de latín se prolongaban más allá de la hora reglamentaria. Yo gozaba en ellas y recuerdo haber pasado noches enteras, desvelado y exaltado, traduciendo, para su curso, inscripciones de estelas funerarias romanas. Iba a visitarlo, a veces, en las noches, a su casita de Benavides, donde me quedaba horas oyéndolo hablar de su tema obsesivo y obsesionante, el sánscrito. Los tres años que estudié con él me enseñaron bastantes más cosas que latín; y de los muchos libros sobre civilización romana que el profesor Tola me hizo leer, concebí un día el proyecto de escribir una novela sobre Heliogábalo, proyecto que se quedó, como tantos otros de esos años, en bocetos.

En su Instituto de Lenguas, el doctor Tola publicaba una pequeña colección de textos bilingües, y yo le propuse traducir el relato de Rimbaud, *Un coeur sous une soutane*, que sólo se publicaría treinta años más tarde, en plena campaña electoral. Volví a ver al doctor Tola años después, en París, donde estuvo un tiempo perfeccionando su sánscrito en la Sorbona. Después se fue a la India, donde vivió muchos años y se casó por tercera vez con una nativa, profesora de sánscrito. Supe más tarde que ella lo perseguía por América Latina, donde este hombre peripatético y eternamente joven se instaló en la Argentina (allí se casó por cuarta o acaso décima vez). Era ya entonces una autoridad internacional en textos védicos, autor de múltiples tratados y traducciones del sánscrito y del hindi. Entiendo que desde hace algunos años, descuida la India, pues se interesa por el chino y el japonés...

Otros seminarios que seguí con entusiasmo en la Facultad de Letras fueron los que dictó Luis Alberto Sánchez a su vuelta del exilio, en 1956, sobre literatura peruana e hispanoamericana. Recuerdo este último sobre todo, pues gracias a él descubrí a Rubén Darío, a quien el doctor Sánchez explicaba con tanta vivacidad y versación, que, a la salida de clases, yo volaba a la biblioteca a pedir los libros que había comentado. Como muchos lectores de Darío, tenía yo a éste, antes de aquel seminario, por un poeta palabrero, como otros modernistas, debajo de cuya pirotecnia verbal, de bella música y afrancesadas imágenes, no había nada profundo, sino un pensamiento convencional, prestado de los parnasianos. Pero en ese seminario conocí al Darío esencial y desgarrado, el fundador de la poesía española moderna, sin cuya poderosa revolución verbal hubieran sido inconcebibles figuras tan dispares como Juan Ramón Jiménez y Antonio Machado, en España, y Vallejo y Neruda en Hispanoamérica.

A diferencia de Porras, Sánchez rara vez preparaba una clase. Se fiaba de su potente memoria e improvisaba, pero había leído mucho y amado los libros, y a Darío, por ejemplo, lo conocía en profundidad y era capaz de revelarlo en toda la secreta grandeza que oculta el oropel modernista de buena parte de su obra.

Gracias a ese curso decidí que mi tesis de Literatura fuera sobre Darío, y, desde 1957, comencé, en los ratos libres, a tomar notas y a hacer fichas. Iba a necesitar ese título si quería proseguir esa carrera de profesor universitario para la que, gracias a Augusto Tamayo Vargas, había dado el primer paso. Y, además, no veía la hora de terminar Letras y presentar mi tesis a fin de postular a la beca Javier Prado, para hacer el doctorado en España.

El sueño de esa beca no me abandonaba nunca. Era lo único que me podía permitir el viaje a Europa, ahora que estaba casado. Pues las otras becas literarias, las de Cultura Hispánica, permitían a duras penas sobrevivir a una persona, no a una pareja. La Javier Prado, en cambio, pagaba un pasaje en avión a Madrid, que podía descomponerse en dos terceras en barco, y daba ciento veinte dólares mensuales, lo que, en la España de los cincuenta, era una fortuna.

La idea de ir a Europa había seguido en mi cabeza, en todos esos años, aun en aquellos períodos en que, gracias al amor o a la amistad, vivía intensamente y me sentía contento. Un gusanito me roía siempre la conciencia con la pregunta: ¿No ibas a ser escritor? ¿Cuándo vas a empezar a serlo? Porque, aunque los artículos y los cuentos que me publicaban en el Suplemento Dominical de *El Comercio*, en *Cultura Peruana*, o *Mercurio Peruano*, me daban por un momento la sensación de que ya había comenzado a ser un escritor, pronto abría los ojos. No, no lo era. Esos textos escritos a salto de mata, en los resquicios de un tiempo entregado totalmente a otros trabajos eran los de un simulacro de escritor. Sólo sería un escritor si me dedicaba a escribir mañana, tarde y noche, poniendo en ese empeño toda la energía que ahora dilapidaba en tantas cosas. Y si me sentía rodeado de un ambiente estimulante, un medio donde escribir no pareciera una actividad tan extravagante y marginal, tan poco en consonancia con el país en que vivía. Ese ambiente para mí tenía un nombre. ¿Llegaría algún día a vivir en París? La depresión me calaba los huesos, cuando pensaba que si no obtenía esa beca Javier Prado, que me catapultara a Europa, jamás llegaría a Francia, y, por lo tanto, me frustraría como tantos otros peruanos cuya vocación literaria nunca pasó del rudimento.

Éste era, demás está decirlo, motivo constante de conversación con Lucho y Abelardo. Ellos solían caer por mi altillo de Panamericana después del boletín de las seis y, hasta el siguiente, podíamos pasar un rato juntos, tomando un café en alguno de los viejos locales de la plaza de Armas o de La Colmena. Yo los animaba a que nos marcháramos a Europa. Juntos, enfrentaríamos mejor el problema de la supervivencia; allá escribiríamos los ambicionados volúmenes. El objetivo sería París, pero, si no había más remedio, haríamos un alto en Montecarlo, principado de Mónaco. Este lugar, fraseado con nombre y apellido, se convirtió en santo y seña del trío y, a veces, cuando estábamos con otros amigos, uno de los tres pronunciaba la fórmula emblemática —Montecarlo, principado de Mónaco— que dejaba a los demás desconcertados.

Lucho estaba decidido a partir. Sus prácticas de Derecho lo habían convencido, creo, que aquella profesión le inspiraba el mismo rechazo que a mí, y la idea de pasar un tiempo en Europa lo reconfortaba. Su padre había prometido ayudarlo económicamente, luego de que se graduara. Esto le dio ánimo para empezar a trabajar en su tesis de fin de carrera.

El viaje de Abelardo era más complicado, pues Pupi acababa de tener una niña. Y, con familia, todo se volvía arriesgado y costoso. Pero Abelardo se dejaba contagiar a veces por mi entusiasmo y se ponía también a fantasear: pediría la beca que daba Italia para un postgrado en Derecho. Con ella y algunos ahorros alcanzaría para el viaje. Él también llegaría a la Europa *des anciens parapets* y comparecería a la cita de honor literario, en Montecarlo, principado de Mónaco.

Contribuía a reforzar la amistad, además de los proyectos y fantasías compartidos, algunas peripecias de la guerrilla literaria local. Recuerdo una, sobre todo, porque yo fui el detonante. Escribía, de tanto en tanto, reseñas de libros para el Suplemento Dominical de *El Comercio*. Abelardo me dio a comentar una antología de la poesía hispanoamericana, compilada y traducida al francés por la hispanista Mathilde Pomès. En la reseña, algo feroz, no me contenté con criticar al libro, sino deslicé frases durísimas contra los escritores peruanos en general, los telúricos, indigenistas, regionalistas y costumbristas y, sobre todo, el modernista José Santos Chocano.

Me respondieron varios escritores —entre ellos Alejandro Romualdo, con un artículo en *1957* que se titulaba «No sólo los gigantes hacen la historia»— y el poeta Francisco Bendezú, gran promotor de la huachafería en la literatura y en la vida, que me acusó de haber agraviado el honor nacional por haber dejado maltrecho al eximio bardo Santos Chocano. Yo le contesté un largo artículo y Lucho Loayza intervino con una lapidaria descarga. El propio Augusto Tamayo Vargas escribió un texto, en defensa de la literatura peruana, recordándome que «la adolescencia debía terminar pronto». Entonces me acordé que yo era asistente de la cátedra de aquella literatura a la que acababa de agredir (creo que en mis artículos sólo se salvaban del genocidio los poetas César Vallejo, José María

Eguren y César Moro) y temí que Augusto, ante semejante incongruencia, me quitara el puesto. Pero él era demasiado decente para hacer semejante cosa y pensó, sin duda, que, con el tiempo, tendría más consideración y benevolencia para con los escritores nativos (así ha ocurrido).

Esas pequeñas polémicas y alborotos literarios y artísticos —los había a menudo—, aunque de repercusión muy limitada, dan idea de que, por pequeña que fuese, había en la Lima de entonces cierta vida cultural. Era posible porque el gobierno de Prado trajo una bonanza económica al país y, durante algún tiempo, el Perú se abrió a los intercambios con el mundo. Ello ocurrió, por cierto, sin que se modificara casi la estructura mercantilista y discriminatoria de las instituciones —el peruano pobre siguió embotellado en la pobreza y con pocas oportunidades de escalar posiciones—, pero trajo a las clases media y altas un período de prosperidad. Esto se debió, básicamente, a una de esas iniciativas audaces y sorprendentes de que era capaz ese político criollo, lleno de habilidades y mañas que fue Manuel Prado (lo que en el Perú llaman: ¡un gran pendejo!). El más duro crítico que tenía su gobierno era el dueño de *La Prensa*, Pedro Beltrán, que en su periódico atacaba a diario la política económica del régimen. Un buen día, Prado llamó a Beltrán y le ofreció el ministerio de Hacienda y el premierato, con carta blanca para hacer lo que le pareciera. Beltrán aceptó y durante dos años aplicó la política monetarista y conservadora que había aprendido desde sus años de estudiante en la London School of Economics: austeridad fiscal, presupuestos balanceados, apertura a la competencia internacional, aliento a la empresa y a la inversión privadas. La economía respondió admirablemente al tratamiento: la moneda se fortaleció —nunca volvió a tener en el futuro la solvencia de entonces—, la inversión nacional y extranjera se multiplicó, aumentó el empleo y el país vivió por algunos años en un clima de optimismo y seguridad.

En el campo cultural, los efectos fueron que al Perú llegaban libros de todas partes, y también músicos y compañías de teatro y exposiciones extranjeras —el Instituto de Arte Contemporáneo, creado por un grupo privado y que durante un tiempo dirigió Sebastián Salazar Bondy, trajo a los más destacados artistas del continente, entre ellos

405

Matta y Lam, y a muchos norteamericanos y europeos— y fue posible la publicación de libros y revistas culturales (*Literatura* fue una de ellas, pero hubo varias más, y no sólo en Lima, sino en ciudades como Trujillo y Arequipa). El poeta Manuel Scorza iniciaría en esos años unas ediciones populares de libros que tendrían enorme éxito y le harían ganar una pequeña fortuna. Sus arrestos socialistas habían mermado y había síntomas del peor capitalismo en su conducta: les pagaba a los autores —cuando lo hacía— unos miserables derechos con el argumento de que debían sacrificarse por la cultura, y él andaba en un flamante Buick color incendio y una biografía de Onassis en el bolsillo. Para fastidiarlo, cuando estábamos juntos, yo solía recitarle el menos memorable de sus versos: «Perú, escupo tu nombre en vano.»

Sin embargo, nadie, fuera del pequeño grupo de periodistas que trabajaban con él en *La Prensa*, apreció la labor de Beltrán en la dirección de la política económica. Ni sacó de lo ocurrido en esos años conclusiones favorables a las políticas de mercado y a la empresa privada y la apertura internacional. Todo lo contrario. La imagen de Beltrán siguió siendo ferozmente atacada por la izquierda. Y el socialismo comenzó desde aquellos años a romper la catacumba en la que había vivido confinado y a ganar un espacio en la opinión pública. La filosofía populista, a favor del nacionalismo económico, el crecimiento del Estado y del intervencionismo, que hasta entonces había sido monopolio del APRA y de la pequeña izquierda marxista, se propagó y reprodujo en otras versiones, de mano de Belaunde Terry, que había creado Acción Popular y llevaba en esos años su mensaje de pueblo en pueblo por todo el Perú, de la Democracia Cristiana, donde la tendencia radical de Cornejo Chávez tomaba cada vez más fuerza, y de un grupo de presión —el Movimiento Social Progresista— formado por intelectuales de izquierda, que, aunque huérfano de masas, tendría un impacto importante en la cultura política de la época.

(Luego de dos años y pico en el gobierno de Prado, y, creyendo que el éxito de su política económica le había dado popularidad, Pedro Beltrán renunció al ministerio para intentar una acción política, con miras a las elecciones presidenciales de 1962. Su intento fracasó escandalosamente, a la primera salida a la calle. Una manifestación convocada por Beltrán en el colegio de la Recoleta fue desbaratada por los búfalos apristas y terminó en el ridículo. Ya no volvería Beltrán a tener cargo político alguno, hasta que, con la subida de la dictadura de Velasco, le serían confiscados su diario, su hacienda Montalbán y derribada su vieja casa colonial del centro de Lima, con el pretexto de abrir una calle. Él partió al exilio, donde yo lo conocí, gracias a la periodista Elsa Arana Freire, en Barcelona, en los años setenta. Era entonces un anciano que hablaba con nostalgia patética de aquella vieja casa colonial de Lima arrasada por la mezquindad y estupidez de sus enemigos políticos.)

Y con la misma audacia con la que había nombrado a Beltrán su ministro de Hacienda, el presidente Prado nombró un buen día ministro de Relaciones Exteriores a Porras Barrenechea. Éste, desde que salió elegido senador, había tenido un desempeño parlamentario destacado. Con otros independientes y con los parlamentarios de la Democracia Cristiana y de Acción Popular lideró una campaña para que el Parlamento investigase los delitos políticos y económicos cometidos por la dictadura de Odría. La iniciativa no prosperó porque la mayoría pradista, con sus aliados opositores (casi todos los de la lista en la que había salido Porras) y los propios odriístas bloquearon sus esfuerzos. Esto convirtió a Porras Barrenechea en un senador de la oposición al gobierno de Prado, función que él ejerció con lujo y sin contemplaciones. Por eso, su nombramiento como ministro fue una sorpresa para todo el mundo, incluido el propio Porras, quien nos dio la noticia, una tarde, estupefacto, a mí y a Carlos Araníbar: el presidente le acababa de ofrecer el ministerio, por teléfono, en una conversación de dos minutos.

Aceptó, supongo que por una pizca de vanidad y también como otra compensación por aquel rectorado perdido, herida sangrante en su vida. Con su trabajo ministerial, su libro sobre Pizarro quedó paralizado del todo.

Poco después de esta operación, el presidente Prado realizó otra, espectacular, que agitó la chismografía limeña a punto de incandescencia: consiguió la anulación de su matrimonio religioso con su esposa de más de cuarenta años (y madre de sus hijos) por «vicio de forma» (convenció al Vaticano de que lo habían casado sin su consentimiento). Y, acto seguido —él era un hombre capaz de cualquier cosa, y, además, como todos los frescos de este mundo, encantador— contrajo nupcias, en Palacio de Gobierno, con su amante de muchos años. La noche de aquella boda yo vi con mis ojos, dando vueltas a la plaza de Armas de Lima, frente a Palacio de Gobierno, como en una de las tradiciones virreinales de Ricardo Palma, a un grupo de damas de familias encopetadas de Lima, con elegantes mantillas y rosarios, y un gran cartel que decía: «Viva la indisolubilidad del matrimonio católico.»

XVIII

LA GUERRA SUCIA

El 8 de enero de 1990 se cerró la inscripción de aspirantes al Parlamento Nacional. Y al día siguiente comenzó una publicidad televisiva de nuestros candidatos al Senado y a Diputados que tuvo un efecto demoledor sobre todo lo que yo venía diciendo desde agosto de 1987.

En el Perú existe el voto preferencial. Además de elegir determinada lista para el Senado y para Diputados, el votante puede marcar su preferencia por dos candidatos en cada una de esas listas. Ingresan a la Cámara respectiva un número de senadores y diputados proporcional al porcentaje de la votación obtenida por la lista. El orden en el que ingresan lo determina el voto preferencial.

La razón de este sistema fue permitir a los electores rectificar la decisión de los partidos en el orden de preferencias en las listas. De este modo, se pensaba, se contrarrestarían las imposiciones de las cúpulas, dando al elector la posibilidad de purificar los procesos partidarios de selección de candidatos. En la práctica, sin embargo, el voto preferencial resultó un sistema perverso que traslada la contienda electoral al interior de las listas parlamentarias, pues cada candidato trata de ganar para sí la preferencia sobre sus compañeros.

Para amortiguar los malos efectos de esta práctica, elaboramos una cartilla con recomendaciones, detallando los temas neurálgicos del programa, que se repartió a nuestros candidatos, en el Movimiento Libertad. Allí, Lucho Bustamante, Jorge Salmón, Freddy Cooper y yo les pedimos que no prometieran nada que yo no prometía ni incurrieran en mentiras y contradicciones. Desde el CADE, toda la campaña electoral era un cargamontón de apristas y socialistas contra nuestro programa y no debían dar ocasión a los adversarios de demoler lo que habíamos construido. Era importante, también, evitar el derroche. Jorge Salmón les dio una clase sobre los riesgos de una saturación de las pantallas con *spots* publicitarios.

Fue como si hubieran oído llover. Apenas un puñado —menos de diez, en todo caso— se dieron el trabajo de organizar su campaña ajustando lo que decían en su propaganda con nuestro programa de gobierno. No excluyo de ello a los candidatos del Movimiento Libertad, varios de los cuales compartieron la responsabilidad de los excesos.

Desde el 9 de enero, en que los diarios de Lima aparecieron a página entera con la cara de Alberto Borea Odría, candidato pepecista a una senaduría, hasta fines de marzo —es decir hasta pocos días antes de la elección—, la campaña de nuestros candidatos por el voto preferencial fue creciendo de manera avasalladora y anárquica, hasta alcanzar unos extremos que causaban risa y repugnancia. «Si lo que hacen me asquea a mí de ese modo», le dije muchas veces a Patricia, «¿cuál puede ser la reacción del hombre común frente a semejante espectáculo?».

Todos lo canales de televisión privados vomitaban desde la mañana hasta la noche las caras de nuestros candidatos, en avisos donde el derroche se conjugaba a menudo con el mal gusto, y en los que muchos ofrecían todo lo imaginable y concebible, sin importarles que ello estuviera en flagrante contradicción con los principios más elementales de aquella filosofía liberal que, decía yo, era la nuestra. Unos prometían obras públicas y otros controlar los precios y crear nuevos servicios, pero la mayoría no hacía referencia a idea alguna y se limitaba a promocionar su cara y su número, de manera chillona y machacante. A un aspirante a senador lo ensalzaba un aria de zarzuela cantada por un barítono y un candidato a diputado, para mostrar su amor al pueblo, aparecía entre grandes traseros de mulatas que bailaban ritmos afros; otro, lloraba rodeado de ancianitos cuya suerte compadecía con voz trémula.

La propaganda de los candidatos del Frente fue copando los medios audiovisuales hasta dar, en febrero y comienzos de marzo, la impresión de que sólo ellos existían. Los de las otras listas habían desaparecido, o hacían tan esporádicas apariciones que parecían pigmeos compitiendo con gigantes, o, más precisamente, muertos de hambre enfrentados a millonarios.

Alan García salió a la televisión a explicar que había hecho un cálculo, según el cual varios candidatos a senadores o a diputados del Frente Democrático llevaban gastado ya en *spots* televisivos más dinero del que ganarían a lo largo de los cinco años de gestión, caso de ser elegidos. Estaban, pues, subsidiados por grupos oligárquicos, cuyos intereses irían a defender al Congreso Nacional en contra de los del pueblo peruano. ¿Cómo iban a retribuir esos parlamentarios a sus generosos mecenas?

Aunque el presidente García no parecía la persona más indicada para vocear semejantes escrúpulos, a mucha gente debió quedarle en la cabeza que aquel exceso de publicidad escondía algo turbio. Y a otros votantes, los del montón, los que no hacen análisis, los que siguen impulsos, simplemente debió desagradarles esa arrogante demostración de poder económico y apagarles el entusiasmo que habían sentido, en un principio, por lo que parecía una propuesta nueva y limpia. Muchos de aquellos candidatos no eran nuevos; más bien la crema y nata de la politiquería criolla, y de alguno, incluso, no se podía decir que era limpio, pues su paso por el gobierno anterior había dejado una estela reprobable.

Desde las primeras encuestas que hizo Sawyer & Miller resultó evidente el impacto negativo de esa desaforada publicidad en los electores de menores ingresos, aquellos a los que la propaganda oficial martillaba la consigna de que yo era el candidato de los ricos. ¿Qué mejor exhibición de riqueza que lo que ocurría en los televisores? Lo que pudo haberse ganado en el año y medio anterior con mi prédica a favor de una reforma liberal, se perdió en días y semanas ante aquel asalto de tandas, avisos, carteles, que monopolizaban pantallas, radios, paredes, periódicos y revistas. En medio de ese maremagno en el que se esgrimía el emblema del Frente Democrático —una escalera de perfil prehispánico—, para promover las tesis y fórmulas más contradictorias, mi mensaje perdió su semblante reformista. Y mi persona quedó confundida con la de los políticos profesionales y la de quienes actuaban como si lo fueran.

En febrero las encuestas registraron un descenso de las intenciones de voto a mi favor. De pocos puntos, pero que me alejaban del 50 por ciento necesario para ganar en primera vuelta. Freddy Cooper citó a los candidatos parlamentarios del Frente Democrático. Les explicó lo que ocurría y les propuso poner topes a los *spots*. Sólo un puñado asistió a la reunión. Y Freddy debió enfrentarse a una suerte de motín; candidatos del Partido Popular Cristiano y de Acción Popular le dijeron, sin eufemismos, que no aceptaban su pedido, pues favorecería a los candidatos del Movimiento Libertad, quienes habían iniciado sus campañas antes que los aliados.

Mientras esto ocurría yo estaba recorriendo el departamento de Lambayeque, en el Norte, de modo que sólo a mi vuelta a Lima fui informado del asunto. Me reuní con Belaunde y con Bedoya, a quienes aseguré que si no poníamos fin al derroche publicitario perderíamos las elecciones. Ambos me pidieron que el asunto se discutiera en el Consejo Ejecutivo del Frente, lo que significó una pérdida de varios días.

En la reunión del Consejo quedó patente la endeblez interna de la alianza. Las explicaciones del jefe de campaña, con encuestas a la mano, sobre el desastroso efecto de la publicidad por el voto preferencial, no conmovieron a los miembros, la casi totalidad de los cuales eran candidatos al Senado o a Diputados. En nombre del Partido Popular Cristiano, el senador Felipe Osterling explicó que muchos de los candidatos de su partido habían esperado hasta las últimas semanas para lanzar su propaganda y que ponerles ahora cortapisas sería injusto y discriminatorio y que, por lo demás, corríamos el riesgo de ser desobedecidos. Y, por Acción Popular, el senador Gastón Acurio esgrimió parecidas razones y esta otra, con la que coincidieron muchos de los presentes: reducir nuestra publicidad era dejar el campo libre a la lista de independientes encabezada por el banquero Francisco Pardo Mesones, la que, en efecto, hacía también mucha propaganda. La lista de Pardo Mesones se presentaba con la etiqueta de «Somos libres» y Acurio hizo reír al Consejo Ejecutivo refiriéndose a ella como «Somos ricos». ¿Íbamos a silenciar a nuestros candidatos y tenderles la cama parlamentaria a los banqueros de «Somos ricos»? Total, se adoptó un lírico acuerdo exhortando a los candidatos a moderar su propaganda.

Ese mismo domingo, en una entrevista en televisión con César Hildebrandt, dije que los excesos de nuestros candidatos daban una impresión de derroche ofensiva para los peruanos, además de promover la confusión respecto al programa, y los exhorté a enmendarlos. En tres ocasiones más volví a hacerlo, pero ni siquiera los candidatos del Movimiento Libertad me hicieron caso. Una de las excepciones fue, por cierto, Miguel Cruchaga, quien el mismo día de mi declaración cortó su publicidad. Y algunas semanas más tarde, en conferencia de prensa, Alberto Borea anunció que, acatando mis exhortaciones, ponía fin a su campaña. Pero faltaban ya muy pocos días para las elecciones y el daño era irreparable.

No todos nuestros candidatos se excedieron ni tenían los medios de hacerlo. Fueron algunos, pero éstos lo hicieron de modo tan desmedido que la mala impresión perjudicó a todo el Frente, y, en especial, a mí. Éste fue un factor de debilitamiento del apoyo de ese 20 por ciento de votantes que, en las últimas semanas de la campaña, según las encuestas, cambió sus intenciones de voto hacia el ingeniero Alberto Fujimori, quien, en enero y febrero, y aún en la primera quincena de marzo, seguía estancado en el 1 por ciento.

En medio de la tumultuosa agenda que trataba de cumplir cada día, lo ocurrido me hizo reflexionar, muchas veces, sobre lo que esto dejaba entrever para el futuro, ganadas las elecciones. Nuestra alianza estaba prendida con alfileres y la adhesión de nuestros dirigentes a las ideas, a la moral y a las propuestas que yo hacía, subordinada a meros intereses políticos. Nada me garantizaba el apoyo de la mayoría parlamentaria —si la alcanzábamos— a las reformas liberales. Eso sólo se lograría mediante una enorme presión de opinión pública. Por eso, todo mi esfuerzo se concentró, a partir de enero, en ganar a aquellos sectores de las provincias y regiones del interior donde aún no había estado o estuve muy de prisa.

En el recorrido por el departamento de Lambayeque entré por primera vez a las cooperativas agrícolas de Cayaltí y Pomalca, consideradas plazas fuertes del aprismo. Sin embargo, en ambas pude hablar sin problemas, explicando en qué consistiría la privatización de las tierras y la conversión en empresas privadas de los complejos agrarios volviendo accionistas a los cooperativistas. No sé si me hacía entender, pero tanto en Cayaltí como en Pomalca hubo cálidas sonrisas entre los campesinos y obreros que me escuchaban, cuando les dije que ellos tenían la fortuna de trabajar en unas tierras pródigas y que, sin control de precios, sin monopolios estatales, serían el sector social que primero recibiría los beneficios de la liberalización. Y, más aún que en los ingenios azucareros, en Ferreñafe, en Lambayeque, en Saña, en el gran mitin de Chiclayo, o en los pequeños pueblos ardientes del departamento, la campaña adoptó esos días un aire de fiesta bulliciosa, con las inevitables danzas y canciones norteñas que abrían y cerraban los mítines. La alegría y el entusiasmo de la gente eran el mejor antídoto contra la fatiga. Y, también, algo que nos hacía olvidar por momentos la cara siniestra de la campaña: la violencia.

El 9 de enero, el ex ministro de Defensa, general de Ejército Enrique López Albújar, fue asesinado en las calles de Lima por un comando terrorista; nunca se aclaró por qué el general no llevaba escolta la mañana del atentado. Como las hermanas del general López Albújar eran militantes del Movimiento Libertad en Tacna, interrumpí mi gira por el Norte para volver a Lima y asistir a las exequias. Aquel asesinato fue el punto de partida de una escalada de los crímenes políticos, con los que Sendero Luminoso y el MRTA trataron de frustrar el proceso electoral. Entre enero y febrero, más de seiscientas personas murieron por la violencia política y se registraron unos trescientos atentados.

También entre quienes actuaban en la legalidad la cercanía de las elecciones fue crispando las conductas. El APRA, retornando a los métodos que hizo famosos en la historia peruana —la piedra, la pistola y el garrote—, empezó a atacar nuestros mítines, con grupos de búfalos que pretendían desbandarnos. A menudo, se producían refriegas que terminaban con heridos en el hospital. Nunca impidieron nuestras manifestaciones, pero en el curso de una gira por el interior del departamento de La Libertad hubo incidentes que estuvieron a punto de terminar en tragedia.

En ese departamento norteño, cuna y baluarte aprista, están las cooperativas más importantes de la costa, como Casagrande y Cartavio, que yo me empeñé en visitar. En Casagrande, aunque la contramanifestación de búfalos hacía un ruido infernal —estaban apostados en los techos y bocacalles de la plaza— el senador ex aprista Torres Vallejo y yo pudimos hablar desde la plataforma de una camioneta, e, incluso, hacer un recorrido a pie por el lugar, antes de retirarnos. Pero en Cartavio nos tenían preparada una emboscada. El mitin transcurrió sin incidentes. Apenas concluido, cuando la caravana se aprestaba a partir, fuimos atacados por una horda armada de piedras, armas blancas y algunos con pistolas que nos lanzó hasta llantas encendidas. Yo ya estaba en la camioneta supuestamente blindada, uno de cuyos cristales se desintegró con las pedradas, y, pese a los momentos de caos, atiné a coger la mano a uno de mis guardaespaldas cuando advertí que, asustado o encolerizado, se disponía a disparar a quemarropa contra los atacantes, a quienes encabezaban los dirigentes apristas de la zona Benito Dioces Briceño y Silverio Silva. Cuatro automóviles de nuestra caravana quedaron destrozados y quemados y uno de los heridos fue el periodista inglés Kevin Rafferty, que me seguía por tierras norteñas, y quien, me contaron, guardó la más imperturbable serenidad mientras la cara se le llenaba de sangre. Presencia de ánimo parecida tuvieron mi cuñado, Luis Llosa, que se quedaba siempre al final para verificar que los equipos de televisión y de sonido estuvieran guardados, y Manolo Moreyra, el líder del SODE, quien, en una de sus habituales distracciones, se quedó inspeccionando el lugar cuando la manifestación ya se había dispersado. El ataque no les dio tiempo a alcanzar los coches. Entonces, se mezclaron con los atacantes, los que por fortuna no los reconocieron, librándose así ambos de una buena paliza. El episodio provocó muchas protestas y el presidente García empeoró las cosas diciendo por televisión que no había que hacer tanto alboroto «por unas piedrecitas que le cayeron a Vargas Llosa».

En realidad, las piedras eran un aspecto secundario de la guerra sucia preparada por García y sus secuaces contra mí, para esta última etapa. Lo sustancial serían las operaciones de descrédito, a las que, a partir de enero, pareció dedicarse el gobierno entero, bajo la batuta del ministro de Economía. Ellas irían proliferando en número e intensidad hasta las elecciones. Sería infinito enumerarlas todas, pero vale la pena dar cuenta de las más llamativas, pues muestran los abismos de basura y, a veces, de involuntario humor, a los que sus patrocinadores redujeron el proceso electoral.

El 28 de enero de 1991 el ministro de Economía, César Vásquez Bazán —el más incompetente de las nulidades que Alan García puso en esa cartera durante su gobierno— salió a la televisión, en el programa Panorama del Canal 5, a desafiarme a que mostrara mis declaraciones juradas desde 1984 para demostrar que había pagado los impuestos. Y, al día siguiente, un senador de Izquierda Unida, Javier Díez Canseco, mostró en la televisión aquellas declaraciones, asegurando que los datos que allí figuraban eran dudosos, «salvo sus ingresos por derechos de autor». Afirmó que yo había subvalorado mi casa de Barranco para eludir el pago de impuestos.

Comenzó así una campaña que se iría amplificando día por día y en la que colaboraban los supuestos adversarios —el gobierno aprista y la extrema izquierda representada por el PUM (Partido Unificado Mariateguista) para mostrar al país que yo había evadido durante los últimos cinco años mis obligaciones con el fisco. Recuerdo la invencible sensación de asco que me embargó las pocas veces que alcancé a ver a Vásquez Bazán (hoy día prófugo de la justicia peruana), en las pantallas de la televisión, formulando la patraña. Aunque lo era de pies a cabeza, la masiva y sincronizada propaganda que la acompañó a lo largo de varios meses, y la utilización de los organismos estatales para adulterar la verdad fueron tales que llegaron a darle a la mentira una suerte de protagonismo en el tramo final de las elecciones.

Es muy difícil, para no decir imposible, que un escritor evada el pago de impuestos por los derechos que recibe. Éstos se le descuentan, en el país donde sus libros se publican, por el propio editor. Vivir de sus derechos de autor para un peruano es infrecuente y por eso mi caso yo lo había consultado, desde muchos años antes de la campaña electoral, con uno de los abogados tributaristas más destacados del país, un íntimo amigo: Roberto Dañino. Él

—o, mejor dicho, su estudio— se ocupaba desde hacía tiempo de mis declaraciones juradas. Y, sabiendo muy bien que, al entrar en política, todo en mi vida sería espulgado en busca de puntos vulnerables, había sido particularmente escrupuloso en la declaración de mis ingresos ante las autoridades fiscales.

Mis libros no se publicaban en el Perú y mis impuestos se pagaban, por tanto, en los países donde aquéllos se editaban y traducían. Las leyes peruanas admiten que se deduzcan de los impuestos pagaderos en el Perú por el contribuyente, las sumas pagadas por éste al fisco por sus ingresos en el extranjero. Pero, en vez de hacer este trámite, yo me acogía en el Perú —donde no tenía ingresos— a una ley de exoneración de las obras consideradas de valor artístico presentada al Congreso por el APRA, en 1965,[50] y aprobada por un Parlamento cuya mayoría era la alianza apro-odriísta. (Recordaré, entre paréntesis, que mi programa de gobierno contemplaba la eliminación de *todas* las exoneraciones tributarias, empezando por ésta.) Para que mis libros fueran incluidos dentro de aquella categoría había que seguir, con cada uno de ellos, un trámite ante el Instituto Nacional de Cultura y el ministerio de Educación, el que, finalmente, dictaba la resolución respectiva. El gobierno de Alan García lo había hecho con mis tres últimas obras. ¿Dónde estaba, pues, la evasión tributaria?

Rodeado de periodistas y camarógrafos, un abogado aprista, Luis Alberto Salgado, acudió a la Superintendencia Nacional de Contribuciones a pedir que se me abriera un proceso de fiscalización para determinar el monto de mis embaucos al Estado peruano. Obedientes, las autoridades fiscales no me abrieron uno, sino varias decenas. Así mantenían agitado el cotarro. Cada una de las acotaciones de la Superintendencia, que se suponen reservadas, llegaban a la prensa aprista e izquierdista antes que a mí y se publicitaban de manera escandalosa, para dar la impresión de que ya había sido encontrado culpable y que mi casa de Barranco sería muy pronto embargada.

Cada acotación —repito que fueron varias decenas— exigía un trabajo inmenso de las secretarias, para encon-

50. Ley 15792, de 14 de diciembre de 1965.

trar la justificación documentada y el precio de los pasajes de aquel viaje que hice a aquella universidad, a dar aquella conferencia, y cartas y télex a dichas universidades para que confirmaran que habían sido pagados los mil o mil quinientos dólares consignados en mi declaración de aquel año. El estudio de abogados al que pertenece Roberto Dañino no acababa de completar el expediente que satisfacía una acotación cuando recibía otra, o varias a la vez, con las exigencias y averiguaciones más extravagantes sobre mis viajes, conferencias, artículos de los últimos cinco años, para verificar que no había ocultado un solo ingreso. Todas fueron respondidas y absueltas, sin que pudiera probarse una sola irregularidad de mi parte.

¿Cuánto trabajo significó para Roberto Dañino y los colegas de su estudio hacer frente a esa inundación de investigaciones fiscales ordenadas por el presidente García como parte de la guerra sucia electoral? Si me hubieran cobrado honorarios, probablemente no hubiera podido pagárselos, pues otra de las consecuencias de esos tres años de inmersión en la política activa, fue que mis ingresos casi se extinguieron y tuve que vivir de los ahorros. Pero Bobby y sus colegas no aceptaron ser retribuidos por el esfuerzo que debieron hacer para mostrar que yo no había vulnerado esa legalidad que el gobierno aprista utilizaba con semejante desvergüenza.

Un día, Óscar Balbi me trajo la grabación de una conversación telefónica entre el director de *Página Libre*, Guillermo Thorndike y el director de Contribuciones, en que ambos discutían los pasos siguientes a darse en la campaña sobre mis declaraciones de impuestos. Porque cada iniciativa de aquella repartición estaba planificada de acuerdo a una estrategia publicitaria de la prensa amarilla. Con enormes titulares se anunciaba la partida a Europa de investigadores fiscales, pues las autoridades habían sido informadas de que yo era el principal accionista de la Editorial Seix Barral, el dueño de la Agencia Literaria Carmen Balcells, y de propiedades inmuebles en la ciudad de Barcelona y en la Costa Azul. Y una mañana, en que pasaba de una a otra reunión, en diferentes cuartos de la casa, vi a mi madre y a mi suegra, inclinadas sobre la radio, escuchando a un locutor de Radio Nacional anunciando que los emisarios del Poder Judicial ya avanzaban hacia Barranco a ejecutar el embargo de mi casa y de todo lo que había en ella, en cautela de los intereses nacionales defraudados.

Diligentes colaboradores del gobierno en esta campaña eran los líderes de la extrema izquierda, sobre todo el senador Díez Canseco, quien esgrimía en la pequeña pantalla mis declaraciones juradas, que le daba el APRA, como pruebas acusatorias. Y un día oí, en una radio, a Ricardo Letts, también del PUM, llamarme «pillo». Letts, a quien conozco hace muchos años, y con quien mantuve una buena amistad en todo ese tiempo a pesar de las desavenencias ideológicas, no me había parecido hasta entonces capaz de calumniar a un amigo creyendo sacar con ello beneficios políticos. Pero a estas alturas de la campaña ya sabía yo que, en el Perú, son pocos los políticos a los que la política, esa Circe, no vuelve cerdos.

Lo de los impuestos era una entre varias operaciones de descrédito con las que el gobierno trataba de impedir lo que todavía a estas alturas parecía un triunfo arrollador del Frente Democrático.[51] Una de ellas me presentaba como pervertido y pornógrafo, y la prueba era mi novela *Elogio de la madrastra*, que fue leída entera, a razón de un capítulo diario, en Canal 7, del Estado, a horas de máxima audiencia. Una presentadora, dramatizando la voz, advertía a las amas de casa y madres de familia que retirasen a sus niños pues iban a escuchar cosas nefandas. Un locutor procedía, entonces, con inflexiones melodramáticas en los instantes eróticos, a leer el capítulo. Luego, se abría un debate, en el que psicólogos, sexólogos y sociólogos apristas me analizaban. El trajín de mi vida era tal que, por cierto, no podía darme el lujo de ver aquellos programas, pero una vez alcancé a seguir uno de ellos y era tan divertido que quedé clavado frente al televisor, escuchando al general aprista Germán Parra desarrollando este pensamiento: «Según Freud, el doctor Vargas Llosa debería estar curándose la mente.»

Otro caballo de batalla del APRA era mi «ateísmo». «¡Peruano!: ¿Quieres un ateo en la presidencia del Perú?», se

---

51. En marzo, una encuesta de la CPI me daba el 43 por ciento a nivel nacional, contra 14,5 por ciento de Alva Castro, 11,5 por ciento de Barrantes y 6,8 por ciento de Pease.

preguntaba un *spot* televisivo en el que aparecía una cara semimonstruosa —la mía—, que parecía encarnación y preludio de todas las iniquidades. Los investigadores de la oficina del odio encontraron, en un artículo mío sobre la huachafería —forma del mal gusto que es una propensión nacional—, titulado «¿Un champancito, hermanito?», una frase burlona sobre la procesión del Señor de los Milagros. Alan García, que para mostrar al pueblo peruano lo devoto que era, se vestía de morado en octubre y cargaba el anda con expresión de pecador contrito, se apresuró a declarar a la prensa que yo había ofendido gravemente a la Iglesia y a la más cara devoción del pueblo peruano. Los validos hicieron coro y durante varios días se vio, en diarios, radios y canales, a ministros y parlamentarios del gobierno convertidos en cruzados de la fe, desagraviando al Señor de los Milagros. Recuerdo a la fogosa ministra Mercedes Cabanillas, la cara trémula de indignación, hablando como una Juana de Arco dispuesta a ir a la pira en defensa de su religión. (No dejaba de tener gracia que hiciera esto el partido fundado por Haya de la Torre, quien había comenzado su carrera política, en mayo de 1923, oponiéndose a la entronización de Lima al Sagrado Corazón de Jesús y que había sido acusado, buena parte de su vida, de enemigo de la Iglesia, ateo y masón.)

Me embargaba una curiosa sensación frente a estas piruetas de la guerra sucia. No sé si era la fatiga por el inmenso esfuerzo físico y mental que significaba cumplir cada día con las reuniones, viajes, mítines, entrevistas y discusiones, o si había desarrollado un mecanismo psicológico defensivo, pero observaba todo ese circo como si fuera otra persona aquella con la que se encarnizaba la campaña negativa que iba desplazando cada vez más todo debate racional. Pero, ante los extremos de sainete y las violencias múltiples del proceso, empezó a asaltarme la idea de haberme equivocado, cifrando mi estrategia en decir la verdad y en un programa de reformas. Porque las ideas, la inteligencia, la coherencia y, sobre todo, la decencia, parecían tener cada vez menos sitio en la campaña.

¿Cuál era la actitud de la Iglesia, en vísperas de la primera vuelta? De extremada prudencia. Hasta el 8 de abril, se abstuvo de intervenir en el debate, sin dejarse arrastrar por la campaña sobre mi «ateísmo» y mis vejámenes al Cristo morado, pero sin mostrar tampoco la menor simpatía por mi candidatura. A comienzos de 1990 el cardenal Juan Landázuri Ricketts, arzobispo y primado de la Iglesia en el Perú, se había retirado por límite de edad —tenía 76 años— y lo había reemplazado uno diez años más joven, el jesuita Augusto Vargas Alzamora. A ambos les hice unas visitas protocolarias, sin sospechar el papel importantísimo que jugaría la Iglesia en la segunda vuelta electoral. Al cardenal Landázuri, arequipeño, emparentado con mi familia materna, lo había visto algunas veces en reuniones de parientes. Él había dado la dispensa para que pudiera casarme con mi prima Patricia en 1965 (pues el tío Lucho y la tía Olga exigieron un matrimonio por la Iglesia), pero no fui yo, sino mi madre y mi tía Laura, quienes fueron a pedírsela. Al cardenal Landázuri le había tocado liderar la Iglesia peruana desde mayo de 1955, acaso el período más difícil de toda su historia, con la división que trajo la teología de la liberación y la militancia comunista y revolucionaria de un número considerable de monjas y sacerdotes y el proceso de secularización de la sociedad, que avanzó en esas décadas más que en todos los siglos anteriores. Hombre muy prudente, no de grandes iniciativas ni audacias intelectuales, pero minucioso componedor y diplomático habilísimo, el cardenal Landázuri se las había arreglado para mantener la unidad de una institución socavada por tremendas disensiones. Fui a verlo a su casa de La Victoria el 18 de enero, con Miguel Cruchaga, y conversamos un buen rato, sobre Arequipa, mi familia —él recordaba haber sido compañero de colegio del tío Lucho y me contó anécdotas de mi madre, niña—, pero evitando el tema político y, por supuesto, sin mencionar para nada la campaña sobre mi ateísmo, en su apogeo. Sólo al despedirme, con un guiño, me susurró, señalando al sacerdote que lo acompañaba: «Este padre es un hincha del Fredemo.»

A monseñor Vargas Alzamora no lo conocía. Fui a felicitarlo por su nombramiento, acompañado de Álvaro y Lucho Bustamante, quien, ya lo he dicho, es una suerte de jesuita *ad honorem*. Nos recibió en un pequeño despacho del Colegio de la Inmaculada y, desde el primer momento del diálogo, me impresionó la viveza de su inteligencia y la lucidez con que juzgaba la problemática peruana. Aunque sin mencionar la campaña electoral, hablamos mucho del atraso, la miseria, la violencia, la anarquía y los desequilibrios y desigualdades del Perú, y su información sobre todo ello era tan sólida como bueno su juicio. Menudo y delicado, de hablar muy cuidadoso, monseñor Vargas Alzamora, sin embargo, delataba un carácter muy firme. Me pareció un hombre moderno, seguro de su misión y de gran fortaleza bajo sus modales corteses, seguramente el mejor timonel para la Iglesia peruana en los tiempos que corrían. Al despedirme, se lo dije a Lucho Bustamante. No imaginaba que la próxima vez vería al nuevo arzobispo de Lima en condiciones espectaculares.

Entretanto, mis recorridos por el Perú se sucedían de manera incesante, a un ritmo de cuatro, seis y a veces más localidades por día, tratando de cubrir una última vez los veinticuatro departamentos, y, en cada uno de ellos, el mayor número de provincias y distritos. El calendario trazado por Freddy Cooper y su equipo se cumplió a la perfección y debo decir que la logística de los mítines, desplazamientos, conexiones, alojamientos, alimentación, rara vez falló, lo que, teniendo en cuenta el estado del país y la idiosincrasia nacional, fue una proeza. Los aviones, helicópteros, lanchas, camionetas o caballos estaban allí, y en todas las aldeas o poblados había siempre un pequeño estrado y dos o tres muchachas y muchachos de Movilización que habían llegado antes para asegurar que los micrófonos y parlantes funcionaran, así como un dispositivo mínimo de seguridad. Freddy tenía varios ayudantes dedicados exclusivamente a secundarlo en esta tarea, y uno de ellos, Carlos Lozada, a quien llamábamos Woody Allen, porque se parecía a éste, y también a Groucho Marx, a mí me intrigaba por su don de ubicuidad. Parecía disfrazado de algo, no se sabía de qué, con un extraño gorro-casco dotado de orejeras que me recordaba el de Charles Bovary, y un sacón con una mochila adosada de la que él sacaba sándwiches cuando era preciso comer, radios portátiles para llamar, bebidas para la sed, revólveres para los guardaespaldas, baterías para las camionetas, y hasta los periódicos del día para no perder contacto con la actualidad. Siempre estaba corriendo, y hablando a un pequeño micrófono que llevaba colgado del pescuezo, con el que se comunicaba perpetuamente con alguna misteriosa central a la que rendía cuentas o de la que recibía instrucciones. Yo tenía la sensación de que ese monólogo eterno de Woody Allen organizaba mi destino, que él determinaba dónde hablaría, dormiría, viajaría y a quiénes vería o dejaría de ver en el curso de las giras. Pero nunca llegué a cruzar una palabra con él. Después supe que era un publicista que, habiendo comenzado a trabajar para la campaña de manera profesional, descubrió su verdadera vocación y secreta genialidad: la de organizador político. Es verdad, lo hacía magníficamente, resolvía todos los problemas y no creaba ninguno. Divisar, allí donde yo llegaba, entre la maleza de la selva, en medio de los riscos andinos, o en los pueblecitos del arenal costeño, su extravagante apariencia —de gruesos anteojos de miope, camisas coloradas y esa especie de mueble con fundas que llevaba encima, la caja de Pandora de la que salían cosas inimaginables—, me daba una sensación de alivio, el presentimiento tranquilizador de que, en ese lugar, todo transcurriría como planeado. Una mañana, en Ilo, nada más llegar, y antes de ir a la manifestación que me esperaba en la plaza, decidí pasar por el puerto, donde descargaban un barco. Me acerqué a hablar con los estibadores, que, apoyados en la pasarela de la nave, vigilaban la carga y descarga de los «puntos» (trabajadores a los que alquilaban su trabajo), y, de pronto, como uno más de ellos, entreverado en el grupo, arrebosado en su casqueta y sacón mobiliario, hablando en su micrófono, allá arriba, descubrí a Woody Allen.

En medio de ese remolino de viajes por todo el Perú, todavía me las arreglé para ir, por un día, a Brasil, atendiendo a una invitación del presidente recién electo, Fernando Collor de Mello. El triunfo de éste parecía el de un programa liberal radical, semejante al mío, contra las ideas mercantilistas, estatizantes e intervencionistas de Lula da Silva y por esto, así como por la importancia de Brasil para el Perú —su vecino con más de tres mil kilómetros de frontera común—, se decidió, en la dirección del Frente Democrático, que hiciera el viaje. Llevé conmigo a Lucho Bustamante, para que tomara contacto con la ya nombrada ministra de Economía de Collor —la luego famosa Zelia Cardoso— y a Miguel Vega Alvear, cuyo Instituto Pro-Desarrollo había elaborado una serie de proyectos de cooperación económica con Brasil. Uno de estos proyectos me había entusiasmado mucho, cuando me lo describieron, y desde entonces había ido alentando su preparación. Se trataba de unir las cuencas del Pacífico y del Atlántico, a través de una articulación de los sistemas carreteros de ambos países, siguiendo el eje Río Branco-Asís-Ipanaro-Ilo-Matarani, que, a la vez que satisfaría una antigua vocación brasileña —la salida comercial al Pacífico y a sus emergentes economías asiáticas—, daría un formidable impulso económico al desarrollo de toda la región sureña del Perú, en especial Moquegua, Puno y Arequipa.

El simpático Collor —quién hubiera imaginado en esos días que sería destituido acusado de ladrón— me recibió, en Brasilia, en una casa llena de jardines hollywoodenses —garzas y cisnes se paseaban a nuestro alrededor mientras almorzábamos— con una frase alentadora —«Eu estou torciendo por vocé, Mario» («Estoy haciendo barra por usted»)— y con la sorpresa de un viejo amigo, a quien no esperaba ver allí: José Guillermo Merquior, entonces embajador de Brasil ante la Unesco. Merquior, ensayista y filósofo liberal, discípulo de Raymond Aron y de Isaiah Berlin, con quienes había estudiado en la Sorbona y en Oxford, era uno de los pensadores que con mayor rigor y consistencia había defendido las tesis del mercado y de la soberanía individual en América Latina, cuando la marea colectivista y estatista parecía monopolizar la cultura del continente. Su presencia, junto a Collor, me pareció una magnífica señal de lo que podía ser el gobierno de éste (presunción que, por desgracia, no confirmó la realidad). Merquior estaba ya grave, con la enfermedad que acabaría con su vida algún tiempo después, pero no me lo dijo y, más bien, lo noté optimista, bromeando conmigo sobre cómo habían cambiado los tiempos desde que, diez años atrás, en Londres, nuestros países nos parecían irremisiblemente inmunizados contra la cultura de la libertad.

La reunión con Collor de Mello fue cordialísima pero no muy fecunda, porque gran parte de la conversación durante el almuerzo la acaparó Pedro Pablo Kuczynski, uno de mis asesores económicos, con bromas y consejos que a veces parecían órdenes, al flamante presidente brasileño sobre lo que debía y no debía hacer. Pedro Pablo, ex ministro de Energía y Minas en el segundo gobierno de Belaunde —el mejor de los ministros que tuvo éste—, había sido perseguido por la dictadura militar de Velasco, para su buena suerte. Pues vivir en el exilio le permitió pasar de modesto funcionario del Banco Central de Reserva del Perú a ejecutivo del First Boston, de Nueva York, en el que, luego de su gestión con Belaunde, llegó a ocupar la presidencia. En los últimos años viajaba por el mundo entero —él siempre precisaba que en aviones privados, y, si no había más remedio, en el Concorde— privatizando empresas y asesorando a gobiernos de todas las ideologías y geografías que querían saber qué era una economía de mercado y qué pasos dar para llegar a ella. El talento de Pedro Pablo en materias económicas es muy grande (también haciendo *jogging* y tocando piano, flauta y laúd y contando chistes); pero su vanidad lo es aún más y en aquel almuerzo desplegó sobre todo esta última, hablando hasta por los codos, dictando cátedra y ofreciendo sus servicios para caso de necesidad. A los postres, Collor de Mello me cogió del brazo y me llevó a un cuarto vecino donde pudimos hablar a solas un momento. Ante mi sorpresa, me dijo que el proyecto de integración de las cuencas del Atlántico y del Pacífico tendría que enfrentar la resistencia y acaso oposición abierta de Estados Unidos, pues este país temía que, de concretarse aquel proyecto, sus intercambios comerciales con los países asiáticos de la cuenca del Pacífico se vieran lesionados.

Con el tiempo, recordaría mucho algo que me dijo Collor durante el almuerzo, en un respiro que le dio Kuczynski: «Ojalá gane en primera vuelta y no tenga que pasar por lo que yo.» Y explicó que la segunda vuelta electoral en el Brasil había sido de una tensión insoportable, al extremo de que por primera vez en su vida había sentido vacilar su vocación política.

Le quedé muy agradecido a Collor de Mello —como al presidente uruguayo Sanguinetti— por invitarme en plena campaña electoral, a sabiendas de que ello disgustaría mucho al presidente Alan García, y que podía disgustar al futuro mandatario peruano, si yo no era el vencedor. Y lamenté que este presidente joven y enérgico, que parecía tan bien preparado para llevar a cabo la revolución liberal en su país, no la hiciera, sino de manera muy fragmentaria y contradictoria, y, lo peor de todo, amparando la corrupción, con el consiguiente resultado calamitoso.

Al regresar a Lima me encontré con una invitación de la CGTP (Central General de Trabajadores del Perú), la central sindical comunista, para exponer mi Plan de Gobierno ante la IV Conferencia Nacional de Trabajadores, que se celebraba en el Centro Cívico de Lima. El certamen había sido organizado para sacramentar la candidatura de Henry Pease García, de Izquierda Unida, como la candidatura obrera y como un contrapeso a la reunión del CADE. Como a éste, sólo los cuatro candidatos que parecían tener alguna posibilidad habíamos sido invitados, pero Alfonso Barrantes inventó un pretexto para no ir, temeroso de ser humillado por quienes lo consideraban un aburguesado y revisionista. El candidato del APRA, Alva Castro, en cambio, se presentó y resistió las pifias. Me pareció que yo también debía ir, precisamente porque los dirigentes de la central comunista estaban seguros de que no tendría el valor de meterme a la boca del lobo. Además, sentía curiosidad por conocer la reacción de esos delegados sindicales impregnados de marxismo-leninismo ante mis propuestas.

Convoqué de prisa a los dirigentes de las comisiones de Trabajo y de Privatización —los temas obligados, allí, eran la reforma laboral y el capitalismo popular— y, acompañado también de Álvaro, nos presentamos en el Centro Cívico, en la tarde del 22 de febrero. El local estaba atestado, con cientos de delegados, y un grupo de extremistas de Sendero Luminoso, parapetado en un rincón, me recibió con gritos de «¡Uchuraccay! ¡Uchuraccay!». Pero el propio servicio de orden de la CGTP los calló y pude hacer mi exposición, de más de una hora, sin interrupciones y escuchado con la atención que un auditorio de seminaristas prestaría al diablo. Espero que algunos de ellos descubrieran que Satanás no era tan feo como lo pintaban.

Les dije que los sindicatos eran indispensables en una democracia, y que sólo en ella funcionaban como auténticos defensores de los obreros, pues en los países totalitarios no eran más que burocracias políticas y correas de transmisión de las consignas del poder. Y que, por eso, en

Polonia, un sindicato obrero, Solidaridad, en defensa del cual yo había convocado una marcha callejera en Lima, en 1981, encabezaba las luchas por la democratización del país.

Respecto al Perú, les aseguré que, aunque ello fuera en contra de sus más firmes creencias, nuestro país estaba mucho más cerca de su ideal estatista y colectivista, con su enjambre de empresas públicas e intervencionismo generalizado, que del sistema capitalista, del que sólo conocía la versión más innoble: el mercantilismo. La reforma que yo proponía tenía como objeto remover todos los instrumentos de la discriminación y de la explotación de los pobres por un puñado de privilegiados, con lo cual la justicia vendría acompañada de la prosperidad. Ésta no nacía con la redistribución de la riqueza existente —eso significaba la diseminación de la pobreza— sino con un sistema en el que todos pudieran acceder al mercado, a la empresa y a la propiedad privada.

Con la ayuda de Javier Silva Ruete, que me acompañaba, explicamos que la privatización de las empresas públicas se haría de modo que obreros y empleados pudieran convertirse en accionistas —dando ejemplos concretos en casos de entidades como PetroPerú, los grandes Bancos o Minero Perú— y que defender, en nombre de la justicia social, empresas como SiderPerú, cuya vida artificial costaba ingentes recursos al país, era un paralogismo, pues esos recursos desperdiciados, de los que se beneficiaban un puñado de burócratas y de políticos, podían servir para construir las escuelas y los hospitales que tanta falta hacían a los pobres.

La primera obligación de un gobierno en el Perú era acabar con la pobreza de millones de peruanos, y para ello había que atraer la inversión y estimular la creación de empresas nuevas y el crecimiento de las existentes, removiendo los obstáculos que lo impedían. La estabilidad laboral era uno de ellos. Los trabajadores que se beneficiaban de ésta eran una ínfima minoría, en tanto que los que necesitaban trabajar eran la mayoría del país. No era una casualidad que los países con más alta oferta de empleo en el mundo, como Suiza o Hong Kong o Taiwan, tuvieran las leyes laborales más flexibles. Y Víctor Ferro, de la comisión de trabajo, explicó por qué la desaparición de la estabilidad laboral no podría servir de coartada para el atropello.

No sé si convencimos a alguien pero, para mí, fue una satisfacción hablar de estos temas ante semejante auditorio. Había pocas posibilidades de ganarlos para nuestra causa, desde luego, pero confío en que algunos comprendieran por lo menos que nuestro programa de gobierno proponía una reforma sin precedentes de la sociedad peruana y que la condición de los obreros, de los informales, de los marginados y, en general, de las capas de menos ingresos, estaba en el centro de mi esfuerzo. Al terminar la reunión hubo aplausos de cortesía, y un intercambio con el secretario general de la CGTP y miembro del Comité Central del Partido Comunista, Valentín Pacho, que Álvaro ha recogido en *El diablo en campaña*: «Ya ve, doctor Vargas Llosa, no había que temerles a los trabajadores.» «Ya ve, señor Pacho, los trabajadores no tienen nada que temer de la libertad.» En los medios de comunicación mi presencia en la Conferencia de la CGTP fue silenciada por los órganos del gobierno, pero los medios amigos le sacaron buen partido y hasta *Caretas* y *Sí* reconocieron que había sido audaz.

Al día siguiente, Álvaro, muy excitado, interrumpió una reunión en mi casa con Mark Mallow Brown para darme los resultados de las elecciones en Nicaragua: contra todos los pronósticos, Violeta Chamorro derrotaba a Daniel Ortega y ponía punto final a diez años de sandinismo. Luego de lo ocurrido en Brasil, la victoria de Violeta confirmaba el cambio de vientos ideológicos en el continente. La llamé para felicitarla —la conocía desde 1982, en que la había visto enfrentándose a lo que parecía indetenible, en su casa de Managua pintarrajeada con insultos de las «turbas»— y en el comando de campaña hubo quienes pensaron que debía hacer un viaje relámpago a Nicaragua, para fotografiarme con ella, como lo había hecho con Collor de Mello. Miguel Vega Alvear encontró incluso la manera de realizar toda la operación en veinticuatro horas. Pero yo me negué, porque el 26 de febrero tenía una cita con los militares peruanos, en el CAEM (Centro de Altos Estudios Militares).

Arma importante de la guerra sucia era mi «antimilitarismo» y «antinacionalismo». El APRA, sobre todo, pero también parte de la izquierda —que desde los tiempos de la dictadura de Velasco se había vuelto militarista— recordaban que el Ejército había quemado en un acto público, en 1963, mi novela *La ciudad y los perros* por considerarla ofensiva para las Fuerzas Armadas. La oficina del odio encontró, escarbando en mi bibliografía, muchas declaraciones y citas mías en artículos y entrevistas atacando el nacionalismo como una de las «aberraciones humanas que más sangre ha hecho correr en la historia» —frase que, en efecto, suscribo— y las difundía masivamente, en volantes anónimos, pero impresos en la Editora Nacional. En uno de ellos, se advertía a los electores que el Ejército no permitiría que «su enemigo» tomara el poder y que si yo ganaba las elecciones habría un cuartelazo.

Esto era, también, algo temido por dirigentes del Frente Democrático, que me aconsejaban gestos públicos y reuniones privadas con jefes militares para tranquilizarlos respecto al «antimilitarismo» de mis libros y algunas tomas de posición de veinte o treinta años atrás (por ejemplo, a favor de la revolución cubana y del intento guerrillero del MIR, de Luis de la Puente y Guillermo Lobatón, en 1965).

Las Fuerzas Armadas iban a tener un rol decisivo en las elecciones, pues, encargadas de garantizar el proceso electoral, de ellas dependería que Alan García se saliera con la suya si intentaba distorsionar el resultado. Asegurar su imparcialidad era imprescindible, así como tener un diálogo abierto con las instituciones militares con las que gobernaríamos el día de mañana. Pero entrevistarse con los altos mandos no era fácil; temían las represalias del presidente si éste percibía en ellos simpatía hacia el candidato del Frente Democrático. Y, con razón, pues Alan García había provocado convulsiones internas en las instituciones militares, mutando, pasando a retiro y promoviendo oficiales para asegurarse de que adictos suyos estuvieran en los puestos claves. La Marina había resistido a estos embates, manteniendo una cierta línea institucional en las promociones y rotación de cargos, pero la Aviación y, sobre todo, el Ejército, habían sido traumatizados con los nombramientos hechos desde Palacio de Gobierno.

En el Frente teníamos una comisión de Defensa, presidida por Johnny Johamovitch, integrada por una media docena de generales y almirantes, que funcionaba de manera más bien secreta para proteger la vida de sus integrantes de las acciones terroristas y de las represalias de Palacio. Cada vez que yo me reunía con ellos tenía la sensación de haber pasado a la clandestinidad por las precauciones que había que tomar —cambios de coches, de choferes, de casas—, pero lo cierto es que en cada exposición que me hacían —generalmente por boca del general Sinesio Jarama, experto en guerra revolucionaria— yo advertía que trabajaban mucho. Desde la primera reunión les dije que el objetivo de nuestra política de Defensa debía ser la despolitización de las Fuerzas Armadas, su reconversión para la defensa de la sociedad civil y de la democracia, y su modernización. La reforma debía garantizar que no hubiera más intromisiones políticas en la institucionalidad militar ni intromisiones militares en la vida política del país. Esta comisión y la de Derechos Humanos, dirigida por Amalia Ortiz de Zevallos, con la que colaboraban también algunos militares, tuvieron roces al principio pero al fin pudieron coordinar el trabajo, sobre todo en el tema de la subversión.

A través de los miembros de estas comisiones, o de amigos, y a veces a pedido de ellos mismos, tuve varias entrevistas con jefes militares sobre las actividades de Sendero Luminoso y del MRTA. La más oficial de todas fue el 18 de septiembre de 1989, en Pro-Desarrollo, con el ministro del Interior y hombre para todo servicio de Alan García, Agustín Mantilla, quien, acompañado de un puñado de generales y coroneles de la Policía, nos hizo a mí y a un pequeño grupo del Movimiento Libertad una exposición muy franca sobre Sendero Luminoso, su implantación en el campo y en las ciudades y las dificultades que entrañaba infiltrar espías y obtener información en una organización tan hermética y piramidal y tan implacable en sus métodos. El ministro Mantilla, quien, diré de paso, me pareció más inteligente y articulado de lo que se podía esperar de un hombre que se ha pasado la vida dirigiendo matones y pistoleros, nos detalló una operación recientísima, en una aldea de la sierra de Lima, donde Sendero, según su sistema habitual, había ejecutado a todas las autoridades y tomado el control del lugar, a través de comisarios políticos, convirtiéndolo en una base de apoyo para la guerrilla. Un comando antisubversivo había llegado hasta allí, luego de una marcha nocturna por los riscos andinos, y capturado y ejecutado a su vez a los comisarios. Pero el destacamento militar senderista logró escapar. El ministro Mantilla no se iba por las ramas y con frialdad nos dijo que ésta era la única manera posible de actuar en la guerra a muerte que Sendero había desatado y en la que, reconoció, la subversión ganaba terreno. Al terminar, me llamó aparte, para decirme que el presidente me enviaba sus saludos. (Le pedí que se los retornara.)

Algún tiempo antes, el 7 de junio de 1989, el Servicio de Inteligencia de la Marina, que, se supone, es el mejor organizado —pues las rivalidades institucionales habían impedido que hubiera un servicio de inteligencia integrado—, nos había hecho a Belaunde, a Bedoya, a mí y a un pequeño grupo del Frente Democrático, una exposición de varias horas sobre el mismo asunto, en uno de los locales de la Naval. Los oficiales que presentaron los informes eran desenvueltos y la información que manejaban abundante y, en apariencia, bien fundada. Tenían fotos tomadas en París de los visitantes del centro de operaciones instalado allí por Sendero Luminoso para sus campañas de propaganda y recolección de fondos en toda Europa. ¿Por qué, entonces, la lucha antisubversiva era tan ineficaz? Según ellos, por la falta de entrenamiento y de equipos para este género de guerra de unas Fuerzas Armadas que seguían preparándose y equipándose para la guerra convencional, y por el escaso apoyo de la población civil que actuaba como si ésta fuera una lucha entre terroristas y militares y no le concerniera.

Pese a la discreción que nos recomendaron, aquel encuentro trascendió y tuvo consecuencias, pues el presidente García pidió sanciones para los responsables. Desde entonces, las entrevistas con oficiales en activo las hice solo, luego de cinematográficos recorridos en que me cambiaban varias veces de casa y de automóvil, como si las personas con quienes iba a conversar fueran delincuentes con las cabezas a precio y no respetabilísimos jerarcas de las Fuerzas Armadas. Lo más absurdo era que, en casi todos los casos, esas reuniones eran inútiles, pues no se hablaba en ellas de nada trascendente, salvo de chismes políticos o de inciertas maniobras que el gobierno podría estar maquinando para impedirme ganar las elecciones. Creo que, en muchos casos, las aparatosas reuniones fueron organizadas por militares curiosos de verme la cara.

Las impresiones que saqué de aquellos encuentros fueron decepcionantes. Por culpa de la crisis económica y la decadencia nacional, las carreras militares habían dejado de atraer a jóvenes de talento y bajado sus niveles a extremos peligrosos. Algunos de los oficiales con los que conversé eran de una soberbia incultura y me miraban como a un bicho raro cuando les explicaba lo que, a mi parecer, debía ser la función del Ejército en una sociedad moderna y democrática. Algunos eran simpáticos y campechanos, como aquel coronel de artillería que me preguntó a bocajarro, apenas nos presentaron; «¿Cómo eres tú para el trago?» Le dije que malísimo. «Entonces, te has jodido», me aseguró. Según él, Alan García había conquistado la simpatía y el respeto de sus colegas ganándoles las «carreras de obstáculos» que organizaba en Palacio de Gobierno con los altos mandos, después del desfile militar de Fiestas Patrias. ¿Qué era la carrera de obstáculos? En una gran mesa se alineaban filas de vasos y copas alternados de cerveza, whisky, pisco, vino, champagne y todas las bebidas imaginables. El presidente designaba a los contendores e intervenía él mismo en la competencia. Ganaba el que salvaba más obstáculos sin rodar por el suelo como un odre. Le aseguré al coronel que, como bebo poco y tengo alergia a los borrachos, la celebración de Fiestas Patrias en Palacio sería conmigo más sobria.

De todas esas reuniones la que me dejó un mejor recuerdo fue la conversación con el general Jaime Salinas Sedó, jefe entonces de la Segunda Región —la División de Tanques—de la que han salido casi siempre los golpes militares. Con él allí la democracia parecía asegurada. Culto, bien hablado, de maneras elegantes, parecía muy preocupado por la tradicional incomunicación entre la sociedad civil y la esfera militar en el Perú, lo que, decía, era un riesgo continuo para la legalidad. Me habló de la necesidad de tecnificar y modernizar a las Fuerzas Armadas, de erradicar de ellas la política y de sancionar con severidad los casos de corrupción, frecuentes en los últimos años, para que las instituciones militares tuvieran en el país el prestigio que tenían en Francia o Gran Bretaña.[52] Tanto él, como el almirante Panizo, entonces presidente del Comando Conjunto, con quien tuve también un par de reuniones privadas, me aseguraron de manera enfática que las Fuerzas Armadas no permitirían el fraude electoral.

El discurso ante el CAEM es uno de los tres que escribí y publiqué durante la campaña.[53] Me pareció importante hablar en profundidad ante la flor y nata de los institutos militares, de temas centrales para la reforma liberal del Perú en los que las Fuerzas Armadas estaban involucradas.

A diferencia de lo que ocurre en las democracias modernas, en el Perú no ha habido nunca una solidaridad recóndita entre las Fuerzas Armadas y la sociedad civil, por culpa de los golpes militares y por la incomunicación casi total entre los estamentos militar y civil. Para lograrla, era preciso el apoliticismo y el profesionalismo, la total independencia e imparcialidad de las Fuerzas Armadas ante las divisiones y querellas políticas. Y que los militares fueran conscientes de que, en la situación económica del Perú, los gastos de armamentos serían nulos en el futuro inmediato, salvo en dotar a las Fuerzas Armadas de equipos adecuados para la lucha contra el terrorismo. Esta lucha sólo sería ganada si civiles y militares combatían hombro con hombro contra quienes habían causado ya destrozos por valor de diez mil millones de dólares. Como presidente, asumiría la dirección de esa lucha, a la que serían llamados a integrarse los campesinos y trabajadores, en rondas armadas y asesoradas por los propios militares. Y no toleraría abusos a los Derechos Humanos, incompatibles con un Estado de Derecho y contraproducentes si se quería ganar el apoyo de la población.

Es un error confundir el nacionalismo con el patriotismo. Éste es un legítimo sentimiento de amor por el suelo donde uno nació; aquél, una doctrina decimonónica, res-

52. Fiel a estas ideas, el general Salinas Sedó, ya en el retiro, intentó un movimiento constitucionalista para restaurar la democracia en el Perú, el 13 de noviembre de 1992, luego de siete meses del golpe autoritario del 5 de abril. Pero fracasó y él y el grupo de oficiales que lo apoyó se encuentran, ahora que corrijo las pruebas de este libro, en la cárcel.

53. *Civiles y militares en el Perú de la libertad*. Exposición hecha ante los oficiales del Ejército, la Marina y la Aviación del Perú, en el CAEM (Centro de Altos Estudios Militares), el 26 de febrero de 1990. Lima, 1990.

trictiva y anticuada, que en América Latina había enfrentado a nuestros países en guerras fratricidas y arruinado nuestras economías. Siguiendo el ejemplo de Europa, había que acabar con aquella tradición nacionalista y trabajar por la integración con los vecinos, la disolución de las fronteras y el desarme continental. Mi gobierno se esforzaría, desde el primer día, en remover todas las barreras económicas y políticas que impedían una estrecha colaboración y amistad con los países latinoamericanos, principalmente nuestros vecinos. Mi discurso terminaba con una anécdota, de cuando yo enseñaba en el King's College, de la Universidad de Londres. Allí descubrí un día que dos de mis más aplicados alumnos eran dos jóvenes oficiales del Ejército británico, a quienes éste había becado para hacer una maestría en estudios latinoamericanos: «Por ellos supe que entrar a Sandhurst o a la Escuela Naval o al Ejército del Aire en Gran Bretaña era un privilegio reservado a los jóvenes más capaces y esforzados —ni más ni menos que entrar a las universidades más ilustres—, y que la preparación que allí recibían no sólo los educaba para los fragores de la guerra (aunque también para ellos, claro está), sino para la paz: es decir, para servir a su país eficientemente como científicos, como investigadores, como técnicos, como humanistas.» Hacia esta meta tendería la reorganización de las Fuerzas Armadas en el Perú.

Dos o tres días después de la reunión del CAEM, Sawyer & Miller tuvo los resultados de una nueva encuesta nacional, la más importante hecha hasta entonces por el número de personas y lugares incluidos en la muestra. Yo tenía la primera mayoría, con un 41 o 42 por ciento de las intenciones de voto. Alva Castro había conseguido remontar hasta un 20 por ciento, en tanto que Barrantes seguía estancado en el 15 por ciento y Henry Pease en el 8 por ciento. Los resultados no me parecieron tan malos, pues esperaba un desplome por culpa de la propaganda por el voto preferencial. Pero no acepté la propuesta de Mark Mallow Brown de cancelar las giras por el interior y concentrarme en una campaña a través de los medios y en recorridos por los barrios marginales de Lima. En la capital eran conocidos mi persona y mi programa, en tanto que en muchos lugares del interior aún no.

Esa misma semana, cuando, en las pequeñas pausas

que tenía en los aviones o camionetas entre mítines, garabateaba el discurso que pronunciaría en un encuentro con intelectuales liberales de diversos países que el Movimiento Libertad había organizado entre el 7 y el 9 de marzo, me llegó la noticia del asesinato de nuestro dirigente ayacuchano Julián Huamaní Yauli. Viajé de inmediato para asistir a su entierro y llegué cuando velaban sus restos, en una pequeña capilla ardiente levantada en el segundo piso de una antigua y oscura vivienda, el Colegio de Contadores. Fue una sensación extraña la de estar allí, contemplando la cabeza destrozada por los balazos senderistas de ese humilde ayacuchano, que, en cada uno de mis viajes a su tierra, me había acompañado en los recorridos, ceremonioso y discreto, como suelen serlo sus paisanos. Su asesinato era un buen ejemplo de la irracionalidad y crueldad estúpida de la estrategia terrorista, que no quería castigar en ese modestísimo y hasta entonces apolítico Julián Huamaní, violencia, explotación o abuso alguno, sino, simplemente, asustar con el crimen a quienes creían que las elecciones podían cambiar las cosas en el Perú. Era el primer dirigente del Movimiento Libertad que caía. ¿Cuántos otros lo seguirían? Me lo preguntaba mientras llevábamos sus restos a la iglesia, por las calles de Ayacucho, sintiendo por primera vez ese sentimiento de culpa que, sobre todo durante la segunda vuelta, me embargaría cada vez que me anunciaban que las vidas de militantes o candidatos nuestros habían sido segadas por los terroristas.

Muy poco después del asesinato de Julián Huamaní Yauli, el 23 de marzo, otro candidato del Frente a una diputación, el populista José Gálvez Fernández, fue asesinado al salir del colegio que dirigía, en Comas, uno de los distritos populares de Lima. Sencillo y simpático, era uno de los dirigentes locales de Acción Popular que había trabajado más por la buena colaboración entre las fuerzas del Frente. Cuando fui, aquella noche, al local de Acción Popular, donde lo velaban, encontré a Belaunde y a Violeta muy afectados por el asesinato de su correligionario.

Pero entre sangrientos sucesos como éstos, hubo también, en los últimos días de la campaña, un contraste estimulante: el certamen «La revolución de la libertad». Desde muchos meses atrás habíamos planeado reunir en

Lima a intelectuales de distintos países, cuyas ideas hubieran contribuido a los extraordinarios cambios políticos y culturales en el mundo, para mostrar que lo que queríamos hacer en el Perú era parte de un proceso de revalorización de la democracia, al que se sumaban cada vez más pueblos en el mundo. Y para que nuestros compatriotas supieran que el pensamiento más moderno era liberal.

El encuentro duró tres días, en El Pueblo, en las afueras de Lima, donde tuvieron lugar las conferencias, mesas redondas, debates, y, en las noches, serenatas y fiestas a las que la presencia masiva de jóvenes del Movimiento, dio mucho color. Teníamos la ilusión de que Lech Walesa asistiera. A Miguel Vega, que fue a verlo a Gdansk, el líder de Solidaridad le prometió que haría lo posible, pero a última hora los problemas internos de su país lo retuvieron, y nos envió un mensaje, con dos dirigentes del sindicato polaco, Stefan Jurczak y Jacek Chwedoruk, cuya presencia, en el estrado, la noche que lo leyeron, provocó una explosión de entusiasmo. (Recuerdo a Álvaro, más exaltado que de costumbre, coreando el nombre de Walesa a todo pulmón, con las manos en alto.)

Los encuentros culturales suelen ser aburridos, pero éste no lo fue, en todo caso para mí, y tampoco, creo, para los jóvenes que trajimos de todo el país a fin de que oyeran hablar de la ofensiva liberal que recorría el mundo. Muchos escuchaban por primera vez las cosas que allí se dijeron. Tal vez por la total inmersión en el lenguaje estereotipado de la lucha electorera, aquellos tres días me pareció degustar un exquisito fruto prohibido oyendo palabras sin trastienda política inmediata ni servidumbre a la actualidad, empleadas de modo personal, para explicar los grandes cambios en marcha o los que podían sobrevenir en los países que se reformaran a sí mismos jugando a fondo la libertad política y la económica —fue el tema de Javier Tusell—, o, simplemente, describiendo en abstracto, como lo hizo Israel Kirzner, la naturaleza del mercado. Recuerdo las espléndidas exposiciones de Jean-François Revel y de sir Alan Walters, como los momentos más altos del encuentro, y la explicación que hizo José Piñera de las reformas económicas que trajeron a Chile desarrollo y democratización. Fue muy estimulante, sobre todo, gracias a las intervenciones del colombiano Plinio Apuleyo Mendoza, los mexicanos Enrique Krauze y Gabriel Zaid, el guatemalteco Armando de la Torre y otros comprobar que en todo el continente había intelectuales afines a nuestras ideas, que veían nuestra campaña con la esperanza de que, si se lograba en el Perú, la revolución liberal contagiara a sus países.

Entre los asistentes figuraban dos luchadores cubanos de primera línea: Carlos Franqui y Carlos Alberto Montaner. Ambos llevaban muchos años, desde que sintieron que la revolución por la que lucharon había sido traicionada, combatiendo contra la dictadura castrista en nombre de inequívocas convicciones democráticas. Me pareció que, al cerrar el encuentro, debía hacer pública mi solidaridad con su causa, decir que la libertad de Cuba era también bandera nuestra, y que, si ganábamos, los cubanos libres tendrían en el Perú a un aliado en su lucha contra uno de los últimos vestigios del totalitarismo en el mundo. Así lo hice, antes de leer mi discurso,[54] provocando las previsibles iras del dictador cubano quien, dos o tres días después, respondió desde La Habana con sus vituperios habituales.

Octavio Paz, quien no pudo venir, envió un vídeo, con un mensaje grabado, explicando por qué ahora apoyaba esa candidatura de la que dos años atrás había tratado de disuadirme en Londres, y Miguel Vega Alvear se vio en apuros para conseguir los aparatos de televisión suficientes a fin de que todos los asistentes escucharan el mensaje. Pero lo logró y de este modo Octavio Paz estuvo aquellos días con su imagen y voz entre nosotros. Su aliento era para mí muy oportuno, pues la verdad es que de tanto en tanto me martillaban en el oído las razones que me había dado, dos años atrás, en una conversación en su hotel londinense de Sloane Street, mientras tomábamos el ortodoxo té con *scones*, para que no entrase en la política activa: incompatibilidad con el trabajo intelectual, pérdida de la independencia, manipulaciones de los políticos profesionales y, a la larga, frustración y el sentimiento de años de vida malgastados. En su mensaje, Octavio, con esa sutileza para desplegar un razonamiento que es, junto a la

54. *El país que vendrá*. Discurso de clausura del certamen «La revolución de la libertad», pronunciado el 9 de marzo de 1990. Lima, Perú, 1990.

elegancia de su prosa, su mejor atributo intelectual, se desdecía de aquellas razones y les anteponía otras, más actuales, justificando mi empeño y vinculándolo a la gran movilización liberal y democrática en el Este europeo. En ese momento, fue tonificante para mí escuchar, en boca de alguien a quien yo admiraba desde joven, las razones que me daba hacía tiempo a mí mismo. No mucho después, sin embargo, tendría ocasión de comprobar cuán acertada había sido su primera reacción y cómo la realidad peruana se apresuraba a contradecir esta segunda.

Pero, todavía más que por razones intelectuales, esos tres días del certamen fueron una verdadera vacación, pues pude alternar con amigos a los que no veía hacía tiempo y conocer a personas estupendas que vinieron al encuentro trayendo ideas y testimonios refrescantes para ese país de cultura embotellada y marginal en que la pobreza y la violencia habían convertido al Perú. Salvo la fuerte seguridad de que estuvo rodeado el local, los participantes extranjeros no tuvieron indicios de la violencia en que se vivía en el país y pudieron, incluso, divertirse con un espectáculo de música y bailes peruanos, al que dos espontáneos, Ana y Pedro Schwartz, añadieron unas sevillanas. (Lo consigno para la historia, pues vez que lo he contado, nadie me ha creído que el destacado economista español fuera capaz de tal proeza.)

Estos tres días de relativo descanso me dieron, además, energías para el último mes, que fue de vértigo. Reanudé la campaña el domingo 11 de marzo, con mítines en Huaral, Huacho, Barranca, Huarmey y Casma, y desde entonces, hasta la manifestación del cierre de campaña, el 5 de abril, en Arequipa, recorrí una media docena de ciudades y pueblos cada día, hablando, presidiendo caravanas y dando conferencias de prensa en todas ellas y volando casi todas las noches a Lima para reunirme con el comando del Frente, el equipo de Plan de Gobierno, el pequeño grupo de asesores del *kitchen cabinet*, y al que asistía también Patricia, coordinadora de mi agenda.

Como las manifestaciones eran casi siempre multitudinarias y, en las últimas semanas, las rivalidades internas parecían haberse esfumado y el Frente daba una imagen de cohesión y solidez, la victoria me parecía segura. Las encuestas lo decían así, aunque todas descartaban ya el triunfo en primera vuelta. Habría un desempate y yo prefería competir en la segunda vuelta con el candidato aprista, pues imaginaba que el antiaprismo de algunas fuerzas de la izquierda me permitiría captar votos de ese lado. Pero, en mi fuero interno, no perdía las esperanzas de que, en el último momento, el pueblo peruano accediera a darme desde el mismo 8 de abril el mandato que le pedía.

El 28 de marzo, día de mi cumpleaños, el recibimiento en Iquitos fue apoteósico. Desde el aeropuerto hasta la ciudad una enorme masa me escoltó, y yo y Patricia, que me acompañaba en la camioneta descubierta, veíamos, impresionados, que de todas las casas salían nuevos grupos de entusiastas a añadirse a la densa caravana que no cesó un momento de corear los lemas del Frente y cantar y bailar con una alegría y un fervor indescriptibles (todo en la Amazonía se convierte en fiesta). En la tribuna me esperaba una tarta gigantesca, con cincuenta y cuatro velitas, y aunque hubo apagones y los micrófonos funcionaron mal, la magnitud del mitin fue tal que Patricia y yo quedamos galvanizados.

Allí dormí esa noche, las tres o cuatro horas que se habían vuelto mi ración de sueño, y a la mañana siguiente, muy temprano, volé al Cusco, donde, empezando por Sicuani, Urcos, Urubamba y Calca, emprendí una gira que debía culminar, dos días después, a las cinco de la tarde, en la plaza de Armas de la antigua capital del imperio de los incas. Por razones históricas y también políticas, Cusco, tradicional ciudadela de izquierda, tiene un valor simbólico en el Perú. Y su plaza de Armas, donde las piedras de los antiguos palacios incaicos sirven de base a los templos y viviendas coloniales, es una de las más bellas e imponentes que conozco. También una de las más grandes. El comité cusqueño del Movimiento Libertad me había prometido que, aquella tarde, estaría llena de bote en bote, y que ni apristas ni comunistas conseguirían estropear el mitin. (Habían intentado agredirnos en todos mis recorridos anteriores por el departamento.)

Me preparaba para salir a aquel mitin cuando me llamó Álvaro, desde Lima. Lo noté muy agitado. Estaba en la oficina del comando de campaña, con Mark Mallow Brown, Jorge Salmón, Luis Llosa, Pablo Bustamante y los analistas de las encuestas. Acababan de recibir la última y se habían llevado una mayúscula sorpresa: en los barrios marginales y pueblos jóvenes de Lima —el 60 por ciento de la capital— el candidato Alberto Fujimori había despegado en los últimos días de manera vertiginosa, desplazando en las intenciones de voto al APRA y a la izquierda, y las indicaciones eran que su popularidad crecía «como la espuma, minuto a minuto». Según los analistas, se trataba de un fenómeno circunscrito a los barrios más pobres de Lima y a los sectores C y D; en los demás, y en el resto del Perú, se mantenía la correlación de fuerzas. Mark consideraba el peligro muy serio y me aconsejaba suspender la gira, incluido el mitin del Cusco, y regresar a Lima en el acto, para, desde hoy y hasta las elecciones, concentrar todos los esfuerzos en los distritos y barrios periféricos de la capital a fin de atajar aquel fenómeno.

Le contesté a Álvaro que estaban locos si creían que iba a dejar plantados a los cusqueños y que volvería a Lima al día siguiente, después de los mítines de Quillabamba y Puerto Maldonado. Partí hacia la plaza de Armas del Cusco y, allí, el espectáculo me hizo olvidar todas las aprensiones del comando de campaña. Era el atardecer y un sol ardiente encendía las faldas de la cordillera y la cuesta de Carmenca. Los tejados de San Blas y las piedras prehispánicas de iglesias y conventos echaban llamas. En el purísimo azul añil del cielo no había nubes y destellaban ya algunas estrellas. La apretada muchedumbre que cubría la enorme plaza parecía a punto de estallar de entusiasmo y en el aire transparente de la sierra las caras curtidas de los hombres y los vivos colores de las polleras femeninas y los carteles y banderas que agitaba ese bosque de manos eran muy nítidos y parecían al alcance de cualquiera que, desde el estrado levantado en el atrio de la catedral, hubiera estirado el brazo para tocarlos. Nunca me sentí tan emocionado en toda la campaña como aquella tarde cusqueña, en esa antigua y hermosa plaza donde el desdichado país en que nací vivió sus más altos momentos de gloria y donde, alguna vez, fue civilizado y próspero. Así se lo dije, con la garganta cerrada, al arquitecto Gustavo Manrique Villalobos del comité de Libertad, cuando, con los ojos húmedos, me susurró, señalándome la impresionante concurrencia: «Promesa cumplida, Mario.»

En la noche, a la hora de la cena, en el hotel de Turistas, pregunté quién era y de dónde venía este Alberto Fujimori que sólo a diez días de las elecciones parecía comenzar a existir como candidato. Hasta entonces no creo haber pensado una sola vez en él, ni haber oído a nadie mencionarlo en los análisis sobre el proceso electoral que hacíamos en el Frente y en el Movimiento Libertad. Había visto alguna vez, al paso, los ralos carteles del fantasmal organismo que inscribió su candidatura, cuyo nombre, Cambio 90, parasitaba un lema nuestro —El gran *cambio* en libertad— y fotos pintorescas del personaje cuya estrategia de campaña consistía en pasearse en un tractor, a veces con un chullo indígena sobre su cara oriental, repitiendo un eslogan —Honradez, Tecnología y Trabajo— que contenía toda su propuesta de gobierno. Pero ni siquiera como excentricidad folklórica este ingeniero de cincuenta y dos años, hijo de japoneses, de apellido duplicado —Fujimori Fujimori— se llevaba el cetro entre los diez candidatos a la presidencia registrados por el Jurado Nacional de Elecciones, pues en este dominio lo derrotaba el señor Ataucusi Gamonal o profeta Ezequiel.

El profeta Ezequiel era el fundador de una nueva religión, los Israelitas del Nuevo Pacto de la Iglesia Universal, surgida en las alturas de los Andes, y con cierta implantación en comunidades campesinas y barrios marginales de las ciudades. Hombre humilde, nacido en el pueblecito de La Unión (Arequipa), educado por una secta evangélica de la sierra central, se había apartado de aquélla luego de tener una revelación en Tarma y fundado la suya propia. A sus fieles se los reconocía porque andaban, las mujeres, embutidas en unas túnicas severas y con un pañuelo en la cabeza y, los hombres, con las uñas y los cabellos larguísimos, pues uno de los preceptos de su credo era no interferir en el desenvolvimiento del orden natural. Vivían en comunidades, trabajando la tierra y compartiéndolo todo, y habían tenido enfrentamientos con Sendero Luminoso. Al principio de la campaña, Juan Ossio, que estudiaba como antropólogo a los israelitas y tenía buena relación con ellos, me había invitado a almorzar a su casa con el profeta Ezequiel y con el jefe de sus apóstoles, el hermano Jeremías Ortiz Arcos, pues pensaba que el apoyo de la secta podía ganarnos votos campesinos. Guardo un divertido recuerdo de ese almuerzo, en el que todo el diálogo conmigo lo sostuvo el hermano Jeremías, un cholo fuerte y astuto, de enmarañadas crenchas recogidas en trenzas y de estudiadas poses, mientras el profeta permanecía mudo y sumido en una suerte de arrobo místico. Sólo a los postres, después de haber comido como un Heliogábalo, volvió a este mundo. Me buscó los ojos y cogiéndome el brazo con sus garras negras, pronunció esta frase definitiva: «Yo lo pondré en el trono, doctor.» Alentados por lo que interpretamos como una promesa de ayuda electoral, Juan Ossio y Freddy Cooper fueron a almorzar con el profeta Ezequiel y sus apóstoles a una carpa israelita, de una barriada de Lima, y Freddy recordaba aquel ágape como una de las pruebas menos digestas de su efímera carrera política. Inútil, por lo demás, pues al poco tiempo el profeta Ezequiel decidió ponerse en el trono él mismo, lanzando su candidatura. Aunque en las encuestas jamás había llegado ni siquiera al 1 por ciento, a veces los analistas del Frente especulaban sobre la posibilidad de un descarte del voto campesino hacia el profeta, que desestabilizara el panorama político. Pero ninguno intuyó que la sorpresa vendría del ingeniero Fujimori.

Al regresar a Lima, en la tarde del 30 de marzo, me encontré con una noticia curiosa. Nuestro equipo de seguridad había detectado una orden dada la víspera por el presidente Alan García a todas las Corporaciones Regionales de Desarrollo de que, a partir de este momento, reorientasen su apoyo logístico —transportes, comunicaciones y publicidad— de la candidatura aprista de Alva Castro a la de Cambio 90. Al mismo tiempo, desde ese día todos los medios de comunicación dependientes del gobierno y afines a García —sobre todo el Canal 5, Radioprogramas, *La República*, *Página Libre* y *La Crónica*— comenzaron a levantar de manera sistemática una candidatura que hasta entonces apenas mencionaban. El único que no pareció sorprendido con las novedades fue Fernando Belaunde, con quien me reuní la misma noche de mi regreso a Lima. «La candidatura de Fujimori es una típica maniobra aprista para quitarnos votos», me aseguró el ex presidente. «Lo hicieron conmigo, en 1963, inventándose la candidatura del ingeniero Mario Samamé Boggio, que decía las mismas cosas que yo, era profesor de la misma universidad que yo, y que, al final, sacó menos votos incluso que las firmas con que se inscribió en el registro electoral.» ¿Era el candidato del chullo y el tractor un epifenómeno de Alan García? En todo caso, Mark Mallow Brown estaba inquieto. Las encuestas *flash* —hacíamos una diaria, en Lima— confirmaban que en los pueblos jóvenes el «chinito» crecía a un ritmo veloz.

¿Quién era? ¿De dónde salía? Había sido profesor de matemáticas y rector de la Universidad Agraria, y, como tal, presidió en una época el CONUP (Consejo Nacional de la Universidad Peruana). Pero su candidatura no podía ser más endeble. Ni siquiera había conseguido llenar los cupos de senadores y diputados en su lista. Entre sus candidatos había muchos pastores de iglesias evangélicas y eran todos, sin excepción, desconocidos. Después descubrimos que había incluido entre ellos a su propio jardinero y a una adivinadora y quiromántica, embarrada en un proceso de drogas, Madame Carmelí. Pero la mejor prueba de la poca seriedad de la candidatura era que el propio Fujimori figuraba, también, como candidato a una senaduría. La Constitución peruana permite esta duplicación, de lo cual se aprovechan muchos aspirantes parlamentarios que, para conseguir mayor publicidad, se inscriben a la vez como candidatos a la presidencia. Nadie con posibilidades reales de ser presidente postula al mismo tiempo a senador, pues ambos cargos son incompatibles, según la Constitución.

Aunque no anulé todo el resto de las giras programadas para los últimos días —Huancayo, Jauja, Trujillo, Huaraz, Chimbote, Cajamarca, Tumbes, Piura y Callao—, hice, casi todas las mañanas, antes de partir a provincias, recorridos por los pueblos jóvenes de Lima donde Fujimori parecía más asentado, y una serie de *spots* televisivos, conversando con gentes de los sectores C y D, que me interrogaban sobre los puntos de mi programa más atacados. Con el flamante apoyo de los aviones y camionetas del gobierno, Fujimori comenzó una serie de recorridos por provincias y las informaciones mostraban, en todos sus mítines, una gran asistencia de peruanos humildes a los que el «chinito» del poncho, el chullo y el tractor que atacaba en sus discursos a todos los políticos parecía, de la noche a la mañana, haber hechizado.

El viernes 30 de marzo, el nuevo alcalde de Lima, Ricardo Belmont, endosó mi candidatura. Lo hizo desde mi casa de Barranco, luego de una conversación que fue para mí muy instructiva. El despegue de Fujimori lo había puesto muy inquieto, porque aquél no sólo repetía todo lo que Belmont había dicho en su campaña municipal —«no soy un político», «todos los políticos han fracasado» «ha llegado la hora de los independientes»—, sino que los comités de su propia organización, OBRAS, en los barrios marginales de Lima, habían comenzado a ser fagocitados por Cambio 90. Sus locales cambiaban de banderas y los carteles con su cara eran reemplazados por otros, con la del «chinito». Para Belmont no había la menor duda: Fujimori era una creación del APRA. Y me contó que el ex alcalde aprista de Lima, Jorge del Castillo, había tratado de que incluyese a Fujimori en su lista de regidores, algo que él no hizo por ser aquél un ilustre desconocido. Seis meses atrás, el postulante presidencial de Cambio 90 sólo aspiraba a ser concejal de un municipio.

Como se lo había dicho a Álvaro, con quien celebró varias reuniones previas a este encuentro conmigo y de quien se hizo amigo, Ricardo Belmont me aseguró en aquella entrevista: «Voy a parar a Fujimori.» Y en esos últimos ocho días de campaña hizo cuanto estuvo a su alcance para apuntalar mi candidatura, en conferencia de prensa, en un programa de televisión que ideó con ese objeto y subiendo al estrado a darme su apoyo en el mitin del 4 de abril, en el paseo de la República, con el que cerramos la campaña en Lima. Nada de eso sirvió para contener lo que los periodistas bautizarían luego como el *tsunami*, pero a mí me dejó una imagen simpática de Belmont, a quien, previsiblemente, el futuro gobierno peruano le hizo pagar caro ese despliegue, asfixiando a la alcaldía de Lima con la falta de recursos y condenándolo a una gestión poco menos que nula.[55]

El día 3 de abril hubo dos buenas ocurrencias. La guapa Gisella Valcárcel, que, de artista de variedades había

55. Luego del autogolpe del 5 de abril de 1992, la rivalidad del alcalde Belmont con el flamante dictador se trocaría en apasionado idilio.

pasado a dirigir uno de los más populares programas de la televisión, luego de entrevistar a Fujimori y delante de él, anunció a su teleaudiencia que votaría por mí. Fue un gesto valeroso, porque el Canal 5 ya había tratado de impedir antes que Gisella participara en el festival que Acción Solidaria organizó para la Navidad. Sin embargo, ella fue el estadio y animó la fiesta —sacándome incluso a bailar un huayno— y ahora, en vísperas del acto electoral, hizo público su endose, tratando de arrastrar a su público a apoyarme. La llamé para agradecérselo, y hacer votos para que esto no le acarreara represalias, cosa que, felizmente, no ocurrió.

La segunda buena nueva fueron los resultados de la última encuesta nacional que Mark y sus analistas Paul, Ed y Bill, me trajeron a la casa en la tarde de ese miércoles: me mantenía en un promedio de un 40 por ciento de las intenciones de voto y la arremetida de Fujimori, que abarcaba no sólo Lima, también el resto del Perú —con la sola excepción de la Amazonía—, le quitaba votos sobre todo al APRA y a la Izquierda Unida, las que pasaban al tercero y cuarto lugar, respectivamente, en casi todos los departamentos. El avance de Fujimori en los barrios marginales de la capital parecía contenido; y en distritos como San Juan de Lurigancho y Comas yo había recuperado algunos puntos.

Centenares de periodistas de todo el mundo estaban en Lima para la elección del domingo 8 y el comando de campaña temía que la capacidad para mil quinientas personas del salón de actos del Sheraton fuera insuficiente. Mi casa de Barranco estaba cercada por fotógrafos y camarógrafos día y noche y la seguridad se veía en aprietos para contener a los que querían escalar los muros o saltar al jardín. Para tener privacidad teníamos que cerrar persianas y bajar cortinas y hacer que los visitantes entraran en auto al garaje si no querían ser acosados por las hordas periodísticas. La ley electoral no permite publicar encuestas los quince días anteriores a las elecciones, pero en el extranjero los diarios ya habían dado noticias de la sorprendente aparición en el último minuto de las elecciones peruanas de un *dark horse* de origen nipón.

Yo no me sentía alarmado, como lo había estado los días de la proliferación publicitaria de nuestros candida-

tos parlamentarios —la que, en estas dos últimas semanas, se redujo a dimensiones menos estrepitosas—, aunque no podía dejar de pensar que entre ella y el fenómeno
Fujimori había una relación de vasos comunicantes. Ese
espectáculo de inmodestia económica había caído al pelo
a alguien que se presentaba ante los peruanos pobres como otro pobre, asqueado de una clase política que nunca
había resuelto los problemas del país. Sin embargo, pensaba que el voto por Fujimori —el voto de castigo a nosotros— no podría llegar a más de un 10 por ciento del electorado, el sector más desinformado e inculto. ¿Quiénes sino podían votar por un desconocido, sin programa, sin
equipo de gobierno, sin la menor credencial política, que
casi no había hecho campaña fuera de Lima, improvisado
de la noche a la mañana como candidato? Dijeran lo que
dijeran las encuestas, no se me pasaba por la cabeza que
una candidatura tan huérfana de ideas y personas pudiera
pesar frente al monumental esfuerzo desarrollado por nosotros a lo largo de casi tres años de trabajo. Y, en secreto,
sin decírselo ni siquiera a Patricia, todavía albergaba la
esperanza de que los peruanos me dieran ese domingo el
mandato para el «gran cambio en libertad».

Semejante ilusión se alimentaba, en buena medida, de
una lectura equivocada de los últimos mítines, que fueron
todos, empezando por el de la plaza de Armas del Cusco,
formidables. Lo fue también el del 5 de abril, en el paseo
de la República, en Lima, en el que hablé de mí y de mi
familia de manera confesional, explicando, contra la propaganda que me presentaba como un privilegiado, que yo
debía todo lo que era y tenía a mi trabajo, y el de Arequipa, el último, el día 6, en el que prometí a mis coterráneos
que sería «un presidente rebelde y turbulento», como lo
había sido mi tierra natal en la historia del Perú. Esos actos tan bien organizados, esas plazas y avenidas que bu-
llían de gente sobreexcitada y enronquecida de corear
nuestros lemas —tantas muchachas y muchachos, sobre
todo— daban la idea de una movilización arrolladora, de
un país encandilado con el Frente. Antes del mitin final,
con Patricia y mis tres hijos recorrimos las calles de la
ciudad en coche descubierto en una caravana de varias
horas a la que de cada rincón arequipeño se sumaba más
y más gente, con ramos de flores o papel picado, en una

atmósfera de verdadero delirio. Durante uno de esos recorridos en Arequipa, me ocurrió una de las más bonitas anécdotas de esos años. Una señora joven se acercó a la camioneta, me alcanzó un niño de pocos meses para que lo besara, y me gritó: «¡Si ganas, tendré otro hijo, Mario!»

Pero cualquiera que se hubiera sentado a hacer sumas y restas, con la cabeza fría, y observado con atención el tipo de gente que acudía a esas marchas y mítines hubiera desconfiado: quienes estaban allí representaban casi exclusivamente al tercio de los peruanos de mayores ingresos. Aunque una minoría, se bastaban para colmar las plazas de las ciudades peruanas, sobre todo ahora que, como pocas veces en nuestra historia, esas clases medias y altas se habían afiliado en bloque a un proyecto político. Pero los otros dos tercios, los peruanos más empobrecidos y frustrados por la decadencia nacional de las últimas décadas, a parte de los cuales, en algún momento, al comienzo de la campaña, mis propuestas llegaron a interesar, se habían luego distanciado de ellas, por miedo, confusión, disgusto con lo que apareció de pronto como el viejo Perú elitista y arrogante de los blancos y los ricos —algo que nuestra publicidad contribuyó a crear tanto como la campaña de los adversarios— y cuando yo presidía aquellos apoteósicos mítines que me daban la impresión de preservar la mayoría casi absoluta que me atribuían las encuestas, ya habían empezado a decidir la elección de manera distinta.

Algunos amigos habían llegado al Perú del extranjero, como Carmen Balcells, mi agente literaria de Barcelona y cómplice de muchas peripecias, mi editor inglés, Robert McCrum y el escritor y periodista colombiano Plinio Apuleyo Mendoza, a quienes pude ver la víspera del día de elecciones, en medio de la asfixiante serie de entrevistas con corresponsales extranjeros que figuraba en mi agenda. Una sorpresa fue que aparecieran también por allí mi editor finlandés, Erkki Reenpa y Sulamita, su mujer, cuyas níveas caras escandinavas habían surgido de pronto como por arte de magia en medio de la muchedumbre, en el mitin de Piura, sin que yo pudiera acabar de entender cómo era posible que esos dos amigos de Helsinki se aparecieran en ese confín remoto del Perú. Después supe que me habían seguido, en esa última semana, por distintas ciudades, haciendo prodigios para, alquilando autos y tomando aviones, estar presentes en todos mis últimos mítines. Y esa noche, en mi casa, me encontré con un telegrama que me había enviado desde Ginebra mi íntimo amigo de juventud, Luis Loayza, a quien no veía hacía muchos años y que me emocionó: «Un abrazo, sartrecillo valiente.»

El domingo 8, con Patricia, Álvaro y Gonzalo, fuimos a votar temprano al colegio Mercedes Indacochea, de Barranco, y Morgana nos acompañó, muerta de envidia porque sus hermanos ya podían votar. Luego, antes de partir al hotel Sheraton, averigüé cómo estaban funcionando en todo el país esas decenas de miles de personeros, en las mesas electorales, que el equipo dirigido por Miguel y Cecilia Cruchaga preparaba para este día desde hacía meses. Todo estaba en orden; el transporte había funcionado y nuestros personeros se hallaban en sus puestos desde el amanecer.

Habíamos reservado varios pisos del Sheraton para el día de las elecciones. En el primero estaban las oficinas de prensa del Frente, con Álvaro y su equipo, y en el segundo se habían instalado los faxes, teléfonos y escritorios para los corresponsales y la sala donde yo hablaría luego de conocer los resultados. En el piso 18 había una oficina de cómputo, en la que Mark Mallow Brown y su gente recibían proyecciones de voto, informes de nuestros personeros y resultados de las encuestas hechas a las salidas de los centros de votación que llegaban a las computadoras que Miguel Cruchaga tenía instaladas, en semisecreto, en San Antonio. Me entregarían una primera proyección a eso del mediodía.

El piso 19 se reservó para mi familia y amigos íntimos, y el servicio de seguridad tenía órdenes de no dejar entrar a nadie más. Me encerré en una *suite* a eso de las once de la mañana, solo. Estuve viendo en la televisión cómo iban votando los líderes de los distintos partidos políticos, o figuras célebres del deporte y la canción, y de pronto me angustió la idea de que durante cinco años más probablemente no volvería a leer ni escribir nada literario. Entonces me senté y en una libretita que llevo siempre en el bolsillo escribí este risueño poema al que, desde que leí un libro de Alfonso Reyes sobre Grecia, en instantes de asueto, le daba vueltas:

Pienso en el poderoso Alcides,
llamado también Hércules.
Era muy fuerte. Aún en la cuna
aplastó a dos serpientes, una
por una. Y, adolescente,
mató a un león, gallardamente.
Cubierto con su piel, peregrino
audaz, fue por el mundo. Lo imagino
musculoso y bruñido, dando caza
al león de Nemea. Y, en la plaza
calcinada de Lidia, sirviendo
como esclavo y entreteniendo
a la reina Onfale. Vestido
de mujer, el venido
de Grecia hilaba y tejía
y, en su gentil disfraz, divertía
a la corte.
       Allí lo dejo
al invicto joven trejo:
en el ridículo sumido
y, paf, lo olvido.

A eso de la una subieron a verme Mark, Lucho y Álvaro con la primera proyección: yo raspaba el 40 por ciento y Fujimori el 25 por ciento. El *dark horse* confirmaba su notable implantación en todo el país. Mark me explicó que la tendencia era a que yo siguiera creciendo, pero, viendo su cara, supe que me mentía. Si estas cifras se confirmaban, el electorado no me había dado el mandato y habría una mayoría parlamentaria hostil a nuestro programa.

Bajé a conversar con mi madre y mis tíos, tías, primas y amigos, y comí con ellos unos sándwiches, sin contarles lo que sabía. Hasta el tío Lucho, pese a su hemiplejia y parálisis, estaba allí, sonriendo detrás de su inmovilidad y silencio, acompañándome en el gran día. Volví a la *suite* del piso 19, donde a las dos y media de la tarde me alcanzaron una segunda y más completa proyección nacional. De inmediato, advertí la catástrofe: había perdido tres puntos —estaba en 36 por ciento—, Fujimori mantenía su 25 por ciento, el APRA bordeaba el 20 por ciento y las dos izquierdas, juntas, el 10 por ciento. No se necesitaban dotes de adivino para leer el porvenir: habría una segunda vuelta en la que apristas, socialistas y comunistas volcarían en bloque sus votos a favor de Fujimori, dándole una victoria cómoda.

Álvaro se quedó conmigo, a solas, un momento. Estaba muy pálido, con esas ojeras azules que, cuando era niñito, presagiaban sus pataletas. De mis tres hijos, es el que más se parece a mí, en su apasionamiento y en sus entusiasmos, en su entrega desmedida, sin reservas y sin cálculos, a sus amores y a sus odios. Tenía veinticuatro años y esta campaña había sido una experiencia extraordinaria en su vida. No fue idea mía sino de Freddy Cooper la de hacerlo nuestro vocero de prensa, ya que era periodista, ya que vivía tan obsesionado con el Perú, ya que estaba tan cerca de mí y tan identificado con las ideas liberales. Había costado trabajo que aceptara. A Freddy y a mí nos dijo que no, pero, al final, Patricia, que es todavía más empecinada que él, lo convenció, por lo cual habíamos sido acusados de nepotismo y bautizados por la prensa aprista como «La familia real». Había desempeñado muy bien su trabajo, peleándose con mucha gente, claro está, por no hacer la menor concesión ni acceder a nada de lo que pudiéramos arrepentirnos después, tal como yo se lo había pedido. En todo este tiempo había aprendido mucho más que en sus tres años en la London School of Economics, sobre su país, sobre la gente y sobre la política, pasión que contrajo en su adolescencia y que desde entonces lo absorbía, así como en su niñez lo había absorbido la religión. (Conservo aún la sorprendente carta que me mandó, desde el internado, a sus trece años, comunicándome su decisión de dejar el catolicismo para confirmarse por la Church of England.) «Todo se fue a la mierda», decía, lívido. «Ya no habrá reforma liberal. El Perú no cambiará y seguirá como siempre. Lo peor que te podría pasar ahora es ganar.» Pero yo sabía que este riesgo estaba descartado.

Le pedí que localizara a nuestro personero ante el Jurado Nacional de Elecciones, y cuando Enrique Elías Laroza vino al piso 19, le pregunté si era legalmente posible que uno de los dos candidatos finalistas renunciara a la segunda vuelta, cediendo al otro la presidencia de una vez. De manera enfática me aseguró que sí.[56] Y todavía me animó: «Claro, ofrécele a Fujimori uno o dos ministerios y que renuncie a la segunda vuelta.» Pero lo que yo estaba ya pensando ofrecerle a mi rival era algo más apetitoso que unas carteras ministeriales: la banda presidencial. A cambio de algunos puntos claves de nuestro programa económico y de unos equipos capaces de llevarlo a la práctica. Mi temor, desde ese instante, fue que, a través de interpósita persona, Alan García y el APRA siguieran gobernando el Perú y el desastre de los últimos cinco años continuara, hasta la delicuescencia de la sociedad peruana.

Desde esa segunda proyección nunca tuve la menor duda sobre el desenlace ni me hice la menor ilusión sobre mis posibilidades de triunfo en una segunda vuelta. En los meses y años anteriores había podido palpar físicamente el odio que llegaron a tenerme los apristas y los comunistas, a quienes mi irrupción en la vida política peruana, defendiendo tesis liberales, llenando plazas, movilizando a unas clases medias a las que antes tenían intimidadas o confundidas, impidiendo la nacionalización del sistema financiero, y reivindicando cosas que ellos habían convertido en tabúes —la democracia «formal», la propiedad y la empresa privada, el capitalismo, el mercado—, les desbarató lo que creían un seguro monopolio del poder político y del futuro peruano. La sensación, alimentada por las encuestas a lo largo de casi tres años, de que no había manera legal de atajar a ese intruso resucitador de la «derecha» que llegaría al poder en olor de multitudes, había envenenado aún más su animadversión y, exasperada ésta por las intrigas que orquestaba desde Palacio Alan García, había aumentado su encono contra mí de una manera demencial. La aparición de Fujimori, en el último minuto, era un regalo de los dioses para el APRA y la izquierda y era obvio que ambos se entregarían en cuerpo y alma a trabajar por su victoria, sin ponerse a pensar un minuto en lo riesgoso que era llevar al poder a alguien tan mal equipado para ejercerlo. El sentido común, la razón, son flores exóticas en la vida política peruana y estoy seguro de que,

---

56. Había ocurrido, en las elecciones de 1985, en las que Alan García obtuvo poco menos del 50 por ciento sobre Alfonso Barrantes, quien quedó segundo. Por lo tanto hubiera debido haber una segunda vuelta electoral, que se evitó, por desistimiento del candidato de Izquierda Unida.

aun si hubieran sabido que, veinte meses después de votar por él, Fujimori iba a acabar con la democracia, cerrar el Congreso, convertirse en dictador y empezar a reprimir a apristas e izquierdistas, éstos hubieran votado igual por él con tal de cerrarle el paso a quien llamaban el enemigo número uno.

Toda esta reflexión la hice luego de hablar con Elías Laroza y antes de que, al cerrarse la votación y empezar la televisión a dar las primeras proyecciones del resultado, supiera que éste era todavía peor de lo insinuado: entre 28 y 29 por ciento para mí y Fujimori apenas a cinco puntos, con 24 por ciento. El APRA y las izquierdas rebasaban, juntas, el tercio de los votos.

Tracé mentalmente lo que debía hacer. Negociar cuanto antes con Fujimori, cediéndole desde ahora la presidencia a cambio de que consintiera a la reforma económica: poner fin a la inflación, bajar los aranceles, abrir la economía a la competencia, renegociar con el Fondo Monetario y el Banco Mundial la reinserción del Perú en el sistema financiero y, tal vez, la privatización de algunas empresas públicas. Nosotros teníamos los técnicos y cuadros que a él le faltaban. Mi argumento principal sería: «Más de la mitad de los peruanos han votado por un cambio. Es evidente que no hay una mayoría a favor del cambio radical que yo propongo; el resultado indica que la mayoría se inclina por cambios moderados, graduales, por ese consenso que yo dije siempre que significaba parálisis e inconsecuencia con los principios. Es clarísimo que yo no soy la persona indicada para llevar a cabo esta política. Pero sería una burla a la decisión de la mayoría que Cambio 90 sirviera para que el APRA continuara gobernando el Perú, cuando es evidente, también, que sólo un 19 por ciento de peruanos quiere el continuismo.»

A las seis y media de la tarde bajé al segundo piso a hablar a la prensa. La atmósfera en el hotel era fúnebre. Por pasillos, escaleras, ascensores, sólo vi caras largas, ojos llorosos, expresiones de indecible sorpresa y algunas, también, de furia. La sala estaba atiborrada de periodistas, cámaras y reflectores, y de gente del Frente Democrático que, desde su desconsuelo, sacaron fuerzas para vitorearme. Cuando pude hablar, agradecí a los electores mi «triunfo» y felicité a Fujimori por su alta votación. Dije que el resultado era una clarísima decisión de la mayoría de los peruanos a favor de un cambio, y que, por lo mismo, debía ser posible ahorrarle al país los riesgos y tensiones de una segunda vuelta y negociar una fórmula de la que surgiera de una vez un gobierno que se pusiera a trabajar.

En eso, Miguel Vega me interrumpió para decirme al oído que Fujimori se había presentado en el hotel. ¿Podía entrar? Le dije que sí y allí apareció, en el estrado, junto a mí. Era más pequeñito de lo que parecía en las fotos y totalmente japonés, incluso en cierta defectuosa manera de pronunciar el castellano. Después supe que, al aparecer en la puerta del Sheraton, un grupo de partidarios del Frente había tratado de agredirlo, pero que otro grupo los contuvo y ayudó a sus guardaespaldas a protegerlo y conducirlo hasta la sala de la prensa. Nos abrazamos para los fotógrafos y le dije que teníamos que hablar, mañana mismo.

El piso 19 se había llenado de amigos y partidarios, que, apenas supieron los resultados, corrieron al hotel y desbordaron la barrera de seguridad. El cuarto parecía un velatorio y a ratos un loquerío. Las caras reflejaban sorpresa, desconcierto y gran amargura por los imprevistos resultados. Por radio y televisión habían comenzado a lanzar rumores de que yo iba a renunciar, y los líderes del APRA y de la izquierda comenzaban a insinuar que en esta segunda vuelta apoyarían a la «candidatura popular» del ingeniero Fujimori. Los dueños de *El Comercio*, Alejandro y Aurelio Miró Quesada, los primeros en llegar, me insistieron mucho en que por ningún motivo renunciase a la segunda vuelta pues tenía aún muchas posibilidades. Poco después aparecieron Belaunde Terry y Violeta, y Lucho y Laura Bedoya y dirigentes del Frente. Hasta cerca de las diez de la noche permanecí allí, diciendo y oyendo las cosas convencionales con las que yo y mis amigos, parientes y partidarios, tratábamos de disimular la decepción que sentíamos.

Al salir del Sheraton, Patricia me insistió mucho para que bajara del auto y dirigiera unas palabras a unos centenares de jóvenes del Movimiento Libertad, que, desde el atardecer, estaban allí, coreando estribillos y cantando. Reconocí a Johnny Palacios y al entusiasta Felipe Leno, secretario general de la Juventud, que había estado en todos los estrados del Perú, a mi lado, animando con su voz de trueno las manifestaciones. Tenía los ojos húmedos pero se empeñaba en sonreír. Y al llegar a la casa, pese a ser cerca de la medianoche, me encontré también con una nube de muchachas y muchachos a los que tuve que decirles que les agradecía su adhesión.

Cuando, por fin, quedamos solos con Patricia, era el amanecer. Todavía, antes de echarme a dormir, redacté un borrador de la carta explicando a los peruanos por qué renunciaría a disputar la segunda vuelta y exhortando a los votantes del Frente a apoyar a Fujimori en su gestión presidencial. Esperaba mostrársela a mi adversario al día siguiente como señuelo que lo animara a aceptar un acuerdo que permitiera salvar algunos puntos de ese programa para cambiar al Perú en libertad.

XIX

EL VIAJE A PARÍS

Algún día de septiembre u octubre de 1957, Luis Loayza me trajo la increíble nueva: un concurso de cuentos, organizado por una revista francesa, cuyo premio era un viaje de quince días a París.

La Revue Française, publicación de mucho lujo, dedicada al arte y dirigida por Monsieur Prouverelle, consagraba números monográficos a ciertos países del mundo. El certamen de cuentos, con ese codiciado premio, formaba parte de aquellas monografías. Semejante oportunidad me catapultó a mi máquina de escribir, como a toda la literatura peruana viviente, y así nació «El desafío», relato sobre un viejo que ve morir a su hijo en un duelo a cuchillo, en el cauce seco del río Piura, que figura en mi primer libro *Los jefes* (1958). Envié el cuento al concurso, que debía fallar un jurado presidido por Jorge Basadre y en el que había críticos y escritores —Sebastián Salazar Bondy, Luis Jaime Cisneros, André Coyné y el propio director de *La Revue Française*, entre ellos— y procuré pensar en otra cosa, para que la decepción no fuera tan grande si otro resultaba ganador. Algunas semanas después, una tarde en la que empezaba a preparar el boletín de las seis, Luis Loayza se apareció en la puerta de mi altillo de Radio Panamericana, eufórico: «¡Te vas a Francia!» Estaba tan contento como si él hubiera ganado el premio.

Dudo que, antes o después, me haya exaltado tanto alguna noticia como aquélla. Iba a poner los pies en la ciudad soñada, en el país mítico donde habían nacido los escritores que más admiraba. «Voy a conocer a Sartre, voy a darle la mano a Sartre», le repetía esa noche a Julia y a los tíos Lucho y Olga, con quienes fuimos a celebrar el acontecimiento. Debo haber pasado la noche en vela, sobreexcitado, brincando en la cama de felicidad.

El fallo oficial del premio se dio en la Alianza Francesa y allí estuvo también mi querida maestra de francés, Madame del Solar, muy satisfecha de que su ex alumno hubiera ganado el concurso de *La Revue Française*. Conocí a Monsieur Prouverelle, con quien acordamos que viajaría luego de los exámenes de la universidad y de las fiestas del fin de año. Esos últimos de 1957, fueron unos días agitados, en que me hacían reportajes en los periódicos y me buscaban los amigos para felicitarme. El doctor Porras organizó un chocolate para festejar el premio.

Fui a agradecer uno por uno a los jurados, y así conocí a Jorge Basadre, la última gran figura intelectual no provinciana que haya producido el Perú. Nunca había hablado con él antes. Era menos anecdótico y chispeante que Porras Barrenechea, pero mucho más interesado por las ideas, las doctrinas y la filosofía que éste, con unas visiones de conjunto sobre los problemas históricos y una vasta cultura literaria. El orden y la discreta elegancia de su casa parecían reflejar la organizada inteligencia del historiador, su claridad mental. Carecía de vanidad y no hacía el menor esfuerzo por deslumbrar; era parco y cortés, pero muy sólido. Pasé dos horas con él, escuchándolo hablar de las grandes novelas que lo habían conmovido, y la manera en que se refirió a *La montaña mágica*, de Thomas Mann, fue tal, que saliendo de su casa de San Isidro corrí a una librería a comprarla. Sebastián Salazar Bondy, que había estado unos meses en Francia hacía poco, me decía, envidioso: «Te pasa lo mejor que le puede pasar a nadie en el mundo: ¡Irse a París!» Me preparó una lista de cosas imprescindibles para hacer y ver en la capital de Francia.

André Coyné tradujo «El desafío» al francés, pero fue Georgette Vallejo la que revisó y pulió la traducción, trabajando conmigo. Yo conocía a la viuda de César Vallejo porque iba con frecuencia a visitar a Porras, pero sólo en esos días, ayudándola en la traducción, en su departamento de la calle Dos de Mayo, nos hicimos amigos. Podía ser una persona fascinante, cuando contaba anécdotas de escritores famosos que había conocido, aunque ellas estaban siempre lastradas de una pasión recóndita. Todos los estudiosos vallejianos solían convertirse en sus enemigos mortales. Los detestaba, como si por acercarse a Vallejo le quitaran algo. Era menuda y filiforme como un faquir y de carácter temible. En una célebre conferencia en San Marcos, en la que el delicado poeta Gerardo Diego contó bromeando que Vallejo se había muerto debiéndole unas pesetas, la sombra de la ilustre viuda se irguió en el auditorio y volaron monedas sobre el público, en dirección al conferencista, a la vez que atronaba el aire la exclamación: «¡Vallejo siempre pagaba sus deudas, miserable!» Neruda, que la detestaba como ella a él, juraba que Vallejo tenía tanto miedo a Georgette que se escapaba por los techos o las ventanas de su departamento de París para estar a solas con sus amigos. Georgette vivía entonces muy pobremente, dando clases privadas de francés, y cultivaba sus neurosis sin el menor embarazo. Ponía cucharaditas de azúcar a las hormigas de su casa, no se quitaba jamás el turbante negro con que siempre la vi, se compadecía con acentos dramáticos de los patos que decapitaban en un restaurante chino vecino a su edificio y se peleaba a muerte —con durísimas cartas públicas— con todos los editores que habían publicado o pretendían publicar la poesía de Vallejo. Vivía con una frugalidad extrema y recuerdo que, una vez, a Julia y a mí, que la invitamos a almorzar a La Pizzería de la Diagonal, nos riñó, con lágrimas en los ojos, por haber dejado comida en el plato habiendo tantos hambrientos en el mundo. Al mismo tiempo que intemperante, era generosa: se desvivía por ayudar a los poetas comunistas con problemas económicos o políticos a los que, a veces, en tiempos de persecución, ocultaba en su casa. La amistad con ella era dificilísima, como atravesar un campo de brasas ardientes, pues la cosa más nimia e inesperada podía ofenderla y desencadenar sus iras. Pese a ello, se hizo muy amiga nuestra y solíamos buscarla, llevarla a la casa y sacarla algunos sábados. Luego, cuando me fui a vivir a Europa, me hacía encargos —que le cobrara algunos derechos, que le enviara algunas medicinas homeopáticas de una farmacia del Carrefour de l'Odéon, de la que era cliente desde joven— hasta que, por uno de estos mandados, tuvimos también un pleito epistolar. Y, aunque nos reconciliamos después, ya no volvimos a vernos mucho. La última vez que hablé con ella, en la librería Mejía Baca, poco antes de que se iniciara esa terrible etapa final de su vida, que la tendría años hecha un vegetal en una clínica, le pregunté cómo le iba: «¿Cómo le puede ir a una en este país donde la gente es cada día más mala, más fea y más bruta?», me contestó, refregando las erres con delectación.

En Radio Panamericana me dieron un mes de vacaciones y el tío Lucho me consiguió un préstamo de mil dólares de su banco, para quedarme en París por mi cuenta dos semanas más. El tío Jorge desenterró un viejo abrigo gris que conservaba desde joven y al que las polillas de Lima no habían estropeado demasiado, y una mañana de enero de 1958 emprendí la gran aventura. Además de Julia, fueron a despedirme al aeropuerto el tío Lucho, Abelardo y Pupi y Luis Loayza. Con muchas ínfulas, llevaba en mi maleta varias copias del flamante primer número de *Literatura* para dar a conocer nuestra revista a los escritores franceses.

He hecho muchos viajes en la vida y casi todos los he olvidado, pero recuerdo aquel vuelo de Avianca de dos días, con lujo de detalles, así como el pensamiento mágico que no se apartaba de mí: «Voy a conocer París.» Había en el avión un estudiante peruano de medicina, que regresaba a Madrid, y dos chicas colombianas, que subieron en la escala de Barranquilla, con las que ambos nos tomamos fotos en las Azores. (Un año después, el peruano Lucho Garrido Lecca, en una tasca de Madrid, le mostraría aquella foto a Julia, provocando una monumental escena de celos.) El avión se iba quedando horas en cada escala —Bogotá, Barranquilla, las Azores, Lisboa— y, por fin, llegó a Orly, entonces un aeropuerto más pequeño y modesto que el de Lima, al amanecer de un lluvioso día de invierno. Ahí estaba Monsieur Prouverelle, bostezando.

Cuando su Dauphine enfiló por los Champs Élysées, rumbo al Arco de Triunfo, aquello me pareció un milagro. Despuntaba un alba fría y no había vehículos ni peatones en la gran avenida, pero qué imponente parecía todo, qué armoniosas las fachadas, las vitrinas, qué majestuoso y magnífico el Arco. Monsieur Prouverelle dio una vuelta a la Étoile para que yo pudiera disfrutar de la perspectiva, antes de llevarme al hotel Napoleón, en la avenue de Friedland, donde pasaría los quince días de mi premio.

Era un hotel de lujo y Lucho Loayza diría después que yo describía mi ingreso al Napoleón como los «salvajes» que llevó Colón a España, su ingreso en la corte de Castilla y Aragón.

Ese mes en París hice una vida que no tendría nada que ver con la que llevaría los casi siete años que pasé luego en Francia, en los que estuve casi siempre confinado en el mundo de la *rive gauche*. En estas cuatro semanas de principio de 1958, en cambio, fui un ciudadano del *seizième*, y, por las apariencias, cualquiera me hubiera tomado por un petimetre sudamericano venido a París a echar una cana al aire. En el hotel Napoleón me dieron un cuarto con balconcito a la calle desde el que divisaba el Arco de Triunfo. Frente a mi cuarto se alojaba alguien que también había ganado un premio, parte del cual consistía en esa estancia napoleónica: Miss France 1958. Se llamaba Annie Simplon y era una muchacha de cabellos dorados y cintura de avispa, a la que el gerente del hotel, Monsieur Makovsky, me presentó y con la que me invitó a cenar y a bailar una noche en una boîte de moda, L'Éléphant Blanc. La gentil Annie Simplon me hizo dar una vuelta por París en el Dauphine que había ganado con su reinado y aún me martirizan los oídos las carcajadas que le provocaba, la tarde del paseo, el francés que yo creía haber aprendido no sólo a leer, también a hablar.

El hotel Napoleón tenía un restaurante, Chez Pescadou, cuya elegancia me intimidaba de tal modo que lo atravesaba en puntas de pie. Mi francés no me permitía descifrar todas las exquisitas denominaciones de los platos, y, turbado por la presencia de ese maître que parecía un chambelán real en traje de ceremonia, de pie allí a mi lado, yo escogía el menú al azar, señalando con el dedo. Así me di un día, en el almuerzo, con la sorpresa de que me traían una red. Había pedido una trucha y tenía que ir a sacarla yo mismo, de una poza, en una esquina del restaurante. «Éste es el mundo de Proust», pensaba, alelado, aunque no había leído aún ni una línea de *À la recherche du temps perdu*.

A la mañana siguiente de llegar, apenas desperté, a eso del mediodía, salí a recorrer los Champs Élysées. Ahora sí estaba lleno de gente y de vehículos y, detrás de las mamparas de vidrio, las terrazas de los bistrots se veían repletas de hombres y mujeres, fumando y conversando. Todo me pareció bello, incomparable, deslumbrante. Era un métèque desvergonzado. Sentía que ésta era mi ciudad: aquí viviría, aquí escribiría, aquí echaría raíces y me quedaría para siempre. Merodeaban en ese tiempo, en las calles del centro, unos sirio-libaneses que compraban y vendían dólares —inevitable consecuencia del control de cambios— y yo no entendía lo que venían a ofrecerme esos personajes que de tanto en tanto se me acercaban, con gesto cómplice. Hasta que uno de ellos, que chapurreaba una especie de portuñol, me explicó lo que quería. Me cambió algunos dólares, a mejor precio que en el banco, y cometí el error de revelarle mi hotel. Me llamó luego por teléfono, varias veces, proponiéndome diversiones de todo color, con «mushashas muito bonitas».

Monsieur Prouverelle me había preparado un programa, que incluyó una visita a la alcaldía de París, donde me dieron un diploma, y a la que nos acompañó el agregado cultural del Perú. Este viejo señor, que alcanzaría tiempo después un instante de celebridad en una conferencia general de la Unesco en la que pronunció un discurso contra Picasso —precisando que sus críticas eran «de pintor a pintor», pues producía paisajes en sus ocios diplomáticos—, se había vuelto tan refinado (o era tan distraído) que besaba las manos a todas las porteras de la *Mairie*, ante la sorpresa de Monsieur Prouverelle, quien me preguntó si era ésa una costumbre peruana. Nuestro agregado cultural vivía en Europa hacía una eternidad y el Perú de sus recuerdos ya estaba extinto, o, tal vez, no existió nunca. Recuerdo la sorpresa que me causó, la tarde que lo conocí —habíamos ido a tomar un café, luego de la visita a la alcaldía, a un bistrot del Châtelet—, cuando le oí decir: «Los limeños, tan frívolos, dando vueltas y vueltas cada domingo en el paseo Colón.» ¿Cuándo iban a dar vueltas dominicales los limeños a ese destartalado paseo del centro? Treinta o cuarenta años atrás, sin duda. Pero, es verdad, aquel caballero podía tener mil años.

Monsieur Prouverelle consiguió que me hicieran una entrevista en *Le Figaro* y dio un cóctel en mi honor en el hotel Napoleón, en el que presentó el número de *La Revue Française* en el que aparecía mi cuento. Era, como él decía, «un chauvin raisonné» y le divertía y halagaba mi frenético entusiasmo con todo lo que yo veía a mi alrededor y mi embeleso con los libros y autores franceses. Se quedaba sorprendido de que yo anduviera todo el tiempo asociando los monumentos, calles y lugares de París con novelas y poemas que conocía de memoria.

Hizo denodados esfuerzos para conseguirme una cita con Sartre, pero no lo consiguió. Llegamos hasta quien era entonces su secretario, Jean Cau, quien, haciendo bien su trabajo, nos fue dando largas hasta que nos cansamos de insistir. Pero a Albert Camus llegué a verlo, darle la mano y cambiar unas palabras con él. Monsieur Prouverelle averiguó que dirigía la reposición de una de sus obras, en un teatro de los grandes boulevares, y allí me fui a apostar, una mañana, con la impertinencia de mis veintiún años. Al poco rato de estar esperando, Camus apareció, junto con la actriz María Casares. (La reconocí en el acto, por una película que yo había visto dos veces y que me gustó tanto como disgustó a Lucho Loayza: *Les enfants du Paradis*, de Marcel Carné.) Me acerqué, balbuceando, en mi mal francés, que lo admiraba mucho y que quería entregarle una revista y, ante mi desconcierto, me respondió unas frases amables en buen español (su madre era una española de Orán). Estaba con el impermeable de las fotos y el cigarrillo de costumbre entre los dedos. Algo dijeron él y ella, en el instante ese, sobre «le Pérou», palabra que entonces se asociaba todavía en Francia con ideas de prosperidad («Ce n'est pas le Pérou!»).

Al día siguiente de mi llegada, Monsieur Prouverelle me invitó a tomar un aperitivo a la Rhumerie Martiniquaise, de Saint-Germain, y a cenar a Le Fiacre, advirtiéndome que me llevaba allí porque era un excelente restaurante, pero que el bar del primer piso me podía chocar. Yo me creía liberado de todo prejuicio, pero lo cierto es que, al atravesar aquel bar, donde lujuriosos caballeros de avanzada edad se lucían muy orondos con adolescentes efebos a los que besuqueaban y toqueteaban alegremente, a la vista de todos, me quedé perplejo: una cosa era leer que aquellas cosas existían y otra verlas.

El restaurante de Le Fiacre, en cambio, era formalísimo, y allí me enteré que Monsieur Prouverelle, antes de ser editor de *La Revue Française*, había sido militar. Colgó el uniforme por una gran decepción, no sé si política o personal, pero me habló de ello en un tono que me impresionó, pues parecía un drama que había revolucionado su existencia. Pasmado, le oí hablar bien del gobierno de Salazar, que, según él, había puesto fin a la anarquía que había antes en Portugal, tesis que me apresuré a refutarle, escandalizado de que alguien pudiera creer que dictadores como Salazar o Franco habían hecho algo bueno por sus países. Él no insistió y, más bien, me dijo que al día siguiente me presentaría a una muchacha, hija de unos amigos, que podía acompañarme a conocer museos y hacer recorridos por París.

Así conocí a Geneviève, a quien, a partir de entonces, vi a diario, muchas horas al día, hasta la víspera de mi retorno a Lima. Y gracias a ella supe que todavía podía pasarme algo mejor de lo mucho bueno que ya me pasaba: tener veintiún años y conocer a una francesita simpática y bonita con quien descubrir las maravillas de París.

Geneviève lucía una melena corta color castaño, unos ojos azules avispados y una tez pálida que, cuando se sonrosaba porque se reía o se avergonzaba, encendía su persona de gracia y animación. Debía de tener unos dieciocho años y era una perfecta *demoiselle del seizième*, una niña *comme il faut*, por lo arregladita que siempre iba, lo educado de sus maneras y lo bien que se portaba. Pero era también inteligente, divertida, de una coquetería elegante y sabia, y, viéndola y oyéndola y sintiendo su grácil silueta a mi costado me corrían culebritas por la espalda. Estudiaba en una escuela de arte, y conocía el Louvre, Versailles, L'Orangerie, el Jeu de Paume, como la palma de sus manos, de modo que visitar con ella los museos duplicaba el placer.

Nos veíamos desde muy temprano y comenzábamos el recorrido de iglesias, galerías y librerías de acuerdo a un minucioso plan. En las tardes íbamos al teatro o al cine, y, algunas noches, después de la cena, a alguna *cave* de la *rive gauche* a oír música y a bailar. Vivía en una transversal de la avenida Victor Hugo, en un departamento, con sus padres y una hermana mayor, y me llevó varias veces a su casa, a almorzar o a comer, algo que no me volvería a ocurrir, en los muchos años que viví en Francia, ni con mis mejores amigos franceses.

Al regresar a París, a instalarme, un par de años des-

pués, sobre todo al principio, en que pasé grandes pelleje-
rías económicas, siempre recordaría como algo fabuloso
ese mes en que, junto a la linda Geneviève, iba a espectáculos y a restaurantes todas las noches, y mi ocupación
de cada día era recorrer galerías, rincones de París y comprar libros. Monsieur Prouverelle nos consiguió invitaciones para la Comédie Française y para el TNP, que dirigía
Jean Vilar, en cuyo escenario vi a Gérard Philippe, en el
Príncipe de Homburg, de Kleist. Otra memorable función
de teatro fue una pieza de Shakespeare, en la que actuaba
Pierre Brasseur, cuyas películas yo andaba siempre persi-
guiendo. Vimos también, por cierto, *La cantatrice chauve*
y *La leçon*, de Ionesco, en el pequeño teatro de La Huchet-
te (donde el espectáculo sigue aún, a punto de cumplir
cuarenta años) y esa noche, luego del teatro, dimos una
larguísima caminata por los muelles, a orillas del Sena, en
la que yo ensayé algunos piropos de imperfecta sintaxis,
que Geneviève me corregía. Conocí también la Cinéma-
thèque de la rue d'Ulm, donde nos encerramos un día entero, viendo cuatro películas de Max Ophuls, entre ellas
Madame D, con la bellísima Danielle Darrieux.

Como mi premio sólo me daba quince días de aloja-
miento en el Napoleón, había reservado para las últimas
dos semanas un cuarto en un hotelito del Barrio Latino,
recomendado por Salazar Bondy. Pero cuando fui a despedirme del gerente del hotel Napoleón, el señor Makovsky me dijo que me quedara allí pagando lo que iba a
pagar en el hotel de Seine. De modo que seguí disfrutando
del Arco de Triunfo hasta el final de mi estancia.

Otra de las maravillas parisinas fueron para mí los
bouquinistes del Sena y las pequeñas librerías de lance del
Barrio Latino, donde hice una buena provisión de libros
que luego no sabía cómo meter en la maleta. Conseguí,
así, completar la colección de *Les Temps Modernes*, desde
el primer número, con ese manifiesto inicial de Sartre a
favor del compromiso, que conocía casi de memoria.

Años después, ya viviendo en Francia, tuve una noche
una larga conversación sobre París con Julio Cortázar,
que amaba también esta ciudad y que declaró alguna
vez que la había elegido «porque no ser nadie en una ciudad que lo era todo era mil veces preferible a lo contrario». Le conté esa pasión precoz en mi vida por una ciu-

dad mítica, que sólo conocía por fabulaciones literarias o chismografías, y cómo, al cotejarla con la versión real, en ese mes milyunanochesco, en vez de tener una decepción aquel hechizo había incluso crecido. (Duró hasta 1966.)

Él también sentía que París había dado a su vida algo profundo e impagable, una percepción de lo mejor de la experiencia humana, cierto sentido tangible de la belleza. Una misteriosa asociación de la historia, la invención literaria, la destreza técnica, el conocimiento científico, la sabiduría arquitectónica y plástica, y, también, en muchas dosis, el azar, había creado esa ciudad donde salir a caminar por los puentes y muelles del Sena, u observar a ciertas horas las volutas de las gárgolas de Notre Dame o aventurarse en ciertas placitas o el dédalo de callejuelas lóbregas del Marais, era una emocionante aventura espiritual y estética, como sepultarse en un gran libro. «Así como uno elige a una mujer y es elegido o no por ella, pasa con las ciudades», decía Cortázar. «Nosotros elegimos París y París nos eligió.»

Cortázar ya vivía en ese tiempo en Francia pero en ese mes de enero del 58 no lo conocí, ni creo haber conocido a alguno de los muchos pintores o escritores latinoamericanos de allá («Pobre gente de París», los llamaría en un libro de cuentos inspirado en ellos, Sebastián Salazar Bondy), salvo al poeta peruano Leopoldo Chariarse, de quien había oído contar a Abelardo Oquendo muy divertidas anécdotas (como haber declarado, en público, que su vocación de poeta nació «el día que, de niño, me violó una negra»). Chariarse, que sería luego tocador de laúd, orientalista, gurú y padre espiritual de una secta y director de un *ashram*, en Alemania, era entonces surrealista, y tenía un gran prestigio dentro de la pequeña secta a que había quedado reducido el movimiento de Breton. Los surrealistas franceses lo suponían un revolucionario perseguido por la dictadura del Perú (donde gobernaba entonces el muy pacífico Manuel Prado), y no sospechaban que era el único poeta en la historia del Perú becado a Europa por una ley del Congreso.

Supe todo eso por el poeta Benjamin Péret, a quien fui a visitar en el muy modesto departamento donde vivía, con la esperanza de que me diera algunos datos sobre César Moro, pues uno de mis proyectos de entonces era escribir un ensayo sobre él. Por varios años, en Francia, Moro estuvo en el grupo surrealista —colaboró en *Le surréalisme au service de la Révolution* y en el *Hommage à Violette Nozière*— y organizó luego, con Péret y Breton, una Exposición Internacional del Surrealismo en México. Sin embargo, en la historia oficial del grupo, rara vez se lo aludía. Péret se mostró muy evasivo, porque no recordaba casi a Moro o por alguna otra razón, y apenas si me habló del surrealista más auténtico nacido en el Perú y, acaso, América Latina. Quien me dio una pista de las razones de este ostracismo a que había sido condenado Moro por Breton y sus amigos, fue Maurice Nadeau, a quien fui a ver, por encargo de Georgette Vallejo, para cobrarle unos poemas de Vallejo aparecidos en *Les Lettres Nouvelles*. Nadeau, cuya *Historia del surrealismo* yo conocía, me presentó a un joven novelista francés, que estaba con él —Michel Butor— y cuando le pregunté las razones por que los surrealistas parecían haber purgado a Moro, me dijo que probablemente se debía a su homosexualismo. Breton toleraba y alentaba todos los «vicios», salvo éste, desde que, en los años veinte, los surrealistas habían sido acusados de maricas. Ésta era la increíble razón por la que Moro había pasado también a ser un exiliado interior dentro de un movimiento cuya moral y filosofía llegó a encarnar con una integridad y un talento ciertamente más genuinos que buena parte de los sacramentados por Breton.

En ese mes, en París, por primera vez comencé, muy en secreto, a preguntarme si no había sido una precipitación el haberme casado. No porque nos lleváramos mal con Julia, pues no teníamos más disputas que cualquier matrimonio del común, y lo cierto es que Julia me ayudaba en mi trabajo y, en vez de obstruirla, alentaba mi vocación literaria. Sino porque aquella pasión del principio se había apagado y la había reemplazado una rutina doméstica y una obligación que, a ratos, yo empezaba a sentir como esclavitud. ¿Podía durar ese matrimonio? El tiempo, en vez de acortar la diferencia de edad, la iría dramatizando hasta convertir nuestra relación en algo artificial. Las predicciones de la familia se cumplirían, tarde o temprano, y aquel romántico enlace terminaría tal vez por irse a pique.

Esos lúgubres pensamientos nacieron de rebote, aquellos días, al compás de los paseos parisinos y el flirt con Geneviève. Ella me comía a preguntas sobre Julia —su curiosidad femenina era más fuerte que su respingada educación— y quería que le mostrara su fotografía. Con esa muchacha jovencita yo me sentía joven, también, y de alguna manera reviví, en esas semanas, mi infancia miraflorina y las escaramuzas amorosas de Diego Ferré. Porque desde mis trece o catorce años no había vuelto a tener enamorada ni a perder tan maravillosamente el tiempo, dedicado a pasear y a divertirme, como en esas cuatro semanas de París. Los últimos días, cuando el retorno era inminente, me invadía una tremenda angustia y la tentación de quedarme en Francia, de romper con el Perú, con mi familia e iniciar de inmediato una nueva vida, en esa ciudad, en ese país, donde ser escritor parecía posible, donde todo me daba la impresión de estar conjurado para propiciarlo.

La noche de la despedida con Geneviève fue muy tierna. Era muy tarde y lloviznaba y no terminábamos nunca de decirnos adiós en la puerta de su casa. Yo le besaba las manos y había un brillo de lágrimas en sus lindos ojos. A la mañana siguiente, cuando ya salía al aeropuerto, todavía hablamos por teléfono. Luego, nos escribiríamos algunas veces, pero nunca más la vi. (Treinta años más tarde, en lo más crudo de la campaña electoral, súbitamente, alguien que nunca identifiqué, deslizó una carta de ella bajo la puerta de mi casa.)

El viaje a Lima, que debía demorar un par de días, duró toda la semana. Hicimos el primer tramo, de París a Lisboa, sin problemas, y despegamos de allí con puntualidad. Pero a poco de estar volando sobre el Atlántico, el piloto del Super Constellation de Avianca nos comunicó que se había estropeado un motor. Regresamos. Permanecimos dos días en aquella ciudad, por cuenta de la compañía, esperando el avión que venía a rescatarnos, lo que me permitió echar una ojeada a esa bonita y triste capital. Se me había acabado el dinero y dependía de los cupos que nos daba Avianca para los almuerzos y las comidas, pero un compañero de viaje colombiano me invitó uno de esos días a un pintoresco restaurante lisboeta a probar el bacalao «a la Gomes de Sá». Era un muchacho que pertenecía al Partido Conservador. Yo lo miraba como a un bicho raro —andaba siempre con un gran sombrero alón y pronunciaba las palabras con la perfección viciosa de los bogotanos— y lo fastidiaba repitiéndole: «¿Cómo se puede ser joven y *conservador*?»

Por fin, a los dos días embarcamos en el avión de repuesto. Llegamos hasta las Azores, pero allí el mal tiempo le impidió posarse. Nos desviamos hacia una isla cuyo nombre he olvidado, donde, en el espantoso aterrizaje, el piloto se las arregló para estropear una rueda del avión y hacernos pasar momentos de pánico. Cuando llegué a Bogotá, mi vuelo a Lima había partido hacía tres días, y la damnificada Avianca tuvo que hospedarme y alimentarme en Bogotá un par de días más. Apenas me instalaron en el hotel Tequendama salí a caminar por una de las Carreras del centro. Estaba echando una ojeada a las vitrinas de una librería cuando vi que venía a mi encuentro gente corriendo, en medio de una pelotera. Antes de que entendiera qué pasaba, oí tiros y vi policías y soldados que repartían palos a diestra y siniestra, de modo que eché también a correr, sin saber adónde ni por qué, y pensando qué ciudad era ésta donde no había acabado de desembarcar y ya querían matarme.

Llegué a Lima, por fin, lleno de ímpetu, decidido a terminar cuanto antes mi tesis y a hacer milagros para obtener la beca Javier Prado. A Julia, a Lucho y Abelardo, a mis tíos, les contaba mi viaje a París con un entusiasmo desatado y mi memoria revivía con delectación todo lo que allá había hecho y visto. Pero no tenía mucho tiempo para la nostalgia. Porque, en efecto, me puse a trabajar en la tesis sobre los cuentos de Rubén Darío, en todos los momentos libres, en la biblioteca del Club Nacional, entre los boletines de Panamericana, y, en las noches, en mi casa, hasta quedarme a veces dormido sobre la máquina de escribir.

Un percance vino a interrumpir ese ritmo de trabajo. Una mañana empezó a dolerme la ingle, lo que creí era la ingle y resultó siendo el apéndice. Fui a hacerme ver por un médico de San Marcos. Me recetó algunas medicinas que no me hicieron el menor efecto, y, poco después, Genaro Delgado Parker, que me veía cojeando, me metió en su auto y me llevó a la Clínica Internacional, con la que Panamericana tenía algún arreglo. Tuvieron que operarme de urgencia, pues el apéndice estaba ya muy inflama-do. Según Lucho Loayza, al despertar de la anestesia, yo decía palabrotas, mi madre, escandalizada, me tapaba la boca y Julia protestaba: «Lo estás ahogando, Dorita.» Aunque la radio me pagó la mitad de la operación, lo que me tocó cubrir y la devolución de los mil dólares al banco me despresupuestó. Tuve que compensar aquellos desembolsos con una descarga extra de artículos, en el Suplemento de *El Comercio*, haciendo reseñas de libros, y en la revista *Cultura Peruana*, cuyo amable director, José Flórez Aráoz, me dejaba tener dos columnas a la vez y publicar notas o artículos sin firma.

Terminé la tesis antes de medio año, a la que puse un título que parecía serio —«Bases para una interpretación de Rubén Darío»— y empecé a atosigar a mis catedráticos informantes —Augusto Tamayo Vargas y Jorge Puccinelli— para que redactaran cuanto antes sus informes de modo que pudiera celebrarse el grado. Una mañana de junio o julio de 1958 fui convocado por el historiador Luis E. Valcárcel, a la sazón decano de la Facultad de Letras, para el acto. Toda mi familia concurrió y las observaciones y preguntas de los catedráticos que conformaban el jurado, en el salón de grados de la universidad, fueron benévolas. La tesis fue aprobada *cum laude* y con sugerencia de que se publicara en la revista de la Facultad. Pero yo fui retrasando la publicación, con la idea de perfeccionar ese ensayo, cosa que nunca hice. Escrito a salto de mata, en los resquicios de una vida absorbida por las ocupaciones alimenticias, no valía nada y el buen calificativo se explica más por la buena voluntad de los jurados y los niveles académicos decrecientes de San Marcos, que por sus méritos. Pero a mí ese trabajo me permitió leer mucho a un poeta de una fabulosa riqueza verbal, a cuya inspiración y destreza debe la lengua castellana una de las revoluciones seminales de su historia. Porque con Rubén Darío —punto de partida de todas las futuras vanguardias— la poesía en España y América Latina empezó a ser moderna.

En mi solicitud a la beca Javier Prado, para hacer un doctorado en la Complutense de Madrid, presenté el proyecto de continuar aquel estudio en España, aprovechando el Archivo de Rubén Darío que un profesor de la Universidad de Madrid, Antonio Oliver Belmas, había descubierto recientemente, algo que, si las circunstancias lo hubieran permitido, me hubiera encantado hacer. Pero hubo obstáculos insuperables para consultar aquel archivo y con la tesis sanmarquina se interrumpió mi empeño crítico sobre Darío. Pero no mi devoción de lector suyo, pues, desde entonces, a veces luego de largos paréntesis, lo releo y revivo siempre la impresión de maravilla que me dio su poesía la primera vez. (A diferencia de lo que me ocurre con la novela, género en el que tengo una invencible debilidad por el llamado realismo, en poesía siempre he preferido la lujosa irrealidad, sobre todo si la acompaña una chispa de cursilería y buena música.)

Loayza se graduó poco antes o poco después que yo, decidido también a partir a Europa. Esperábamos ambos, para concretar los planes de viaje, el fallo del jurado de la beca Javier Prado. La mañana del día anunciado entré en San Marcos lleno de pavor. Pero Rosita Corpancho, que gozaba dando buenas noticias, apenas me vio aparecer se levantó de su escritorio: «¡Te la dieron!» Salí tropezándome a contarle a Julia que nos íbamos a Madrid. Mi felicidad, mientras recorría La Colmena hacia la plaza San Martín, a tomar el colectivo a Miraflores, era tan grande que me daban ganas de lanzar el alarido de Tarzán.

Comenzamos de inmediato los preparativos de viaje. Vendimos los muebles que teníamos, para llevarnos algo de dinero, y guardamos en cajas y cajones todos mis libros, echándoles bolitas de naftalina y deshaciendo en ellos paquetes de tabaco negro, pues nos habían asegurado que era un buen remedio contra las polillas. No lo fue. En 1974, cuando regresé a vivir al Perú, luego de dieciséis años —en los que sólo volví por cortas temporadas, con una excepción, en 1972, de seis meses— y reabrí esas cajas y cajones que hasta entonces habían permanecido en casa de mis abuelos y de mis tíos, varios de ellos ofrecían un espectáculo pavoroso: una verde capa de moho cubría los libros, a través de la cual se divisaban, como en una coladera, los agujeritos por donde las polillas habían entrado a hacer estragos. Muchas de esas cajas eran ya sólo polvo, mistura y alimañas y debieron ir a la basura. Menos del tercio de mi biblioteca sobrevivió a la inclemencia iletrada de Lima.

Al mismo tiempo, seguía con todos mis trabajos y preparábamos con Lucho y Abelardo el segundo número de *Literatura*, en el que apareció un artículo mío sobre César Moro, y en el que rendimos un pequeño homenaje a los cubanos del 26 de julio, que, con un romántico guerrillero a la cabeza —eso nos parecía Fidel Castro—, combatían contra la tiranía de Batista. Había algunos cubanos exiliados en Lima y uno de ellos, activo en la resistencia, trabajaba en Radio Panamericana. Él me tenía informado sobre los *barbudos* con los que, ni que decir, yo me identificaba sentimentalmente. Pero en ese último año en Lima, salvo esa adhesión emocional a la resistencia a Batista, no tuve la menor actividad política y estuve apartado de la Democracia Cristiana, en la cual, sin embargo, seguí inscrito por unos meses más, hasta que, luego del triunfo de Fidel y el tibio apoyo que los democristianos peruanos le prestaron, renuncié formalmente al partido, desde Europa.

Toda mi energía y mi tiempo, en esos últimos meses en Lima, se fueron en trabajar para reunir algún dinero y en preparar mi viaje. Aunque éste, en teoría, debía durar un año —el tiempo de la beca— yo estaba decidido a que fuera para siempre. Después de España, vería la manera de pasar a Francia y allí me quedaría. En París me haría escritor y si volvía al Perú, sería de visita, pues en Lima nunca pasaría de ese protoescritor que había llegado a ser. Lo habíamos hablado muy en serio con Julia y ella estaba de acuerdo en el desarraigo. También a ella le hacía ilusión nuestra aventura europea y tenía una confianza absoluta en que yo llegaría a ser un novelista y me prometía ayudarme a conseguirlo haciendo los sacrificios que hiciera falta. Cuando la oía hablarme así, me asaltaban ácidos remordimientos por haberme dejado ganar, en París, por aquellos malos pensamientos. (Nunca he sido bueno en el deporte común de meter cuernos, que he visto practicar a mi alrededor, a la mayor parte de mis amigos, con desenvoltura y naturalidad; yo me enamoraba y mis infidelidades me acarreaban, siempre, traumas éticos y sentimentales.)

A la única persona que confié mi intención de no volver más al Perú fue al tío Lucho, quien, como siempre, me animó a hacer lo que creyera mejor para mi vocación. Para los demás, éste era un viaje de postgrado, y en San Marcos, Augusto Tamayo Vargas consiguió que me dieran licencia, lo que me aseguraba unas clases en la Facultad de Letras a mi vuelta. Porras Barrenechea me ayudó a conseguir dos pasajes gratis en el avión correo brasileño, de Lima a Río de Janeiro (demoraba tres días en llegar, pues hacía escalas nocturnas en Santa Cruz y en Campo Grande) de modo que Julia y yo sólo tuvimos que pagar nuestros pasajes, en tercera de barco, de Río a Barcelona. Lucho Loayza viajaría por su cuenta a Brasil y de allí continuaríamos juntos. La pena era que Abelardo no fuera de la partida, pero él nos aseguró a Lucho y a mí que gestionaría aquella beca para Italia. Nos daría pues la sorpresa, dentro de unos meses, apareciéndose en Europa.

Cuando ya estaban muy avanzados los preparativos, un día, en la Facultad de Letras, Rosita Corpancho me preguntó si no me tentaba un viaje a la Amazonía. Estaba por llegar al Perú un antropólogo mexicano, de origen español, Juan Comas, y con este motivo el Instituto Lingüístico de Verano y San Marcos habían organizado una expedición hacia la región del Alto Marañón, donde las tribus de aguarunas y huambisas, por las que aquél se interesaba. Acepté y gracias a ese corto viaje conocí la selva peruana, y vi paisajes y gente y oí historias que, más tarde, serían la materia prima de por lo menos tres de mis novelas: *La casa verde, Pantaleón y las visitadoras* y *El hablador*.

Nunca en mi vida, y vaya que me he movido por el mundo, he hecho un viaje más fértil, que me suscitara luego tantos recuerdos e imágenes estimulantes para fantasear historias. Treinta y cuatro años después todavía me vienen de tanto en tanto a la memoria algunas anécdotas y momentos de aquella expedición por territorios entonces casi vírgenes y por remotas aldeas, donde la existencia era muy diferente de las otras regiones del Perú que yo conocía, o, como en los pequeños asentamientos de huambisas, shapras y aguarunas donde llegamos, la prehistoria estaba aún viva, se reducían cabezas y se practicaba el animismo. Pero, precisamente, por lo importante que resultó siendo para mi trabajo de escritor, y por el mucho partido que le he sacado, me siento más inseguro al referir aquella experiencia que cualquier otra, pues en ninguna se me ha entreverado tanto la fantasía, que todo lo desarregla. Por lo demás he escrito y hablado tanto sobre aquel primer viaje que hice a la selva, que, estoy seguro, si alguien se tomara el trabajo de cotejar todos esos testimonios y entrevistas, advertiría los sutiles y sin duda también abruptos cambios que el inconsciente y la fantasía fueron incorporando al recuerdo de aquella expedición.[57]

De lo que estoy seguro es de esto: descubrir la potencia del paisaje todavía sin domesticar de la Amazonía, y el mundo aventurero, primitivo, feroz y de una libertad desconocida en el Perú urbano, me dejó maravillado. También, me ilustró de manera inolvidable sobre los extremos de salvajismo e impunidad total a que podía llegar la injusticia para ciertos peruanos. Pero, al mismo tiempo, desplegó ante mis ojos un mundo en el que, como en las grandes novelas, la vida podía ser una aventura sin fronteras, donde las audacias más inconcebibles tenían cabida, donde vivir significaba casi siempre riesgo, cambio permanente. Todo ello en el marco de unos bosques, ríos y unas lagunas que parecían los del paraíso terrenal. Ello volvería una y mil veces a mi cabeza en los años siguientes y sería una inagotable fuente de inspiración para escribir.

Estuvimos primero en Yarinacocha, cerca de Pucallpa, donde se hallaba la base del Instituto Lingüístico de Verano y conocimos allí a su fundador, el doctor Townsend, quien lo había creado con un propósito tanto científico como religioso: que sus lingüistas —que eran, al mismo tiempo, misioneros protestantes— aprendieran las lenguas y dialectos primitivos para traducir a ellos la Biblia. Luego partimos hacia las tribus del Alto Marañón y estuvimos en Urakusa, Chicais, Santa María de Nieva, y muchas aldeas y poblados donde dormíamos en hamacas o barbacoas y a los que, a veces, para llegar, luego de dejar el hidroavión, teníamos que desplazarnos en frágiles canoas de balseros indígenas. En una de ellas, la del cacique shapra Tariri, éste nos explicó la técnica de reducir cabezas, que su pueblo aún practicaba; tenían allí a un prisio-

<hr>

57. Escribí sobre ella la primera vez en un artículo en la revista *Cultura Peruana* (Lima: setiembre de 1958) —«Crónica de un viaje a la selva»—, luego, en la conferencia *Historia secreta de una novela* (Barcelona: Tusquets Editores, 1971) y en el cap. IV de mi novela *El hablador* (Barcelona: Seix Barral, 1987) además de innumerables reportajes y artículos.

nero, de una tribu vecina con la que estaban en guerra; el hombre se paseaba en libertad entre sus captores, pero a su perro lo mantenían entre rejas. En Urakusa conocí al cacique Jum, recientemente torturado por unos soldados y patronos de Santa María de Nieva, a los que también conocimos, y a quien intentaría resucitar en *La casa verde*. En todos los sitios donde llegábamos me enteraba de cosas inverosímiles o conocía a personas fuera de lo común, de tal manera que aquella región quedó en mi memoria como un inagotable arsenal de materiales literarios.

Además de Juan Comas, viajaban con nosotros en el pequeño hidroavión el antropólogo José Matos Mar, de quien desde entonces me hice amigo, el director de *Cultura Peruana*, José Flórez Aráoz, y Efraín Morote Best, antropólogo y folklorista ayacuchano, a quien teníamos que levantar en peso para que el hidroavión pudiera despegar. Morote Best había sido visitador de escuelas bilingües y recorrido las tribus, en condiciones heroicas, bombardeando Lima con denuncias de los atropellos e iniquidades que sufrían los indígenas. Éstos lo recibían en las aldeas con mucho afecto y le daban sus quejas y le contaban sus problemas. La idea que me hice de él fue la de un hombre puro y generoso, profundamente identificado con las víctimas de ese país de víctimas que es el Perú. Nunca imaginé que el suave y tímido doctor Morote Best llegaría, con los años, ganado por el maoísmo, durante su rectorado en la Universidad de Ayacucho, a abrir las puertas de ésta al maoísmo fundamentalista de Sendero Luminoso —a cuyo mentor, Abimael Guzmán, llevó allí como profesor— y a ser considerado algo así como el padre espiritual del movimiento extremista más sanguinario de la historia del Perú.

Cuando regresé a Lima ya no me quedó tiempo siquiera de escribir la crónica que le había prometido a Flórez Aráoz sobre el viaje (se la mandé desde Río de Janeiro, ya camino a Europa). Los últimos días en el Perú me los pasé despidiéndome de amigos y parientes y haciendo una selección de los papeles y libretas que llevaría conmigo. Me apené mucho aquella madrugada en que me despedí de los abuelos y de la Mamaé, pues no sabía si volvería a ver a los tres viejecitos. El tío Lucho y la tía Olga llegaron al aeropuerto de Córpac a despedirnos cuando Julia y yo ya estábamos en el interior del avión militar brasileño, que, en vez de asientos, tenía banquetas de paracaidistas. Los divisamos desde la ventanilla y les hicimos adiós, a sabiendas de que no podían vernos. A ellos sí estaba seguro de que volvería a verlos, y de que entonces ya sería, por fin, un escritor.

XX

PUNTO FINAL

Al día siguiente de la primera vuelta, lunes 9 de abril de 1990, llamé temprano a Alberto Fujimori al hotel Crillón, su cuartel general, y le dije que necesitaba conversar con él ese mismo día, sin testigos. Quedó en indicarme la hora y lugar de la cita, y así lo hizo, un poco más tarde: una dirección en las vecindades de la clínica de San Juan de Dios, una casa contigua a una gasolinera y taller de mecánica.

Los sorprendentes resultados electorales de la víspera habían creado un clima de desconcierto y Lima era un avispero de rumores, entre ellos el de un inminente golpe de Estado. A la frustración y alelamiento había sucedido la cólera entre los partidarios del Frente y durante el día las radios dieron noticias de incidentes, en Miraflores y San Isidro, en que japoneses fueron insultados en la calle o expulsados de restaurantes. Semejante reacción, además de estúpida, era terriblemente injusta, pues la pequeña comunidad japonesa del Perú me había dado muchas muestras de apoyo desde el principio de la campaña. Un grupo de empresarios y profesionales de origen japonés se reunía, cada cierto tiempo, con Pipo Thorndike para hacer donativos económicos al Frente. Yo había conversado con ellos en tres ocasiones, a fin de explicarles el programa y escuchar sus sugerencias. Y el Movimiento Libertad había elegido a un agricultor nisei, de Chancay, como candidato a diputado por el departamento de Lima. (Perdió la vida, poco antes de las elecciones, al disparársele el arma de fuego que estaba limpiando.)

Mi simpatía con la comunidad japonesa-peruana era grande, por lo hacendosa y productiva —ella había desarrollado la agricultura del norte de Lima en los años vein-

475

te y treinta— y por los despojos y abusos de que fue víctima, durante el primer gobierno de Manuel Prado (1939-
1945), el que, luego de declarar la guerra a Japón, expropió sus bienes y expulsó del país a quienes eran ya peruanos de segunda o tercera generación. También durante la
dictadura de Odría los peruanos de origen asiático habían
sido hostilizados, retirándoseles el pasaporte a muchos de
ellos y obligándolos a expatriarse. Al principio, creí que
aquellas informaciones sobre insultos y atropellos a japoneses eran maniobras de la propaganda aprista, que comenzaba así la campaña a favor de Fujimori para la segunda vuelta electoral. Pero tenían fundamento. El prejuicio racial —explosivo factor que hasta entonces nunca
había figurado de manera descarada en nuestras elecciones, aunque siempre estuvo presente en la vida peruana—
pasaría en las semanas siguientes a tener un rol principa-
lísimo.

El resultado electoral había provocado un verdadero
trauma en el Frente Democrático y en Libertad, cuyos dirigentes, en esas primeras horas, no atinaban a reaccionar
y rehuían a la prensa o respondían con evasivas y confusos análisis a las preguntas de los corresponsales. Nadie
sabía explicar el resultado. Los rumores de que yo iba a
rehuir la segunda vuelta —que repetían la radio y la televisión— provocaron un torrente de llamadas a mi casa, así
como una interminable cola de visitantes, a ninguno de
los cuales recibí. También del extranjero llamaron muchos amigos —Jean-François Revel, entre ellos— sin entender lo que pasaba. Desde poco antes del mediodía, muchos partidarios fueron amontonándose en el malecón,
frente a mi casa. Renovándose por partes, permanecerían
allí todo el día, hasta el anochecer. Se mantenían callados,
con caras contritas, o irrumpían en estribillos que traducían su decepción y su cólera.

Como sabía que la entrevista con mi adversario se frustraría si se llevaba a cabo bajo el cerco periodístico, organizamos con Lucho Llosa una salida clandestina de mi
casa, en su camioneta, burlando incluso al servicio de seguridad. Estacionó en el garaje, yo me agazapé en el
asiento y manifestantes, fotógrafos y guardaespaldas vieron salir sólo a Lucho, conduciendo. Cuando, una cuadra
después, pude enderezarme y vi que nadie nos seguía,

sentí gran alivio. Había olvidado lo que era circular por Lima sin escolta y una estela de reporteros.

La casa estaba cerca de la salida a la Carretera Central, disimulada tras un muro y la gasolinera y el taller de mecánica. Salió a abrirme el propio Fujimori y me llevé una sorpresa al descubrir, en ese modesto barrio, protegidos por altas paredes, un jardín japonés, de árboles enanos, estanques con puentecillos de madera y lamparillas, y una elegante residencia amueblada a lo oriental. Me sentí en un chifa o en una vivienda tradicional de Kioto u Osaka, no en Lima.

No había nadie más fuera de nosotros, por lo menos visible. Fujimori me guió hasta una salita, con un ventanal sobre el jardín, y me hizo sentar ante una mesa en la que había una botella de whisky y dos vasos, frente a frente, como para un desafío. Era un hombre menudo y algo rígido, algo menor que yo, cuyos ojitos me escrutaban con incomodidad detrás de sus anteojos. Se expresaba sin soltura, con faltas de sintaxis, y la suavidad y el formalismo defensivos del carácter criollo.

Le dije que quería compartir con él mi interpretación del resultado de la primera vuelta. Dos tercios de los peruanos habían votado por el cambio —el «gran cambio» del Frente y el «cambio 90» suyo—, es decir, en contra del continuismo y de las políticas populistas. Si él, para ganar la segunda vuelta, se convertía en un prisionero del APRA y de la izquierda, le haría un enorme daño al país y traicionaría a la mayoría de los electores, que querían algo distinto a lo de estos últimos cinco años.

El tercio de votos que yo había recibido era insuficiente para el programa radical de reformas que, a mi juicio, necesitaba el Perú. La mayoría de los peruanos parecían inclinarse por el gradualismo, el consenso, por compromisos hechos a partir de concesiones recíprocas, una política que, a mi entender, era incapaz de acabar con la inflación, reinsertar al Perú en el mundo y reorganizar la sociedad peruana sobre bases modernas. Él parecía más dotado para propiciar ese acuerdo nacional; yo me sentía incapaz de impulsar políticas en las que no creía. Para ser consecuente con el mensaje de los electores, Fujimori debería tratar de apoyarse en todas las fuerzas que de algún modo representaban «el cambio», es decir, las de Cambio

90, las del Frente Democrático y las más moderadas de la izquierda. Convenía que le ahorrásemos al Perú la tensión y derroche de energías de una segunda vuelta. Para eso, yo, a la vez que haría pública mi decisión de no participar en ella, exhortaría a quienes me habían apoyado a responder de manera positiva a un llamamiento suyo a colaborar. Esta colaboración era indispensable para que su gobierno no fuera un fracaso y sería posible si él aceptaba algunas ideas básicas de mi propuesta, sobre todo en el campo económico. Había un clima muy tenso, peligroso para la salvaguardia de la democracia, de modo que era indispensable que el nuevo equipo comenzara a trabajar de inmediato, devolviendo al país la confianza luego de tan largo y violento proceso electoral.

Me miró un buen rato como si no me creyera, o como si en lo que acababa de decirle hubiera escondida alguna trampa. Por fin, recuperado de la sorpresa, comenzó, en tono vacilante, a hablar de mi patriotismo y mi generosidad, pero yo lo interrumpí diciéndole que nos tomáramos un trago y habláramos de cosas prácticas. Sirvió un dedo de whisky en los vasos y me preguntó cuándo iba a hacer pública mi decisión. A la mañana siguiente. Sería bueno que estuviéramos en contacto de manera que, apenas divulgada mi carta, Fujimori pudiera hacerse eco de ella y llamar a los partidos a colaborar. Así lo acordamos.

Hablamos todavía unos momentos, de modo menos general. Me preguntó si esta decisión la había tomado yo solo o consultándola con alguien. Porque, me aseguró, todas las decisiones importantes él las tomaba siempre en completa soledad, sin discutirlas ni siquiera con su mujer. Me preguntó quién era el mejor economista entre los que me asesoraban y le dije que Raúl Salazar, y que de todo lo ocurrido tal vez lo que más lamentaba era que los peruanos, al votar como lo habían hecho, se hubieran quedado sin un ministro de Economía como él. Pero que Fujimori podía reparar ese daño, llamándolo. Por sus preguntas, advertí que no entendía aquello del *mandato* que yo había pedido a los electores; parecía creer que era una carta blanca para gobernar sin frenos. Le dije que, por el contrario, se trataba de un pacto entre un mandatario y una mayoría de electores para llevar a cabo un programa específico de gobierno, algo indispensable si se querían hacer reformas profundas en una democracia. Hablamos todavía un momento de algunos dirigentes de izquierda moderada, como el senador Enrique Bernales, a quien me dijo incorporaría al acuerdo.

No habían pasado tres cuartos de hora de mi llegada cuando me levanté. Me acompañó hasta la puerta de calle y allí le hice una broma, despidiéndome a la manera japonesa, con una reverencia y murmurando: «Arigato gosai ma su.» Pero él me estiró la mano, sin reírse.

Entré a la casa, encogido en la camioneta de Lucho, y allí, en mi estudio, tuvimos con toda la familia real presente —Patricia, Álvaro, Lucho y Roxana— un conciliábulo en el que les conté mi reunión con Fujimori y les leí mi carta de renuncia a la segunda vuelta. Afuera, en el malecón, había crecido el número de manifestantes. Eran varios centenares. Pedían que saliera y coreaban eslóganes de Libertad y del Frente. Con esa música de fondo, discutimos —fue la primera vez que lo hicimos con tanto fuego— pues sólo Álvaro estaba de acuerdo conmigo en la renuncia; Lucho y Patricia creían que las fuerzas del Frente no aceptarían colaborar con Fujimori y que éste estaba ya demasiado comprometido con Alan García y el APRA para que mi gesto destruyera su alianza. Además, ellos creían que podíamos ganar la segunda vuelta.

Estábamos discutiendo cuando oí que, afuera, los manifestantes habían empezado a corear eslóganes de corte racista y nacionalista —«Mario sí es peruano», «Queremos un peruano», además de otros, insultantes— e, indignado, salí a hablarles desde la terraza de mi casa, con ayuda de un megáfono. Era inconcebible que quienes me apoyaban discriminaran entre los peruanos en razón de la piel. El tener tantas razas y culturas era nuestra mejor riqueza, lo que unía al Perú a los cuatro puntos cardinales del mundo. Se podía ser peruano siendo blanco, indio, chino, negro o japonés. El ingeniero Fujimori era tan peruano como yo. Los camarógrafos del Canal 2 estaban allí y alcanzaron a sacar esta parte de mi alocución en el noticiario de Noventa Segundos.

A la mañana siguiente, martes 10 de abril, tuvimos con Álvaro, temprano, la reunión de trabajo acostumbrada, en la que planeamos la manera de difundir mi carta de renuncia. Decidimos hacerlo a través de Jaime Bayly, que durante toda la campaña me había apoyado de una manera muy resuelta y cuyos programas tenían gran audiencia. Apenas hubiera informado a la Comisión Política de Libertad, a la que había citado a las once, en Barranco, iríamos con Bayly al Canal 4.

Cuando, poco antes de las diez de la mañana de ese día memorable, llegaron los candidatos a las vicepresidencias, Eduardo Orrego y Ernesto Alayza Grundy, ya había una nube de periodistas en el malecón, forcejeando con la seguridad, y comenzaban a llegar los primeros de esos grupos que al mediodía convertirían el entorno de mi casa en un mitin. Brillaba un sol muy fuerte y la mañana lucía diáfana, muy calurosa.

Di a Eduardo y don Ernesto mis razones para no participar en la segunda vuelta y les leí mi carta. Había previsto que ambos tratarían de disuadirme, como, en efecto, ocurrió. Pero me desconcertó la categórica afirmación de Alayza Grundy, quien, como jurista, me aseguró que era inconstitucional. Un candidato no podía renunciar a la segunda vuelta. Le dije que había hecho la consulta con nuestro personero ante el Jurado Nacional de Elecciones, y que Elías Laroza me aseguró que no había impedimento legal. En las actuales circunstancias, mi renuncia era lo único que podía evitar que Fujimori fuera un prisionero del APRA y asegurar un cambio siquiera parcial de la política que estaba deshaciendo al Perú. ¿No era ésa una razón más sólida que cualquier otra? ¿No se había encontrado, acaso, un tecnicismo jurídico para el desistimiento de Barrantes frente a Alan García en 1985? Eduardo Orrego se había enterado esa madrugada de mi intención de renunciar, por una llamada, desde Moscú, de Fernando Belaunde, quien asistía allí a un congreso. El ex presidente dijo a Orrego que Alan García lo había telefoneado desde Lima «preocupado, pues se había enterado de que Vargas Llosa pensaba renunciar, lo que viciaría todo el proceso electoral». ¿Cómo sabía el presidente Alan García lo de mi renuncia? A través de la única fuente posible: Fujimori. Éste, después de su charla conmigo, había corrido a comentar nuestra conversación con el presidente y a pedirle consejo. ¿No era ésta la mejor prueba de que Fujimori estaba en complicidad con aquél? Mi renuncia sería inútil. Por el contrario, si demostrábamos que Fujimori representaba la continuación del actual gobierno, podíamos revertir lo que parecía una deserción de tantos independientes hacia quien por ingenuidad e ignorancia creían una persona sin vínculos con el APRA.

Estábamos en esta discusión cuando una turbamulta, en la puerta de la casa, nos calló. De manera intempestiva se había presentado allí Fujimori, a quien el servicio de seguridad trataba de proteger de los periodistas que lo interrogaban sobre las razones de su venida y de los partidarios míos que lo silbaban. Lo hice pasar a la sala, mientras don Ernesto y Eduardo se marchaban a informar a Acción Popular y al Partido Popular Cristiano de nuestra charla.

A diferencia de la víspera, en que me pareció muy calmado, noté a Fujimori sumamente tenso. Comenzó agradeciéndome por haber condenado los eslóganes racistas la noche anterior (había visto mi alocución en el Canal 2) y, sin disimular su incomodidad, añadió que podían surgir problemas constitucionales con la renuncia. Ésta era inconstitucional y restaría validez al proceso. Le dije que creía que no era así, pero que, en todo caso, me aseguraría de no provocar una crisis que abriera las puertas a un golpe de Estado. Lo acompañé hasta la puerta, pero no salí con él a la calle.

Para entonces mi casa era un hervidero, como el exterior. Había llegado la Comisión Política de Libertad —la única vez, creo, que no faltó nadie—, y algunos asesores muy próximos, como Raúl Salazar. También Jaime Bayly, alertado por Álvaro. Patricia celebraba una reunión, en el patio, con buen número de dirigentes de Acción Solidaria. Acomodamos como pudimos a la treintena de personas en la sala del primer piso y, pese al calor, cerramos las ventanas y corrimos los visillos para que los periodistas y partidarios aglomerados en la calle no nos oyeran.

Expliqué las razones por las que me parecía inútil y peligrosa una segunda vuelta y, dados los resultados del domingo, la conveniencia de que las fuerzas del Frente llegaran a algún tipo de acuerdo con Fujimori. Impedir que continuara la política de Alan García era ahora la prioridad. El pueblo peruano había rechazado el mandato que le pedimos y ya no había posibilidad de llevar a cabo nuestras reformas —ni siquiera en el hipotético caso de una victoria en la segunda vuelta, pues tendríamos a una mayoría parlamentaria en contra—, de modo que debíamos ahorrarle al país una nueva campaña cuyo resultado ya conocíamos, pues era obvio que el APRA y la izquierda harían causa común con mi adversario. A continuación les leí la carta.

Creo que todos los presentes hablaron, varios de ellos de manera dramática, y todos, con la excepción de Enrique Ghersi, exhortándome a no renunciar. Sólo Ghersi señaló que, en principio, no rechazaba la idea de una negociación con Fujimori si ella permitía rescatar algunos puntos claves del programa; pero también Enrique dudaba de la independencia del candidato de Cambio 90 para decidir nada, pues, como el resto de los asistentes, lo creía enfeudado a Alan García.

Una de las más vibrantes intervenciones fue la de Enrique Chirinos Soto, a quien la sorpresa de las elecciones había sacado de su sopor y puesto en estado de paroxismo lúcido. Abundó en razones técnicas para demostrar que la renuncia a la segunda vuelta iba contra la letra y el espíritu de la Constitución; pero más grave aún le parecía abandonar la lucha y dejarle el campo libre a un improvisado, sin programa, ni ideas, ni equipo, a un aventurero político que, en el poder, podía significar el desplome del régimen democrático. Él no creía en mi tesis de que en la segunda vuelta habría una santa alianza apro-socialista-comunista en favor de Fujimori; él estaba seguro de que el pueblo peruano no votaría por un «peruano de primera generación, que no tenía un solo muerto enterrado en el Perú».[58] Ésta fue la primera vez que oí semejante argumento, pero no la última. A menudo la oiría en boca de partidarios míos tan cultos e inteligentes como Enrique: por ser hijo de japoneses, por no tener raíces en suelo peruano, por seguir siendo su madre una señora extranjera que ni siquiera había aprendido el español, Fujimori era menos peruano que yo y que quienes —indios o blancos— llevábamos muchas generaciones de vida peruana. Muchas veces, en el curso de los dos meses siguientes, tuve que salir a decir que ese

58.   A partir del 5 de abril de 1992, Chirinos Soto se armaría de razones constitucionales para justificar el golpe de Estado del ingeniero Fujimori y atacarnos a quienes lo condenamos. A mí me acusa ahora de ¡marxista!

género de razones a mí me hacían desear que ganara las elecciones Fujimori, porque ellas delataban dos aberraciones contra las que he escrito y hablado toda mi vida: el nacionalismo y el racismo (dos aberraciones que, en verdad, son una sola).

Alfredo Barnechea hizo una larga evocación histórica, sobre la crisis y decadencia peruanas, que, según él, había llegado en los últimos años a un punto crítico, del que podía derivarse una catástrofe irreparable, no sólo para la supervivencia democrática, sino para el destino nacional. No se podía entregar el gobierno del país a quien representaba la pura picardía criolla o era muy probablemente testaferro de Alan García; mi renuncia no iba a aparecer como un gesto generoso, para facilitar un cambio de la situación presente. Aparecería como la fuga de un vanidoso herido en su amor propio. Además, podía desembocar en el ridículo. Pues, como era constitucionalmente ilegítima, el Jurado Nacional de Elecciones podía convocar a la segunda vuelta y dejar mi nombre en los boletines de voto, aunque yo no lo quisiera.

En eso, Patricia interrumpió la reunión para decirme, en el oído, que el arzobispo de Lima había venido a verme, en secreto. Estaba allí arriba en mi escritorio. Me excusé con los asistentes, y, estupefacto, subí a atender al ilustre visitante. ¿Cómo había llegado hasta aquí? ¿Cómo había pasado la barrera de periodistas y manifestantes sin ser descubierto?

Han circulado muchas versiones sobre esta visita, que, en efecto, fue decisiva para que yo diera marcha atrás en mi decisión de no participar en la segunda vuelta. La verdadera sólo la he sabido ahora, por Patricia, quien, para que en este libro figure la verdad, se animó por fin a confesarme lo ocurrido. Al día siguiente de las elecciones habían llamado a mi casa un par de veces desde el arzobispado, diciendo que monseñor Vargas Alzamora quería verme. En el desbarajuste, nadie me dio el recado. Esa mañana, en la Comisión Política, mientras discutíamos, Lucho Bustamante, Pedro Cateriano y Álvaro habían salido varias veces a informar a Patricia y a las dirigentes de Acción Solidaria, reunidas en el jardín, de nuestra discusión: «No hay manera de convencerlo. Mario va a renunciar a la segunda vuelta.» Entonces, a Patricia, que recor-

daba la magnífica impresión que me había hecho monseñor Vargas Alzamora el día que lo conocí, se le ocurrió la
idea. «Que venga a hablar con él el arzobispo. Él lo puede
convencer.» Conspiró con Lucho Bustamante y éste llamó
a monseñor Vargas Alzamora, le explicó lo que ocurría, y
el arzobispo aceptó venir a mi casa. Para que pudiera entrar sin ser reconocido, fue a buscarlo el automóvil con
lunas polarizadas en que yo hacía mis desplazamientos, y
lo metió directamente al garaje.

Cuando subí al escritorio —también con las persianas
bajas para evitar las miradas de la calle— allí estaba el arzobispo echando una ojeada a los estantes. La media hora
o tres cuartos de hora que conversamos ha quedado en mi
memoria confundida con algunos de los episodios más
inusuales de las buenas novelas que he leído. Aunque la
conversación tenía, como única razón de ser, el momento
político, el sutil personaje que es monseñor Vargas Alzamora se las arregló para transformarla en un intercambio
sobre temas de sociología, historia y elevada espiritua-
lidad.

Hizo un comentario risueño sobre su rocambolesca venida, encogido en el automóvil, y como quien habla para
matar el tiempo, me contó que cada mañana, al levantarse, leía siempre unas páginas de la Biblia, abierta al azar.
Lo que la casualidad había puesto bajo sus ojos esta mañana lo asombró: parecía un comentario sobre la actualidad peruana. ¿Tenía yo una Biblia a la mano? Traje la de
Jerusalén y él me indicó el capítulo y versículos corres-
pondientes. Los leí en voz alta y los dos nos echamos a
reír. Sí, era cierto, las intrigas y maldades incandescentes
de ese Maligno del libro sagrado recordaban las de otro,
más terráqueo y próximo.

¿Había sido para él una sorpresa que, en las elecciones
de dos días atrás, hubieran salido elegidos, en las listas del
ingeniero Fujimori, una veintena de diputados y senadores evangélicos? Bueno, sí, como para todo el Perú. Aunque el arzobispado había tenido noticia antelada, por los
párrocos, de una movilización muy animosa de los pastores de sectas evangélicas, en los pueblos jóvenes y en las
aldeas y pueblecitos serranos, a favor de aquella candidatura. Se habían metido mucho, aquellas sectas, en los
sectores marginados de la sociedad peruana, llenando el

vacío que dejaba la Iglesia Católica por la escasez de sacerdotes. Nadie quería resucitar las guerras de religión, bien muertas y enterradas, por supuesto. La Iglesia se llevaba en buena armonía con las ramas históricas de la Reforma, en estos tiempos de tolerancia y ecumenismo. Pero esas sectas, a menudo diminutas y a veces de extravagantes prácticas y doctrinas, que tenían sus casas matrices en Tampa y en Orlando, ¿no iban a añadir un factor más de fractura y división en esta sociedad ya tan fragmentada y dividida que era la peruana? Sobre todo si, como parecía, por las beligerantes declaraciones de algunos de los flamantes diputados y senadores evangélicos, venían en son de guerra contra los católicos. (Uno de ellos había declarado que, ahora, habría una iglesia protestante junto a cada templo papista del Perú.) Con todas las observaciones y críticas que se le pudiera hacer, la Iglesia Católica era uno de los más extendidos lazos de consanguinidad entre peruanos de distintas etnias, lenguas, regiones o niveles económicos. Uno de los pocos vínculos que habían resistido las fuerzas centrífugas que venían enemistando y enconando a unos contra otros. Sería una lástima que la religión se convirtiera en otro factor de divorcio entre los peruanos. ¿No me parecía?

Ya que tantas cosas se habían perdido o iban mal, las buenas que quedaban había que tratar de preservarlas, como objetos preciosos. La democracia, por ejemplo. Era indispensable que no se desvaneciera, una vez más en nuestra historia. No dar pretextos a quienes querían acabar con ella. Éste era un asunto que, aunque no fuera oficialmente de su competencia, él lo tomaba muy a pecho. Había rumores alarmantes, en las últimas horas de un golpe de Estado, y el arzobispo creía su deber comunicármelos. Que yo me retirara de la contienda electoral podía ser el pretexto para que los nostálgicos de la dictadura dieran el zarpazo, alegando que la interrupción del proceso provocaba inestabilidad, anarquía.

La víspera había tenido una reunión con algunos obispos y habían cambiado ideas sobre estos temas y todos coincidieron en lo que acababa de decirme. Había visto al padre Gustavo Gutiérrez, amigo mío, y también me aconsejaba continuar en la lid electoral.

Agradecí a monseñor Vargas Alzamora su visita y le

aseguré que tendría muy en cuenta todo lo que le había oído. Así fue. Hasta su llegada a mi casa estaba convencido de que lo mejor que podía hacer era crear, mediante mi renuncia a la segunda vuelta, una situación de hecho en la que había enormes posibilidades de que Fujimori llegara a una alianza con el Frente Democrático, que diera solidez al futuro gobierno e impidiera que éste resultara una mera continuación del de Alan García. Pero su advertencia de que ello podía desencadenar un golpe de Estado —«tengo elementos de juicio suficientes para decir esto»— me hizo vacilar. Entre todas las catástrofes que le podían sobrevenir al Perú, la peor era retroceder una vez más a la época de los cuartelazos.

Acompañé a monseñor Vargas Alzamora hasta el automóvil, en el garaje, de donde salió nuevamente a ocultas. Subí al escritorio a recoger un cuaderno de notas y entonces vi que surgía del bañito que allí tengo la robusta María Amelia Fort de Cooper, como si levitara. La llegada del arzobispo la había sorprendido en el baño y allí se quedó, encogida y muda, escuchando nuestra charla. Había oído todo. Parecía alelada. «Has leído la Biblia con el arzobispo», murmuraba, extática. «Yo lo he oído y podría jurar que por aquí ha pasado la pa-lo-ma.» María Amelia, que tiene cuatro pasiones en la vida —la teología, el teatro y el psicoanálisis, pero, sobre todo, los *waffles* con chocolate, almíbar y crema chantilly—, se había trepado, en la noche del mitin de la plaza San Martín, de 1987, a un techo del edificio junto al cual estaba la tribuna, con costales de pica-pica, que me fue lanzando sobre la cabeza mientras yo pronunciaba mi discurso. En el mitin de Arequipa los botellazos de apristas y maoístas me salvaron de nuevas dosis de esa urticante mistura, pues tuvo que esconderse, con Patricia, debajo del escudo de un policía; pero en el mitin de Piura perfeccionó sus métodos y consiguió una especie de bazuka con la cual, desde un punto estratégico de la tribuna, me disparaba cañonazos de pica-pica, uno de los cuales, a la hora de los vítores finales, me dio de lleno en la boca y casi me ahoga. Yo la había convencido para que en el resto de la campaña se olvidara de la pica-pica y trabajara, más bien, en la Comisión de Cultura de Libertad, lo que, en efecto, hizo, reuniendo en ella a un grupo excelente de intelectuales y animadores culturales.

Como otros católicos militantes de Libertad, albergaba siempre la esperanza de que yo volviera al redil religioso. Por eso, la escena del escritorio la dejó arrobada.

Bajé a la sala e informé a mis amigos de la Comisión Política sobre la entrevista, rogándoles reserva, y bromeándoles, para descargar la tensión, sobre esas increíbles ocurrencias de ese increíble país en el que, de pronto, las esperanzas de la Iglesia Católica para hacer frente a la ofensiva de los evangélicos parecían aposentarse sobre los hombros de un agnóstico.

Continuamos cambiando ideas un buen rato y finalmente acepté postergar mi decisión. Me tomaría un par de días de descanso, fuera de Lima. Entretanto, evitaría a la prensa. Para aplacar a los periodistas de la puerta, pedí a Enrique Chirinos Soto que hablara con ellos. Debía limitarse a decirles que habíamos hecho una evaluación de los resultados electorales. Pero Enrique entendió que había hecho de él un vocero mío permanente, y tanto al salir de mi casa, como en Nueva York y luego en España, donde viajó por esos días, hizo declaraciones desatinadas en nombre del Frente —ni el hombre más inteligente lo es las veinticuatro horas del día—, como aquella de que en el Perú nunca había habido un presidente que fuera peruano de primera generación, que los cables rebotaron al Perú y que me hacían aparecer avalando ideas antediluvianas y racistas. Álvaro se apresuró a desmentirlo, apenado de tener que hacerlo, por el aprecio y gratitud que sentía hacia Enrique, quien había sido su maestro de periodismo en *La Prensa*, y yo lo hice también, ésa y todas las veces que oí, a mi alrededor, semejante argumento contra mi adversario.

Pero ello no impidió que, en esos sofocantes sesenta días entre el 8 de abril y el 10 de junio, los dos temas que asomaron esa mañana en las reuniones en mi casa se convirtieran en protagonistas de las elecciones: el racismo y la religión. A partir de entonces, el proceso tomaría un cariz que me hizo sentir atrapado en una telaraña de malentendidos.

Esa misma tarde fuimos con Patricia —Álvaro, indignado por haber cedido yo a las presiones, se negó a acompañarnos— a una playa del Sur, a casa de unos amigos, con la esperanza de tener un par de días de soledad. Pero, pese a la complicada maniobra que intentamos, la prensa descubrió aquella misma tarde que estábamos en Los Pulpos y tendió un cerco a la casa donde me alojé. No podía salir a la terraza a tomar sol sin ser asaltado por camarógrafos, fotógrafos y reporteros que atraían a curiosos y convertían el lugar en un circo. Me limité, pues, a conversar con los amigos que venían a verme, y a tomar algunas notas con miras a la segunda vuelta, en la que había que tratar de corregir aquellos errores que más habían contribuido, en las últimas semanas, a la caída en picada del apoyo popular.

A la mañana siguiente se presentó en la playa Genaro Delgado Parker, a buscarme. Maliciando a qué venía, no lo vi. Habló con él Lucho Llosa y, como imaginaba, traía un mensaje de Alan García, quien me proponía una entrevista secreta. No acepté y tampoco las otras dos veces en que el presidente me hizo la misma propuesta, a través de otras personas. ¿Cuál podía ser el objeto de esa reunión? ¿Negociar el apoyo del voto aprista en la segunda vuelta? Ese apoyo tenía un precio que yo no estaba dispuesto a pagar y mi desconfianza hacia el personaje y su ilimitada capacidad para la intriga era tal que, de entrada, invalidaba cualquier entendimiento. Sin embargo, cuando, días después, hubo una propuesta formal del partido aprista para entablar un diálogo con el Frente, nombré a Pipo Thorndike y a Miguel Vega Alvear, quienes celebraron varias reuniones con Abel Salinas y el ex alcalde de Lima, Jorge del Castillo (ambos muy próximos a García). El diálogo no condujo a nada.

Apenas regresé a Lima, el fin de semana del 14 y 15 de abril, empecé a preparar la segunda vuelta. En la playa, llegué al convencimiento de que no había alternativa, pues mi renuncia, además de crear un *impasse* constitucional que podía servir de coartada para un golpe de estado, sería inútil: todas las fuerzas del Frente eran reacias a establecer acuerdo alguno con Fujimori, a quien consideraban demasiado comprometido con el APRA. Era preciso poner buena cara al mal tiempo y tratar de levantar la moral de mis partidarios, que, desde el 8 de abril, andaba por los suelos, para, por lo menos, perder bien.

Las críticas y la búsqueda de responsables por los resultados de la primera vuelta menudeaban en nuestras filas; en los medios de comunicación proliferaban las acusaciones contra diversos chivos expiatorios. Sobre Freddy Cooper, como jefe de campaña, se encarnizaban tirios y troyanos, y también sobre Álvaro, Patricia —a la que se acusaba de ser el poder detrás del trono y abusar de su influencia sobre mí—, y contra Lucho Llosa y Jorge Salmón por la manera como habían manejado la publicidad. No faltaban las críticas contra mí, por haber permitido el derroche propagandístico de nuestros candidatos parlamentarios y muchas otras cosas. Algunas, muy justificadas, y, otras, de franco racismo al revés: ¿por qué habíamos mostrado tantos dirigentes y candidatos blancos en el Frente, en lugar de balancearlos con indios, negros y cholos? ¿Por qué había sido una cantante rubia y de ojos claros —Roxana Valdivieso— la que animaba los mítines cantando el himno del Frente, en lugar de una cholita costeña o una india serrana con las que hubieran podido identificarse mejor las oscuras masas nacionales? Aunque se atenuaron luego, estos raptos de paranoia y masoquismo continuaron haciéndose oír en nuestras filas a lo largo de los dos meses de la segunda vuelta.

Freddy Cooper me presentó su renuncia pero no la acepté. Convencí también a Álvaro de que permaneciera como vocero de prensa, pese a que él siguió pensando que yo había cometido un error manteniendo la candidatura. Para aplacar a los quisquillosos, Roxana no volvió a cantar en nuestros mítines y Patricia, aunque siguió trabajando mucho en Acción Solidaria y en el Programa de Acción Social (PAS), no dio más reportajes ni asistió a más actos públicos del Frente ni me acompañó en los viajes por el interior (fue su decisión, no la mía).

Ese fin de semana reuní al *kitchen cabinet*, reducido ahora a los responsables de la campaña, de las finanzas, de los medios y al vocero de prensa, con el añadido de Beatriz Merino, quien tenía una excelente imagen pública y había obtenido una buena votación preferencial, y trazamos la nueva estrategia. No se haría la menor modificación al Plan de Gobierno, desde luego. Pero hablaríamos menos de los sacrificios y más de los alcances del PAS y otros programas de asistencia que habíamos comenzado a poner en práctica. Mi campaña estaría ahora orientada a mostrar el aspecto solidario y social de las reformas y se concentraría en los pueblos jóvenes y sectores marginados de Lima y las principales aglomeraciones urbanas del país. La publicidad se reduciría a su mínima expresión y el presupuesto así ahorrado se canalizaría hacia el PAS. Como Mark Mallow Brown y sus asesores aseguraban de manera categórica que era indispensable una campaña negativa contra Fujimori, cuya imagen había que desnudar ante el gran público, exigiéndole presentar su programa de gobierno y mostrando sus puntos flacos, dije que sólo daría el visto bueno a aquello que significara revelar información fehaciente. Pero desde aquella reunión pude intuir los escabrosos niveles de suciedad en que partidarios y adversarios incurriríamos en las semanas siguientes.

El lunes 16 de abril me reuní, en la calle Tiziano, donde tenía su cuartel general, con el gabinete de Plan de Gobierno y los presidentes de las principales comisiones. Los exhorté a que siguieran trabajando, como si de todas maneras fuéramos a tomar el poder el 28 de julio, y pedí a Lucho Bustamante y Raúl Salazar que me presentaran una propuesta de gabinete ministerial. Lucho sería el primer ministro y Raúl tendría a su cargo Economía. Era indispensable que los equipos de cada ramo de la administración estuvieran listos para el relevo. De otra parte, convenía evaluar la correlación de fuerzas en el Congreso elegido el 8 de abril y diseñar una política con el Poder Legislativo, a partir del 28 de julio, para poder realizar siquiera lo esencial del programa.

Esa misma tarde, en Pro Desarrollo, asistí a una reunión del Consejo Ejecutivo del Frente Democrático, en la que estuvieron Bedoya y Belaunde Terry, así como Orrego y Alayza. Fue una reunión de caras largas, soterrados resentimientos y visible aprensión. Ni los más experimentados entre esos viejos políticos acababan de entender el fenómeno Fujimori. Como a Chirinos Soto, a Belaunde, con su arraigada idea del Perú mestizo, indoespañol, lo alarmaba que llegara a ser presidente alguien con todos sus muertos enterrados en el Japón. ¿Cómo podía tener un compromiso profundo con el país quien era prácticamente un forastero? Estos argumentos, que oí innumerables veces, en boca de muchos de mis partidarios, entre ellos un grupo de oficiales de la Marina de Guerra en retiro que me visitó, me hacían sentir en una situación de absurdidad total.

Pero de esta reunión resultó algo positivo: una colaboración de las fuerzas del Frente, un espíritu fraterno que no existió antes. Desde entonces, hasta el 10 de junio, populistas, pepecistas, libertarios y sodistas trabajaron unidos, sin las querellas, golpes bajos y mezquindades de los años anteriores, presentando una imagen muy distinta de la que hasta entonces habían mostrado. Por el tremendo revés que significó para todos la baja votación, o porque intuían lo riesgoso que podía ser para el Perú la subida al poder de alguien que venía de ninguna parte y representaba un salto al vacío o la continuación del gobierno de García a través de un testaferro, o por mala conciencia del faccionalismo egoísta que fue mucho tiempo nuestra coalición, o, simplemente, porque ya no había curules que repartir, las enemistades, celos, envidias, rencores, desaparecieron en esta segunda etapa. Tanto por parte de dirigentes como de militantes de los partidos del Frente hubo una voluntad de colaborar, que, aunque tardía para cambiar el resultado final, me permitió centrar todo mi esfuerzo en el adversario y no distraerme en los problemas internos que tantos dolores de cabeza me dieron en la primera vuelta.

Freddy Cooper constituyó un pequeño comando con dirigentes de Acción Popular, el Partido Popular Cristiano, Libertad y SODE, y equipos combinados partieron, a las distintas regiones, para animar la movilización. Casi ninguno de los llamados se negó a viajar y muchos dirigentes permanecieron días o semanas recorriendo provincias y distritos del interior, tratando de recuperar los votos perdidos. Eduardo Orrego se trasladó a Puno, Manolo Moreyra a Tacna, Alberto Borea, del PPC, Raúl Ferrero, de Libertad, y Edmundo del Águila de Acción Popular a la zona de emergencia, y creo que no quedó departamento o región donde no llegaran a levantar los ánimos alicaídos de nuestros partidarios. Todo esto en un clima de violencia creciente, pues, desde el día de las elecciones, Sendero Luminoso y el MRTA desencadenaron una nueva ofensiva con decenas de heridos y muertos en todo el país.

Había sido Acción Popular con quien más dificultades tuvieron los dirigentes y activistas del Movimiento Libertad en la primera etapa para coordinar la campaña. Ahora, en cambio, fue de Acción Popular de donde recibí las mayores pruebas de apoyo y, sobre todo, de su joven y diligente secretario departamental de Lima, Raúl Díez Canseco, quien, a partir de mediados de abril, hasta el día de la elección, se dedicó día y noche a trabajar a mi lado, organizando los diarios recorridos por los pueblos jóvenes y asentamientos humanos de la periferia de Lima. Conocía apenas a Raúl, y sólo había sabido de él que inevitablemente se enfrascaba en disputas con los activistas de Libertad en los mítines —era el hombre de confianza de Belaunde para la movilización—, pero en estos dos meses llegué de veras a apreciarlo por la manera como se entregó a la lucha cuando, en realidad, ya no tenía ninguna razón personal para hacerlo, pues había asegurado su diputación. Él fue una de las personas más entusiastas y dedicadas, multiplicándose en las tareas de organización, resolviendo problemas, levantando la moral a aquellos que se desalentaban y contagiando a todos una convicción sobre las posibilidades de triunfo que, real o fingida, era una emulsión contra el derrotismo y la fatiga que a todos nos rondaban. Venía a mi casa cada mañana, muy temprano, con una lista de las plazas, esquinas, mercados, escuelas, cooperativas, obras del PAS en marcha que visitaríamos, y durante todas las horas del recorrido estaba siempre con la sonrisa en la boca, haciendo comentarios simpáticos, y muy cerca de mí para caso de agresión.

Para demoler aquella imagen de hombre arrogante y distante del pueblo, que, según las encuestas de Mark Mallow Brown, yo había adquirido ante los humildes, se decidió que en esta segunda etapa ya no haría los recorridos callejeros protegido por los guardaespaldas. Éstos andarían a distancia, disueltos en la muchedumbre, la que podría acercarse a mí, darme la mano, tocarme y abrazarme, y también, a veces, arrancarme pedazos de ropa o hacerme rodar al suelo y apachurrarme si le venía en gana. Acaté estas disposiciones pero, lo confieso, a costa de una voluntad heroica. No tenía —no tengo— apetito para esos baños de multitud y debía hacer milagros para ocultar el desagrado que me producían aquellos jalones, empujones, besos, pellizcos y manoseos semihistéricos, y para sonreír aun cuando sintiera que esas demostraciones de cariño me estaban triturando los huesos o desgarrando un músculo. Como, además, había siempre el peligro de una agresión —en muchos de esos recorridos debimos enfrentar a grupos de fujimoristas y ya he contado cómo la buena cabeza de mi amigo Enrique Ghersi, quien también solía acompañarme, detuvo en una de esas giras una pedrada que iba derecha hacia mi cara—, Raúl Díez Canseco se las arreglaba siempre para, si hacía falta, salirle al frente al agresor. Al anochecer, regresaba a la casa, exhausto y adolorido, a bañarme y cambiarme de ropa, pues en las noches tenía reuniones con Plan de Gobierno o el comando de campaña, y debía a veces refregarme con árnica el cuerpo lleno de moretones. Alguna vez recordé entonces esas tremendas páginas del estudio sobre *La agresión* de Konrad Lorenz, donde cuenta cómo los patos salvajes, en sus apasionados vuelos amorosos, de pronto se enfurecen y entrematan. Porque muchas veces sentí, inmerso en una multitud de gentes sobreexcitadas que me tironeaban y abrazaban, que estaba a un paso de la inmolación.

Cuando abrí de manera oficial la segunda vuelta, el 28 de abril, con un mensaje por televisión titulado «De nuevo en campaña», llevaba dos semanas de intenso trabajo, recorriendo los distritos marginales de Lima. En aquel mensaje prometí que haría «lo imposible para llegar no sólo a la inteligencia sino también al corazón de los peruanos».

Dentro de la nueva estrategia estaba divulgar el trabajo de Acción Solidaria y, principalmente, el PAS, que, para entonces, tenía decenas de obras en construcción en la periferia de Lima. Frente a esas aulas escolares, lozas deportivas, cunas maternales, cocinas populares, pozos de agua, acequias, pequeñas irrigaciones o caminos erigidos por la organización que presidía Patricia, explicaba que mi gobierno tenía concertado un vasto esfuerzo de ayuda para que los peruanos de bajos ingresos fueran los menos afectados por el sacrificio para salir del entrampamiento estatista y la inflación. El PAS no fue una operación publicitaria. Yo no quise hablar de él antes de que su infraestructura básica estuviera montada y tener la garantía absoluta, por parte de los dos responsables de su puesta en marcha —Jaime Crosby y Ramón Barúa— de que la financiación de los mil seiscientos millones de dólares necesarios para impulsar en el curso de tres años las veinte mil obras de pequeño formato en los pueblos marginales y aldeas del Perú estaba asegurada, gracias a organizaciones internacionales, países amigos y el empresariado peruano. El PAS era una realidad en marcha en abril y mayo de 1990, y, pese a que la ayuda nos llegaba aún a cuentagotas —ella estaba supeditada a la aplicación de nuestro programa desde el gobierno, sobre todo por parte del Banco Mundial—, era impresionante ver a tantos técnicos e ingenieros y a centenares de trabajadores materializando esos proyectos, escogidos por los propios vecinos como los de mayor urgencia para la comunidad. En todos mis discursos dedicaba la mitad del tiempo a mostrar que aquello que hacíamos desmentía a quienes me acusaban de carecer de sensibilidad social. Ésta debía medirse en realizaciones, no en desplantes.

A muchos dirigentes del Frente y amigos de Libertad, la nueva estrategia, más humilde y popular, menos ideológica y polémica, les pareció una oportuna rectificación, y pensaron que de este modo recuperaríamos el electorado perdido, aquel que había votado por Fujimori. Pues nadie se hacía ilusiones sobre el voto aprista o el de las variantes socialista y comunista. También nos alentaba el cada vez más decidido apoyo de la Iglesia. ¿No era el Perú un país católico hasta la médula?

Lo último que imaginé fue verme convertido, de la noche a la mañana, en el valedor de la Iglesia Católica en una contienda electoral. Es lo que empezó a ocurrir, apenas reanudada la campaña, cuando fue evidente que, entre los senadores y diputados elegidos de Cambio 90, había por lo menos quince pastores evangélicos (entre ellos, el segundo vicepresidente de Fujimori, Carlos García y García, quien había presidido el Consejo de Iglesias Evangélicas del Perú). El nerviosismo de la jerarquía católica con este súbito ascenso político de organizaciones hasta entonces marginales, fue exacerbado por declaraciones imprudentes de algunos de los pastores elegidos, como Guillermo Yoshikawa (diputado por Arequipa), quien había hecho circular entre sus fieles una carta, exhortándolos a votar por Fujimori con el argumento de que cuando éste fuera presidente, las escuelas y las iglesias evangélicas recibirían el mismo reconocimiento y los mismos subsidios del Estado que la Iglesia Católica. El arzobispo de Arequipa, monseñor Fernando Vargas Ruiz de Somocurcio, salió a la televisión el 18 de abril y reprochó al señor Yoshikawa utilizar argumentos religiosos en la campaña y su actitud desafiante contra la religión mayoritaria en el pueblo peruano.

Dos días después, el 20 de abril, los obispos del Perú hacían una declaración afirmando que «no es honesto manipular lo religioso para servir a fines políticos partidarios», asegurando sin embargo que, como institución, la Iglesia no apoyaba ninguna candidatura. Esta carta pastoral del episcopado quería atenuar la tempestad de críticas que había provocado, en los medios adictos al gobierno —en los que abundaban los católicos progresistas—, una entrevista concedida al programa Panorama, del Canal 5, el Domingo de Resurrección (15 de abril) por el arzobispo de Lima. Cuando el periodista encaró al prelado con una pregunta sobre mi agnosticismo, monseñor Vargas Alzamora, en una polémica interpretación teológica, se extendió en consideraciones para mostrar que un agnóstico no era un hombre sin Dios, sino alguien en pos de Dios, un hombre que no cree pero que quisiera creer, un ser presa de una agónica búsqueda unamuniana al final de la cual se hallaba tal vez el retorno a la fe. Los medios apristas y de izquierda, ya lanzados a una aguerrida campaña en favor de Fujimori, reprocharon al arzobispo su desembozado espaldarazo al candidato «agnóstico», y un «intelectual de izquierda», Carlos Iván Degregori, afirmó en un artículo que con aquella definición de lo que era un agnóstico monseñor Vargas Alzamora «hubiera desaprobado el curso de Introducción a la Teología».

El 19 de abril, a comienzos de la tarde, llegó a mi casa, también escondido en un coche que entró derecho al garaje —pues el cerco de periodistas al lugar no cesó hasta el 10 de junio—, el arzobispo de Arequipa. Pequeñito y con un enorme vozarrón, rebosante de simpatía y de gracia criolla, el buen humor de monseñor Vargas Ruiz de Somocurcio me hizo pasar un momento muy divertido —uno de los pocos, si no el único de estos dos meses— diciéndome que convenía que por el momento me olvidara de las «pamplinas esas de declararme agnóstico», porque yo, hijo de católicos, bautizado y casado por la Iglesia y con hijos también bautizados, era católico *para todos los efectos prácticos*, lo admitiera o no. Y que, si quería ganar la elección, no me empeñara en seguir diciendo toda la verdad sobre el ajuste económico, pues eso era trabajar para el adversario, sobre todo cuando éste sólo decía lo que podía traerle votos. No mentir estaba muy bien, desde luego; pero decirlo *todo* en una campaña electoral era hacerse el hara-kiri.

Bromas aparte, el arzobispo de Arequipa estaba muy alarmado por la ofensiva de las sectas evangélicas en los pueblos jóvenes y barrios marginales de Arequipa a favor de Fujimori, campaña que tenía un claro sesgo religioso y, a veces, anticatólico, por el sectarismo de algunos pastores que no ahorraban las críticas a la Iglesia e, incluso, agredían en sus arengas al Papa, a los santos y a la Virgen María. Como monseñor Vargas Alzamora, él también creía que esta guerra religiosa podía contribuir a la desintegración social del Perú. Aunque, de manera explícita, la Iglesia no podía pronunciarse a mi favor, me dijo que, en su diócesis, había alentado a aquellos fieles que, respondiendo al desafío de las sectas, habían decidido hacer campaña por mí.

A partir de entonces la lucha electoral fue adoptando un semblante de guerra religiosa, en la que los ingenuos temores, los prejuicios y las armas limpias se mezclaban con las sucias y los golpes bajos y las más pérfidas maniobras, de uno y otro lado, hasta extremos que lindaban con la mojiganga y el surrealismo. Muy a comienzos de la campaña, un par de años atrás, una activista de Acción Solidaria, Regina de Palacios, que trabajaba en el pueblo joven San Pedro de Choque, me había encerrado en un cuarto del Movimiento Libertad, con una veintena de hombres y mujeres de ese asentamiento, sin advertirme de quiénes se trataba. Apenas estuvimos solos, uno de ellos comenzó a hablar de manera inspirada y a citar de memoria la Biblia, y de pronto los demás comenzaron a acompañar aquella prédica con exclamaciones de «¡Aleluya! ¡Aleluya!», poniéndose de pie y elevando las manos al cielo. Al mismo tiempo me urgían a que los imitara, pues ya estaba allí el Espíritu Santo, y a que me arrodillara en señal de humildad ante el recién venido. Completamente desconcertado y sin saber qué actitud adoptar ante el imprevisto *happening* —algunos se habían puesto a llorar, otros oraban de rodillas, con los ojos cerrados y los brazos en alto— yo anticipaba la impresión que se llevarían aquellas comisiones que andaban siempre recorriendo los pasillos de Libertad en pos de un lugar donde reunirse, si abrían la puerta y se daban con semejante espectáculo. Por fin los evangélicos se calmaron, compusieron y partieron, asegurándome que yo era el ungido y que ganaría las elecciones.

Creo que ésa fue mi primera experiencia directa de la penetración de las sectas evangélicas en los sectores marginalizados del país. Pero, aunque tuve luego muchas otras, y algunas tan sorprendentes como aquélla, y me acostumbré, en todas mis visitas a las barriadas, a ver en puertas de endebles cabañas y chozas la infalible enseña de pentecostales, bautistas, de la alianza cristiana y misionera, el pueblo de Dios y otras decenas de iglesias de nombres a veces de pintoresco sincretismo, sólo en la segunda vuelta advertí la magnitud del fenómeno. Era verdad, en muchos lugares pobres del Perú, donde la Iglesia Católica no tenía presencia alguna por la escasez de sacerdotes o porque la violencia terrorista contra los párrocos (muchos habían sido asesinados por Sendero Luminoso) los había obligado a partir, el vacío había sido llenado por predicadores protestantes. Éstos, hombres y mujeres casi siempre de origen muy humilde, armados del celo infatigable y ferviente de los pioneros, vivían allí, en las mismas condiciones elementales de los vecinos de esos pueblos y habían logrado muchos conversos para esas iglesias cuya exigencia de entrega total y apostolado permanente —tan distinto del compromiso laxo y a veces sólo social del catolicismo— resultaba, paradójicamente, un atractivo para quienes, por la precariedad de sus vidas, encontraban en las sectas un orden y una seguridad a qué aferrarse. Convertido el catolicismo por la tradición y la costumbre en la religión oficial —formal— del Perú, las iglesias evangélicas habían pasado a representar la religión informal, un fenómeno acaso tan extendido como, en la economía, el de los comerciantes y empresarios informales (a los que Fujimori había tenido la astucia de incorporar a su candidatura, llevando como primer vicepresidente a Máximo San Román, un humilde cusqueño, empresario informal, presidente de la Federación de la Pequeña Industria, que desde 1988 agrupaba a las principales organizaciones provinciales de los informales, y la Asociación de Pequeños y Medianos Empresarios del Perú).

Yo no tenía antipatía alguna contra los evangélicos y, más bien, mucha simpatía por la manera como muchos de sus pastores se jugaban la vida en las sierras y pueblos jóvenes (donde eran víctimas tanto de terroristas como de la represión militar) y por lo que había sido, casi siempre en el mundo, la postura evangélica a favor de la democracia liberal y la economía de mercado. Pero el fanatismo y la intolerancia con que asumían algunos de ellos su apostolado me molestaba tanto como cuando asomaban en católicos o en políticos. A lo largo de la campaña tuve varias reuniones con pastores y dirigentes de iglesias protestantes, pero nunca quise establecer alguna forma de relación orgánica entre ellos y mi candidatura ni hice a aquéllos otra promesa que, durante mi gobierno, se respetaría a carta cabal la libertad de cultos en el Perú. Precisamente por haberme declarado agnóstico, me cuidé durante los tres años de evitar que la cuestión religiosa metiera su cabeza en la campaña, aunque nunca rehusé recibir a los religiosos, de cualquier confesión, que quisieron verme. Recibí a decenas, de las más variopintas denominaciones, confirmando, una vez más, en esas entrevistas, que nada atrae a la locura (ni la excita tanto) como la religión. Una tarde, mi hijo Gonzalo entró alarmado a sacarme de una reunión: «¿Qué le pasa a mi mamá? Acabo de abrir una puerta y la he visto, con los ojos cerrados y las manos juntas, con un tipo que salta alrededor de ella como un piel roja, dándole golpecitos en la cabeza.» Era un mago, pastor e imponedor de manos, Jesús Linares, protegido del senador Roger Cáceres, del Frenatraca, quien me había urgido a recibirlo, asegurándome que se trataba de un hombre con poderes espirituales y vidente, que lo había ayudado siempre en sus batallas electorales. Yo no tuve tiempo de verlo y en mi lugar lo recibió Patricia, a la que el pastor convenció de que se sometiera a aquel extraño rito del que, decía, derivarían la salud espiritual y la victoria en las urnas.[59] Éste fue uno de los más originales, pero no el único personaje con poderes ocultos que quiso trabajar por mi candidatura. Otra fue una pitonisa que, poco antes de la segunda elección, me hizo llegar una carta proponiéndome que, para ganar las elecciones, tomáramos Patricia, yo y ella, juntos, un baño astral (sin precisar en qué consistía).

Con estos antecedentes no parecía imposible, pues, que, envalentonados con la alta votación alcanzada por Fujimori en la primera vuelta y el número de evangélicos elegidos al Congreso, algunos de los más exaltados o delirantes, entre aquellos pastores, atacaran a la Iglesia o dijeran y escribieran cosas que ésta consideró ofensivas. Así ocurrió. A la vez que un célebre predicador evangélico hispánico de los Estados Unidos, el Hermano Pablo —cuyos programas de radio se oían en todo el Continente— era traído desde California y llenaba varios estadios de provincias en el Perú, haciendo abierta campaña por Fujimori, en Arequipa, en Lima, en Chimbote, en Huancayo, en Huancavelica, empezaron a circular volantes en los que, a la vez que se exhortaba a los cristianos a votar por mi adversario, se afirmaba que con la presidencia de éste terminaría el monopolio papista y se acusaba a la Iglesia de estar coludida con los explotadores y los ricos y ser causante de muchas desgracias del Perú. Y, como si esto fuera poco, en las fachadas y muros de las iglesias aparecieron de pronto inscripciones injuriosas contra el catolicismo, los santos y la Virgen María.

Yo había dado instrucciones explícitas al comando de campaña y a los dirigentes del Movimiento Libertad de que no se valieran de esos ardides, y prohibieran a nuestros militantes operaciones de guerra sucia, porque eran inmorales y, también, porque desatar la guerra religiosa podía ser contraproducente. Pero no hubo manera de evitarlo. Después supe que muchachos de Movilización, del Movimiento Libertad, habían recorrido pueblos y mercados haciéndose pasar por evangélicos fujimoristas hablando pestes de los católicos y, sin duda, ellos fueron respon-

59. El personaje visitó también a Álvaro, quien, como Patricia, aceptó someterse a la imposición de manos y ha dejado un testimonio del episodio en *El diablo en campaña*, pp. 180-181.

sables de algunas de aquellas pintas. Pero no de todas. Pues, por increíble que parezca —aunque nada es increíble tratándose del fanatismo—, algunas de las organizaciones evangélicas, sobre todo las más estrafalarias, creyeron, luego del éxito obtenido por sus candidatos parlamentarios, que había llegado la hora de declarar la guerra abierta a «los papistas». En Ancash, por ejemplo, los Hijos de Jehová (no confundir con los Testigos de Jehová, también activos militantes pro Fujimori) hicieron circular un volante, que, para escándalo del obispo local, monseñor Ramón Gurruchaga, repartieron hasta en un convento de monjas, diciendo que para el pueblo peruano había llegado el momento de liberarse de la servidumbre a una «Iglesia pagana y fetichista», y de emancipar a los niños de esas escuelas confesionales que «les enseñan a adorar ídolos». Volantes de parecido o más agresivo tenor circularon en Huancayo, Tacna, Huancavelica, Huánuco y, sobre todo, en Chimbote, donde la implantación de las iglesias evangélicas en los barrios de pescadores y obreros de las fábricas de harina de pescado llevaba ya muchos años.[60] La movilización evangélica en Chimbote tuvo unas connotaciones anticatólicas tan afiladas, que el obispo, monseñor Luis Bambarén —destacado progresista de la Iglesia peruana— intervino en la polémica con enérgicas declaraciones contra las sectas que «lanzan epítetos contra la fe católica» y respaldando al arzobispo.[61]

El tema religioso ocupó el centro del debate electoral. Fue objeto de enconos, maniobras, disputas y espectaculares iniciativas o cómicos malentendidos que no tenían precedentes en la historia del Perú, donde, a diferencia de Colombia o Venezuela, países en los que hubo guerras religiosas, las rivalidades decimonónicas entre la Iglesia y el liberalismo jamás fueron sangrientas. En la tercera semana de mayo, el arzobispo Vargas Alzamora, publicó una carta pastoral a los católicos de Lima, diciendo que «la caridad nos mueve a no callar más» y que se sentía obligado a condenar la «campaña insidiosa contra nuestra fe» ini-

60. Véase la vívida descripción que hace de este proceso José María Arguedas, en su novela póstuma *El zorro de arriba y el zorro de abajo* (Buenos Aires: Editorial Losada, 1971).

61. Diario *Expreso*, Lima, 28 de mayo de 1990.

ciada por las sectas evangélicas «con motivo del poder político alcanzado en las últimas elecciones parlamentarias».

Sin dejarse arredrar por la tempestad de críticas que esta carta mereció en las publicaciones apristas y de izquierda, que lo acusaban de «haberse puesto la vincha» (los militantes del Movimiento Libertad usaban vinchas en los mítines), monseñor Vargas Alzamora dio una conferencia el 23 de mayo diciendo que no podía quedarse callado —«porque el que calla admite»— ante publicaciones que ofendían a la Virgen María y al Papa y llamaban a la Iglesia «pagana, inicua y fetichista». Dijo que no responsabilizaba a todos los grupos evangélicos de aquellos ataques, sino a unos cuantos, cuyas injurias «debían tener un límite». Y anunció que, el 31 de mayo, la efigie del Señor de los Milagros, la devoción más popular de Lima, saldría en procesión por las calles del centro para acompañar, en acto de desagravio, a la imagen de la Virgen María, y como demostración de que el pueblo era católico. Poco antes, en Arequipa, el arzobispo Vargas Ruiz de Somocurcio había convocado también por las mismas razones, para el 26 de mayo, una procesión con la imagen más venerada de la región sureña: la de la Virgen de Chapi.

En esos balances tempraneros que hacíamos con Álvaro, en mi escritorio, recuerdo haberle dicho, por aquellos días, empezando a creer en el realismo mágico por las proporciones alucinantes que tomaba la querella religiosa, que se equivocaban los partidarios míos que creían que esa imagen de defensor del catolicismo contra las sectas evangélicas que, sin quererlo ni buscarlo, me estaban construyendo iba a darme la victoria electoral. La Iglesia Católica en el Perú estaba profundamente dividida desde los años de la teología de la liberación, y yo conocía a bastantes progresistas católicos criollos para saber que eran mucho más progresistas que católicos. Irritados con la actitud de la jerarquía favorable a mi candidatura, pasarían resueltamente, con santo celo y en nombre de su condición de creyentes, que ellos no tenían empacho en convertir en mercancía política, a exhortar a los fieles a no dejarse manipular por la «jerarquía reaccionaria» y a votar por Fujimori en nombre de «la Iglesia popular». De este modo, no sólo perdería de todas maneras las elecciones, sino las perdería de mala manera, en la confusión ideológica, el malentendido religioso y el absurdo político.

Es lo que ocurrió. El obispo de Cajamarca, monseñor José Dammert, progresista de la Iglesia, apareció el 28 de mayo en *La República*, criticando al arzobispo de Lima, quien, según él, se había dejado instrumentalizar por el Frente —«había pisado el palito»—, y a condenar que se pretendiera revivir «un catolicismo de cruzada, de conquista, de lo que en España llamaron el catolicismo nacional». Así interpretaba este prelado la decisión del arzobispo de sacar en la procesión, junto al Señor de los Milagros, a una imagen traída al Perú por los conquistadores: la Virgen de la Evangelización. (Otros progresistas se preguntarían si esto significaba que monseñor Vargas Alzamora quería resucitar la Inquisición.) En tanto que muchas personalidades e instituciones del sector considerado conservador de la Iglesia, como la Acción Católica, el Consorcio de Centros Educativos Católicos, el Opus Dei, el Sodalitium, la Legión de María, cerraban filas junto al primado de la Iglesia, en los medios gubernamentales y de la izquierda proliferaban las críticas a la jerarquía por connotados católicos progresistas, como el senador Rolando Ames (*La República*, 30 de mayo) protestando por la utilización política que quería hacer el episcopado a mi favor y por la conjura de «ciertos obispos que se oponen a una candidatura presidencial». En *Página Llibre* aparecían a diario listas de «católicos progresistas» urgiendo a votar por Fujimori y anuncios de que millares de humildes mujeres de los clubes de madres, «pertenecientes a la Iglesia Católica, Apostólica y Romana» habían enviado al Papa ¡120 páginas de firmas! manifestando su protesta contra las autoridades de la Iglesia que inducían a los fieles a votar contra Fujimori, «el candidato del pueblo» (1 de junio de 1990).

El presidente Alan García anunció que asistiría a la procesión de desagravio a la Virgen María, porque era miembro, desde hacía diez años, «de la Novena Cuadrilla de la Hermandad del Cristo Morado», pero que no tenían derecho a asistir «quienes creen que es una huachafería y se proclaman agnósticos». Comparable a estas declaraciones en el involuntario humor, fue una propuesta, formulada muy en serio, que recibí en una reunión del comando de campaña del Frente, para autorizar un milagro en el curso de aquella procesión. Se trataba, mediante destrezas electrónicas, de abrir la boca del Señor de los Milagros en un momento culminante del recorrido y hacerlo pronunciar mi nombre. «Si el Cristo morado habla, ganamos», chisporroteaba Pipo Thorndike.

Como es natural, ni yo ni Patricia ni Álvaro habíamos pensado asistir a la procesión (aunque concurrió mi madre, sinceramente alarmada de que los demonios evangélicos fueran a adueñarse del Perú), pero tampoco asistieron los católicos más militantes entre los dirigentes del Movimiento Libertad, acatando el llamado que hizo monseñor Vargas Alzamora a los líderes políticos de que se abstuvieran de desnaturalizar el acto. Una inmensa muchedumbre cubrió la plaza de Armas aquel día; también había sido masiva la concurrencia que escoltó a la Virgen de Chapi, en Arequipa.

Fujimori, desde el principio de esta campaña, actuó con habilidad, agradeciendo al arzobispo y a los obispos todas sus intervenciones, proclamándose católico convicto y confeso —sus hijos estudiaban con los padres agustinos—, prometiendo que en su gobierno no se modificarían un ápice las relaciones entre la Iglesia Católica y el Estado y felicitándose de que saliera a las calles, fuera de temporada —pues su procesión es en octubre—, «nuestro venerado Señor de los Milagros», algo que «no podría decir un agnóstico».[62] Desde entonces no perdió oportunidad para fotografiarse y ser filmado en las iglesias o mostrando, orgulloso, la foto de su hijo Kenji haciendo la primera comunión. No parecía acordarse para nada de sus esforzados aliados, los evangélicos, de los que, por lo demás, apenas subió al poder, se sacudió a toda prisa.[63]

En medio de este maremagno religioso, en el que yo me sentía extraviado, sin saber cómo actuar para no meter demasiado la pata, no parecer un oportunista y un

62. Mensaje en televisión al pueblo peruano del 30 de mayo de 1990.
63. Entre paréntesis, hay que decir que los diputados y senadores evangélicos tuvieron en su efímera gestión parlamentaria un comportamiento discreto y respetuoso para con la Iglesia Católica. Y cuando Fujimori, a los veinte meses de su mandato, clausuró el Congreso y se proclamó dictador, casi todos ellos, empezando por el segundo vicepresidente, Carlos García, condenaron lo ocurrido e hicieron causa común con la resistencia democrática al golpe de Estado.

cínico, y no desdecirme de lo que había dicho que creía y no creía, recibí una discreta solicitud del Nuncio Apostólico para que conversáramos. Nos reunimos en el departamento de Alfredo Barnechea y allí, el purpurado —como hubiera dicho mi antiguo redactor Demetrio Túpac Yupanqui—, fino diplomático italiano, me hizo saber, sin decírmelo con todas sus letras, de la preocupación de la Iglesia por una asunción al poder político de las sectas evangélicas en un país tradicionalmente católico, como el Perú. ¿No se podía hacer algo? Le bromeé que yo estaba haciendo todo lo posible para impedirlo, pero que ganar la segunda vuelta no dependía sólo de mí. Pocos días después, Freddy Cooper se presentó a mi casa a anunciarme que el papa Juan Pablo II me recibiría, en Roma, en audiencia especial, dentro de tres días. Podía ir, asistir a la cita y volver en poco más de cuarenta y ocho horas, de modo que el cronograma de la campaña no se vería afectado. Aquella entrevista desvanecería los últimos remilgos que podían alentar, pese a lo que ocurría, algunos católicos peruanos de viejo cuño, a votar por un agnóstico. Ésta fue también la opinión de varios miembros del comando de campaña y del *kitchen cabinet*. Pero, aunque en un momento estuve tentado —más por curiosidad hacia la figura del Papa que porque confiara en los beneficios electorales de la reunión—, decidí no hacerlo. Hubiera sido una operación tan obviamente oportunista que nos hubiera llenado a todos de vergüenza.

Y junto con la religión, irrumpía en la campaña otro tema igualmente inesperado, y más siniestro: el racismo, los prejuicios étnicos, los resentimientos sociales. Todo ello existe en el Perú desde antes de la llegada de los europeos, cuando los civilizados quechuas serranos tenían el más profundo desprecio por las pequeñas y primitivas culturas de los yungas costeños, y ha sido un factor de violencia y un obstáculo importante para la integración de la sociedad peruana a lo largo de toda la República. Pero en ninguna campaña electoral anterior apareció de manera tan desembozada como en la segunda vuelta, exhibiendo a la luz pública una de las peores lacras nacionales.

Cuando se habla de prejuicio racial, se piensa de inmediato en el que alienta aquel que tiene una posición de privilegio hacia el que se halla discriminado y explotado, es decir, en el caso del Perú, el del blanco hacia el indio, el negro y las distintas variantes del mestizo (el cholo, el mulato, el zambo, el chinocholo, etcétera), pues, simplicando —y, en lo que concierne a las últimas décadas, simplicando mucho—, es verdad que el poder económico suele concentrarse en la pequeña minoría de ancestros europeos y la pobreza y miseria —esto sin excepción— en los peruanos indígenas y de origen africano. Esa minúscula minoría blanca o emblanquecida por el dinero y el ascenso social no ha ocultado jamás su desprecio hacia los peruanos de otro color y otra cultura, al extremo de que expresiones como «indio», «cholo», «negro», «zambo», «chino» tienen en su boca una connotación peyorativa. Aunque no escrita, ni amparada por alguna legislación, siempre ha habido en esa pequeña cúpula blanca una tácita actitud discriminatoria hacia los otros peruanos, que, a veces, generaba pasajeros escándalos, como, por ejemplo, uno célebre, en los años cincuenta, cuando el Club Nacional baloteó, impidiéndole el ingreso a la institución a un destacado agricultor y empresario iqueño, Pedro Guimoyi, por su origen asiático, o cuando, en el Congreso fantoche de la dictadura de Odría, un parlamentario de apellido Faura intentó hacer aprobar una ley a fin de que los serranos (en verdad, los indios) tuvieran que pedir un salvoconducto para venir a Lima. (En mi propia familia, cuando yo era niño, la tía Eliana fue discretamente segregada por casarse con un oriental.)

Ahora bien, paralelos y recíprocos a estos sentimientos y complejos, existen los prejuicios y rencores de las otras etnias o grupos sociales hacia el blanco y entre sí, superponiéndose y cruzándose con ellos las actitudes despectivas inspiradas en lealtades geográficas y locales. (Como, después de la Conquista, el eje de la vida política y económica peruana se desplazó de la sierra a la costa, desde entonces el costeño pasó a despreciar al serrano y a mirarlo como a un inferior.) No es exagerado decir que, si se radiografía de manera profunda a la sociedad peruana, apartando aquellas formas que los encubren, y que son tan arraigadas en casi todos los habitantes de ese «país antiguo» que somos —la antigüedad es siempre forma y ritual, es decir disimulo y ficción—, lo que aparece es una verdadera caldera de odios, resentimientos y prejuicios, en que el blanco desprecia al indio y al negro, el indio al negro y al blanco y el negro al blanco y al indio y donde cada peruano, desde su pequeño segmento social, étnico, racial y económico, se afirma a sí mismo despreciando al que cree debajo y volcando su rencor envidioso hacia el que siente arriba de él. Esto, que ocurre más o menos en todos los países de América Latina de distintas razas y culturas, está agravado en el Perú porque, a diferencia de México o de Paraguay, por ejemplo, el mestizaje entre nosotros ha sido lento, y las diferencias sociales y económicas se han mantenido por encima del promedio continental. La gran niveladora social, la clase media, que hasta mediados de los cincuenta había venido creciendo, pasó luego a estancarse en los sesenta y desde entonces había venido adelgazándose. En 1990 era muy pequeña, e incapaz de amortiguar la tremenda tirantez entre la cúspide económica —conformada en su inmensa mayoría por blancos— y los millones de peruanos oscuros, pobres, pobrísimos y miserables.

Aquellas tensiones y divisiones subterráneas se agravaron en el Perú desde la dictadura de Velasco, la que usó el prejuicio racial y el resentimiento étnico de manera bastante explícita en sus campañas propagandísticas, para fabricarse una cara popular: el régimen de los peruanos cholos e indios. No lo consiguió, pues no llegó nunca a tener mucho arraigo entre los sectores más desfavorecidos, ni siquiera en los momentos en que llevaba a cabo aquellas reformas populistas que despertaron expectativas en este sector —las nacionalizaciones de haciendas y empresas y la estatización del petróleo—, pero algo de aquel contencioso, hasta entonces más o menos reprimido, salió a flote y comenzó a gravitar de manera más visible que antaño en la vida pública, y a crisparse y agravarse a medida que, en gran parte por aquellas equivocadas reformas, el Perú se empobrecía y atrasaba y aumentaban los desequilibrios económicos entre los peruanos. En abril y mayo de 1990, todo aquello irrumpió como un torrente de lodo en la contienda electoral.

Fueron algunos de mis partidarios, ya lo he dicho, los primeros en incurrir en abiertas actitudes racistas, lo que me obligó, la noche del 10 de abril, a recordar, que Fujimori era tan peruano como yo. Cuando éste, a la mañana siguiente, en su inesperada visita, me agradeció haberlo hecho, le dije que debíamos tratar de que el tema racial desapareciera de la campaña, pues era explosivo en un país con las violencias del Perú. Me aseguró que así lo creía también. Pero en las semanas siguientes recurriría a él, y con provecho.

Como, al reiniciar la campaña, todavía se señalaban incidentes en que asiáticos eran objeto de vejaciones o insultos, en la segunda mitad de abril, hice muchos gestos de acercamiento y solidaridad con la comunidad nisei. Me reuní con dirigentes de ella, en el Movimiento Libertad, el 20 y el 25 de abril, y convoqué a la prensa en ambas ocasiones para condenar toda discriminación en un país que tenía la suerte de ser una encrucijada de razas y culturas. El mismo 20 de abril hablé con todos los reporteros y corresponsales enviados de urgencia desde Tokio a cubrir esa segunda vuelta en la que, por primera vez en la historia, un nisei podía llegar a ser jefe de Estado de un país que no fuera Japón.

La colonia japonesa publicó un comunicado el 16 de mayo, protestando por los incidentes, y afirmando de manera enfática que no había tomado partido orgánicamente por ninguno de los dos candidatos, y el embajador del Japón, Masaki Seo —quien se había mostrado siempre extremadamente cordial conmigo y con el Frente— hizo también una declaración desmintiendo que su país hubiera hecho promesas a algún candidato. (Fujimori insinuaba que si era elegido lloverían sobre Perú dádivas y créditos del Japón.)

Creí que, de esta manera, el tema racial se iría diluyendo y que el debate electoral podría centrarse en los dos temas en los que yo tenía ventaja, el programa de gobierno y el PAS.

Pero el tema racial sólo había sacado la cabeza. Pronto tendría el cuerpo entero en la palestra, metido a empellones y por la puerta grande, ahora por mi adversario. Desde su primera manifestación pública Fujimori empezó a repetir lo que sería el *leitmotiv* de su campaña a partir de entonces: el del «chinito y los cuatro cholitos». Eso es lo que pensaban los vargasllosistas que era su candidatura; pero ellos no se avergonzaban de ser lo mismo que millones y millones de peruanos: chinitos, cholitos, indiecitos, negritos. ¿Era justo que el Perú fuera sólo de los blanquitos? El Perú era de los chinitos como él y de los cholitos como su primer vicepresidente. Y entonces presentaba al simpático Máximo San Román, quien, con los brazos en alto, mostraba al público su recia cara de cholo cusqueño. Cuando me hicieron ver el vídeo de un mitin en Villa el Salvador del 9 de mayo, en el que Fujimori utilizaba de esta manera desembozada el tema racial —lo había hecho ya antes, en Tacna— definiendo la contienda electoral[1] ante las empobrecidas masas indias y cholas de los pueblos jóvenes, como una confrontación entre los blancos y los oscuros, lo lamenté, porque azuzar de esa manera el prejuicio racial significaba jugar con fuego, pero pensé que le iba a dar buenos réditos electorales. Rencor, resentimiento, frustración de gentes secularmente explotadas y marginadas, que veían en el blanco al poderoso y al explotador, podían ser maravillosamente manipulados por un demagogo, si repetía algo que, por lo demás, tenía base: que los blanquitos del Perú parecían apoyar como un solo bloque mi candidatura.

De esta manera, el asunto racial ocupó un espacio central en la campaña. A mis propios partidarios, aquella operación racista llegaba a descolocarlos y a hacerlos vivir momentos muy incómodos. Recuerdo haber visto una entrevista por televisión a uno de los dirigentes de Acción Popular, que trabajaba en el comité del Plan de Gobierno y era ministro de Agricultura en el gabinete propuesto por Lucho Bustamante y Raúl Salazar, Jaime de Althaus, defendiéndose de las acusaciones de un periodista del Canal 5, de que mi candidatura fuera la de los blanquitos, y precisando que tales y tales dirigentes nuestros eran cholitos de orígenes muy humildes, y de piel tan oscura como la de cualquier fujimorista. Jaime parecía tratando de disculparse por tener los cabellos claros y los ojos azules.

Por este camino estábamos perdidos. Desde luego que, si se trataba de eso, hubiéramos podido mostrar que no sólo había blanquitos en el Frente sino cientos de miles de peruanos oscuros, de todas las variedades imaginables. Pero *no se trataba de eso* y para mí eran tan repugnantes los prejuicios contra un peruano japonés o indio como contra un peruano blanco, y así lo dije, cada vez que me vi obligado a tocar el tema. Él no se apartó ya de la campaña y un número indeterminado —pero pienso que alto— de votantes fue sensible a él, sintiendo que, al votar por un amarillo contra un blanco (es lo que parece que soy, en el mosaico de las razas peruanas) cumplía un acto de solidaridad y de desquite étnicos.

Si la guerra electoral había sido sucia en la primera vuelta, ahora fue inmunda. Gracias a informaciones espontáneas que nos llegaban de distintas fuentes, y a averiguaciones hechas por la propia gente del Frente Democrático o por los periodistas y medios que apoyaban mi candidatura, como los diarios *Expreso*, *El Comercio*, *Ojo*, el Canal 4, la revista *Oiga* y, sobre todo, el programa televisivo de César Hildebrandt, *En persona*, el misterio en torno al ingeniero Fujimori comenzaba a disiparse. Surgía una realidad bastante diferente de esa, mitológica, con que lo habían revestido los medios de comunicación controlados por el APRA y la izquierda. Por lo pronto, el candidato de los pobres no era nada pobre y disfrutaba de un patrimonio considerablemente más sólido que el mío, a juzgar por las decenas de casas y edificios que poseía, había comprado, vendido y revendido, en los últimos años, en distintos barrios de Lima, subvaluando sus precios en el registro de la propiedad para reducir el pago de impuestos, como mostró el diputado independiente Fernando Olivera, quien había hecho de la lucha por la moralización el caballo de batalla de toda su gestión y quien con este motivo presentó una denuncia penal contra el candidato de Cambio 90 ante la 32.ª Fiscalía por «delito de defraudación tributaria y contra la fe pública», que, naturalmente, no prosperó.[64]

De otro lado, se descubrió que Fujimori era propietario de un fundo agrícola de doce hectáreas —Pampa Bonita—, que le había cedido gratis el gobierno aprista, en unas tierras privilegiadas, las de Sayán, en las cercanías norteñas de Lima, esgrimiendo para justificar aquella cesión un dispositivo de la ley de reforma agraria sobre el reparto gratuito de tierras ¡a los campesinos pobres! No era éste su único vínculo con el gobierno aprista. Fujimori

64. El diputado Olivera, líder del FIM (Frente Independiente Moralizador), no formaba parte del Frente Democrático ni apoyó mi candidatura.

había tenido, durante un año, un programa semanal, en el canal del Estado, concedido por órdenes del presidente García; había presidido una comisión gubernamental sobre temas ecológicos; asesorando al candidato aprista en la campaña del 85 sobre el tema agrario, y el APRA había utilizado a menudo sus servicios para distintas funciones. (Por ejemplo, el presidente García lo envió como delegado del gobierno a una convención regional en el departamento de San Martín.) Si no militante aprista, el ingeniero Fujimori había recibido encomiendas y privilegios del gobierno aprista sólo concebibles en alguien de confianza. Sus alegatos en contra de los partidos tradicionales y su empeño en presentarse como alguien impoluto en los trajines políticos era una pose electoral.

Todo esto salía en la prensa afín a nosotros, pero quien batió el récord de las revelaciones fue César Hildebrandt, en su programa *En persona*, de los domingos. Magnífico periodista, sabueso tenaz, investigador acucioso e incansable, bastante más culto que el promedio de sus colegas, y valiente hasta la temeridad, Hildebrandt es también un hombre de carácter dificilísimo, susceptible y atrabiliario, cuya independencia le ha granjeado múltiples enemistades, y toda clase de querellas con los dueños o directores de las revistas, periódicos y canales en los que le ha tocado trabajar, con todos los cuales rompió (aunque, a menudo, amistó luego para volver indefectiblemente a romper), cada vez que sentía su libertad recortada o en peligro. Esta manera de ser le ha ganado muchos enemigos, desde luego, y, al final de cuentas, hasta el tener que marcharse del Perú. Pero, también, un prestigio y una garantía de independencia y una solvencia moral para opinar y criticar que ningún programa televisivo tuvo antes (ni, me temo, volverá a tener por mucho tiempo) en el Perú. Aunque amigo y bastante próximo a algunos sectores de la izquierda, a los que siempre dio tribuna en sus programas, Hildebrandt mostró a lo largo de la campaña de la primera vuelta una clara simpatía por mi candidatura, sin que ello le impidiera, desde luego, criticarnos a mí y a mis colaboradores cuando lo creía necesario.

Pero, en la segunda vuelta, Hildebrandt asumió como un deber moral hacer cuanto estuviera a su alcance para impedir lo que él llamaba el salto en el vacío, pues le parecía que un triunfo de alguien que a la improvisación aliaba la picardía, y la falta de escrúpulos, podía ser como el puntillazo para un país al que la política de los últimos años había dejado en ruinas y más dividido y violento que nunca en su historia. *En persona* multiplicó cada domingo los testimonios y las denuncias más severas sobre los negocios personales —limpios o dudosos— de Fujimori, sus vínculos encubiertos con Alan García y el carácter autoritario y manipulador de que había dado muestras durante su gestión, en el rectorado de la Universidad Agraria (La Molina). Muchos colegas de Fujimori en este centro de estudios se movilizaron, también, temerosos de que fuera elegido. Dos delegaciones de profesores y empleados de la Universidad Agraria vinieron a verme (el 19 de mayo y el 4 de junio) en acto público de apoyo, encabezados por el nuevo rector, Alfonso Flores Mere (tuve entonces ocasión de volver a ver a un amigo de infancia, Baldomero Cáceres, profesor en ese centro de estudios, y ahora empeñoso defensor del cultivo de la hoja de coca por razones históricas y étnicas) y en esos encuentros, los profesores molineros abundaron en razones que algunos de ellos hicieron públicas en el programa de Hildebrandt sobre los riesgos en los que podía incurrir el país, llevando a la presidencia a alguien que, como rector de esa universidad, había mostrado un temperamento autoritario.

¿Se desencantarían de Fujimori con esta campaña de revelaciones esos peruanos humildes que, en la primera vuelta, habían votado por él identificándose con su imagen de persona independiente, pobre, pura y racialmente discriminada, David que se enfrentaba al Goliat de los millonarios y blancos prepotentes? Indicios de que no iba a ser así —y de que, por mucho que les pesara a Chirinos Soto o al presidente Belaunde, los peruanos humildes no tenían el menor reparo en sentirse más identificados con un compatriota de primera generación que con otro de siglos de raigambre en el país— los tuve hacia fines de mayo, un día que Mark Mallow Brown y Freddy Cooper me llevaron a una agencia de publicidad, a observar sin ser visto una de las periódicas exploraciones que hacían del humor del electorado de los sectores C y D. Faltaban dos o tres semanas para las elecciones y yo llevaba ya más de un mes recorriendo los pueblos jóvenes de la capital, inaugurando centenares de obras del Programa de Apoyo Social. A juzgar por lo que vi y oí en aquella sesión, el esfuerzo no había dado el menor fruto. Las personas convocadas, unas doce, eran mujeres y hombres escogidos entre los más pobres de las barriadas de Lima. Dirigía la sesión una señora, que, con una desenvoltura que revelaba larga práctica, hacía hablar como cotorras a los entrevistados. La identificación de éstos con Fujimori era total y, puedo usar la expresión, irracional. No daban importancia alguna a las denuncias sobre sus negocios inmobiliarios y su fundo y, más bien, las celebraban como algo en su activo: «Es un gran pendejo, pues», afirmó uno, abriendo los ojos llenos de admiración. Otro confesó que, si se demostraba que Fujimori era un instrumento de Alan García, se sentiría inquieto. Pero aclaró que aun así votaría por él. Cuando la maestra de ceremonias preguntó qué los impresionaba más en el programa de Fujimori, la única que atinó a dar una respuesta fue una señora embarazada. Los demás se miraban con sorpresa, como si les hablaran de algo incomprensible; aquélla mencionó que el chinito daría cinco mil dólares a todos los estudiantes que se graduaran para que pusieran un negocio propio. Cuando les preguntaron por qué no votarían por mí, se los notaba desconcertados de tener que dar una explicación sobre algo en lo que no habían pensado. Por fin, alguien mencionó los cargos más frecuentes que nos hacían: el *shock* y la educación de los pobres. Pero la respuesta que pareció resumir mejor el sentimiento de todos fue: «Con ése están los ricos, ¿no?»

En medio de la guerra sucia, hubo también episodios de comicidad patafísica. Se llevó la palma una información aparecida el 30 de mayo en el diario aprista *Hoy*. Aseguraba transcribir textualmente un informe secreto de la CIA sobre la campaña electoral, en el que se me atacaba con argumentos que se parecían mucho a los de la izquierda aborigen. Por mi simpatía hacia Estados Unidos y mis críticas a Cuba y a los regímenes comunistas yo, de llegar al poder, podía crear una peligrosa polarización en el país y azuzar los sentimientos antinorteamericanos. Estados Unidos no debía apoyar mi candidatura, pues era inconveniente para los intereses de Washington en la región. Apenas eché un vistazo al artículo, presentado con un titular escandaloso («Soberbia y obstinación de MVLL teme Estados Unidos»), dando por supuesto que era uno de los embustes que fraguaba la prensa gobiernista. Cuál no sería mi sorpresa cuando, el 4 de junio, el embajador de Estados Unidos vino a darme incómodas explicaciones sobre aquel texto. ¿Entonces, no era fraguado? El embajador Anthony Quainton me confesó que era auténtico. Se trataba de la opinión de la CIA, no de la embajada ni la del Departamento de Estado y venía a decírmelo. Le comenté que lo bueno de esto era que los comunistas ya no podrían acusarme de ser un agente de la celebérrima organización.

No tuve muchos contactos con la administración de Estados Unidos durante la campaña. La información en ese país sobre lo que yo proponía era abundante y daba por hecho que, tanto en el Departamento de Estado como en la Casa Blanca y en los organismos políticos y económicos relacionados con América Latina, habría simpatía hacia quien defendía un modelo de sociedad democrática liberal y una estrecha solidaridad con los países occidentales. Los contactos con los organismos financieros y económicos de Washington —el Banco Mundial, el Fondo Monetario Internacional, el Banco Interamericano de Desarrollo, en los que el gobierno norteamericano tenía influencia decisiva— los llevaban Raúl Salazar y Lucho Bustamante y sus colaboradores y ellos me tenían al tanto de lo que parecía un buen entendimiento. Antes de la campaña, a raíz de un artículo que escribí sobre Nicaragua para *The New York Times*, el secretario de Estado Schultz me había invitado a almorzar a Washington, en su oficina, reunión en la que hablamos sobre las relaciones entre Estados Unidos y América Latina, además de los problemas específicos del Perú, y con motivo de aquel viaje, gracias a la directora de protocolo de la Casa Blanca, la embajadora Selwa Roosevelt, una antigua amiga, había recibido una invitación a la Casa Blanca, a una cena y baile, en la que aquélla me presentó, brevísimamente, al presidente Reagan. (Mi conversación con éste no versó sobre política, sino sobre el escritor Louis l'Amour, admirado por él.) En otra ocasión, fui invitado al Departamento de Estado, por Elliot Abrams, subsecretario de Estado para América Latina, para cambiar ideas, con él y otros funcionarios encargados de la subregión, sobre problemas latinoamericanos. Durante la campaña misma, fui en tres ocasiones a Estados Unidos, en brevísimas visitas, para hablar ante las comunidades peruanas de Miami, Los Ángeles y Washington, pero sólo en la última visité a los líderes del Congreso de ambos partidos, para explicarles lo que estaba intentando hacer en el Perú y lo que esperábamos de Estados Unidos en caso de ganar. El senador Edward Kennedy, quien no estaba en ese momento en la capital, me llamó por teléfono para hacerme saber que seguía de cerca mi campaña y que me deseaba éxito. Ésa fue toda mi relación con Estados Unidos en esos tres años. El Frente no recibió un centavo de ayuda económica de instancia alguna norteamericana, donde, como revela aquel documento de la CIA, había incluso agencias que, por defender de manera demasiado explícita la democracia liberal, pensaban que yo era un peligro para los intereses de Estados Unidos en el hemisferio.

No todos los otros episodios de la guerra sucia fueron tan divertidos como éste. Aparte de las noticias diarias de asesinatos de activistas del Frente en distintos lugares del país, que rodeaban la segunda vuelta de sobresalto, el gobierno, a fin de contrarrestar las denuncias sobre las propiedades y los negocios de Fujimori, había reflotado su propia campaña por supuestas evasiones mías de impuestos, a través del director de la oficina de contribuciones del momento, el diligente general de división Jorge Torres Aciego (al que Fujimori premiaría más tarde por sus servicios nombrándolo ministro de Defensa y embajador en Israel), quien seguía enviando a sus funcionarios con diarias y fantásticas acotaciones a mis declaraciones juradas de los años anteriores, en medio de una espectacular publicidad. La proliferación de volantes por las calles de Lima y provincias con las más esperpénticas denuncias era inconmensurable, y a Álvaro le resultaba imposible darse tiempo para desmentir todos los infundios, e incluso, para leer aquellas decenas o centenas de hojas y panfletos lanzados en la campaña de intoxicación de la opinión pública por Hugo Otero, Guillermo Thorndike y demás amanuenses publicitarios de Alan García, que, en esas últimas semanas, batieron todas las marcas en la fabricación de mierda impresa. Álvaro seleccionaba algunas perlas de aquel proliferante muladar, que, en nuestras reuniones mañaneras, comentábamos, ironizando a veces sobre mi angelical pretensión de hacer una campaña de ideas. Una versaba sobre mi drogadicción; otra me mostraba rodeado de mujeres desnudas, en un arreglo de una entrevista que me habían hecho en *Playboy* y se preguntaba: «¿Será por esto que es ateo?»; otra inventaba una declaración de un Comité Nacional de Damas Católicas exhortando a los creyentes a cerrar filas contra el ateo y otra reproducía una información de *La República*, fechada en La Paz, Bolivia, en la que «la tía Julia», mi primera mujer, exhortaba a los peruanos a no votar por mí sino por Fujimori, algo que ella también prometía hacer (Lucho Llosa la llamó a preguntarle si era cierta aquella declaración y ella envió una carta, indignada por la calumnia.) Otro de los volantes era una supuesta carta mía a los militantes del Movimiento Libertad, en la que, haciendo alarde de aquella franqueza de que me vanagloriaba, les decía que sí, que tendríamos que despedir a un millón de empleados para que el *shock* (el ajuste económico) fuera un éxito, y que sin duda muchos miles de peruanos morirían de hambre en los primeros meses de las reformas, pero que luego vendrían tiempos de bonanza, y que si con la reforma de la educación cientos de miles de pobres se quedaban sin aprender a leer y escribir, para los hijos o nietos de éstos las cosas mejorarían, y que también era cierto que me había casado con una tía y luego con una prima hermana y me casaría luego tal vez con una sobrina, y que no me avergonzaba de ello porque para esto servía la libertad. Aquella campaña culminó con un remate maestro, dos días antes de las elecciones, fecha en que, según la ley, ya no se podía hacer ninguna propaganda electoral, con una invención del canal del Estado, anunciando que habían comenzado a morir niños en Huancayo «infectados con los alimentos del Programa de Apoyo Social que dirige la señora Patricia».

Naturalmente, también había buen número de volantes que atacaban a mi adversario y algunos de manera tan baja que yo me preguntaba si eran nuestros o concebidos por el APRA para justificar con esas falsificaciones las acusaciones de racistas que nos hacían. Se referían casi siempre a su origen japonés, a supuestos burdeles con los que habría hecho fortuna su suegro, lo acusaban de violador de menores y otras barbaridades. Álvaro y Freddy Cooper me aseguraban que esos volantes no salían de nuestra oficina de prensa ni del comando de campaña, pero estoy seguro de que, buen número de ellos, tenían su origen en alguna de las muchas —y a estas alturas también frenéticas— instancias u oficinas del Frente.

El punto culminante de la segunda vuelta debía ser mi debate con Fujimori. Era algo que habíamos venido preparando con metódica anticipación. Yo anuncié desde el principio de la campaña que no debatiría en la primera vuelta —desgaste inútil para quien iba punteando todas las encuestas— pero que, en caso de una segunda, lo haría. Desde que retomé la campaña, a mediados de abril, fuimos dosificando la expectativa sobre aquel debate en el que yo esperaba demostrar de manera concluyente la superioridad de la propuesta del Frente, con su Plan de Gobierno, su modelo de desarrollo y sus equipos de técnicos, sobre la de Fujimori. Éste, consciente de la debilidad de su posición en un debate público en el que le sería imposible no hablar de planes concretos, intentó diluir aquel riesgo, desafiándome no a uno, sino a varios debates — primero a cuatro, luego a seis—, sobre distintos temas, y en distintos lugares del país, al mismo tiempo que urdía toda clase de subterfugios para evitarlo. Pero, en esto, nos ayudó la comidilla periodística y la impaciencia de la opinión pública, que exigía aquel espectáculo en las pantallas de televisión. Dije que aceptaría sólo un debate, completo e integral, sobre todos los temas del programa, y nombré una comisión para negociar los detalles compuesta por Álvaro, Luis Bustamante y Alberto Borea, el pugnaz líder del PPC. Los pormenores de la negociación, en la que los delegados de Fujimori hicieron lo imposible para obstaculizar el debate, los ha contado, risueñamente, Álvaro,[65] y, como fueron publicitados día a día por los medios de comunicación, contribuyeron a crear lo que buscábamos: una formidable audiencia. El ambiente preparatorio fue tal que casi todos los canales de televisión y las estaciones de radio del país transmitieron el debate en cadena.

Se llevó a cabo bajo el patrocinio de la Universidad del

65. *El diablo en campaña*, pp. 195-204.

Pacífico y el jesuita Juan Julio Wicht hizo verdaderas proezas para que todo funcionara de manera impecable. Tuvo lugar en la noche del 3 de junio, en el Centro Cívico de Lima, cuyo local quedó colmado con trescientos periodistas que debieron acreditarse de antemano y veinte invitados por cada candidato. Lo dirigió el periodista Guido Lombardi, quien no tuvo mucho trabajo, pues, prácticamente, no llegó a entablarse siquiera la polémica. El ingeniero Fujimori se llevó escritas sus intervenciones (de seis minutos cada una) sobre todos los temas acordados —Pacificación Nacional, Programa Económico, Desarrollo Agrario, Educación, Trabajo e Informalidad y Rol del Estado— y, aunque parezca mentira, también escritas las réplicas de tres minutos y las dúplicas de un minuto a que teníamos derecho. De modo que, durante el llamado debate, me sentí como, me imagino, aquellos ajedrecistas que juegan partidas contra robots o computadoras. Yo hablaba y él sacaba sus fichas y leía, sin dejar, ni siquiera así, de maltratar de cuando en cuando el género y el número de algunas frases. Quienes le habían escrito aquellas fichas trataron de suplir la vacuidad de la propuesta de Cambio 90 con la repetición *ad nauseam* de todos los latiguillos de la guerra sucia: el terrible *shock*, el millón de peruanos que perderían su empleo (pues el medio millón de la primera vuelta se duplicó en la segunda), la desaparición de la educación para los pobres y los ataques habituales (pornógrafo, drogadicto, Uchuraccay). El espectáculo de aquel hombrecito tenso y fruncido, que leía con voz monocorde, sin osar apartarse del libreto que llevaba en unas cartulinas blancas, de gruesos caracteres, pese a mis esfuerzos para que respondiera a preguntas concretas o cargos específicos relacionados con su propuesta de gobierno, tenía algo entre cómico y patético y, por momentos, me hacía sentir avergonzado, por él y también por mí. (Los cinco minutos que tuvimos cada uno para decir unas palabras finales al pueblo peruano, los empleó en denunciar, mostrando un ejemplar, que el diario *Ojo* había impreso ya una edición diciendo que yo había ganado la discusión.)

No era, ciertamente, esta caricatura de debate lo que merecía un pueblo que se aprestaba a ejercitar el más importante derecho en una democracia: elegir a sus gobernantes. ¿O, tal vez, sí? ¿Acaso ello era inevitable en un país con las características del Perú? Sin embargo, no en todos los países pobres, con grandes desigualdades económicas y culturales, el ejercicio de la democracia desciende a esos extremos, en el que todo esfuerzo para elevar la campaña a un cierto nivel de decoro intelectual es barrido por una incontenible ola de demagogia, incultura, chabacanería y vileza. Muchas cosas aprendí en el proceso electoral y la peor fue descubrir que la crisis peruana no sólo debía medirse en empobrecimiento, caída de niveles de vida, agravación de los contrastes, desplome de las instituciones, aumento acelerado de la violencia, sino que todo ello, sumado, había creado unas condiciones en las que el funcionamiento de la democracia resultaba una suerte de parodia, en la que los más cínicos y pillos llevaban siempre las de ganar.

Dicho esto, si tengo que elegir un episodio de los tres años de campaña del que me siento satisfecho, es mi desempeño en aquel debate. Porque, aun cuando fui a él sin hacerme ilusiones sobre el resultado de la elección, pude entonces, pese, o más bien, gracias a mi adversario, mostrar al pueblo peruano en aquellas dos horas y media, la seriedad de nuestro programa de reformas y el rol preponderante que en él tenía la lucha contra la pobreza, el esfuerzo que habíamos hecho para remover los privilegios que el Perú había visto irse acumulando para que sólo prosperara una cúpula y para que la mayoría se hundiera cada día más en el atraso.

Los preparativos fueron minuciosos y divertidos. En un retiro de un par de días, en Chosica, tuve varias sesiones de entrenamiento, con periodistas amigos, como Alfonso Baella, Fernando Viaña y César Hildebrandt, quienes (sobre todo este último) resultaron más sólidos e incisivos que el combatiente al que me preparaba a enfrentar. Además, robándole tiempo al tiempo, había preparado unas síntesis, lo más didácticas posibles, de lo que queríamos hacer en la agricultura, en la educación, en la economía, en el empleo, en la pacificación, y me atuve a estos temas, pese a que, de tanto en tanto, debí distraerme algunos instantes en responder a los ataques personales, como cuando le pregunté, a quien se preciaba de su superioridad de tecnócrata, qué les había hecho a

518

las vacas de la Universidad Agraria para que, durante su rectorado, misteriosamente bajaran su rendimiento de 2.400 litros de leche al día a sólo 400, o cuando, ante su preocupación porque yo hubiera tenido una experiencia con drogas a los catorce años, le aconsejé que se inquietara por alguien más contemporáneo y cercano a él, como Madame Carmelí, astróloga y candidata a una diputación por Cambio 90, condenada a diez años de cárcel por narcotraficante.

Aquella noche una gran cantidad de gente del Frente se reunió en mi casa —había pepecistas, populistas y sodistas alternando con los libertarios en un ambiente que hubiera parecido imposible unas semanas atrás— para ver conmigo el resultado de las encuestas sobre el debate. Como todas me dieron por ganador, y algunas por quince o veinte puntos de ventaja, muchos pensaron que gracias al debate habíamos asegurado la victoria el 10 de junio.

Aunque, como ya indiqué, casi todo mi esfuerzo de la segunda vuelta se concentró en recorrer la periferia de Lima —los pueblos jóvenes y barrios marginales que habían avanzado por los desiertos y los cerros hasta convertirse en un gigantesco cinturón de pobreza y miseria que apretaba cada vez más a la vieja Lima—, hice también dos viajes al interior, a los dos departamentos a los que más visité en aquellos tres años y a los que me sentía más ligado: Arequipa y Piura. Los resultados de la primera vuelta, en ambos, me habían apenado, pues, por el cariño que sentí siempre por ambos y por la dedicación que les presté en la campaña, daba por hecho que habría una suerte de reciprocidad y que el voto de piuranos y arequipeños me favorecería. Pero en Arequipa sólo ganamos con 32,53 por ciento contra un altísimo 31,68 por ciento de Cambio 90, y en Piura el APRA se llevó la primera vuelta con 26,09 por ciento frente a un 25,91 por ciento nuestro. Teniendo en cuenta la alta condensación demográfica de ambas regiones, el Frente decidió que las recorriera una vez más, sobre todo para explicar a los piuranos y arequipeños los alcances del PAS (Programa de Apoyo Social). Éste había comenzado a operar en ambos lugares y durante mi viaje a Arequipa estuve presente en un acuerdo que se firmó entre la municipalidad de Cayma y el PAS arequipeño para la instalación de botiquines médicos y centros asistenciales, gracias a la financiación y apoyo profesional de aquel programa. (En abril y mayo cerca de quinientos botiquines populares fueron instalados por el PAS en sectores marginales de Lima y el interior.)

Ambos fueron viajes muy diferentes a los de la primera vuelta; en lugar de los mítines multicolores en las plazas y cenas y recepciones nocturnas, sólo hubo recorridos por mercados, cooperativas, asociaciones de informales, vendedores ambulantes, diálogos y encuentros con sindicatos, comuneros, dirigentes barriales y comunales y asociaciones de toda índole, que comenzaban al alba y terminaban con las estrellas en el cielo, por lo general a la intemperie, a la luz de candelas, y en los que decenas de veces, cientos de veces, hasta perder la voz y aun la facultad de discernir, trataba de desmentir los embustes sobre el *shock*, la educación y el millón de desempleados. Mi fatiga era tan grande que, para preservar las escasas energías sobrantes, permanecía mudo en los desplazamientos entre lugar y lugar, en los que, aun cuando fueran de pocos minutos, solía quedarme dormido. Y, aun así, no pude evitar, en medio de un interminable intercambio de preguntas y respuestas, en el mercado central de Arequipa, perder el sentido por unos minutos. Lo divertido es que cuando recobré la conciencia, aturdido, la misma dirigente seguía perorando, ignorante de lo que me había ocurrido.

La crispación a que había llegado el enfrentamiento electoral la advertí en el interior de Piura, sobre todo —una tierra considerada más bien pacífica—, donde el recorrido por los pueblos y aldeas que separan Sullana de la colonización San Lorenzo debí hacerlo en medio de una gran violencia y donde mis intervenciones tenían a menudo el fondo sonoro de la grita de contramanifestantes o de los insultos y golpes que cambiaban a mi alrededor partidarios y adversarios. Mi más ominoso recuerdo de esos días es mi llegada, una mañana candente, a una pequeña localidad entre Ignacio Escudero y Cruceta, en el valle del Chira. Armada de palos y piedras y todo tipo de armas contundentes, me salió al encuentro una horda enfurecida de hombres y mujeres, las caras descompuestas por el odio, que parecían venidos del fondo de los tiempos, una prehistoria en la que el ser humano y el animal se confundían, pues para ambos la vida era una ciega lucha por sobrevivir. Semidesnudos, con unos pelos y uñas larguísimos, por los que no había pasado jamás una tijera, rodeados de niños esqueléticos y de grandes barrigas, rugiendo y vociferando para darse ánimos, se lanzaron contra la caravana como quien lucha por salvar la vida o busca inmolarse, con una temeridad y un salvajismo que lo decían todo sobre los casi inconcebibles niveles de deterioro a que había descendido la vida para millones de peruanos. ¿Qué atacaban? ¿De qué se defendían? ¿Qué fantasmas estaban detrás de esos garrotes y navajas amenazantes? En la miserable aldea no había agua, ni luz, ni trabajo, ni una posta médica y la escuelita no funcionaba hacía años por falta de maestro. ¿Qué daño podía haberles hecho a ellos, que ya no tenían qué perder, aun si hubiera sido tan apocalíptico como la propaganda lo pintaba, el famoso *shock*? ¿De qué educación gratuita podían ser privados, ellos, a los que la miseria nacional ya les había cerrado su única escuela? Con su tremenda indefensión, ellos eran la mejor prueba de que el Perú no podía seguir viviendo por más tiempo en el desvarío populista, en la mentira de la redistribución de una riqueza cada día más escasa, y, más bien, una evidencia de la necesidad de cambiar de rumbo, de crear trabajo y riqueza a marchas forzadas, de rectificar unas políticas que estaban empujando cada día más a nuevas masas de peruanos a un estado de primitivismo que (con la excepción de Haití) ya no tenía equivalente en América Latina. No hubo manera ni siquiera de intentar explicárselo. Pese a la lluvia de piedras, que el profesor Oshiro y sus colegas trataban de contener con sus casacas desplegadas a manera de toldo sobre mi cabeza, hice varios intentos de hablarles con un parlante, desde la plataforma de un camión, pero el griterío y la pelotera eran tales, que debí renunciar. Esa noche, en el hotel de Turistas de Piura, aquellas caras y puños de piuranos exacerbados, que hubieran dado cualquier cosa por lincharme, me hicieron recapacitar un buen rato, antes de caer en el sueño sobresaltado habitual, sobre la incongruencia de mi aventura política, y desear con más impaciencia que otros días la llegada del 10 de junio, día liberador.

El 29 de mayo de 1990, poco después de las nueve de la noche, un terremoto sacudió la región noreste del país, causando estragos en los departamentos amazónicos de San Martín y de Amazonas. Un centenar y medio de personas perecieron y por lo menos un millar quedaron heridas en las localidades sanmartinenses de Moyobamba, Rioja, Soritor y Nueva Cajamarca, así como en Rodríguez de Mendoza (Amazonas), donde más de la mitad de las viviendas se derrumbaron o quedaron dañadas. Esta tragedia me permitió comprobar el buen trabajo que habían hecho Ramón Barúa y Jaime Crosby con el PAS, al que, apenas llegó la noticia del seísmo, pusimos en acción para que movilizara toda la ayuda posible. A la mañana siguiente de la catástrofe, Patricia y el ex presidente Fernando Belaunde partían a los lugares afectados llevando un avión con quince toneladas de medicinas, ropas y víveres. Fue la primera ayuda en llegar allí y creo que la única, pues, una semana después, el 6 de junio, cuando yo recorrí la región, llevando un nuevo avión cargado de tiendas de campaña, cajas con suero y botiquines con medicinas, los pocos médicos, enfermeras y asistentes que hacían esfuerzos para prestar auxilio a heridos y sobrevivientes, sólo contaban con los recursos del PAS. Este programa, montado con los limitados medios de una fuerza de oposición, a la que el gobierno hostilizaba, fue capaz en esas circunstancias de lograr por sí solo algo que no pudo hacer el Estado peruano. Las imágenes en Soritor, Rioja y Rodríguez de Mendoza eran tétricas: centenares de familias dormían a la intemperie, bajo los árboles, después de perderlo todo y hombres y mujeres escarbaban aún los escombros, en busca de los desaparecidos. En Soritor prácticamente no quedaba una sola casa habitable, pues las que no se habían desplomado habían perdido techos y paredes y podían derrumbarse en cualquier momento. Como si el terrorismo y los desvaríos políticos no fueran suficientes, la naturaleza también se encarnizaba con el pueblo peruano.

Una nota risueña y simpática de la segunda vuelta —destellos de sol en medio de un cielo de nubes sombrías o agitado por rayos y truenos— la dieron una serie de figuras populares de la radio, la televisión y el deporte, que, en las últimas semanas, tomaron partido por mi candidatura, y me acompañaron en mis visitas a los pueblos jóvenes y a barrios populares, donde su presencia daba lugar a emotivas escenas. Las célebres voleybolistas de la selección nacional que llegó a subcampeona del mundo —Cecilia Taít, Lucha Fuentes e Irma Cordero sobre todo— no tenían más remedio, en cada lugar, que hacer unas demostraciones con la pelota y a Gisella Valcárcel sus admiradores la asediaban de tal modo que a menudo los guardaespaldas tenían que volar a su socorro. A partir del 10 de mayo, en que vino a Barranco a brindarme su adhesión pública el futbolista Teófilo Cubillas, hasta la víspera de la elección, ésta fue rutina de las mañanas. Recibir a delegaciones de cantantes, compositores, deportistas, actores, cómicos, locutores, folkloristas, bailarines, a quienes, luego de una breve charla, yo acompañaba a la puerta de calle, donde, ante la prensa, exhortaban a sus colegas a votar por mí. Lucho Llosa tuvo la idea de estas adhesiones públicas y fue él quien orquestó las primeras; otras surgieron luego de manera espontánea y fueron tan numerosas que me vi obligado, por la falta de tiempo, a recibir sólo a aquellas que podían tener un efecto contagioso en el electorado.

La gran mayoría de estas adhesiones fueron desinteresadas, pues ocurrieron cuando, a diferencia de lo que pasaba en la primera vuelta, yo no iba a la cabeza de las encuestas y la lógica indicaba que perdería la segunda. Quienes decidieron dar aquel paso lo hicieron a sabiendas de que se arriesgaban a represalias en sus puestos de trabajo y en su futuro profesional, pues en el Perú quienes suben al poder suelen ser rencorosos y para tomar sus venganzas cuentan con la larguísima mano de ese Estado —inepto para socorrer a las víctimas de un terremoto pero capaz de enriquecer a los amigos y empobrecer a los adversarios— que, con razón, Octavio Paz ha llamado el ogro filantrópico.

Pero no todas aquellas adhesiones tuvieron el limpio carácter de las de una Cecilia Taít o Gisella Valcárcel. Algunas pretendieron negociarla y me temo que, en algún caso, corrió dinero de por medio, pese a haber pedido yo a quienes tenían la responsabilidad económica de la campaña, que no lo dieran para esto.

Uno de los más populares animadores de la televisión, Augusto Ferrando, me invitó públicamente, en una de las ediciones de *Trampolín a la fama*, a que lleváramos un donativo de alimentos a los presos de la cárcel de Lurigancho, que le habían escrito protestando por las condiciones inhumanas del penal. Acepté, y el PAS preparó un camión de víveres que llevamos a Lurigancho, el 29 de mayo, a comienzos de la tarde. Yo tenía un sombrío recuerdo de una visita a esa cárcel que había hecho algunos años antes,[66] pero ahora las cosas parecían haber empeorado, pues en esa cárcel construida para mil quinientos reclusos había ahora cerca de seis mil y, entre ellos, un buen número de acusados de terrorismo. La visita fue accidentada, pues, ni más ni menos que la sociedad exterior, la cárcel estaba dividida en fujimoristas y vargasllosistas, que, durante la hora que Ferrando y yo estuvimos allí, mientras se descargaban los víveres, se insultaban y trataban de acallarse gritando a voz en cuello barras y eslóganes. Las autoridades del penal habían dejado acercarse al patio adonde entramos a los partidarios del Frente, en tanto que nuestros adversarios permanecían en los techos y muros de los pabellones, agitando banderolas y carteles con insultos. Mientras yo hablaba, ayudado por un parlante, veía a los guardias republicanos, con los fusiles preparados, apuntando a los fujimoristas de los techos, por si salía de allí algún disparo o una piedra. Ferrando, que había llevado puesto un reloj viejo para que se lo birlaran, se sintió frustrado de que ninguno de los vargasllosistas con los que nos mezclamos, lo hiciera, y terminó regalándoselo al último preso que lo abrazó.

Augusto Ferrando vino a visitarme, una noche, poco después de aquella visita, para decirme que estaba dispuesto, en su programa con millones de televidentes en los pueblos jóvenes, a anunciar que abandonaría la televisión y el Perú si yo no ganaba la elección. Estaba seguro de que con esta amenaza, innumerables peruanos humildes, para quienes *Trampolín a la fama* era maná del cielo todos los sábados, me darían la victoria. Se lo agradecí muchísimo, desde luego, pero permanecí mudo cuando, de manera muy vaga, me dio a entender que haciendo una cosa así se vería en una situación muy vulnerable en el futuro. Cuando Augusto partió, pedí encarecidamente

66. «Una visita a Lurigancho», en *Contra viento y marea, II* (Barcelona: Seix Barral, 1983).

a Pipo Thorndike que por ninguna razón fuera a llegar a acuerdo alguno con el famoso animador que implicara alguna retribución económica. Y espero que me hiciera caso. El hecho es que, el sábado siguiente o subsiguiente, Ferrando anunció, en efecto, que clausuraría su programa y se iría del Perú si yo perdía la elección. (Luego del diez de junio, cumplió su palabra y se trasladó a Miami. Pero, reclamado por su público, volvió y reabrió *Trampolín a la fama*, de lo cual me alegré: no me hubiera gustado ser causante de la desaparición de programa tan popular.)

Las adhesiones públicas que más me impresionaron fueron las de dos personas desconocidas del gran público, que habían sufrido, ambas, una tragedia personal y que, al solidarizarse conmigo, pusieron en peligro su tranquilidad y sus vidas: Cecilia Martínez de Franco, viuda del mártir aprista Rodrigo Franco, y Alicia de Sedano, viuda de Jorge Sedano, uno de los periodistas asesinados en Uchuraccay.

Cuando las secretarias me anunciaron que la viuda de Rodrigo Franco había pedido una cita para ofrecerme su adhesión, me quedé asombrado. Su marido, joven dirigente aprista, muy próximo a Alan García, había ocupado cargos de mucha importancia dentro del gobierno y, cuando fue asesinado por un comando terrorista, el 29 de agosto de 1987, era presidente de la Empresa Nacional de Comercialización de Insumos, uno de los grandes entes estatales. Su asesinato provocó conmoción en el país, por la crueldad con que se llevó a cabo —su mujer y un hijo pequeño estuvieron a punto de perecer en la feroz balacera contra su casita de Ñaña— y por las cualidades personales de la víctima, quien, pese a ser un político de partido, era unánimemente respetado. Yo no lo conocí pero sabía de él por un dirigente de Libertad, Rafael Rey, amigo y compañero suyo en el Opus Dei. Como si su trágica muerte no hubiera sido suficiente, a Rodrigo Franco, después de muerto, le sobrevino la ignominia de que su nombre fuera adoptado por una fuerza paramilitar del gobierno aprista, que cometió numerosos asesinatos y atentados contra personas y locales de extrema izquierda, reivindicándolos en nombre del «Comando Rodrigo Franco».

El 5 de junio en la mañana vino a verme Cecilia Martínez de Franco, a quien tampoco había conocido antes, y me bastó sólo verla para advertir las tremendas presiones que había debido vencer para dar ese paso. Su propia familia había tratado de disuadirla. Pero ella, haciendo esfuerzos para vencer la emoción, me dijo que creía su deber hacer esa declaración pública, pues estaba segura de que, en las actuales circunstancias, es lo que habría hecho su marido. Me pidió llamar a la prensa. A la masa de reporteros y camarógrafos que colmó la sala, les repitió, con gran presencia de ánimo, aquella adhesión, lo que, previsiblemente, le ganó amenazas de muerte, calumnias en las hojas gobiernistas y hasta insultos personales del presidente García, quien la llamó traficante de cadáveres. Pese a todo ello, dos días después, en un programa de César Hildebrandt, con una dignidad que, por unos momentos, pareció de pronto ennoblecer la lastimosa mojiganga que se había vuelto la campaña, ella volvió a explicar su gesto y a pedir al pueblo peruano que votara por mí.

La adhesión de Alicia de Sedano ocurrió el 8 de junio, dos días antes del acto electoral, sin anuncio previo. Su intempestiva llegada a mi casa, con dos de sus hijos, tomó por sorpresa a los periodistas y a mí mismo, pues, desde la tragedia aquella de enero de 1982, en que su marido, el fotógrafo de *La República*, Jorge Sedano, fue asesinado con otros siete colegas por una turba de comuneros iquichanos, en las alturas de Huanta, en el lugar denominado Uchuraccay, ella había sido utilizada con frecuencia, como todas las viudas o padres de las víctimas, por la prensa de izquierda para atacarme, acusándome de haber falseado los hechos deliberadamente, en el informe de la comisión investigadora de que formé parte, para exonerar a las Fuerzas Armadas de su responsabilidad en el crimen. Los indescriptibles niveles de impostura y suciedad que alcanzó aquella larga campaña, en los escritos de Mirko Lauer, Guillermo Thorndike y otros profesionales de la basura intelectual, habían convencido a Patricia de lo inútil que era, en un país como el nuestro, el compromiso político y por ello había tratado de disuadirme de subir a aquel estrado la noche del 21 de agosto de 1987 en la plaza San Martín. Las «viudas de los mártires de Uchuraccay» habían firmado cartas públicas contra mí, aparecido siempre uniformadas de negro en todas las manifestaciones de Izquierda Unida, explotadas sin misericordia por la prensa comunista y, en la segunda vuelta, instrumentalizadas en favor de la campaña de Fujimori, quien las sentó en primera fila en el Centro Cívico, la noche de nuestro debate.

¿Qué había decidido a la viuda de Sedano a dar semejante vuelco y a adherirse a mi candidatura? El sentirse, de pronto, asqueada por la utilización que hacían de ella los verdaderos traficantes de cadáveres. Así me lo dijo, delante de Patricia y de sus hijos, llorando, la voz trémula de indignación. Había rebasado el vaso lo ocurrido la noche del debate, en el Centro Cívico, en que, además de exigirles asistencia, las habían obligado a ella y a otras viudas y parientes de los ocho periodistas, a vestirse de negro para que su aparición fuera más vistosa ante la prensa. Le agradecí su gesto y aproveché para hacerle saber que, si había llegado a la situación en que me hallaba, luchando por una presidencia que nunca ambicioné antes, había sido, en buena medida, por la tremenda experiencia que significó en mi vida aquella tragedia de la que fue víctima Jorge Sedano (uno de los dos periodistas que conocía personalmente entre los que mataron en Uchuraccay). Investigándola, para que se supiera la verdad, en medio de tanta fabulación y mentira que rodeaba a lo ocurrido en aquellas serranías de Ayacucho, había podido ver de cerca —oír y tocar, literalmente— la profundidad de la violencia y la injusticia en el Perú, el salvajismo en que transcurría la vida para tantos peruanos, y eso me había convencido de la necesidad de hacer algo concreto y urgente para que nuestro país cambiara por fin de rumbo.

Pasé en mi casa la víspera de la elección, preparando maletas, pues teníamos pasajes reservados para viajar a Francia el día miércoles. Le había prometido a Bernard Pivot asistir esa semana a su programa *Apostrophes* —el penúltimo de una serie de quince años— y estaba resuelto a cumplir con aquel compromiso en caso de victoria o de derrota electoral. Tenía la seguridad sobre todo de esto último y de que, por lo mismo, este viaje sería de larga duración, de modo que pasé algunas horas seleccionando los papeles y fichas que necesitaba para trabajar en el futuro, lejos del Perú. Me sentía muy agotado pero, también, contento de que aquello llegara a su término. Freddy, Mark Mallow Brown y Álvaro me trajeron aquella tarde las últimas encuestas, de varias agencias, y todas coincidían en que Fujimori y yo íbamos tan parejos que cualquiera de los dos podía ganar. Esa noche fuimos a cenar a un restaurante de Miraflores con Patricia, Lucho y Roxana y Álvaro y su novia, y la gente que ocupaba las otras mesas mantuvo una discreción inusitada a lo largo de toda la noche, sin incurrir en las demostraciones habituales. Era como si ellos también hubieran sido ganados por la fatiga y estuvieran ansiosos de que acabara la larguísima campaña.

En la mañana del 10 volví a votar con mi familia, temprano, en Barranco, y luego recibí a una misión de observadores extranjeros venida a presenciar el acto electoral. A diferencia de la primera vuelta, habíamos decidido que, esta vez, en lugar de reunirme con la prensa en un hotel, iría, luego de conocerse la votación, al Movimiento Libertad. Poco antes del mediodía comenzaron a llegar, a una computadora instalada en mi escritorio, los resultados electorales en los países europeos y asiáticos. En todos había ganado yo —incluso en Japón—, con la sola excepción de Francia, donde Fujimori obtuvo una ligera ventaja. Estaba viendo en la televisión, en mi cuarto, uno de los últimos partidos del campeonato mundial de fútbol, cuando a eso de la una llegaron Mark y Freddy con las primeras proyecciones. Las encuestas se habían vuelto a equivocar, pues Fujimori me sacaba una ventaja de diez puntos, en todo el país, con excepción de Loreto. Esta diferencia se había ampliado cuando se dieron los primeros resultados en la televisión, a las tres de la tarde, y días después el cómputo del Jurado Nacional de Elecciones, la fijaría en veintitrés puntos (57 por ciento contra 34 por ciento).

A las cinco de la tarde fui al Movimiento Libertad, a cuyas puertas se había concentrado una gran masa de entristecidos partidarios, ante quienes reconocí la derrota, felicité al ganador y agradecí a los activistas. Había gente que lloraba a lágrima viva y, mientras nos estrechábamos la mano o nos abrazábamos, algunas amigas y amigos de Libertad hacían esfuerzos sobrehumanos para contener las lágrimas. Cuando abracé a Miguel Cruchaga, vi que estaba tan conmovido que apenas podía hablar. De allí fui al hotel Crillón, acompañado por Álvaro, a saludar a mi adversario. Me sorprendió lo reducida que era la manifestación de sus partidarios, una rala masa de gentes más bien apáticas, que sólo se animaron al reconocerme y gritar, algunos de ellos: «¡Fuera, gringo!» Deseé suerte a Fujimori y volví a mi casa, donde, por muchas horas, hubo un desfile de amigos y dirigentes de todas las fuerzas políticas del Frente. En la calle, una manifestación de gente joven permaneció hasta la medianoche coreando estribillos. Retornaron a la tarde siguiente y a la subsiguiente y siguieron allí hasta avanzada la noche, incluso cuando ya habíamos apagado las luces de la casa.

Pero sólo un grupito de amigos del Movimiento Libertad y de Acción Solidaria se averiguaron la hora de nuestra partida y aparecieron al pie del avión en que Patricia y yo nos embarcamos a Europa, la mañana del 13 de junio de 1990. Cuando el aparato emprendió vuelo y las infalibles nubes de Lima borraron de nuestra vista la ciudad y nos quedamos rodeados sólo de cielo azul, pensé que esta partida se parecía a la de 1958, que había marcado de manera tan nítida el fin de una etapa de mi vida y el inicio de otra, en la que la literatura pasó a ocupar el lugar central.

COLOFÓN

Gran parte de este libro fue escrito en Berlín, donde, gracias a la generosidad del doctor Wolf Lepenies, pasé un año como Fellow del Wissenschaftskolleg. Fue un saludable contraste con los años anteriores, dedicar todo mi tiempo a leer, escribir, dialogar con mis colegas del Kolleg y lidiar con la jeroglífica sintaxis del alemán.

En la madrugada del 6 de abril de 1992 me despertó una llamada de Lima. Era de Luis Bustamante Belaunde y de Miguel Vega Alvear, quienes, en el segundo congreso del Movimiento Libertad, en agosto de 1991, nos habían reemplazado a mí y a Miguel Cruchaga como presidente y como secretario general. Alberto Fujimori acababa de anunciar por televisión, de manera sorpresiva, su decisión de clausurar el Congreso, el Poder Judicial, el Tribunal Constitucional, el Consejo Superior de la Magistratura, de suspender la Constitución y de gobernar por decretos-leyes. De inmediato, las Fuerzas Armadas dieron su respaldo a estas medidas.

De este modo, el sistema democrático restablecido en el Perú en 1980, luego de doce años de dictadura militar, se desfondaba una vez más, por obra de quien, hacía dos años, el pueblo peruano había elegido presidente y el 28 de julio de 1990, al asumir el cargo, juró respetar la Constitución y el Estado de Derecho.

Los veinte meses de gobierno de Fujimori fueron muy diferentes de lo que hacían temer su improvisación y su conducta durante la campaña. Apenas elegido, se desprendió de los asesores económicos que, entre la primera y la segunda vuelta, había reclutado en los predios de la izquierda moderada y buscó nuevos colaboradores en los sectores empresariales y la derecha. La cartera de Economía fue confiada a un tránsfuga de Acción Popular —el ingeniero Juan Hurtado Miller— y recientísimos asesores y colaboradores míos en el Frente Democrático fueron instalados en importantes cargos públicos. Quien había hecho del rechazo al *shock* su caballo de batalla electoral inauguró su gobierno con un monumental desembalse de precios, al mismo tiempo que recortaba de un tajo las tarifas de importación y el gasto público. Este proceso se aceleraría, luego, con el sucesor de Hurtado Miller, Carlos Boloña, quien imprimió a la política económica un sesgo claramente antipopulista, pro empresa privada, pro inversiones extranjeras y pro mercado, e inició un programa de privatizaciones y de reducción de la burocracia estatal. Todo ello con el beneplácito del Fondo Monetario Internacional y el Banco Mundial, con quienes el gobierno comenzó a gestionar el retorno del Perú a la comunidad internacional, renegociando el pago de la deuda y su financiación.

Entonces, en el Perú y en muchas partes comenzó a decirse que, aunque derrotados en las urnas, ya había ganado vicariamente las elecciones —los famosos triunfos «morales» que encubren los fracasos peruanos— porque el presidente Fujimori se había apropiado de mis ideas y ponía en práctica mi programa de gobierno. Lo decían sus flamantes críticos del interior, el APRA y los partidos de izquierda, y lo decía también la derecha y, principalmente, el sector empresarial, que, aliviado por el viraje del nuevo mandatario, se sentía por fin libre de la inseguridad de los tiempos de Alan García. De modo que esta tesis —esta ficción— pasó a convertirse en indiscutible verdad.

Ésta ha sido, pienso, mi verdadera derrota, no la superficial del 10 de junio, porque desnaturaliza buena parte de lo que hice y todo lo que quise hacer por el Perú. Aquella tesis era ya falsa antes del 5 de abril y lo es, mucho más, desde el acto de fuerza mediante el cual Fujimori depuso a los senadores y diputados que tenían una legitimidad tan inobjetable como la suya y restauró, con una nueva máscara —como en esos melodramas del kabuki donde, bajo los antifaces de múltiples personajes, permanece el mismo actor— la tradición autoritaria, razón de nuestro atraso y barbarie.

El programa para el que yo pedí un mandato y que el pueblo peruano rechazó, se proponía sanear las finanzas públicas, acabar con la inflación y abrir la economía peruana al mundo, como parte de un proyecto integral de desmantelamiento de la estructura discriminatoria de la sociedad, removiendo sus sistemas de privilegio, de manera que los millones de pobres y marginados pudieran por fin acceder a aquello que Hayek llama la trinidad inseparable de la civilización: la legalidad, la libertad y la propiedad.[1] Y hacerlo con la aquiescencia y participación de los peruanos, no con nocturnidad y alevosía, es decir, fortaleciendo, en vez de minar y prostituir en el proceso de reformas económicas, la principiante cultura democrática del país. Aquel proyecto contemplaba la privatización, no como mero recurso para acabar con el déficit fiscal y dotar de fondos a las arcas exhaustas del Estado, sino como la vía más rápida para crear una masa de nuevos accionistas y un capitalismo de raíz popular, para abrir el mercado y la producción de la riqueza a esos millones de peruanos que el sistema mercantilista excluye y discrimina. Las reformas actuales han saneado la economía, pero no han hecho avanzar la justicia, porque no han ampliado en lo más mínimo las oportunidades de los que tienen menos para competir en igualdad de condiciones con los que tienen más. La distancia entre las realizaciones del gobierno de Fujimori y mi propuesta es la —abismal— que media, en economía, entre una política conservadora y una liberal, y entre la dictadura y la democracia.

Ello no obstante, el haber frenado la desbocada inflación y puesto orden donde la demagogia del gobierno aprista habían creado anarquía y una terrible incertidumbre ante el futuro, ganaron al presidente Fujimori una popularidad considerable, avivada por unos medios de comunicación que apoyaron con alivio su inesperada voltereta. Este entusiasmo fue parejo con un creciente desprestigio de los partidos, todos los cuales, confundidos en irracional amalgama, empezaron a ser atacados por el nuevo gobernante, desde el primer día de su gestión, como responsables de todos los males nacionales, la crisis económica, la corrupción administrativa, la ineficiencia de las instituciones, la menuda y paralizante politiquería parlamentaria.

1. Friedrich Hayek, *Law, Legislation and Liberty* (London: vol. 1, 1979), p. 107.

Esta campaña, preparatoria del autogolpe de Estado del 5 de abril, había sido concebida, por lo visto, aun antes de la toma de posesión del nuevo gobierno, por un pequeño círculo de asesores de Fujimori y orquestada bajo la dirección de un curioso personaje, de prontuario novelesco, alguien equivalente, en el régimen actual, de lo que fue Esparza Zañartu para la dictadura de Odría: el ex capitán de Ejército, ex espía, ex reo, ex abogado de narcotraficantes y experto en operaciones especiales, Vladimiro Montesinos. Su meteórica (pero secreta) carrera política comenzó, al parecer, entre la primera y la segunda vuelta electoral, cuando, gracias a sus influencias y contactos, hizo desaparecer todo rastro de delito en los registros públicos y archivos judiciales de las operaciones dudosas de compra y venta de propiedades de que se acusaba a Fujimori. Desde entonces sería su asesor y brazo derecho, y su enlace con el Servicio de Inteligencia del Ejército, organismo que, ya desde antes, pero, sobre todo, a partir del frustrado intento de rebelión constitucionalista del general Salinas Sedó, el 11 de noviembre de 1992, pasaría a ser la espina dorsal del poder en el Perú.

En vez de un rechazo popular en defensa de la democracia, el golpe del 5 de abril mereció amplio respaldo, de un arco social que abarcaba desde los estratos más deprimidos —el lumpen y los nuevos migrantes de la sierra— hasta el vértice encumbrado y la clase media, que pareció movilizarse en pleno a favor del «hombre fuerte». Según las encuestas, la popularidad de Fujimori experimentó en esos días un crecimiento vertiginoso, y alcanzó nuevas cimas (por encima del 90 por ciento) con la captura del líder de Sendero Luminoso, Abimael Guzmán, en la que muchos creyeron ver, ingenuamente, una consecuencia directa del reemplazo de las ineficiencias y bellaquerías de la democracia por los métodos expeditivos del recién instalado régimen de «emergencia y reconstrucción nacional». Otros intelectuales baratos, de buena sintaxis y de estirpe liberal o conservadora esta vez —a la cabeza de ellos mis antiguos partidarios Enrique Chirinos Soto, Manuel d'Ornellas y Patricio Riketts— se apresuraron a producir las adecuadas justificaciones éticas y jurídicas para el golpe de Estado y a convertirse en los nuevos mastines periodísticos del gobierno de facto.

Quienes condenaron lo ocurrido, en nombre de la democracia, se vieron pronto en una gran orfandad política, y víctimas de un vituperio que vocalizaban los gacetilleros del régimen pero tenía el endose de buena parte de la opinión pública.

Fue mi caso. Desde que salí del Perú, el 13 de junio de 1990, había decidido no intervenir más en la política profesional, como entre 1987 y 1990, y abstenerme de criticar al nuevo gobierno. Así lo hice, con la sola excepción del breve discurso que pronuncié, en un viaje relámpago a Lima, en agosto de 1991, para ceder la presidencia de Libertad a Lucho Bustamante. Pero, luego del 5 de abril, me sentí obligado, una vez más, y haciendo de tripas corazón, por el disgusto visceral que la acción política me había dejado en la memoria, a condenar, en artículos y entrevistas, lo que me parecía una tragedia para el Perú: la desaparición de la legalidad y el retorno de la era de los «hombres fuertes», de gobiernos cuya legitimidad reside en la fuerza militar y las encuestas de opinión. Consecuente con lo que, durante la campaña, dije sería la política de mi gobierno hacia cualquier dictadura o golpe de Estado en América Latina, pedí a los países democráticos y a las organizaciones internacionales que penalizaran al gobierno de facto con sanciones diplomáticas y económicas —como se ha hecho con Haití, luego de que el Ejército derrocó al gobierno legal— para, de este modo, ayudar a los demócratas peruanos y desalentar a los golpistas potenciales de otros países latinoamericanos que (se ha visto ya en Venezuela) se sintieran animados a seguir el ejemplo de Fujimori.

Esta posición ha sido, naturalmente, objeto de destempladas recriminaciones en el Perú, y no sólo por el régimen, los jefes militares felones y sus periodistas a sueldo; también, por muchos ciudadanos bien intencionados, entre ellos abundantes ex aliados del Frente Democrático, a quienes pedir sanciones económicas contra el régimen les parece un acto de traición al Perú y no pueden aceptar la más meridiana enseñanza de nuestra historia: que una dictadura, cualquiera sea la forma que ella adopte, es siempre el peor de los males y debe ser combatida por todos los medios, pues, mientras menos dure, más daños y sufrimientos se ahorrarán al país. Aun en círculos y perso-

nas que me parecían los menos propensos a actuar por reflejos condicionados, percibo un escandalizado estupor
por lo que les parece mi falta de patriotismo, una actitud
dictada, no por convicciones y principios, sino por el rencor de una derrota.

No es esto algo que me quite el sueño. Y, tal vez, ser
tan poco popular me facilitará poder dedicar en adelante
todo mi tiempo y mi energía a escribir, algo para lo que
—toco madera— confío ser menos inepto que para la indeseable (pero imprescindible) política.

Mi última reflexión, en este libro que ha sido difícil de
escribir, no es optimista. No comparto el amplio consenso
que parece existir entre los peruanos, de que, con los dos
procesos electorales habidos en el Perú luego del 5 de
abril —para un Congreso Constituyente y para la renovación de los municipios— se ha restablecido la legalidad y
el gobierno ha recobrado sus credenciales democráticas.
Por el contrario, pienso que aquello ha servido, más bien,
para que el Perú retroceda en términos políticos y, con la
bendición de la OEA y muchas cancillerías occidentales, se
haya restaurado en el país, con ligero maquillaje, la anti-
quísima tradición autoritaria: la de los caudillos, la del poder militar por encima de la sociedad civil, la de la fuerza
y las intrigas de una camarilla por sobre las instituciones
y la ley.

Desde el 5 de abril de 1992 se ha iniciado en el Perú
una era de confusión y de notables paradojas, muy instructiva sobre la imprevisibilidad de la historia, su escu-
rridiza naturaleza y sus sorprendentes zigzags. Una nueva
mentalidad antiestatista y anticolectivista ha cundido en
vastos sectores, contagiando a muchos que, en 1987, lucharon con denuedo por la nacionalización del sistema financiero y ahora apoyan, entusiasmados, las privatizaciones y la apertura de la economía. Pero, ¿cómo no deplorar
que, este avance, se vea lastrado por un simultáneo repudio popular de los partidos políticos, de las instituciones,
del sistema representativo y sus poderes autónomos que
se fiscalizan y equilibran, y, peor todavía, con el entusiasmo de largos sectores por el autoritarismo y el caudillo
providencial? ¿De qué sirve la saludable reacción de la
ciudadanía contra el apolillamiento de los partidos tradicionales, si ella conlleva la entronización de esa agresiva

forma de incultura que es la «cultura chicha», es decir el desprecio de las ideas y de la moral y su reemplazo por la chabacanería, la ramplonería, la picardía, el cinismo y la jerga y la jerigonza que, a juzgar por las elecciones municipales de enero de 1993, parecen ser los atributos más apreciados por el «nuevo Perú»?

El apoyo al régimen se asienta en un tejido de contradicciones. El empresariado y la derecha saludan en el presidente al Pinochet que secretamente anhelaban, los militares nostálgicos del cuartelazo lo tienen por su transitorio testaferro, en tanto que los sectores más deprimidos y frustrados, en los que ha calado la demagogia racista y anti-*establishment*, se sienten de algún modo interpretados, en sus fobias y complejos, por los planificados insultos de Fujimori a los políticos «corrompidos», a los diplomáticos «homosexuales» y por una rudeza y vulgaridad que les da la ilusión de que quien gobierna es, por fin, «el pueblo».

Los rapsodas del régimen —agrupados, sobre todo, en el diario *Expreso* y los canales de televisión— hablan de una nueva etapa de la historia peruana, de una renovación social, de una mudanza de las costumbres políticas, del fin de los partidos de cúpulas burocratizadas y enquistadas, ciegas y sordas ante «el país real» y del refrescante protagonismo del pueblo en la vida cívica, que ahora se comunica directamente con el líder, sin la mediación distorsionadora de la viciada clase política. ¿No es éste el viejo estribillo, el eterno sonsonete, de todas las corrientes antidemocráticas de la historia moderna? ¿No fue, en el Perú, el argumento del general Sánchez Cerro, el caudillo que, como Fujimori, consiguió también el fervor coincidente de la «gente decente» y «la plebe»? ¿No fue el del general Odría, que suprimió los partidos políticos para que hubiera una auténtica democracia? ¿Y acaso fue otra la justificación ideológica del general Velasco, quien quería reemplazar la podrida partidocracia con una sociedad participatoria, exonerada de esa morralla, los políticos? No hay nada nuevo bajo el sol, salvo, tal vez, que la renacida prédica autoritaria está ahora más cerca del fascismo que del comunismo, y cuenta con más oídos y corazones que las viejas dictaduras. ¿Es esto algo que deba alegrarnos o, más bien, asustarnos, cara al futuro?

En el nuevo rompecabezas político, luego del 5 de abril

de 1992, muchos adversarios de ayer se encontraron de pronto en las mismas trincheras, y enfrentados a los mismos quebrantos. El APRA y la izquierda, que abrieron las puertas de Palacio a Fujimori, fueron luego sus principales víctimas y su caudal electoral, reunido, no llegó, en Lima, al 10 por ciento del voto en los comicios municipales de enero de 1993. El gran arquitecto de las intrigas y maniobras que facilitaron el triunfo de Fujimori, Alan García, luego de semidestruir el Perú y desprestigiar de por vida a su partido, se halla ahora en el exilio, al igual que varios de sus amigos y colaboradores, acosado por varios procesos por robo y corrupción. La Izquierda Unida se desunió, fragmentó, y, en la última contienda, pareció pulverizarse.

Pero no menos dramático ha sido el desfallecimiento de las fuerzas políticas que integraron el Frente Democrático, entre ellas el Movimiento Libertad, duramente castigadas por los electores por su resuelta defensa de la Constitución y su rechazo al golpe del 5 de abril.

Sometido a duras pruebas cuando comenzaba a vivir por cuenta propia, el Movimiento Libertad, nacido bajo aquel auspicio multitudinario del 21 de agosto de 1987 y el sortilegio de los cuadros de Szyszlo, se halla en un momento crítico de su existencia. No sólo porque la derrota de junio de 1990 mermó sus filas, sino, porque, la evolución de la política peruana desde entonces, lo ha ido confinando a una función más bien excéntrica, como al resto de los partidos políticos. Hostigado o silenciado por unos medios de comunicación que, con pocas —admirables— excepciones, sirven atados de pies y manos al régimen, privado de recursos y con una militancia reducida, ha sobrevivido, sin embargo, gracias a la abnegación de un puñado de idealistas, que, contra viento y marea, siguen defendiendo, en estos tiempos inhóspitos, las ideas y la moral que nos llevaron hace seis años a la plaza San Martín, sin sospechar los grandes trastornos que de ello se derivarían para el país y para tantas vidas particulares.

Princeton, New Jersey, febrero de 1993

ÍNDICE